大学专业
解读与选择

山东高校专业宣讲团 编

山东教育出版社

图书在版编目（CIP）数据

大学专业解读与选择 / 山东高校专业宣讲团编 . — 济南：山东教育出版社，2020.4
ISBN 978-7-5701-1043-8

Ⅰ.①大…　Ⅱ.①山…　Ⅲ.①高等学校 – 专业 – 介绍 – 中国　Ⅳ.①G647.32

中国版本图书馆CIP数据核字（2020）第 053667 号

DAXUE ZHUANYE JIEDU YU XUANZE

大学专业解读与选择

山东高校专业宣讲团　编

主管单位：山东出版传媒股份有限公司
出　　版：山东教育出版社
　　　　　地址：济南市纬一路 321 号　邮编：250001
　　　　　电话：(0531) 82092660　　网址：www.sjs.com.cn
发　　行：山东教育出版社
印　　刷：山东德州新华印务有限责任公司
版　　次：2020 年 4 月第 1 版
印　　次：2020 年 4 月第 1 次印刷
开　　本：880 毫米 × 1250 毫米　1/16
印　　张：20.5
字　　数：598 千
定　　价：60.00 元

（如印装质量有问题，请与印刷厂联系调换）
电话：0534-2671218

《大学专业解读与选择》编委会

主　　编：任衍国　战祥伟　龙和平
副主编：李玉林　申　华　丁晓林
编　　委：（排名不分先后）

于政红　马民涛　王　青　王　燕　王振林　王爱华　艾菊兰　史家亮　曲玉强
庄　竞　刘位龙　刘衍胜　刘祥柱　刘曙光　齐海鹰　孙世平　苏　强　李　华
李　燕　李长河　李秀娟　李艳萍　李雪莹　杨海波　吴秀玲　邹　强　初晓艺
张清林　张福升　陈玉社　贾荣玉　唐文君　曹庆元　常瑞芳　梁　娜　曾招喜

编写人员：山东高校专业宣讲团专家

山东高校专业宣讲团专家名单

山东大学

张海燕　李建刚　宋其圣　宋　静

山东大学（威海）

谷祖莎　弭　维　尹海良　梁振林　杜清府
宫建红　夏　辉　孙卓华

中国海洋大学

刘福顺　刘曙光　王兆明　夏树伟　李　春
陈　旭　王永红　刘晓收　张　玥　周丽芹
洪　峰　蒋济同　史宏达　李春虎　邹志辉
张　敏　高勤峰

山东科技大学

周衍平　张建刚　刘西奎　张鲁殷　刘青云
赵俐红　赵明清　崔洪芝　于　群　孙农亮
程学珍　李守军　刘守山　周　同　崔志芳
王炳成

中国石油大学（华东）

魏振香　魏宝君　王荣明　张繁昌　周瑶琪
刘建林　李　伟　胡松青　徐明海　王振杰
张孔远　张立强　贾　寒　陈立涛　赵朝成

青岛科技大学

李小华　李秀丽　温永红　李　昉　王家林
段振亚　高　林　牛秋娜　陈夫山　王　勇
吴祥根　孙在东

济南大学

常桂祥　李　燕　亓圣华　唐　欣　李常磊
于瑞桓　王晓华　罗川南　陈功香　高常青
王　琦　徐锡金　孟庆金　王仲鹏　杜成林
柳兴国　王　今　李水泳　杨海波

青岛理工大学

丁建勋　于晶利　高　峰　马鸿洋　孙海涛
李长河　郭　峰　郭健翔　丁新平　吉爱国
张　栋　王日宏　王　燕　曲大义　孙英杰
撒占友　荀志远　王曙光　陈　艳　原丕业

山东建筑大学

由磊明　王凤和　时术华　宋世军　于明志
汪　明　许鸿奎　张志军　刘春阳　牟振华
魏琰琰　孙家坤　贾广余

齐鲁工业大学

昝永利　王世杰　王佐勋　成金勇　张永春
王正顺

山东理工大学

曹俊杰　余万林　张志新　白　洋　牛喜霞
耿红玲　孟春晓　王　健　李志永　刘永启
窦震海　宿宝臣　杜钦君　师　郡　张晓君
王　婧　耿端阳　杨光杰　闫秀霞　朱振中
王柏松　张　雁　孙　敬

山东农业大学

骆　乐　王秀娟　于瑞林　徐　静　赵翔宇
尹　航　王金星　李爱凤　程述汉　刘仲秋
宋月鹏　王明林　王学勇　林榕姗　诸葛玉平
王振林　李显耀　商营利　鲁法典　季相山
房信胜　郑　军　李永峰

青岛农业大学

杨　松　尚书旗　吴　昊　王永章　潘庆杰
刘同先　李海防

潍坊医学院

张丰香　孙同毅　孙丽娜　胥　欣　赵春贞
伊正君

山东第一医科大学

葛燕青　宋　莉　陈玉社　石运芝　张钦凤
赵晓民　杨　黎　于忠军

山东中医药大学

朱海娟　李　明　周长征　马志庆　唐红迎
张　晶　刘黎青　刘玉红　周洪雷　吕利明

济宁医学院

王业全

山东师范大学

王　青　史家亮　宋广林　邹　强　楼建军
刘衍胜　杨　峰　孙夕恺

曲阜师范大学

牛　磊　马洪伦　肖　芳　庞守兴　解毅飞
曹志平　刘　波　刘　伟　代合治　郭永峰
孙俊才　王玉德　张　涛　肖桂彬　李　波

聊城大学

唐明贵　高建刚　张华筠　于学强　刘子平

刘东方　纪　楠　郭文彬　闫循领　刘子亭
宋东清　滕谋勇　曹银杰　赵庆双　郭瑞芳
张春雷　徐　伟　吕福堂　朱明霞　刘文强
翟付顺　邹庆国　贾保先　宋立杰　何丽丽
李焕芹　王青嵩

德州学院

王新芳　孙士杰

滨州学院

张道祥　杜玉杰

鲁东大学

徐昱东　侯鲜明　王景迁　孟　军　葛明荣
周君华　张成良　王海鹏　衣华鹏　王昌留
马晓光　胡丽芬　屈慧鸽　宿红艳　崔学荣
张耀光

临沂大学

潘可礼　马秀兰　赵红芳　王轲道　王济荣
孙成通　付厚利　史云飞　陈佩江　麻晓飞
李　宝　郭绍芬　李　振　刘国栋　李晓东
尹德辉　姚玉杰　房　彬　姜自立

泰山学院

王爱琴　陈伟军　崔运坤　张　伟　姜春玲
李海燕　王　允

济宁学院

岳现房　王秀丽　李继森　薛庆文　胥国红
司继琳

山东财经大学

张　英　赵宝廷　孙秀清　董云芳　杨冬梅
石玉峰　刘位龙　孙丽君　齐永华　马建华
王洪海　李国锋

山东体育学院

王立平

山东艺术学院

周　明　杨　斌　孙迎峰　刘金龙

枣庄学院

王　壮　谢旭东　韩学政　刘春丽　丛兴顺
王玉海　韩　笑　李　永

青岛大学

陈洪连　赵新彦　庚建凤　窦秀艳　孙世平

高红伟　邵渭泉　隋　晓　严天一　王　瑶
王翠苹　陈　宇　张立学　郝龙云　孙　瑾
刘成玉　钟　凤　黄美萍　王　磊　宋艺闻
邱秉常

烟台大学

张　超　石运序　崔孟忠　王文华

潍坊学院

张　继　董　礼　董守生　耿道熙　王恒升
王　芳　孙晶晶　耿启金　陈隶静

山东警察学院

王晓东

山东交通学院

李晓燕　陈　锋　张　鹏　张爱勤　张广渊
史士英　王保群　王日升　张金升　周兆欣
徐海东　管　宁　朱　峰　何宏宇　张艳霞
孙学琴　聂云霞

山东工商学院

黄　燕　李　丽　范　辉　愈国方

山东女子学院

沈传河　孙海洋　孙旭友　徐　伟　肖　燕
王　展　陈晓燕　杨艳春　秦善勇　朱红祥
张丽娜　宋小霞　王　辰　张　利

山东政法学院

窦衍瑞　化　涛

齐鲁师范学院

张洪芹　李红艳　吴帼英　宋振军　杨三军

山东青年政治学院

周青梅　席　岩　王俊燕　邵光庆　李香英
李　鹏　韩芳丽　李　丽　傅小青　赵五洲
张　博

山东管理学院

沈君克　张　会　阮梦黎　任鲁萍　刘艾香

山东农业工程学院

赵　宏　田　芸

山东医学高等专科学校

孙运粉　葛淑兰　汪晓静

菏泽医学专科学校

戴　馨

山东商业职业技术学院

程　昆　邵长波　张　虹　张玉华　苏　蕾
李红岩　王爱华　张洪波　郭素娟　郭克锋
孙　婕　程桂玲

山东电力高等专科学校

赵笑笑　李艳萍

日照职业技术学院

陈亚琳　刘永坤　张永波　李秀娟　牟志华
张　晓　李德华

青岛职业技术学院

李　峰　左常江　赵迁远　王　波　黄　娜
李　莉

威海职业学院

史　迪　周文彬　谢桂芬　孙　杰　高英霞
左翠红　邹丽红

山东职业学院

高秀梅　李宪伟　于政红　艾菊兰　管莉军

山东劳动职业技术学院

尹四倍　赵　静

莱芜职业技术学院

王锋祥　刘高峰

济宁职业技术学院

庄　竞　刘猛洪　刘迎春

潍坊职业学院

王承香　解永辉　苗春龙　田洪霞　谭　敬
刘德强　杨桂洁　董　静　邱明静　韩传亮
张淑芹

烟台职业学院

宋巧玲　代丽华　柴敬平　尹秀丽　王　枚
左桂谔

东营职业学院

张学友　陈　杰　刘书峰　吴秀玲　隋　兵

聊城职业技术学院

刘照军　卢　萍

滨州职业学院

赵　霞　曹艳艳　赵春海　孙慧静　徐　红
肖清明　杨春兰　丁希宝

山东科技职业学院

王美艳　任锦玲　李公科

山东水利职业学院

刘祥柱　张清栋

山东畜牧兽医职业学院

孙群英　王福红

淄博职业学院

郝增宝　吕　玲　张　军　杨　林　贾　雷
荆象源　刘丽洁

山东外贸职业学院

徐　烨　刘前红

青岛酒店管理职业技术学院

冷雪艳　唐文君　王建明

山东信息职业技术学院

徐连孝　孟　杰　王茹香　王秀云

青岛港湾职业技术学院

徐英锋　周灌中　徐先弘

山东经贸职业学院

侯君邦　李逾男

山东工业职业学院

王振光

济南职业学院

刘晓阳　曾招喜

烟台工程职业技术学院

曲玉强　张洪权

淄博师范高等专科学校

梅玉洁　王聿发

济南工程职业技术学院

郭连霞　芦金凤　马玉洪

山东电子职业技术学院

孔庆奎　郭建勤　赵国玲　许书君　周雪莉

泰山职业技术学院

赵京岚　张清林

山东药品食品职业学院

孙丽萍　张慧婧　都慧慧　初晓艺　唐　睿
贺洪波

山东轻工职业学院

王锋荣　郭常青

山东城市建设职业学院

张　萍　青　宁　苏　强　尹　静　赵春红
曹永先　杨学英

烟台汽车工程职业学院

王　萍

山东司法警官职业学院

赵　勇　吕立霞　李　华

山东传媒职业学院

贾荣玉　张福升　马树声

临沂职业学院

郭　烽　孙昌春

山东理工职业学院

赵　奇

济南幼儿师范高等专科学校

常瑞芳　范立栎

济南护理职业学院

侯玉华　安　昕

泰山护理职业学院

陈忠梅

潍坊护理职业学院

王　燕　郑玉萍

潍坊工程职业学院

窦建芝　孙　伟　冯祥芝　张丽丽

山东艺术设计职业学院

聂宏立

烟台黄金职业学院

马民涛　商　平　林国梁　郭仁宁　马谦杰

为每位高中生提供适合的升学通道
（代序）

2014年9月，党中央、国务院决定启动高考综合改革试点。山东省是第二批试点省份，首批考生2020年迎来这次高考综合改革后的"首考"。这次高考综合改革是我国恢复高考以来最全面、最系统、最深刻、最困难的一次改革。说它最全面，这次改革涉及考试、招生、管理改革；说它最系统，这次改革涉及基础教育、高等教育、继续教育；说它最深刻，它在破除唯分数论、改变一考定终身、突破文理分科、赋予学生学习与高校招生自主权等四个方面有所突破；说它最困难，它涉及的利益主体极其多样，在改革、公平、安全、可行等方面达成共识实属不易。

在我看来，这次高考综合改革的重大意义，如果用一句话来概括，就是为每位高中生提供适合的升学通道。这种适合的升学通道是通过一系列教育、考试、招生、录取机制实现的。通过高中必考科目和选考科目的设计，为促进每位高中生全面而有个性的发展，提供考试机制保障；通过本专科分类考试，以及本科和专科的多种考试制度设计，为每位高中生选择适合的升学道路提供制度通道；通过高中生高考选科制度设计，促进高中教育与大学教育的联结，包括学生学习兴趣的联结、专业学习基础的双向联结、学生综合素质的双向联结，为学生选择自己喜欢的高中课程和大学专业奠定制度基础；通过"专业（类）+学校"志愿填报制度的设计，让每位高中生能够按照自己的意愿选择专业和大学，为尊重和满足学生的专业选择权提供制度保障；通过录取批次改革，改变过去给高校和学生贴上一本、二本、三本的标签的做法，打破原来高校通过录取批次对生源的行政配置，扩大学生对高校和专业的选择权。"强基计划""综合评价招生改革"等等，更是具有重大意义的"综合评价、多元录取"制度的探路改革。这一切改革，归结到一点，就是尊重每个学生的个体差异，让每个高中生接受适合自己的教育，促进和保障每个学生自主、全面、创造而有个性的发展。

高考综合改革对于各个利益主体的挑战是全面的、系统的、深刻的。对于每位高中生来讲，必须悦纳自己、学会选择，寻找属于自己的精彩乐章！如何帮助每位高中生过好自己的高中生活，并在每个需要做出抉择的关口，能够做出理性的、科学的选择，亟须每位高中生、所有高中学校和高等学校，以及每位家长共同努力。

特别令人赞赏的是，为了引导高中生科学认知大学和专业，理性选择大学专业及选考科目，2018年，山东省教育厅面向高校遴选了590位专家，组建了山东高校专业宣讲团，委托山东教育电视台组织专家们通过校园宣讲、录制视频公开课等方式开展大学专业认知公益指导活动。两年来，他们在全省16地市开展了100多场公开课，录制的视频通过电视、新媒体、山东省教育云服务平台等渠道进行了广泛传播，把大学和大学专业"送到"了高中学校和学生面前，对帮助高中学校和高中生科学"选科""选课"以及未来的专业选择，发挥了重要的不可替代的作用。我特别主张，高校要主动进入高考综合改革的主战场。高校要根据办学定位和人才培养目标确定招生方案、招生标准、选科方案，以引导高中教育改革，推动高考改革。同时，高校要主动走进高中学校、走到学生中间宣传"推销"自己的学校和专业。无疑，山东高校专业宣讲团的做法，在这方面走在了前面，具有重要创新和推广价值。

呈现在大家面前的这本《大学专业解读与选择》，是山东高校专业宣讲团各位专家们研究大学专业、宣讲大学专业的卓越成果，既有大学专业类的总体介绍，又有就业方向和发展前景的精辟分析，还有选考科目的政策解读，是一本内容详尽、体系完整的大学专业工具书和科学选科指导书。

中国海洋大学原校长管华诗院士曾对进入海洋大学读书的学生讲过一番振聋发聩的话："中国海洋大学海洋专业的学生入学分数很高，但培养潜力不大，因为他们缺乏对海洋的兴趣，缺乏一定的海洋专业基础，更缺乏海洋专业发展的志向，对毕业后是否从事海洋领域的工作也很茫然。"希望通过高考综合改革、通过山东高校专业宣讲团的努力，特别是通过本书的出版能够努力改变这种局面，让更多的高中生科学认识自己的教育之路，找到自己适合的大学和专业，走好自己未来的人生之路。

张志勇

2020年4月27日

前　言

　　亲爱的同学们，首先我想给大家讲个故事。有个印度裔小姑娘，名字叫希娜·艾扬格，她出生后不久就得了一种视网膜疾病，而且从小就知道这个病是不能治愈的，所以她只能眼睁睁地看着自己眼前的世界越来越模糊。在高中时，她几乎全部失明了，只好放弃学业回到家中。在失明之后，一个严肃的问题摆在了她的面前：自己到底应该怎么办？是自暴自弃，怨恨老天不公平，还是找一份自己能胜任的工作，努力适应新生活？最终，希娜·艾扬格有了一个让她兴奋的发现，那就是自己选了什么其实并不重要，重要的是自己依然有得选。跟健康的同学比起来，她的选项虽然少了很多，但是她仍然拥有"选择"，而且顺着这个发现继续思考，她居然发现"选择"本身就是一个非常有意思的研究问题。于是她开始学习，学习的目标和方向都集中在研究"选择"的问题上。经过努力，她研究并总结出一套关于"选择"的理论体系。现在她已经成为美国著名的哥伦比亚大学商学院的知名教授，她研究的课题就是"选择"。她的著作《选择的艺术》被翻译成30多种语言，畅销世界。

　　同学们，新高考给大家带来的主要变化就是更多的"选择"，与你们的学长相比，你们有更多的选择机会。首先，你们在高考的内容上有一定的选择权，可以在6门课程中选择3门课程作为重点来学习和备考；其次，你们可以选择大学的专业，在大学本科专业设置的13个学科门类、92个专业类、703个专业中选择自己最喜欢的专业，并以此为基准填报志愿，而你们的学长以往是以选择大学为主，他们可能会被调剂到自己不喜欢、不擅长的专业，你们则不必担心；第三，也是最主要的一点，你们要考虑去选择未来从事的职业和行业，而这就是生涯规划，是高考改革给同学们带来的选择机会。你们可以充分发挥想象力，充分利用你们的天赋、特长、爱好、身体优势、家庭条件和资源，去选择你们最感兴趣和最擅长的职业和专业。在这个过程中，你们可以与老师、家长、朋友多交流，去设计一个最适合自己未来发展的人生规划。你们要幸运得多，因为你们有着更多的选择。

　　职业是在某些或某个行业中承担某种职能的人员称谓。从大学毕业后所从事的工作来看，主要有工程师、教师、医师、会计师、管理人员、金融业从业人员、研究人员、公务员、媒体工作者、律师等职业。工科毕业的同学最多，工程师分布的行业也就最广，如信息技术、机械、材料、土建、交通运输、航空航天、化工、水利、石油矿产等行业。

　　高校设置专业，是为了适应国家和区域经济社会发展的需要，所以社会职业发展的变化一定会影响大学的专业设置，如近年来高科技的发展就促使许多大学新开设了大数据、人工智能、云计算、物联网、网络空间安全等专业。可以说，几乎社会上每一种技术行业都会对应着大学中的一个或几个专业，而越是收入高、竞争激烈的职业，对应的专业就越热门，招生的学校也就越多。当然，随着科技的发展，有一些行业会萎缩，甚至会被机器人代替，而与之对应的大学专业，必然也会逐渐退出历史舞台。

　　大学本科专业共分为13个学科门类，除军事学外的12个学科门类分别是哲学、经济学、法学、教育学、文学、历史学、理学、工学、农学、医学、管理学和艺术学。一般把哲学、经济学、法学、教育学、文学、历史学、管理学统称为人文社会学科，把理学、工学、农学、医学统称为自然科学，通常也把文学、历史学和哲学（简称文史哲）称为人文学科，把经济学、管理学和法学（简称经管法）称为社会科学。从学科门类来看，各个学科都有不同的特点。例如，人文学科和理学属于研究型学科，往往需要思考更多的问题；社会科学对管理能力要求更高；工学是开设院校和录取人数最多的学科门类，工学专业毕业生是为社会创造财富的主要力量。

　　总体来说，大学的专业是为满足社会的需求而设置的，并没有好专业和差专业之说。当然，根据社会的需求，不同的职业收入往往有差别（必然与付出相关联），工作环境也有所不同。虽然社会对于不同的职业会有相应的说法，但是归根结底，三百六十行，行行出状元。最理想的，是选择自己喜欢并擅长的职业。

　　同学们在中学阶段接触社会比较少，阅历还不够丰富，对自己也许并不能完全了解。通过新高考，同学们可以顺势加强在这方面的能力。建议同学们深入思考一下自己的爱好是什么、自己的优势在哪里，必要时可以做一下关于兴趣和性格的测评（如霍兰德职业兴趣测评、MBTI职业性格测试等），看看系统会给自己哪些建议，也可以通过与家长和老师交流，更好地认识自己，找到适合自己未来发展的职业和行业。另外，中学阶段的学习成绩也可以作为借鉴，理科成绩好的同学一般更擅长自然科学领域的学习和研究，而文科成绩好的同学在人文社会科学领域会更加得心应手。

　　亲爱的同学们，高中时代是人生中最美好的时期，它会使你们成为最好的自己，也将成为你们最完美的回忆。你们朝气蓬勃，你们前途无限。未来实现"两个一百年"奋斗目标的宏伟蓝图必将在你们的手中成为现实。今天，以5G（第五代移动通信技术）应用为基础的万物互联时代刚刚拉开序幕，这场高科技的风暴将会波及每一个行业、每一种职业，会影响到世界的每一个角落。而中国正是这场科技革命的主导力量，这场科技革命正与我国倡导的"一带一路"建设遥相辉映。同学们，让我们与世界同呼吸，与民族共命运，用你们的聪明才智，用你们的热情和体魄，来迎接和拥抱这个属于你们的新时代吧！

编者

2020年4月

出版说明

　　山东省高考综合改革全面启动后，"专业（类）+学校"的招生录取方式和高中选科需要高中生提前了解大学专业设置和未来职业发展情况。为提高高中学生的大学专业认知，帮助同学们进行职业生涯规划，山东省教育厅于2018年遴选组建了山东高校专业宣讲团，共计590名专家，开展关于普通本科和高职高专各专业（类）的学术调研和认知指导活动。两年来，宣讲团专家在山东省教育厅的指导下，在山东省教育招生考试院、山东教育电视台和各高校的支持下，开展了丰富的专业认知指导活动。"大学专业认知公开课"走进各地高中学校开展了百余场。

　　本书由山东高校专业宣讲团专家在充分研讨、培训后分组撰写，文稿包含普通高校本科专业12个学科门类和高职（专科）19个专业大类的专业类介绍。每篇专业类的介绍文稿均包含专业类概述、知识构架、就业方向与发展前景、学习本专业类的优势与劣势、学生素质要求与高校选科要求等五大内容。其中，"专业类概述"是关于专业类的学科定位、培养目标、专业设置、学制学位和专业特色等内容的简要介绍。"知识构架"主要以专业类所属各专业的主干课程、核心课程和实践内容来体现，它们是对学生的专业学习起关键作用的主要课程教学和实践环节，是大学期间学习的核心内容；其中的实践环节，本科以实习和社会实践为主，高职（专科）以实习和技能实训为主。"就业方向与发展前景"是以近些年各行业的发展情况和相关政策、发展机遇为依据，介绍相关专业毕业生的就业情况和职业发展前景。"学习本专业类的优势与劣势"是从专业、行业和职业的角度，对专业学习、就业、发展过程中存在的优劣势进行简要的分析和评述。"学生素质要求与高校选科要求"中的学生素质要求主要是大学专业（类）学习对高中阶段学生素质的要求，也涉及大学阶段学生素质的要求，个别专业（类）提出对学生身体条件的要求，可以着重了解；选科要求是根据山东省教育招生考试院公布的《2020年拟在山东招生普通高校专业（类）选考科目要求》对各专业类的不同高校选科要求进行梳理。从以上五个方面，高中学生和家长基本能够对各专业类有较为宏观而全面的认识，在选科和志愿填报时可适当参考。

　　在本书编写过程中，山东高校专业宣讲团专家们结合教学和科研经验，查阅大量资料，几易其稿、不断完善。个别专业在山东省设置较少，为保证稿件质量，编委会协调省外高校专家帮助撰写。比如，中山大学的专家们帮助撰写了"图书情报与档案管理类"专业文稿。因高职专业较多，分类较细，少数专业类在我省职业院校没有设置，暂时没有找到适合的专家撰写，为保证本书出版效率，编委会研究决定第一版印刷暂不列入其中，后期再版时再行补充。

　　本书每篇专业类文稿的撰写都凝聚了山东高校专业宣讲团专家们的心血和智慧，在此表示衷心的感谢；本书的编辑出版得到了山东省教育招生考试院和山东教育电视台的大力支持和精心指导，谨致以诚挚的谢意。由于时间仓促，编者水平所限，本书的编撰工作难免有差误和不妥之处，敬请读者批评指正。

编者

2020年4月

目 录

第一部分 普通高等学校本科专业

第二部分　普通高等学校高等职业教育（专科）专业

概

述

大学专业介绍

　　高考综合改革从2014年开始，上海、浙江成为首批试点省份，到目前为止，试点工作已经推进到第三批，10余个省份加入改革的行列。本次改革突出了学生选择权，从选科到选专业、选大学，都需要学生在高中阶段就要提前了解大学专业。特别是山东省采用"专业（类）+学校"的志愿填报方式，普通类考生最多可以填报96个志愿。如果考生对专业不了解，从短期来看，将直接影响高二上学期前的选科和高考后的志愿填报；从长期来看，也将影响到自己未来的职业。因此，同学们在进行职业生涯规划的过程中，对专业、大学、职业都要有一定的了解。

　　教育部于2020年3月公布了《普通高等学校本科专业目录》（2020年版），大学本科专业划分为三级，其代码分别用两位、四位和六位（或七位）数字表示。第一级称为学科门类，包括哲学、经济学、法学、教育学、文学、历史学、理学、工学、农学、医学、管理学、艺术学，共计12个学科门类；未设军事学学科门类，其代码11预留。第二级称为专业类，如经济学类、机械类、林学类等，共计92个专业类。第三级称为专业，如经济学、机械工程、园林等，共计703个专业。本科专业目录将各专业分为基本专业（352个）和特设专业（351个），并确定了62个专业为国家控制布点专业（在专业代码后加"K"表示）。基本专业一般是指学科基础比较成熟、社会需求相对稳定、布点数量相对较多、继承性较好的专业。特设专业是指为满足经济社会发展的特殊需求而设置的专业，在专业代码后加"T"表示。

　　高职高专院校的专业分类是根据教育部2015年公布的《普通高等学校高等职业教育（专科）专业目录》，高职（专科）专业也划分为三级，其代码也分别用两位、四位和六位数字表示。第一级称为专业大类，包括农林牧渔大类、资源环境与安全大类、能源动力与材料大类、土木建筑大类、水利大类、装备制造大类、生物与化工大类、轻工纺织大类、食品药品与粮食大类、交通运输大类、电子信息大类、医药卫生大类、财经商贸大类、旅游大类、文化艺术大类、新闻传播大类、教育与体育大类、公安与司法大类、公共管理与服务大类，共计19个专业大类。第二级称为专业类，第三级称为专业。高职（专科）专业目录实行动态管理，通常每5年修订一次，每年增补一次专业。

　　本书对普通本科和高职（专科）的专业类都作了详细介绍，包括专业类概述、知识构架、就业方向与发展前景、学习本专业类的优势与劣势分析、学生素质和选科要求等，内容较为翔实。同学们可以根据专业目录查找到所关心的专业类，从本书中查阅相关信息。因版面限制，未能对每个学校的专业发展情况作详细介绍，同学们可以登录意向高校的官方网站查询。2017年，中国学位与研究生教育信息网公布了全国第四轮学科评估结果，评估结果按"分档"方式呈现，根据"学科整体水平得分"的位次百分比，将前70%的学科分为A+，A，A-，B+，B，B-，C+，C，C-九档，同学们也可以对照参考，了解各学校的学科发展水平。

　　以下为普通高等学校本科和高职（专科）的学科门类（专业大类）、专业类和专业的代码和目录。其中，表A为"普通高等学校本科专业目录"，表B为"普通高等学校高等职业教育（专科）专业目录"。（注：学科门类或专业大类、专业类的代码用括号标注。）

表A　普通高等学校本科专业目录（简表）

学科门类	专业类	专业代码	专业名称	学科门类	专业类	专业代码	专业名称
哲学（01）	哲学类（0101）	010101	哲学	法学（03）	政治学类（0302）	030201	政治学与行政学
		010102	逻辑学			030202	国际政治
		010103K	宗教学			030203	外交学
		010104T	伦理学			030204T	国际事务与国际关系
经济学（02）	经济学类（0201）	020101	经济学			030205T	政治学、经济学与哲学
		020102	经济统计学				
		020103T	国民经济管理			030206TK	国际组织与全球治理
		020104T	资源与环境经济学		社会学类（0303）	030301	社会学
		020105T	商务经济学			030302	社会工作
		020106T	能源经济			030303T	人类学
		020107T	劳动经济学			030304T	女性学
		020108T	经济工程			030305T	家政学
		020109T	数字经济			030306T	老年学
	财政学类（0202）	020201K	财政学		民族学类（0304）	030401	民族学
		020202	税收学		马克思主义理论类（0305）	030501	科学社会主义
	金融学类（0203）	020301K	金融学			030502	中国共产党历史
		020302	金融工程			030503	思想政治教育
		020303	保险学			030504T	马克思主义理论
		020304	投资学		公安学类（0306）	030601K	治安学
		020305T	金融数学			030602K	侦查学
		020306T	信用管理			030603K	边防管理
		020307T	经济与金融			030604TK	禁毒学
		020308T	精算学			030605TK	警犬技术
		020309T	互联网金融			030606TK	经济犯罪侦查
		020310T	金融科技			030607TK	边防指挥
	经济与贸易类（0204）	020401	国际经济与贸易			030608TK	消防指挥
		020402	贸易经济			030609TK	警卫学
法学（03）	法学类（0301）	030101K	法学			030610TK	公安情报学
		030102T	知识产权			030611TK	犯罪学
		030103T	监狱学			030612TK	公安管理学
		030104T	信用风险管理与法律防控			030613TK	涉外警务
		030105T	国际经贸规则			030614TK	国内安全保卫
		030106TK	司法警察学			030615TK	警务指挥与战术
		030107TK	社区矫正				

表A（续）

学科门类	专业类	专业代码	专业名称	学科门类	专业类	专业代码	专业名称
法学（03）	公安学类（0306）	030616TK	技术侦查学	文学（05）	中国语言文学类（0501）	050106T	应用语言学
		030617TK	海警执法			050107T	秘书学
		030618TK	公安政治工作			050108T	中国语言与文化
		030619TK	移民管理			050109T	手语翻译
		030620TK	出入境管理		外国语言文学类（0502）	050200T	桑戈语
教育学（04）	教育学类（0401）	040101	教育学			050201	英语
		040102	科学教育			050202	俄语
		040103	人文教育			050203	德语
		040104	教育技术学			050204	法语
		040105	艺术教育			050205	西班牙语
		040106	学前教育			050206	阿拉伯语
		040107	小学教育			050207	日语
		040108	特殊教育			050208	波斯语
		040109T	华文教育			050209	朝鲜语
		040110TK	教育康复学			050210	菲律宾语
		040111T	卫生教育			050211	梵语巴利语
		040112T	认知科学与技术			050212	印度尼西亚语
	体育学类（0402）	040201	体育教育			050213	印地语
		040202K	运动训练			050214	柬埔寨语
		040203	社会体育指导与管理			050215	老挝语
		040204K	武术与民族传统体育			050216	缅甸语
		040205	运动人体科学			050217	马来语
		040206T	运动康复			050218	蒙古语
		040207T	休闲体育			050219	僧伽罗语
		040208T	体能训练			050220	泰语
		040209T	冰雪运动			050221	乌尔都语
		040210TK	电子竞技运动与管理			050222	希伯来语
		040211TK	智能体育工程			050223	越南语
		040212TK	体育旅游			050224	豪萨语
		040213T	运动能力开发			050225	斯瓦希里语
文学（05）	中国语言文学类（0501）	050101	汉语言文学			050226	阿尔巴尼亚语
		050102	汉语言			050227	保加利亚语
		050103	汉语国际教育			050228	波兰语
		050104	中国少数民族语言文学			050229	捷克语
						050230	斯洛伐克语
						050231	罗马尼亚语
		050105	古典文献学			050232	葡萄牙语

学科门类	专业类	专业代码	专业名称	学科门类	专业类	专业代码	专业名称
文学（05）	外国语言文学类（0502）	050233	瑞典语	文学（05）	外国语言文学类（0502）	050270T	马达加斯加语
		050234	塞尔维亚语			050271T	格鲁吉亚语
		050235	土耳其语			050272T	阿塞拜疆语
		050236	希腊语			050273T	阿非利卡语
		050237	匈牙利语			050274T	马其顿语
		050238	意大利语			050275T	塔吉克语
		050239	泰米尔语			050276T	茨瓦纳语
		050240	普什图语			050277T	恩德贝莱语
		050241	世界语			050278T	科摩罗语
		050242	孟加拉语			050279T	克里奥尔语
		050243	尼泊尔语			050280T	绍纳语
		050244	克罗地亚语			050281T	提格雷尼亚语
		050245	荷兰语			050282T	白俄罗斯语
		050246	芬兰语			050283T	毛利语
		050247	乌克兰语			050284T	汤加语
		050248	挪威语			050285T	萨摩亚语
		050249	丹麦语			050286T	库尔德语
		050250	冰岛语			050287T	比斯拉马语
		050251	爱尔兰语			050288T	达里语
		050252	拉脱维亚语			050289T	德顿语
		050253	立陶宛语			050290T	迪维希语
		050254	斯洛文尼亚语			050291T	斐济语
		050255	爱沙尼亚语			050292T	库克群岛毛利语
		050256	马耳他语			050293T	隆迪语
		050257	哈萨克语			050294T	卢森堡语
		050258	乌兹别克语			050295T	卢旺达语
		050259	祖鲁语			050296T	纽埃语
		050260	拉丁语			050297T	皮金语
		050261	翻译			050298T	切瓦语
		050262	商务英语			050299T	塞苏陀语
		050263T	阿姆哈拉语			0502100T	语言学
		050264T	吉尔吉斯语			0502101T	塔玛齐格特语
		050265T	索马里语			0502102T	爪哇语
		050266T	土库曼语			0502103T	旁遮普语
		050267T	加泰罗尼亚语		新闻传播学类（0503）	050301	新闻学
		050268T	约鲁巴语			050302	广播电视学
		050269T	亚美尼亚语			050303	广告学

学科门类	专业类	专业代码	专业名称
文学（05）	新闻传播学类（0503）	050304	传播学
		050305	编辑出版学
		050306T	网络与新媒体
		050307T	数字出版
		050308T	时尚传播
		050309T	国际新闻与传播
	新闻传播学类（交叉专业）	99J001T	会展
历史学（06）	历史学类（0601）	060101	历史学
		060102	世界史
		060103	考古学
		060104	文物与博物馆学
		060105T	文物保护技术
		060106T	外国语言与外国历史
		060107T	文化遗产
理学（07）	数学类（0701）	070101	数学与应用数学
		070102	信息与计算科学
		070103T	数理基础科学
		070104T	数据计算及应用
	物理学类（0702）	070201	物理学
		070202	应用物理学
		070203	核物理
		070204T	声学
		070205T	系统科学与工程
	化学类（0703）	070301	化学
		070302	应用化学
		070303T	化学生物学
		070304T	分子科学与工程
		070305T	能源化学
	天文学类（0704）	070401	天文学
	地理科学类（0705）	070501	地理科学
		070502	自然地理与资源环境
		070503	人文地理与城乡规划
		070504	地理信息科学
	大气科学类（0706）	070601	大气科学

学科门类	专业类	专业代码	专业名称
理学（07）	大气科学类（0706）	070602	应用气象学
	海洋科学类（0707）	070701	海洋科学
		070702	海洋技术
		070703T	海洋资源与环境
		070704T	军事海洋学
	地球物理学类（0708）	070801	地球物理学
		070802	空间科学与技术
		070803T	防灾减灾科学与工程
	地质学类（0709）	070901	地质学
		070902	地球化学
		070903T	地球信息科学与技术
		070904T	古生物学
	生物科学类（0710）	071001	生物科学
		071002	生物技术
		071003	生物信息学
		071004	生态学
		071005T	整合科学
		071006T	神经科学
	心理学类（0711）	071101	心理学
		071102	应用心理学
	统计学类（0712）	071201	统计学
		071202	应用统计学
工学（08）	力学类（0801）	080101	理论与应用力学
		080102	工程力学
	机械类（0802）	080201	机械工程
		080202	机械设计制造及其自动化
		080203	材料成型及控制工程
		080204	机械电子工程
		080205	工业设计
		080206	过程装备与控制工程
		080207	车辆工程
		080208	汽车服务工程
		080209T	机械工艺技术
		080210T	微机电系统工程

学科门类	专业类	专业代码	专业名称
工学（08）	机械类（0802）	080211T	机电技术教育
		080212T	汽车维修工程教育
		080213T	智能制造工程
		080214T	智能车辆工程
		080215T	仿生科学与工程
		080216T	新能源汽车工程
	仪器类（0803）	080301	测控技术与仪器
		080302T	精密仪器
		080303T	智能感知工程
	材料类（0804）	080401	材料科学与工程
		080402	材料物理
		080403	材料化学
		080404	冶金工程
		080405	金属材料工程
		080406	无机非金属材料工程
		080407	高分子材料与工程
		080408	复合材料与工程
		080409T	粉体材料科学与工程
		080410T	宝石及材料工艺学
		080411T	焊接技术与工程
		080412T	功能材料
		080413T	纳米材料与技术
		080414T	新能源材料与器件
		080415T	材料设计科学与工程
		080416T	复合材料成型工程
		080417T	智能材料与结构
	能源动力类（0805）	080501	能源与动力工程
		080502T	能源与环境系统工程
		080503T	新能源科学与工程
		080504T	储能科学与工程
	电气类（0806）	080601	电气工程及其自动化
		080602T	智能电网信息工程
		080603T	光源与照明
		080604T	电气工程与智能控制

学科门类	专业类	专业代码	专业名称
工学（08）	电气类（0806）	080605T	电机电器智能化
		080606T	电缆工程
	电子信息类（0807）	080701	电子信息工程
		080702	电子科学与技术
		080703	通信工程
		080704	微电子科学与工程
		080705	光电信息科学与工程
		080706	信息工程
		080707T	广播电视工程
		080708T	水声工程
		080709T	电子封装技术
		080710T	集成电路设计与集成系统
		080711T	医学信息工程
		080712T	电磁场与无线技术
		080713T	电波传播与天线
		080714T	电子信息科学与技术
		080715T	电信工程及管理
		080716T	应用电子技术教育
		080717T	人工智能
		080718T	海洋信息工程
	自动化类（0808）	080801	自动化
		080802T	轨道交通信号与控制
		080803T	机器人工程
		080804T	邮政工程
		080805T	核电技术与控制工程
		080806T	智能装备与系统
		080807T	工业智能
	计算机类（0809）	080901	计算机科学与技术
		080902	软件工程
		080903	网络工程
		080904K	信息安全
		080905	物联网工程
		080906	数字媒体技术
		080907T	智能科学与技术

学科门类	专业类	专业代码	专业名称
工学（08）	计算机类（0809）	080908T	空间信息与数字技术
		080909T	电子与计算机工程
		080910T	数据科学与大数据技术
		080911TK	网络空间安全
		080912T	新媒体技术
		080913T	电影制作
		080914TK	保密技术
		080915T	服务科学与工程
		080916T	虚拟现实技术
		080917T	区块链工程
	土木类（0810）	081001	土木工程
		081002	建筑环境与能源应用工程
		081003	给排水科学与工程
		081004	建筑电气与智能化
		081005T	城市地下空间工程
		081006T	道路桥梁与渡河工程
		081007T	铁道工程
		081008T	智能建设
		081009T	土木、水利与海洋工程
		081010T	土木、水利与交通工程
	水利类（0811）	081101	水利水电工程
		081102	水文与水资源工程
		081103	港口航道与海岸工程
		081104T	水务工程
		081105T	水利科学与工程
	测绘类（0812）	081201	测绘工程
		081202	遥感科学与技术
		081203T	导航工程
		081204T	地理国情监测
		081205T	地理空间信息工程
	化工与制药类（0813）	081301	化学工程与工艺
		081302	制药工程
		081303T	资源循环科学与工程
		081304T	能源化学工程

学科门类	专业类	专业代码	专业名称
工学（08）	化工与制药类（0813）	081305T	化学工程与工业生物工程
		081306T	化工安全工程
		081307T	涂料工程
		081308T	精细化工
	地质类（0814）	081401	地质工程
		081402	勘查技术与工程
		081403	资源勘查工程
		081404T	地下水科学与工程
		081405T	旅游地学与规划工程
	矿业类（0815）	081501	采矿工程
		081502	石油工程
		081503	矿物加工工程
		081504	油气储运工程
		081505T	矿物资源工程
		081506T	海洋油气工程
	纺织类（0816）	081601	纺织工程
		081602	服装设计与工程
		081603T	非织造材料与工程
		081604T	服装设计与工艺教育
		081605T	丝绸设计与工程
	轻工类（0817）	081701	轻化工程
		081702	包装工程
		081703	印刷工程
		081704T	香料香精技术与工程
		081705T	化妆品技术与工程
	交通运输类（0818）	081801	交通运输
		081802	交通工程
		081803K	航海技术
		081804K	轮机工程
		081805K	飞行技术
		081806T	交通设备与控制工程
		081807T	救助与打捞工程
		081808TK	船舶电子电气工程
		081809T	轨道交通电气与控制
		081810T	邮轮工程与管理

学科门类	专业类	专业代码	专业名称	学科门类	专业类	专业代码	专业名称
工学（08）	海洋工程类（0819）	081901	船舶与海洋工程	工学（08）	林业工程类（0824）	082401	森林工程
		081902T	海洋工程与技术			082402	木材科学与工程
		081903T	海洋资源开发技术			082403	林产化工
		081904T	海洋机器人			082404T	家具设计与工程
	航空航天类（0820）	082001	航空航天工程		环境科学与工程类（0825）	082501	环境科学与工程
		082002	飞行器设计与工程			082502	环境工程
		082003	飞行器制造工程			082503	环境科学
		082004	飞行器动力工程			082504	环境生态工程
		082005	飞行器环境与生命保障工程			082505T	环保设备工程
		082006T	飞行器质量与可靠性			082506T	资源环境科学
		082007T	飞行器适航技术			082507T	水质科学与技术
		082008T	飞行器控制与信息工程		生物医学工程类（0826）	082601	生物医学工程
		082009T	无人驾驶航空器系统工程			082602T	假肢矫形工程
	兵器类（0821）	082101	武器系统与工程			082603T	临床工程技术
		082102	武器发射工程			082604T	康复工程
		082103	探测制导与控制技术		食品科学与工程类（0827）	082701	食品科学与工程
		082104	弹药工程与爆炸技术			082702	食品质量与安全
		082105	特种能源技术与工程			082703	粮食工程
		082106	装甲车辆工程			082704	乳品工程
		082107	信息对抗技术			082705	酿酒工程
		082108T	智能无人系统技术			082706T	葡萄与葡萄酒工程
	核工程类（0822）	082201	核工程与核技术			082707T	食品营养与检验教育
		082202	辐射防护与核安全			082708T	烹饪与营养教育
		082203	工程物理			082709T	食品安全与检测
		082204	核化工与核燃料工程			082710T	食品营养与健康
	农业工程类（0823）	082301	农业工程			082711T	食用菌科学与工程
		082302	农业机械化及其自动化			082712T	白酒酿造工程
		082303	农业电气化		建筑类（0828）	082801	建筑学
		082304	农业建筑环境与能源工程			082802	城乡规划
		082305	农业水利工程			082803	风景园林
		082306T	土地整治工程			082804T	历史建筑保护工程
		082307T	农业智能装备工程			082805T	人居环境科学与技术
						082806T	城市设计
						082807T	智慧建筑与建造
					安全科学与工程类（0829）	082901	安全工程
						082902T	应急技术与管理
						082903T	职业卫生工程

表A（续）

学科门类	专业类	专业代码	专业名称
工学（08）	生物工程类（0830）	083001	生物工程
		083002T	生物制药
		083003T	合成生物学
	公安技术类（0831）	083101K	刑事科学技术
		083102K	消防工程
		083103TK	交通管理工程
		083104TK	安全防范工程
		083105TK	公安视听技术
		083106TK	抢险救援指挥与技术
		083107TK	火灾勘查
		083108TK	网络安全与执法
		083109TK	核生化消防
		083110TK	海警舰艇指挥与技术
		083111TK	数据警务技术
农学（09）	植物生产类（0901）	090101	农学
		090102	园艺
		090103	植物保护
		090104	植物科学与技术
		090105	种子科学与工程
		090106	设施农业科学与工程
		090107T	茶学
		090108T	烟草
		090109T	应用生物科学
		090110T	农艺教育
		090111T	园艺教育
		090112T	智慧农业
		090113T	菌物科学与工程
		090114T	农药化肥
	自然保护与环境生态类（0902）	090201	农业资源与环境
		090202	野生动物与自然保护区管理
		090203	水土保持与荒漠化防治
		090204T	生物质科学与工程
	动物生产类（0903）	090301	动物科学
		090302T	蚕学
		090303T	蜂学

学科门类	专业类	专业代码	专业名称
农学（09）	动物生产类（0903）	090304T	经济动物学
		090305T	马业科学
	动物医学类（0904）	090401	动物医学
		090402	动物药学
		090403T	动植物检疫
		090404T	实验动物学
		090405T	中兽医学
	林学类（0905）	090501	林学
		090502	园林
		090503	森林保护
		090504T	经济林
	水产类（0906）	090601	水产养殖学
		090602	海洋渔业科学与技术
		090603T	水族科学与技术
		090604TK	水生动物医学
	草学类（0907）	090701	草业科学
		090702T	草坪科学与工程
医学（10）	基础医学类（1001）	100101K	基础医学
		100102TK	生物医学
		100103T	生物医学科学
	临床医学类（1002）	100201K	临床医学
		100202TK	麻醉学
		100203TK	医学影像学
		100204TK	眼视光医学
		100205TK	精神医学
		100206TK	放射医学
		100207TK	儿科学
	口腔医学类（1003）	100301K	口腔医学
	公共卫生与预防医学类（1004）	100401K	预防医学
		100402	食品卫生与营养学
		100403TK	妇幼保健医学
		100404TK	卫生监督
		100405TK	全球健康学
	中医学类（1005）	100501K	中医学
		100502K	针灸推拿学
		100503K	藏医学

学科门类	专业类	专业代码	专业名称
医学 （10）	中医学类 （1005）	100504K	蒙医学
		100505K	维医学
		100506K	壮医学
		100507K	哈医学
		100508TK	傣医学
		100509TK	回医学
		100510TK	中医康复学
		100511TK	中医养生学
		100512TK	中医儿科学
		100513TK	中医骨伤科学
	中西医结合类（1006）	100601K	中西医临床医学
	药学类 （1007）	100701	药学
		100702	药物制剂
		100703TK	临床药学
		100704T	药事管理
		100705T	药物分析
		100706T	药物化学
		100707T	海洋药学
		100708T	化妆品科学与技术
	中药学类 （1008）	100801	中药学
		100802	中药资源与开发
		100803T	藏药学
		100804T	蒙药学
		100805T	中药制药
		100806T	中草药栽培与鉴定
	法医学类 （1009）	100901K	法医学
	医学技术类 （1010）	101001	医学检验技术
		101002	医学实验技术
		101003	医学影像技术
		101004	眼视光学
		101005	康复治疗学
		101006	口腔医学技术
		101007	卫生检验与检疫
		101008T	听力与言语康复学
		101009T	康复物理治疗
		101010T	康复作业治疗
		101011T	智能医学工程

学科门类	专业类	专业代码	专业名称
医学 （10）	护理学类 （1011）	101101	护理学
		101102T	助产学
管理学 （12）	管理科学 与工程类 （1201）	120101	管理科学
		120102	信息管理与信息系统
		120103	工程管理
		120104	房地产开发与管理
		120105	工程造价
		120106TK	保密管理
		120107T	邮政管理
		120108T	大数据管理与应用
		120109T	工程审计
		120110T	计算金融
		120111T	应急管理
	工商管理类 （1202）	120201K	工商管理
		120202	市场营销
		120203K	会计学
		120204	财务管理
		120205	国际商务
		120206	人力资源管理
		120207	审计学
		120208	资产评估
		120209	物业管理
		120210	文化产业管理
		120211T	劳动关系
		120212T	体育经济与管理
		120213T	财务会计教育
		120214T	市场营销教育
		120215T	零售业管理
	农业经济 管理类 （1203）	120301	农林经济管理
		120302	农村区域发展
	公共管理类 （1204）	120401	公共事业管理
		120402	行政管理
		120403	劳动与社会保障
		120404	土地资源管理
		120405	城市管理
		120406TK	海关管理
		120407T	交通管理

表A（续）

学科门类	专业类	专业代码	专业名称
管理学（12）	公共管理类（1204）	120408T	海事管理
		120409T	公共关系学
		120410T	健康服务与管理
		120411TK	海警后勤管理
		120412T	医疗产品管理
		120413T	医疗保险
		120414T	养老服务管理
	图书情报与档案管理类（1205）	120501	图书馆学
		120502	档案学
		120503	信息资源管理
	物流管理与工程类（1206）	120601	物流管理
		120602	物流工程
		120603T	采购管理
		120604T	供应链管理
	工业工程类（1207）	120701	工业工程
		120702T	标准化工程
		120703T	质量管理工程
	电子商务类（1208）	120801	电子商务
		120802T	电子商务及法律
		120803T	跨境电子商务
	旅游管理类（1209）	120901K	旅游管理
		120902	酒店管理
		120903	会展经济与管理
		120904T	旅游管理与服务教育
艺术学（13）	艺术学理论类（1301）	130101	艺术史论
		130102T	艺术管理
	音乐与舞蹈学类（1302）	130201	音乐表演
		130202	音乐学
		130203	作曲与作曲技术理论
		130204	舞蹈表演
		130205	舞蹈学
		130206	舞蹈编导
		130207T	舞蹈教育
		130208TK	航空服务艺术与管理
		130209T	流行音乐

学科门类	专业类	专业代码	专业名称
艺术学（13）	音乐与舞蹈学类（1302）	130210T	音乐治疗
		130211T	流行舞蹈
	戏剧与影视学类（1303）	130301	表演
		130302	戏剧学
		130303	电影学
		130304	戏剧影视文学
		130305	广播电视编导
		130306	戏剧影视导演
		130307	戏剧影视美术设计
		130308	录音艺术
		130309	播音与主持艺术
		130310	动画
		130311T	影视摄影与制作
		130312T	影视技术
		130313T	戏剧教育
	美术学类（1304）	130401	美术学
		130402	绘画
		130403	雕塑
		130404	摄影
		130405T	书法学
		130406T	中国画
		130407TK	实验艺术
		130408TK	跨媒体艺术
		130409T	文物保护与修复
		130410T	漫画
	设计学类（1305）	130501	艺术设计学
		130502	视觉传达设计
		130503	环境设计
		130504	产品设计
		130505	服装与服饰设计
		130506	公共艺术
		130507	工艺美术
		130508	数字媒体艺术
		130509T	艺术与科技
		130510TK	陶瓷艺术设计
		130511T	新媒体艺术
		130512T	包装设计

表B　普通高等学校高等职业教育（专科）专业目录（简表）

专业大类	专业类	专业代码	专业名称
农林牧渔大类（51）	农业类（5101）	510101	作物生产技术
		510102	种子生产与经营
		510103	设施农业与装备
		510104	现代农业技术
		510105	休闲农业
		510106	生态农业技术
		510107	园艺技术
		510108	植物保护与检疫技术
		510109	茶树栽培与茶叶加工
		510110	中草药栽培技术
		510111	烟草栽培与加工
		510112	棉花加工与经营管理
		510113	农产品加工与质量检测
		510114	绿色食品生产与检验
		510115	农资营销与服务
		510116	农产品流通与管理
		510117	农业装备应用技术
		510118	农业经济管理
		510119	农村经营管理
		510120	食用菌生产与加工
	林业类（5102）	510201	林业技术
		510202	园林技术
		510203	森林资源保护
		510204	经济林培育与利用
		510205	野生植物资源保护与利用
		510206	野生动物资源保护与利用
		510207	森林生态旅游
		510208	森林防火指挥与通讯
		510209	自然保护区建设与管理
		510210	木工设备应用技术
		510211	木材加工技术
		510212	林业调查与信息处理
		510213	林业信息技术与管理

专业大类	专业类	专业代码	专业名称
农林牧渔大类（51）	畜牧业类（5103）	510301	畜牧兽医
		510302	动物医学
		510303	动物药学
		510304	动物防疫与检疫
		510305	动物医学检验技术
		510306	宠物养护与驯导
		510307	实验动物技术
		510308	饲料与动物营养
		510309	特种动物养殖
		510310	畜牧工程技术
		510311	蚕桑技术
		510312	草业技术
		510313	养蜂与蜂产品加工
		510314	畜牧业经济管理
		510315	宠物临床诊疗技术
	渔业类（5104）	510401	水产养殖技术
		510402	海洋渔业技术
		510403	水族科学与技术
		510404	水生动物医学
		510405	渔业经济管理
资源环境与安全大类（52）	资源勘查类（5201）	520101	国土资源调查与管理
		520102	地质调查与矿产普查
		520103	矿产地质与勘查
		520104	岩矿分析与鉴定
		520105	宝玉石鉴定与加工
		520106	煤田地质与勘查技术
		520107	权籍信息化管理
	地质类（5202）	520201	工程地质勘查
		520202	水文与工程地质
		520203	钻探技术
		520204	矿山地质
		520205	地球物理勘探技术
		520206	地质灾害调查与防治
		520207	环境地质工程
		520208	岩土工程技术

表B（续）

专业大类	专业类	专业代码	专业名称	专业大类	专业类	专业代码	专业名称
资源环境与安全大类（52）	测绘地理信息类（5203）	520301	工程测量技术	资源环境与安全大类（52）	环境保护类（5208）	520805	环境信息技术
		520302	摄影测量与遥感技术			520806	核与辐射检测防护技术
		520303	测绘工程技术			520807	环境规划与管理
		520304	测绘地理信息技术			520808	环境评价与咨询服务
		520305	地籍测绘与土地管理			520809	污染修复与生态工程技术
		520306	矿山测量			520810	清洁生产与减排技术
		520307	测绘与地质工程技术			520811	资源综合利用与管理技术
		520308	导航与位置服务			520812	水净化与安全技术
		520309	地图制图与数字传播技术		安全类（5209）	520901	安全健康与环保
		520310	地理国情监测技术			520902	化工安全技术
		520311	国土测绘与规划			520903	救援技术
	石油与天然气类（5204）	520401	钻井技术			520904	安全技术与管理
		520402	油气开采技术			520905	工程安全评价与监理
		520403	油气储运技术			520906	安全生产监测监控
		520404	油气地质勘探技术			520907	职业卫生技术与管理
		520405	油田化学应用技术	能源动力与材料大类（53）	电力技术类（5301）	530101	发电厂及电力系统
		520406	石油工程技术			530102	供用电技术
	煤炭类（5205）	520501	煤矿开采技术			530103	电力系统自动化技术
		520502	矿井建设			530104	高压输配电线路施工运行与维护
		520503	矿山机电技术			530105	电力系统继电保护与自动化技术
		520504	矿井通风与安全			530106	水电站机电设备与自动化
		520505	综合机械化采煤			530107	电网监控技术
		520506	选煤技术			530108	电力客户服务与管理
		520507	煤炭深加工与利用			530109	水电站与电力网
		520508	煤化分析与检验			530110	电源变换技术与应用
		520509	煤层气采输技术			530111	农业电气化技术
		520510	矿井运输与提升			530112	分布式发电与微电网技术
	金属与非金属矿类（5206）	520601	金属与非金属矿开采技术			530113	机场电工技术
		520602	矿物加工技术		热能与发电工程类（5302）	530201	电厂热能动力装置
		520603	矿业装备维护技术			530202	城市热能应用技术
	气象类（5207）	520701	大气科学技术			530203	核电站动力设备运行与维护
		520702	大气探测技术			530204	火电厂集控运行
		520703	应用气象技术			530205	电厂化学与环保技术
		520704	防雷技术			530206	电厂热工自动化技术
	环境保护类（5208）	520801	环境监测与控制技术		新能源发电工程类（5303）	530301	风力发电工程技术
		520802	农村环境保护			530302	风电系统运行与维护
		520803	室内环境检测与控制技术				
		520804	环境工程技术				

专业大类	专业类	专业代码	专业名称	专业大类	专业类	专业代码	专业名称
能源动力与材料大类（53）	新能源发电工程类（5303）	530303	生物质能应用技术	土木建筑大类（54）	城乡规划与管理类（5402）	540201	城乡规划
		530304	光伏发电技术与应用			540202	村镇建设与管理
		530305	工业节能技术			540203	城市信息化管理
		530306	节电技术与管理		土建施工类（5403）	540301	建筑工程技术
		530307	太阳能光热技术与应用			540302	地下与隧道工程技术
		530308	农村能源与环境技术			540303	土木工程检测技术
		530309	氢能技术应用			540304	建筑钢结构工程技术
	黑色金属材料类（5304）	530401	黑色冶金技术		建筑设备类（5404）	540401	建筑设备工程技术
		530402	轧钢工程技术			540402	供热通风与空调工程技术
		530403	钢铁冶金设备应用技术			540403	建筑电气工程技术
		530404	金属材料质量检测			540404	建筑智能化工程技术
		530405	铁矿资源综合利用			540405	工业设备安装工程技术
	有色金属材料类（5305）	530501	有色冶金技术			540406	消防工程技术
		530502	有色冶金设备应用技术		建设工程管理类（5405）	540501	建设工程管理
		530503	金属压力加工			540502	工程造价
		530504	金属精密成型技术			540503	建筑经济管理
		530505	储能材料技术			540504	建设项目信息化管理
	非金属材料类（5306）	530601	材料工程技术			540505	建设工程监理
		530602	高分子材料工程技术		市政工程类（5406）	540601	市政工程技术
		530603	复合材料工程技术			540602	城市燃气工程技术
		530604	非金属矿物材料技术			540603	给排水工程技术
		530605	光伏材料制备技术			540604	环境卫生工程技术
		530606	炭素加工技术		房地产类（5407）	540701	房地产经营与管理
		530607	硅材料制备技术			540702	房地产检测与估价
		530608	橡胶工程技术			540703	物业管理
	建筑材料类（5307）	530701	建筑材料工程技术	水利大类（55）	水文水资源类（5501）	550101	水文与水资源工程
		530702	建筑材料检测技术			550102	水文测报技术
		530703	建筑装饰材料技术			550103	水政水资源管理
		530704	建筑材料设备应用		水利工程与管理类（5502）	550201	水利工程
		530705	新型建筑材料技术			550202	水利水电工程技术
		530706	建筑材料生产与管理			550203	水利水电工程管理
土木建筑大类（54）	建筑设计类（5401）	540101	建筑设计			550204	水利水电建筑工程
		540102	建筑装饰工程技术			550205	机电排灌工程技术
		540103	古建筑工程技术			550206	港口航道与治河工程
		540104	建筑室内设计			550207	水务管理
		540105	风景园林设计		水利水电设备类（5503）	550301	水电站动力设备
		540106	园林工程技术			550302	水电站电气设备
		540107	建筑动画与模型制作				

表B（续）

专业大类	专业类	专业代码	专业名称	专业大类	专业类	专业代码	专业名称
水利大类（55）	水利水电设备类（5503）	550303	水电站运行与管理	装备制造大类（56）	自动化类（5603）	560308	电梯工程技术
		550304	水利机电设备运行与管理			560309	工业机器人技术
	水土保持与水环境类（5504）	550401	水土保持技术		铁道装备类（5604）	560401	铁道机车车辆制造与维护
		550402	水环境监测与治理			560402	铁道通信信号设备制造与维护
装备制造大类（56）	机械设计制造类（5601）	560101	机械设计与制造			560403	铁道施工和养路机械制造与维护
		560102	机械制造与自动化		船舶与海洋工程装备类（5605）	560501	船舶工程技术
		560103	数控技术			560502	船舶机械工程技术
		560104	精密机械技术			560503	船舶电气工程技术
		560105	特种加工技术			560504	船舶舾装工程技术
		560106	材料成型与控制技术			560505	船舶涂装工程技术
		560107	金属材料与热处理技术			560506	游艇设计与制造
		560108	铸造技术			560507	海洋工程技术
		560109	锻压技术			560508	船舶通信与导航
		560110	焊接技术与自动化			560509	船舶动力工程技术
		560111	机械产品检测检验技术		航空装备类（5606）	560601	飞行器制造技术
		560112	理化测试与质检技术			560602	飞行器维修技术
		560113	模具设计与制造			560603	航空发动机制造技术
		560114	电机与电器技术			560604	航空发动机装试技术
		560115	电线电缆制造技术			560605	航空发动机维修技术
		560116	内燃机制造与维修			560606	飞机机载设备制造技术
		560117	机械装备制造技术			560607	飞机机载设备维修技术
		560118	工业设计			560608	航空电子电气技术
		560119	工业工程技术			560609	航空材料精密成型技术
	机电设备类（5602）	560201	自动化生产设备应用			560610	无人机应用技术
		560202	机电设备安装技术			560611	导弹维修
		560203	机电设备维修与管理		汽车制造类（5607）	560701	汽车制造与装配技术
		560204	数控设备应用与维护			560702	汽车检测与维修技术
		560205	制冷与空调技术			560703	汽车电子技术
		560206	光电制造与应用技术			560704	汽车造型技术
		560207	新能源装备技术			560705	汽车试验技术
	自动化类（5603）	560301	机电一体化技术			560706	汽车改装技术
		560302	电气自动化技术			560707	新能源汽车技术
		560303	工业过程自动化技术	生物与化工大类	生物技术类（5701）	570101	食品生物技术
		560304	智能控制技术			570102	化工生物技术
		560305	工业网络技术			570103	药品生物技术
		560306	工业自动化仪表			570104	农业生物技术
		560307	液压与气动技术			570105	生物产品检验检疫

专业大类	专业类	专业代码	专业名称
生物与化工大类（57）	化工技术类（5702）	570201	应用化工技术
		570202	石油炼制技术
		570203	石油化工技术
		570204	高分子合成技术
		570205	精细化工技术
		570206	海洋化工技术
		570207	工业分析技术
		570208	化工装备技术
		570209	化工自动化技术
		570210	涂装防护技术
		570211	烟花爆竹技术与管理
		570212	煤化工技术
轻工纺织大类（58）	轻化工类（5801）	580101	高分子材料加工技术
		580102	制浆造纸技术
		580103	香料香精工艺
		580104	表面精饰工艺
		580105	家具设计与制造
		580106	化妆品技术
		580107	皮革加工技术
		580108	皮具制作与工艺
		580109	鞋类设计与工艺
		580110	乐器制造与维护
		580111	陶瓷制造工艺
		580112	珠宝首饰技术与管理
	包装类（5802）	580201	包装工程技术
		580202	包装策划与设计
		580203	包装设备应用技术
		580204	食品包装技术
	印刷类（5803）	580301	数字图文信息技术
		580302	印刷设备应用技术
		580303	印刷媒体设计与制作
		580304	印刷媒体技术
		580305	数字印刷技术
	纺织服装类（5804）	580401	现代纺织技术
		580402	丝绸技术
		580403	染整技术

专业大类	专业类	专业代码	专业名称
轻工纺织大类（58）	纺织服装类（5804）	580404	纺织机电技术
		580405	纺织品检验与贸易
		580406	纺织品设计
		580407	家用纺织品设计
		580408	纺织材料与应用
		580409	针织技术与针织服装
		580410	服装设计与工艺
		580411	皮革服装制作与工艺
		580412	服装陈列与展示设计
食品药品与粮食大类（59）	食品工业类（5901）	590101	食品加工技术
		590102	酿酒技术
		590103	食品质量与安全
		590104	食品贮运与营销
		590105	食品检测技术
		590106	食品营养与卫生
		590107	食品营养与检测
	药品制造类（5902）	590201	中药生产与加工
		590202	药品生产技术
		590203	兽药制药技术
		590204	药品质量与安全
		590205	制药设备应用技术
		590206	化学制药技术
		590207	生物制药技术
		590208	中药制药技术
		590209	药物制剂技术
	食品药品管理类（5903）	590301	药品经营与管理
		590302	药品服务与管理
		590303	保健品开发与管理
		590304	化妆品经营与管理
		590305	食品药品监督管理
	粮食工业类（5904）	590401	粮食工程技术
	粮食储检类（5905）	590501	粮油储藏与检测技术
交通运输大类（60）	铁道运输类（6001）	600101	铁道机车
		600102	铁道车辆
		600103	铁道供电技术

专业大类	专业类	专业代码	专业名称	专业大类	专业类	专业代码	专业名称
交通运输大类（60）	铁道运输类（6001）	600104	铁道工程技术	交通运输大类（60）	航空运输类（6004）	600401	民航运输
		600105	铁道机械化维修技术			600402	民航通信技术
		600106	铁道信号自动控制			600403	定翼机驾驶技术
		600107	铁道通信与信息化技术			600404	直升机驾驶技术
		600108	铁道交通运营管理			600405	空中乘务
		600109	铁路物流管理			600406	民航安全技术管理
		600110	铁路桥梁与隧道工程技术			600407	民航空中安全保卫
		600111	高速铁道工程技术			600408	机场运行
		600112	高速铁路客运乘务			600409	飞机机电设备维修
		600113	动车组检修技术			600410	飞机电子设备维修
		600114	高铁综合维修技术			600411	飞机部件修理
	道路运输类（6002）	600201	智能交通技术运用			600412	航空地面设备维修
		600202	道路桥梁工程技术			600413	机场场务技术与管理
		600203	道路运输与路政管理			600414	航空油料
		600204	道路养护与管理			600415	航空物流
		600205	公路机械化施工技术			600416	通用航空器维修
		600206	工程机械运用技术			600417	通用航空航务技术
		600207	交通运营管理			600418	飞机结构修理
		600208	交通枢纽运营管理		管道运输类（6005）	600501	管道工程技术
		600209	汽车运用与维修技术			600502	管道运输管理
		600210	汽车车身维修技术		城市轨道交通类（6006）	600601	城市轨道交通车辆技术
		600211	汽车运用安全管理			600602	城市轨道交通机电技术
		600212	新能源汽车运用与维修			600603	城市轨道交通通信信号技术
	水上运输类（6003）	600301	航海技术			600604	城市轨道交通供配电技术
		600302	国际邮轮乘务管理			600605	城市轨道交通工程技术
		600303	船舶电子电气技术			600606	城市轨道交通运营管理
		600304	船舶检验		邮政类（6007）	600701	邮政通信管理
		600305	港口机械与自动控制			600702	快递运营管理
		600306	港口电气技术	电子信息大类（61）	电子信息类（6101）	610101	电子信息工程技术
		600307	港口与航道工程技术			610102	应用电子技术
		600308	港口与航运管理			610103	微电子技术
		600309	港口物流管理			610104	智能产品开发
		600310	轮机工程技术			610105	智能终端技术与应用
		600311	水上救捞技术			610106	智能监控技术应用
		600312	水路运输与海事管理			610107	汽车智能技术
		600313	集装箱运输管理				

专业大类	专业类	专业代码	专业名称	专业大类	专业类	专业代码	专业名称
电子信息大类（61）	电子信息类（6101）	610108	电子产品质量检测	医药卫生大类（62）	临床医学类（6201）	620101K	临床医学
		610109	电子产品营销与服务			620102K	口腔医学
		610110	电子电路设计与工艺			620103K	中医学
		610111	电子制造技术与设备			620104K	中医骨伤
		610112	电子测量技术与仪器			620105K	针灸推拿
		610113	电子工艺与管理			620106K	蒙医学
		610114	声像工程技术			620107K	藏医学
		610115	移动互联应用技术			620108K	维医学
		610116	光电技术应用			620109K	傣医学
		610117	光伏工程技术			620110K	哈医学
		610118	光电显示技术			620111K	朝医学
		610119	物联网应用技术		护理类（6202）	620201	护理
		610120	集成电路技术应用			620202	助产
	计算机类（6102）	610201	计算机应用技术		药学类（6203）	620301	药学
		610202	计算机网络技术			620302	中药学
		610203	计算机信息管理			620303	蒙药学
		610204	计算机系统与维护			620304	维药学
		610205	软件技术			620305	藏药学
		610206	软件与信息服务		医学技术类（6204）	620401	医学检验技术
		610207	动漫制作技术			620402	医学生物技术
		610208	嵌入式技术与应用			620403	医学影像技术
		610209	数字展示技术			620404	医学美容技术
		610210	数字媒体应用技术			620405	口腔医学技术
		610211	信息安全与管理			620406	卫生检验与检疫技术
		610212	移动应用开发			620407	眼视光技术
		610213	云计算技术与应用			620408	放射治疗技术
		610214	电子商务技术			620409	呼吸治疗技术
		610215	大数据技术与应用		康复治疗类（6205）	620501	康复治疗技术
		610216	虚拟现实应用技术			620502	言语听觉康复技术
		610217	人工智能技术服务			620503	中医康复技术
	通信类（6103）	610301	通信技术		公共卫生与卫生管理类（6206）	620601K	预防医学
		610302	移动通信技术			620602	公共卫生管理
		610303	通信系统运行管理			620603	卫生监督
		610304	通信工程设计与监理			620604	卫生信息管理
		610305	电信服务与管理		人口与计划生育类（6207）	620701	人口与家庭发展服务
		610306	光通信技术			620702	生殖健康服务与管理
		610307	物联网工程技术				

专业大类	专业类	专业代码	专业名称
医药卫生大类（62）	健康管理与促进类（6208）	620801	健康管理
		620802	医学营养
		620803	中医养生保健
		620804	心理咨询
		620805	医疗设备应用技术
		620806	精密医疗器械技术
		620807	医疗器械维护与管理
		620808	康复工程技术
		620809	康复辅助器具技术
		620810	假肢与矫形器技术
		620811	老年保健与管理
		620812	医疗器械经营与管理
财经商贸大类（63）	财政税务类（6301）	630101	财政
		630102	税务
		630103	资产评估与管理
		630104	政府采购管理
	金融类（6302）	630201	金融管理
		630202	国际金融
		630203	证券与期货
		630204	信托与租赁
		630205	保险
		630206	投资与理财
		630207	信用管理
		630208	农村金融
		630209	互联网金融
	财务会计类（6303）	630301	财务管理
		630302	会计
		630303	审计
		630304	会计信息管理
	统计类（6304）	630401	信息统计与分析
		630402	统计与会计核算
	经济贸易类（6305）	630501	国际贸易实务
		630502	国际经济与贸易
		630503	国际商务
		630504	服务外包
		630505	经济信息管理

专业大类	专业类	专业代码	专业名称
财经商贸大类（63）	经济贸易类（6305）	630506	报关与国际货运
		630507	商务经纪与代理
		630508	国际文化贸易
	工商管理类（6306）	630601	工商企业管理
		630602	商务管理
		630603	商检技术
		630604	连锁经营管理
		630605	市场管理与服务
		630606	品牌代理经营
		630607	中小企业创业与经营
	市场营销类（6307）	630701	市场营销
		630702	汽车营销与服务
		630703	广告策划与营销
		630704	茶艺与茶叶营销
	电子商务类（6308）	630801	电子商务
		630802	移动商务
		630803	网络营销
		630804	商务数据分析与应用
		630805	跨境电子商务
	物流类（6309）	630901	物流工程技术
		630902	物流信息技术
		630903	物流管理
		630904	物流金融管理
		630905	工程物流管理
		630906	冷链物流技术与管理
		630907	采购与供应管理
旅游大类（64）	旅游类（6401）	640101	旅游管理
		640102	导游
		640103	旅行社经营管理
		640104	景区开发与管理
		640105	酒店管理
		640106	休闲服务与管理
		640107	研学旅行管理与服务
		640108	葡萄酒营销与服务
	餐饮类（6402）	640201	餐饮管理
		640202	烹调工艺与营养
		640203	营养配餐

专业大类	专业类	专业代码	专业名称	专业大类	专业类	专业代码	专业名称
旅游大类（64）	餐饮类（6402）	640204	中西面点工艺	文化艺术大类（65）	表演艺术类（6502）	650209	服装表演
		640205	西餐工艺			650210	模特与礼仪
	会展类（6403）	640301	会展策划与管理			650211	现代流行音乐
文化艺术大类（65）	艺术设计类（6501）	650101	艺术设计			650212	作曲技术
		650102	视觉传播设计与制作			650213	音乐制作
		650103	广告设计与制作			650214	钢琴伴奏
		650104	数字媒体艺术设计			650215	钢琴调律
		650105	产品艺术设计			650216	舞蹈编导
		650106	家具艺术设计			650217	戏曲导演
		650107	皮具艺术设计			650218	舞台艺术设计与制作
		650108	服装与服饰设计			650219	音乐表演
		650109	室内艺术设计			650220	音乐传播
		650110	展示艺术设计		民族文化类（6503）	650301	民族表演艺术
		650111	环境艺术设计			650302	民族美术
		650112	公共艺术设计			650303	民族服装与服饰
		650113	雕刻艺术设计			650304	民族民居装饰
		650114	包装艺术设计			650305	民族传统技艺
		650115	陶瓷设计与工艺			650306	少数民族古籍修复
		650116	刺绣设计与工艺			650307	中国少数民族语言文化
		650117	玉器设计与工艺		文化服务类（6504）	650401	文化创意与策划
		650118	首饰设计与工艺			650402	文化市场经营管理
		650119	工艺美术品设计			650403	公共文化服务与管理
		650120	动漫设计			650404	文物修复与保护
		650121	游戏设计			650405	考古探掘技术
		650122	人物形象设计			650406	文物博物馆服务与管理
		650123	美容美体艺术			650407	图书档案管理
		650124	摄影与摄像艺术	新闻传播大类（66）	新闻出版类（6601）	660101	图文信息处理
		650125	美术			660102	网络新闻与传播
	表演艺术类（6502）	650201	表演艺术			660103	版面编辑与校对
		650202	戏剧影视表演			660104	出版商务
		650203	歌舞表演			660105	出版与电脑编辑技术
		650204	戏曲表演			660106	出版信息管理
		650205	曲艺表演			660107	数字出版
		650206	音乐剧表演			660108	数字媒体设备管理
		650207	舞蹈表演		广播影视类（6602）	660201	新闻采编与制作
		650208	国际标准舞			660202	播音与主持

专业大类	专业类	专业代码	专业名称	专业大类	专业类	专业代码	专业名称
新闻传播大类（66）	广播影视类（6602）	660203	广播影视节目制作	教育与体育大类（67）	语言类（6702）	670203	应用英语
		660204	广播电视技术			670204	旅游英语
		660205	影视制片管理			670205	商务日语
		660206	影视编导			670206	应用日语
		660207	影视美术			670207	旅游日语
		660208	影视多媒体技术			670208	应用韩语
		660209	影视动画			670209	应用俄语
		660210	影视照明技术与艺术			670210	应用法语
		660211	音像技术			670211	应用德语
		660212	录音技术与艺术			670212	应用西班牙语
		660213	摄影摄像技术			670213	应用越南语
		660214	传播与策划			670214	应用泰语
		660215	媒体营销			670215	应用阿拉伯语
教育与体育大类（67）	教育类（6701）	670101K	早期教育			670216	应用外语
		670102K	学前教育		文秘类（6703）	670301	文秘
		670103K	小学教育			670302	文秘速录
		670104K	语文教育		体育类（6704）	670401	运动训练
		670105K	数学教育			670402	运动防护
		670106K	英语教育			670403	社会体育
		670107K	物理教育			670404	休闲体育
		670108K	化学教育			670405	高尔夫球运动与管理
		670109K	生物教育			670406	民族传统体育
		670110K	历史教育			670407	体育艺术表演
		670111K	地理教育			670408	体育运营与管理
		670112K	音乐教育			670409	体育保健与康复
		670113K	美术教育			670410	健身指导与管理
		670114K	体育教育			670411	电子竞技运动与管理
		670115K	思想政治教育			670412	冰雪设施运维与管理
		670116K	舞蹈教育	公安与司法大类（68）	公安管理类（6801）	680101K	治安管理
		670117K	艺术教育			680102K	交通管理
		670118K	特殊教育			680103K	信息网络安全监察
		670119K	科学教育			680104K	防火管理
		670120K	现代教育技术			680105K	边防检查
		670121K	心理健康教育			680106K	边境管理
	语言类（6702）	670201	汉语			680107K	特警
						680108K	警察管理
		670202	商务英语			680109K	公共安全管理

专业大类	专业类	专业代码	专业名称	专业大类	专业类	专业代码	专业名称
公安与司法大类（68）	公安管理类（6801）	680110K	森林消防	公安与司法大类（68）	司法技术类（6807）	680703K	司法信息技术
		680111K	部队后勤管理			680704	司法鉴定技术
		680112K	部队政治工作			680705K	司法信息安全
	公安指挥类（6802）	680201K	警察指挥与战术			680706K	罪犯心理测量与矫正技术
		680202K	边防指挥			680707K	戒毒矫治技术
		680203K	船艇指挥			680708	职务犯罪预防与控制
		680204K	通信指挥	公共管理与服务大类（69）	公共事业类（6901）	690101	社会工作
		680205K	消防指挥			690102	社会福利事业管理
		680206K	参谋业务			690103	青少年工作与管理
		680207K	抢险救援			690104	社区管理与服务
	公安技术类（6803）	680301K	刑事科学技术			690105	公共关系
		680302K	警犬技术			690106	人民武装
	侦查类（6804）	680401K	刑事侦查		公共管理类（6902）	690201	民政管理
		680402K	国内安全保卫			690202	人力资源管理
		680403K	经济犯罪侦查			690203	劳动与社会保障
		680404K	禁毒			690204	网络舆情监测
	法律实务类（6805）	680501	司法助理			690205	公共事务管理
		680502	法律文秘			690206	行政管理
		680503	法律事务			690207	质量管理与认证
		680504	检察事务			690208	知识产权管理
	法律执行类（6806）	680601K	刑事执行			690209	公益慈善事业管理
		680602	民事执行		公共服务类（6903）	690301	老年服务与管理
		680603K	行政执行			690302	家政服务与管理
		680604K	司法警务			690303	婚庆服务与管理
		680605	社区矫正			690304	社区康复
	司法技术类（6807）	680701K	刑事侦查技术			690305	现代殡葬技术与管理
		680702	安全防范技术			690306	幼儿发展与健康管理
						690307	陵园服务与管理

第一部分

普通高等学校本科专业

1 学科门类：哲学（01）

在教育部颁布的《普通高等学校本科专业目录》中，哲学学科门类下，包含哲学类一个专业类。

1.1 哲学类（0101）

一、专业类概述

哲学是人文科学领域的基础性学科。作为一级学科的哲学包含马克思主义哲学、中国哲学、外国哲学、科学技术哲学、伦理学、逻辑学、美学、宗教学八个二级学科。

专业设置：根据教育部普通高等学校本科专业目录，哲学类专业包含哲学（010101）、逻辑学（010102）、宗教学（010103K）三个基本专业，以及伦理学（010104T）一个特设专业。

哲学类专业主要培养具有一定的马克思主义哲学理论素养和系统的专业基础知识，能运用科学的世界观和方法论分析当代世界与中国现实问题的应用型或复合型高级专门人才，尤其是具有较为系统的哲学基础理论知识和良好的学术科研潜力的理论型人才，以及能在党政机关、企事业单位和社区服务机构从事宣传教育、编辑出版、行政管理、文化交流等工作的应用型人才。

国内外名校大都独立设置了哲学院系以及哲学专业，国内近70所高校已经设置了哲学专业。在普通类高校中，北京大学、中国人民大学、武汉大学、复旦大学、吉林大学、中山大学、山东大学、四川大学、厦门大学、南开大学等高校哲学系的师资力量很强。此外，北京大学、中山大学、南开大学等高校还独立设置了逻辑学专业，中国人民大学等高校独立设置了伦理学专业，北京大学、山东大学、中国人民大学、中央民族大学、四川大学等高校独立设置了宗教学专业。目前省内开设哲学专业的高校有山东大学、山东师范大学、曲阜师范大学、聊城大学、青岛大学。

学制与学位：哲学类专业本科基本学制为4年，可授予哲学学士学位。

二、知识构架

1. 核心课程和主干课程

哲学类专业的核心课程主要有哲学概论、马克思主义哲学原理、中国哲学史、西方哲学史等；主干课程有科学技术哲学、伦理学、宗教学、美学、逻辑学、现代西方哲学、中国哲学原著导读、西方哲学原著导读、马克思主义哲学原著导读等。

哲学概论主要是学习哲学的基本理论问题，例如世界观、方法论、认识论、形而上学、价值论和历史观等；马克思主义哲学原理主要是系统地学习马克思主义哲学的辩证唯物主义和历史唯物主义哲学知识；中国哲学史主要是系统地学习先秦两汉直至明末清初的中国传统哲学理论；西方哲学史主要是系统地学习古希腊罗马直至近代的西方传统哲学思想。其他主干课程主要学习有关科学技术、伦理道德、美学、逻辑思维、宗教等问题的哲学基本知识，以及中西方哲学经典原著的思想。

2. 实习和社会实践

哲学类专业的实习或社会实践的要求相对宽松，通常是根据未来就业选择，提前进入对口单位进行集中实习和自主实习，主要在党政机关、新闻出版等企事业单位实习，或者围绕各专业主题开展相关社会实践调查研究工作。

三、就业方向与发展前景

哲学类专业毕业生与其他专业毕业生相比，理论素养和知识体系更完备，思考问题的严密性、逻辑性更强，分析问题的思路和视野更开阔。因此，哲学类专业毕业生的就业口径非常宽，而且转入其他专业深造也非常有优势。通过本科阶段的学习，哲学类专业毕业生大多能够进入"双一流"大学进行硕士研究生阶段的深造，进而通过考取公务员或者博士研究生等途径，进入国家机关和高等学校等事业单位就业。本科生也可以直接通过公务员考试等途径进入国家机关、文教事业、新闻出版、社会保障、社会福利、公共管理和公益组织等行业就职，担任教师、编辑、科研人员、行政人员或管理人员。一般来说，哲学类专业毕业生在大城市发展的机会和空间会比较大。

四、学习本专业类的优势与劣势

1. 优势分析

在大学本科阶段，通过哲学类专业各门课程的学习，学生可以获得有关中西方文化的较宽知识面，可以更直接地提升理论思辨和逻辑思维能力，提升自然科学、社会科学与人文科学之间的文理交叉综合能力。哲学知识是各门科学的基础，因此，通过哲学学科各门课程的学习，学生可以更直接地提升自身的自主学习、跨学科学习以及终身学习的能力。哲学不是教我们做什么，而是教给我们思考的方式，让我们去理解对于自己来说世界是什么，什么值得什么不值得，我们的人生该如何选择。有人对此进行了很深刻的总结：与任何其他学科都在教我们如何成为某一类人不同，哲学只是让我们成为人。就哲学类专业的国内分布来看，相对于其他专业，哲学类专业本科生的数量并不多，不少高校哲学类专业的硕士和博士研究生数量远多于本科生的数量，因此

哲学类专业本科生更易于进入高校进行硕士和博士阶段的深造。

2. 劣势分析

哲学类专业自身也存在一些劣势。例如，与一些应用型专业相比，哲学类专业属于长线专业，专业偏重基础理论，专业的直接应用性不明显。很多人皓首穷经也不过是窥其一角，因此学习哲学要求我们坐下来读书、静下心思考，对于年轻人而言，学习生活会显得单调。另外，人们在头脑中或在现有的职业图谱上，对于哲学很难勾勒出任何具体的、对应的、可观的职业形象，专业自身较为缺乏明确的就业指向，无法与职场直接对接等，这些因素导致哲学类专业多年来在社会上的关注度不高，从而对毕业生的直接就业有着负面影响。

五、学生素质要求与高校选科要求

高中生报考哲学类专业，应具备对文史哲学科的兴趣和爱好，具有一定的抽象思维能力以及提升思维能力的意愿。大多数哲学类专业具有较强的理论性和思辨性，更适合有进一步在哲学方面进行学习乃至研究的志向，具有一定的理论联系实际的能力以及提升这方面能力的意愿和志向，喜欢阅读、勤于动脑、视野开阔的学生来报考。

在哲学类专业的选科要求方面，国内大多数高校没有设置选考科目的要求。鉴于部分高校将哲学专业作为人文科学试验班的重要构成，有部分高校提出了选考科目要求。例如，浙江大学人文科学试验班要求历史、地理两门科目考生选考其中一门方可报告；厦门大学要求考生必须选考历史方可报考。

每个高校的具体选科要求可通过山东省教育招生考试院网站（http://www.sdzk.cn/）、山东省教育云服务平台（http://www.sdei.edu.cn/）或"山东高考一点通"微信公众号查询。

2 学科门类：经济学（02）

在教育部颁布的《普通高等学校本科专业目录》中，经济学学科门类下，包含经济学类、财政学类、金融学类、经济与贸易类四个专业类。

2.1 经济学类（0201）

一、专业类概述

经济学类专业主要培养具备比较扎实的经济学理论基础，熟悉现代经济学理论，了解市场经济的运行机制，熟悉国家的经济方针、政策和法规，了解中外经济发展的历史和现状，了解经济学的学术动态，熟练地掌握现代经济分析方法，具有运用数量分析方法和现代技术手段进行社会经济调查、经济分析和实际操作的能力，能在综合经济管理部门、政策研究部门、金融机构和企业从事经济分析、预测、规划和经济管理工作的高级专门人才。

专业设置：根据教育部普通高等学校本科专业目录，经济学类专业包含经济学（020101）、经济统计学（020102）两个基本专业，以及国民经济管理（020103T）、资源与环境经济学（020104T）、商务经济学（020105T）、能源经济（020106T）、劳动经济学（020107T）、经济工程（020108T）、数字经济（020109T）七个特设专业。

目前，全国有400多所院校开设经济学专业，140多所院校开设经济统计学专业，另外四个专业招生院校较少，比如资源与环境经济学专业仅有北京大学、中国人民大学、山东财经大学、浙江工商大学等院校开设。

经济学类专业在促进国家经济增长和社会进步方面发挥着巨大的作用，市场经济运行和发展离不开经济学知识。生活无处不经济，在生活方面，经济学可以引导居民理性消费以及进行合理投资等。随着经济的发展，社会对经济型人才的需求也不断增加。

经济学专业是为适应我国市场经济发展需要而设立的一个理论兼应用型本科专业。本专业培养具备比较扎实的马克思主义经济学理论基础，熟悉现代西方经济学理论，比较熟练地掌握现代经济分析方法，具有向经济学相关领域扩展渗透的能力，能在综合经济管理部门、政策研究部门、金融机构和企业从事经济分析、预测、规划和经济管理工作的高级专门人才。

经济统计学专业是统计学在经济领域中的应用学科，是以经济数据为研究对象，包括经济数据的采集、生成和传输，用统计方法分析经济数据背后的经济现象以及复杂经济系统的规律，从而为经济和管理决策服务。本专业培养具备扎实的统计学理论及经济学理论基础，掌握统计学基本理论与方法，能够熟练运用计算机分析处理复杂数据，既能胜任企业和政府部门的统计业务，也能在金融、证券、保险和咨询等企事业单位从事市场调查和咨询、信息管理、数据处理与分析等工作的创新型、应用型高素质统计人才。

资源与环境经济学专业以经济学、公共管理和政策分析的理论和方法为基础，结合资源环境相关学科的专业知识与方法，以国际国内资源环境经济发展问题为指引，力求培养德才兼备，具有良好科学素养，系统掌握本专业的基本理论、基本知识与方法，并将所学理论与方法有效应用于资源开发管理、环境保护与治理、能源管理、土地管理等领域的高级复合型专业人才。

学制与学位：经济学类专业本科基本学制为 4 年。学生按要求完成学业，达到毕业学分要求，并符合学士学位授予条件，可授予经济学学士学位。

二、知识构架

1. 核心课程和主干课程

经济学类专业的核心课程和主干课程主要有政治经济学、西方经济学、统计学、国际经济学、货币银行学、财政学、经济学说史、发展经济学、计量经济学、市场营销、国际金融、国际贸易、线性代数、高等数学、概率论与数理统计等。

2. 实习和社会实践

经济学类专业的基础实践包括军政训练、劳动实践、社会调查、大学计算机等环节；专业实践包括单独开设实验课、学年论文、毕业实习及论文；综合实践包括第二课堂实践和就业创业教育。

三、就业方向与发展前景

经济学类专业就业前景很好，毕业生能在综合经济管理部门、政策研究部门、金融机构和企业从事经济分析、预测、规划和经济管理工作。目前，随着经济社会的发展，对经济学类专业毕业生的需求不断增长，尤其是对具有硕士及以上学历人才的需求增长更快。经济学类专业毕业生的具体就业方向为：政府综合经济管理等机关事业单位、各级各类研究机构、各级各类企业单位等，就业领域广泛，包括金融系统、咨询行业以及媒体行业等等。

四、学习本专业类的优势和劣势

1. 优势分析

学习经济学类专业的优势是学生具有扎实的经济学理论功底和良好的数学基础及英语水平，有利于学生进一步深造。在社会对高层次经济人才需求增强的背景下，学生进一步考研深造，经济学类专业具有相当强的优势。

2. 劣势分析

经济学类专业由于宏观性和理论性比较强，所以对于本科直接就业的学生来说，有时候可能面临选择面广但针对性不够的矛盾。

五、学生素质要求与高校选科要求

1. 学生素质要求

经济学类专业的大多数课程对数学要求比较高，要求学生有很好的抽象思维和逻辑思维能力。因此，报考经济学类专业的学生数学功底应该比较扎实。另外，经济学类专业课程有一些需要阅读国外经典著作或者进行英语授课，对学生的英语水平要求也较高。

2. 高校选科要求

绝大多数高校的经济学类专业一般不提科目要求，如北京大学、清华大学、中央财经大学、浙江大学、上海财经大学、武汉大学、南京大学、南开大学、山东大学等高校均不提科目要求。但仍有部分院校要求选考物理、化学、历史、地理等科目，比如复旦大学要求物理、化学两门科目考生选考其中一门即可报考，武汉理工大学要求物理、历史、生物三门科目考生选考其中一门即可报考。

每个高校的具体选科要求可通过山东省教育招生考试院网站（http://www.sdzk.cn/）、山东省教育云服务平台（http://www.sdei.edu.cn/）或"山东高考一点通"微信公众号查询。

2.2 财政学类（0202）

一、专业类概述

财政学类专业培养具有良好的经济学理论基础，具备专门的财政、税收等财经专业理论知识和业务技能，熟练掌握现代经济分析和信息处理手段，能在财政、税务、金融、贸易、资产管理等领域的经济管理部门、事业单位、企业、社会团体和中介机构从事研究、管理、咨询等方面工作的高水平应用型人才。

财政学类专业主要研究政府部门在资金筹集和使用方面的理论、制度和管理问题，包括财政支出、税收收入、非税收收入、财政政策、财政管理体制机制、税收原理和税法等方面的理论和管理问题，同时也研究个人和企业在生活和生产中的税务问题，例如税务会计、税务筹划、税务代理等。学习财政税务知识，对改善国家或政府财政收支管理并提高公共服务的科学性、规范性和有效性具有重要意义，对个人和企业合理纳税并降低经营风险具有重要作用。财政学类专业知识与日常生活息息相关，学习财政学类专业，在经济社会发展中有很大的发展空间和用武之地。

专业设置：根据教育部普通高等学校本科专业目录，财政学类专业包含财政学（020201K）和税收学（020202）两个基本专业。两个专业在通识教育和专业基础教育教学方面，完全一致；两个专业在专业教育方面，从两个专业研究的对象来看，财政学专业偏向于财政支出方面，税收学专业偏向于税收方面；两个专业共同研究政府或公共部门的资金收支、收支制度及其管理问题，也涉及财政支出尤其是财政补贴和税收征管与个人和企业的关系问题。

财政学类专业主要在综合性大学和财经类高校开设。各高校在人才培养的方向及目标上基本一致，均是致力于培养财经类复合型人才。各高校在师资力量、教学资源和教学条件等方面存在差异，在培养目标、培养要求和课程设置上也存在差异，其中，综合性大学在理论教学和综合素质培养方面具有一定的优势，而财经类高校在财经类课程体系和财政税务实践教学等方面具有优势。

学制与学位：财政学类专业本科基本学制为4年。学生按要求完成学业，可授予经济学学士学位。

二、知识构架

1. 核心课程和主干课程

财政学类专业的课程体系按内容可分为四个模块，即通识教育课程模块、学科基础课程模块、专业课程模块和独立设置的实践教学模块。课程按性质可分为必修课、选修课两类，其中必修课包括通识必修课、学科基础课、专业必修课和实践必修课，选修课包括通识选修课、专业选修课和实践选修课。

财政学类专业核心课程主要包括政治经济学、宏观经济学、微观经济学、计量经济学、管理学、金融学、会计学、大学英语、微积分、线性代数、概率论与数理统计等。

财政学类专业主干课程主要包括财政学、公共部门经济学、税收经济学、中国税制、政府预算管理、税务管理、财政思想史、比较财政学、财政政策、税务会计、税收筹划、税法等。

2. 实习和社会实践

财政学类专业十分重视实习实训，培养方案要求至少有4个周的专业实习，时间一般安排在大学四年级。各高校均为学生进行实习提供了一些条件，高校与政府部门和企事业单位建立校企（校政）合作机制，建立校外大学生实习或实践基地。开设财政学类专业的高校或院系一般与各地方财政局、税务局、会计师事务所、税务师事务所、税务咨询机构、银行、证券等金融机构建立合作关系，学生可根据自身情况以及学校安排到校外单位进行实习。此外，学生也可以选择自主实习，自己确定好实习地点和实习时间，按照相关要求进行实习。实习后，每个学生要撰写实习报告和实习日志。

各高校每年暑假都会要求学生开展社会实践活动，根据专业设定相应的调研题目，例如财政学类专业涉及的调研题目有城乡居民医疗、养老、公交、环卫、环境保护、营改增、企业税务等方面的公共政策与民生服务问题；一般要求每个学生暑假都要参加实践活动，采取实践团队的形式组织实施，并撰写实践调查报告。学生可根据自身情况选择合适的调研题目和团队。调研地点可以学生自定，也可以由老师协调而定；调研时间一般安排在每年的7月至8月。

三、就业方向与发展前景

1. 就业方向

财政学类专业毕业生的就业范围较广，具有较大的灵活性。主要就业方向：一是从事公务员类工作，通过参加公务员考试，进入财政局、国家税务总局、地方税务局、审计局、海关等经济管理类部门和县乡等基层政府组织；二是银行、保险和证券等金融机构；三是企事业单位，包括会计师事务所、税务师事务所等，从事财务、税务、营销和管理等工作；四是自由就业。

2. 发展前景

财政学类专业在各高校有较成熟的人才培养方案、课程体系和教学管理体系。该类专业毕业生能够建立起较完善的财经理论知识体系，具有良好的财经管理职业技能和素质。大部分毕业生能够在较短的时间内熟悉工作内容并适应工作环境，能够达到招聘单位的要求，并得到任职部门的认可与好评。社会各界对财政学类专业毕业生的财经专业素质和职业水平评价较高。随着经济社会的发展，社会对财政学类专业毕业生的需求也在不断上升，因此，该类专业毕业生具有较大的发展潜力和良好的发展前景。

四、学习本专业类的优势和劣势

1. 优势分析

第一，能够让学生树立天下为公的理想信念和职业追求。该类专业的核心理念即公共财政理论能够启迪学生理解公共服务或公共品供给及其筹资的经济学本质，能够让学生理解公共部门的社会价值，能够更充分地理解市场经济条件下政府与市场的关系和政府职能，能够更合理地引导学生树立天下为公的理想信念并树立为民服务的职业追求。

第二，能够让学生建立起完善的经济理论知识体系。该类专业在经济学门类中处于基础性地位，学习内容全面，专业综合性较强，属于传统优势专业；课程包括财政、税收、金融、会计、贸易等多方面的财经类核心课程。学生在大学期间能够建立起完善的经济理论知识体系，为日后发展奠定坚实的理论基础。

第三，能够让学生更好地提高分析问题和解决问题的能力。该类专业实用性强，所学内容与政府管理、税务问题、企业经营等经济社会生活息息相关。通过该类专业的学习，学生能够学会从财政经济学的专业角度分析现实问题，不断提高分析问题和解决问题的能力。毕业生能够适应更大范围的就业，有较大的发展潜力和良好的发展前景。

2. 劣势分析

第一，该类专业虽属于经济学门类，但是也涉及公共管理、政治学、行政学、社会学等专业的知识，对知识结构要求更宽更严，学习难度较大。

第二，该类专业课程的学习对象偏宏观，在实践中，学生难以通过短期的实习实训掌握其规律，因此，需要付出更多的时间和精力，加强跨学科的研学，并加强理论和实践的互动，才能掌握其专业规律。

五、学生素质要求与高校选科要求

1. 学生素质要求

高中生报考财政学类专业，应具有较强的分析公共问题的偏好和解决问题的能力，具有较强的团队精神、合作精神、奉献精神和服务意识。

2. 高校选科要求

对于财政学类专业，大部分高校一般不提科目要求，考生在思想政治、历史、地理、物理、化学、生物六门科目中选考任意三门，均可报考。少数高校有科目要求，如中国人民大学要求在物理、历史两门科目中选考其中一门，才可报考。

每个高校的具体选科要求可通过山东省教育招生考试院网站（http://www.sdzk.cn/）、山东省教育云服务平台（http://www.sdei.edu.cn/）或"山东高考一点通"微信公众号查询。

2.3 金融学类（0203）

一、专业类概述

金融学从经济学中分化出来，顾名思义，就是研究资金融通的学科，它以融通货币和货币资金的经济活动为研究对象，具体研究个人、组织和政府如何获取、支出、管理资金以及其他金融资产。

在现代社会中，从生产、流通到生活、消费，资金无处不在，人们常说"钱不是万能的，但没有钱是万万不能的"，这其实就是从一个侧面揭示了货币资金在各领域的重要性。在生产、生活中，由于资金一直存在着供给与需求规模的不对称、结构的不一致，因此如何用有限的资金最大效率地实现人们的需要，如何让有限的资金获得最多的利润，以及如何让资金不但能创造经济效益，还能带来社会公平，提高人们的幸福指数，就成了金融学要解决的问题。从经济活动来看，大到一个国家对本国货币的发行、回笼，甚至多国协作对全球性金融风险的防范，小到一个企业对银行贷款成本的控制，家庭、个人对自己私人财富的保值增值以及对未来生活的预期保障，都属于金融学的范畴。因此，现代国家、现代人无法离开金融服务，而金融学的发展也是各国理论创新的激烈竞争领域。

金融是现代经济的核心，金融安全是国家安全的重要组成部分。金融在经济发展和社会生活中具有重要的地位和作用。因此，金融学在今后相当长的时期，都将是我国重要的发展领域。

从我国各高校来看，综合性大学和财经类院校均普遍设置了金融学类本科专业，中国人民大学、北京大学、中央财经大学、厦门大学、南开大学、复旦大学、西南财经大学、中南财经政法大学、武汉大学、对外经贸大学等均是金融学科发展的领先院校。山东省的山东大学、山东财经大学等的金融学类专业也是省内的热门专业。

专业设置：根据教育部普通高等学校本科专业目录，金融学类专业包含金融学（020301K）、金融工程（020302）、保险学（020303）、投资学（020304）四个基本专业，以及金融数学（020305T）、信用管理（020306T）、经济与金融（020307T）、精算学（020308T）、互联网金融（020309T）、金融科技（020310T）六个特设专业。

金融学专业主要培养系统掌握金融知识和金融理论，具备金融实务专业技能，具有较强的社会适应能力，能在银行、证券、保险等金融机构和政府部门及企事业单位从事相关工作的金融人才。

金融工程专业主要培养能够开发、设计新型金融工具和金融产品，创造性和个性化地解决金融问题，开展金融风险管理、公司理财、投资战略策划以及金融产品定价研究，能在金融机构、企业、科研院所从事金融、财务、风险管理及教学科研工作的应用人才。

保险学专业主要培养能够从事保险理财规划及业务拓展、企业风险管理、金融保险实务等工作的应用人才。

投资学专业主要培养具备较强的金融投资、实物投资技能，能胜任银行、证券公司、保险公司、投资公司、投资咨询公司、资产管理公司、基金管理公司及信托公司等金融机构的专业工作的投资人才。

金融数学专业主要培养能够运用数量分析方法和金融工具解决金融实务问题的研究型人才。信用管理专业主要培养能够在国家政府部门、高等院校、银行及其他企业从事信用政策的制定、资信调查与评估、信用风险控制决策、信用管理教学研究等方面工作的信用管理专门人才。经济与金融专业主要培养能在银行、证券、投资、保险等金融机构及其他经济管理部门和企业从事投资理财咨询、金融数据分析、金融营销策划、金融资产管理等工作的应用型人才。

学制与学位：金融学类本科专业基本学制为4年，弹性学制为3~6年。对休学创业学生，修业年限可以延长。对于符合学士学位授予条件的毕业生，可授予经济学学士学位。

二、知识构架

1. 核心课程和主干课程

金融学类专业的前期基础课程包括高等数学、政治经济学、宏微观经济学、计量经济学、会计学、统计学、管理学等。核心课程和主干课程包括金融学、投资学、金融市场学、国际金融、金融工程、公司金融等。实验课程包括证券投资分析、商业银行综合业务、金融建模与应用、R语言与金融数量分析等。

2. 实习和社会实践

金融学类专业的实践教学环节，除了所在学校的实验课程，一般还包括两到三次的课程实习、实践，由学校组织在金融机构或企事业单位集中实习，或由学生在相关部门分散自主实习，以达到在具体金融操作中加深对金融理论的理解及增强应用能力的目标。

三、就业方向与发展前景

随着我国经济的发展，尤其是金融市场的发展，金融专业人才的需求量巨大，因此金融学类专业学生的就业方向非常广阔，无论是政府部门还是企事业单位，尤其是各种银行、证券公司、基金公司、信托公司、保险公司、投资公司等金融机构，都可以对口就业。

除就业岗位需求缺口大的就业市场优势以外，各金融专业方向的硕士及博士高级人才在近年更是炙手可热，金融学类专业本科学生有不小比例选择读研深造。对于个人来说，具备较完备的金融理论知识是事业发展的必要基础，而且从近年的统计数据来看，金融行业的平均薪酬在各行业中位居前列，且发展上升空间大，因此金融学类专业也一直是报考热门专业。

当然，作为近年来经济学门类中的"高分专业"，金融学类专业需要考生以更优秀的分数报考，而且与其他专业相比，对数学的要求更高，本科期间会设置更多的高等数学课程，学习难度更大。

四、学习本专业类的优势和劣势

1. 优势分析

学习金融学类专业，学生能够对国际、国内的经济和金融形势有较为宏观的认识，能够对与生活相关的经济数据有较为敏感的认识，工作选择面较大，同时对个人投资决策也会有很大的帮助。

2. 劣势分析

一般学习金融学类专业需要数学基础，本科阶段毕业后，如果想要获得较好的工作，需要继续进行深造，报考研究生。

五、学生素质要求与高校选科要求

1. 学生素质要求

准备报考金融学类专业的考生，首先应具备强烈的法律意识和诚信意识。金融学类专业毕业生大都随时和钱打交道，无论从事哪个行业，必须有强烈的"遵纪守法"的观念及"诚实守信"的意识。其次，要具备良好的沟通能力和适应能力。金融学类专业所面对的银行、基金、投资、保险等诸行业都需要强大的沟通能力与适应能力，建议同学们在高中期间即开始有意识地加强培养。最后，考生还应具备良好的自学与创新能力。金融领域在高速发展的过程中，各种新的金融工具、金融业务层出不穷。只有具备高效的学习能力和创新能力，才更有希望在本领域内取得成功。

2. 高校选科要求

绝大部分本科院校对金融学类专业没有选考科目要求，少数院校有科目要求，通常要求选考物理、化学、历史等科目。例如，中国人民大学要求物理、历史两门科目考生选考其中一门即可报考，上海师范大学要求物理、化学两门科目考生选考其中一门即可报考，青岛大学要求必须选考物理方可报考，贵州财经大学要求物理、思想政治均需选考方可报考。具体选科要求可参考山东省教育招生考试院公布的普通高校专业类选考要求。

每个高校的具体选科要求可通过山东省教育招生考试院网站（http://www.sdzk.cn/）、山东省教育云服务平台（http://www.sdei.edu.cn/）或"山东高考一点通"微信公众号查询。

2.4 经济与贸易类（0204）

一、专业类概述

经济与贸易类专业设置的历史比较长。暨南大学早在1925年就设立了国外贸易专业，是全国百年老校中最早设立此类专业的学校之一。1979年改革开放以后，一些高校陆续设置了国际经济、国际商务、工业外贸等专业。1999年教育部将专业目录进行调整，设立了国际经济与贸易专业，2012年9月修订的专业目录将相关专业进行合并，只保留了贸易经济专业和国际经济与贸易专业。截止到2019年底，全国有700多所高校开设了贸易经济专业和国际经济与贸易专业。

专业设置：根据教育部普通高等学校本科专业目录，经济与贸易类专业包含国际经济与贸易（020401）、贸易经济（020402）两个基本专业。

经济与贸易类专业主要培养能够适合区域经济社会发展需要，德、智、体、美、劳全面发展，系统掌握经济学、管理学的基本原理和经济与贸易类专业的基本理论、知识及方法，具有较强的语言表达、沟通协调、业务实践能力，具备人文精神、科学素养、国际化视野和创新精神，能够在各类开放型经济体中从事业务管理、业务实践、科学研究等工作的复合型人才。

从全国来看，开设经济与贸易类专业的高校共分为三大类。第一类高校是具有国际贸易学博士招生资格的高校，这类高校注重科学研究，专业师资力量雄厚，科研实力突出，成果丰富，其本科培养方案以培养创新型人才为主，课程设置以理论课程为主，实践教学占比在10%左右；第二类高校是具有国际贸易学硕士招生资格的高校，这类高校专业师资力量较强，高级职称在师资队伍中占比较大，其本科培养方案的培养目标以在涉外经济贸易部门、外资企业及政府机构从事实际业务、管理、调研和宣传策划工作的高级专门人才为主，课程设置也是以理论课程为主，实践教学占比在10%左右；第三类高校为普通本科院校，这类高校的人才培养目标以应用型人才培养为特色，课程设置中包括一定比例的实务性课程，实践教学占比在20%及以上。

学制与学位：经济与贸易类专业本科基本学制为4年，实行弹性修业年限，一般为3～6年。

对于取得毕业资格并符合学士学位授予条件的学生，可授予经济学学士学位。

二、知识构架

1. 核心课程和主干课程

经济与贸易类专业的主干课程包括理论经济学、应用经济学与管理学。专业基础课程一般包括微积分、线性代数、概率论、政治经济学、微观经济学、宏观经济学、国际经济学、统计学、计量经济学、市场营销学、会计学、金融学、经济法等。在专业核心课程上，两个专业有所不同。国际经济与贸易专业一般包括世界经济概论、国际贸易实务、国际商务谈判、国际市场营销学、国际商法等。贸易经济专业一般包括国际贸易实务、物流学、市场调查、市场营销策划、消费心理学等。同时，为了保证该类专业毕业生能够具有较好的外语应用能力，各高校除开设常规的大学外语课程外，还开设专业英语、双语课程以及外教课程等。

2. 实习和社会实践

经济与贸易类专业的实习和社会实践一般包括社会调查、认识实习、专业实习、毕业实习、学年论文、毕业论文等内容。在完成地点方面，学生可以在校内的实训室或实习基地完成，也可以在校外的实践教学基地完成。

三、就业方向与发展前景

1. 就业方向

经济与贸易类专业毕业生可以选择在国内外高校继续升学深造，也可以到政府对外贸易经济管理部门从事外贸管理工作，到外贸企业从事对外贸易业务及国际市场营销工作，到国家机关、国民经济综合部门、涉外企业、合资企业从事贸易经济、市场营销、经营管理工作，到科研机构从事调研、科研工作等。

2. 发展前景

改革开放40多年来，中国的社会经济发生了翻天覆地的变化，取得了举世瞩目的伟大成就，对世界经济发展产生了深远的影响。继续扩大对外开放、积极主动融入世界既是当前中国的必然选择，也是世界对中国的要求。

山东省作为沿海经济大省，对外开放在经济发展中始终发挥着不可替代的作用。尤其是进入

21世纪以来，伴随着山东省黄蓝两大国家级战略规划的确立和实施，山东半岛蓝色经济区和黄河三角洲高效生态经济区的特色逐渐显现，山东进一步大力发展外向型经济成为一种必然选择。随着我国"一带一路"建设的推广实施，山东省战略支点的地位不断显现。在这一系列宏观大背景下，山东省各类开放型经济体对各高等院校经济与贸易类专业人才培养提出了新的要求，即以最快的速度和最有效的方式不断培养出熟悉世界经济发展状况、国际经贸业务、国际贸易规则与惯例以及相关法律法规的高素质、专业化、国际化、复合型人才。

四、学习本专业类的优势与劣势

1. 优势分析

如果学生能够按照经济与贸易类专业的人才培养要求，达到人才培养目标设定的毕业要求，毕业生将具有如下优势：

从人才培养方案及课程构架的角度来看，毕业生普遍具有较为扎实的数理基础和较好的外语应用能力，如果选择继续升学深造，可具有较强的考研竞争力；如果选择直接就业，会具有较好的职业晋升与事业发展空间。从就业领域和岗位来看，毕业生的适用范围较广，既可以选择国内各开放型经济体中的相关工作岗位，也可以选择外资企业或者涉外机构中的工作岗位。

2. 劣势分析

由于全国开设该类专业的高校较多，每年毕业生人数较为庞大，导致该类专业考研压力以及优质就业的压力都相对较大。如果学生没有很好的自我约束能力、自我管理能力和自我学习能力，本科毕业时可能会处处碰壁，难以找到自己的位置。

五、学生素质要求与高校选科要求

1. 学生素质要求

报考经济与贸易类专业的高中学生应具备以下素质：

（1）思想道德素质：热爱祖国，具有科学的世界观、人生观和价值观；具有较好的政治理论素养和道德修养品质；具备较强的社会责任感和遵纪守法意识。

（2）科学文化素质：具备一定的科学文化素

养、较好的数理基础和外语基础；具有国际化视野和良好的人文素养。

（3）身心素质：身体健康，体质良好，达到高中毕业生体育锻炼合格标准，掌握科学锻炼身体的方法；具有良好的心理素质和行为习惯，人格健全，具备积极的心态和乐观的生活态度，德、智、体、美、劳全面发展；具有强烈的责任心以及吃苦耐劳、应对挫折的精神。

（4）职业素质：具有良好的沟通协调与团队协作精神；具有敬业爱岗的职业精神。

2. 高校选科要求

根据山东省教育招生考试院公布的《2020年拟在山东招生普通高校专业（类）选考科目要求》的数据统计，在经济与贸易类专业招生的高校中，对选考科目没有要求的占91%；设定选考科目的高校中，含有物理的有19所高校，含有化学的有6所高校，含有生物的有8所高校，含有历史的有6所高校，含有思想政治的有5所高校，含有地理的有7所高校。

例如，南京航空航天大学要求物理、历史、地理三门科目考生选考其中一门即可报考，浙江工业大学要求物理、化学、历史三门科目考生选考其中一门即可报考，西南交通大学要求物理、化学两门科目考生选考其中一门即可报考。

每个高校的具体选科要求可通过山东省教育招生考试院网站（http://www.sdzk.cn/）、山东省教育云服务平台（http://www.sdei.edu.cn/）或"山东高考一点通"微信公众号查询。

3 学科门类：法学（03）

在教育部颁布的《普通高等学校本科专业目录》中，法学学科门类下，包含法学类、政治学类、社会学类、民族学类、马克思主义理论类、公安学类六个专业类。

3.1　法学类（0301）

一、专业类概述

法学是研究法、法的现象以及与法相关问题的专门学问，是关于法律问题的知识和理论体系。由于法学类专业社会需求广泛，开设该类专业的高等院校相对较多。随着高考招生制度改革的推进，系统介绍高校法学类专业的培养目标、课程设置、就业方向及选考要求等相关信息，对于加深高考生对法学类专业的认知，进而正确报考该类专业，具有重要意义。

专业设置：根据教育部普通高等学校本科专业目录，法学类专业包含法学（030101K）一个基本专业，以及知识产权（030102T）、监狱学（030103T）、信用风险管理与法律防控（030104T）、国际经贸规则（030105T）、司法警察学（030106TK）、社区矫正（030107TK）六个特设专业。

法学类专业培养具有崇高的法治信仰和严谨的法律思维，法学专业基础系统扎实、实践能力强，人文精神底蕴深厚，创新精神和创业能力强，职业伦理与职业能力突出的高素质应用型法律人才。

法学类专业学生主要学习法学的基本理论、基本知识和基本技能，受到法律思维和法律实务的基本训练，具有运用法学理论分析和解决法律管理事务实际问题的基本能力，能够胜任国家和地方立法、司法、行政执法、律师公证、知识产权法务、企业法务和法学教育等法律职业。

学制与学位：法学类专业本科基本学制为 4 年。按照学分制管理机制，实行弹性修业年限，一般为 3～6 年。学生按要求完成学业，可授予法学学士学位。

在"双一流"建设高校中，北京大学、中国人民大学、中国政法大学、清华大学、武汉大学、中南财经政法大学这6所高校的法学学科是"双一流"建设学科。

二、知识构架

1. 核心课程和主干课程

法学类专业的核心课程和主干课程主要有法理学、宪法学、行政法与行政诉讼法学、刑法学、民法学、商法学、经济法学、知识产权法学、刑事诉讼法学、民事诉讼法学、国际法学、国际私法学、国际经济法学、中国法制史、环境与资源保护法学、劳动与社会保障法学等。

2. 实习和社会实践

法学类专业的实践教学主要包括庭审观摩、专业辩论、模拟法庭、法律诊所、毕业实习、毕业论文等环节。

（1）庭审观摩。通过观摩真实的司法审判活动，培养学生的程序理念和法治信仰，引导学生重视法律实务能力培养，深化学生对法律知识与司法技能的掌握。

（2）专业辩论。培养学生的法律逻辑思维能力、语言表达能力、组织能力、应变能力，进一步巩固所学。

（3）模拟法庭。培养学生的实际操作能力，提高其法庭辩论与应变能力，提升学生的司法文书写作能力。

（4）法律诊所。法律诊所是仿效医学院校医疗诊所临床实习的做法，在具有职业资格的教师指导下，"诊断"真实法律案例，并开出"处方"。

（5）毕业实习。提高学生的法律实务综合能力，获得工作经验，了解法律工作要求，为就业奠定基础。

（6）毕业论文。根据大学四年所学专业课程内容及相关知识，结合法治实践和法学学术现状，依据学校设定的论文写作要求，进行专业论文的撰写。

三、就业方向与发展前景

法学属于实践应用特色鲜明的文科专业。随着依法治国理念的深入推进，社会对高素质应用型法律人才的需求持续增加，就业前景看好。

1. 就业方向

法学类专业毕业生的就业方向主要包括以下几个方面：

（1）公检法。公检法是法学类专业毕业生传统的就业出口。一般在要求通过国家统一法律职业资格考试的基础上，还需通过国家公务员考试，方能从事法官、检察官职业。据统计，近年来法律职业资格考试的年度通过率一般在25%左右。

（2）公务员。随着依法治国理念的深入推进，建设法治政府需要大量高素质法律专业人才。未来政府各职能部门对法律专业人才的需求依然强劲。

（3）律师业。律师是法学类专业毕业生主要的就业去向。由于律师属于经验型行业，收入一般因从业者执业能力的不同而参差不齐。目前我国对律师的从业资格采取的是严格准入制度，必须通过国家统一法律职业资格考试。

（4）公司法务。公司法务人员也是目前法学类专业毕业生集中的就业去向，例如，各大国企、银行、外企及大型私企一般均设有法务部门，专门处理企业所涉及的法律事务。

（5）其他领域。除了以上的就业方向，社会其他领域，如注册会计师、审计师、证券业、环境评估、司法鉴定、职业中介、房地产咨询、文秘等，对于精通相关专业知识且熟悉法律实务的

高素质复合型人才也具有较大的需求。

2. 就业前景

随着法治国家与法治政府建设的推进，法学类专业毕业生就业前景看好。由于开设法学类专业的高校数量较多，加之受国家统一法律职业资格考试通过率及公务员从业限制等因素制约，毕业生一次性就业率并不乐观。与此形成鲜明对比的是，具有丰富实务经验的涉外高层次法律人才严重匮乏。因此，获取国家统一法律职业资格、具备一定司法实务经验且具有较高外语沟通能力的高素质复合型法律人才，具有极高的从业优势。

四、学习本专业类的优势与劣势

1. 优势分析

学习法学类专业，数学课程一般不做要求。未来社会对法律专业人才仍有较大的需求空间，法学类专业毕业生所具有的优势明显。

（1）社会需求强劲。随着中国法治建设的逐步深入，人们的权利意识越来越强，未来中国各行业对法律职业人才的需求还将继续增长。

（2）就业出路广泛。特别是懂经济、外语好的复合型涉外高级法律人才，从业优势更为突出。

（3）就业薪酬较高。法学类专业人才整体薪酬水平较高。以律师为例，年平均收入10万元以上十分普遍。整体而言，合格的法律从业者的薪酬保持在社会中上等水平。

2. 劣势分析

法学类专业毕业生也存在一些劣势。

（1）一次性就业率较低。法学类专业社会需求广泛，因此开设法学类专业的高校众多。据统计，全国有近900所高校开设法学本科专业。加之，法学类专业具有较高的实践应用特性，且受从业资格限制，毕业生一次性就业率相对较低。

（2）专业课程难度较高。法学属于定纷止争、经世致用之学，因此对学生的综合素质要求较高。由于专业科目设置较多，修学难度在一定程度上有所增加。因此，相对于其他专业而言，法学类专业学习任务较重。

五、学生素质要求与高校选科要求

1. 学生素质要求

法学类专业对学生的综合人文素养有较高要求。学生所学专业知识，除法学学科外，还涉及

政治学、经济学、金融学、社会学、哲学、历史学、文学等多学科领域。另外，要求学生具备一定程度的规则意识和责任意识，视野开阔，信息接收与筛选能力要强。

2. 高校选科要求

就法学类专业而言，绝大部分高校一般不提科目要求，少数高校要求选考思想政治、历史科目，能够满足各类考生报考的需求，有利于考生今后在专业学习中发挥各自的特长。

例如，浙江工业大学和浙江师范大学要求思想政治、历史两门科目考生选考其中一门即可报考，河北师范大学和济南大学要求必须选考思想政治方可报考。

每个高校的具体选科要求可通过山东省教育招生考试院网站（http://www.sdzk.cn/）、山东省教育云服务平台（http://www.sdei.edu.cn/）或"山东高考一点通"微信公众号查询。

3.2　政治学类（0302）

一、专业类概述

政治学类专业是学习和研究政治现象及其发展规律的专业。政治学类专业对于人们认识政治现象、推进我国的国家治理体系和治理能力现代化、服务"一带一路"和人类命运共同体建设具有重要意义。政治学类专业教育具有鲜明的政治性、理论性、应用性和实践性，是具有多种属性的专业教育。

专业设置：根据教育部普通高等学校本科专业目录，政治学类专业包含政治学与行政学（030201）、国际政治（030202）、外交学（030203）三个基本专业，以及国际事务与国际关系（030204T）、政治学、经济学与哲学（030205T）、国际组织与全球治理（030206TK）三个特设专业。

政治学与行政学专业主要培养具有一定的马克思主义理论素养和政治学、行政学方面的基本理论和专门知识，熟悉我国政治体制、机制及党政政策法规，熟练掌握现代办公自动化、公文写作等基本技能，具有较强的政治思维能力、组织协调能力和行政管理能力，能在党政机关、企事业单位、新闻出版机构、调查咨询机构以及其他公共部门或社会团体从事组织人事、行政管理、文秘宣传、政策研究与分析、项目策划与管理等工作的高素质应用型人才。

国际政治专业培养学生具有广泛的人文社会科学，特别是政治学理论和公共政策领域的知识基础；具有较坚实的国际关系理论基础，系统地掌握外事工作的知识、技能和法律规定，了解国内外国际关系理论发展及国际政治经济发展信息，并能用一门外语阅读专业书刊；具有较高的政治理论素质、较强的战略与政策分析能力、判断能力和实际操作能力；应能较熟练地应用有关知识和法律规定办理各类外事管理、信息搜集和涉外事务，并具有良好的从事国际战略和政策研究工作的基本素质。本专业的毕业生在外事工作、政策咨询与战略分析、对外宣传与媒体传播等领域具有广泛的适应性。

外交学专业主要培养具有扎实的外交理论知识和精湛的外交实务技能，通晓国际政治经济规则和世界主要国家（尤其是中国）的外交事务，具有较强的交际与谈判能力、娴熟的英语交际能力和广阔的国际视野，能胜任涉外部门工作的高素质复合型涉外人才。学生毕业后能够胜任各级党政外交外事部门、高校及科研机构、外国驻华使领馆、国际组织、跨国公司、媒体宣传机构以及国有大中型企业单位外事部门的实际工作。

国际事务与国际关系专业是涉外性交叉学科专业，其鲜明的特点是宽口径、交叉性和国际化。本专业的学习目标是着重培养学生对当今世界各国的政治、历史和国际关系的整体认识与理解。本专业涉及的内容包括国际关系、政治、历史、现代语言和文化研究等方面，可以说其涉及的范围非常广泛。

政治学、经济学与哲学专业要求学生获得良好的思想政治、道德品质、文化修养和身心素质教育，掌握基本的哲学、政治学和经济学知识，打好认识和研究方法论基础，为今后的进一步学习提供支撑，帮助学生实现自我可持续发展。本专业可为政府机关、社会管理部门、财富创造部门和国内外哲学社会科学研究机构输送优秀人才。

政治学类专业与国家发展方向和大政方针的关系密切，包含对国家发展的指导思想、发展策略和政策研究等的理论性与对策性研究。政治学类专业培养的人才应具备正确的政治方向、坚定的政治立场、扎实的政治理论、优良的道德品质、良好的心理素质和系统的知识体系。

学制与学位：政治学类专业本科基本学制为4年，实行学分制管理制度的高校，其弹性修业年限一般为3～6年。学生按要求完成学业，可授予法学学士学位。

二、知识构架

政治学类专业的课程体系包括理论和实践两大板块，其中理论板块包括公共基础课程、专业类基础课程、专业必修课程和专业选修课程，实践板块包括专业类实验、专业类设计、专业类实训和专业类实习。

1. 理论板块

（1）公共基础课程

通识课程：主要包括人文知识和修养课程，如中国史、中国思想经典导读、世界史、西方思想经典导读、艺术审美；自然科学基础和方法课程，如自然科学技术史、科学哲学；社会科学基础和方法课程，如经济学原理、法理学、社会学原理、管理学原理、社会心理学；创新创业入门课程等。

公共必修课程：主要包括马克思主义基本原理概论、毛泽东思想和中国特色社会主义理论体系概论、中国近现代史纲要、思想道德修养与法律基础、形势与政策、大学语文、逻辑学、大学外语、高等教育学、计算机基础、心理健康、体育、职业发展与创业指导、国防教育及军事训练等。

（2）专业类基础课程

主要包括政治学原理、中国政治思想史、西方政治思想史、国际政治学概论、当代中国政府与政治、公共行政学概论、比较政治学、外交学导论、国际关系史、当代国际关系、公共政策分析、政治学研究方法等。

（3）专业必修课程

政治学与行政学专业：中国政治制度史、西方政治制度史、宪法与行政法、当代西方政治思潮、地方政府与政治、社会调查统计与方法等。

国际政治专业：国际组织概论、国际法概论、中国对外关系史、对外政策分析、国际政治经济学、世界经济概论等。

外交学专业：国际法概论、国际组织概论、对外政策分析、中国对外关系史、中国外交思想、外交决策、当代中国外交、美国政治经济与外交、欧盟政治经济与外交、俄罗斯政治经济与外交等。

（4）专业选修课程

政治学与行政学专业：政治哲学、政治心理学、政治社会学、发展政治学、民族政治学、公共财政学、国家治理理论、政党学、立法学、行政诉讼法、比较政治经济学、选举理论与制度、公务员制度、社会组织、大数据与网络治理、人工智能概论等。

国际政治专业：国家安全概论、亚太经济与政治、国际战略学、地缘政治学、区域政治与治理、国际公法、全球问题与全球治理、国际冲突与合作、发展中国家政治经济与外交等。

外交学专业：外交战略、外交史、周边外交、公共外交、经济外交、环境外交、能源外交、大众传媒与国际关系、国际谈判、外事礼仪、网络外交等。

2. 实践板块

（1）专业类实验

根据社会和学科专业发展的需要，建立和完善专业实验室，设计专业训练实验项目，包括应急管理情景模拟、决策过程及决策角色模拟、双边谈判模拟、外交交涉过程模拟、国际会议及其辩论模拟、演讲和口才、实地调查和验证等。

（2）专业类设计

研究设计：根据专业问题确定课题，拟订方案，选择方法，设计路径。

对策设计：紧密结合实际，针对国家治理和发展现实问题，进行战略、制度机制与政策创新专项设计和决策咨询。

技术设计：根据信息科学和计算机技术，针对电子治理要求，进行计算机局域网组网与管理、网站建设与网页设计、电子治理问题数据采集和解决方案等设计。

创新设计：联系实际开展专业性创新创业设计。

（3）专业类实训

结合专业学习，围绕实际问题进行社会调查和实证研究，形成调查分析报告，创造条件并鼓励学生积极参加社会政治、政策决策、公共治理和外交外事活动，尤其鼓励学生开展创新创业活动、社会公益和志愿者活动。

（4）专业类实习

主要以专业见习、毕业实习（学校、行政企事业单位、街道社区）、毕业论文、社会实践（志愿服务活动、"三下乡"活动、社会调查）、社团活动、校内公益活动等形式进行。专业见习一般安排在大学三年级下学期或四年级上学期。毕业论文根据大学四年所学专业课程内容及相关知识，依据学校布置的论文写作要求，进行专业论文的撰写，通常在四年级下学期完成。

三、就业方向与发展前景

政治学类专业毕业生在就业方面一直保持着良好的态势，主要集中在国家机关、党政机构、企事业单位、各类学校。主要就业方向：一是通过公务员、选调生及事业编考试，进入党政机关、企事业单位从事相关领域的工作。二是通过教师资格考试及事业编考试，进入中小学等教育机构从事思想政治教育工作。三是通过考研继续深造。四是自主创业择业。

政治学类专业毕业生可继续求学深造，相关高校的专业领域宽广，未来职业选择的领域和发展潜力很大。

四、学习本专业类的优势与劣势

1. 优势分析

政治学类专业的优势在于知识视野比较宽、学科口径比较大、应用性比较强，既包括法学等多种学科知识，又与国家和社会发展联系密切，社会需求庞大，相关领域专业人才缺口较大；同时，就业形式灵活多样，学生在学习多种学科知识后，融会贯通，综合能力强，对就业方向和职业选择都会打下良好的基础。因此，毕业生在参加研究生、公务员、教师等各类考试和录取中，较其他文科专业优势明显，从长远来看，专业发展和职业前景良好。

2. 劣势分析

当然，由于政治学类专业具有人文社会科学特点，需要下苦功夫，持之以恒地学习，同时受编制因素制约比较明显，本科毕业生一次性就业率不如理工类、经济类等专业乐观，社会迫切需要具有硕士及以上学历的复合型高层次政治学类专业人才。

五、学生素质要求与高校选科要求

1. 学生素质要求

学习政治学类专业，要求学生具备基本的政治理论素质、科学文化素质及创新素质；达到国家规定的大学生卫生体育合格标准，具有健全的体魄和良好的心理素质。

2. 高校选科要求

各高校选科要求可参考当年各省教育招生考试院公布的普通高校专业类选考要求。对于政治学类专业，大多数高校一般不提科目要求，少数高校要求选考历史、思想政治。

例如，厦门大学和广西民族大学要求思想政治、历史两门科目考生选考其中一门即可报考，山东大学要求必须选考思想政治方可报考，东北师范大学要求思想政治、历史两门科目考生均需选考方可报考。

每个高校的具体选科要求可通过山东省教育招生考试院网站（http://www.sdzk.cn/）、山东省教育云服务平台（http://www.sdei.edu.cn/）或"山东高考一点通"微信公众号查询。

3.3 社会学类（0303）

一、专业类概述

社会学类专业是人文社会科学的主干专业之一，致力于阐释人类行为与文明进程、社会结构与社会过程以及人口、经济、社会的变迁规律，是社会治理、社会建设、社会服务的理论核心和知识基础。社会学类专业培养的人才在推动社会建设、创新社会治理、促进社会进步、增进人类福祉等方面具有不可替代的作用。

社会学类专业倡导人文关怀和科学精神，注重培育和践行公平正义理念与社会责任感。

社会学类专业主要传授人类行为与社会环境、社会结构与社会秩序、文化传承与社会进步、社会政策与社会福利、社会建设与社会服务、社会治理与社会工作、社会调查与社会分析等方面的专业知识，注重实证主义与人文主义方法相结合、理论学习与社会实践相结合。

专业设置：根据教育部普通高等学校本科专业目录，社会学类专业包含社会学（030301）、社会工作（030302）两个基本专业，以及人类学（030303T）、女性学（030304T）、家政学

（030305T）、老年学（030306T）四个特设专业。

下面将围绕两个基本专业来概述。

1. 社会学专业

社会学是当代社会科学中最重要、最具影响力的学科之一，也是一门与社会发展和社会生活密切相关的应用性学科。它是适应现代社会发展的需要而形成和建立起来的，注重对各种社会现象和社会问题的研究，为人们深入了解社会提供理论与方法。目前，已经发展出包括经济社会学、法社会学、历史社会学、发展社会学、农村社会学、城市社会学、宗教社会学、人口社会学等在内的70余个学科分支。改革开放以来，中国社会学获得了迅速发展，众多社会学家和社会学专业人员面向社会实际进行广泛研究，为促进社会良性运行和协调发展做出了重要贡献。据专家预测，社会学专业人才将是今后我国急需的人才之一。

本专业主要培养具备较全面的社会学理论知识、较熟练的社会调查技能，能在党政机关、企事业单位、教育科研单位和社会团体从事社会研究与调查、政策研究与评估、社会规划与管理、发展研究与预测等实际工作的应用型、复合型高级专门人才。

根据有关统计，截止到2017年底，全国开设社会学专业的高校共101所，其中不乏北京大学、中国人民大学、南京大学、清华大学、复旦大学、浙江大学、中山大学、上海大学、南开大学等多所"双一流"大学。

2. 社会工作专业

社会工作专业是一门新兴的应用性专业，是在适应社会需要、解决和预防社会发展所带来的问题的过程中产生和不断发展的。我国经济和社会的快速发展，为社会工作专业提供了广阔的发展空间。预计社会工作专业的毕业生将成为社会广泛需求的人才。

本专业主要培养能够满足地方经济社会发展需要，理想信念坚定，德、智、体、美、劳全面发展，具备社会工作专业价值观，掌握社会工作专业理论知识，熟练运用社会工作方法，能够在党政机关、企事业单位、群团组织、街道社区和社会服务机构从事社会工作服务和管理的应用型高级专门人才。通过本专业的学习，学生能够熟练掌握社会工作的理论与实务，了解我国社会

政策，具备从事实际社会工作与管理的资格与能力，具有社会服务精神、良好的职业道德和强烈的实践意识。

因为学校传统、学校所在地域特点以及师资力量的不同，每所学校的专业特色以及人才培养定位会有所不同，具体可查看各高校官网。

根据有关统计，截止到2017年底，全国开设社会工作专业的高校共321所，其中不乏北京大学、中国人民大学、复旦大学、南开大学、中央民族大学、北京师范大学等多所"双一流"大学。

综上所述，社会学类专业旨在培养具备较高理论素养、较强实践与创新能力的复合型高级人才。

学制与学位：社会学类专业本科基本学制为4年，实行学分制的学校，弹性修业年限一般为3~6年。学生按要求完成学业，可授予法学学士学位。

二、知识构架

1. 主要课程

社会学类专业的课程设置主要包含理论课程、实践教学环节和毕业论文（设计）三部分。其中，理论课程分为通识课程、公共基础课程、专业基础课程、专业课程。

专业基础课程：社会学概论、社会工作概论、文化（社会）人类学概论、女性学概论（至少选择三门作为专业核心基础课程）；社会研究方法、社会统计学（至少选择一门作为专业核心基础课程）。

社会学专业课程模块：国外社会学理论、中国社会学史、中国社会（史）、中国社会思想史、西方社会（史）、西方社会思想史、社会分层与社会流动、社区研究（概论）、社会问题、社会心理学、发展社会学、知识社会学、宗教社会学、教育社会学、政治社会学、经济社会学、文化社会学、法律社会学、组织社会学、家庭社会学、消费社会学、人口社会学、环境社会学、城市社会学、农村社会学、人口学、民俗学概论、犯罪学、人类行为与社会环境、社会保障概论、社会政策、社会管理/社会治理、质性研究方法、量化研究方法、数据分析与统计软件运用。

社会工作专业课程模块：社会工作理论、社会工作研究方法、社会工作伦理、人类行为与社

会环境、社会心理学、社会福利思想、社会保障概论、社会政策、社会工作法规与政策、社会行政、创新管理、社会管理/社会治理、社会组织管理、社会服务、个案工作、小组工作、社区工作、社区发展、社会工作评估、质性研究方法。

两个专业均需从相应的课程模块中至少选择六门作为专业核心特色课程。各高校也会根据实际情况增开其他专业课程。

2. 实习和社会实践

社会学类专业的实践教学主要是通过课程实验和独立设置的实验课程（包括社会统计软件应用实验课、电话访问调查实验课、行为科学实验课、社会个案工作实验课、小组工作实验课、创新创业实践课等）、专业实习（包括社会调查实习、田野调查实习、社会工作实务实习、创新创业实践等）、毕业创业实习、课程论文、学年（期）论文、毕业论文（设计），以及与专业相关的学术讲座、学术交流、创新创业讲座等多种方式来进行。

三、就业方向与发展前景

1. 就业方向

社会学专业：毕业生走向社会后，能够在党政机关、教育科研机构、企事业单位、新闻传播机构、社会团体等部门从事社会研究与调查、政策研究与评估、社会规划与管理、发展研究与预测等工作。

社会工作专业：学生毕业后，能够胜任民政部门以及其他社会福利部门、相关社会团体和基层社区的管理工作，可以在教学科研单位从事与社会工作相关的教学与研究，也可以到企事业单位、群团组织和社会服务机构从事社会工作实务。

2. 发展前景

社会学专业：社会学因其自身的特点，有着广阔的就业领域，既可从事与国计民生息息相关的基础性工作，又可从事紧跟时代发展的前沿性工作。就业前景比较好的城市有上海、北京、广州、深圳、成都、武汉、杭州、南京、厦门等。

社会工作专业：在发达国家和地区，社会工作体系已经非常完善和专业，社会工作者是维系社会健康运转的重要力量。同时，随着我国经济和社会的快速发展，许多社会问题也有所增加，要想更好地解决这些问题，就离不开社会工

作者。有专家预计，在未来十年内，公民将慢慢形成社工意识，而政府也将随之出台配套政策。社会工作，这个新兴的职业将会有更加广阔的发展前景。

四、学习本专业类的优势与劣势

1. 社会学专业

专业优势：习近平总书记2017年5月3日在中国政法大学考察时寄语青年学子，要善于把握社会生活的主流和支流、现象和本质；要充分发挥青年的创造精神，勇于开拓实践，勇于探索真理；养成历史思维、辩证思维、系统思维、创新思维的习惯，终身受用。而对于这四种思维的系统培养，社会学专业都可以发挥自身的学科优势。

专业劣势：首先，因为其百家争鸣的理论学派和深入生活的田野调查，更因为它以解决社会问题为己任的普世情怀和现实意义，社会学曾一度受到年轻学子的青睐。然而因为种种缘故，直到1979年，中国的社会学才真正发展起来，至今在社会上的影响力和认知度也不高。其次，社会学最关键的一点就是打破常识、揭穿"真相"，用独立思考去探索社会现象的本质。而这种"思维方式的转变"对于很多学生来说，是很难做到的，其结果是很多学生打破了常识，却没有形成自己的社会学思维，不利于个人的健康发展。

2. 社会工作专业

专业优势：中央及各地方政府大力支持和发展社会工作专业；社会工作职业化法规制度及政策保障逐渐完善；社工机构数量逐渐增多，可提供较多实习和就业的机会；就业渠道广；许多高校增设社会工作专业，硕士点也有所增加，社会工作人才培养体系逐渐完善；社会工作专业以"助人自助"为目标和价值观，是一个非常有爱的专业，对弘扬人性的善良、建构和谐的关系都非常有帮助。

专业劣势：首先，本专业学生的专业认同感偏低，社会对社工的认知度较低；其次，社会工作的职业薪酬体系不完善，就业后的薪酬不高；第三，社会工作区域发展不均衡。

五、学生素质要求与高校选科要求

1. 学生素质要求

报考社会学类专业，要求高中生对政治、历

史感兴趣，有爱心、有耐心，有良好的人际交往能力，有独立思考、分析、判断、解决问题的能力。

2. 高校选科要求

社会学类专业对选考科目一般不提科目要求，少数高校有选考科目要求。

例如，成都理工大学要求思想政治、历史两门科目考生选考其中一门即可报考，吉林大学要求思想政治、历史两门科目考生均需选考方可报考。

每个高校的具体选科要求可通过山东省教育招生考试院网站（http://www.sdzk.cn/）、山东省教育云服务平台（http://www.sdei.edu.cn/）或"山东高考一点通"微信公众号查询。

3.4 民族学类（0304）

一、专业类概述

民族学是以民族为研究对象的学科。它把民族这一族体作为整体进行全面的考察，研究民族的起源、发展以及消亡的过程，研究各族体的生产力与生产关系、经济基础与上层建筑、宗教文化与社会结构等全方位内容。

民族学专业是研究民族的发生、发展和变化的专业，主要通过实地调查、分析文献资料和比较研究，弄清各民族的社会经济结构、政治制度、社会生活、家庭婚姻、风俗习惯、宗教信仰、语言文字、文学艺术、道德规范、思想意识等。民族学作为一门独立专业，是19世纪中叶在欧美国家形成和发展起来的，20世纪初传入中国。

广义的人类学通常把民族学看作文化人类学的一个分支学科，而狭义的人类学则把民族学看作与人类学并立的学科。进行实地调查或者田野工作，是民族学研究的基本方法。

专业设置：根据教育部普通高等学校本科专业目录，民族学类专业只包含民族学（030401）一个基本专业。

民族学专业培养具备系统的民族学基本知识且有进一步培养潜能的民族学专门人才，以及能在国家机关、文教事业、新闻出版、社会团体和企事业单位从事实际工作的应用型、复合型高级专门人才。

民族学的相关专业有：历史学、世界历史、考古学、博物馆学、民俗学、文化学、文物保护技术、生态学、教育学、宗教学等等。

中国国内开设民族学专业、拥有民族学国家二级重点学科的高校主要有：中央民族大学、云南大学、兰州大学、中南民族大学、西南民族大学、厦门大学、内蒙古大学、新疆大学、云南大学、广西民族大学、贵州大学、贵州民族大学、云南民族大学等院校。山东省内开设民族学专业的高校有烟台大学，自2007年开始招收中国少数民族史专业硕士研究生，但尚未招收本科生。

学制与学位：民族学专业本科基本学制为4年。学生按要求完成学业，可授予法学学士学位。

二、知识构架

1. 核心课程和主干课程

民族学通论、文化人类学概论、民族学调查研究方法或田野工作与民族志写作、中国民族概论、世界民族概论、民族理论与民族政策、体质人类学、宗教人类学、生态人类学、语言人类学、民族考古学、影视人类学等课程是民族学专业的核心课程和主干课程。

2. 实习和社会实践

民族学是一门实证性学科，学习过程中必须有实践环节。实践性教学环节主要包括参观访问、社会调查、社会公益活动、田野调查（参与观察）、论文写作等，实践场所是学习研究过程中的各民族村寨或社区，实践时间一般安排10周左右。

民族学专业的实践环节与其他专业的社会实践有所不同，这就是必须深入到所研究的民族社会当中去，作为一名观察者参与所研究民族的社会生活和生产，与他们同吃同住同生活，通过这样的内部共同生活与体验观察，了解不同历史文化背景下不同民族的文化及其特质、社会及其结构、交往及其关系、仪式及其象征等等，从而全面客观深入地了解和把握不同民族及其文化的发生发展特质，理解这些民族社会发展变化的内在机制，从而能够对民族社会文化形成客观正确的认知与理解，以有助于对这些社会的发生发展做出生动合理客观正确的理解与描述、解释与预测。

三、就业方向与发展前景

民族学专业毕业生的就业和发展情况在不同的地区有所不同。在非民族地区或非民族自治地方，毕业生认为该专业发展前景很好和比较好的比例相对较低，50%的毕业生认为该专业发展前景为"不太好"或"很不好"。若按照10分制对有关数据进行计算，则该专业的发展前景指数为4.98，与其他大学专业相比，发展前景指数为中等偏下。

但在民族地区或民族自治地方，民族学专业毕业生的就业和发展前景则具有不一样的评价，学习民族学专业的优势比较明显。具体可从以下几个方面来看：

一是民族地区尤其是民族自治地方因为是少数民族聚居区域，少数民族经济社会发展自然离不开对少数民族社会现实的了解与把握，因此民族学专业对少数民族历史文化及经济社会的了解与研究、对党的民族理论与政策的了解与认识非常适应民族地区和民族自治地方的发展需求，具有民族学专业背景的毕业生将会受到各级地方政府的欢迎与青睐，民族、宗教、统战、民政、侨务、旅游、文物、博物馆等部门及相关的政策研究机构、事业单位、群众团体和各类企业、外国在华机构以及基金会等非营利性组织都是民族学专业学生深受欢迎的就业对象。因此，民族院校和民族学专业的毕业生一般在这些地方的就业和发展前景都比较乐观，进入这些地方的党政部门和事业单位工作也有着其他专业所不具有的独特优势。

二是民族地区尤其是民族自治地方由于民族众多，各民族的历史文化背景各不相同，语言习俗差异明显，因此在这些地方从事各行各业的工作都需要对在地民族的社会历史文化及语言习俗有所了解，尤其是民族教育，更需要对少数民族地方性知识有所了解和把握。民族学专业的学生正好适应了这方面的要求，民族学专业所学习和了解的不同民族社会历史文化和语言习俗，有助于民族学专业毕业生在各行各业的工作中显露优势，尤其是在不同教育层次的教学工作中，既懂得民族文化又能掌握一两门民族语言的学生，在教师岗位的竞争中显然有着其他专业所不具备的特别优势。

三是民族学专业的学生如果自己也是少数民族，则在民族地区和民族自治地方的工作中被提拔任用的机会相较于其他专业而言，相对机遇更大。在不同层次的干部队伍中配备一定数量的少数民族领导干部，是国家法律对于少数民族权益保障的体现，所以具有少数民族身份的民族学专业毕业生如果在民族地区和民族自治地方工作，将会享有更加有利的发展机会与发展空间。

当然，以上优势也因人而异，也需要做出自己的努力才能得到体现，并非具有少数民族身份或学习民族学专业就当然具备上述优势。所以要充分体现专业优势，还必须做出脚踏实地的努力才能实现。

四、学习本专业类的优势与劣势

1. 优势分析

学习民族学专业，对于学习者来说，比较明显的优势主要体现在对中国国情会有更加全面而深刻的了解与把握。中国是一个多民族国家，多民族是中国的特色，更是中国的基本国情，56个民族在长期的交流交往交融中结成了谁也离不开谁的紧密关系，共同创造了辉煌灿烂的中华民族文明史。然而，由于社会历史文化背景的不同，不同民族的社会发展程度不同，经济社会发展还具有一定的差距，这就构成了我国民族众多、历史悠久、文化灿烂丰富但又发展差异极大、发展不平衡不充分特征明显、总体上仍然处于社会主义初级阶段的基本国情，也是构成我国新时期基本矛盾的历史背景。学习民族学，能够更好地全面深入地了解和把握我国的这一基本国情，以及我国新时期基本矛盾判断的历史依据，从而能够根据这一基本国情和基本矛盾判断更好地设计自我发展道路，为未来更好地服务社会、实现自我奠定基础，并提供依据。

学习民族学还有一个非常独特的优势，那就是民族学专业特有的实地调查或参与观察的学习与研究方法，会让学习者获得了解社会、认识社会、进一步改造和建设社会的独特经验与技能，同时也会让学习者获得较强的沟通技能和适应社会的能力，这将为学习者今后的工作与生活打下良好的基础。

2. 劣势分析

学习民族学也有一定的劣势，这就是虽然通过民族学专业能够更好地把握国情、设计自我，但我国民族地区与民族自治地方大多分布于祖国的边远地区，中东部及沿海发达地区相对分布较少，所以中东部地区对于少数民族历史与文化、经济与社会了解有限，需求也相对较少。学习民族学专业的学生如果在中东部地区求职与发展，可能会遭遇因缺乏对这一专业的了解而造成接纳需求有限的情况，为此部分学生在求职时可能不得不跨专业选择或通过学习其他专业取得更多的求职条件，这或许是学习这门学科的相对劣势所在。

五、学生素质要求与高校选科要求

1. 学生素质要求

高中学生报考民族学专业，需要具备基本的政治理论素质、科学文化素质及创新素质，达到国家规定的大学生卫生体育合格标准，具有健全的体魄和良好的心理素质。

2. 高校选科要求

民族学类专业对历史科目要求较高，如丽水学院、西南民族大学、普洱学院、西藏民族大学、新疆师范大学均要求考生必须选考历史科目方可报考。

每个高校的具体选科要求可通过山东省教育招生考试院网站（http://www.sdzk.cn/）、山东省教育云服务平台（http://www.sdei.edu.cn/）或"山东高考一点通"微信公众号查询。

3.5　马克思主义理论类（0305）

一、专业类概述

马克思主义理论类专业主要培养具有坚定的马克思主义信仰、正确的政治立场与方向、较高的马克思主义理论素养，能够运用马克思主义立场、观点、方法分析和解决实际问题的专门人才。

学习研究马克思主义理论，对于党和国家及个人都具有重大意义。对党和国家而言，这关乎马克思主义指导思想的坚持和发展，关乎全党全国人民团结奋斗共同思想基础的巩固，关乎经济发展、人民生活幸福和中华民族伟大复兴中国梦的实现；对个人而言，这有助于帮助人们运用辩证唯物主义和历史唯物主义的观点，正确地看待人生、世界、价值等问题，推动德、智、体、美、劳全面发展。学习马克思主义理论类专业，既有益于修身齐家，又有助于治国平天下。

专业设置：根据教育部普通高等学校本科专业目录，马克思主义理论类专业包含科学社会主义（030501）、中国共产党历史（030502）、思想政治教育（030503）三个基本专业，以及马克思主义理论（030504T）一个特设专业。

科学社会主义专业培养全面系统掌握世界社会主义运动的历史进程和发展规律、中国特色社会主义的历史发展进程和发展规律、当代世界社会主义与国际政治、中国特色社会主义与当代中国政治、公共管理的基本理论和基础知识，接受政治学研究、公共政策分析、社会调查与统计、理论写作和外语等方面的基本训练，能够在党政机关、外事部门、新闻舆论、高等院校、科研机构等从事理论研究与实际工作的专门人才。多年来，山东大学坚持培养本专业本科生。此外，中国社会科学院大学新增备案此专业。

中国共产党历史专业培养具有良好的政治素质、人文素质、科学素质和心理素质，既能在学校和中央及地方的学术研究、政策研究部门从事党史专业的教学、研究和理论宣传等工作，又能在党政机关、企事业单位从事以专业为基础的党务政务管理、文字秘书等实际工作的复合型人才。中国人民大学、湘潭大学、井冈山大学、延安大学、广西民族大学、中国社会科学院大学、安顺学院、渭南师范学院等高校开设该专业。

思想政治教育专业培养具有坚实的马克思主义理论素养和系统的思想政治教育专业知识、政治立场坚定、学术思想敏锐、理论基础扎实、综合素质高、实践能力强的应用型、复合型高级专门人才。该专业全国约有280所高校开设，人才培养分为师范类和非师范类两种，前者重点为中小学培养思想政治课教师，后者重点培养社会思想政治教育工作者。

马克思主义理论专业为根据教育部《关于公布2017年度普通高等学校本科专业备案和审批结果的通知》（教高〔2018〕4号）新增设的专业，主要培养能够为中国特色社会主义建设事业做出贡献，具有良好的道德素质与政治素质、宽厚的人文社会科学底蕴与基础、扎实的马克思主义理论知识和较高的马克思主义理论素养的研究型、创新型学科专业人才。目前，中国人民大学、同济大学、山东大学、西安交通大学、兰州大学、北京体育大学、中国社会科学院大学、河南师范大学等高校开设此专业。

在"双一流"建设高校中，北京大学、中国人民大学、清华大学、东北师范大学、武汉大学、新疆大学等高校的马克思主义理论学科是"双一流"建设学科。

学制与学位：马克思主义理论类专业本科基本学制为4年。学生按要求完成学业，可授予法学学士学位。

二、知识构架

1. 主要课程

专业类基础课程：包括马克思主义哲学、马克思主义政治经济学、科学社会主义、毛泽东思想和中国特色社会主义理论概论、马克思主义发展史、政治学、法学、社会学、逻辑学等课程。

科学社会主义专业：主要开设科学社会主义文献导读、世界近现代史、世界社会主义运动史、当代资本主义、当代世界经济与政治、世界主要共产党、中国特色社会主义理论与实践等核心课程。

中国共产党历史专业：主要开设中国共产党历史、中国共产党历史文献选读、中国共产党建设理论与实践、中国史、中国近现代政治思想史、政党政治、当代中国政府与政治等核心课程。

思想政治教育专业：主要开设思想政治教育学原理、思想政治教育方法论、中国共产党历史、伦理学、教育学、马克思主义经典文献选读、中国共产党思想政治教育史、比较思想政治教育等核心课程。

马克思主义理论专业：主要开设马克思主义经典文献选读、毛泽东思想概论、中国特色社会主义理论体系概论、国际共产主义运动史、马克思主义中国化史等核心课程。

2. 实习和社会实践

该类专业的实践教学主要以专业见习、专业实习（学校、党政机关、企事业单位、社会团体、街道社区）、毕业论文、社会实践（志愿服务活动、"三下乡"活动、社会调查、社团活动、校内外公益活动、大学生创新创业项目、勤工俭学）等形式进行。师范类专业实习主要是顶岗教育实习、支教等，安排在大三下学期或大四上学期。非师范类专业实习主要是顶岗实习，通常安排在大四上学期。毕业论文根据大学四年所学专业课程内容及相关知识，结合实践，进行论文撰写，一般在大四下学期完成。

三、就业方向与发展前景

该类专业毕业生在就业方面一直保持着良好的态势。主要就业方向：一是通过公务员、选调生及事业编考试，进入党政机关、企事业单位从事相关领域的工作。二是通过教师资格考试及事业编考试，进入中小学等教育机构。三是通过考研继续深造。四是自主创业择业。

该类专业毕业生可继续求学深造，相关高校的专业领域宽广，未来职业选择的领域和发展潜力很大。

四、学习本专业类的优势与劣势

该类专业的优势在于党和国家高度重视有关专业人才培养，专业发展与国家和社会发展联系极为密切，在推进党和国家主流意识形态建设、资政育人等方面发挥着不可替代的作用。专业知识视野比较广，学科口径比较宽。学生在学习专业相关多学科知识后，融会贯通，综合能力强，有助于未来的发展。

该类专业的劣势是就业受计划编制的制约比较明显。

五、学生素质要求与高校选科要求

1. 学生素质要求

高中学生报考该类专业，应具备良好的政治理论素质、科学文化素质及创新素质，具有健全的体魄和良好的心理素质。

2. 高校选科要求

对于该类专业的选考科目要求，多数高校要求选考思想政治、历史、地理，有的高校不提科目要求。

例如，北京体育大学要求考生必须选考思想政治方可报考。

每个高校的具体选科要求可通过山东省教育招生考试院网站（http://www.sdzk.cn/）、山东省教育云服务平台（http://www.sdei.edu.cn/）或"山东高考一点通"微信公众号查询。

3.6　公安学类（0306）

一、专业类概述

公安学是研究国家依靠警察职能维护国家公共安全与社会治安秩序的规律和对策的应用科

学。目前，全国公安本科院校有25所，均开设了公安学类专业，另有一些政法院校也开设了公安学类专业。我省唯一开设公安学类专业的本科院校是山东警察学院。目前，在我省招收公安学类专业学生的公安本科院校，除山东警察学院外，还有中国人民公安大学、中国刑事警察学院、中国人民警察大学、南京森林警察学院、铁道警察学院、新疆警察学院等。

专业设置：根据教育部普通高等学校本科专业目录，公安学类专业包含治安学（030601K）、侦查学（030602K）、边防管理（030603K）三个基本专业，以及禁毒学（030604TK）、警犬技术（030605TK）、经济犯罪侦查（030606TK）、边防指挥（030607TK）、消防指挥（030608TK）、警卫学（030609TK）、公安情报学（030610TK）、犯罪学（030611TK）、公安管理学（030612TK）、涉外警务（030613TK）、国内安全保卫（030614TK）、警务指挥与战术（030615TK）、技术侦查学（030616TK）、海警执法（030617TK）、公安政治工作（030618TK）、移民管理（030619TK）、出入境管理（030620TK）十七个特设专业。

公安学类专业培养具有坚定正确的政治方向、严明的组织纪律观念、良好的职业素养和人文素养，熟悉我国公安工作的路线、方针、政策和相关法律、法规，系统掌握公安学类专业的基本理论、基础知识和基本技能，具有较强的实战能力和创新精神，能够在公安机关及相关部门从事公安相关业务工作的高素质应用型公安专门人才。

公安机关是国家安全、社会稳定和安宁的主要维护者，是人民民主专政的重要工具。人民警察是武装性质的国家治安行政力量和刑事司法力量。根据人民警察法和有关政策，公安机关的基本任务是维护国家安全和公共安全，维护社会治安秩序和社会稳定，保护公民、法人和其他组织的合法权益，保护公共财产，预防、制止、查处和惩治违法犯罪活动。可以说，人民警察是和平时期国家安全安宁、人民安居乐业的主要守护者，是社会公平正义的重要维护者。

山东警察学院目前开设了侦查学、治安学、经济犯罪侦查、公安情报学四个公安学类专业，另开设了刑事科学技术、交通管理工程、网络安全执法三个公安技术类专业。

侦查学专业和经济犯罪侦查专业主要培养学生的侦查破案能力；治安学专业主要培养学生的治安行政管理和治安案件处置能力；公安情报学专业主要培养学生的公安情报搜集、整理、分析研判和信息化侦查能力。公安学类专业的学生还必须掌握群众工作能力，能够熟练使用武器、警械，具有擒拿格斗、驾驶技术等其他警务技能。

学制与学位：公安学类专业本科基本学制为4年。学生按要求完成学业，可授予法学学士学位。

二、知识构架

公安学类专业的课程分为通识课程、专业基础课程和专业核心课程，各类课程又分为必修课程和选修课程。通识课程以政治、语文、英语、体育和法学基础为主，专业基础课程以相关法学和其他公安专业的通讲类课程为主，专业核心课程反映各专业的特点，体现专业性。

1. 核心课程

侦查学专业的核心课程有犯罪现场勘查、侦查措施与策略、预审学、刑事案件侦查、经济犯罪侦查、国内安全保卫、禁毒学等；治安学专业的核心课程有治安秩序管理、治安案件查处、社区警务、涉外警务、公安人口管理、危险物品管理、安全技术防范、公共安全应急管理、保卫学等；经济犯罪侦查专业的核心课程有侦查学、司法会计、金融犯罪案件侦查、涉税犯罪案件侦查、商贸犯罪案件侦查、知识产权犯罪案件侦查、走私犯罪案件侦查、环境资源犯罪案件侦查等；公安情报学专业的核心课程有公安信息论、公安情报技术、公安情报分析、公安情报应用、公安情报管理、公安情报技术等。

2. 实习和社会实践

该类专业的实践教学主要通过校内实训、暑期见习和毕业实习三种方式进行。校内实训又分为课内实训和综合实训，在校内由学校教师与公安实战部门兼职教官共同指导进行；暑期见习是学生利用暑期在家庭所在地公安机关参与公安实践；毕业实习由学校统一组织，在学生毕业前集中前往学校确定的学生实习基地与当地民警共同生活、共同办案，熟悉公安实战工作。

三、就业方向与发展前景

根据2015年中央编办、人力资源和社会保障部、公安部、教育部、财政部、国家公务员局

《关于公安院校公安专业人才招录培养制度改革的意见》，公安院校公安专业毕业生招考工作实行全国统一考试，分省（区、市）录用的办法。每年定期统一组织笔试，分省（区、市）确定录用计划、划定分数线、组织面试、体检、考察和录用。

国内安全保卫、技术侦查、反恐怖等涉密性较强的特殊公安专业人才，试行定向招录培养的办法。具体为：面向全国高中毕业生定向招录，考生参加普通高等学校入学考试、公务员录用考试、体检、体能测试和考察后，择优录取到公安院校进行培养，毕业后学习成绩合格、获得相应学历学位且符合人民警察职位资格条件要求的，录用为公安机关人民警察。学生毕业后进入公安机关工作的，最低服务年限为7年（含试用期）。公安部根据全国公安机关的需求，商人力资源和社会保障部、国家公务员局、教育部、财政部研究确定每年特殊公安专业人才招录计划和工作方案。

山东警察学院的毕业生主要面向各级公安机关就业，是山东公安队伍补充警力的主渠道。学生学习期满，并取得相应学历学位，可以参加全国统一组织的面向公安院校公安专业毕业生的招警考试，也可以与其他普通高校毕业生一样参加各类招录考试或者自主择业。近年来，山东警察学院绝大部分毕业生通过招警考试成为公务员，踏上从警之路。

四、学习本专业类的优势与劣势

1. 优势分析

公安学类专业的优势主要体现在以下几方面：

一是锻炼个人意志品质。警校实行准军事化管理，即警务化管理。进入警校后，经过一段时间的警务化训练，学生的精神面貌将焕然一新，组织性、纪律性强，行走坐卧、待人接物、内务卫生都将有很大的变化和提高。

二是就业前景稳定。随着经济社会的发展和人民对美好生活要求的进一步提高，警察占比也在逐年增长。世界平均警察占比是35/10000，我国的警察占比则是12/10000，山东省的警察占比仅为8/10000。公安院校的毕业生是补充警力的主要来源。近年来，山东警察学院毕业生的入警率都在90%以上，其他毕业生有的通过招考进入其他国家机关，有的考上研究生继续学业，还有极少数毕业生自主择业。

三是在校期间即有警察荣誉感。学生正式入校后，即着人民警察制式服装，佩戴学员警衔。在和平年代，穿着一身警服是无数青年学子的梦想。

2. 劣势分析

公安学类专业的劣势主要体现在以下几方面：

一是课程种类庞杂（多），所学知识复杂。学习内容既有理论性的知识，也有操作性的技能；既有社会科学的知识，也有自然科学的知识。除了学习一般法学专业需要掌握的法律知识、人文科学知识，还要学习诸如枪弹射击、擒拿格斗、驾驶技术等技能。

二是在校期间个人自由时间少。由于实行准军事化管理，学生在课余时间要进行警务化训练。因此，自己掌握的时间少，放飞自我的机会少，并且需要学生有较强的吃苦耐劳精神，不怕流汗、不畏伤痛。

三是就业渠道单一。学生毕业后绝大多数在公安系统就业，另有少数毕业生在其他国家机关就业，就业面相对较窄。

五、学生素质要求与高校选科要求

1. 学生素质要求

报考公安学类专业，除高考分数的要求外，对学生的政治条件、身体条件和体能条件都有要求。

在政治条件方面，除按照教育部《普通高等学校招生工作规定》中规定的思想政治品德考核标准进行考核外，还必须经过公安机关的政治审查。要求考生本人政治进步、品德优良、作风正派，有较强的组织纪律性和法制观念。

在身体条件方面，除按照《普通高等学校招生体检工作指导意见》执行外，根据公安部和教育部联合下发的《关于印发〈公安普通高等学校招生工作暂行办法〉的通知》，考生还应符合相应的身高体重、视力色觉和其他身体状况要求。

在体能条件方面，考生须参加体能测评，体能测评项目须达到合格标准。

2. 高校选科要求

各院校公安学类专业的选考科目一般从物理、化学、生物、历史、地理和思想政治六科中选取，其中思想政治是必选科目。

每个高校的具体选科要求可通过山东省教育招生考试院网站（http://www.sdzk.cn/）、山东省教育云服务平台（http://www.sdei.edu.cn/）或"山东高考一点通"微信公众号查询。

4 学科门类：教育学（04）

在教育部颁布的《普通高等学校本科专业目录》中，教育学学科门类下，包含教育学类、体育学类两个专业类。

4.1 教育学类（0401）

一、专业类概述

教育学类专业是以教育科学为共同知识基础，以培养具有较高理论素养和实践能力的教育专业人才为目标的专业集群。教育是人的一种特殊的生命过程，外显为专门的社会活动，是培养人的一种社会活动。教育学是以教育活动为研究对象，探索教育活动基本规律的知识体系。

专业设置：根据教育部普通高等学校本科专业目录，教育学类专业包含教育学（040101）、科学教育（040102）、人文教育（040103）、教育技术学（040104）、艺术教育（040105）、学前教育（040106）、小学教育（040107）、特殊教育（040108）八个基本专业，以及华文教育（040109T）、教育康复学（040110TK）、卫生教育（040111T）、认知科学与技术（040112T）四个特设专业。

教育学类专业的相关领域包括心理学、生理学、哲学、信息科学与技术、社会学、管理学等。教育学类专业具有多学科基础上的综合交叉、理论与实践相结合的特征，要求学生科学地认识教育活动的本质，树立现代教育观念，形成教育专业能力和技能，胜任未来教育工作，为我国教育事业发展做出贡献。

教育学类专业主要培养具有坚定正确的政治方向、高尚的道德品质，具备良好的科学与人文素养，具有国际视野，系统掌握教育科学和相关专业必需的基础知识、基本理论、基本技能和方法，具有较强的创新创业精神、教育创业实践能力和管理能力，能够在各级各类教育及管理机构胜任教育、教学、管理与研究工作的高级专门人才。

对于教育学类专业而言，全国排名前五名的高校为北京师范大学、华东师范大学、东北师范大学、华中师范大学、南京师范大学；山东省排名前五名的高校为山东师范大学、曲阜师范大学、济南大学、鲁东大学、聊城大学。

学制与学位：教育学类专业本科基本学制为4年。学生按要求完成学业，可授予教育学学士学位或相关学士学位。

二、知识构架

1.核心课程

以小学教育和学前教育专业为例，核心课程可分为三类，即知识类、技能类、素养类。

核心知识类课程：包括教育学原理、教育哲学、中外教育史、课程与教学论、教育管理学、教育科研方法、普通心理学、教育心理学、发展心理学等。

核心技能类课程：包括课件制作与多媒体辅助教学、教师语言学、教师书法、音乐基础、美术基础、舞蹈基础、心理健康教育、大学生科技教育创新等。

核心素养类课程：包括教师学基础、教育名著导读、班主任工作、大学语文、高等数学、教育评价学、教育社会学、教师专业发展、基础教育改革研究、教育政策与法规等。

2. 实习和社会实践

教学见习：从大一下学期至大三下学期，学生要到相关学校进行见习，每学期一周时间。学生须撰写见习记录、见习报告等。

顶岗实习：大四上学期，学生到定点实习学校进行顶岗实习，为期18周（即一个学期）。学生全程参与实习学校日常的教育、教学、管理等工作，全面掌握教育教学的基本要求，适应教育教学工作。同时，须撰写实习日志、实习报告等。

社会实践：学生利用寒暑假调查社会热点问题，提交调查报告。

三、就业方向与发展前景

教育学类专业致力于培养具有较宽知识面，德、智、体、美、劳全面发展，具备系统的教育科学理论知识、较强的教育教学能力和创新创业能力，以及一定的教育管理和教育科研能力的专业人才。学生毕业后适合从事中小学教育教学工作，教育行政机构管理工作，社会教育机构的咨询、管理及教学工作，中小学教育科研工作等。

随着我国教育事业的发展和教育优先发展战略的不断落实，教师职业越来越受到政府与社会的重视，教育学类专业正在逐渐成为热门领域。教育学类专业的就业面也越来越宽，就业方向不仅包括教育行业，而且还包括与文教相关的其他行业。

教育学类专业毕业生七大就业流向：（1）读研继续深造；（2）基础教育学校（包括幼儿园）；（3）特殊教育机构；（4）出版社、报社、广播电视等新闻出版机构；（5）政府教育行政单位；（6）新技术教育领域；（7）社会教育培训机构。

四、学习本专业类的优势与劣势

1. 优势分析

教育是广泛存在于人类生活中的社会现象，教育学是研究人类教育现象和解决教育问题、揭示一般教育规律的一门社会科学。教育学类专业与众多专业之间是相辅相成的关系，教育理论与教育实践的研究与本国、本土、本民族的文化、政治、经济及历史等紧密相关。无论是政治、经济、文化，还是社会、历史、哲学、生产、人口等相关专业的学习与研究，教育学知识与素养都是必不可少的基础。教育学类专业的学生不仅考研时深受文科相关专业的欢迎，而且就业后在学校、教育行政、政府等各行各业，因为个人具有较高的专业素质、良好的修养和综合的能力等，能赢得比较高的社会地位与社会声望。

2. 劣势分析

学习教育学类专业的劣势就是，大学所学习的课程偏重文科，比如教育学、教育史、心理学、教育哲学、教育技术学等专业课程，学生在未来报考理工科研究生或就业、创业从事理工科的相关工作，可能面临的挑战会比较大一些。

五、学生素质要求与高校选科要求

1. 学生素质要求

报考教育学类专业，考生要关注以下几个方面：

首先，问问自己是否热爱教师职业。职业兴趣与个体的职业稳定性、满意度以及成就感密切相关。教师职业是一种极富挑战性的职业，它需要每个教师以兴趣为前提进行选择。

其次，审视自己是否适合教师职业。教师要传道、授业、解惑，需要具有良好的口头及书面语言表达能力；教师的天职是教书育人，需要具有创新意识和创新能力，并且富有爱心，才可以加盟未来的教师队伍；教师要在公共关系开发与维持能力方面有一定的基础，考生要审视自己是否善于与人交往、是否喜欢社交活动、是否具有组织管理及协调能力；等等。

再次，分析自身的性格特征是否符合一个教师所应有的人格素养。教师的人格素养对学生的未来发展起着推动作用，具体表现为积极乐观的情绪、豁达开朗的心胸、坚忍不拔的毅力、广泛的兴趣和积极的创新品质等等。

根据《普通高等学校招生体检工作指导意见》，身体条件受限的考生在报考师范专业时应谨慎。例如，轻度色觉异常（俗称色弱）的不能报考学前教育、特殊教育等专业；嗅觉迟钝、口吃、步态异常、驼背、面部疤痕、血管瘤、黑色素痣、白癜风的不宜就读教育学类专业等。

2. 高校选科要求

依据山东省教育招生考试院公布的普通高校专业类选考要求，多数高校的教育学类专业一般不提科目要求，但有些高校的教育技术学专业要求考生选考物理，有些师范院校的教育学、小学教育、学前教育和特殊教育专业要求考生在生物、思想政治、历史三科中选考一门。

例如，河北师范大学要求生物、思想政治、历史三门科目考生选考其中一门即可报考，东北师范大学要求物理、历史两门科目考生选考其中一门即可报考，浙江工业大学要求必须选考物理方可报考。

每个高校的具体选科要求可通过山东省教育招生考试院网站（http://www.sdzk.cn/）、山东省教育云服务平台（http://www.sdei.edu.cn/）或"山东高考一点通"微信公众号查询。

4.2 体育学类（0402）

一、专业类概述

体育是一种特殊的社会文化现象，是指旨在强化体质的一切非生产性的人体活动。随着社会的进步和体育实践的发展，体育的内涵也在拓展，逐渐形成与教育、文化相并列的新体系，包括体育教育、竞技运动和身体锻炼三方面。

体育学是研究体育现象及其规律的科学。它是在与自然科学、人文社会科学等相关学科的交融中建立起来的，具有鲜明的综合性和应用性。其主要任务是揭示体育活动的自然科学基础、体育活动中人体变化的规律和社会生活各个领域所发生的体育现象规律，并运用这些规律指导体育实践。体育学在增进人们健康水平、丰富社会文化生活、提高人们生活质量、促进人的全面发展、建设人力资源强国、推动经济社会发展等方面有重要作用。

专业设置：根据教育部普通高等学校本科专业目录，体育学类专业包含体育教育（040201）、运动训练（040202K）、社会体育指导与管理（040203）、武术与民族传统体育（040204K）、运动人体科学（040205）五个基本专业，以及运动康复（040206T）、休闲体育（040207T）、体能训练（040208T）、冰雪运动（040209T）、电子竞技运动与管理（040210TK）、智能体育工程（040211TK）、体育旅游（040212TK）、运动能力开发（040213T）八个特设专业。

体育学类专业旨在培养德、智、体、美、劳

全面发展，具有高度的社会责任感、较好的科学和文化素养，具备现代教育、健康理念，系统掌握体育学基本理论、基本技能和基本方法，富有创新精神，具备一定的体育科学研究能力，具有创业意识，具备一定的创业素质和创业能力，能够从事群众体育、竞技体育、体育产业相关工作的应用型人才。以体育教育专业为例，体育教育专业主要培养掌握现代教育教学理论与方法，熟练掌握学校体育课程与教学、课外体育锻炼、训练水平和竞赛管理与组织的基本理论与方法，具备一定的运动技能和较强的体育教育教学能力，能胜任学校体育工作的体育教师。

对于体育学类专业而言，全国排名前三名的高校有北京体育大学、上海体育学院、华东师范大学；山东省排名前三名的高校有曲阜师范大学、山东师范大学、山东体育学院。

学制与学位：体育学类专业本科基本学制为4年。学生按要求完成学业，可授予教育学学士学位或相关学士学位。

二、知识构架

1. 专业基础课程和核心课程

专业基础课程：包括体育概论、运动解剖学、运动生理学、体育心理学、体育社会学、健康教育学、体育科学研究方法等。

专业核心课程：体育教育专业，包括学校体育学、体育课程与教学论、运动技能学习与控制等；运动训练专业，包括运动训练学、运动技能学习与控制、体育竞赛学等；社会体育指导与管理专业，包括社会体育导论、健身理论与指导、体育市场营销等；武术与民族传统体育专业，包括民族传统体育概论、中国武术导论、中国传统养生理论等；运动人体科学专业，包括运动机能生理生化测试（实验）、体质测量与评价、运动处方理论与实践等；运动康复专业，包括康复评定学、运动康复治疗技术、肌肉骨骼康复等；休闲体育专业，包括休闲体育概论、体育旅游概论、体育俱乐部经营与管理等。

2. 实习和社会实践

实习：（1）非师范类学生，一般在企事业单位工会、业余体育学校、社区体育部门、康复机构、体育科研机构、运动训练基地、全民健身活动中心等机构实习。实习方式包括集中实习、自主实习或挂职顶岗实习。（2）师范类学生，通常在中小学校进行教育实习。时间一般安排在大三下学期或大四下学期，为期12周。

社会实践：学生利用寒暑假调查社会热点，提交调查报告。

三、就业方向与发展前景

1. 就业方向

非师范类毕业生：从事体育科学研究、体育教学训练、体育管理、健身指导、运动康复、体育产业营销等方面的工作。

师范类毕业生：在教育机构从事教学和研究工作；在企业、事业单位和体育管理部门从事体育产业及体育产品的营销、开发、应用和管理等工作。

2. 发展前景

在我国推行全民健身国家战略和健康中国2030规划纲要的背景下，社会各行各业都需要体育学类专业人才，社会体育指导与管理、运动人体科学、运动康复、休闲体育等专业，就业机会较多，报考此类专业有利于将来更好地就业。对师范类专业学生来说，中小学"小班教学制"的推广和教育部强制推行中小学体育课并增加体育课时（每周高中3课时、初中4课时、小学5课时），客观上增加了学校对体育教师的需求；社会机构也需要具有专业知识技能的体育师资。

3. 就业流向

通过对就业领域的发展研究和对往届毕业生的就业分析发现，体育学类专业有六大就业流向：（1）读研继续深造；（2）教育行业；（3）体育局及业余体育学校；（4）体育活动中心、体育俱乐部、休闲娱乐与康复中心；（5）企事业单位工会、体育企业及产业、产品营销机构；（6）公务员、大学生"村官"、公安、警察、消防及自主创业。

四、学习本专业类的优势与劣势

1. 优势分析

一个人一生的最大成功是什么？"有一副健康的身板。"健康的身板（身体）离不开体育教育教学与科学健身的指导，因此，体育学类专业在全社会高度重视身心健康、运动健身、休闲娱乐的宣传中认可度是比较高的。例如，学习体育

教育专业的优势：一是从业前景光明。二是拥有科学健身的理念和方法，终身受益。科学健身理论以及方法都是本专业的专业课程内容，毕业后不仅可以成为一位体育教师，而且可以成为健康养生的专家。三是通过本专业学习，可以极大提升自身的社会适应能力和组织协调能力，彰显情商优势。

2. 劣势分析

由于受传统思想"重文轻武"观念的影响，有些人认为学体育的是"头脑简单，四肢发达"，只有学习不好的学生才会报考体育学类专业，因此有些家长不愿意让孩子从事体育行业。在全民健身国家战略和健康中国2030规划纲要的大力推行下，"少年强则中国强，体育强则中国强"，"体育要从娃娃抓起"，每位家长都希望自己的孩子从小就有一个健康的身体，因此更多的家长愿意让孩子从小就进行体育特长训练，也愿意让孩子报考体育学类专业。

五、学生素质要求与高校选科要求

1. 学生素质要求

高中生报考体育学类专业，要符合拟在山东招生普通高校专业（类）选考要求规定的考生应具备的报考素质要求。兴趣是最好的老师，中小学阶段体育成绩好的学生，适合学练体育；有一定天赋且先天性身体素质好的、对体育锻炼有浓厚兴趣和强烈爱好的学生，适合学练体育；有坚强意志和顽强拼搏精神的学生，适合学练体育。

2. 高校选科要求

根据山东省教育招生考试院公布的普通高校专业类选考要求，大多数专业体育院校和师范类院校的体育学类专业不设科目要求，但有的院校有科目要求。例如，华中师范大学体育教育专业要求物理、生物、历史三门科目考生选考其中一门即可报考；曲阜师范大学则要求选考生物；泰山医学院要求物理、化学、生物三门科目考生选考其中一门即可报考。

每个高校的具体选科要求可通过山东省教育招生考试院网站（http://www.sdzk.cn/）、山东省教育云服务平台（http://www.sdei.edu.cn/）或"山东高考一点通"微信公众号查询。

5 学科门类：文学（05）

在教育部颁布的《普通高等学校本科专业目录》中，文学学科门类下，包含中国语言文学类、外国语言文学类、新闻传播学类三个专业类。

5.1 中国语言文学类（0501）

一、专业类概述

中国语言文学类专业根植于中华优秀传统文化，是以中华母语及母语文学为基本内涵、具有深厚人文底蕴的基础学科。该类专业经历了长期办学实践，内涵明确，构成合理，基础知识体系完整，人才培养体制健全，既有体现学科特色的培养目标，又有不同方向的侧重。在我国现行高等教育体系中，中国语言文学类专业肩负着萃取、传承和发展中华优秀传统文化的重任。目前，综合性大学和师范类院校普遍设有中国语言文学类专业，理、工、农、医、经济、管理、法律、外语、艺术等各种类型的高校也大多设有本学科所属的部分专业。

专业设置：根据教育部普通高等学校本科专业目录，中国语言文学类专业包含汉语言文学（050101）、汉语言（050102）、汉语国际教育（050103）、中国少数民族语言文学（050104）、古典文献学（050105）五个基本专业，以及应用语言学（050106T）、秘书学（050107T）、中国语言与文化（050108T）、手语翻译（050109T）四个特设专业。

中国语言文学类专业培养学生具有扎实的中国语言文字基础和较高的文学修养，系统掌握中国语言文学的基本知识，具有较强的文学感悟能力、文献典籍阅读能力、审美鉴赏能力和运用母语进行书面及口语表达的能力，掌握一门以上外语，具有计算机文字信息处理能力和人际沟通、

交往能力。学生毕业后能够以专业优势在实际工作和学习中发挥所长，既可继续攻读研究生，也可在行政机关以及文化教育、传媒机构、对外交流等各类机关、企事业单位工作。

学制与学位：中国语言文学类专业本科基本学制为4年，多数高校实行弹性修业年限，一般可在3～6年内完成。学生按要求完成学业，可授予文学学士学位。

二、知识构架

中国语言文学类专业的课程体系一般由通识教育课程和专业教育课程构成。通识教育课程包括思想政治教育、人文科学、社会科学、自然科学基础、外语、计算机及信息技术、体育、实践训练等。专业教育课程包括本学科基础性课程、相关专业的专业性课程以及专业实习实践等。

1. 核心课程

汉语言文学专业核心课程有：文学概论、语言学概论、古代汉语、现代汉语、中国古代文学、中国现当代文学、外国文学、大学写作等。

汉语言专业核心课程有：语言学概论、古代汉语、现代汉语、汉语史、理论语言学、中国文学、语法学、语义学、语用学、文字学等。

汉语国际教育专业核心课程有：语言学概论、现代汉语、古代汉语、中国古代文学、中国现当代文学、中国文化通论、汉语国际教育概论、语言教学法、汉语写作等。

中国少数民族语言文学专业核心课程有：文学概论、语言学概论、少数民族语言文学（分民

族、语族）、现代汉语、古代汉语、中国现当代文学、外国文学、大学写作等。

古典文献学专业核心课程有：文献学概论、古代汉语、中国古代史、中国古代文学、中国古代文化概论、版本目录学、校勘考订学、中文工具书与电子文献检索等。

秘书学专业核心课程有：秘书原理与实务、秘书写作、涉外秘书、档案管理学、办公自动化、文秘速录、公共关系学、社会心理学、管理学原理等。

2. 实习和社会实践

中国语言文学类专业的实践教学环节包括教学实习、语言学调查、文学现象讨论、传媒写作、创意写作、编辑出版实践、民俗与民间文学调查等。其中，实习是最主要的实践教学环节。中国语言文学类专业的实习岗位覆盖面较宽，以行政机关、企事业单位、基础教育、出版传媒等领域为主。

中国语言文学类专业的师范生通常还需要通过集中的教育实习，在掌握了相关教育教学理论的基础上，密切联系教学实际，在实习指导教师的帮助下，尽快地熟悉并胜任语文教学工作和班主任工作，从而将理论知识转化为实践能力，为毕业后从事教师这一职业打下良好的基础。

三、就业方向与发展前景

中国语言文学类专业适应性广，就业面宽，长期以来，培养了大批教师、学者、作家、记者、编辑、行政人员、文秘、文案等专门人才，对我国的社会发展和人文科学做出了极大的贡献。具体就业领域与发展前景参见下表。

中国语言文学类专业的就业领域与发展前景情况

主要领域	就业单位	从事职业	发展前景
教育领域	中、小学校	语文教师	稳定性高，需求量比较固定。
	高等学校	人文专业教师	
	孔子学院、国际学校	对外汉语教师	在"汉语热"和加强国际交流与合作的背景下，汉语国际教育的就业需求量在稳步提升。
行政机关、企事业领域	行政机关、事业单位	文秘、宣传人员、办公室文员、行政人员	稳定性高，需求量比较固定。
	教育、人文类企业		
新闻传播领域	传统出版系统：报社、杂志社、出版社	编辑、文秘、文案、记者	随着"互联网+""区块链""融媒体"时代的到来，新闻传播领域的就业前景越来越宽。
	广电系统：广播电台、电视台、影视公司	编辑、播音主持人、记者	
	新媒体："两微一端"	编辑、文案	

总体而言，中国语言文学类专业就业形势一直比较平稳，就业需求量总体较大，且发展态势良好。

四、学习本专业类的优势与劣势

1. 优势分析

本专业类底蕴深厚，对提升个人文化素质具有重要作用。学生不仅能够学习中国语言文学的基本知识，而且能够提升个人语言表达能力与文学修养，从而整体提升个人素质，为毕业后的工作、学习和生活打下良好的基础。

本专业类适用面广，就业前景良好。中国语言文学类专业主要是培养具备文艺理论素养和系统的中国语言文学知识，能在新闻出版部门、高校、科研机构、行政机关和企事业单位从事文学评论、汉语言文学教学与研究工作以及文化、宣传方面的实际工作的高级专门人才。因其适用面广、适应性强而受到社会欢迎，历年毕业生就业率均居文科专业前列。

2. 劣势分析

本专业类门槛较低，低水平重复建设导致需求趋于饱和。中国语言文学类专业作为一个传统专业，专业建设门槛相对较低，可谓中国大学设置最为普遍的专业之一。历年来招生人数有增无减，社会需求虽然也在不断增大，但总体来说是趋于饱和。当然也应看到，对于真正具有高素质的汉语言文学专业人才，社会需求一直呈现供不应求的局面。这就要求中国语言文学类专业的学生在校期间打好专业基础，努力成为一个有竞争力的高素质复合型专门人才。

五、学生素质要求与高校选科要求

1. 学生素质要求

中国语言文学类专业主要以文学、历史学、政治学为学科基础，要求学生应坚持正确的政治立场，具备正确的价值观和道德观，具备较强的社会责任感，热爱文学，具有良好的语言文字表达能力。

2. 高校选科要求

根据山东省教育招生考试院公布的普通高校专业类选考要求，报考中国语言文学类专业，绝大多数高校不设科目限制，如北京大学、清华大学、中国人民大学、北京师范大学、山东大学、山东师范大学等。

设选科要求的高校，对于科目要求通常集中在思想政治、历史和地理三门课程。具体分为以下几种情况：

（1）要求必须选考两门：如华中师范大学的汉语言文学专业要求历史、地理两门科目考生均需选考方可报考，中国石油大学（华东）的汉语言文学专业要求思想政治、历史两门科目考生均需选考方可报考。

（2）要求必须选考一门：如厦门大学、中山大学的汉语言文学专业人文科学试验班、鲁东大学的汉语言文学专业和汉语言专业、山东理工大学的汉语言文学专业均要求考生必须选考历史科目方可报考。

（3）要求指定三门科目考生必须选考其中一门：如德州学院、济宁学院、青岛理工大学、齐鲁师范学院、山东青年政治学院等高校的汉语言文学专业要求思想政治、历史、地理三门科目考生选考其中一门即可报考。

（4）要求指定两门科目考生必须选考其中一门：如浙江大学的汉语言文学专业人文科学试验班要求历史、地理两门科目考生选考其中一门即

可报考，华南师范大学、聊城大学的汉语言文学专业要求思想政治、历史两门科目考生选考其中一门即可报考。

每个高校的具体选科要求可通过山东省教育招生考试院网站（http://www.sdzk.cn/）、山东省教育云服务平台（http://www.sdei.edu.cn/）或"山东高考一点通"微信公众号查询。

5.2 外国语言文学类（0502）

一、专业类概述

外国语言文学类专业是高等学校人文社会科学学科的重要组成部分，学科基础包括外国语言学、外国文学、翻译学、国别与区域研究、比较文学与跨文化研究等，既有专业特点，也有跨学科特色。外语类专业日趋与其他相关专业结合，形成交叉复合型特色，以适应社会发展的需要。

专业设置：根据教育部普通高等学校本科专业目录，外国语言文学类专业包含英语（050201）、俄语（050202）、德语（050203）、法语（050204）、西班牙语（050205）、阿拉伯语（050206）、日语（050207）、波斯语（050208）、朝鲜语（050209）等60个外语语种，以及翻译（050261）、商务英语（050262），共计62个基本专业；此外，还包含桑戈语（050200T）、阿姆哈拉语（050263T）、吉尔吉斯语（050264T）、索马里语（050265T）等42个特设专业。

"一带一路"建设要求以高质量的语言服务为保障，这给外语类专业的人才培养和学科建设带来了前所未有的发展机遇。中国加强与相关各国的交流往来，在增进友谊的过程中形成合力，进一步推动国际交流合作向全方位、多领域方向延伸，需要培养和储备大量既熟悉"一带一路"沿线国家语言又了解其国情与文化的应用型、复合型人才，基于文明互鉴，更好地"把世界介绍给中国"，"把中国介绍给世界"。

外语类专业旨在培养具有良好的综合素质、扎实的外语基本功和专业知识与能力，掌握相关专业知识，适应我国对外交流、国家与地方经济社会发展、各类涉外企业、外语教育与学术研究需要的各外语语种专业人才以及应用型、复合型外语人才。

学制与学位：外国语言文学类专业本科基本学制为4年，高校可根据实际情况实行弹性学制，一般为3～6年。学生按要求完成学业，可授予文学学士学位。

二、知识构架

外语类专业的课程体系一般包括通识教育课程、专业核心课程、培养方向课程、实践教学环节和毕业论文五个部分。各专业可根据本校的办学定位、人才培养目标以及经济社会发展需要，建立动态课程调整机制，确定课程体系各部分之间的合理比例。其中，专业核心课程和实践教学环节具体情况如下。

1. 核心课程

外语类专业核心课程分为外语技能课程和专业知识课程。外语技能课程包括听、说、读、写、译等方面的课程。专业知识课程包括外国语言学、外国文学、翻译学、国别与区域研究、比较文学与跨文化研究、论文写作与基本研究方法等课程。以英语专业为例，其核心课程主要包括综合英语、英语视听说、英语口语、英语阅读、英语写作、英语语法、英语演讲、英语辩论、英汉/汉英笔译、英汉/汉英口译、语言导论、英语文学导论、跨文化交际、西方文明史、学术写作与研究方法等。

2. 实习和社会实践

外语类专业的实践教学环节主要包括专业实习、创新创业实践、社会实践等。专业实习旨在培养学生运用专业知识和技能解决实际问题的能力，既可依托校内实验实训中心进行，也可在校外实践教学基地进行，内容涵盖专业认知实习、外语语言技能实训、"外语+专业"技能实习、教育教学实习等。创新创业实践旨在培养学生解决问题的能力和创新创业能力，内容涵盖学科竞赛、学习兴趣小组、学术社团、创新创业项目等实践活动。社会实践旨在帮助学生了解民情和国情，增强社会责任感，内容涵盖社会调查、志愿服务、公益活动、勤工助学、外语支教等社会实践活动。

三、就业方向与发展前景

1. 就业方向

外语类专业毕业生除选择国内外高校继续深造以外，还可在外交、文化、教育、经贸、科技、军事等部门从事翻译、教学、管理、研究、国际交流等方面的工作。近年来，外语类专业毕业生的就业去向呈现出多元化态势。除了传统的外交外事、文化教育等领域，越来越多的毕业生到新能源、互联网、外贸、金融、通信、传媒、咨询、体育、物流等领域就业。

2. 发展前景

外语类专业人才的社会需求情况良好，毕业生就业前景和发展前景总体乐观。英语作为主要通用语种之一，尽管有时会短暂出现起伏，但毕业生就业形势总体相对平稳；得益于国际交流合作的扩大，俄语、法语、阿拉伯语、意大利语等专业人才需求趋热；西班牙语、德语专业热度稍有减弱。值得注意的是，高水平、高层次专业外语师资人才总体匮乏，能够熟练运用外语、熟知其他相关知识、通晓国际规则的高端复合型与应用型人才需求大增。

市场对只懂外语的"单一型"人才需求日益减少，通晓两门或多门外语且具备某方面专业知识的"复合型"人才越来越受市场的青睐。"外语+专业""专业+外语""非通用语种+英语""非通用语种+英语+专业"等高端复合型外语人才有着广阔的发展前景。同时，在国家全面推进"一带一路"建设以及大众创业、万众创新的背景下，创新型、复合型、应用型、国际化外语人才正逐步主导市场需求。

四、学习本专业类的优势与劣势

1. 优势分析

外语是国际交往和科技、文化交流的重要工具。通过学习和使用外语，可以直接了解国外前沿的科技进展、管理经验和思想理念，学习和了解世界优秀的文化和文明，同时也有助于增强国家对外话语权，有效传播中华文化，提升国家软实力。特别是我国提出"一带一路"倡议以来，与沿线国家的交流往来日益密切，经济文化活动开展频繁，对外语类专业人才的需求也更为迫切。学习外语有助于学生具有国际视野，培养国际意识，提高人文素养，同时为知识创新、潜能发挥和全面发展提供一个基本工具，为应对全球化时代的挑战和机遇做好准备。

2. 劣势分析

首先，在世界范围内，外语类专业的女生数

量一般远远高于男生，造成男女生比例失调，导致女生面临更大的择业就业、继续深造等方面的竞争压力。其次，外语学习不仅是学习一种语言，更是对另外一种文化体系的了解与适应。外语界的一个共识是，母语与目标语两种文化之间的距离越远，目标语就越难学。这就意味着，学习外语类专业，学生既要克服母语的负迁移干扰，又要唤醒目标语的文化适应性。

五、学生素质要求与高校选科要求

1. 学生素质要求

高中生报考外语类专业，应对外语学习和外国文化有浓厚的兴趣，具有良好的汉语母语基础、较高的人文素养和科学素养，具备较强的自控能力。

2. 高校选科要求

根据2020年拟在山东省招生普通高校专业（类）选考科目要求，在公布的1622所普通高校中，有1585所（约占97.7%）高校对外语类专业"不提科目要求"，其他院校一般要求至少选考历史科目。

例如，河北师范大学要求物理、历史两门科目考生选考其中一门即可报考；河南科技大学、广西师范大学、西南交通大学、新乡学院要求思想政治、历史、地理三门科目考生选考其中一门即可报考；西安交通大学要求历史、地理两门科目考生选考其中一门即可报考。

每个高校的具体选科要求可通过山东省教育招生考试院网站（http://www.sdzk.cn/）、山东省教育云服务平台（http://www.sdei.edu.cn/）或"山东高考一点通"微信公众号查询。

5.3 新闻传播学类（0503）

一、专业类概述

新闻传播学是研究新闻活动、传播活动及其他各种传播现象的学科，是研究人类社会各类新闻传播活动的形成、发展和基本规律的应用性社会科学。新闻传播是人类认识外部世界、信息交流和社会交往的重要方式，是人类社会信息系统得以正常运行的基础。在全球化和信息社会形成的进程中，新闻传播事业发挥着巨大作用，世界各国都在加强新闻传播学学科建设，并将提升国家传播能力作为国家战略。

新闻传播学学科以人类社会新闻与信息传播活动为对象，在学科性质上兼跨人文科学与社会科学，主要围绕大众传媒的新闻传播而展开，研究视野和范围涉及网络传播、媒介文化、数字传播、信息和文化产业等各个领域。通过学习新闻传播学类专业，学生可以更好地认识外部世界、发掘事实真相，提高对外传播能力和媒介素养，从而为国家发展提供智力支持。

新闻传播学类专业主要培养具有良好的道德文化、媒体技术与人文科学素养，掌握新闻传播学基本理论、方法与技能，适应社会发展需求，具有厚基础、宽口径、高素质、强能力特征的专门人才。毕业生可在各类报刊社、通讯社、广播电台、电视台、互联网企业、图片社以及广告、公关、出版发行等部门从事实践工作，也可在国家机关、文化团体、企事业单位和教育科研等部门从事文化传播、管理和教学科研等工作。新闻传播与社会联系密切，非常注重实践，专业要求具有较高的综合素质，主要涉及政治学、社会学、经济学、管理学等方面的专业知识，对外语、计算机能力也有较高要求。

专业设置：根据教育部普通高等学校本科专业目录，新闻传播学类专业包含新闻学（050301）、广播电视学（050302）、广告学（050303）、传播学（050304）、编辑出版学（050305）五个基本专业，以及网络与新媒体（050306T）、数字出版（050307T）、时尚传播（050308T）、国际新闻与传播（050309T）四个特设专业。

具体来说，新闻学专业为各类新闻媒体及文化宣传单位培养专业新闻人才，要求学生知识面较宽，表达能力强，业务功底好。广播电视学专业为广播电视机构及各类文化宣传单位培养专业传播人才，要求学生思维敏捷，富有创意，文字水平与拍摄技能并重。广告学专业为创意文化产业培养专业广告、创意、经营人才，要求学生有较宽广的知识面，富有创造力，并对营销、经营感兴趣。传播学专业为政府、企业、传媒和其他社会组织培养公共传播人才，要求学生视野开阔，有较强的社会责任感和公共精神，善于沟通、协作和创新。编辑出版学专业为编辑、出版、印刷等行业培养人才，要求学生具备编辑出版理论知识和技能、扎实的语言文字功底以及数字编辑能力。

学制与学位：新闻传播学类专业本科基本学制为4年，实行弹性修业年限，一般可在3～6年内完成。学生按要求完成学业，可授予文学学士学位。

二、知识构架

1. 核心课程

新闻学专业核心课程有：新闻学概论、中国新闻事业史、外国新闻事业史、新闻采访写作、新闻评论写作、中外新闻作品研究、摄影技术、公共关系学、报纸编辑、新闻事业管理、现代汉语、中国历代文学作品选、广告学（新闻类）等。

广播电视学专业核心课程有：新闻理论、传播学概论、中外新闻史、新闻道德与法规、新闻采访与写作、电视节目策划、电视新闻报道、非线性编辑、电视画面编辑、电视节目制作技术、电视摄像、电视专题片采编、电视现场报道、广播新闻报道、中国电视文化评论、中外纪录片、外国广播电视、影视精品赏析、电视新闻评析等。

广告学专业核心课程有：传播学、广告学概论、广告策划与创意、广告史、广告文案写作、广告法规与管理、广告媒体研究、广告摄像与摄影、实用美术与广告设计、电脑图文设计、广告调查、公共关系学、广告效果评估等。

传播学专业核心课程有：新闻学原理、传播学概论、跨文化传播、视觉传播、网络传播、文化创新与文化产业、创意学概论、广告学、西方文化概要、商业传播概论、中英文媒体写作、整合营销传播与执行、摄影摄像艺术、非线性编辑、市场调查与实务、当代新闻实务等。

编辑出版学专业核心课程有：编辑学概论、古代汉语、现代汉语、出版发行学基础、中国编辑出版史、图书学、出版美学、书业法律基础、报刊编辑学、出版现代技术等。

2. 实习和社会实践

新闻传播学类专业学生可以实习的工作领域有：在报刊、广播、电视、通讯社、网络等传媒机构以及企事业单位从事新闻采编、宣传策划、经营管理、公关广告、信息传播与咨询等工作；在传播学理论和实践领域的有关行业从事规划、创意、执行等工作；在各类企事业单位从事视觉传播、品牌传播、营销传播和公关服务等工作；也可以在新闻媒体机构、出版机构、行政机关及企事业单位的宣传部门、广告公司、教育部门、农业技术推广等部门从事编导、记者、主持、制作、广告与文化经济活动策划、计算机网络课件开发制作等工作。

三、就业方向与发展前景

1. 就业方向

新闻传播学类专业的就业方向广阔。学生毕业后可在报社、杂志社、广播电台、电视台、出版社、广告公司、新媒体等媒体机构从事编辑、记者、制作、策划、主持、管理等工作，也可到政府部门、企事业单位从事新闻、信息宣传策划及公文稿件撰写等工作。

2. 发展前景

当前，传媒业已成为我国国民经济的一个支柱产业，随着传媒业迅猛发展，国家对新闻人才的需求在不断增长。新闻传播学类专业采用"人文+新闻+技术"的模式，培养具有扎实的语言文字功底和宽广的科学文化知识，具备良好的口头与文字表达能力、现场与镜前采访报道能力、社会调查与社会活动能力以及新闻采、写、编、评、策划能力的应用型、复合型新闻人才，毕业生发展前景良好。

四、学习本专业类的优势与劣势

1. 优势分析

新闻传播学类专业属于有较强应用性的专业。新闻传播大家应该再熟悉不过了，电视上天天都能看到记者举着话筒在外边采访报道，记者一般都是新闻传播学类专业毕业的。事实上，除记者以外，给记者录像的是谁？又是谁把稿件编辑整理好的？这些都在新闻传播学的专业范畴之内。此外，各网络媒介的发展运营、各类图书的编辑出版、都市里应接不暇的广告等，这些也都离不开新闻传播学类专业培养的人才。如果说21世纪是一个充满想象的信息时代，那么新闻传播学类专业培养的将是这个时代的冲浪儿。

2. 劣势分析

新闻传播学类专业的劣势就是毕业生就业面临的竞争压力，因为传媒行业受到不同专业人才的追逐，无论是考取硕士研究生还是就业，都将面临其他专业人才的竞争，如经济学、法学、体育等领域具有特定专业基础知识的毕业生，同样受到传媒行业的关注。这就要求新闻传播学类专业的学生在校期间打好专业基础，努力成为一个有竞争力的高素质复合型专门人才。

五、学生素质要求与高校选科要求

1. 学生素质要求

新闻传播学类专业具有较强的政治性，要求学生坚持马克思主义，坚持正确的政治立场。学生需要具备正确的价值观和道德观，具有较强的社会责任感。

新闻传播学类专业同时具有较强的实践性与融合性，要求学生具备积极主动的心态、敏锐的观察力、良好的语言文字表达能力与沟通能力，以及计算机与新媒体技术的应用能力。

2. 高校选科要求

根据山东省教育招生考试院公布的普通高校专业类选考要求，新闻传播学类专业一般不设科目限制。因为从事新闻传播工作的人才最好是通才，在具体的工作中，也需要将新闻传播学知识和其他学科的知识紧密结合。例如，财经记者需要既掌握新闻传播知识，又精通财经专业知识。

有的高校设有科目要求。例如，浙江工业大学要求思想政治、历史、地理三门科目考生选考其中一门即可报考；宁夏大学要求思想政治、历史两门科目考生选考其中一门即可报考；河北师范大学要求必须选考思想政治方可报考；东北师范大学要求必须选考历史方可报考。

每个高校的具体选科要求可通过山东省教育招生考试院网站（http://www.sdzk.cn/）、山东省教育云服务平台（http://www.sdei.edu.cn/）或"山东高考一点通"微信公众号查询。

6 学科门类：历史学（06）

在教育部颁布的《普通高等学校本科专业目录》中，历史学学科门类下，包含历史学类一个专业类。

6.1　历史学类（0601）

一、专业类概述

历史学是一门悠久而又长青的学科。在古代中国，其为"四部之学"之一，既可"多识前言往行以畜其德"，亦可"明乎得失之迹，存王道之正"。近代以来，历史学又作为人文社会科学的基本组成部分，在了解古今中外人类历史文明、探寻人类社会发展演变规律、传承优秀传统文化与民族精神、建构客观理性的人格与价值观、培养独立求实的技术能力等方面，发挥着不可替代的作用。在每一个遵循现代文明的国家里，历史学必然在其教育活动中占有一席之地。

专业设置：根据教育部普通高等学校本科专业目录，历史学类专业包含历史学（060101）、世界史（060102）、考古学（060103）、文物与博物馆学（060104）四个基本专业，以及文物保护技术（060105T）、外国语言与外国历史（060106T）、文化遗产（060107T）三个特设专业。

一般来说，历史学类专业主要培养具备历史理论素养，专业基础知识扎实，独立研究或实际工作能力较强，能够在国家机关、新闻出版、文教事业及其他各类企事业单位从事相关工作的复合型人才。而师范类的历史专业，还需要掌握教育学、心理学理论，能够在高等和中等学校进行历史教学与研究工作。

学制与学位：历史学类专业本科基本学制为4年。学生按要求完成学业，可授予历史学学士学位。

二、知识构架

历史学类专业的主干学科包括中国史、世界史。

中国史的一般课程有：中国通史、世界通史、史学概论、中国史学史、西方史学史、历史地理学、古代汉语、中外历史文献及史学名著选读、断代史（包括先秦史、秦汉史、魏晋南北朝史、隋唐史、宋辽金史、元史、明史、清史、民国史、中华人民共和国史）、专题史（包括政治史、经济史、社会史、文化史、思想史、民族史、中西交通史、中外关系史、环境史、医疗卫生史）等。

世界史的一般课程有：世界通史、中国通史、世界文明史、史学概论、西方史学史、中国史学史、历史地理学、古代汉语、专业外语、中外历史文献及史学名著选读、世界各主要国家和地区的历史（包括中、日、印、英、法、德、俄、美等国家的历史及其断代史，亚太、中亚、南亚、东北亚、东南亚、西亚北非、撒哈拉以南非洲、西欧、东欧、拉美等地区的历史及其断代史）、专题史（包括政治史、经济史、社会史、文化史、思想史、民族史、国际关系史、中外关系史）等。

不仅如此，中国史、世界史尚需一些辅助学科，如考古学、文献学、民俗学、文化人类学、政治学、社会学、国际政治学、国际关系学等。

此外，师范类的历史专业尚需历史教学论、历史课程标准与教材研究、教育学、心理学、信息化教育技术等课程。同时，在实践教学方面，尚需一定时间段的教育专业实习。

三、就业方向与发展前景

1. 就业方向

历史学类专业的主要就业方向为党政机关、中外企业、高校、中小学、博物馆、电视台、报社、出版社、科研机构以及其他文化资源管理部门等。其中，世界史专业能够从事外事、外交、教育、新闻、外企等对外语要求较高的工作。

2. 发展前景

毋庸赘言，重视传统文化、发展传统文化，业已成为新时期中国大发展的一项基本国策。由此所带来的，不仅仅是历史学所受到的重视程度以及历史学科师资需求量的加大，更在于走向世界的中国，无疑需要众多能真正传承传统文化、发展传统文化、践行传统文化的人，故具备历史学专业素养的人才，其价值会愈发突显。总之，虽然可以预见，历史学类专业的就业方向在一定时间内不会有较大的变动，但"桃李不言，下自成蹊"，其就业的具体情况在未来值得乐观。

四、学习本专业类的优势与劣势

1. 优势分析

学习历史学类专业，其最大价值并不仅仅是有助于学生在学有所成之后获得某个职位、进入某个领域，而且还有利于学生在更早的时期即开始思考、学习如何取得人生智慧，规划一个成功的、有价值的人生。概而言之，通过对历史的学习，学生可在前人的得失成败中感受命运的风云变幻，由此实现视野与思维的拓展，而这正是取得成功人生的基本前提；通过对历史的学习，学生可在"上下五千年"的时段中感受人生的美丑善恶，消除精神世界中的"寂寞"与"彷徨"，在"日用而不知"的过程中实现境界的升华，这是成功人生的根本追求；通过对历史的学习，学生可了解前人遗产的博大与浩瀚，真正实现与前

人的"对话"，从而将自身的智慧成果满足于现实精神世界和物质世界的需要，这是成功人生的价值所在。

2. 劣势分析

当然，历史学类专业并不会在短时间内给人带来诸如"千钟粟""黄金屋"等物质方面的巨大改变，而且在竞争压力下，终其一生而从事历史学相关专业的人并不占多数，这就导致很多人在新的"领域"之中，其价值和能力往往不能在短时间内为人所认可。

五、学生素质要求与高校选科要求

1. 学生素质要求

事实上，历史学类专业对学生素质的要求，恰恰处于一种"仁者见仁，智者见智"的、似乎难以言说的境地。所以，历史学的特殊性在于，其对于其他学科的一些思维方式并不排斥。学生只要有古人"三上读书"的兴趣，只要有基本的阅读与写作能力，只要有好学深思的恒心，都可在历史学专业领域取得成绩。

2. 高校选科要求

根据山东省教育招生考试院公布的普通高校专业类选考要求，历史学类专业一般要求必须选考历史科目方可报考，有些高校要求可以选考其他科目（如地理、物理）。

例如，北京师范大学、南开大学、河北师范大学、南京大学、山东大学、山东师范大学、四川大学、陕西师范大学、西北大学等高校要求历史、地理两门科目考生选考其中一门即可报考。武汉大学则要求考生必须选考历史方可报考。

每个高校的具体选科要求可通过山东省教育招生考试院网站（http://www.sdzk.cn/）、山东省教育云服务平台（http://www.sdei.edu.cn/）或"山东高考一点通"微信公众号查询。

7 学科门类：理学（07）

在教育部颁布的《普通高等学校本科专业目录》中，理学学科门类下，包含12个专业类，分别是：数学类、物理学类、化学类、天文学类、地理科学类、大气科学类、海洋科学类、地球物理学类、地质学类、生物科学类、心理学类、统计学类。

7.1 数学类（0701）

一、专业类概述

数学是研究客观世界中数量关系和空间形式的科学，通过逻辑推理、符号演算和科学计算认识世界。数学也是一种文化，在人类文明的进程中起着重要的推动作用。人类历史上几乎所有的原始创新和重大发现都与数学的发展和进步密切相关。

数学是自然界的语言，是自然科学与社会科学的基础，为其他学科提供思想、观念和研究方法。无论是进行科研、数据分析、软件开发，还是从事金融保险、国际经济与贸易、化工制药、通信工程、建筑设计等工作，都离不开相关的数学知识，可见数学是从事其他相关专业的基础。随着科技事业的发展和普及，数学专业与其他相关专业的联系将会更加紧密，数学知识将会得到更广泛的应用。

专业设置：根据教育部普通高等学校本科专业目录，数学类专业包含数学与应用数学（070101）、信息与计算科学（070102）两个基本专业，以及数理基础科学（070103T）、数据计算及应用（070104T）两个特设专业。

数学与应用科学专业培养掌握数学科学的基础知识、基本理论与思想方法，获得进行科学研究的初步训练，具备运用数学知识和计算机技术解决实际问题能力的高级专门人才。

信息与计算科学专业培养具有良好的数学基础和逻辑思维能力，掌握现代科学计算和信息处理的基本理论、方法与技能，熟练地使用计算机解决科学计算、数据挖掘、信息安全、软件开发等实际问题的高级专门人才。

学制与学位：数学类专业本科基本学制为4年，一般实行弹性修业年限，可在3～6年内完成。学生按要求完成学业，可授予理学学士学位。

二、知识构架

1. 核心课程

数学与应用数学专业核心课程有：数学分析、高等代数、解析几何、抽象代数、普通物理、常微分方程、概率论与数理统计、计算方法、实变函数与泛函分析等。

信息与计算科学专业核心课程有：数学分析、高等代数、解析几何、常微分方程、数学物理方程、数值分析、计算方法、数学建模、微分方程数值解、数据结构与算法、程序设计与算法语言、数据库等。

2. 实习和社会实践

数学类专业（非师范）学生的实习，主要围绕金融数学、科学计算、数据统计处理、数据管理、软件开发等领域开展教学实习和毕业实习，具体实习方式一般采用集中实习或自主实习。师范生的实践教学环节主要包括教师技能培训和毕业实习。教师技能培训主要是指教师口语、板书、备课、说课、讲课等方面的培训，这种培训贯穿于各个学期之中，一般由学校统一组织。

实习时间因学校和专业而异，一般安排在大四下学期或大三下学期。

三、就业方向与发展前景

很长一段时间以来，人们认为数学这样的基础学科难学、就业不易，是各专业中的冷门。然而事实上，基础学科和应用学科之间存在着相互交叉、相互渗透的联系。以数学为代表的基础科学，就像是一个强大的引擎，带动相关科学研究和具体技术取得了巨大发展。数学专业毕业的研究生早已是金融界、IT（信息技术）界、科研界的"香饽饽"。数学类专业的就业前景可谓前途似锦。

数学类专业毕业生的就业具有如下特征，吸引了很多同学的目光：

（1）就业面较宽。社会对数学人才的需求也是多方面、多层次的。无论是进行理论研究、科研数据分析、软件开发，还是从事金融保险、国际经济与贸易、工商管理、通信工程、建筑设计等行业，都离不开相关的数学专业知识。其应用面也极其广泛，具有扎实基础的数学人才既可以做职业数学家，也可以在各类学校做数学教师，还可以成为某些领域（如金融、统计）的数据分析师，或者从事软件设计、工程计算、网络安全、国防科技等方面的技术工作。

（2）"跨专业"方便。数学类专业毕业生具有比较扎实的理论基础，只要再学习一些相关知识，他们就可以转向很多理工、经济类专业，比如计算机、统计、金融、经济学等。随着现代计算机技术的飞速发展，需要一大批懂数学的工程师做相应的数据库开发等工作，一些经济领域也需要具有专业数学知识的人才。此外，还可以选择读研或出国深造。事实上，基础类专业毕业生很多都会选择继续深造。数学类专业毕业生在专业知识、逻辑思维和创新能力上都有较大的优势，一般来说，跨专业考研或跨专业就业都不困难。

（3）上升快、收入高。本科毕业后收入较高、工作相关度高、提升较快的专业主要集中在计算机、金融、信息安全、软件工程等相关行业领域，这些领域均与数学密切相关。而数学类专业毕业生大多从事相关行业的技术岗位，如精算师、银行与证券从业人员、程序员、数据分析师等。OECD（经合组织）关于成年人知识技能的调查显示，缺少数学技能严重限制了人们获得更好的报酬和更好的工作。在新兴市场国家，精通数学的人，其平均收入比其他人高出40%。

数学与应用数学专业毕业生可从事科学研究、教学、软件开发等方面的工作。该专业师范类毕业生不仅可以在教育机构从事教学和研究工作，也可以在企事业单位和经济管理部门从事统计调查、统计信息管理、数量分析等方面的开发、应用和管理工作。

信息与计算科学专业毕业生可在科技、教育、信息产业、经济、金融等部门从事研究、教学、管理、应用开发、软件维护、科学计算等方面的工作，主要有四大就业流向：（1）读研继续深造；（2）IT行业；（3）教育行业；（4）国民经济各领域所需要的应用型数学专业人才。

四、学习本专业类的优势与劣势

1. 优势分析

数学类专业属于基础类专业，是其他相关专业的"母专业"。站在数学的肩膀上，数学类专业学生考研或出国深造都具有极大优势。研究生毕业后如果从事程序开发工作，或从事大数据分析以及人工智能等领域的职业，都具有较高的薪酬和高端的职位。

2. 劣势分析

数学类专业的劣势同样比较明显。数学属于基础性学科，课程门类众多，对学生学习的要求也较高。数学知识的应用有时并非立竿见影，需要有一个长期的过程，这一点有时会影响到学生学习的积极性与主动性。工作后虽然从事高薪职业，但是工作强度也较大。

五、学生素质要求与高校选科要求

1. 学生素质要求

学习数学类专业，学生需要有一定的知识基础、浓厚的学习兴趣和坚强的学习毅力。喜欢抽象严密的逻辑思维、能用独特眼光看到数学美的人适合学习数学类专业，这样的人学习数学往往能在数学王国里自由驰骋，收获良多。

2. 高校选科要求

根据山东省教育招生考试院公布的普通高校专业类选考要求，数学类专业一般要求选考物理。这是因为物理和数学的关系太密切了，数学研究尤其是应用数学研究，很多问题模型都有物理背景。

每个高校的具体选科要求可通过山东省教育招生考试院网站（http://www.sdzk.cn/）、山东省教育云服务平台（http://www.sdei.edu.cn/）或"山东高考一点通"微信公众号查询。

7.2 物理学类（0702）

一、专业类概述

物理学是研究物质运动最一般规律和物质基本结构的科学。作为自然科学的带头学科，物理学研究大至宇宙、小至基本粒子等一切物质最基本的运动形式和规律，是研究其他自然科学的基础。它以数学作为自己的语言，以实验作为检验理论正确性的唯一标准，是当今最精密的一门自然科学。物理学在人类文明历史进程中起着重要的推动作用，人类历史上几乎所有重大的科学发现与技术进步都与物理学的发展密切相关。

学习物理学知识令人受益匪浅。从小的方面讲，物理学可以培养学生的逻辑思维能力和解决问题的能力，帮助学生养成做事有条理、善于从多个角度分析和解决问题的习惯。从大的方面讲，如果你有崇高的理想，想为全人类做出贡献，那么对物理学的学习显得尤为重要，像牛顿、爱因斯坦、霍金等伟大的物理学家，他们的研究推动了整个人类历史的发展进程。

专业设置：根据教育部普通高等学校本科专业目录，物理学类专业包含物理学（070201）、应用物理学（070202）、核物理（070203）三个基本专业，以及声学（070204T）、系统科学与工程（070205T）两个特设专业。

物理学类专业主要培养具有高度的社会责任感，掌握物理科学的基本理论和实验技能，能够运用物理知识和技术解决实际问题，能够适应物理与科技发展需求及时进行知识更新，具有较强实践能力、创新意识和国际视野，能够在物理学科、交叉学科以及相关科学技术领域从事研究、教学、新技术开发与应用以及管理工作的高级人才。物理学类专业培养的学生应具备良好的数学基础，掌握基本的物理学原理与实验技能，接受科学思维、物理学研究方法以及应用基础研究、新技术开发等方面的训练，具有科学精神、科学素养

和创新意识，具备一定的独立获取知识的能力、实践能力、技术开发及管理能力。

针对不同的专业类型，物理学类各专业的培养目标有所侧重。物理学专业培养的人才侧重于从事科学研究，应用物理学专业培养的人才侧重于从事技术应用。具体来说，物理学专业培养能掌握比较深厚的物理学基础理论及基本实验技能，并初步掌握物理学研究与应用的基本方法，具有创新精神的高素质专业技术人才。应用物理学专业培养具有扎实的物理基础和一定水平的专门知识，同时具有较好的实践能力、综合素质及创新意识，能够满足社会发展和技术进步需求的高素质应用型人才。

学制与学位：物理学类专业本科基本学制为4年，实行弹性修业年限，一般可在3～6年内完成。学生按要求完成学业，可授予理学学士学位。

二、知识构架

1. 核心课程

物理学和应用物理学专业的核心课程相似，主要有：高等数学、力学、热学、光学、电磁学、原子物理学、数学物理方法、理论力学、热力学与统计物理、电动力学、量子力学、固体物理等。根据各自培养目标的不同，物理学和应用物理学的专业课程设置存在差别。由于各高校的特色不同，相同专业在不同高校的专业课程设置亦存在差别。

2. 实习和社会实践

物理学类专业学生的实习主要围绕物理学科、交叉学科以及相关科学技术领域的科学研究、物理教学、技术开发与应用等方面开展毕业实习，具体实习方式可采用集中实习或自主实习。实习时间因学校而异，一般安排在大四下学期或大三下学期。

三、就业方向与发展前景

物理学类专业的学生毕业后可在物理或相关的科学技术领域从事科研、教学、技术以及相关的管理工作。物理学类专业有较强的社会适应性，毕业生既具有从事科学研究的基础知识，也具有在应用物理技术、电子信息技术等领域从事高科技开发的实际业务能力，适合在工业、交通、邮电、金融、商业等行业从事科技开发、生

产和管理工作。物理学类专业学生所特有的专业素养，使他们具有持久的专业发展后劲和较强的开拓能力，因而深受社会各界的欢迎。

物理学是一门既注重基础研究又注重科技应用的学科。近年来我国在物理研究领域取得了很大的发展，很多领域的研究对其他学科也起到了很好的促进作用，其中包括信息科学、材料科学、生命科学、能源与环境科学等。单晶硅技术的研究为我国硬件产业的赶超提供了很好的支持，物理研究材料的手段诸如材料的电磁性能、光性能等成为材料研究的基础。这使得物理学类专业的人才在从事具体的科研工作时得心应手。很多学科脱胎于物理技术的应用，现在又反过来为物理学研究创造了更好的条件，计算机技术目前正在逐渐渗透到物理领域，计算机模拟物理实验节省了大量的人力和物力，这将进一步促进物理学在新世纪的迅速发展。

现在以及未来的社会必将要求理论研究的结果能更快、更直接地转化为现实生产力。能够将理论转化为实际应用的专业人才逐渐走俏。因而各高校也偏重于设置应用物理学专业。就专业特点来说，由于物理学更侧重于基础理论研究，因而对于热爱物理学且又适合或者愿意做理论研究的学生，物理学专业是一个非常理想的选择。那些对物理学有浓厚兴趣、具有较强的动手和实验能力的学生，则可以在应用物理学专业的学习中取得很好的成绩。对于热爱物理学但又不擅长做纯理论研究的学生，或者喜欢自己的工作和科研成果能够实实在在地得到应用的学生来说，应用物理学专业更是一个非常理想的选择。不过考生在报考时应该注意，无论是物理学专业还是应用物理学专业，基本物理理论学习均是很重要的组成部分，需要学习大量比较艰深的理论课程。但报考者应该有充分的信心，能够圆满地完成理论课程的学习，为进一步学习和研究打下坚实的基础。

四、学习本专业类的优势与劣势

1. 优势分析

物理学属于基础学科，其各专业是其他相关专业的"母专业"。无论是进行科学研究、教育教学还是从事企业产品研发、科技管理等工作，都离不开相关的物理知识。因此，物理学类专业在理科类专业中的认可度还是比较高的，譬如山

东大学的物理学类专业在全校理科录取分数中是最高的。

2. 劣势分析

物理学类专业是一个长线专业，不好具体说学了它接着就能干什么，但没有数学、物理的基础，很多工作干不了或干不好则是事实。在考研时，各高校的很多理工科专业诸如材料学、建筑学、电子学、信息技术等招收硕士研究生，都很欢迎物理学类专业的学生报考。

五、学生素质要求与高校选科要求

1. 学生素质要求

物理学是理科性很强的学科，具有很强的逻辑性。学习物理学类专业，一般需要一定的数学基础，数学作为理工科的基础课在物理学的学习中发挥着重要的作用。学习物理学类专业，需要一定的理科基础，拥有一定的理科知识储备能为物理学课程的学习打下良好的基础。学习物理学类专业，需要对物理学具有浓厚的兴趣，如果有兴趣则学习效果往往能事半功倍。物理学是非常有魅力的科学课程，有许多有趣的理论和高端的科学研究，在其中能够体会到科学发展逐步渗入人们生活的过程，深入学习或许还能参与当今最前沿的科学领域的研究，这是非常令人向往的。

2. 高校选科要求

根据山东省教育招生考试院公布的普通高校专业类选考要求，物理学类专业一般要求选考物理科目。

例如，北京大学、中国人民大学、南开大学、哈尔滨工业大学、厦门大学、山东大学、山东师范大学、青岛大学等高校的物理学类专业要求必须选考物理方可报考。

每个高校的具体选科要求可通过山东省教育招生考试院网站（http://www.sdzk.cn/）、山东省教育云服务平台（http://www.sdei.edu.cn/）或"山东高考一点通"微信公众号查询。

7.3 化学类（0703）

一、专业类概述

化学属于自然科学，是在分子、原子层次上研究物质的组成、性质、结构与变化规律的科学。世界是由物质组成的，化学则是人类用以认

识和改造物质世界的主要方法和手段之一。化学类专业培养具有高度的社会责任感和良好的科学文化素养，掌握化学基础知识、基本理论和基本技能，具有创新意识和实践能力，能够在化学及相关学科领域从事科学研究、技术开发、教育教学等工作的高素质专门人才。

目前，我国开设化学类专业的高校数量较多，经验积累较为丰富。过去十年来，在中国科技论文SCI（科学引文索引）论文数排行榜上，化学类论文名列前茅。在"双一流"建设高校中，化学学科入选25所高校，化学工程与技术学科入选9所高校，不少高校的化学学科排名已进入国际前列。

专业设置：根据教育部普通高等学校本科专业目录，化学类专业包括化学（070301）、应用化学（070302）两个基本专业，以及化学生物学（070303T）、分子科学与工程（070304T）、能源化学（070305T）三个特设专业。

学制与学位：化学类专业本科基本学制为4年。学生按要求完成学业，可授予理学学士学位，应用化学专业也可授予工学学士学位。

二、知识构架

1. 核心课程

化学类专业的核心课程主要包括无机化学、分析化学、有机化学、物理化学、结构化学、仪器分析、合成化学、化工原理、化工制图、工业催化、天然产物化学、化学信息学、化工安全与环保、绿色化学、功能高分子、生物化学、药物化学、现代分离技术、精细化学品化学、配位化学等。

2. 实习和社会实践

化学类专业的实践教学环节主要包括课程实验、课程设计、认识实习、毕业实习、毕业设计等内容。课程实验包括无机化学实验、分析化学实验、有机化学实验、物理化学实验、仪器分析实验、天然产物化学实验等内容。毕业实习一般在科研单位、化工相关企业和公共卫生部门开展。

三、就业方向与发展前景

化学类专业毕业生的就业领域广泛，发展前景良好，主要就业方向包括以下几个方面。

（1）科研工作者：在科研机构或者企事业单位的科研部门从事科学研究工作，例如化学工程、医疗保健或其他相关行业等。

（2）化学工程师：主要涉及石油与天然气、能源、水处理、塑料、化妆品、药品和食品饮料等多个领域。虽然每个领域的流程各不相同，但是化学和化学工程的角色贯穿始终，直接涉及化学产品和材料的设计、开发、创造和制造过程。毕业生作为一名化学工程师，其工作职责包括确保化学工艺在生产过程中的效率与安全性，调整产品的化学组成以满足环境或经济需求，扩大化学工艺的生产利润，并且应用新技术改进现有的制作工艺等。

（3）医疗化学从业者：与科研行业类似，医疗化学行业的从业者也主要奋斗在实验室里。在医疗化学行业，毕业生可以从事临床生物化学、保健科学等方面的工作。其主要工作职责是分析血液、尿液或其他液体以协助疾病的调查、诊断与治疗；共同对患者的检查结果进行解读，有关结论可以作为诊断和评估的依据。

（4）制药行业从业者：制药行业与医疗保健行业密切相关。医药行业本身就是一个巨大的市场，相应地，就业市场也很大。随着对特种药物和新药的需求不断增长，行业内制药化学专门人才的需求也越来越大。毕业生可以作为一名制药化学专门人才，从事设计、开发、分析、评估及管理新药和现有药物等工作。

（5）公共部门管理者：除了化学领域的研究类职位，法律、政策、国防、公共卫生、环境保护等领域也越来越需要化学专业人才。毕业生可以在公共部门就业，相关工作内容通常侧重于地球环境的化学状态和相关数据的分析，如气象数据或土壤、水及副产品的化学分析等。

四、学习本专业类的优势与劣势

1. 优势分析

作为化工大省，山东省在采油、炼油、石化、化肥、橡胶、制药、农药、海洋化学等方面有着巨大的人才需求，为山东省高校化学类专业与地方经济社会发展对接，建立订单式培养模式提供了条件。一所高校只要与行业或者地方经济对接，就可以生存无忧、发展有道。除个别高校外，绝大多数高校会因学科发展方向的侧重点不同而形成自身的学科特色，如厦门大学的电化学、兰州大学的有机化学、武汉大学的分析化学、山东大学的胶体化学和结晶化学等。将教学与学科及科研特色相结合，是科研服务和带动教学的重要途径。例如，山东大学在专业培养方案中增加胶体化学、结晶化学等特色课程，突出了学科特色。

2. 劣势分析

虽然学习化学类专业可以了解到丰富多彩的知识，但是由于经常进行化学实验，所以存在一定程度的危险性，提醒所有的化学爱好者要注意安全。

五、学生素质要求与高校选科要求

学习化学类专业，学生应具有扎实的化学及相关学科知识基础，熟悉外语、信息技术和人文社科知识；具有正确的世界观、人生观和价值观；具有社会责任感和协作精神；具有良好的科学文化素养、身体素质和心理素质；具有自主学习、信息处理、综合运用和交流沟通等方面的能力。这些要求都是一般性的，各专业需要结合培养目标及自身优势，制订各具特色的人才培养规格。

在高校选科要求方面，大多数高校的化学类专业一般要求选考化学，有些高校还要求选考物理、生物科目。

每个高校的具体选科要求可通过山东省教育招生考试院网站（http://www.sdzk.cn/）、山东省教育云服务平台（http://www.sdei.edu.cn/）或"山东高考一点通"微信公众号查询。

7.4 天文学类（0704）

一、专业类概述

天文学是研究宇宙空间天体、宇宙的结构和发展的学科，主要内容包括天体的构造、性质和运行规律等。天文学是一门古老的科学，大致可分为天体测量学、天体动力学、天体物理学三大研究领域。自有人类文明史以来，天文学就有重要的地位。

专业设置：根据教育部普通高等学校本科专业目录，天文学类专业包括天文学（070401）一个基本专业。

天文学专业培养具备良好的数学、物理和天文等方面的基本知识和基本能力，能在天文学及相关学科领域从事科研、教学和技术工作的高级专业人才。

据教育部学位与研究生教育发展中心最新公布的第四轮学科评估结果，全国共有5所开设天文学专业的大学参与了2017—2018年度天文学专业大学排名，其中排名前三位的是南京大学、中国科学技术大学、北京大学。

学制与学位：天文学类专业本科基本学制为4年。学生按要求完成学业，可授予理学学士学位。

二、知识构架

1. 主要课程

天文学专业的主要课程包括大学数学、大学物理、理论力学、数学物理方法、电动力学、普通天文学、实体天体物理、恒星物理基础、计算天文学入门、天文学等。

2. 实习和社会实践

天文学类专业比较重视实践教学，学生在本科阶段会有较多的实验课程和实习活动。高校一般在大二及更高年级时，组织学生到天文台、科技馆进行实习和实践活动。

三、就业方向与发展前景

天文学专业毕业生的就业方向主要是在天文学及相关学科领域从事科研、群众科普、教学和技术工作。毕业生可以继续攻读研究生，将来从事天文学研究工作。另外，天文学与航天、测地、国防等应用学科有一定交叉，学生毕业后也可以在这些领域一展才华。

从全国的角度来看，短时间内国内开设天文学本科专业的高校数量不会有大的变化，但是整个基础研究经费在大规模增加，与天文学研究有关的航空航天、空间科学技术都成为关系国家核心竞争力的重要领域，因此对天文学专业人才的需求量也会越来越大。

据了解，国内目前在本科阶段开设天文学专业的大学并不多，但是国内的天文研究机构有很多，所以天文学专业人才缺口较大。

四、学习本专业类的优势与劣势

1. 优势分析

天文学专业学生毕业后可以继续攻读本专业

研究生学位。此外，也可以就业于国防、教育、科研、科普、计算机等领域的相关企事业单位。各高校的天文学专业承担着为全国培养输送专门人才和开展科学研究的双重任务。除专业教育外，各高校的天文学专业还承担着为全体大学生开设天文学选修课的任务。据不完全统计，目前有约50所高校开设天文公选课，每年接受天文教育的大学生占在校学生总数的5%左右，个别中学也开设了天文选修课。天文学专业本科毕业生除了从事天文及相关专业的基础与应用研究，还有相当一部分进入其他领域就业。

2. 劣势分析

天文学专业自身也存在着一些劣势。我国很少有大学开设天文学专业，因此考生可选择的空间不大。此外，该专业对学生的物理知识储备要求很高，因此要想深入学习有一定难度。

五、学生素质要求与高校选科要求

学习天文学专业，学生应具备良好的理科思维能力、数学计算能力、物理及化学问题解决能力，对逻辑思维的素质要求较高；具有良好的学习成绩，这一点是硬性的指标，目前国内开设天文学专业的大学较少；眼睛无色盲或者色弱。

在高校选科要求方面，天文学类专业一般要求选考物理科目。例如，北京大学、南京大学、北京师范大学、中国科学技术大学均要求选考物理方可报考。

每个高校的具体选科要求可通过山东省教育招生考试院网站（http://www.sdzk.cn/）、山东省教育云服务平台（http://www.sdei.edu.cn/）或"山东高考一点通"微信公众号查询。

7.5 地理科学类（0705）

一、专业类概述

地理学是研究地球表层自然现象和人文现象的空间分布、相互关系及发展变化的学科，研究内容包括地理环境的组成、结构、功能、动态及其空间分异规律和人地关系，既有自然科学客观性和逻辑性的特点，又有社会科学综合性和文化性的特点，是一门理论、技术与应用并重的学科。作为自然科学、社会科学和技术科学三位一体的综合学科，地理学把自然环境变化与人类活动相结合，探究资源环境与区域发展之间的关系，为生态环境保护、自然资源可持续利用、社会经济发展提供理论依据。

学习地理学，有助于学生形成知识性强和逻辑思维严密的素质，并具有较强的实践能力和团队协作精神。

专业设置：根据教育部普通高等学校本科专业目录，地理科学类专业包含地理科学（070501）、自然地理与资源环境（070502）、人文地理与城乡规划（070503）、地理信息科学（070504）四个基本专业。

地理科学类专业主要培养掌握自然地理学、人文地理学和地理信息科学与技术的基础知识、基本理论、分析方法和应用技能，具备通过野外调查、社会调查、实验分析等获得第一手地理数据的能力，掌握一定的数理统计分析方法和计算机技术，具有定量分析研究地理问题的能力，掌握资料调查与收集、文献检索及运用现代技术获得相关信息的方法，具备自主设计实验的能力，具有较强的科学探究精神和良好的合作意识，能在教学科研单位、政府相关部门、企事业单位从事基础教育、科学研究、应用及管理工作的专门人才。

地理科学专业主要培养掌握地理科学的基本理论、基础知识和基本方法，接受地理科学思维和地理科学技能训练，学科基础扎实、适应面广、创新意识与实践能力强，掌握教育学、心理学知识理论方法，能从事地理教学、教学研究及管理的专门人才。毕业生能在中学从事地理教学、教研、科研和管理等工作。

自然地理与资源环境专业主要培养掌握自然地理与资源环境的基本理论、知识和技能，具有创新意识和实践能力，接受科学思维和专业技能训练，具有一定的科学研究能力的专门人才。毕业生能在科研机构、高等学校、企事业单位等从事科研、教学、资源开发利用与规划、管理等工作。

人文地理与城乡规划专业主要培养掌握地理学、经济学、管理学、城乡规划等方面的基本理论、基本知识和基本技能，掌握城乡规划设计、土地资源利用和规划等专业技能的专门人才。毕业生能在科研单位、规划部门、企事业单位等从事城乡规划设计、城建管理、土地规划和管理等工作。

地理信息科学专业主要培养掌握地理信息科学与地图学、遥感技术等方面的基本理论、基本知识和基本技能，具有遥感、卫星定位导航、地理信息系统的应用与开发能力的专门人才。毕业生能在科研单位、政府相关部门、企事业单位等从事地理信息系统的应用研究、技术开发、生产管理和行政管理等工作。

学制与学位：地理科学类专业本科基本学制为4年，实行弹性学制，一般可在3～6年内完成。学生按要求完成学业，可授予理学学士学位。自然地理与资源环境、人文地理与城乡规划专业也可授予管理学学士学位。

二、知识构架

1. 主要课程

地理科学专业的主要课程有：地质学、地貌学、水文学、气象与气候学、土壤地理学、植物地理学、人文地理学、经济地理学、遥感概论、地理信息系统、中国地理、世界地理、多媒体课件制作、地理教学论、现代教育学、心理学等。

自然地理与资源环境专业的主要课程有：地质与地貌学、气象与气候学、水文与水资源学、土壤地理学、全球变化、遥感概论、地理信息系统、生态学、环境科学概论、资源科学概论等。

人文地理与城乡规划专业的主要课程有：人文地理学、经济地理学、城市地理学、城市规划原理、规划CAD（计算机辅助设计）、区域规划、城市设计等。

地理信息科学专业的主要课程有：地理信息科学概论、空间数据采集与管理、GIS（地理信息系统）空间分析、GIS应用开发、遥感数字影像处理、遥感地学分析等。

2. 实习和社会实践

地理科学类专业的实践教学主要包括实验课程、野外实习、毕业实习、社会实践、创新创业训练等。各高校都有稳定的校内外实践教学基地，可开展野外实习、课程实习实训，一般采用集中实习或自主实习的方式。师范生在大四上学期或大三下学期进行教育实习，提高学生的中学地理教学技能，将理论知识转化为实践能力，为从事教师职业打下基础。

三、就业方向与发展前景

1. 就业方向

地理科学类专业毕业生主要面向教学或科研单位、政府相关部门、企事业单位，从事地理教学、全球变化、环境保护、资源开发与利用、灾害监测与管理、国土资源调查与管理、旅游规划、城乡规划、区域发展、地理信息技术开发与应用、国防建设等方面的工作。此外，也可以考取研究生继续深造。

2. 发展前景

在今后较长的时间里，地理科学类专业是极具生命力的专业，毕业生具有广阔的就业前景。地理科学专业的学生经过锻炼提高，可以成为具有开阔的国际视野和较强的创新能力，能够创新性开展地理教学的优秀教师与教育管理者；其他专业的学生可以从事人口、资源、环境与可持续发展等方面的教学、研究与管理工作。

四、学习本专业类的优势与劣势

1. 优势分析

该类专业的学生一般具有开阔的知识视野和浓厚的地理学研究兴趣，掌握较系统的自然科学、人文科学与现代科学的技术、理论与方法，具有较强的综合观察、分析与解决问题的能力，能够运用现代科学的理论与方法分析解决生态、资源、环境与社会经济问题，参与生态文明建设，因此，毕业生就业面较广。

2. 劣势分析

该类专业的学生学习领域涉猎广泛，需在人类、生态、环境、社会经济及现代技术等领域具备较宽的知识面和浓厚的地理兴趣。学生需结合个人的专业发展，持续强化在某一具体领域的学习深度。

五、学生素质要求与高校选科要求

1. 学生素质要求

学习地理科学类专业，学生应具备以下几方面的素质：

（1）具有为国家富强、民族复兴而奋斗的志向和责任感，具有热爱劳动、遵纪守法、诚实守信和团结合作的品质，具有良好的思想品德和社会公德。

（2）具备专业学习和个人发展所需要的自然科学与人文社会科学基本知识，掌握开展专业学习和个人发展所应具备的工具性知识，包括语文、数学、外语、物理、化学、生物、计算机技术等基本知识。

（3）掌握开展创新与可持续发展所应具备的基本知识，具备初步自主学习与拓展学习的能力，具备观察与发现问题、分析与探究问题的能力，具备组织、协调和团队协作的能力。

（4）具有健康的心理素质和身体条件。

2. 高校选科要求

大多数高校的地理科学类专业一般要求考生在物理、地理、化学科目中进行选考。例如，河北师范大学、南京师范大学、山东师范大学、湖北大学、中山大学要求物理、化学、地理三门科目考生选考其中一门即可报考；武汉理工大学、兰州大学要求物理、化学两门科目考生选考其中一门即可报考；中国地质大学（武汉）则要求考生必须选考物理方可报考。

每个高校的具体选科要求可通过山东省教育招生考试院网站（http://www.sdzk.cn/）、山东省教育云服务平台（http://www.sdei.edu.cn/）或"山东高考一点通"微信公众号查询。

7.6　大气科学类（0706）

一、专业类概述

大气科学类专业是以物理学和数学为基础，以大气中的物理现象及其变化过程为研究对象，研究大气运动的动力和热力状态，掌握大气运动规律，对天气和气候变化做出预报预测的一门科学。

专业设置：根据教育部普通高等学校本科专业目录，大气科学类专业包含大气科学（070601）、应用气象（070602）两个基本专业。

大气科学类专业主要培养适应社会发展需要，具备大气科学综合知识和创新意识，具有宽厚的数理、外语、计算机基础知识，能在与大气科学相关的气象、农业、生态、环保、交通、水文、能源、国防等相关领域从事科研、教学、技术开发及管理等工作的高级专门人才。

开设大气科学类专业的高校主要有中国海洋大学、南京信息工程大学、北京大学、南京大学、中山大学、兰州大学、云南大学、成都信息工程大学、中国科学技术大学、浙江大学、国防科技大学、中国科学院大学、沈阳农业大学、中国民航大学、中国地质大学（武汉）、中国农业大学、复旦大学、清华大学等。

中国海洋大学的大气科学专业历史悠久，隶属于海洋与大气学院海洋气象学系，与海洋科学融合发展80余年，是以"海洋"为特色的大气科学。中国海洋大学建成了国内第一个大气—海洋学科交叉的海洋气象学，也是唯一冠名"海洋气象"的气象学科。中国海洋大学的大气科学专业是具有博士学位授予权的一级学科点，专业学科建制齐全，并设有大气科学博士后流动站。

随着科学技术的进步，大气科学也取得了飞跃式发展，对工作能力的要求也在不断提高。目前该类专业本科生在很大程度上只学习了专业基础知识，要取得更大成绩，很多学生选择继续深造，攻读硕士和博士研究生，也有出国留学深造的。近年来，中国海洋大学大气科学专业的本科毕业生大多继续攻读研究生。

学制与学位：大气科学类专业本科基本学制为4年。学生按要求完成学业，达到毕业学分要求，可授予理学学士学位。

二、知识构架

各高校大气科学类专业的课程设置不尽相同，下面以中国海洋大学为例介绍课程构架。

1. 主要课程

专业基础课程：包括天气学、大气物理学、动力气象学、大气探测、气候学、气象统计、数值天气预报、空气污染气象学、海洋—大气边界层、海雾、海洋—大气相互作用、海上灾害天气、海洋学、物理海洋学等。

专业核心课程：包括大气科学导论、气候学基础、气象统计方法、大气物理学、数值天气预报、天气学原理、大气探测、动力气象学、天气学分析等。

2. 实习和社会实践

大气科学类专业的实践性教学环节主要包括流体力学实验、统计预报实习、大气探测实习、天气图分析、天气预报实习、气象台站实习、海上调查实习等。主要的技能培训手段有校内天气预报实习、国内气象台站实习和校际交流实习。

三、就业方向与发展前景

大气科学类专业毕业生的就业面广泛，主要的就业领域包括气象、海洋、环保、农业、交通运输、水利、民航机场、国防军事等，毕业生既可到相关的科研院所、高校、气象公司等单位工作，也可继续攻读相关专业硕士研究生，以及出国深造等，发展前途广阔。目前该类专业的就业形势很好，近年来中国海洋大学大气科学专业的学生就业率稳定在97%左右。

四、学习本专业类的优势与劣势

1. 优势分析

大气科学类专业具有多方面的优势。

（1）大气科学本身集天气、气候的监测与预报预测于一体，属于前瞻预测性学科，天气预报水平和质量得到社会广泛认可；

（2）随着空间技术的发展，特别是卫星和雷达观测技术的进步，大气科学的发展迎来了新的春天；

（3）全球变暖是一个热门话题，极端天气气候事件出现了新的特征，严重影响人们的生活，受到社会广泛关注，大气科学的重要性也得到空前的重视；

（4）随着计算机科学的发展和计算能力的提升，天气气候数值模式也得到空前发展；

（5）随着社会的发展，社会各行各业的发展与气象的关系越来越密切，这为气象服务预留了巨大的发展空间。

2. 劣势分析

大气科学类专业的学习和研究也存在一定的难度。

（1）大气科学是一个复杂的学科，影响天气气候的因素很多，天气气候的预报预测水平需要继续提高，特别是极端天气气候事件的预报预测难度非常大；

（2）大气科学对数学、物理等基础知识要求很高；

（3）随着大气科学的发展，对计算机编程和操作能力的要求越来越高。

五、学生素质要求与高校选科要求

大气科学类专业对报考的学生没有什么特殊的要求，学生需要具有较好的数学、物理基础；由于涉及大气物理与环境，还需要化学知识。

多数高校的大气科学类专业一般不提科目要求，少数高校要求选考物理。例如，南京信息工程大学、中山大学、兰州大学要求考生必须选考物理方可报考。

每个高校的具体选科要求可通过山东省教育招生考试院网站（http://www.sdzk.cn/）、山东省教育云服务平台（http://www.sdei.edu.cn/）或"山东高考一点通"微信公众号查询。

7.7　海洋科学类（0707）

一、专业类概述

海洋科学是研究海洋的自然现象、性质及其变化规律，以及与开发利用海洋有关的知识体系。它的研究对象是占地球表面71%的海洋，包括海水、溶解与悬浮于海水中的物质、生活于海洋中的生物、海底沉积与海底岩石圈，以及海面上的大气边界层和河口海岸带。因此，海洋科学是地球科学的重要组成部分。

海洋科学的研究领域十分广泛，主要内容包括对于海洋中的物理、化学、生物和地质过程的基础研究，以及面向海洋资源开发利用、海上军事活动等的应用研究。这些研究领域由于海洋本身的整体性、海洋中各种自然过程相互作用的复杂性和主要研究方法及手段的共同性而统一起来，使海洋科学成为一门综合性很强的科学。2017年公布的"双一流"建设高校中，海洋科学入选的高校有：厦门大学、中国海洋大学。

专业设置：根据教育部普通高等学校本科专业目录，海洋科学类专业包括海洋科学（070701）、海洋技术（070702）两个基本专业，以及海洋资源与环境（070703T）、军事海洋学（070704T）两个特设专业。

学制与学位：海洋科学类专业本科基本学制为4年。学生按要求完成学业，可授予理学学士学位。

二、知识构架

1. 主要课程

海洋科学类专业的课程体系主要包括学科基础课程、专业基础课程、专业特色课程等。

学科基础课程主要是宽厚的数学、物理课程，如高等微积分、数学物理方法、理论力学、概率论与数理统计、理论物理、流体力学、英语、程序设计语言等课程。

专业基础课程特色鲜明，适应海洋科学教学

研究，如海洋科学导论、物理海洋学、海洋调查方法、海洋要素分析方法与预报等课程。

专业特色课程是为满足海岸与近海工程和海洋管理等社会需求而开设的应用性较强的专业课程，如海洋工程水文、海洋灾害与预报、海洋环境学、海洋地质学、海洋生态学、海洋资源开发与管理、地理信息系统等课程。

2. 实习和社会实践

海洋科学类专业的实践教学一般从大二开始便安排教学实习，大四下学期安排毕业实习，包括海洋学实习、毕业论文等，一般安排10～20周。

三、就业方向与发展前景

目前海洋科学类专业的毕业生一般采取自主择业、双向选择的就业政策。

海洋科学类专业毕业生根据自己所学专业，可以在海洋科研部门、环保部门从事海洋资源调查与开发利用、环境保护、水产养殖、海洋事务管理、海洋新技术等方面的科研工作；可以在化工、石油、地质、水产、交通等领域从事化学实验及化学研究方面的工作；也可以在气象局、海洋局系统以及交通、军事、环保等部门从事海洋调查预报、环境评价方面的工作；还可以从事海洋科学相关的科学研究、教学、技术开发和管理方面的工作。

海洋科学类专业就业领域广泛，发展前景良好。近年来，随着海洋产业的发展，海洋科学类专业的毕业生就业状况较佳，特别是海洋资源开发、海水养殖、海洋生物医药、海上运输、海洋油气开发和食品工业等部门吸收人才最多。

四、学习本专业类的优势与劣势

我国在海洋科学领域取得了巨大的进步，尤其是在海洋资源利用、海底石油勘测、海产品生产等方面，已经达到世界领先地位。由于该类专业工作环境的特殊性和国家的政策倾斜，从业人员的收入状况良好，且有持续增长趋势，特别是高级专门人才供不应求。

海洋科学类专业虽然应用较为广泛，但毕业生如果想要从事科研、教学等工作，还需要继续攻读研究生；如果选择本科毕业参加工作，就要在特殊的环境下拼搏，需要具有吃苦耐劳、艰苦奋斗的精神。

五、学生素质要求与高校选科要求

学习海洋科学类专业，学生应热爱海洋，愿意了解海洋、探索海洋；对数学、物理、化学或生物知识具有浓厚的兴趣；具有较强的实践能力和较好的英语基础。该类专业需要出海作业，比较艰苦，女生报考时要慎重。需要提醒考生注意的是，海洋科学类专业对考生的身体条件有一定要求，请参考《普通高等学校招生体检工作指导意见》和高考体检结果填报志愿。

在高校选科要求方面，多数高校的海洋科学类专业一般要求选考物理科目。例如，中国海洋大学的海洋科学专业要求考生必须选考物理方可报考。

每个高校的具体选科要求可通过山东省教育招生考试院网站（http://www.sdzk.cn/）、山东省教育云服务平台（http://www.sdei.edu.cn/）或"山东高考一点通"微信公众号查询。

7.8 地球物理学类（0708）

一、专业类概述

地球物理学是以地球及日地空间系统为研究对象的应用物理学科，是地球科学的主要学科之一。地球物理学基于物理学的原理和方法，采用空中、地面和地下观测，以及物理与数值仿真模拟、数值计算与反演等手段，研究地球及其邻近区域（日地空间）各种物理场的分布及其变化，探索地球本体及日地空间的物质组成、结构及其形成和演化，以及与之相关的各种自然现象及其变化规律。

地球物理学旨在为深化人类对地球及其空间环境的科学认识，预测、预防和减轻自然灾害，优化和改善人类生存环境，探测和开发国民经济建设中急需的能源及资源，开展人类空间活动和空间环境研究，以及开展地球环境保护和污染监测等，提供新理论、新方法和新技术。

专业设置：根据教育部普通高等学校本科专业目录，地球物理学类专业包含地球物理学（070801）、空间科学与技术（070802）两个基本专业，以及防灾减灾科学与工程（070803T）一个特设专业。

地球物理学专业培养具有扎实的数理基础，掌握地球物理学的基本理论、基本知识和基本技能，具有初步的地球物理学研究与应用能力的基础研究型、应用研究型和复合型人才。

空间科学与技术专业培养具有宽广的自然科学和人文社会科学基础，具有创新和实践能力的高级航天专业技术人才。

在"双一流"建设高校中，北京大学、中国科学技术大学和武汉大学等高校的地球物理学学科为"双一流"建设学科。

学制与学位：地球物理学类专业本科基本学制为4年。学生按要求完成学业，可授予理学学士学位。

二、知识构架

1. 核心课程和主干课程

地球物理学专业的核心课程包括连续介质力学、数字信号分析与数据处理、地震勘探原理与应用、地球物理场论、电法与电磁法勘探原理与应用、重磁勘探原理与应用、地球物理测井等课程。主干课程包括物理学、计算机科学与技术、地质资源与地质工程等课程。

空间科学与技术专业的核心课程包括地球科学概论、理论力学、流体力学、电动力学、数学物理方法、普通天文学、数字信号分析与数据处理、空间探测原理与方法等课程。主干课程包括天文学、地质学、地球物理学等课程。

2. 实习和社会实践

地球物理学类专业的实践性教学环节主要包括地质认识实习、地球物理学认识实习、计算机程序设计实践、综合地质学实习、电法勘探实习、地震勘探实习、重磁勘探实习、空间数据采集处理与分析综合实习、毕业实习、毕业设计等。

三、就业方向与发展前景

地球物理学类专业的毕业生可从事地球物理学及其他相关学科的科学研究、高等教育、科技开发、行政管理等工作，也可继续攻读研究生学业。该类专业的学生在本科阶段能掌握扎实的地球物理学专业基础知识，并受到基本的专业技能训练，从而更好地适应21世纪地球科学发展和国家在资源、环境、灾害、空间探测以及国民经济其他相关领域对地球物理学人才的需求，发展前景广阔。

四、学习本专业类的优势与劣势

1. 优势分析

地球物理学是地球科学中与现代科技关系最为密切、最具活力的学科之一，在20世纪已经取得丰硕的研究成果，并将对21世纪人类的生存发展、空间环境的开发利用产生重要影响。地球物理学的发展需要大量专业人才，地球物理学类专业承担着我国地球物理学人才培养的重任。

2. 劣势分析

地球物理学类专业在专业和课程设置上体现了社会急需、紧缺的原则，具有较强的通用性和针对性等特点。该类专业有就业面相对较窄、就业忽冷忽热等劣势，且需要大量知识和经验的积累。

五、学生素质要求与高校选科要求

地球物理学类专业要求学生具备扎实的数理基础、熟练的计算机操作能力及较强的野外实践能力。该类专业设有相当多的野外实践教学和室内数据处理分析等课程，学生既要有敏锐的野外观察能力及仪器操作能力，又需要具备缜密的逻辑推理能力、空间与形象思维能力及良好的综合分析能力。

地球物理学类专业要求报考的学生具有较好的数学和物理基础，并对地球科学具有较浓厚的兴趣。例如，北京大学、中国地质大学（武汉）、长安大学要求考生必须选考物理方可报考。

每个高校的具体选科要求可通过山东省教育招生考试院网站（http://www.sdzk.cn/）、山东省教育云服务平台（http://www.sdei.edu.cn/）或"山东高考一点通"微信公众号查询。

7.9 地质学类（0709）

一、专业类概述

地质学是探讨地球演化的自然科学，它产生于人类社会对煤炭、石油、金属、非金属等矿产资源的需求。如何合理有效地利用地球资源和维护人类赖以生存的环境，已成为国内外共同关注的重要问题。地质学类专业主要培养在地质矿产、冶金、石油、煤炭等领域从事技术开发、技术管理和行政管理的专门人才，同时也为向地质学教学或科研领域输送优秀人才打好基础。

在"双一流"建设高校中，地质资源与地

质工程学科入选的高校有：中国石油大学（华东）、中国地质大学（武汉）、中国石油大学（北京）、中国地质大学（北京）等。

专业设置：根据教育部普通高等学校本科专业目录，地质学类专业包括地质学（070901）、地球化学（070902）两个基本专业，以及地球信息科学与技术（070903T）、古生物学（070904T）两个特设专业。

学制与学位：地质学类专业本科基本学制为4年。学生按要求完成学业，可授予理学学士学位。

二、知识构架

1. 核心课程

地质学类专业核心课程主要包括基础地质学、矿产地质学、水文地质学、工程地质学、地球物理勘探、地球化学勘探、钻掘工程学、基础工程施工、环境地质学、地质工程学、矿床地质特征、地下水力学、地下水科学概论、岩土力学等。

2. 实习和社会实践

地质学是实践性很强的学科。对地质学类专业学生而言，课程实验和野外实习是重要的实践教学环节。地质学野外实习内容主要包括岩石与矿物、构造、地层、矿产资源、各种地质作用及其对应的地貌类型、实习区地壳演化史等。

三、就业方向与发展前景

地质学类专业主要培养能够在科研机构、高等院校从事地质科学研究或教学工作，在海洋、石油、地矿、珠宝、材料、环境、基础工程、旅游开发等领域从事技术开发与技术管理工作的高级专门人才。学生毕业后可以从事土建工程师、地质工程师、工程监理等岗位工作。

我国地质行业经历了之前快速发展的阶段，取得了一系列重大进展，为我国经济的高速发展提供了资源方面的有力保障。随着我国经济发展新常态的到来，地质行业已退出快速发展阶段而进入转型期。

在国家"十三五"规划中，地质行业将迎来新机遇，诸如建设现代能源体系、强化水安全保障、拓展蓝色经济空间、应对全球气候变化等都与地质学有着密切的关联。同时，"一带一路"建设也给地质工作带来新的就业前景。"一带一路"建设涵盖区域的基础地质调查工

作为国家重大区域发展提供了技术支撑和信息服务。例如，周边国家重要成矿带对比研究与编图、陆上及海上丝绸之路经济带境外矿产资源潜力评价、全球多尺度地球化学填图、全球重点地区地质矿产合作战略调查等地质工作内容都是地质学新的就业机遇；"一带一路"建设沿线城市在基础建设、垃圾处理及污水处理等方面尚有很大的改善空间，城市地质、环保地质是转型升级的主要方向。

四、学习本专业类的优势与劣势

1. 优势分析

"一带一路"建设给地质学类专业学生带来较大的发展空间，而随着国内地勘市场的新常态，多学科交叉、数字化、服务化已成为地勘单位转型的方向，因此其所需人才也偏向于能够熟练使用高精尖物探仪器的实用人才，这为地质学类专业学生的成长和发展提供了新机遇。

2. 劣势分析

学习地质学类专业较为辛苦，大学期间，需要到野外开展实习实践。同时，新的就业形势对毕业生就业能力的要求越来越高，学生不仅需要具有扎实肯干、吃苦耐劳的精神，还需要熟练掌握专业知识和新的技术手段。

五、学生素质要求与高校选科要求

地质学和地质工程不同，地质学侧重理论研究，主要是探矿，而地质工程注重运用，从事与工程建筑相关的地质技术工作。相同点就是都会经常出差。如果应用能力强，不喜欢搞研究，那么学习地质工程会稍微好一些。许多地质专业的学生表示，只要跟地质沾边的专业，就业都会很容易，工资也不低，还会有一些外包项目，经常会有出国做工程的机会，但是因为出差时间长，条件艰苦，女生报考人数少。

在高校选科要求方面，大多数高校的地质学类专业一般要求选考物理科目。

每个高校的具体选科要求可通过山东省教育招生考试院网站（http://www.sdzk.cn/）、山东省教育云服务平台（http://www.sdei.edu.cn/）或"山东高考一点通"微信公众号查询。

7.10 生物科学类（0710）

一、专业类概述

生物科学又称生命科学，是研究生命现象与生命活动的本质、特征和发生、发展规律，以及各种生物之间和生物与环境之间相互关系的科学。生命科学与人类生存、人民健康、经济建设和社会发展等关系密切，是当今在全球范围内最受关注的基础自然科学。随着人类对生命科学的深入了解，以及生命科学与其他学科的交叉融合，生命科学的研究成果已经或正在应用于人类社会，并产生了巨大的效益，如减少人类疾病和动植物病害，开发新食品资源和改善人类的营养状况，减少环境公害和保护自然资源等。

专业设置：根据教育部普通高等学校本科专业目录，生物科学类专业包含生物科学（071001）、生物技术（071002）、生物信息学（071003）、生态学（071004）四个基本专业，以及整合科学（071005T）、神经科学（071006T）两个特设专业。

该类专业旨在培养生物科学应用型人才与教学人才，毕业生可从事生物科学及相关领域的教学研究、科学研究、技术研发、科普宣传等工作，也可继续攻读研究生学位。从各高校的专业设置来看，生物科学专业设置最多，几乎所有理科和师范院校均开设该专业；生物技术专业设置次之，但多数理科、工科和师范院校也会开设；生物信息学、生态学专业设置相对较少。

总体来讲，生物科学类专业培养具有良好的综合素质及生物科技创新能力，能够在高等院校和科研院所从事科学研究和教学工作，或在生物科学相关领域从事技术服务工作的复合型人才。生物科学类专业学生应该具备良好的职业道德和职业操守，具有优秀的专业素养及社会责任感；具备生物学基础知识，系统掌握现代生物科学的基本知识和理论，能够从大量的资料中获取和整合科学信息，了解学科进展及发展趋势；能够运用批判性思维和分析能力解决问题；具有从事生物科学及相关学科的基础研究与应用基础研究等实际工作的能力。

生物科学专业主要偏重理论，注重生物学理论研究。该专业要求学生系统掌握生物科学的基本知识和理论；重点培养学生从事生物科学及相关学科的基础研究与应用基础研究等实际工作的能力。

生物技术专业偏重技术应用，是现代生物学发展及其与相关学科交叉融合的产物，其核心是以DNA重组技术为中心的基因工程。该专业要求学生不仅要掌握现代生物学和生物技术的基本理论知识与基本实验技能，而且还要获得科技开发研究的初步训练，具有良好的科学素质、较强的创新意识和实践能力。

生态学专业主要研究生物与其环境之间的相互关系。该专业重点培养学生具有从事生态理论研究与实践、生态环境调查与评估、生态环境管理与建设、生态产业规划与设计、生态文化传承与弘扬等工作的能力。

生物信息学专业通过综合利用生物学、计算机科学和信息技术等知识，揭示大量而复杂的生物数据所赋有的生物学奥秘。该专业要求学生不仅要具有较好的生物学基础，还要学会利用计算机科学技术开展生物信息收集、分析、挖掘等活动。

简而言之，四个专业的主要区别可以概括为：生物科学专业是解决什么是生命科学本质的问题，生物技术专业是解决开发利用什么样的技术改造利用生物为人类服务的问题，生态学专业是解决人类与自然界其他生物之间如何和谐共处的问题，生物信息学专业则是利用计算机的手段助力解决生物学问题。

学制与学位：生物科学类专业本科基本学制为4年。学生按要求完成学业，可授予理学学士学位，生物技术和生物信息学专业也可授予工学学士学位。

二、知识构架

1. 核心课程和主干课程

生物科学类专业的核心课程为生物学。每个专业还会开设各自的主干课程。

生物科学专业的主干课程包括生物化学、细胞生物学、遗传学、分子生物学、发育生物学、生态学等。

生物技术专业的主干课程包括细胞工程、基因工程、细胞生物学、生物化学、分子生物学、遗传学、生物信息学等。

生态学专业的主干课程包括普通生态学、生态工程与设计、生态管理工程、保护生物学、生物化学、微生物学等。

生物信息学专业的主干课程包括生物化学、分子生物学、遗传学、生物信息学、计算生物学、基因组学、生物芯片原理与技术、蛋白质组学、模式识别与预测、数据库系统原理、Linux基础及应用、生物软件及数据库、Perl编程基础等。

2. 实习和社会实践

生物科学类专业的实践教学环节一般分为课程实习、专业实践和毕业实习三个层次。课程实习一般是按照相应课程的时间安排在教学实验室或者野外进行，比如植（动）物学实习一般会选择在学校所在地周围的山地、森林、公园等地方进行。专业实践通常是在学生学习了有关专业课程并具备一定专业知识之后，由学校统一组织到学校固定的教学实践基地进行，一般安排在大三。除此之外，有条件的学校还安排学生进入科研实验室，在本科导师的指导下开展科学研究训练，零距离地参加科研实战，锻炼学生解决实际问题的能力，为学生进一步深造或走向工作岗位打下坚实的基础。毕业实习通常在大四全年或者大四下学期进行。大四整个学年完成课程论文和毕业论文的相关毕业实践，学生将参加相对完整的课题研究或者生产过程。实习地点一般由学生和实习单位双向选择，可以在高校科研实验室，也可以在相关的生产企业。

三、就业方向与发展前景

1. 就业方向

生物科学类专业本科生的就业方向主要有以下四个方面。一是在国内外高校科研院所的生物科学相关专业攻读研究生，为将来成为优秀的科学家奠定基础。二是在生物相关企业、科研院所、中等学校及农技推广部门从事科学研究和教学工作。三是在生物、食品、医药、农、林、牧、渔、环保、园林等行业的企事业单位和行政管理部门，从事与生物技术和生物科学有关的科学研究、技术开发、技术推广、生产管理和行政管理等工作。四是考取国家公务员与事业单位编制岗位，如进出口商品检验检疫、海关、卫生防疫、食品药品监督管理等岗位。

2. 发展前景

众所周知，人类发展史上已经发生了三次技术革命，社会生产力得到了飞速发展。这三次技术革命主要都是从新的生产工具的诞生和应用开始的。它们分别是以瓦特的蒸汽机为主导的第一次技术革命、以电力为主导的第二次技术革命和以信息技术为主导的第三次技术革命。而今，人类面临的六大难题（人口、食品、健康、资源、环境和能源）关系到人类的生存和进步，关系到社会、经济和国家的稳定，关系到一个民族的素质和发展。生物技术是解决这些问题的根本出路。以生物技术为主导的第四次技术革命正在来临。总之，生物科学将面临巨大的挑战和机遇，生物科学类专业人才也将迎来广阔的发展前景和施才舞台。

四、学习本专业类的优势与劣势

任何事物都有两面性，都需一分为二来看待。生物科学类专业也不例外，也存在着优势和劣势。其优势主要表现为生物科学类专业发展前景广阔。现今，人口、环境、食品、资源与健康等社会问题日益严重，生物制造、生物能源、生物环保等一批新兴产业正在快速发展，我国对生物产业方面的重视程度和投资力度也在逐年增大。随着人类第四次技术革命浪潮的到来，生物科学类专业人才的需求量将会激增，该专业的学生将大有可为，而且对于将来从事的职业，也可结合个人兴趣而有较大的选择余地。

当然，从另一方面来看，该类专业也存在着一些劣势。比如，专业培养要求的学习课程较多，课业较重，实践学习要求较高，相关就业领域要求更高学历，本科就业起薪不高，而且社会上与生物科学相关的岗位尚显不足。

五、学生素质要求与高校选科要求

1. 学生素质要求

对于报考生物科学类专业的学生来说，首先，喜欢生物科学的同学适合选择该类专业。其次，生物科学类专业课程包含大量的实验和实践内容，动手能力强或喜爱实验课的同学适合选择该类专业。

2. 高校选科要求

根据山东省教育招生考试院公布的普通高校

专业类选考要求，生物科学类专业对选考科目的要求主要集中在物理、化学和生物三门科目上，各高校的要求不尽相同，大部分高校要求只需选考其中一门即可报考。

例如，湖北大学、四川大学、西北工业大学、陕西师范大学、山东大学威海分校要求物理、化学、生物三门科目考生选考其中一门即可报考；青岛大学、山西农业大学、贵州大学、兰州大学要求化学、生物两门科目考生均需选考方可报考；大连理工大学（盘锦校区）、徐州医科大学要求物理、化学两门科目考生均需选考方可报考；北京农学院则要求考生必须选考生物方可报考。

每个高校的具体选科要求可通过山东省教育招生考试院网站（http://www.sdzk.cn/）、山东省教育云服务平台（http://www.sdei.edu.cn/）或"山东高考一点通"微信公众号查询。

7.11　心理学类（0711）

一、专业类概述

心理学类专业是高等学校根据国家和地区经济与社会发展对心理学专业人才培养的需要提出申请，经过教育部审核批准而设置的专业门类。心理学是当前国际科学中发展最迅速的学科之一，在人类知识体系中占有不可或缺的重要地位。心理学的根本任务就是通过研究个体和群体层面的心理与行为规律，揭示心理与大脑、心理与环境、心理与行为以及各种心理现象、心理结构、心理过程之间的内在关系。

专业设置：根据教育部普通高等学校本科专业目录，心理学类专业包含心理学（071101）、应用心理学（071102）两个基本专业。

心理学专业学生主要学习心理学及相关学科的基本理论，获得心理学科学思维和科学研究方法，掌握心理学研究与应用的基本方法，具有进行心理学研究与应用的基本能力和职业道德。具体的培养要求是：学生应掌握数学、生物学、哲学、社会学等专业的基本知识；掌握心理学的基本知识与理论，了解心理学学科的最新发展动态以及应用前景；掌握心理学的研究方法，能够进行研究设计、数据的收集和统计分析、论文的撰写和交流，能够应用现代技术获取信息与实施研

究；具备应用心理学的理论和方法解决实际问题的能力等。

应用心理学专业培养具有扎实的专业基础、较强的实践能力和创新精神的高级复合型专门人才。毕业生能够熟练运用心理学理论与方法解决各类社会成员面临的各种心理问题，能够独立开展心理学和学校心理教育教学工作、企事业单位员工业绩测评与管理以及其他心理服务工作。

心理学的研究对象兼具生物性和社会性，决定了心理学兼有自然科学和社会科学的交叉学科性质，因此心理学类专业具有文理融合的特点。

学制与学位：心理学类专业本科基本学制为4年，实行弹性修业年限，一般可在3～6年内完成。学生按要求完成学业，可授予教育学学士学位或理学学士学位。

二、知识构架

1. 核心课程

心理学专业的核心课程包括普通心理学、心理统计及相关软件、实验心理学、社会心理学、心理测量、发展心理学、生理心理学、认知心理学、组织管理心理学、变态心理学等。

应用心理学的核心课程包括心理学导论、生物心理学、人格心理学、心理统计、实验心理学、变态心理学、发展心理学、认知心理学、心理测量、社会心理学等。

2. 实习和社会实践

心理学类专业的实践教学主要包括专业类实验、教学实习、毕业论文（设计）、科研训练和实践训练等。通常可采用独立设置的实验课程、教学实习、社会实践、科技训练、综合论文训练等多种形式。

（1）实验课程：除实验心理学实验、生理心理学实验等专门的实验课程以外，普通心理学等基础课程和发展心理学等专业课程均安排一定课时的实验。

（2）教学实习：在管理心理学、变态心理学、心理咨询与治疗等注重应用技能训练的课程中，通常安排一定课时的见习和实习环节。

（3）社会实践：主要是开展以问题为导向的训练和实践活动。对选题、内容、学生指导等提出明确要求，选题应符合各专业的培养目标要

求，结合实际问题，培养学生的协作精神以及综合应用所学知识解决实际问题的能力。

三、就业方向与发展前景

心理学是一门研究人类的心理现象、精神功能和行为的科学，既是一门理论学科，也是一门应用学科。目前心理学类专业毕业生的就业方向主要是高校、中小学和企业。学生毕业后可在情报机构、学校、医院及诊所、监狱、企业人力资源部、公安司法机关、心理咨询中心、婚姻介绍所、人才市场事业规划服务中心等单位，从事人群心理分析、客户消费心理分析、快速消费品购买心理分析、网站用户点击习惯分析、广告客户发展需求分析等工作。

心理学类专业毕业生还可攻读研究生，就业面将更广。况且心理学是一门朝阳学科，随着人们对其了解的加深和社会经济的发展，心理学类专业人才需求量将日益扩大，就业前景乐观。

四、学习本专业类的优势与劣势

心理学类专业具有多方面的优势。学生可以利用所学的心理学知识帮助他人，将心理学应用于实践，也可以指导自身的日常生活，比如促进心理健康、预防疾病、提高认知能力（如改进学习方法、提高记忆力）等，还可以增强社交能力以及促进家庭和谐。心理学可用于解决教育、工业、商业、环境、军事、医疗卫生、运动、司法、灾害预防、国家安全与应对等各个社会领域的问题，在开发心理潜能、促进社会发展和提高民众生活质量等方面日益发挥重大作用。

心理学是一门正在发展的学科，而且是一门交叉学科，因此很多心理学类专业的学生毕业后从事的未必是与心理学相关的职业。

五、学生素质要求与高校选科要求

心理学家一般利用科学的方法对个体的行为和心理过程得出结论。心理学家有这样几个研究目标：在适宜的水平上客观地描述行为，解释产生行为的原因，预测行为何时会发生，以及控制行为以改进生活质量。心理学是关于人本身的科学，任何对人类自身感兴趣的同学都可以报考心理学类专业。

根据山东省教育招生考试院公布的普通高校专业类选考要求，心理学类专业基本不设科目限制。这是因为心理学属于一门中间学科，具有文理融合的特点，实际上，很多人文和自然学科都与心理学有关，人类心理活动本身就与人类生存环境密不可分。心理学是在思维科学、自然科学和社会科学交合点上形成的一门具有综合性的交叉学科或边缘学科。从心理学在整个科学体系中所处的位置来看，心理学与哲学、自然科学和社会科学有着紧密且不可分割的联系。

有些高校的心理学类专业设有科目要求。例如，北京体育大学、山东师范大学要求物理、化学、生物三门科目考生选考其中一门即可报考；华东师范大学要求物理、化学两门科目考生选考其中一门即可报考；华中师范大学要求物理、生物两门科目考生选考其中一门即可报考；西北师范大学要求生物、物理、历史三门科目考生选考其中一门即可报考；北京大学要求考生必须选考物理方可报考。

每个高校的具体选科要求可通过山东省教育招生考试院网站（http://www.sdzk.cn/）、山东省教育云服务平台（http://www.sdei.edu.cn/）或"山东高考一点通"微信公众号查询。

7.12　统计学类（0712）

一、专业类概述

统计学是关于如何测度、收集、整理、分析和解释数据的科学和艺术。作为一门探索事物间数量规律的方法论科学，统计学的思想、方法和工具已广泛应用于社会经济管理、生产经营活动、科学研究与技术开发等社会科学和自然科学各个领域。

现代统计学一般分为（理论）统计学和应用统计学两大类。理论统计学是以一般化、抽象化的数据为研究对象，以概率论和其他相关的数学方法为基础，从理论角度对统计方法加以推导论证。应用统计学则是以各个领域的具体数据为研究对象，从所应用的领域或专门问题出发，根据研究对象的性质采用适当的指标体系和统计方法，以解决相关领域所需研究的问题，常常被冠名为诸如"社会经济统计学""生物统计学""工业统计学"等专门称谓。在统计科学的发展过程中，理论统计学的研究为应用统计学的数量分析提供方法论基础，大大提高了统计分析的认知能力，而应用统计学在对统计方法的实际应用中，又常常会提出新的问题，进一步开拓了理论统计学的研究领域。

专业设置：根据教育部普通高等学校本科专业目录，统计学类专业包含统计学（071201）、应用统计学（071202）两个基本专业。

统计学专业培养具有较强的创新精神和扎实的数学基础，掌握现代统计学的基本思想、基本理论和方法以及相关的计算机技术，具有一定的专门领域知识和收集数据与分析数据的能力，能够适应不同领域统计基础理论研究与应用需要的专门人才。

应用统计学专业培养具有较强的创新精神和一定的数学基础，掌握某一特定领域相关学科的基础知识，熟悉现代统计学的基本思想、基本理论和方法以及相关的计算机技术，能够较好地将该特定领域的专业知识和统计方法相结合进行研究与应用的专门人才。

值得指出的是，互联网+大数据信息技术的发展，不仅为数据收集与存储提供了新的途径和保障，而且为数据收集与处理、分析与可视化提供了强有力的工具，统计学的研究对象——数据也演化为包括数字、影像、音频、文本等各种信息的载体，统计学的作用和功能正从描述事物现状、反映内在数量规律，向进行统计推断、预测未来变化的方向拓展。数据科学与大数据技术（080910T）专业的设立，将对统计学类专业的改革与创新带来巨大的挑战。

学制与学位：统计学类专业本科基本学制为4年，实行学分制管理制度的高校，其弹性修业年限一般为3～6年。学生按要求完成学业，可授予理学学士学位。

二、知识构架

统计学类专业的课程体系一般包括以下几个方面。

（1）公共基础课程：主要有外语、体育、计算机基础、政治与思想品德等课程。

（2）学科基础课程：主要有数学分析、高等代数、实变函数、数学建模、概率论等课程。一般地，各高校会根据自身特点另开设几门学科基础课程，如财经类高校会开设宏微经济学、管理

学原理、会计学、金融学等，卫生医学类高校会开设基础医学导论、预防医学导论等。

（3）专业必修课程：统计学专业的必修课程有数理统计、回归分析、多元统计分析、时间序列分析、随机过程、测度论、统计计算与软件等课程。应用统计学专业的必修课程有应用回归分析、应用多元统计分析、应用时间序列分析、抽样调查、统计计算与应用软件、统计预测与决策等课程。

（4）专业选修课程：专业选修课程是对专业必修课程涉及的某些专题的进一步讨论，或对某些专门领域的统计知识的介绍。不同特色的高校一般有着不同的课程设计。

（5）实践教学环节：主要包括随课堂教学同步进行的计算机模拟实验与统计方法实验、各类科研训练项目、科技竞赛、实习和毕业论文（设计）等。

三、就业方向与发展前景

统计学是关于数据的科学，哪里有数据，哪里就需要统计学。统计学类专业毕业生的就业前景相当广阔，遍布各个学科和各个领域。例如，动物学、人类学、遗传学、考古学、地理学、社会学、心理学、地质学、文学、语言学等各个学科；金融研究、水产渔业研究、历史研究、劳动力计划、市场营销、医学诊断、教育评估、选举预测、流行病监测、安全管理、质量控制等各个领域。总之，任何有数据沉淀的行业部门和企事业单位，都会有统计学类专业毕业生施展本领的空间。毕业生如能深耕一些行业的背景知识和业务逻辑，再结合统计学分析工具和方法，必定会有一番作为。

近年来，统计学类专业毕业生已成为各行业争相招揽的人才，从岗位配角向岗位主角蜕变。毕业生的就业方向主要是读研或出国深造、各级政府机关和事业单位、金融类机构、各类企业或公司，尤其是互联网公司往往成为毕业生就业的首选，数据调查公司和咨询公司则会提供与专业高度契合的应用大数据技术等数据研究类工作。伴随经济全球化和互联网技术发展，从海量数据中创造价值已成为各行业共同面临的金矿，与数据尤其是大数据相关岗位的人才需求旺盛，未来的智能时代更是需要统计人才。

四、学习本专业类的优势与劣势

1. 优势分析

统计学是一类宽基础、多面向的方法论学科，其专业优势体现在以下几个方面。

（1）应用领域广泛，就业前景乐观。美国数学科学委员会的报告《数学科学、技术与经济竞争力》（即Glimm报告）对于统计学科的评价为："统计学已得到广泛应用，在这个意义上讲，它处于数学各分支领先地位，统计学得到了物理和工程界的信赖，在生物和医学中已站住脚，在社会科学中是基础。统计学是用于分析数据的第一数学分支，也是新科技中涉及数学的第一分支，是把新科技进行量化的先驱手段。"其实，统计学在更复杂的科学，诸如天文学、地质学、物理学等领域也发挥着日益重要的作用。

（2）顺应时代需求，使学习更具挑战性。随着互联网云时代的到来，大数据（Big data）的理论与应用越来越彰显统计学的学科优势，同时对统计学和数据分析方法也提出新的要求，对于学习者而言，既是机遇也是挑战。

（3）工作环境较为舒适。在美国《工作等级年鉴》一书的排名中，统计学被列为工作环境最好的工种之一，其工作环境舒适，收入令人羡慕。

2. 劣势分析

统计学类专业的劣势大致表现在以下几个方面。

（1）统计方法的应用与实现对数据质量具有较高的要求，数据采集渠道的行业保护与垄断往往限制了统计方法的应用。

（2）统计学作为一类方法论科学，其应用往往与其他学科相交叉，统计方法的实践应用不仅要求掌握系统的统计分析方法，还需要熟悉交叉学科的基本理论与知识，这将增大统计学类专业学习的难度。

（3）统计学方法与现代科学技术的快速发展和交叉融合，导致大多数高校的办学理念、师资力量和实验室设备等都远不能满足大数据时代对统计学人才培养的需求。

五、学生素质要求与高校选科要求

1. 学生素质要求

统计学专业知识的学习不仅涉及数学、统计学理论方法的学习，还涉及计算机软件技术以及社会科学和自然科学各领域的专门知识的学习。具有良好的数学基础、概率论与数理统计学知识和相关计算机技术能力以及对数据分析的兴趣，对学生大学阶段的专业学习具有关键的作用。

2. 高校选科要求

根据山东省教育招生考试院公布的普通高校专业类选考要求，大多数高校的统计学类专业要求选考的科目为物理、化学和生物，部分高校不提科目要求。

例如，北华大学、安徽财经大学、江西财经大学、中南财经政法大学、浙江财经大学要求物理、化学、生物三门科目考生选考其中一门即可报考；华东师范大学要求物理、化学两门科目考生选考其中一门即可报考；西安财经学院要求物理、生物两门科目考生选考其中一门即可报考；中国人民大学、中央财经大学、上海财经大学、广西师范大学、贵州财经大学要求必须选考物理方可报考。

每个高校的具体选科要求可通过山东省教育招生考试院网站（http://www.sdzk.cn/）、山东省教育云服务平台（http://www.sdei.edu.cn/）或"山东高考一点通"微信公众号查询。

8 学科门类：工学（08）

在教育部颁布的《普通高等学校本科专业目录》中，工学学科门类下，包含31个专业类，分别是力学类、机械类、仪器类、材料类、能源动力类、电气类、电子信息类、自动化类、计算机类、土木类、水利类、测绘类、化工与制药类、地质类、矿业类、纺织类、轻工类、交通运输类、海洋工程类、航空航天类、兵器类、核工程类、农业工程类、林业工程类、环境科学与工程类、生物医学工程类、食品科学与工程类、建筑类、安全科学与工程类、生物工程类、公安技术类。

8.1 力学类（0801）

一、专业类概述

力学是工业、农业、医学、国防、金融等领域的重要支持学科。在日常生活中，我们经常接触到这样一些问题：如何设计安全系数高的飞机？如何让炮弹能够精确击中目标？如何提高高铁的运行速度？如何设计美观实用的汽车？如何设计可靠耐用的房子？如何将农药更合理地喷洒？如何让打印机的墨水更加均匀喷溅？如何设计具有不沾水、不沾油功能的衣服？如何精确制造人工心脏起搏器、血管支架、血压计？如何科学定量地预测股票波动？……

你可知道，解决这一系列问题的核心在于掌握锐利的力学武器。力学类专业的学生能够掌握对各种复杂工程问题建立模型的能力，能够从普遍现象中抽象、提炼出简化模型，抓住事物的本质。这一重要能力被力学家所掌握，从而推动了人类历史的进步。通过学习力学知识，学生能够掌握计算软件，利用计算机建立模型，对各种复杂工程结构进行计算模拟，得到水、石油、空气等在介质中的流动规律，得到飞机机翼的受力和变形，得到炮弹和卫星的运行轨迹，得到高层建筑在风力作用下的变形状态等。通过学习力学知

识，学生能够掌握扎实的实验技能，能够采用实验装置测试航天器上面每一点的变形，测试西气东输管道的受力，测试人体重要器官的振动，测试预测桥梁的使用寿命等。

力学是"万金油"科学，力学理论放之四海而皆准。宇宙之大，粒子之小，万事万物的机理无不在于对力学奥妙的洞悉。

专业设置：根据教育部普通高等学校本科专业目录，力学类专业包含理论与应用力学（080101）、工程力学（080102）两个基本专业。

学制与学位：力学类专业本科基本学制为4年，实行弹性修业年限，一般为3～6年。学生按要求完成学业并符合学位授予条件，可授予工学学士学位。

二、知识构架

力学类专业的课程体系分为数学与基础科学类课程、工程类课程、人文社会科学类通识教育课程和工程实践类课程。

1. 核心课程和主干课程

力学类专业的核心课程有高等数学、线性代数、概率论与数理统计、大学物理、C语言、工程制图、机械设计、机械制造、电工学、电子学、自动控制原理、工程热力学、工程测试技术、新

能源工程等。

力学类专业的主干课程有理论力学、材料力学、流体力学、弹性力学、结构力学、机械振动、有限单元法等。

2. 实习和社会实践

力学类专业的实践教学主要包括工程训练、实验实习和社会实践等内容。

工程训练包括在教学实习基地、实训工程中心、虚拟仿真中心等场所进行实地工程、工艺技术学习及操作技能训练等，主要提高学生的工程意识与动手能力。

实验实习包括进行不同类型实验（认知性实验、验证性实验、综合性实验和设计性实验）、课程设计（机械设计、机械制图测绘、有限元计算、实验应力测试等）、毕业实习与创新创业训练等环节的实践活动，培养学生的实验设计、测试、结果分析及相关工程设计能力。

社会实践主要是通过走访、社会调查、暑期"三下乡"活动等方式，认识社会、了解工业生产，增强学生的社会责任意识。

三、就业方向与发展前景

力学类专业学生毕业后可到工程领域的管理部门及事业单位、高新技术企业、科技开发园区、规划设计院所、油田与厂矿企业和科研教学单位工作，从事管理、教学与试验研究等工作，也可到工业部门从事设计、研发、管理与销售工作。

随着国家能源战略和"一带一路"建设的推进，中国作为能源大国和制造大国，对力学专业人才的需求量空前加大。许多世界著名高新技术企业，诸如汽车、微电子、航空航天等领域的企业，由于需要精确设计和精确计算，力学专业的研发人员占据了相当高的比例。近年来，力学类专业的毕业生往往供不应求，有着广阔的事业发展前景。

四、学习本专业类的优势与劣势

力学类专业的优势在于它涵盖的科学技术领域广，有"万金油"之称，是培养各个工程领域工程师的摇篮。力学类专业的学生具有很强的建模能力，能够进行计算机仿真计算、工程测试试验，掌握扎实的专业基础知识，同时具有电学、材料力学、土木工程、机械工程等领域的专业知识，能够解决工程领域存在的大量力学问题。该类专业涉及的技术领域宽，毕业生可以选择的就业和工作岗位广，在工程领域发展的机会多。

力学类专业的劣势就是涉猎面广，学习内容多，学习强度大，需要付出比一般专业更多的努力。

五、学生素质要求与高校选科要求

1. 学生素质要求

力学类专业学生应该热爱力学，尊崇科学，具有孜孜追求的意志、大胆创新的思维、理论联系实际的作风以及团队协作的精神，具备发现问题和解决问题的能力，具有坚韧不拔的工作作风和不断探索科学技术知识的素养。学生通过大学阶段的学习和培养，能够成为本领域的卓越人才和高素质专业技术人员。

学习力学类专业，学生首先要打好数学和物理学的基础，提高英语水平，掌握计算机编程知识。选课时，学生除了学习力学类课程，还需要学习相当比例的电学知识，例如电工电子学、自动控制、单片机设计等。此外，需要学习跟应用方面结合较强的选修课程，例如石油工程概论、航天概论、采矿工程概论、土木工程概论、工程材料等。

2. 高校选科要求

在高校选科要求方面，绝大多数高校的力学类专业一般要求必须选考物理。例如，哈尔滨理工大学、南京航空航天大学、同济大学、中国石油大学（华东）、山东科技大学、西南交通大学、武汉理工大学都要求考生必须选考物理方可报考；东南大学则要求物理、化学两门科目考生均需选考方可报考。

每个高校的具体选科要求可通过山东省教育招生考试院网站（http://www.sdzk.cn/）、山东省教育云服务平台（http://www.sdei.edu.cn/）或"山东高考一点通"微信公众号查询。

8.2　机械类（0802）

一、专业类概述

机械工程就是以有关的自然科学和技术科学为理论基础，结合在生产实践中积累的技术经验，研究和解决与开发设计、制造、安装、运用和修理各种机械相关的理论与实际问题的一门应用学科。

机械是现代社会进行生产和服务的五大要素（即人、资金、能量、材料和机械）之一，并参与能量和材料的生产。工业社会，尤其是大工业社会，即用机器生产机器的时代。

任何现代产业和工程领域都需要应用机械。从生活方面来看，人们接触的各种物理装置，如电灯、电话、电视机、冰箱、电梯等等都包含机器的成分，或者包含在广义的机械之中，而从生产方面来看，各种机床、自动化装备、飞机、轮船、宇宙飞船等等，都缺不了机械。

机械工业是为国民经济提供装备的基础工业，将随着科学技术的发展而不断进步。

机械工程以增加生产、提高劳动生产率和生产的经济性为目标来研制与发展新的机械产品。在未来的时代，新产品的研制将以降低资源消耗，发展洁净的再生能源，治理、减轻以至消除环境污染作为社会发展的目标任务。

机械可以完成人用双手、双目、双足以及双耳能直接完成和不能直接完成的工作，而且完成得更快、更好。现代机械工程创造出越来越精巧、越来越复杂的机械和机械装置，使过去的许多幻想成为现实。

人工智能与机械工程之间的关系近似于脑与手之间的关系，其区别仅在于人工智能的硬件还需要利用机械制造出来。过去，各种机械离不开人的操作和控制，其反应速度和操作精度受到进化很慢的人脑和神经系统的限制，而人工智能将会消除这个限制。计算机科学与机械工程互相促进，平行发展，将促使机械工程在更高的层次上开始一轮新的大发展。

专业设置：根据教育部普通高等学校本科专业目录，机械类专业包含机械工程（080201）、机械设计制造及其自动化（080202）、材料成型及控制工程（080203）、机械电子工程（080204）、工业设计（080205）、过程装备与控制工程（080206）、车辆工程（080207）、汽车服务工程（080208）八个基本专业，以及机械工艺技术（080209T）、微机电系统工程（080210T）、机电技术教育（080211T）、汽车维修工程教育（080212T）、智能制造工程（080213T）、智能车辆工程（080214T）、仿生科学与工程（080215T）、新能源汽车工程

（080216T）八个特设专业。

机械类专业主要培养掌握机械工程专业理论知识，具备自然科学、人文社会科学基础，具有创新意识和专业应用能力，能从事机械工程领域开发设计、生产制造、设备控制、组织管理和市场经营等工作的高级工程技术人才。机械类专业毕业生具备较扎实的机械设计、制造、自动化控制基础知识，熟悉产品的开发、制造和管理过程，掌握基本的实验技能，具有较强的独立设计能力，能从事机电一体化产品的设计制造、研究开发、运行管理、经营销售等方面的工作。

学制与学位：机械类专业本科基本学制为4年，实行弹性修业年限，一般可在3～6年内完成。学生按要求完成学业，可授予工学学士学位。

二、知识构架

1. 核心课程和主干课程

机械类专业的核心课程有理论力学、材料力学、机械原理、机械设计、电工学、机械工程控制基础等。

机械工程专业的主干课程有机械原理、机械设计、液压与气压传动、结构力学（机械）、电工学、机械工程控制基础、互换性与技术测量基础、计算机绘图与三维造型、机械制造技术基础、金属材料与热处理、发明问题解决理论、工程机械概论、现代设计方法与产品创新、电器控制与PLC（可编程逻辑控制器）、数控加工技术等。

车辆工程专业的主干课程有理论力学、材料力学、机械原理、机械设计、流体力学、电工学、汽车CAD、机械制造技术基础、互换性与测量技术基础、金属材料与热处理、汽车构造、汽车理论、汽车设计、汽车电子技术、汽车发动机原理、汽车液压与液力传动、汽车制造工艺学等。

机械电子工程专业的主干课程有机械原理与机械设计、计算机绘图与三维造型、机械制造技术基础、电工电子技术、计算机技术基础、机械工程控制基础、机械工程测试技术、机电一体化系统设计、工业机器人及其应用、机电传动控制、数控技术、电器控制与PLC、单片机原理与应用等。

其他专业的主干课程不再赘述。

2. 实习和社会实践

机械类专业的实践教学内容主要包括基础实验教学、专业实验教学、课外开放实验、自定项目开放实验、课程设计、教学实习、综合实验周、科技竞赛和毕业实习等。主要培养学生的基本实验技能、综合实验能力、创新意识能力等。毕业实习时间因学校而异，一般安排在大四下学期或大三下学期。

三、就业方向与发展前景

机械类专业毕业生可在企业、科研院所、政府机关、高等院校等单位从事与专业有关的产品研制与开发、科学研究与教学、机电装备维护与自动化系统运行管理、市场营销等工作，亦可进一步攻读相应专业的研究生。

机械工业是为国民经济提供装备的基础工业，将随着科学技术的发展而发挥出越来越重要的作用。机械类专业毕业生具备广阔的发展前景。

四、学习本专业类的优势与劣势

1. 优势分析

机械类专业属于工科基础专业，是其他相关专业的"母专业"。无论是进行科研、技术开发、产品制作，还是从事服务、贸易、管理、化工制药、通信工程、建筑等工作，都离不开相关的机械专业知识。因此，机械类专业在工科类专业中的认可度是比较高的。

2. 劣势分析

机械类专业是一个"万金油"专业，也是一个需要积累的专业，不好具体说学了它接着就可以成为专家，但没有机械基础，很多与装备相关的工作干不了或干不好则是事实。在考研方面，高校的很多理工科专业招收硕士研究生，都喜欢要机械类专业的学生。

五、学生素质要求与高校选科要求

1. 学生素质要求

兴趣是最好的老师。学习机械类专业，学生在中学阶段应具有较好的数学、物理成绩，对改造世界、机械化有浓厚兴趣和强烈爱好，并具有坚强的毅力。学生具有以上素质，往往能够在机械领域里自由驰骋，收获良多。

机械类专业活动主要是分析问题和解决问题，其中应用的方法大多要求学生具有抽象严密的逻辑思维和空间想象能力。因此，喜欢观察世界的人，喜欢抽象严密的逻辑思维的人，能用独特的眼光发现现实世界蕴含的机械规律的人更适合学习机械类专业。这样的人学习机械知识往往能获得更多的乐趣，收获更大的成绩。

2. 高校选科要求

在高校选科要求方面，绝大多数高校的机械类专业要求选考物理科目。例如，北京交通大学、东北大学、哈尔滨工业大学、上海交通大学、南京工业大学、山东大学、武汉理工大学等高校要求考生必须选考物理方可报考。北京化工大学、吉林大学、南昌大学、河南工业大学则要求物理、化学两门科目考生均需选考方可报考。

每个高校的具体选科要求可通过山东省教育招生考试院网站（http://www.sdzk.cn/）、山东省教育云服务平台（http://www.sdei.edu.cn/）或"山东高考一点通"微信公众号查询。

8.3　仪器类（0803）

一、专业类概述

仪器仪表遍及国民经济各个部门，深入到人们生活的各个角落。例如，在机械制造业中，对产品静态与动态性能的测试，对加工过程的控制与监测，设备运行中的故障诊断等；在电力、化工、石油工业中，对压力、流量、温度、成分、尺寸等参数的检测和控制，对压力容器泄漏和裂纹的检测等；在航天、航空工业中，对发动机转速、转矩、振动、噪声、动力特性、喷油压力、管道流量的测量，对构件的应力、刚度、强度的测量，对控制系统的电流、电压、绝缘强度的测量等。

现代仪器仪表在当今社会中的重要作用，可喻为：工业生产的"倍增器"，科学研究的"先行官"，现代军事的"战斗力"，社会生活的"物化法官"。仪器仪表的水平是科学技术现代化的重要标志。随着智能化技术在测控领域中的引入与应用，仪器类专业进入了一个新的发展阶段。

专业设置：根据教育部普通高等学校本科专业目录，仪器类专业包含测控技术与仪器（080301）一个基本专业，以及精密仪器（080302T）、智能感知工程（080303T）两个特设专业。

测控技术与仪器专业面向仪器科学与技术相关工程领域，是光学、精密机械、电子、电力、自动控制、信号处理、计算机与信息技术等多学科互相渗透而形成的一门高新技术密集型综合学科。本专业以信息获取为主要任务，以各种测量理论和测量方法为基础，研究各种测量仪器仪表的工作原理、应用技术和设计方法。本专业培养具备测量与控制方面的基础知识与应用能力，掌握精密仪器设计制造技能，能在国民经济各部门从事计算机应用、电子信息、智能仪器、虚拟仪器、测量与控制等领域的产品设计制造、科技开发、应用研究、经营管理等工作的高级工程技术及经营管理人才。本专业毕业生知识面宽广，具有很强的适应能力和广泛的发展空间，可以从事计量、测试、控制工程、智能仪器仪表、计算机软件和硬件等高新技术领域的设计、制造、开发和应用等工作。

学制与学位：仪器类专业本科基本学制为4年。学生按要求完成学业，可授予工学学士学位。

二、知识构架

1. 核心课程

测控技术与仪器专业的核心课程主要有模拟电子技术、数字电子技术、微机原理及应用、自动控制原理、传感技术、信号分析与处理、精密机械设计、工程光学、单片机原理及应用、数字化测控技术、光电检测技术、虚拟仪器设计、电气控制与PLC、测控仪器设计、智能仪器设计等。

2. 实习和社会实践

仪器类专业的实践教学主要包括金工实习、电工电子实习、认识实习、生产实习、课程设计、毕业实习、毕业设计（论文）等，主要采用集中实习的方式。学生通过实习与实践，在指导教师的指导下，能够将理论知识转化为实践能力，为以后的工作打下良好的基础。

三、就业方向与发展前景

在科技革命日新月异、信息技术高速发展的背景下，现代仪器仪表制造业保持着高速平稳发展的态势。从仪器仪表制造业的发展趋势、市场需求和国家产业扶持政策来看，我国仪器仪表制造业年均增长率将长期保持在20%以上，毕业生就业可选择的方向广泛，既可以进入科研单位进行仪器仪表的开发和设计，也可以在生产工程自动化企业从事自动控制、自动化检测等方面的工作，同时还可以在工程检测领域、计算机应用领域找到适合职业发展的空间。

仪器类专业毕业生的就业方向主要包括以下三个方面。

（1）智能仪器仪表方向：主要从事仪器仪表、电子产品的软件与硬件研发及测试，也可以从事仪表自动控制等方面的工作，这是一个偏向于电子的方向，最好要学好C语言、汇编语言、单片机设计、LabVIEW编程等课程，并具有相关的实践开发经验。

（2）测试计量技术与仪器方向：主要从事计量、测试检测、品质检验等方面的工作，需要学好计量学相关知识，对目前国内和国际的规范和标准有较好的了解。

（3）计算机测控技术方向：这是一个比较偏向于计算机的方向，与第二个有相类似的地方，都是从事检测测量，只是计算机测控技术方向比较偏向于计算机操作平台的运用。

四、学习本专业类的优势与劣势

仪器类专业课程很宽泛，涉及光学、机械、电子、计算机科学等多个学科的综合，是一个全能型的专业，就业面宽。

由于仪器类专业知识范围宽，部分课程内容只做到"浅尝辄止"。因此，毕业生若要从事更高一级的技术性岗位，必须在以后的工作中自主学习更深的相关专业知识。

五、学生素质要求与高校选科要求

1. 学生素质要求

仪器类专业是一个涉及多学科的综合性专业，是以机、电、光、自动控制、计算机及信息技术紧密结合为特色的复合型专业。该类专业所涉及的课程内容较多，要求学生具有很强的学习能力和认真的学习态度，对逻辑思维能力有较强的要求。同时，该类专业有较强的实践性，要求学生具有较强的动手能力。测量控制与仪器仪表技术总是紧随各种高新技术的发展而发展，作为科学技术的前沿技术，要求学生具有敏锐的观察力和洞察力，同时具有浓厚的兴趣、强烈的爱好和一定的毅力。

2. 高校选科要求

在高校选科要求方面，仪器类专业一般要求选考物理。例如，吉林大学、湖南工业大学要求考生必须选考物理方可报考。

每个高校的具体选科要求可通过山东省教育招生考试院网站（http://www.sdzk.cn/）、山东省教育云服务平台（http://www.sdei.edu.cn/）或"山东高考一点通"微信公众号查询。

8.4　材料类（0804）

一、专业类概述

材料是当代社会文明发展的三大支柱（材料、信息和能源）之一，与我们的生活密不可分。例如，航空航天器、卫星、航母等由金属材料、高分子及复合材料、无机材料等组成，高楼大厦的建筑材料是无机非金属材料，汽车上有金属材料、高分子材料，光伏发电用到半导体材料，手机、电脑用到信息存储材料，自动驾驶用到各种传感器材料，医用设备的监测和诊疗用到纳米材料等等。可以说，没有材料的进步就没有文明社会。

专业设置：根据教育部普通高等学校本科专业目录，材料类专业包含材料科学与工程（080401）、材料物理（080402）、材料化学（080403）、冶金工程（080404）、金属材料工程（080405）、无机非金属材料工程（080406）、高分子材料与工程（080407）、复合材料与工程（080408）八个基本专业，以及粉体材料科学与工程（080409T）、宝石及材料工艺学（080410T）、焊接技术与工程（080411T）、功能材料（080412T）、纳米材料与技术（080413T）、新能源材料与器件（080414T）、材料设计科学与工程（080415T）、复合材料成型工程（080416T）、智能材料与结构（080417T）九个特设专业。

材料类专业主要学习材料的组成、结构、合成表征、性能与应用以及这四者之间的关系。其中，材料科学与工程专业则致力于解决各类材料的制造、加工及其改性的工程化问题。

材料类专业主要培养从事金属材料、无机非金属材料、高分子材料、复合材料、功能材料等领域的材料制备、加工及应用等方面工作的高级研究人才和工程技术人才。

学制与学位：材料类专业本科基本学制为4年，实行弹性修业年限，一般在3~6年内完成。学生按要求完成学业，一般授予工学学士学位；材料物理、材料化学专业也可授予理学学士学位。

二、知识构架

1. 主要课程

材料类专业的学科基础课程主要有高等数学、线性代数、概率论与数理统计、物理学、化学、力学、电工电子、机械设计基础、机械制图等。

材料类专业的专业基础课程主要有材料工程基础、材料科学基础、材料分析测试技术、材料工艺学等。

2. 实习和社会实践

材料类专业的社会实践主要有两种形式：一是学生自主完成的社会实践，每位学生大学四年必须利用假期完成一次社会实践活动，并提交社会实践报告；二是由校团委组织的"三下乡"活动等，部分学生作为志愿者参加，并提交实践报告。

材料类专业的实习一般包括金工实习、认识实习、生产实习和毕业实习等。

金工实习一般选择在学校设置的金工实习单位进行。认识实习和生产实习一般选择在与专业相适应、与学校具有校企合作关系的实习基地工厂进行。毕业实习根据学生的毕业论文或设计，灵活安排在不同的地方，主要有工厂、研究单位等。

三、就业方向与发展前景

1. 就业方向

材料类专业毕业生的主要就业方向：一是到材料合成、制备和加工类企业，如航空航天、石油化工、钢铁、建材等公司，主要从事产品设计、新产品开发、生产管理、产品质量管理、市场经营及贸易等工作；二是到高等学校、科研及设计单位，从事教学、科学研究、设计等工作；三是到各类与材料相关的政府部门及管理机构，从事行政管理、质量监督等工作。

材料类专业本科生除直接就业外，另一个主要去向就是攻读硕士研究生。全国170余所高校拥有材料类专业硕士点。除"双一流"建设高校外，山东省内高校、科研机构硕士点有12

个，招生数量大。因此，考研率高是材料类专业的优势。

2. 发展前景

材料产业既是战略性新兴产业的重要一员，也是其他新兴产业的基础和保障。以无机非金属材料、高分子材料、金属材料为代表的传统产业是我国国民经济的重要支撑，同时也面临着转型升级，技术人才缺口巨大；以光电子材料、生物医用材料、新能源材料及纳米材料等为代表的新材料产业异常活跃，代表着材料产业未来的发展方向。因此，材料专业技术人才需求量大，就业前景光明。

四、学习本专业类的优势与劣势

1. 优势分析

材料类专业的优势主要体现在以下几个方面。

（1）专业好，学到的知识有用。大千世界中的材料无所不包、无处不在。在日常生活中，每个人每天会碰到诸如金属、橡胶、磁性、光电、水泥、混凝土、陶瓷等众多材料，处处都有材料的身影。材料科学一直是活跃的科学前沿。美国国家关键技术委员会选定了21项关键技术，其中材料占据5项，即光电子材料、金属与合金、陶瓷材料、高分子材料、先进复合材料。材料的开发、生产和应用对自然环境和人类社会的影响无与伦比。

（2）就业好，就业渠道多。材料类专业涉及的领域与人们的生活息息相关。学生毕业后能在材料、机械、电子信息、冶金、航空航天、公路水运、航海、国防等各种行业从事材料的生产、质量检验、工艺与设备设计、新材料的研究与开发以及经营管理工作，或在科研机构和高等学校从事相关的教学与科学研究工作，还可以到政府部门从事行政管理、质量监督等工作。随着国家对新能源、新材料的需求不断增加，开发力度持续加大，材料类专业人才在各行业中的需求量越来越大，为毕业生提供了很好的就业机会，就业形势越来越好。

（3）好升学，国内开设材料类专业的高校多。在"双一流"建设高校中，北京大学、清华大学、北京航空航天大学等30所高校将"材料科学与工程"列为"双一流"建设学科，成为入选"双一流"建设学科最多的专业。可以说，读研

率高是材料类专业的一大特点。全国具有"材料科学与工程"专业硕士点的高校有近200所，具有材料类专业博士点的高校有93所。材料类专业毕业生读研深造具有很大的优势。在招生对象方面，材料类专业不排斥女生。据统计，材料类专业录取的女生可占1/3左右。

2. 劣势分析

材料类专业的劣势主要表现在以下几个方面。

（1）部分领域工作环境与工作条件相对艰苦。

（2）在知识结构方面，材料类专业注重学科之间的交叉融合，学生在校期间需要学习的知识多，理论性强。

（3）在学历要求方面，大型企业的研发机构、科研院所、高校对学历要求高，学生需要进一步获得硕士或博士学位。

（4）材料类专业对学生身体条件有要求。根据《普通高等学校招生体检工作指导意见》，任何一眼的视力矫正到4.8镜片度数大于800度的考生不宜就读材料类专业。患有轻度色觉异常（俗称色弱）的考生不能被高分子材料与工程专业录取；患有色觉异常Ⅱ度（俗称色盲）的考生不能被材料物理、无机非金属材料工程等相关专业录取。

五、学生素质要求与高校选科要求

1. 学生素质要求

报考材料类专业，学生应具有材料科学方面的兴趣爱好，热爱材料类专业；化学和物理是材料类专业的基础，学生应对化学、物理等课程具有较强的学习能力。

2. 高校选科要求

在高校选科要求方面，绝大多数高校的材料类专业一般要求选考化学科目，少数高校要求选考物理科目。

例如，佳木斯大学、浙江工业大学、淮北师范大学、厦门大学、中山大学、湖北理工学院要求物理、化学两门科目考生均需选考方可报考。

每个高校的具体选科要求可通过山东省教育招生考试院网站（http://www.sdzk.cn/）、山东省教育云服务平台（http://www.sdei.edu.cn/）或"山东高考一点通"微信公众号查询。

8.5　能源动力类（0805）

一、专业类概述

能源是人类赖以生存的物质基础，动力是维系现代工业运行的基本条件，可持续能源与动力是社会发展的可靠保障。能源动力领域及相关的工业部门是关系国家繁荣发展、人民生活改善、社会长治久安的国际前沿科技领域和国民经济支柱产业；能源动力领域的人才培养对于推动我国能源供给革命、能源消费革命和能源技术革命具有重要的意义。

在现代生活中，人们的衣食住行一刻也离不开能源。地球上的能源按其来源可分为三类。第一类是地球和其他天体相互作用而形成的，如潮汐能；第二类来自地球的内部，如地热能和原子核能；第三类来自地球以外，主要是太阳能以及由它产生的能源，如煤、石油、天然气、生物质能、水能、风能、海洋热能等。能源与动力工程致力于传统能源的利用、新能源技术的开发以及能源的高效利用。能源既包括水能、煤、石油等传统能源，也包括核能、风能、生物能、地热能、太阳能等新能源，以及未来将广泛应用的氢能。

专业设置：根据教育部普通高等学校本科专业目录，能源动力类专业包含能源与动力工程（080501）一个基本专业，以及能源与环境系统工程（080502T）、新能源科学与工程（080503T）、储能科学与工程（080504T）三个特设专业。

能源动力类专业立足于国家发展规划，根据能源领域的发展趋势和国民经济发展需要，培养具备动力工程与工程热物理学科宽厚的基础理论，系统掌握能源（包括新能源）高效洁净转化与利用、能源动力装备与系统、能源与环境系统工程方面的专业知识，能从事能源、动力、环保等领域的科学研究、技术开发、设计制造、教学、管理等工作，富有社会责任感，具有国际视野、创新创业精神、工程实践能力和竞争意识的高素质专门人才。

具体来讲，能源与动力工程专业以热工、机械科学理论为基础，以常规化石能源及新能源、可再生能源的开发与应用理论为导向，以计算机及控制技术为工具，培养具备常规能源洁净高效转化利用、可再生能源与新型能源的高效低成本转换利用及与之相匹配的动力系统及其自动化控制与运行方面的专业知识和应用技术，具备节能减排及清洁能源生产理念，并能有效承担新能源工程的设计、运行管理、技术开发、科学技术教育与教学等工作，富有社会责任感，具有国际视野、创新精神、工程实践能力和竞争意识的工程技术人才。

能源与环境系统工程专业培养具备宽厚的热科学理论和能源与环境系统工程知识，能从事清洁能源开发、电力生产自动化、能源环境保护、制冷与低温、空调与储能、空调与人工环境等领域的设计、研究与管理工作的跨学科复合型高级技术人才。

新能源科学与工程专业培养具备能源工程、传热学、流体力学、动力机械、动力工程等方面的基础知识，区别于煤燃烧和火力发电，掌握新能源转换与利用原理、新能源装置及系统运行技术、风能、太阳能、生物质能、核能及燃料电池等方面的新能源科学领域专业知识，能在国家新能源科学与工程领域从事教学、科研、技术开发、工程应用、经营管理等工作的高级应用型人才。

学制与学位：能源动力类专业本科基本学制为4年，实行弹性修业年限，一般可在3~6年内完成。学生按要求完成学业，可授予工学学士学位。

二、知识构架

1. 核心课程

能源与动力工程专业的核心课程主要有：高等数学、大学物理、工程力学、工程制图、机械设计基础、工程材料基础、电工电子技术、电工电子技术实验、自动控制原理、能源动力测试技术、计算机程序设计、工程热力学、传热学、流体力学、燃烧学、热与流体课程实验等。

能源与环境系统工程专业的核心课程主要有：高等数学、大学物理、工程力学、工程制图、机械设计基础、工程材料基础、电工电子技术、电工电子技术实验、自动控制原理、能源环境测试技术、计算机程序设计、工程热力学、传热学、流体力学、热流体课程实验、燃烧与污染控制、能源转化原理、热力环境控制、能源生产过程控制、热力系统工程与仿真等。

新能源科学与工程专业的核心课程主要有：高等数学、线性代数、概率论与数理统计、大学物理、复变函数与积分变换、工程图学、工程力学、流体力学、传热学、工程热力学、电工学、电子学、计算机控制技术、能源工程概论、能源系统工程、可再生能源及其利用、风能转化原理与技术、太阳能发电与热利用、生物质能利用技术、光伏材料与太阳能电池、氢能及核能利用原理等。

2. 实习和社会实践

能源动力类专业的实践教学环节主要包括工程训练、实验实习与社会实践等内容。

工程训练主要是在教学实习基地、实训工程中心、虚拟仿真中心等场所进行实地工程、工艺技术学习及操作技能训练，旨在提高学生的工程意识与动手能力。

实验实习包括进行不同类型实验（认知性实验、验证性实验、综合性实验和设计性实验）、课程设计（锅炉原理设计、制冷系统设计、新能源电厂、分布式能源电厂、内燃机设计等）、生产实习（热电厂、制冷设备企业、发动机企业）、毕业实习与创新创业等环节的实践活动，以培养学生的实验设计、测试、结果分析与相关工程设计创新能力。

社会实践主要是通过社会调查、企业实习（相关能源开发及利用企业、新能源电厂、新能源转化利用设备生成企业）等方式，认识能源动力类专业的覆盖面及重要性，增强学生学以致用的社会责任意识。

三、就业方向与发展前景

能源动力类专业承担着我国能源动力领域人才培养的重任，是国家重点发展领域之一，毕业生就业前景广阔。该类专业毕业生能从事能源与动力工程及相关方面的研究、教学、开发、制造、安装、检修、策划、管理和营销等工作。毕业生的就业方向主要是：继续深造，攻读硕士学位；在传统能源及新能源相关领域（例如风能、太阳能、生物质能等）以及节能减排领域相关的企业从事生产、经营和管理工作；在各级政府部门及事业单位从事新能源、电力、节能、环保、发动机以及车辆方面的规划、设计、建设、

运营、咨询和监督等工作；在科研院所、大专院校从事研究与开发、教学、管理等工作。

四、学习本专业类的优势与劣势

1. 优势分析

能源动力类专业面向国家战略性新兴产业的发展需要，其优势在于它涵盖的科学技术领域广，是培养能源动力工程师的摇篮。毕业生具有在能源动力、能源系统、制冷与空调、低温工程、石油炼制与化工、航空航天、节能减排及环保、新能源等领域从事系统与设备的开发、设计、运行与管理等方面工作的能力。特别是智能化和信息化技术的快速发展，为能源动力工程技术推进现代社会的进步提供了广阔的空间。该类专业涉及的技术领域宽，就业和进一步深造的机会多。

2. 劣势分析

能源动力类专业的劣势主要是：（1）由于我国是能源消耗大国，其中煤炭在我国的能源份额中占了很大的比重，所以有些人误认为能源动力类专业就是"烧锅炉"的，其实这是不了解该类专业的内涵，是一种偏见。（2）与传统的煤燃烧和火力发电相比，该类专业具有交叉性，内容界定不是非常明确，毕业生的就业面很广，所涉及的岗位类型多，而不同的高校有所偏重，容易导致毕业生在选择时难于取舍。（3）有些高校的课程设置对学科交叉体现得不足。

五、学生素质要求与高校选科要求

1. 学生素质要求

学习能源动力类专业，学生应具有热爱能源动力类专业的情怀、勇于探索的精神和大胆创新的思维、理论联系实际的作风和团队协作的精神、严谨求实的科学态度和坚韧不拔的意志。

能源动力类专业属于工科，而且涵盖的科学技术领域非常广泛，包括传统能源的利用及新能源的开发、动力装置、流体机械、化工设备、制冷与低温及相关测试技术等。要求本科毕业生能系统地掌握相关专业领域宽广的技术理论基础知识，接受能源动力工程师的基本训练，具有进行工程设计、运行管理、理论分析和实验研究的基本能力。因此在高中阶段的课程学习过程中，要求学生打好数学和物理学的基础，注意对物理、

化学、机械、计算机应用、自然科学知识的学习和辩证思维模式的训练，同时也要强化对英语知识的学习，为跟踪国际趋势、对外交流等奠定坚实的基础。

2.高校选科要求

在高校选科要求方面，能源动力类专业一般要求选考物理、化学。例如，北京科技大学、南京工业大学、香港中文大学（深圳）要求物理、化学两门科目考生选考其中一门即可报考；华北电力大学（北京）、天津理工大学、哈尔滨工程大学、东南大学、山东大学、华中科技大学、湘潭大学、重庆大学、陕西科技大学要求必须选考物理方可报考；东北农业大学要求必须选考化学方可报考；中南大学要求物理、化学两门科目考生均需选考方可报考。

每个高校的具体选科要求可通过山东省教育招生考试院网站（http://www.sdzk.cn/）、山东省教育云服务平台（http://www.sdei.edu.cn/）或"山东高考一点通"微信公众号查询。

8.6 电气类（0806）

一、专业类概述

电气类专业一直在我国高等院校工科专业中占据十分重要的地位，而电气工程及其自动化又是其中不可或缺的专业之一。电气工程及其自动化专业涉及电力电子技术、计算机技术、电机电器技术、信息与网络控制技术、机电一体化技术等诸多领域，是一门综合性较强的学科，其主要特点是强弱电结合，机电结合，软硬件结合，电工技术与电子技术相结合，元件与系统相结合，主要培养学生具备电工电子、系统控制、电气控制、电力系统自动化、电气自动化装置及计算机应用技术等领域的基本技能。

专业设置：根据教育部普通高等学校本科专业目录，电气类专业包含电气工程及其自动化（080601）一个基本专业，以及智能电网信息工程（080602T）、光源与照明（080603T）、电气工程与智能控制（080604T）、电机电器智能化（080605T）、电缆工程（080606T）五个特设专业。

学制与学位：电气类专业本科基本学制为4年。学生按要求完成学业，可授予工学学士学位。

二、知识构架

1.核心课程及主干课程

电气类专业的核心课程及主干课程可分为三大类：专业基础类、电气工程类和自动化类。

专业基础类课程包括电路原理、数字电子技术基础、模拟电子技术基础、电机学、电机与电力拖动基础等。

电气工程类课程包括电力系统分析、电力工程基础、电力系统保护与控制、工厂供电、电力传动技术、电力电子技术、电力系统自动化等。

自动化类课程包括自动控制原理、微机原理及接口技术、系统工程导论、嵌入式系统与单片机、计算机控制系统、PLC原理及应用等。

2.实习和社会实践

电气类专业属于实践教学要求很高的专业，实践教学体系可分为六个部分：课内实验、课程设计、综合实训、校外实习、毕业设计和科技创新创业实践。

课内实验：主要是对课堂上有关理论知识点的认知与验证，使学生通过实验加深对理论知识的理解，掌握一定的实验基本技能。

课程设计：主要是通过设计环节的实际训练，加深学生对基础知识和基本理论的理解和掌握，培养学生综合运用所学知识的能力，使之在理论分析、设计、计算、制图、运用标准与规范、查阅设计手册与资料以及专业知识应用能力等方面得到初步训练。

综合实训：着重技术的培养和动手能力的提升，注重理论联系实际，提高学生分析问题与解决问题的能力。要求学生能把所学专业核心课程进行融会贯通，通过各模块的练习，提高设计、安装调试、故障处理、系统改造等方面的技能。

校外实习：校外实习可分为专业认知实习、生产实习和毕业实习三个阶段。校外实习既是培养学生具备工程领域专业技术人才应有的职业素养、工程实践能力的重要环节，也是培养学生的创新意识和自我学习能力的一个重要途径。

毕业设计：主要是考查学生在校期间对所学专业知识的掌握程度。电气类专业的毕业设计主要考查学生能否基于科学原理并采用科学方法对电气工程领域的工程问题进行研究，能否开发、选择与使用恰当的技术、资源、现代工程工具和信息技术工具进行实验设计、数据分析与解释，并通过信息综合得到合理有效的结论。

科技创新创业实践：学校组织学生积极参加多种形式的课内与校外相结合的科技创新创业实践活动以及各类学科竞赛。通过实践，进一步提升学生的工程实践能力和创新思维能力。

三、就业方向与发展前景

1. 就业方向

电气工程及其自动化专业是电气信息领域的一门新兴学科，触角伸向各行各业，小到一个开关的设计，大到宇宙飞船的研究，都有它的身影。本专业由于与人们的日常生活以及工业生产密切相关，发展非常迅速，现在也相对比较成熟。

电气类专业的毕业生就业面宽、适应性强。毕业生主要面向电力行业就业，可从事电力设计、建设、调试、生产、运行、市场运营、科技开发和技术培训等工作，也可从事其他行业中的电气技术工作。

2. 发展前景

随着我国经济的不断发展，现代化工业发展迅速，电气自动化技术方面的人才市场有着相当大的潜力。自动化生产技术的不断提高，自动化产品的不断普及，智能楼宇和智能家居的应用，智能交通的不断发展，为电气类专业毕业生提供了广阔的发展前景。

四、学习本专业类的优势与劣势

电气工程就是以电能、电气设备和电气技术为手段来创造、维持与改善限定空间和环境的一门科学，涵盖电能的转换、利用和研究三方面。小到一个开关、一个手机，大到航天飞机、宇宙飞船，都离不开电。电是怎么来的？我们在生活中如何能够顺利、安全地使用电能？如何通过发电、变电、输电及配电把电能送入千家万户？……这些都是电气工程及其自动化专业主要研究和解决的问题。因此，电气类专业与工业生产紧密联系，与人们的生产生活紧密联系。目前，电气自动化技术已经被广泛应用于国民经济各个领域，国家经济发展水平的一个重要衡量指标就是电气工程自动化的应用程度。

五、学生素质要求与高校选科要求

1. 学生素质要求

学习电气类专业，学生需要具有扎实的数学、物理基础，较强的外语综合能力，为今后能够掌握并且灵活运用专业知识做准备。

电气类专业学生主要掌握电工理论、电子学、控制理论、电气工程基础、高电压技术、电力系统运行与控制、信息和通信技术以及计算机应用等方面较宽广的工程技术基础和一定的专业知识，掌握一定的人文社会科学和经济管理知识。要求学生具备电气工程技术分析、系统运行与控制技术的基本能力，具有较强的创新意识。

各个高校的培养特色和课程设置也有不同侧重，有的偏重于电力系统、电力部门，有的偏重于交通铁路部门，有的偏重于自动化。很多院校的电气工程及其自动化一级学科下细分为多个二级学科，在二级学科里，强电与弱电专业方向划分得较为清楚，研究方向也有较大区别。

2. 高校选科要求

在高校选科要求方面，大多数高校的电气类专业一般要求选考物理科目。例如，北京交通大学、上海大学、南京理工大学、武汉理工大学、青岛大学、湖南工业大学、西安交通大学城市学院等高校都要求考生必须选考物理方可报考。

每个高校的具体选科要求可通过山东省教育招生考试院网站（http://www.sdzk.cn/）、山东省教育云服务平台（http://www.sdei.edu.cn/）或"山东高考一点通"微信公众号查询。

8.7 电子信息类（0807）

一、专业类概述

信息科学和技术的发展对人类进步与社会发展产生了重大的影响，信息技术和产业迅速发展，成为世界各国经济增长和社会发展的关键要素。进入21世纪，信息科学和技术的发展依然是经济持续增长的主导力量之一，发展信息产业是推进新型工业化的关键，世界各国对此都十分关注，我国在《国家中长期科学和技术发展规划纲要（2006—2020年）》中也将信息技术列为国家竞争力的核心技术之一。电子信息技术是信息产业的重要发展领域，需要大量专业人才，电子信息类专业承担着电子信息产业人才培养的重任。

电子信息类专业是伴随着电子、通信、信息和光电技术的发展而建立的，以数学、物理和信息论为基础，以电子、光子、信息及与之相关的元器件、电子系统、信息网络为研究对象，基础理论完备，专业内涵丰富，应用领域广泛，发展极为迅速，是推动信息产业发展和提升传统产业的主干专业。

专业设置：根据教育部普通高等学校本科专业目录，电子信息类专业包含电子信息工程（080701）、电子科学与技术（080702）、通信工程（080703）、微电子科学与工程（080704）、光电信息科学与工程（080705）、信息工程（080706）六个基本专业，以及广播电视工程（080707T）、水声工程（080708T）、电子封装技术（080709T）、集成电路设计与集成系统（080710T）、医学信息工程（080711T）、电磁场与无线技术（080712T）、电波传播与天线（080713T）、电子信息科学与技术（080714T）、电信工程及管理（080715T）、应用电子技术教育（080716T）、人工智能（080717T）、海洋信息工程（080718T）十二个特设专业。

电子信息类专业的主干学科是电子科学与技术、信息与通信工程和光学工程，相关学科包括计算机科学与技术、控制科学与工程、仪器科学与技术等，相关专业包括计算机类、自动化类、电气类、仪器类等专业。

电子信息类专业是具有理工融合特点的专业，主要涉及电子科学与技术、信息与通信工程和光学工程学科领域的基础理论、工程设计及系统实现技术。电子科学与技术领域主要涵盖物理电子学、微电子学与固体电子学、电路与系统、电磁场与微波技术，研究电子和光子等微观粒子在场中的运动与相互作用规律，包括新型光电磁材料与元器件、微波电路与系统、集成电路、电子设备与系统等。信息与通信工程领域主要涵盖通信与信息系统、信号与信息处理，研究信息获取、处理、传输和应用的理论与技术，以及相关的设备、系统、网络与应用，包括信号探测与处理、信息编码与调制、信息网络与传输、多媒体信息处理、信息安全及新型通信与信息处理技术等。光学工程领域主要涵盖光电子技术与光子学、光电信息技术与工程，研究光的产生和传播

规律、光与物质相互作用规律、光电子材料与器件、光电仪器与设备，包括光信息的产生、传输、处理、存储及显示技术，以及光通信、光电检测、光能应用、光加工、新型光电子技术等。

学制与学位：电子信息类专业本科基本学制为4年。学生按要求完成学业，各专业可授予工学学士学位，部分专业也可授予理学学士学位。

二、知识构架

1. 主要课程

电子信息类专业的课程体系主要包括通识类课程、学科基础类课程、专业类课程、综合教育类课程等。

通识类课程主要有：思想政治教育和人文社会科学、经济管理、外语、计算机信息技术、创新创业、体育、高等数学、大学物理、线性代数、概率论与数理统计等。

学科基础类课程主要有：电路、电子技术、信号与系统、电磁场与电磁波、通信原理、数字信号处理、信息理论基础、理论物理基础、半导体物理、微电子器件、物理光学等。

专业类课程主要有：数字图像处理、语音信号处理、数据结构、多媒体技术、传感技术、光电子器件、光纤技术、微机原理、集成电路原理与设计、通信网理论基础、现代交换技术、电子测量技术、移动通信、光电器件、电子设计自动化、数字通信、卫星通信、激光技术、物联网技术等。

综合教育类课程主要有：心理与健康教育、学术与科技活动、文体活动等。

2. 实习和社会实践

该类专业的实践教学环节主要有：实验课程、课程设计、教学实习（电子工艺、金工、生产等）、毕业实习、毕业设计（论文）以及科技创新、社会实践等活动。

三、就业方向与发展前景

电子信息类专业培养适应社会与经济发展需要，可在电子信息及相关领域从事系统、设备和器件的研究、设计、开发、制造、应用、维护及管理等工作的高素质专门人才。

我国信息产业正在进入以迭代创新、大众创新、微创新为突出特征的创新时代，行业发展速度明显加快。近年来，我国信息产业体系

不断完善，成为我国创新发展的先导力量、驱动经济持续增长的新引擎、引领产业转型和融合创新的新动力。随着"中国制造2025""互联网+"等国家战略的实施，作为大数据、云计算、物联网、智能移动终端等新一代信息技术的支撑，以光电信息探测、信息处理和系统应用为核心和主线的光电信息技术发挥着越来越重要的基础作用。

2016年以来，全球信息技术围绕人工智能掀起了新一轮创新高潮。光电信息探测、信息处理和系统应用呈现出万物互联、万物智能的新特征。信息技术进入跨界融合、加速创新、深度调整的历史时期，体现出系统化、体系化的多学科协同创新特征，大平台、大生态主导核心技术走向的态势明显。

因此，电子信息类专业毕业生的社会需求越来越旺，就业和发展前景越来越好。

四、学习本专业类的优势与劣势

进入21世纪，信息科学和技术的发展依然是经济持续增长的主导力量，信息技术是国家竞争力的核心技术之一，处在支撑引领经济社会发展的战略新兴产业的首位；我国信息产业正在进入以迭代创新、大众创新、微创新为突出特征的创新时代，行业发展速度明显加快，因此学习电子信息类专业具有很大的优势。

电子信息类专业的劣势是由于专业方向多、专业口径宽，应用范围广，会存在学而不精、行业特色不明显等不足。

五、学生素质要求与高校选科要求

学习电子信息类专业，学生需要具有扎实的数学、物理基础，具备较强的学习能力和外语综合能力，对信息科学和技术有浓厚的兴趣爱好，这样更有利于今后的专业发展和成长。

在高校选科要求方面，大多数高校的电子信息类专业对物理科目提出了选考要求。例如，重庆理工大学、中国计量大学现代科技学院、南京大学金陵学院、东北大学秦皇岛分校、哈尔滨工业大学（威海）、山东大学（威海）要求考生必须选考物理方可报考；吉林大学、淮北师范大学要求物理、化学两门科目考生均需选考方可报考。

8.8 自动化类（0808）

一、专业类概述

自动化是关于人工与自然系统自动、智能、自主、高效和安全运行的科学与技术。作为信息科学的重要组成部分，自动化聚焦智能系统，以系统论、控制论、信息论为核心，广泛应用于经济社会发展的各个领域。

自动化类专业主要培养具备电工技术、电子技术、控制理论、自动检测与仪表、信息处理、系统工程、计算机技术与应用和网络技术等较宽广领域的工程技术基础和专业知识，能在运动控制、工业过程控制、电力电子技术、检测与自动化仪表、电子与计算机技术、信息处理、管理与决策等领域从事系统分析、系统设计、系统运行、科技开发及研究等方面工作的高级工程技术人才。

专业设置：根据教育部普通高等学校本科专业目录，自动化类专业包含自动化（080801）一个基本专业，以及轨道交通信号与控制（080802T）、机器人工程（080803T）、邮政工程（080804T）、核电技术与控制工程（080805T）、智能装备与系统（080806T）、工业智能（080807T）六个特设专业。

自动化类专业毕业生应获得以下几方面的知识和能力：

（1）具有较扎实的自然科学基础、较好的人文社会科学基础和外语综合能力。

（2）掌握本专业领域必需的较宽的技术基础理论知识，主要包括电路理论、电子技术、控制理论、信息处理、计算机软硬件基础及应用等。

（3）较好地掌握运动控制、工业过程控制及自动化仪表、电力电子技术及信息处理等方面的知识，具有本专业领域1~2个专业方向的专业知识和技能，了解本专业学科前沿和发展趋势。

（4）获得较好的系统分析、系统设计及系统开发方面的工程实践训练。

（5）在本专业领域内具备一定的科学研究、科技开发和组织管理能力，具有较强的工作适应能力。

学制与学位：自动化类专业本科基本学制为4年，实行弹性修业年限，一般在3~6年内完成。学生按要求完成学业，可授予工学学士学位或理学学士学位。

二、知识构架

1. 主干课程和核心课程

自动化类专业的主干课程包括控制科学与工程、电气工程、计算机科学与技术等。

自动化类专业的核心课程包括电路原理、电子技术基础、计算机原理及应用、计算机软件技术基础、过程工程基础、电机与电力拖动基础、电力电子技术、自动控制理论、信号与系统分析等。

2. 实习和社会实践

自动化类专业的实践性教学环节主要包括金工实习、计算机应用基础训练、电子工艺实习、电子技术课程设计、专业课程设计、生产实习、毕业实习、毕业设计（论文）等活动。

三、就业方向与发展前景

自动化类专业的就业范围较广，学生本科毕业后就可进入新能源、电子技术、仪器仪表、互联网等行业工作，经过深造，可以进入设计院、研究所、高校和高新技术企业从事技术开发、科学研究及管理工作。

随着人工智能、移动互联网技术的不断发展，该类专业毕业生就业渠道越来越广阔。从近几年毕业生就业的情况来看，他们的工作都比较理想，收入状况也颇为乐观。

四、学习本专业类的优势和劣势

1. 优势分析

进入21世纪以来，随着科技和互联网的快速发展，自动化专业领域及相关行业借助市场经济和对外开放程度的加深，也获得了飞速发展。民航、铁路、金融、通信系统、税务、海关等部门的自动化程度越来越高，科研院所、高科技公司也借助强大的人才优势，发展迅猛。未来随着自动化技术应用领域的日益拓展，对自动化专业人才的需求将会不断增加，自动化类专业的毕业生也将借助自动化技术的广泛应用而在社会生活的各个领域、经济发展的各个环节找到发挥自己专长的理想位置。

2. 劣势分析

虽然自动化类专业毕业生的就业前景比较广阔，待遇也不错，但如果想要工作得轻松舒适，还是比较难的。在学习过程中，学生需要踏实认真、一丝不苟，要求的精度较高。毕业后，如果从事设备安装调试等方面的工作，出差较多。

综合来讲，相对于其他专业报考人数太多，竞争太大，自动化类专业毕业生找工作相当轻松，找份好工作也不是太难。

五、学生素质要求与高校选科要求

1. 学生素质要求

学习自动化类专业，学生应具备扎实的数学知识，具有支撑工程实践的基本科学素养；具有较强的学习能力和适应新技术的能力，具备运用现代信息技术获取相关信息和知识的能力；具备沟通交流的基本技巧与能力、良好的口头与书面表达能力以及有效表达自己思想与意愿的能力。

2. 高校选科要求

在高校选科要求方面，大多数院校的自动化类专业要求选考物理。例如，中国石油大学（北京）、湖南工业大学、中国计量大学现代科技学院、东北大学秦皇岛分校、山东大学威海分校要求考生必须选考物理方可报考。

每个高校的具体选科要求可通过山东省教育招生考试院网站（http://www.sdzk.cn/）、山东省教育云服务平台（http://www.sdei.edu.cn/）或"山东高考一点通"微信公众号查询。

8.9 计算机类（0809）

一、专业类概述

随着我国经济的快速发展和社会的不断进步，计算机技术已成为信息时代人类生活中不可或缺的一部分。计算机类专业应用性强、交叉面广，覆盖社会经济领域各行各业，发展前景广阔。

专业设置：根据教育部普通高等学校本科专业目录，计算机类专业包含计算机科学与技术（080901）、软件工程（080902）、网络工程（080903）、信息安全（080904K）、物联网工程（080905）、数字媒体技术（080906）六个基本专业，以及智能科学与技术（080907T）、空间信息与数字技术（080908T）、电子与计算机工程（080909T）、数据科学与大数据技术（080910T）、网络空间安全（080911TK）、新媒体技术（080912T）、电影制作（080913T）、保密技术（080914TK）、服务科学与工

大学专业解读与选择

（080915T）、虚拟现实技术（080916T）、区块链工程（080917T）十一个特设专业。

计算机科学与技术专业培养具有社会主义核心价值观，德智体美劳全面发展，系统掌握计算机科学与技术学科的基础理论和知识，受到严格的科学实验及工程实践训练，具有对相关知识的综合运用能力和应用研发能力，能在信息产业等相关部门以及相近学科的有关企事业单位和学校从事计算机研究、应用开发、技术管理与教学等工作，具备终身学习发展、创新性思维、适应时代要求关键能力的高素质计算机应用型人才。

软件工程专业是以计算机科学与技术学科为基础，强调软件开发的工程性，要求学生在掌握计算机科学与技术方面的知识和技能的基础上，熟练掌握软件需求分析、软件设计、软件测试、软件维护和软件项目管理等方面的基础知识、基本方法和基本技能，突出对学生专业知识和专业技能的培养，主要培养能够从事软件开发、测试、维护和软件项目管理等工作的高级专门人才。

网络工程（物联网工程）专业培养的人才应能系统地掌握计算机网和通信网技术领域的基本理论、基本知识；掌握各类网络系统的组网、规划、设计及评价方面的理论、方法与技术；在计算机软硬件和网络与通信系统的设计、开发及应用方面获得良好的工程实践训练，特别是应获得较大型网络工程开发的初步训练。

信息安全专业是计算机、通信、数学、物理、法律、管理等学科的交叉学科，主要研究确保信息安全的科学与技术，主要培养能够在计算机、通信、电子商务、电子政务、电子金融等领域从事信息安全及相关专业工作的高级专门人才。

数字媒体技术专业是以信息科学和数字技术为主导，以大众传播理论为依据，以现代艺术为指导，将信息传播技术应用到文化、艺术、商业、教育和管理领域的科学与艺术高度融合的综合性交叉学科。

学制与学位：计算机类专业本科基本学制为4年，实行弹性修业年限，一般在3～6年内完成。学生按要求完成学业，可授予工学学士学位或理学学士学位。

二、知识构架

1. 主要课程

计算机类专业的主要课程包括程序设计基础、数据结构、操作系统、计算机组成原理、计算机网络、电路原理、模拟电子技术、数字逻辑、数字分析、计算机系统结构、高级语言、汇编语言、软件工程、计算方法、编译原理、数据库系统原理、网络数据库、计算机网络技术、软件开发技术、软件测试技术、多媒体技术、网络安全技术等。

2. 实习和社会实践

计算机类专业的实践教学环节主要包括实验课程、课程设计、系统综合开发实训、课外实践、毕业实习、毕业设计等内容。其中，系统综合开发实训与课外实践活动相结合，以软件系统案例进行教学，通常采用导师制的方式分组，指导学生完成有关的设计开发。

三、就业方向与发展前景

随着全球经济一体化的发展，科技进步日新月异，信息作为重要的战略资源，成为社会和经济发展的强大动力，对信息的收集、分析和加工处理对社会和经济的发展具有举足轻重的重大价值，直接推动了各种技术和领域的快速发展。信息与计算机科学专业人才不仅具备较高的数学素养，同时具有极强的抽象思维和逻辑推理能力，能够将信息科学与计算机科学融会贯通，熟练运用计算机技能进行庞大而复杂的数学运算，能够编写大数据、大程序，高效求解科学与工程的理论及应用问题。信息化时代高科技的迅速发展必然急需高素质的信息与计算机科学专业人才。

在移动互联网时代，信息与计算机技术飞速发展，给人类生产和生活方式带来了巨大的变化。计算机和信息产业得到快速发展的关键是拥有大量从事IT技术创新的人才。而计算机类专业毕业生能够在各类企业和研究机构从事计算机技术研究与应用及相关的网络技术开发、计算机管理与维护等方面的工作，就业和发展前景广阔。

四、学习本专业类的优势与劣势

1. 优势分析

计算机类专业就业面比较宽，毕业生在各个

行业都可以找到合适的工作。尤其是在交叉行业中，计算机所起到的作用远远超出想象。计算机类专业相对于其他专业来说，毕业生就业后平均起步收入是很高的。IT（信息技术）行业的不断自我挑战也是其吸引人的地方之一，IT行业重在战胜挑战，完成项目后会令人感到非常自豪，获得极大的成就感。获得成就感，也是成功人士不断追求的目标。

2. 劣势分析

计算机是一门发展迅速、日新月异的学科，时时刻刻都有新的理论、知识、产品和技术被推出，如果想在这个行业做得好，无论是在哪个层次都要不断地充实自己，让自己具备自我知识更新的能力。虽然说如今的社会需求量很大，但是计算机的学习者数量同样十分庞大，将来的就业竞争还是十分激烈的。社会需要的计算机专业人才是高水平、高质量的，计算机类专业毕业生要想在激烈的竞争中有自己的立足之地，自身就要有不可替代的优势，找准自己的定位，不断充实自己。

五、学生素质要求与高校选科要求

1. 学生素质要求

报考计算机类专业，学生应具备扎实的数学知识，具有支撑工程实践的基本科学素养；具有较强的学习能力和适应新技术的能力，具备运用现代信息和计算机技术获取相关信息和知识的能力；具备沟通交流的基本技巧与能力、良好的口头与书面表达能力、有效表达自己思想与意愿的能力。

2. 高校选科要求

在高校选科要求方面，计算机类专业一般要求选考物理。例如，清华大学、北京交通大学、南开大学、吉林大学、哈尔滨工程大学、苏州大学、厦门大学、中山大学、青岛大学、浙江理工大学要求考生必须选考物理方可报考；淮北师范大学、华中师范大学、新乡学院则要求物理、化学两门科目考生均需选考方可报考。

每个高校的具体选科要求可通过山东省教育招生考试院网站（http://www.sdzk.cn/）、山东省教育云服务平台（http://www.sdei.edu.cn/）或"山东高考一点通"微信公众号查询。

8.10　土木类（0810）

一、专业类概述

所谓的土木，通常是指一切与水、土、文化有关的基础建设的计划、建造和维修。

土木类专业涵盖的领域广泛，主要包括：建筑、桥梁、道路、隧道、岩土工程、地下工程、铁路工程、矿山设施及港口工程；建筑环境控制、建筑节能、城市能源规划、暖通空调设备生产与研发；水资源利用与保护、给水排水和节水工程；建筑电气及自动化技术、现代建筑信息及传输技术。土木类专业是一个具有综合性和交叉性的工科专业大类。

随着社会文明的不断进步，人们对居住质量、出行需求、智慧城市、环境保护、水资源利用、地下空间拓展、基础设施维护、抵御灾害能力等不断提出更高要求。这些需求也构成了土木类专业长久不衰、不断创新的原动力。

专业设置：根据教育部普通高等学校本科专业目录，土木类专业包含土木工程（081001）、建筑环境与能源应用工程（081002）、给排水科学与工程（081003）、建筑电气与智能化（081004）四个基本专业，以及城市地下空间工程（081005T）、道路桥梁与渡河工程（081006T）、铁道工程（081007T）、智能建设（081008T）、土木水利与海洋工程（081009T）、土木水利与交通工程（081010T）六个特设专业。

土木类专业的主干学科包括结构工程学、岩土工程、传热传质学、水利工程、电气工程、控制科学与工程学、力学、交通运输工程等。这些学科大都是工程与技术相结合的学科，具有很强的应用性。

土木类专业以数学、物理学、化学、力学、材料科学、计算机科学与技术、电子电气等学科为基础，与市政工程、供热、供燃气、通风及空调工程、给排水工程、电气工程、信息技术、铁路及港口等学科相互交叉，是以土木建筑为基础的综合性专业大类，旨在培养具有良好的科学文化素养和高度的社会责任感，较系统掌握土木类专业基础知识、基本理论、工程技能和技术知识，富有创新意识和实践能力，能够在土木建筑及其相关领域从事教育、科研、生产、管理等工作的高级工程技术专业人才。

学制与学位：土木类专业本科基本学制为4年，实施学分制管理，实行弹性修业年限，一般在3~6年内完成。学生按要求完成学业并符合学位授予条件，可授予工学学士学位。

二、知识构架

土木类专业的课程体系主要包括数学与基础科学类课程、工程类课程、人文社会科学类通识教育课程和工程实践类课程。

1. 核心课程和主干课程

土木类专业的核心课程包括：理论力学、材料力学、结构力学、土力学、基础工程、钢结构基本原理、混凝土结构设计原理、土木工程施工、传热学、工程热力学、热质交换原理与设备、水分析化学、水处理生物学、电子技术基础、电路理论、建筑智能环境学、建筑设备等。

土木类专业的主干课程包括：建筑制图、工程测量、土木工程材料、房屋建筑学、混凝土结构与砌体结构、钢结构设计、工程抗震、道路勘测设计、桥梁工程、路基路面工程、地下工程、电工与电子学、锅炉及锅炉房设备、制冷技术、通风工程、网络与通信基础、自动控制原理、给水排水管网系统、建筑给水排水工程、水质工程学、泵与泵站、建筑电气控制技术、建筑供配电与照明、建筑设备自动化、建筑节能技术、城市地下工程施工技术等。

2. 实习和社会实践

土木类专业的实践教学环节主要包括实验、实习、设计、社会实践及创新训练等内容。

实验的内容主要包括：普通物理实验、普通化学实验、材料力学实验、流体力学实验、土木工程材料实验、基本构件实验、土力学实验及土木工程测试技术实验；建筑环境学、工程热力学、传热学、流体力学、热质交换原理与设备、流体输配管网等课程实验，采暖、空调、通风系统相关的实验，冷热源设备相关的实验，燃气燃烧与输配储存系统相关的实验，建筑设备自动化和测量技术相关的实验；水分析化学实验、水微生物学实验、水力学实验、泵与泵站实验和水质工程学实验；网络与通信基础实验、建筑智能环境学实验、建筑供配电与照明实验、建筑电气控制技术实验、建筑设备自动化实验、建筑物信息设施系统实验、公共安全技术实验等。

实习主要包括课程实习以及结合专业的金工实习、认识实习、生产实习和毕业实习。

设计主要包括结合专业的课程设计和毕业设计（论文）。

社会实践及创新训练包括人文社会科学课程中的社会调查和专业教育中的专业调查。土木类专业人才的培养应体现知识、能力、素质协调发展的原则，特别强调大学生创新思维、创新方法和创新能力的培养。鼓励学校在人才培养中遵循循序渐进的原则，以知识体系为载体，在实验、实习和设计中进行创新训练，组织大学生创新实践活动。

三、就业方向与发展前景

土木类专业面向国家城乡建设需要，以建筑业为主要服务领域，培养具有社会责任感且能适应于未来社会发展需求，基础理论扎实，具有较强的自主学习能力、工程实践能力、一定国际视野和创新精神的行业骨干和具有较高水平的技术人才。学生毕业后能够从事城乡房屋建筑工程、道路与桥梁工程、地下工程、给排水工程、建筑环境与能源应用工程、建筑电气与智能化工程等领域的设计、施工、管理、技术开发、教学与科学研究等工作，也可以选择在结构工程、防灾减灾与防护工程、岩土工程、桥梁与隧道工程、道路与铁道工程、市政工程、环境工程、热能工程、电气工程、控制工程、工程管理等专业领域攻读研究生，进一步深造。

土木类专业的主要就业去向是建筑行业（或交通、地下工程）的设计院、施工单位、房地产开发公司、工程监理公司、工程咨询（造价）公司、企事业单位的基建或房屋管理部门、政府的建设和交通监管部门（建设厅局、交通厅局）等。考研的学生可以从事土木工程相关的科学研究工作。

在当前我国城镇化快速推进及乡村振兴战略实施的背景下，在能源与环境的双重压力下，建筑业既面临巨大的发展机遇，也面临产业升级的严峻挑战。

为适应新形势下建筑业的发展要求，大力发展土木类专业，培养现代新型土木类专业人才已成为我国今后工程基础设施建设、城镇化健康发展的重要保障，因此土木类专业毕业生将大有作为，发展前景极为广阔，土木类专业成为有志报效祖国、成为高级工程师的青年学子的首选专业。

四、学习本专业类的优势与劣势

1. 优势分析

学习土木类专业的优势在于它涵盖的科学技术及工程技术领域广阔，是培养土木工程师的摇篮。

学习土木类专业不仅可以掌握各类建筑工程、交通工程的设计、施工、管理技术，还可以获取解决各类工程问题的科学思路和方法，特别是智能化和信息化技术的快速发展，为土木工程技术的发展提供了更广阔的空间。

土木类专业涉及的技术领域宽，人才需求量大，就业对口率高，行业平均薪酬高，就业满意度高，前途光明。

2. 劣势分析

土木类专业所谓的劣势主要是毕业生工作后要经常进入工程一线，工作条件相对比较艰苦，工作强度有时相对较大，应该有相应的思想准备。

五、学生素质要求与高校选科要求

1. 学生素质要求

学习土木类专业，学生在高中阶段首先要打好数学和物理的基础，注重化学、计算机应用、自然科学知识的学习和思维模式的训练，当然也要强化英语知识的学习，为跟踪国际趋势、对外交流等奠定坚实的基础。

由于受到土木工程服务对象、工作环境等因素的影响，土木类专业学生应具有热爱土木工程的情怀，能适应工程建设的特点与环境，具有孜孜追求的意志、大胆创新的思维、理论联系实际的作风以及团队协作的精神，具备发现问题和解决问题的能力，养成坚韧不拔的工作作风和不断探索科学技术知识的素养。在上述综合素养的基础上，通过大学阶段的学习和培养，力争成为土木工程领域的卓越人才和有贡献的工程技术人员。

2. 高校选科要求

在高校选科要求方面，大多数高校的土木类专业指定物理为必选科目。例如，北京交通大学、吉林大学、上海交通大学、厦门大学、山东大学、武汉理工大学、西南大学要求考生必须选考物理方可报考；东南大学、贵州大学要求物理、化学两门科目考生均需选考方可报考。

每个高校的具体选科要求可通过山东省教育招生考试院网站（http://www.sdzk.cn/）、山东省教育云服务平台（http://www.sdei.edu.cn/）或"山东高考一点通"微信公众号查询。

8.11　水利类（0811）

一、专业类概述

水是人类赖以生存的基本要素。水利类专业是在水的自然特性研究基础上，以工程或非工程措施调控和利用水能资源的工程科学。

根据中国工程教育专业认证协会修订的标准，水利类专业主要培养德智体美劳全面发展，具有人文科学与自然科学基础知识、外语知识、计算机应用能力，熟悉国内外发展现状、趋势和专业技术规范，具备扎实的工程知识、良好的工程实践能力、自主学习能力、团队协作和组织协调能力，具有较强的创新意识和社会责任感，能从事水利工程相关行业的勘测、规划、设计、施工、管理及科学研究等方面工作的应用型、创新型高级技术人才。毕业生工作后，经过5年左右的工作实践，具备解决水利工程中的复杂工程问题的能力，具备胜任工程师或相应工作岗位的专业技术能力和条件。

专业设置：根据教育部普通高等学校本科专业目录，水利类专业包含水利水电工程（081101）、水文与水资源工程（081102）、港口航道与海岸工程（081103）三个基本专业，以及水务工程（081104T）、水利科学与工程（081105T）两个特设专业。

水利水电工程专业培养系统地掌握水利水电工程专业基本理论、基础知识与技能，具有国际视野和创新精神的水利水电工程专业高级工程技术人才和管理人才。毕业生在水利水电工程及相关领域具有就业竞争力，并有能力进入研究生阶段学习。毕业后能在水利、能源、交通、建筑等行业从事水利水电工程规划、设计、施工、管理和科学研究等方面的工作，并能够通过继续教育或其他终身学习途径不断拓展知识和提升能力。

水文与水资源工程专业培养掌握水文、水资源、水环境和水生态方面的专业基础理论和基本技能，能在水利、水务、能源、交通、城建、农林、环保、国土资源、教育等部门从事与水文、水资源、水环境和水生态有关的勘测评价、规划设计、预测预报与管理、教学与科学研究等工作的高级专门人才。

港口航道与海岸工程专业培养掌握港口航道与海岸工程专业知识以及一定的工程管理、技术经济和人文科学等方面的知识，具有国际视野的港口航道与海岸工程方面的高级技术人才。学生毕业后主要从事港口航道工程、海岸工程以及相近的水利工程、土木工程的勘测、规划、设计、施工、科学研究、技术开发、技术管理等方面的工作。

学制与学位：水利类专业本科基本学制为4年，实行弹性修业年限，一般可在3~6年内完成。学生按要求完成学业，可授予工学学士学位。

二、知识构架

1. 核心课程

水利水电工程专业的核心课程有：水资源规划及利用、水工建筑物、水电站、工程施工、水利水电工程管理等。

水文与水资源专业的核心课程有：水文学原理、水文统计、水文预报、水文计算、水利计算、水资源利用等。

港口航道与海岸工程专业的核心课程有：港口海岸水工建筑物、航道整治、渠化工程、水运工程规划、港口装卸工艺、水运工程施工等。

2. 实习和社会实践

水利类专业的实习主要包括认识实习和生产实习，主要是在水利行业相关单位采用集中和分散等方式进行实习。认识实习一般采用集中实习的方式，对本专业相关工程进行感性认识；生产实习可以采用集中与分散相结合的方式，在本专业相关单位针对具体职能进行不同程度的顶岗实习。

三、就业方向与发展前景

水利类专业毕业生可从事与具体专业相关的勘测、规划、设计、施工、科学研究与教学、技术开发、技术管理等方面的工作。

随着水利改革发展"十三五"规划的深入推进，包括水生态文明制度建设和全面推行河长制、湖长制的实施，以及国家对水利基础建设的

投入日益增加，水利类专业的毕业生就业前景更加光明，尤其是在农田水利建设领域，相关专业人才缺口很大。未来一段时间水利类专业毕业生就业前景广阔，主要有四大就业流向：（1）科研院校读研继续深造；（2）水利行业政府部门；（3）教育行业；（4）各类设计院和施工单位。

四、学习本专业类的优势与劣势

1. 优势分析

水利类专业属于应用型专业，目前相关专业人才需求量非常大，各个行业（不限于水利行业）的设计院和施工单位均需要一定数量懂水利基本知识的人才，因此水利类专业毕业生的就业率一般均在80%以上，甚至更高。

2. 劣势分析

水利类专业也有一定的劣势，主要是：水利行业常常需要和水打交道，一般工程工期较长，部分单位工作条件较为艰苦；从业人员对本领域的工作熟练程度需要实际工程经验的积累，晋升较高职位需要考取各种注册师，有一定的难度，但只要具备较为扎实的相关专业知识，考取注册师证书只是时间的问题，而且薪水会有较大幅度的提升。

五、学生素质要求与高校选科要求

1. 学生素质要求

由于水利行业主要和工程打交道，因此学习水利类专业，学生需要具有以下几方面素质：具有素质过硬的身体条件；具备扎实的数学和力学知识，以利于进行水文资料的计算、工程结构的设计和分析；具有一定的空间想象能力，以便于进行图纸的识读和设计；具有一定的实验观察和动手操作能力，以利于进行实际测量和模型试验的研究。

2. 高校选科要求

根据山东省教育招生考试院公布的普通高校专业类选考要求，水利类专业一般要求选考物理和化学。这两门课程可能与具体的专业有关，例如水文与水资源工程专业一般要求物理和化学任选一门，其余专业通常要求必选物理科目。因此对于水利类专业来说，物理这门课程较为重要。

例如，中国农业大学、吉林大学、济南大学、四川大学、重庆交通大学、昆明理工大学、

长安大学、三峡大学要求物理、化学两门科目考生选考其中一门即可报考；华北电力大学（北京）、大连理工大学、东北农业大学、河海大学、武汉大学、西北农林科技大学要求必须选考物理方可报考。

每个高校的具体选科要求可通过山东省教育招生考试院网站（http://www.sdzk.cn/）、山东省教育云服务平台（http://www.sdei.edu.cn/）或"山东高考一点通"微信公众号查询。

8.12　测绘类（0812）

一、专业类概述

测绘是以地球为研究对象，对地球进行测定和描述的工作。简单地说，测绘就是对地球进行测量与绘图，将地球搬回家。测绘是一个古老的学科，传统测绘给多数人的印象是头戴草帽、扛着杆子、拿着仪器跋山涉水的样子。而现代测绘是利用卫星、无人机、雷达等先进设备，在空间技术、计算机技术、信息技术以及通信技术的支撑下，进行空间数据采集、量测、分析、存储、管理、显示、传播和应用的一门综合性信息科学。

现代测绘科学与技术以卫星导航定位、遥感和地理信息系统为代表，它被认为是当今世界上发展最快的领域之一。我们所熟悉的GPS（全球定位系统）、北斗卫星导航系统等都是测绘的工具。多数人认为测绘离我们的生活很遥远，其实小到一张普通的地图，大到铁路网和公路网的分布，人们生活中的吃穿住行无处不见测绘的踪影。国防、能源、农业、林业、水利电力、城市建设、交通规划、土地管理等离不开测绘，南水北调、西气东输、青藏铁路等重大工程离不开测绘，智慧城市的建设更离不开测绘。从我们的身边看看，出行时使用地图导航，乘车时使用网络打车，吃饭时发送给朋友你的位置，住宿时搜索周边的宾馆酒店，运动时记录你的轨迹等等，这些都是测绘的具体应用。我们一直在默默地使用测绘，但我们从来没有想起这是什么技术给我们带来的便捷，甚至不知道它叫什么，以至于听到测绘这个概念会感到那么的陌生。

专业设置：根据教育部普通高等学校本科专业目录，测绘类专业包含测绘工程（081201）、遥感科学与技术（081202）两个基本专业，以及导航工程（081203T）、地理国情监测（081204T）、地理空间信息工程（081205T）三个特设专业。

测绘工程专业培养具备地面测量、海洋测量、空间测量、摄影测量与遥感及地图编制等方面的知识，能在国民经济各部门从事国家基础测绘建设、陆海空运载工具导航与管理、城市与工程建设、矿产资源勘察与开发、国土资源调查与管理等方面的测量工程、地图与地理信息系统的设计、实施和研究等工作的工程技术人才。

遥感科学与技术专业主要培养掌握遥感理论基础、信息处理与分析理论基础和基本技能，具有遥感基本理论、传感器技术、信息获取技术、遥感数据处理技术、多传感器数据匹配和融合技术、图像自动解译技术、导航及地理信息系统基本原理等方面的基本知识与方法，能够在民用领域及军事领域从事遥感系统设计与研发、遥感信息处理、遥感数据建模与反演、数字化测绘和遥感信息服务的建设与应用等工作的复合型工程技术人才。

地理空间信息工程专业主要培养掌握测绘遥感与地理信息、计算机与网络应用、工程管理等方面的理论和方法，同时具备地理空间信息获取、管理、分析、表达以及数字地图与地理空间信息工程设计、开发、应用等方面的知识，能在国家基础测绘建设、城市规划建设、国土资源调查与管理、环境保护、灾害预报等部门从事地理空间信息工程设计、软件开发、地理信息服务与项目管理等工作的工程技术人才。

学制与学位：测绘类专业本科基本学制为4年，实行弹性修业年限，一般可在3~6年内完成。学生按要求完成学业，可授予工学学士学位。

二、知识构架

1. 核心课程

测绘工程专业的核心课程主要有：测量学、数字化测图、误差理论与测量平差基础、地图学、GNSS（全球导航卫星系统）原理与应用、遥感原理与方法、工程测量学、大地测量学等。

遥感科学与技术专业的核心课程主要有：遥感原理与应用、数字图像处理、电磁场理论、电子技术应用、航空与航天摄影、摄影测量学、地图学、地理信息系统、数据结构与数据库、模式识别等。

地理空间信息工程专业的核心课程主要有：地理信息系统原理、空间信息系统设计、互联网GIS（地理信息系统）原理与方法、GNSS原理及其应用、计算机组成与体系结构、遥感原理与应用、数字制图原理、算法设计与分析等。

2. 实习和社会实践

测绘类专业的实践性教学环节主要包括基本技能实践、专业综合实践和实际应用实践三个层级。基本技能实践培养学生掌握测绘空间信息处理的基本技能，包括空间数据获取工具、数据处理软件、开发软件等的使用和操作技能；专业综合实践通过测绘类综合性专业课程实习与集中实践，培养学生综合运用所学知识进行数字化测图、地理空间信息工程开发、数字地图设计、空间数据建库与软件开发的能力；实际应用实践通过校内外实习实训基地的专项培训，结合校企联合培养模式，为学生提供真实测绘类项目组织、质量与进度管理、软件开发、市场营销等实际工作，培养学生的工程项目组织与管理能力以及综合应用能力。

测绘类专业的实习可分为室外与室内两类。室外主要是采用全站仪、卫星、无人机等仪器进行空间数据的采集，室内是运用测量、GIS、遥感等专业软件进行数据处理、分析、开发、应用等。

三、就业方向与发展前景

1. 就业方向

测绘类专业毕业生的就业主要面向国土资源、城市规划、交通、地质、矿产、石油、农业、林业、水利、生态环境、冶金、电力、国防、城建、文物保护等领域以及导航、位置服务、物流、出版、IT等新兴行业，可从事勘测、施工与营运方面的测量工作，也可从事摄影测量与遥感方面的生产、设计、规划和管理及有关教学、科研管理工作，还可从事地理信息工程、智慧城市、智能交通、国土资源、城市规划、城市环境、城市安全、城市防灾等领域的应用研究、技术开发和生产管理工作。

2. 发展前景

测绘与地理信息技术是一个快速发展的学科，它与现代各种新技术和新工具相结合后衍生出了许多新兴的领域，也提供了更多既具有挑战性也富有发展前途的工作类型，如数字摄影测量、地理信息系统、GPS全球定位系统及其子系统、经济地理学和区域经济学、遥感技术等等。而且，随着信息社会的到来，测绘工程的产品——地理信息，已经成为一种重要的战略资源和商品，它促进了测绘与地理信息技术的产业化进程，从而为整个测绘行业带来了巨大的发展机遇和商业回报。国家已经将地理信息产业定为战略性新兴产业，地理信息已在国民经济、社会建设和国防的各个部门、各领域得到了广泛应用，并延伸到人们的衣食住行等各个方面。地理信息产业是当今国际公认的高新技术产业，具有广阔的市场需求和发展前景。目前，全球地理信息产业的年增长率已达35%以上，成为新的经济增长点。阿里巴巴、腾讯、百度等知名企业都已经进入地理信息市场，它们通过互联网地图作为搜索入口，提供位置和导航服务，通过位置链接其他出行、娱乐、购物、旅游、社交等有关商务信息，正影响着我们生活的方方面面。

我国相继开展了"数字中国""智慧城市"等重大战略性建设工程，涵盖国土资源、城市规划、城市管理、公安、应急管理、环保、卫生、房产、工商、水利、气象以及公众服务等30多个领域，它们的建设需要大量的测绘类专业人才。此外，以云计算、泛在网络、大数据等为特征的地理信息服务与空间基础设施建设，需要大量的IT与地理信息相结合的新型专门人才，既掌握新型的IT技术，又掌握测绘地理信息知识的人才将是未来社会市场稀缺的人才。

四、学习本专业类的优势与劣势

测绘类专业是一个被误读的潜力专业。它在招生和就业上呈现的冰火两重天的状况，令人感叹不已。以实力雄厚的武汉大学测绘学院为例，该学院每年招生的录取线常常是全校数百个专业里最低的，而且多数是调剂志愿。然而四年之后，该学院毕业生的就业率却稳居全校榜首。在大学生就业普遍低迷的今天，什么样的魔力使得测绘工程专业如此出众呢？因为很少人关注测绘类专业，以为它很生僻。进入新世纪，随着信息革命的深入，人们迫切地需要更为方便、快捷、准确、实时的全球信息，测绘类专业有着巨大的发展前景，将推动地理信息产业化的进程。测绘类专业将成为一个高技术、高收入的职业，为同学们提供理想与现实双赢的舞台。

测绘类专业的劣势主要是测绘类专业作为交叉学科，涉及多种学科，这意味着要想精通测绘类专业，需要学习很多的知识。

五、学生素质要求与高校选科要求

1. 学生素质要求

兴趣是最好的老师，对测绘类专业也一样。测绘是一个严谨的学科，需要较好的数学、物理基础。另外，测绘是一个工科性很强的专业，很注重学生的动手能力，如操作仪器、使用软件、编写程序、绘图等，具有动手操作、绘画、地理空间思维、摄影、人工智能、航飞、计算机程序设计、数据库开发等爱好的学生适合报考该类专业。

2. 高校选科要求

根据山东省教育招生考试院公布的普通高校专业类选考要求，测绘类专业一般要求选考物理或地理。这是因为测绘与物理、地理具有密切的关系，测绘的很多应用是以物理为基础，而且测绘是以地球为研究对象，涉及地表位置的定位与描述，自然与地理也分不开。

例如，东南大学、中国矿业大学、东华理工大学、河南理工大学、武汉大学、中国地质大学（武汉）、西南交通大学、成都理工大学、长安大学要求考生必须选考物理方可报考；北京建筑大学、西安科技大学要求考生必须选考地理方可报考。

每个高校的具体选科要求可通过山东省教育招生考试院网站（http://www.sdzk.cn/）、山东省教育云服务平台（http://www.sdei.edu.cn/）或"山东高考一点通"微信公众号查询。

8.13　化工与制药类（0813）

一、专业类概述

化工，即化学工业、化学工程、化学工艺的简称。化学工业包括石油化工、农业化工、化学医药、高分子、涂料、油脂等。化学工程是研究化学工业和其他过程工业生产中所涉及的化学过程和物理过程的共同规律的一门工程学科。化学工艺是指运用化学方法改变物质组成与结构以及合成新物质的化学生产技术，所得的产品被称为化学品或化工产品。

我们日常生活中的"衣、食、住、行"样样都离不开化工产品。化学工业已经成为国民经济重要的基础性产业，它为农业、能源、交通、机械、电子、纺织、轻工、建筑、建材等工农业和人们日常生活提供保障和配套服务，同时它还是工业经济中最具活力、有待开发且竞争力极强的一个行业。制药就更重要了，人药、兽药都离不开制药，与我们的健康息息相关。

专业设置：根据教育部普通高等学校本科专业目录，化工与制药类专业包含化学工程与工艺（081301）、制药工程（081302）两个基本专业，以及资源循环科学与工程（081303T）、能源化学工程（081304T）、化学工程与工业生物工程（081305T）、化学安全工程（081306T）、涂料工程（081307T）、精细化工（081308T）六个特设专业。

化工与制药类专业主要培养系统掌握现代化学、化工、制药的基础理论知识和基本实验技能，能在化工原材料、药物与精细化学品等方面开展研究，能在化工、炼油、冶金、能源、轻工、医药及环保等领域从事工程设计、技术开发、生产技术管理和科学研究等工作的工程技术人才。

化学工程与工艺专业培养掌握化工生产过程和设备的基本原理、设计方法和管理知识，具有化工生产、研究、设计、产品开发的基本能力，具有扎实的基础知识和求实创新能力、工程实践能力的综合型高级工程技术人才。

制药工程专业是一个化学、药学和工程学交叉的工科类专业，培养掌握药品制造以及新工艺、新设备、新品种的开发、放大和设计的理论知识和基本技能，能在医药、农药、精细化工和生物化工等领域从事医药产品的生产、科技开发、应用研究和经营管理等工作的高级工程技术人才。

资源循环科学与工程专业注重宽口径的培养方向，专业知识涵盖各类自然资源特别是生物质资源的经济、生态、规划、管理和可持续发展，以及生物质产品、生物质能源和生物质分离、转化与利用等领域的理论和技术。通过本专业的学习，学生能够掌握扎实的资源学科知识，养成良好的专业素质,适应宽领域工作的要求。

能源化学工程专业培养掌握化学和能源转化与利用的基本理论、基本知识和基本技能,具有良好的科学素养、创新精神和国际视野的应用型高级专门人才。毕业生可在煤炭行业、电力行业、石油石化行业、生物质转化利用行业从事低碳能源清洁化、可再生能源利用以及能源高效转化、化工用能评价等领域的科学研究、生产设计和技术管理等工作。

化学工程与工业生物工程专业培养能在化学工程及生物技术领域从事科学研究、产品与过程设计、新技术与设备研发以及技术管理等工作的高级专门人才。毕业生能满足石油化工、环境保护、能源、食品等传统石油化学工业以及生物工程与技术、生物化学工程、生物医药工程等新兴产业的需求。

学制与学位:化工与制药类专业本科基本学制为4年,实行弹性修业年限,一般可在3~6年内完成。学生按要求完成学业,可授予工学学士学位。

二、知识构架

1. 核心课程

化学工程与工艺专业的核心课程主要有:物理化学、化工原理、化工热力学、化学反应工程、化工分离工程、化工传递过程、化工系统工程、催化原理、化工工艺学、化工设计、环境工程、煤化工工艺学、天然气综合利用、燃气输配、炼焦工艺学、化产工艺学、碳素化学、化工技术经济、化工安全工程等。

制药工程专业的核心课程主要有:化工原理、制药工程制图、药物合成反应、药物化学、药理学、药剂学、天然药物化学、应用光谱解析、制药工艺学、药用高分子材料、制药分离工程、药物分析、制药设备与车间工艺设计等。

资源循环科学与工程专业的核心课程主要有:传递工程、材料科学基础、循环经济概论、环境科学基础、工业废弃物处置与处理、循环经济理论与生态工业技术、系统工程导论等。

能源化学工程专业的核心课程主要有:化工热力学、化学反应工程、石油加工工程、有机化工工艺、合成燃料化学、可再生能源工程、合成燃料化工设计、能源转化催化原理、合成燃料工程、能源化工设计等。

化学工程与工业生物工程专业的核心课程主要有:化工原理、化工制图、化工设备及机械设计、化学反应工程、化工热力学、化工工艺学、化工设计、工业催化、生物化学、传递过程原理、生物化工基础、生物分离工程等。

2. 实习和社会实践

化工与制药类专业的实践性教学环节主要包括化工与制药基础实验、认识实习、生产实习、计算机应用及上机实践、课程设计、毕业实习、毕业设计(论文)等。毕业实习可采用集中实习和自主实习两种方式,实习时间因学校而异,一般安排在大四下学期或大三下学期。

三、就业方向与发展前景

1. 就业方向

化工与制药类专业毕业生可以在化工、冶金、能源、轻工、生物工程、医药、环保、药监、医院和学校等企事业单位从事工程设计、技术开发、生产技术管理、科学研究、经营、检验监督、教学等方面的工作,也可以报考化工、生物技术、药学及相关专业的研究生。

2. 发展前景

化工与制药类专业毕业生就业领域广泛,发展前景广阔。就业领域包括化工、石油、轻工、医药、冶金、材料和生物工程等多种行业。其工作内容包括:科学技术研究、工程设计、新产品开发、生产技术管理和教学等;医药及相关产品的生产、科技开发、应用研究、药厂设计和经营管理等。

该类专业的学生出国机会相对来说比较多,读研比率高,考研可选择的学校范围很广。

化工与制药类专业毕业生的就业岗位包括销售工程师、化学工程师、化工工程师、制药工程师、设备工程师、药品生产质量管理员、化工实验室研究员、药师等。

另外,公务员及自主创业也提供了更广阔的发展道路。

四、学习本专业类的优势与劣势

1. 优势分析

精细化学、制药、高分子材料是我国化学工业21世纪的发展重点之一,具有广阔的发展前景。

作为中国化工大省,山东省共有化工企业

9000余家，其中规模以上企业占37%。近年来，山东省开展化工产业转型升级行动，全面加快山东化工产业转型升级和新旧动能转换，逐步形成规范化、制度化长效机制，提升发展高端化工，把化工产业培育成为安全清洁、绿色低碳、集约集聚、创新高效的重要支柱产业。山东省"十三五"生物医药产业领域发展方向是改造提升传统医药产业；大力发展新型医疗器械；积极发展现代中药。

所以，山东省化工与制药企业急需一批既懂制药理论，又有工程能力，同时还擅长管理的高级工程人才，而当前这种类型的人才尤为缺乏。

教育部公布的本专科专业就业状况显示，化工与制药类专业近三年全国就业率区间在90%～95%之间，属于就业率较高专业，并呈现出毕业生工作后发展速度快、就业稳定性较高等优势。

化工与制药类专业的劣势就是我国化学工业生产技术还比较落后，生产规模小而分散，资本实力不足，科研创新能力弱，营销网络还未完全建立。另外，也要考虑化工类专业所从事的工作环境问题。

五、学生素质要求与高校选科要求

1. 学生素质要求

化工与制药类专业是一门专业性很强的工学专业，学生应具有较强的理工科基础和动手操作能力。实验和实训在教学中所占的比重较大，细心谨慎、有想象力和动手能力、善于分析实验结果的学生容易脱颖而出。

报考该类专业，对色觉有一定要求。根据《普通高等学校招生体检工作指导意见》，对于以颜色波长作为严格技术标准的化工与制药类专业，患有轻度色觉异常（色弱）的考生，学校可不予录取。所以，考生一定要结合招生章程，弄清楚各高校对所报考的具体专业的相关要求。

2. 高校选科要求

根据山东省教育招生考试院公布的普通高校专业类选考要求，化工与制药类专业一般要求选考物理、化学、生物，因为这三门课程是化工与制药类专业的基础。

例如，天津大学、齐齐哈尔大学、聊城大学、武汉工程大学、湖北大学、陕西科技大学、

中国石油大学（北京）、重庆科技学院、河北科技大学理工学院要求物理、化学、生物三门科目考生选考其中一门即可报考；华东理工大学、东南大学、中国矿业大学、浙江工业大学、山东师范大学、中南大学要求物理、化学两门科目考生选考其中一门即可报考；大连理工大学、南京理工大学、济南大学、齐鲁工业大学、广西民族大学、青海大学要求必须选考化学方可报考；重庆理工大学要求考生必须选考物理方可报考。

每个高校的具体选科要求可通过山东省教育招生考试院网站（http://www.sdzk.cn/）、山东省教育云服务平台（http://www.sdei.edu.cn/）或"山东高考一点通"微信公众号查询。

8.14　地质类（0814）

一、专业类概述

地质类专业是研究矿产资源勘查与开发、工程建设、灾害防治与环境保护等领域的地质问题的工科类专业，与社会和经济可持续发展密切相关。地质类专业既为社会生产力发展提供油气与煤炭资源、金属与非金属矿产、地下水资源等地质资源保障，也是国家城市规划、工程建设的基础。地质类专业与人类生存和社会发展息息相关，在国家社会经济发展中具有核心战略地位和举足轻重的作用，是一个极具发展潜力的工科类专业。

地质类专业的研究内容主要包括：矿产资源形成的地质背景、成矿（藏）条件和形成机理、分布规律、经济与技术特征，矿产勘查评价的理论与技术方法体系；与工程地质体相关的工程勘查、设计、施工的理论、方法和技术；地质灾害防治的理论与方法；地质体的地球物理响应及观测、处理与解释技术；地质体钻掘工艺与装备；地下水的形成与赋存规律、地下水开发利用及其环境效应；地球信息采集、分析处理及开发利用的理论、方法和技术等。

地质类专业与生产实践联系紧密，具有基础性强、涉及学科多、专业特色突出等特点。地质类专业培养具有良好的科学文化素养和高度的社会责任感，较系统地掌握地质学基础知识、基本理论和基本技能，具有较强的职业道德、工程素养和实践能力，思维活跃，具备团队精神、创新创业意识和国际视野，能够在地质工程、资源勘

查工程、勘查技术与工程、地下水科学与工程及相关领域从事技术研发、工程设计与施工、工程管理等工作的高级专门人才。

专业设置：根据教育部普通高等学校本科专业目录，地质类专业包含地质工程（081401）、勘查技术与工程（081402）、资源勘查工程（081403）三个基本专业，以及地下水科学与工程（081404T）、旅游地学与规划工程（081405T）两个特设专业。

地质工程专业培养掌握工程地质勘查、岩土体工程性质分析、工程地质评价以及岩土体加固治理等技术，能够研究与工程建设有关的地质问题，认识、评价、改造和保护地质环境，适应未来工程地质勘查、工程建设和防震减灾等需要的高级工程技术研究及管理人才。

勘查技术与工程专业培养掌握矿产和能源勘查技术，具有较强的野外工作能力，能够开展资源与能源勘查、环境与工程勘查、深部与海洋探测等专业领域相关研究、开发和工程应用的高级工程技术研究及管理人才。

资源勘查工程专业培养掌握资源勘查与开发的各类工作方法，具备对资源形成理论及分布规律等进行综合分析和研究的基本能力，能在固体矿产、石油与天然气、煤及煤层气等矿产资源领域从事勘查选区、评价、开发、管理、规划、保护等方面工作的高级工程技术研究及管理人才。

地下水科学与工程专业培养具备较扎实的地下水科学基础理论、基本知识和技能，能在国土资源、水利、城建、农林、煤炭、冶金、环保等部门从事水文地质、工程地质、水资源及地质灾害等方面的勘查、设计、施工、管理、技术经济分析以及教学和理论研究等工作的高级专门人才。

资源勘查工程、勘查技术与工程都是针对矿产资源勘查设置的专业。勘查技术与工程专业更注重技术；资源勘查工程专业注重对资源勘查的整体把握，对矿业经济有所侧重。

地质类专业的相近专业包括地质学、地球物理学等理科专业，以及采矿工程、石油工程、土木工程、环境科学与工程、水利工程、地下工程、水文与水资源工程等工科专业。

学制与学位：地质类专业本科基本学制为4年，实行弹性修业年限，一般可在3～6年内完成。学生按要求完成学业，可授予工学学士学位。

二、知识构架

1. 主要课程

地质类专业的课程体系主要包括学科基础课程、专业基础课程及专业核心课程。各专业的学科基础课程和专业基础课程近似，专业核心课程差异较大。

地质类专业的学科基础课程有高等数学、线性代数、数理统计、大学物理及大学物理实验、大学化学或普通化学等。专业基础课程有普通地质学、矿物学、岩石学、古生物学与地层学、构造地质学、测量学等。

地质工程专业的核心课程有地貌学与第四纪地质学、工程力学、岩土力学、水文地质学、工程地质学、工程地质勘查与评价分析、地质灾害防治、岩土钻掘工程工艺原理、地质工程学等。

勘查技术与工程专业的核心课程有数字信号处理、电磁场理论、岩石物理、地震勘探、电法勘探、重磁勘探、地球物理测井、勘查地球化学、地球物理数据处理与反演、工程与环境地球物理等。

资源勘查工程专业的核心课程有矿床学（石油与天然气地质学、煤田地质学、铀矿地质学）、成矿（藏）条件与过程模拟、资源勘查理论与方法、勘查地球化学、勘查地球物理、矿山或油气田开发地质学、资源管理与评价等。

地下水科学与工程专业的核心课程有工程制图、地貌学与第四纪地质学、水力学基础、水文地质学、地下水动力学、水文地球化学、岩土力学、工程地质学等。

2. 实习和社会实践

地质类专业的实践教学内容：（1）鉴别矿物和岩石，认识各种地质现象、地质过程，掌握地质填图等野外工作的基本方法和手段，培养发现、提出、分析和解决地质复杂工程问题的能力。（2）利用计算机与信息技术，获取、处理和应用地学及相关信息，开展科学研究。

实践教学方式：主要包括实验、课程设计、实习、毕业设计（论文）、创新创业活动等。实习主要包括野外地质认识实习、工程测量实习、地质填图综合实习、生产实习和毕业实习。教师利用科研和生产实践带动实践教学，指导学生课外科学研究和实践活动，培养学生的科学精神、工程素养和创新创业能力。

三、就业方向与发展前景

1. 就业方向

地质类专业毕业生可在国土资源、能源及矿产、水利、城建、环保、煤炭、冶金、交通等领域的企业、科研机构、高等学校或行政部门从事矿产资源勘查与开发、工程勘查、城市与环境评价、工程建设、灾害防治与环境保护等方面的技术开发、科研、教学和管理工作，也可在地质资源与地质工程、地质学、地球物理学等专业继续深造，攻读研究生。地质类专业毕业生有三种典型而重要的职业岗位类型，即地勘企业或项目经理、地质工程师和地质科学家。

2. 发展前景

地矿业是工业产业链的初端，能源与资源承载着国民经济的命脉。地质类专业既为社会生产力发展提供油气与煤炭资源、金属与非金属矿产、地下水资源等地质资源保障，也是国家城市规划与工程建设的基础，就业领域与社会和经济可持续发展关系密切，极具发展潜力。

在资源与环境问题日益严峻的形势下，地质工作受到国家越来越多的关注。地质类专业的内涵在逐步扩展，资源勘查将面向社会、面向国际，领域由传统的能源、金属、非金属矿产资源勘查，转向紧缺矿产、非常规油气（包括天然气水合物）等非传统矿产勘查；由国土资源、矿产资源评价向矿产、资源与环境联合评价转变；由地壳浅部勘查向深部、深海勘查转变；由传统地质勘查技术方法向以高新技术为支撑的新型探测技术方法转变，实现矿产资源勘查工程的数字化、信息化、系统化和高度技术集约化。这些转变对地质类专业的复合型、国际化、高素质人才的需求非常紧迫。

虽然由于国际政治、技术等原因，地质行业曾一度出现资源短缺、效益滑坡、就业困难等问题，但随着技术的提升，新一轮的资源勘查与开发正在进行，地质行业又将恢复勃勃生机，就业形势大好。

四、学习本专业类的优势与劣势

1. 优势分析

工程教育能在最大程度上发挥学生的个性并促进其创新能力的发展。工科地质类专业的课程设置涉及面广，野外地质实习等实践性环节多，对学生的实践能力、思维及性格的塑造非常有益。地质类专业毕业生具有宽厚的专业基础和较强的实践能力、语言表达能力、管理能力及创新意识，思维活跃，发展潜力大。例如，中国石油大学（华东）和山东科技大学等高校的地质类专业设置有课程设计环节，实际上是一个完整的课题研究，包括资料收集、问题分析、提出观点和解决方案等内容，这是大学工程教育的一个显著特色，注重培养学生的自主性和创造精神，体现以人为本的教育思想。

2. 劣势分析

地质类专业属于"短线专业"、应用型专业，在专业和课程设置上体现社会急需、紧缺的原则，具有较强的适应性、通用性、针对性和应用性等特点。国内地质类专业划分细，能源行业受国际政治、经济等因素影响大，存在就业面较窄、就业忽冷忽热等劣势。

地质类专业毕业生需要大量的知识沉淀和长期默默无闻的经验积累，才能在相关领域取得一定的成就。

五、学生素质要求与高校选科要求

1. 学生素质要求

地质学是实践性很强的学科，相关的理论和生产活动都需要建立在野外客观而全面的观察和分析基础上。地质类专业的本科生安排有相当多的野外实践教学，由于野外地质体的构造分析等相当复杂，既需要有敏锐的野外观察能力，又需要具备缜密的逻辑推理、空间和形象思维及良好的综合分析能力。

资源勘查工程等地质类专业显得较为艰苦，而且大中城市的科研院所、机关等工作条件相对较好的单位对地质类专业人才的需求有限，边远山区和基层一线存在着比较大的人才缺口。选择地质类专业，要求学生具有奉献精神和吃苦耐劳的思想准备，要乐于为国家的地质事业做贡献。

地质学的学习需要一定的数理化基础、浓厚的兴趣、强烈的爱好和一定的毅力，对素质的要求包括动力素质、知识素质、能力素质、身心素质和品德素质等多个方面。

2. 高校选科要求

根据山东省教育招生考试院公布的普通高校

专业类选考要求，地质类专业一般要求选考物理和化学。这是因为地质和物理、化学的关系太密切了。对于油气等能源的研究，很多问题模型都具有物理、化学背景；地球物理勘探、地球化学勘探等工程以及资源勘查工程的技术和方法都是以物理和化学为基础的；勘查技术与工程专业更是离不开物理和数学。

例如，吉林建筑大学、中国矿业大学、河南理工大学、中国地质大学（武汉）、湖南科技大学、西安石油大学、中国矿业大学（北京）、重庆科技学院要求物理、化学两门科目考生选考其中一门即可报考；吉林大学要求考生必须选考化学方可报考。

每个高校的具体选科要求可通过山东省教育招生考试院网站（http://www.sdzk.cn/）、山东省教育云服务平台（http://www.sdei.edu.cn/）或"山东高考一点通"微信公众号查询。

8.15 矿业类（0815）

一、专业类概述

矿业是我国国民经济的基础和支柱产业，是推动人类文明与进步的重要因素，而矿产资源是人类文明进化的重要物质基础，是人类社会发展所需的能源（动力）和工业原料的主要来源。钢铁、水泥、建材、工程机械等重工业和家电、家居消费用品等轻工业的发展，都需要能源矿产和矿物原材料作为支撑。

经济全球化是当代世界经济的主流，经济全球化促进了矿业的全球化。矿业全球化主要表现为：矿产资源跨国勘探与开发，矿产品跨国加工和销售，矿业公司跨国并购和上市，矿业资金跨国流动，大型矿产勘查与开发项目跨国联合投资以及矿业信息国际共享等。国内矿企国际化的程度也越来越高，越来越多的企业进军国际市场。这些因素也促进了矿业人才的国际化，矿业领域将需要更多的国际化矿业人才。

矿业作为提供物质基础的基础产业，将随着人类社会永续存在，而且随着科学技术的不断进步，人类获取矿产资源的能力将越来越强，空间会越来越大。从宏观宇宙的维度看，可能到处都有"另类的人间烟火"，将出现月球、火星乃至宇宙矿产资源大开发的身影。

专业设置：根据教育部普通高等学校本科专业目录，矿业类专业包含采矿工程（081501）、石油工程（081502）、矿物加工工程（081503）、油气储运工程（081504）四个基本专业，以及矿物资源工程（081505T）、海洋油气工程（081506T）两个特设专业。

矿业类专业是学科综合度和交叉关联度很高的工科专业，属于多学科、宽口径工程专业，主要培养具有良好的科学文化素养和高度的社会责任感，掌握矿业工程的基本原理和基本知识，具有扎实的基础理论、宽厚的专业知识、坚实的实践能力以及创新意识和创新能力，能胜任矿业工程及相关领域的教育、科研、设计、生产、管理等工作的应用型工程技术人才。

学制与学位：矿业类专业本科基本学制为4年，实行弹性修业年限，一般在3～6年内完成。学生按要求完成学业并符合学位授予条件，可授予工学学士学位。

二、知识构架

1. 核心课程和主干课程

矿业类专业的课程体系分为数学与基础科学类课程、工程类课程、人文社会科学类通识教育课程和工程实践类课程。

矿业类专业的核心课程包括高等数学、线性代数、概率论与数理统计、物理学、无机化学、工程制图、工程力学、流体力学、机械设计、电工电子、岩体力学、地质学等。

矿业类专业的主干课程包括工程测量、矿山机械、采矿学、井巷工程、矿山测试技术、爆破工程、矿物浮选、矿物材料、二次资源利用、粉体工程、矿物分选、矿物加工研究方法、矿山技术经济与企业管理、矿业系统工程、矿山环保与安全、矿井提升与运输等。

2. 实习和社会实践

矿业类专业的实践教学环节主要包括工程训练、实验实习和社会实践等内容。

工程训练主要是在教学实习基地、实训工程中心、虚拟仿真中心等场所进行实地工程、工艺技术及操作技能训练，提高学生的工程意识与动手能力。

实验实习主要包括课程实验（演示性实验、验证性实验、综合性实验、设计性及创新性实验）、课程设计（采矿设计、矿物加工设计等）、认识实习、生产实习、毕业实习及创新创业实践等，旨在培养学生的实验设计、测试、结果分析及相关工程设计能力。

社会实践主要是通过走访、社会调查、暑期"三下乡"活动等方式，认识社会、矿业、矿山及矿业工程等，增强学生的社会责任意识。

三、就业方向与发展前景

矿业类专业毕业生可到矿业及相关领域的管理部门、企事业单位、设计单位及科研院所从事教育、规划、设计、施工、生产、管理等方面的工作，可就业的企业包括中国黄金集团、中国五矿集团、中冶集团、中铁隧道集团、中铁咨询集团、中国中材集团、中国建筑集团、山东黄金集团、山东招金集团、莱钢集团、中蓝连海设计研究院等知名企业。

矿业作为国民经济的基础产业，人才需求量较大，矿业类专业毕业生到企业工作后均为技术管理人员，在后续的职业晋升中后劲十足，发展很快，均成为企业的骨干和中坚力量；矿业人才的国际化水平不断提高，毕业生到国外矿企工作屡见不鲜；毕业生在市政、铁路、公路、水电等领域的企业工作，适应岗位能力强，发展潜力也非常大。矿业类专业毕业生的发展前景极为广阔，矿业人才必将大有作为。

四、学习本专业类的优势与劣势

1. 优势分析

学习矿业类专业的优势在于它涵盖的科学技术领域广，涉及数学、物理学、化学、力学、电学、地质学等多个学科，学生具有综合运用专业理论和实践方法分析解决矿业工程技术问题的基本技能，具有矿业工程相关过程及矿山系统工程项目集成的基本能力，是培养矿业工程师的摇篮。践行"绿水青山就是金山银山"的理念，建设绿色矿山，发展绿色矿业，为矿业工程科学发展、可持续发展及推进现代矿业的进步提供了广阔的空间。信息化、数字化、智能化矿山建设是实现矿山产业升级的战略性步骤，是当今矿山工业发展的方向。矿业类专业涉及面宽，涵盖领域广，毕业生可选择就业和工作岗位多，前景广阔。

2. 劣势分析

矿业类专业是传统的工科专业，毕业生从事

的主要是工程技术工作，个人的成长和发展前途是非常光明的。对于矿业类专业所谓的劣势，主要是初期工作需要深入一线，工作环境和条件相对有些艰苦，但发展后劲十足，后期各方面环境和条件极易改善。

五、学生素质要求与高校选科要求

1. 学生素质要求

学习矿业类专业，要求学生在高中阶段除了学好必备的课程，还要打好数学基础，注重物理、化学、生物、计算机应用、自然科学知识的学习和思维模式的训练，当然也要强化英语知识的学习，为跟踪国际趋势、对外交流等奠定坚实的基础。

由于受矿业工程服务对象、工作环境等因素的影响，矿业类专业学生应具有热爱矿业工程专业的情怀，适应偏远地区工作的特点与环境，具有孜孜追求的意志、大胆创新的思维、理论联系实际的作风以及团队协作的精神，具备发现问题和解决问题的能力，养成坚韧不拔的工作作风和不断探索科学技术知识的素养。在上述综合素养的基础上，通过大学阶段的学习和培养，力争成为矿业领域的卓越人才和有贡献的专业人才。

2. 高校选科要求

在高校选科要求方面，大多数高校的矿业类专业一般要求选考物理、化学科目。例如，北京科技大学、中国矿业大学、武汉理工大学、西安建筑科技大学要求物理、化学两门科目考生选考其中一门即可报考。

每个高校的具体选科要求可通过山东省教育招生考试院网站（http://www.sdzk.cn/）、山东省教育云服务平台（http://www.sdei.edu.cn/）或"山东高考一点通"微信公众号查询。

8.16　纺织类（0816）

一、专业类概述

纺织科学与工程在我国的经济发展中占有举足轻重的地位，人类生活基本组成部分"衣食住行"中的"衣"与纺织类专业直接相关，其行业发展不仅可以推动国民经济的发展，而且直接关乎人们日常生活的基本需要，能够不断满足人们对美好生活的需求，同时提供更多的就业岗位。纺织科学与工程学科是以物理、化学与化学工程为基础的学科，紧密结合高分子物理与化学、材料力学、机械工程等具有针对性的专业特色课程，主要研究纺织材料的开发设计、纺纱织造的生产过程、纺织产品功能整理与染色、纺织材料缝制及造型等。

专业设置：根据教育部普通高等学校本科专业目录，纺织类专业包含纺织工程（081601）、服装设计与工程（081602）两个基本专业，以及非织造材料与工程（081603T）、服装设计与工艺教育（081604T）、丝绸设计与工程（081605T）三个特设专业。

纺织类专业主要培养掌握纺织工程技术、纺织品设计原理与方法、纺织品贸易以及纺织品染整等相关专业知识，具有扎实的纺织工程技术理论和较强的实践能力，能熟练运用所学知识从事纺织品生产、设计、流通、管理等工作的应用型高级专门人才。毕业生具备较强的纺织工程实践能力，能胜任纺织行业工程设计、生产组织管理、产品研发等工作。

学制与学位：纺织类专业本科基本学制为4年。学生按要求完成学业并符合学士学位授予条件，可授予工学学士学位。

二、知识构架

1. 核心课程

纺织类专业的核心知识领域由基础核心知识领域和专业核心知识领域组成。基础核心知识领域涵盖本专业类通用的专业基础知识，包括无机化学、有机化学、电工与电子技术、高等数学、数理统计、计算机基本原理等知识领域。

纺织类专业的核心课程主要包括纺织材料学、纺纱学、织物组织学、织造学、无机化学、有机化学、纺织工艺设计、针织学、非织造学、织物后加工、产业用纺织品等。

2. 实习和社会实践

纺织类专业大多开设在应用型本科学校，因此较为重视实践教学。实习的场所大多是服装生产企业等，实习内容主要包括了解纺织品原材料、生产加工流程、企业发展情况等。

三、就业方向与发展前景

纺织类专业毕业生可从事纺织科学与工程相关的科学研究、工程设计、生产经营管理、产品

销售、技术研发以及售后服务等工作，也可进入相关的机械设备研发、品牌产品策划等领域从事产品销售、技术服务、产品研发及改进等工作。

纺织行业属于技术密集型和资本密集型产业，上下游相关的产业也非常多，例如新材料研发、智能材料、品牌策划等，各个方面都需要大量的相关人才。另外，随着智能化制造受到的关注度越来越高，智能纺织品的研发与应用将成为一个新兴的热点。近年来，航空及深海探测等科学活动对功能纺织品的要求越来越高，为纺材与纺织品的研发与设计开辟了新的市场与需求。

四、学习本专业类的优势与劣势

纺织业属于制造行业，纺织类专业毕业生所学知识针对性很强，容易在相关专业领域形成比较优势。另外，毕业生兼具理论知识和工程相关知识，可以很好地适应社会实际生产的需要。

纺织类专业具有体系复杂、学科交叉、门类较多等特点，注重实际应用，因此在理论深度方面难以突破，需要与相关高新技术学科嫁接。

五、学生素质要求与高校选科要求

纺织类专业以高分子材料及其加工为基础，涉及数学与化学相关知识，在纺织材料力学分析方面则涉及一定的物理知识。兴趣可以激发学生学习的热情和深入学习的动力。学习纺织类专业，学生需要对数学、化学及物理具备一定的兴趣，具备一定的实际动手能力，还要具备踏实肯干的工作态度和吃苦耐劳的精神。

在高校选科要求方面，纺织类专业一般要求选考化学、物理。例如，河北科技大学、东华大学、浙江理工大学、武汉纺织大学、青岛大学要求物理、化学两门科目考生选考其中一门即可报考；苏州大学则要求考生必须选考化学方可报考。

每个高校的具体选科要求可通过山东省教育招生考试院网站（http://www.sdzk.cn/）、山东省教育云服务平台（http://www.sdei.edu.cn/）或"山东高考一点通"微信公众号查询。

8.17 轻工类（0817）

一、专业类概述

轻化工程在我国的经济发展中占有举足轻重

的地位，人们在日常生活中使用的纸张、纺织品、日化用品等都是轻化工行业的产品，与我们的日常生活息息相关，其行业的发展不仅可以推动国民经济的发展，而且直接改善人们日益增长的生活需要，让人们的生活更加舒适、便捷，不断满足人们对美好生活的需求，同时提供更多的就业岗位。轻化工程类学科是以生物技术、化学和化学工程为基础的学科，紧密结合植物纤维化学、界面与胶体化学、流体流变学等具有针对性的专业特色课程，主要研究轻工科学与技术的生产过程以及产品性能开发和改进等。

轻工类专业培养兼具生物技术、化学理论和化学工程知识的专业型人才，主要培养掌握扎实的生物、化学、化工、海洋和材料等学科基础理论，具有生物质材料、生物质能源和精细化学品开发与应用的基本理论和工程实践能力，能在轻工、天然产物和生物质资源行业及相关领域从事科学研究、新产品开发、工艺设计、技术管理、工业生产和质量控制等工作的高级专门人才。轻工类专业毕业生不仅具备坚实的理论知识，同时具有熟练的操作技能，将所学的知识应用到相关行业的生产中，实现知行合一，在轻化工行业生产经营、技术研发、产品改进等方面发挥作用。

专业设置：根据教育部普通高等学校本科专业目录，轻工类专业包含轻化工程（081701）、包装工程（081702）、印刷工程（081703）三个基本专业，以及香料香精技术与工程（081704T）、化妆品技术与工程（081705T）两个特设专业。

具体来说，轻工类专业学生主要学习基本的生物、化学知识和化学工程知识以及相关的专业知识，如植物纤维化学、制浆原理与工程、造纸原理与工程等，学生能够理解生物质精炼的整个过程，并能够根据实际生产情况，解决实际问题，能够在生物质精炼企业、相关设计院、研究院以及政府管理、环境保护部门从事生产经营、研究开发、技术服务、产品改进以及监督管理工作。

学制与学位：轻工类专业本科基本学制为4年，实行弹性修业年限，一般可在3～6年内完成。学生按要求完成学业，达到毕业学分要求，并符合学士学位授予条件，可授予工学学士学位。

二、知识构架

1. 主要课程

轻工类专业的核心知识领域由基础核心知识领域和专业核心知识领域组成。基础核心知识领域涵盖本专业类通用的专业基础知识，包括无机化学、有机化学、分析化学、物理化学、化工原理、高分子化学与物理（含纤维化学与物理）、海洋资源等知识领域。

轻工类专业的核心课程主要包括基础化学、化工原理、有机化学、大学物理、化工制图、天然高分子化学、纤维素科学与材料、生物质精炼设备等。

2. 实习和社会实践

轻工类专业的实习可以围绕生产经营、研发与改进、设计与规划、售前与售后技术服务等方面展开。通过对相关产业实际生产的深入了解和学习，学生将所学理论与实践相结合，为日后的工作打下良好的基础。实习时间一般安排在大三下学期或大四下学期。

三、就业方向与发展前景

1. 就业方向

轻工类专业的毕业生可从事轻化工程相关的科学研究、工程设计、生产经营管理、产品销售、技术研发以及售后服务等工作，也可进入相关化学品和设备的生产研发领域，从事产品销售、技术服务、产品研发及改进等工作。

2. 发展前景

轻化工程对应的工业企业本身属于技术密集型和资本密集型产业，上下游相关的产业也非常多，例如化学品、生物质精炼装备、包装印刷材料等生产企业，各个方面都需要大量的相关人才。另外，随着国家对环保方面的关注度越来越高，生物质精炼行业废弃物的处理与回收利用也将成为一个新兴的热点。近年来，生物质化工也在不断兴起，以生物质基产品来取代石油产品也是许多研究者致力的方向，这也为生物质精炼企业向生物质化工综合生产企业的转变提供了一个契机。

四、学习本专业类的优势与劣势

轻工类专业属于与生产直接相关的原材料和

高新材料学科，所学知识针对性很强，容易在相关专业领域形成比较优势。另外，轻工类专业学生兼具理论知识和工程相关知识，可以很好地适应社会实际生产的需要。

轻工类专业具有体系复杂、学科交叉、门类较多等特点，注重实际应用，因此在理论深度方面难以突破，需要与相关高新技术学科嫁接。

五、学生素质要求与高校选科要求

轻工类专业以植物纤维资源和化学工程为基础，涉及大量的生物、化学与化学工程知识。兴趣可以激发学生学习的热情和深入学习的动力。学习轻工类专业，学生需要对植物和化学工程具备一定的兴趣，具备一定的实际动手能力，还要具备踏实肯干的工作态度和吃苦耐劳的精神。

在高校选科要求方面，多数高校的轻工类专业一般对物理、化学提出选考要求。例如，齐齐哈尔大学、武汉大学、广西大学、四川大学、浙江科技学院要求物理、化学两门科目考生选考其中一门即可报考；北京农学院要求考生必须选考化学方可报考。

每个高校的具体选科要求可通过山东省教育招生考试院网站（http://www.sdzk.cn/）、山东省教育云服务平台（http://www.sdei.edu.cn/）或"山东高考一点通"微信公众号查询。

8.18 交通运输类（0818）

一、专业类概述

"要想富，先修路"体现了交通运输在经济发展中的巨大作用。交通运输是经济发展的基础，在国民经济中处于先行官的地位。由于现代化交通运输方式的差别，交通运输分成了公路运输、铁路运输、水路运输和航空运输等。不同的运输方式差别很大，各专业课程设置也完全不同。本文主要介绍航海技术专业。

航海技术主要研究船舶如何在一条理想的航线上，从某一地点安全而经济地航行到另一地点的理论、方法和技术。航海技术是历史悠久、内容丰富且实践性强的综合性应用科学。

《教育部、交通运输部关于进一步提高航海教育质量的若干意见》强调，海上运输承担着我国90%以上的国际贸易和50%以上的国内贸易运输

任务，有力地支撑了国民经济发展。随着经济全球化的深入发展，航运业在经济发展和社会进步中的地位和作用将会更加突出。航海技术专业教育在航运业的发展过程中发挥着基础性、全局性和先导性的重要作用。

作为应用科学，航海技术专业兼具高等教育和职业教育的鲜明特性，其教学内容受航运产业全球化影响，一直在国际海事组织（IMO）相关公约统一要求下设置课程。

专业设置：根据教育部普通高等学校本科专业目录，交通运输类专业包含交通运输（081801）、交通工程（081802）、航海技术（081803K）、轮机工程（081804K）、飞行技术（081805K）五个基本专业，以及交通设备与控制工程（081806T）、救助与打捞工程（081807T）、船舶电子电气工程（081808TK）、轨道交通电气与控制（081809T）、邮轮工程与管理（081810T）五个特设专业。

学制与学位：交通运输类专业本科基本学制为4年，实行弹性修业年限，一般在3～6年内完成。学生按要求完成学业并符合学位授予条件，可授予工学学士学位。

二、知识构架

交通运输类专业的课程体系分为学科基础类课程、专业特色类课程、人文社会科学类通识教育课程和实践类课程。

1. 核心课程和主干课程

航海技术专业的核心课程有大学英语、高等数学、线性代数、概率论与数理统计、大学物理、海运业务与海商法、航海学、海上货物运输、航海气象与海洋学、船舶管理、船舶操纵、船舶值班与避碰、船舶通信等。

航海技术专业的主干课程有航海数学、航海英语、船舶操纵与避碰、天文航海、地文航海、船舶结构与货运、航海仪器、船舶无线电技术基础、船舶原理、船舶自动化基础、GMDSS（全球海上遇险与安全系统）认识与操作等。

2. 实习和社会实践

交通运输类专业的实践教学主要包括专业实训、实验实习和社会实践等内容。

专业实训主要是在教学实习基地、实训工程中心、虚拟仿真中心等场所进行实地设备操作训

练、专业技能训练等，提高学生的工程意识与动手能力。

实验实习主要包括课程实验（认知性实验、综合性实验和设计性实验）、课程设计（货物配积载、航线设计等）、毕业实习、创新创业实践等，旨在培养学生的实验设计、测试、结果分析及相关设计能力。

社会实践主要是通过走访、社会调查等方式，认识社会，参加企业锻炼，增强学生的社会责任意识。

三、就业方向与发展前景

航海技术专业毕业生可以在航运企事业单位、政府主管机关等从事船舶驾驶、航运管理及引航等工作。经历过海上风浪的洗礼，航海技术专业人才在航运公司、海事管理部门二次求职时将更受欢迎。

《国务院关于促进海运业健康发展的若干意见》（国发〔2014〕32号）特别指出，国家将"完善海运业人才培养体制机制，加强海员特别是高级海员队伍建设，大力培养专业化、国际化海运人才"。实际上，目前我国海运人才，尤其是航海技术人才极度匮乏。我省航海类高校毕业生供需信息显示，2016年航海技术专业本科人才供需比为1∶5，2017年则变成1∶9。我国大量的航运公司已经在开辟东南亚航海技术人才市场。

航海技术教育对我国开发和利用海洋、巩固海防、维护国家海洋权益具有重要的战略意义，这个专业需要大批有志青年。

四、学习本专业类的优势与劣势

航海技术在我国具有悠久的历史。航海技术专业人才需要具有广博的知识，还需要有足够的管理能力。因为这个专业造就了船长。身为一船之长，因其所从事的工作特殊，在许多国家船长是一份高薪的特殊职业。如果他驾驶的船航行于不同国家之间，船长则是一位国际公民和外交使者，是让人艳羡的美差。

当然，船长不同寻常的成长过程同样也反映出本专业的劣势。想要成为船长，首先要接受航海技术专业教育，从一名普通水手开始逐级考试晋升，逐级提拔，从三副、二副到大副，每一岗位得有一定年限的履历，最后才允许考取船长

证书，再经一定的见习，才能担任船长职务。所以，培养一名合格的船长往往需要十年以上的时间积累，上任后的船长再经过五年以上的岗位历练，拥有扎实的知识和丰富的经验，这时的船长将进入事业的黄金期。

在大海上从事航海技术工作，虽然现在通过北斗系统或GMDSS系统，可以方便地联系陆地，甚至可以随便与远在万里之外的朋友联网玩游戏，但寂寞还是存在的。

当然，随着人工智能的发展，无人船技术研究正呈现勃勃生机。未来的无人船不再需要传统航海技术人才，转而需求岸基航海技术专业人才。目前很多航海院校都开设航海技术（智能方向）人才培养，正是为未来专业发展储备人才。

五、学生素质要求与高校选科要求

1. 学生素质要求

学习航海技术专业，由于航海技术人才培养的国际性，要求学生在高中阶段需要强化英语知识的学习，为学习国际先进专业知识、国际交流等奠定坚实的基础。同时由于航海技术专业属于工科性质，要求学生除了学好必备的课程，还要打好数学和物理基础，注重化学、生物、计算机应用、自然科学知识的学习和思维模式的训练。

航海技术专业的特殊性和国际性，对学生素质提出了严格的要求。航海技术专业学生需要掌握扎实的航海专业知识，熟悉国际法规、国际惯例，善于经营管理，具有较强的实际动手能力、航海英语应用能力、主动适应社会环境的能力、对航海新知识与新技术的学习能力，同时具有创新精神以及较强的海洋安全意识、环保意识和可持续发展意识。

2. 高校选科要求

在高校选科要求方面，大多数高校的交通运输类专业一般对物理、化学科目提出选考要求。例如，北京交通大学、北京工业大学、同济大学、上海海事大学、中南大学、长沙理工大学、重庆交通大学、昆明理工大学、长安大学、青海民族大学要求物理、化学两门科目考生选考其中一门即可报考；石家庄铁道大学、吉林大学、东北林业大学、东南大学、武汉理工大学、西南交通大学要求考生必须选考物理方可报考。

每个高校的具体选科要求可通过山东省教育招生考试院网站（http://www.sdzk.cn/）、山东省教育云服务平台（http://www.sdei.edu.cn/）或"山东高考一点通"微信公众号查询。

8.19 海洋工程类（0819）

一、专业类概述

海洋面积占地球表面总面积的70%以上，而中国拥有18000公里海岸线、300万平方公里的海洋面积，海洋面积约为陆地面积的三分之一。海洋中蕴藏着丰富的油气、矿产和生物基因资源，从古至今，人类一直从海洋中获取丰富的食物资源和矿物资源。进入21世纪，随着陆地石油及其他稀有资源的逐步减少，人们已经把未来石油及其他稀有资源的开发转向海洋。无论是海洋渔业、海洋交通运输业、海洋油气开发业、滨海旅游业，还是海洋工程建筑业，都离不开船舶和各类海洋工程装备。船舶与海洋工程专业担负着开发、利用、保护海洋资源的任务，发展前景极为广阔。今天，伴随着现代科学技术的迅猛发展，船舶与海洋工程专业不断与新兴的电子技术、计算机技术、自动控制等专业相联合，获得了新的生命力。2015年，我国发布的《中国制造2025》进一步表明，新技术会引发船舶与海洋工程装备设计方法、手段、工具、流程等方面的一系列改变。未来，造船业和海工装备制造业必然是融信息化、自动化、智能化和新科技为一体的新产业。

海洋工程类专业是面向海洋开发、海洋利用、海洋保护的综合性工程技术专业。

专业设置：根据教育部普通高等学校本科专业目录，海洋工程类专业包含船舶与海洋工程（081901）一个基本专业，以及海洋工程与技术（081902T）、海洋资源开发技术（081903T）、海洋机器人（081904T）三个特设专业。

船舶与海洋工程专业主要培养从事船舶、各类海洋结构及水下运载器的设计、研究、生产制造、检验以及海洋开发技术经济分析的高级工程技术人才。

船舶与海洋工程专业涉及力学、物理学、海洋科学、动力工程及工程热物理、机械工程、信息与通信工程、仪器科学与技术、电气工程、水利工程、计算机科学与技术、交通运输工程、控制科学与工程、材料科学与工程、电子科学与技术、兵器科学与技术、环境科学与工程等相关专业领域。

学制与学位：海洋工程类专业本科基本学制为4年。学生按要求完成学业，可授予工学学士学位。

二、知识构架

1. 主要课程

船舶与海洋工程专业的课程体系包括通识类课程、学科基础课程和专业课程三部分。通识类课程涉及数学、物理、计算机等自然科学类课程以及外语、文化素质教育等人文社科类课程；学科基础课程涉及力学、工程制图、机电基础、工程概论、经济管理等课程；专业课程涉及船舶原理（静力学、船舶阻力、船舶推进、船舶耐波性、船舶操纵性等）、船舶设备、船舶设计原理、船舶结构与强度设计、现代造船技术、海洋工程环境、海洋工程波浪力学、海洋石油开发工艺与设备、海洋固定式与浮式平台、海底管线等课程。

2. 实习和社会实践

海洋工程类专业的实践性教学环节主要包括工程训练、实验课程、生产实习、科技创新活动和毕业设计（论文）等内容。工程训练通过系统的工程训练提高学生的工程意识和动手能力，包括金工实习和认识实习等；实验课程包括认知性实验、验证性实验、综合性实验和设计性实验等，培养学生的实验设计、实施和测试分析能力；生产实习通过船厂、海洋平台生产基地、设计院、研究所等相关的设计、研发和生产单位对学生进行培训，利用培训教学、现场参观等方式，提高学生对相关专业的工作环境、生产流程等的认识；毕业设计（论文）培养学生综合运用所学知识分析和解决实际问题的能力，提高专业素质，培养创新能力。

三、就业方向与发展前景

海洋工程类专业承担着为我国船舶与海洋工程领域培养人才的重任，其开设门槛较高，目前开设该类专业的院校较少。海洋工程领域就业单位相对集中且需求明确，人才培养的行业针对性较强，故海洋工程类专业人才就业前景好、就业率高。船舶与海洋工程专业毕业生可到船舶与海洋工程研究设计单位、国内外船级社、造船厂、船舶配套产业、军工企业、海洋石油单位、高等院校、国家地方海事部门、各地海事打捞局、港口航道管理局、各地海关以及船舶贸易与经营、海上保险与海上仲裁等单位，从事船舶与海洋结构物设计、研发、建造、检验、运营和管理等工作；也可到金融行业，如国有大型政策性银行和券商等单位，从事与船舶和海洋结构物建造、运营有关的贷款、融资等工作。毕业生也可选择在本专业或相关专业继续深造，攻读硕士、博士学位。此外，海洋工程类专业涉及技术领域宽，知识面广，毕业生还可选择到相近行业（如土木水利工程、航空航天工程、机械工程等）和信息产业有关单位就业。

随着海洋强国和"一带一路"建设的推进，借助国家针对船舶工业出台的一系列扶持政策，在全球经济复苏的大背景下，海洋工程类专业的发展前景会更好。

四、学习本专业类的优势与劣势

1. 优势分析

人才培养方面：海洋工程类专业历史悠久、体系健全、培养模式清晰、涵盖的科学技术领域广。该类专业学生需要深入学习数学、物理、力学等基础科学，机械、电工电子、计算机、经济管理等技术科学，船舶与海洋工程原理设计、建造施工、工程管理、国际贸易等工程应用科学。在人才培养过程中，该类专业在为学生打下扎实的理论功底的同时，还注重学生的科学、技术与工程综合素质的培养，所培养的人才既可继续深造从事科学研究，也可开展技术研发，投身工程实践。

就业前景方面：船舶与海洋工程行业是我国实现海洋强国与"一带一路"建设的重要支撑，其具有资源、人才和区位相对集中的特点，相关单位主要集中在沿海、沿江中东部大中城市，对专业人才的需求明确且持续旺盛。因此，海洋工程类专业毕业生的就业率和就业质量高，人才培养与行业结合紧密，毕业生就业后能够很好地将学校所学应用于工作中，具有很强的获得感，既能实现个人自身价值，又能为单位、行业乃至国家的发展做出贡献。

2. 劣势分析

海洋工程类专业与相关行业结合紧密，人才培养针对性强，这一方面有利于提高毕业生的就业率和就业质量，另一方面又造成学生就业灵活性不足。船舶与海洋工程行业受国际经济贸易大环境和能源价格的影响较大，海洋工程类专业毕业生就业易受到行业景气情况的影响。因此，毕业生要想在将来激烈的竞争中有立足之地，就要有自身不可替代的优势，找准自身的定位，不断充实自己。

五、学生素质要求与高校选科要求

1. 学生素质要求

海洋工程类专业学生主要学习高等数学、力学以及船舶与海洋工程专业相关的基本理论和知识。通过本科阶段的学习，学生能够完成专业相关的设计工作、解决工程中出现的问题以及承担相关的管理工作，了解海洋开发的理论前沿、海洋新技术的应用前景和发展动态，具备持续学习和发展的能力。因此，该类专业需要学生具有良好的数学、物理等基础知识，并且熟练掌握外语和计算机技术，能够运用现代信息技术获取新技术、新知识以及相关信息。

2. 高校选科要求

在高校选科要求方面，大多数高校的海洋工程类专业一般对物理科目提出选考要求。例如，哈尔滨工程大学、上海交通大学、武汉理工大学要求考生必须选考物理方可报考。

每个高校的具体选科要求可通过山东省教育招生考试院网站（http://www.sdzk.cn/）、山东省教育云服务平台（http://www.sdei.edu.cn/）或"山东高考一点通"微信公众号查询。

8.20　航空航天类（0820）

一、专业类概述

专业设置：根据教育部普通高等学校本科专业目录，航空航天类专业包含航空航天工程（082001）、飞行器设计与工程（082002）、飞行器制造工程（082003）、飞行器动力工程（082004）、飞行器环境与生命保障工程（082005）五个基本专业，以及飞行器质量与可靠性（082006T）、飞行器适航技术（082007T）、飞行器控制与信息工程（082008T）、无人驾驶航空器系统工程（082009T）四个特设专业。

航空航天工程专业培养具有扎实的数学、物理、力学、计算机等基础理论，掌握航空航天领域的多学科知识，具有良好的综合能力和创新意识的高级人才。该专业的学生应掌握数学、物理、动力学与控制、空气动力学、材料与结构、工程热力学、控制系统原理、飞行器总体设计、航空电子系统、飞行器制造工艺及设计等方面的基础理论和专业知识，具有飞行器总体、结构与系统设计分析的能力。

飞行器设计与工程专业培养具有飞行器设计基本理论和工程应用知识，能从事飞行器（包括航天器与运载器）的总体设计、空气动力学分析及设计、结构设计、结构强度分析及试验、飞机维修保障技术和故障诊断、航空维修性设计与管理、通用机械设计等方面的工作，具有社会责任感和国际视野的高素质工程技术人员和研究人员。

飞行器制造工程专业培养掌握飞机制造、飞机装配、优化分析等基本理论和知识，具备扎实的设计制造、分析优化、科技开发和创新研究能力，掌握工程识图、工程运算、工程测试和科研实验等基本技能，具有较好的专业基础理论和人文科学素质，了解科技发展新动向的高级专业人才。

飞行器动力工程专业培养能够在航空、航天、民航、航海及机械、动力、能源等领域从事航空动力、地面燃气轮机、热能工程、流体机械及工程机械方面的设计、制造、试验以及科学研究、技术开发、使用维护与技术管理等工作的高级专业技术人才。

飞行器环境与生命保障工程专业培养适应我国科学技术和经济发展需要，受到系统的科学知识教育和初步的科学研究训练，具有良好的科学素养，具备航空航天环境模拟及控制、生命保障系统设计与研究能力，能在航空航天领域从事环境控制与生命保障系统设计，在民用领域从事能源利用、制冷空调、环境控制和设备散热等系统设计的高级工程技术人才。

学制与学位：航空航天类专业本科基本学制为4年。学生按要求完成学业，可授予工学学士学位。

二、知识构架

1. 核心课程

航空航天类专业的课程体系主要包括公共基础课、专业基础课和专业课三类。其中，公共基础课以高等数学、英语、政治、体育等为主；专业基础课的核心课程包括机械制图、机械设计、电工电子技术及实验、理论力学、结构力学、空气动力学、自动控制原理、工程热力学等课程；专业课的核心课程包括飞行器总体设计、飞行器结构设计、飞行动力学、飞机结构装配、发动机原理、发动机构造等课程。

2. 实习和社会实践

航空航天类专业由于行业的特殊性，在设计、生产和飞行等各环节均有严格的规范，不少环节有涉密内容，因此实习和实践环节与其他行业对应的专业有所不同。专业基础知识的实践环节以课程设计和校内集中实践的形式进行，例如进行自选飞机的总体设计、飞机起落架等零部件的设计、飞机发动机和救生装置的设计等。部分以机务为主要就业方向的高校，则设置有维修实践课程，如飞机结构维修、飞机发动机维修等。实习则有行业见习和社会实习两种形式，对于保密性和规范性严格的环节一般以学校组织的见习方式进行，其他部分则采用社会实习的方式开展。

三、就业方向与发展前景

航空航天类专业的毕业生根据学校和专业的不同，呈现出不同的就业去向。

南航、北航、西工大等具备较强实力的研究型大学，以及中航集团及其下属的各类研究所是航空航天类专业毕业生的主要就业方向之一，即从事军工与军民结合的相关航空航天研发工作，特别是航空航天工程、飞行器设计与工程、飞行器制造工程专业，进入该类型企业的毕业生占比较大；而飞行器动力工程和飞行器环境与生命保障工程专业由于与民用领域交叉较多，因此选择进入地理位置较好的民用企业的毕业生比例要比其他三个专业更多一些。应用型大学的毕业生去往民航企业、机场、民用航空器研发企业的较多。

航空航天科技工业是知识密集和技术密集的高技术领域，航空航天技术的广泛应用影响到政治、经济、军事、科技、文化及通信、气象、能源、探测等领域，成为社会进步的强大动力。从世界范围来看，航空航天科技工业是朝阳产业，在提升国家整体科技水平和综合国力方面起着龙头的作用，因此就业前景良好。

四、学习本专业类的优势与劣势

1. 优势分析

近年来，以航天科技集团、航天科工集团、航空工业集团等为代表的航空航天类企事业单位生产和科研任务饱满，条件大为改善，员工待遇提高很快，一般处于当地中上等水平。航空航天事业的迅猛发展，为年轻学子的成长搭建了理想的平台。像航天空间设计研究院、航空材料研究院等单位都炙手可热，受到重点院校毕业生的青睐。毕业生就业地域以北京、上海、西安、成都、沈阳、哈尔滨、深圳等省会及中心城市为主。

2. 劣势分析

航空航天类专业毕业生的就业宽度有一定的局限性。尽管航空航天类专业所学课程涉及面较广、授课内容较深，但由于外界整体专业性较强，因此与机电一体化、材料等大类学科相比，在就业宽度上受到一定的影响。另外，中航集团以及航天科技集团的很多研究所地处西北、西南等较偏远地区，因此需要毕业生具备为我国航空航天事业奉献终生的精神，能够怀揣理想，到祖国最需要的地方去闪光。

五、学生素质要求与高校选科要求

1. 学生素质要求

学习航空航天类专业，学生在高中阶段应具有远大的理想和抱负，对航空航天科学与技术有浓厚的兴趣，具有较好的学科特长和创新潜质，同时兼具坚定的信念、超群的思考力、高效的学习能力、果敢的行动力和高度的社会责任感，立志服务国家战略，为国家经济社会发展做出贡献。

该类专业学生应具备较强的学习能力和适应能力，具有扎实的数学和物理知识，具备基本的科学技术素养，能够运用现代信息技术获取新技术、新知识及相关信息，具有较强的人际沟通能力，具备团队协作精神和基本的团队协作能力。

2. 高校选科要求

在高校选科要求方面，大多数高校的航空航天类专业一般要求选考物理、化学。例如，河北科技大学、哈尔滨工程大学、复旦大学、中南大学、重庆大学、电子科技大学要求考生必须选考物理方可报考；厦门大学则要求物理、化学两门科目考生均需选考方可报考。

每个高校的具体选科要求可通过山东省教育招生考试院网站（http://www.sdzk.cn/）、山东省教育云服务平台（http://www.sdei.edu.cn/）或"山东高考一点通"微信公众号查询。

8.21　兵器类（0821）

一、专业类概述

兵器类专业是围绕兵器研究、设计、制造、使用而形成的专门知识和技能体系。兵器类专业主要培养具备武器系统总体和战斗载荷发射技术以及机械工程与自动化、弹药工程与爆炸技术、信息对抗技术等方面的基础理论知识和工程实践能力，能在有关科研单位、高等学校、部队、生产企业和管理部门从事系统设计、技术开发、产品制造、实验测试和科技管理等方面工作的高级工程技术人才。

国内开设兵器类专业的院校较少，在普通类高校中，北京理工大学、南京理工大学、西北工业大学、中北大学等高校的兵器类专业师资力量较强。火箭军工程大学、空军工程大学、航天工程大学、海军工程大学、信息工程大学等军事类院校也开设了部分兵器类专业。

专业设置：根据教育部普通高等学校本科专业目录，兵器类专业包含武器系统与工程（082101）、武器发射工程（082102）、探测制导与控制技术（082103）、弹药工程与爆炸技术（082104）、特种能源技术与工程（082105）、装甲车辆工程（082106）、信息对抗技术（082107）七个基本专业，以及智能无人系统技术（082108T）一个特设专业。

学制与学位：兵器类专业本科基本学制为4年。学生按要求完成学业，可授予工学学士学位。

二、知识构架

1. 主要课程

兵器类专业的主要课程包括武器系统工程、机电系统分析与设计、发射动力学、空气动力学、流体力学、弹道力学、水物理场理论、中近程探测与识别技术、现代控制理论、制导原理及系统、传感与动态检测技术、系统建模与仿真、弹药终点效应、冲击动力学、爆炸技术、模式识别与智能控制、GPS与抗干扰技术、理论力学、材料力学、机械原理、机械设计、控制工程基础、装甲车辆构造与原理、装甲车辆行驶理论、信息对抗系统分析与设计、信息对抗策略、电子对抗技术、光电对抗技术、网络对抗技术、微波工程基础、计算机软硬件对抗技术、CI（竞争情报）原理及其对抗技术等课程。

2. 实习和社会实践

兵器类专业的实践教学主要包括金工实习、计算机上机操作、专业课程设计、生产实习、陆军靶场或海军基地实习、毕业设计等。

三、就业方向与发展前景

1. 就业方向

兵器类专业毕业生的就业方向主要面向国防工业部门及有关科研单位、高等学校、生产企业和管理部门，从事系统设计、技术开发、产品制造、实验测试和科技管理等方面的工作；毕业生也可以去各种民用工业部门、企业，从事普通机械的研制以及新产品的技术开发等工作。

探测制导与控制技术专业毕业生主要集中在印刷机械、数控机床、发电设备、工程机械等领域从事相关工作。装甲车辆工程专业毕业生可以从事机动武器、装甲车辆的设计、制造、试验等工作，也可以从事普通机械、汽车的设计和制造等工作。信息对抗技术专业毕业生可以在国防、军事领域从事信息对抗工作，也可以在民用行业诸如金融、保险、税务等部门从事信息安全防护工作，还可以从事信息系统、信息对抗系统的研究与开发、维护、管理及咨询等工作。

2. 发展前景

任何一个国家要想长期保持繁荣，就必须有足够强大的国防做保障。在中国的近代史上，我们就经历了军备落后的惨痛，如今国家奋起，国防更当自强。对于国防，国家每年投入巨大，打造钢铁长城。兵器类专业属于稀有专业，只在北航、哈工大、西北工大、南京理工大等十几所大学开设，专业特色鲜明，都是国家的重点建设方向，而且都有民用化趋势，军民两用，就业面看似窄，实则宽。"神舟""导弹""火箭""卫星"和"酒泉"等都是武器系统与发射工程的代言人，如此多频繁登上新闻头条的代言人，折射出此类专业的繁荣昌盛，国之所倚，民之所望，前途无量。

四、学习本专业类的优势与劣势

1. 优势分析

今天的中国虽然早已进入了和平年代，但是面对瞬息万变的国际形势，军事力量的建设仍然十分重要。对于国防，国家每年投入巨大，打造钢铁长城。兵器类专业特色鲜明，各个专业都是国家的重点建设方向，而且都有民用化趋势，军民两用，就业面看似窄，实则宽，未来此类专业的就业前景十分广阔。

2. 劣势分析

兵器类专业属于比较冷门而且很稀有的专业，不是每个学生都适合报考，录取分数也比较高。

五、学生素质要求与高校选科要求

学习兵器类专业，学生要有很严格的组织纪律性，具有敬业精神和爱国主义热情，而且军工企业大多地处偏远，所以要做好忍受寂寞和吃苦耐劳的准备。

在高校选科要求方面，绝大多数高校的兵器类专业要求选考物理，少数高校要求选考物理、化学科目。因此，考生想学习此类专业，首选科目选物理，再选科目选化学，能覆盖100%的兵器类专业。

每个高校的具体选科要求可通过山东省教育招生考试院网站（http://www.sdzk.cn/）、山东省教育云服务平台（http://www.sdei.edu.cn/）或"山东高考一点通"微信公众号查询。

8.22 核工程类（0822）

一、专业类概述

核能是21世纪人类先进能源的主要支柱之一。在我国，核电成为国家重点发展的高新技术和能源领域，具有广阔的发展前景。同时，随着科技的发展，核技术的运用日益广泛，如利用核能对医疗、卫生用品进行高效消毒和灭菌等。然而，核能是把双刃剑，在给人类创造财富的同时，也可能带来毁灭性灾难。

核工程类专业主要培养具备核物理、核工程技术、辐射物理等相关的基础知识，能在各相关领域从事核工程与技术、辐射防护与核安全、射线分析等方面的研究、设计、制造、运行、应用和管理等工作的高级工程技术人才。

国内开设核工程类专业的院校较多，在普通类高校中，清华大学、中国科学技术大学、复旦大学、哈尔滨工程大学、西安交通大学、上海交通大学、南京航空航天大学、中山大学、重庆大学等院校均开设了核工程类专业。

专业设置：根据教育部普通高等学校本科专业目录，核工程类专业包含核工程与核技术（082201）、辐射防护与核安全（082202）、工程物理（082203）、核化工与核燃料工程（082204）四个基本专业。

学制与学位：核工程类专业本科基本学制为4年。学生按要求完成学业，可授予工学学士学位。

二、知识构架

1. 核心课程

核工程类专业的核心课程包括核物理、量子力学、统计力学、辐射防护、信号处理、核反应堆工程、反应堆燃料管理、高等反应堆热工水力学、高等反应堆结构力学、核反应堆控制与动力学、核反应堆及核电厂安全分析、核动力装置与仿真、核电厂概率安全分析、核反应堆噪声分析与系统辨识、核动力设备、能源经济与管理等。

2. 实习和社会实践

核工程类专业的实践教学主要包括课程实验、金工实习、电工实习、电子实习、专业认识实习、生产实习、社会实践、课程设计、毕业设计（论文）等环节。课程实验主要包括核物理实验、辐射探测实验、核电子学实验、核数据获取处理实验、辐射防护实验等内容。实习环节一般安排在夏季学期。

三、就业方向与发展前景

核工程类专业毕业生可以在政府部门、规划部门、经济管理部门以及核电工业和辐射科学相关的科研设计单位、核电企业、大中专院校，从事规划、设计、运行、施工、管理、教育和研究

开发等方面的工作。由于积极发展核电是我国的能源政策，到2020年，我国预计新建核电机组容量8000万千瓦，每年需求1500名左右核电专业人才，核电产业的发展将为该类专业毕业生提供优良的择业机遇。由于近年来开设核工程类专业的高校越来越多，毕业生数量也比往年增加了不少。

四、学习本专业类的优势与劣势

1. 优势分析

作为21世纪的重要能源和技术，核能与核技术得到了广泛应用，因此需要大量的核工程技术专业人才。我国的核电发展战略规划的实施，对核工程类专业人才的数量和质量提出了新的要求，特别是高端专业人才需求存在着很大缺口（万人以上），因此该类专业毕业生就业前景较好，对口就业率高，收入也较可观。另外，学习核工程类专业，能够对"核"有明晰的认识，可以科学利用它为人类造福。

2. 劣势分析

关于核工程类专业的劣势，由于核电站或核设施一般处在郊区或偏远地区，因此工作环境相对艰苦。另外，目前国内核电相关企业比较少，主要有中国核工业集团（中核）、中国广核集团（广核）、国家电力投资集团（国核）三家，毕业生的就业面较窄。

五、学生素质要求与高校选科要求

学习核工程类专业，学生除了具备基本的思想素质和身心素质，还应关注自然与社会、科学与工程，形成自己的基本认识；具有扎实的自然科学基础和较好的人文社会科学修养；具有良好的人际交往能力和较强的计算机应用能力。另外，哲学、经济、管理等方面的知识多涉猎一些也是有好处的，要有更开阔的眼界。

在高校选科要求方面，绝大多数高校的核工程类专业一般要求选考物理科目。

每个高校的具体选科要求可通过山东省教育招生考试院网站（http://www.sdzk.cn/）、山东省教育云服务平台（http://www.sdei.edu.cn/）或"山东高考一点通"微信公众号查询。

8.23　农业工程类（0823）

一、专业类概述

农业是国民经济的基础，是国家自立、社会安定的基础。农业的兴衰关系到国民经济的全局，农业的发展直接关系着人们的切身利益和社会的安定，以及我国在国际竞争中的地位。目前，我们已经不再过分担心我国的工业发展问题、国防战略问题、科技进步问题，却一直非常担心我国的粮食安全问题！谁来种地，谁来养活中国人这些事关中华民族长远发展的严峻课题已经摆在我们的面前。

没有农业现代化就没有国家的现代化，而实现农业现代化的关键在于用现代工程技术提升和改造传统农业，真正实现农业生产的机械化、自动化、信息化和智能化。国家实施乡村振兴战略也迫切需要新型农业科技管理人才。大力发展现代农业工程类专业已经成为我国现代农业发展、解决农村农业问题的必由之路。

农业工程类专业是一个具有综合性和交叉性的工科专业，是现代科学技术与农业产业化、现代化的有机结合。农业工程类专业主要培养具有良好的科学文化素养和高度的社会责任感，较系统掌握农业工程基础知识、基本理论、基本技能和技术知识，富有创新意识、实践能力，能够在农业工程及其相关领域从事教育、科研、生产、管理等工作的高级工程技术专业人才。

专业设置：根据教育部普通高等学校本科专业目录，农业工程类专业包含农业工程（082301）、农业机械化及其自动化（082302）、农业电气化（082303）、农业建筑环境与能源工程（082304）、农业水利工程（082305）五个基本专业，以及土地整治工程（082306T）、农业智能装备工程（082307T）两个特设专业。

学制与学位：农业工程类专业本科基本学制为4年，实行弹性修业年限，一般在3～6年内完成。学生按要求完成学业，可授予工学学士学位。

二、知识构架

农业工程类专业的课程体系分为数学与基础科学类课程、工程类课程、人文社会科学类通识教育课程和工程实践类课程。

1. 核心课程和主干课程

农业工程类专业的核心课程包括高等数学、线性代数、概率论与数理统计、物理学、生物学工程、工程图学、理论力学、材料力学、流体力学、农业工程原理、机械设计、机械制造、电工学、电子学、自动控制原理、农学概论等。

农业工程类专业的主干课程包括农业机械学、拖拉机汽车学、现代农业工程概论、工程热力学、传热传质学、水力学、单片机原理、电机与电力拖动、工程材料、液压与气压传动、工程测试技术、机械制造、物料工程、新能源工程、农业生物环境原理、建筑学、工程测量、工程结构、工程水文、工程地质与水文地质等。

2. 实习和社会实践

农业工程类专业的实践教学环节主要包括工程训练、实验实习和社会实践等内容。

工程训练主要是在教学实习基地、实训工程中心、虚拟仿真中心等场所进行实地工程、工艺技术及操作技能训练，提高学生的工程意识与动手能力。

实验实习主要包括课程实验（认知性实验、验证性实验、综合性实验和设计性实验）、课程设计（机械设计、机械制图、测绘等）、毕业实习及创新创业实践等，旨在培养学生的实验设计、测试、结果分析及相关工程设计能力。

社会实践主要是通过走访、社会调查、暑期"三下乡"活动等方式，认识社会、农村、农业及农业工程等，增强学生的社会责任意识。

三、就业方向与发展前景

农业工程类专业毕业生可到现代农业工程的管理部门及事业单位、农业高新技术企业、科技开发园区、规划设计院所和科研教学单位从事农业工程及相关领域的规划、设计、开发、建设、管理、教学及试验研究等工作，也可到工业部门从事设计、研发、管理与销售工作，还可到装备生产、经营以及管理部门从事农业装备的性能设计、营销管理和教学科研等方面的工程技术工作。

在当前我国工业化、城镇化快速推进及乡村振兴战略深入实施的背景下，农业劳动力向城市转移、老龄化、兼业化等现象日益严重，农业生产的人工成本逐年提高和从业人员的逐年减少，对现代农业工程技术的要求越来越高，农业工程领域的人才培养在国民经济发展中的必要性及紧迫性逐渐显现。所以，大力发展农业工程专业，培养现代新型农业工程专业人才已成为我国今后解决农村问题、推进乡村振兴战略的重要手段，农业工程类专业学生毕业后的发展前景将极为广阔，农业工程专业人才必将大有作为。

四、学习本专业类的优势与劣势

1. 优势分析

学习农业工程类专业的优势在于它涵盖的科学技术领域广，是培养农业工程师的摇篮。农业工程师具备为农业生产和农民生活提供机械装备和工程设施的能力，所学知识包括农业动力与农业机械化、农业电气化与智能化、农业水土工程与农田水利建设、农业建筑环境工程、农产品加工储藏、畜牧养殖机械化等内容，所以学习该类专业不仅可以了解和掌握农业生产的农艺与装备，还可以获取解决农业工程及相关科学技术问题的方法，特别是智能化和信息化技术的快速发展，为农业工程技术推进现代农业的进步提供了广阔的空间。该类专业涉及的技术领域宽，毕业生可以选择的就业和工作岗位广，能够为现代农业发展做出贡献的机会多。

由于我国是传统的农业大国，人们对从事与农业相关工作的认识可能有偏见，但现代农业的发展及科技进步，会很快改变人们的传统观念，特别是农业工程类专业属于工科领域，毕业生从事的是工程技术工作，个人的成长和发展前途都是很光明的。

2. 劣势分析

对于学习该类专业所谓的劣势，主要是大量工作面向农业生产和农村生活的工程问题，工作条件相对比较艰苦，工作强度有时相对较大，学习者对此应该有相应的思想准备。

五、学生素质要求与高校选科要求

1. 学生素质要求

学习农业工程类专业，要求学生在高中阶段除了学好必备的课程，还要打好数学和物理的基础，注重化学、生物、计算机应用、自然科学知识的学习和思维模式的训练，当然也要强化英语知识的学习，为跟踪国际趋势、对外交流等奠定坚实的基础。

由于受农业工程服务对象、工作环境等因素的影响，农业工程类专业学生应具有热爱农业工程专业的情怀，适应农业农村工作的特点与环境，具有孜孜追求的意志、大胆创新的思维、理论联系实际的作风以及团队协作的精神，具备发现问题和解决问题的能力，养成坚韧不拔的工作作风和不断探索科学技术知识的素养。在上述综合素养的基础上，通过大学阶段的学习和培养，力争成为农业工程领域的卓越人才和有贡献的专业人才。

2. 高校选科要求

在高校选科要求方面，大多数高校的农业工程类专业一般对物理科目提出选考要求。例如，沈阳农业大学要求物理、化学、生物三门科目考生选考其中一门即可报考；中国农业大学、华北电力大学（保定）、华中农业大学要求考生必须选考物理方可报考。

每个高校的具体选科要求可通过山东省教育招生考试院网站（http://www.sdzk.cn/）、山东省教育云服务平台（http://www.sdei.edu.cn/）或"山东高考一点通"微信公众号查询。

8.24　林业工程类（0824）

一、专业类概述

材料是社会经济发展的物质基础和先导，也是人类文明进步的标志。材料的可持续利用是资源、能源与环境协调发展的必由之路，是社会发展进步的重要保障。以林木生物质资源高效加工和循环利用为宗旨的林业工程领域，为工业材料的可持续利用提供了资源保障，是关系国民经济繁荣发展、生态环境持续改善、能源资源循环利用和生活水平不断提升的基础产业和支柱产业。林业工程领域的人才培养对推动我国林木生物质资源高效循环利用、助力能源环境和国民经济持续发展具有重要的战略意义。

森林对人类的作用不仅仅是提供氧气、消耗二氧化碳、改善生态环境，还为人类提供了丰富的、可再生的林木生物质资源。合理地开发利用这些资源，创生新的生物质材料产品和生物质能源，如木结构建筑材料、多功能木质复合材料、木质装饰材料、纳米纤维素、高端化学品、生物质热裂解油等，对推动国民经济发展、能源高效利用、改善生态环境及提升生活水平具有重要的积极作用。林业工程类专业是以林木生物质资源的高效利用和可持续发展为主线，致力于研究林木资源抚育、开发利用和林产品加工理论与技术的应用型学科，属于工程技术领域。

专业设置：根据教育部普通高等学校本科专业目录，林业工程类专业包含森林工程（082401）、木材科学与工程（082402）、林产化工（082403）三个基本专业，以及家具设计与工程（082404T）一个特设专业。

森林工程专业是以森林资源建设与保护、开发与利用为目的的一门综合性应用专业。它以森林生态学为依据，研究森林资源的合理采伐方式和集林方式；以运筹学为基础，研究木材生产的优化规划方案选择、组织管理和经济效益；以工程力学和机械学为基础，研究采运工程建设和机械的使用。森林工程专业培养具备工程力学、机械运用学、土木工程学、系统工程学、环境科学和森林资源可持续经营、开发利用的知识，能在林业、交通、机械等领域的企事业单位、科研院所从事森林工程、道路桥梁的勘测、设计、施工、管理以及国际森林工程项目开发管理等工作的高级工程技术人才。

木材科学与工程专业培养具备生物质材料（木材为主）物理化学、电工与电子技术、工程制图、机械基础、木材科学与加工技术、造型艺术与设计艺术、材料科学基础、国际木业贸易等方面的基本理论和基本知识，能在建筑、交通、家居、环境、设计等领域及材料类企业、林业管理部门、海关商检、高等学校、科研院所、设计院（所）等单位承担工程技术、产品开发与生产、科学研究、教学、经营及管理等工作的高级工程技术人才。

林产化工专业是以林木生物质资源为主要原料，借化学或化工方法生产多种化学品及纸浆和纸的学科。它主要研究树木和林特产品所含物质的化学组成、化学性质及其结构、加工原理与方法以及林产品的深加工技术，培养具有有机化学、物理化学、生物化学、化学原理、化学工程、高分子化学、天然产物化学、林特产品化学组成性质及转化方面的基本理论和基本知识，受到林产化工生产设计、设备选型和原材料、半成品及成品分析检验等方面的基本训练，具有主要

林产品化学加工与生物化学加工工艺流程、设备设计、新产品研发、生产过程技术改造等方面的基本能力，可在能源、化工、轻工、医药、食品等领域的企事业单位、科研院所从事教学、科研、设计开发、生产经营与管理等工作的高级工程技术人才。

开设林业工程类专业的高校主要有东北林业大学、南京林业大学、北京林业大学、中南林业科技大学、西南林业大学、浙江农林大学、福建农林大学、内蒙古农业大学、安徽农业大学、华南农业大学、广西大学、西北农林科技大学、山东农业大学、天津科技大学等。

学制与学位：林业工程类专业本科基本学制为4年，实行弹性修业年限，一般可在3~6年内完成。学生按要求完成学业，可授予工学学士学位。

二、知识构架

1. 核心课程

森林工程专业的核心课程包括森林环境学、森林生态经济学、测量学、土力学与工程地质、水力学与水文学、工程机电基础、结构力学、道路工程、机械设计制造基础、人类工效学、运筹学等。

木材科学与工程专业的核心课程包括木材学、胶黏剂与涂料、生物质复合材料学、生物质材料化学与改性、热工学、工程力学、家居及产品设计、机械设计制造基础、生物质材料切削原理与刀具、生物质制品生产工艺学、电工与电子技术、工程制图、人体工程学、造型原理、美学基础、计算机辅助设计等。

林产化工专业的核心课程包括有机化学、物理化学、生物化学、化工原理、微生物学、高分子合成工艺、天然产物化学、仪器分析、化工自动化及仪表等。

2. 实习和社会实践

林业工程类专业的实践教学环节主要包括教学实验、教学实习、生产实习、课程设计、毕业论文（设计）、社会实践等。

教学实验主要包括胶黏剂与涂料实验、生物质材料加工实验、生物质材料结构识别实验、生物质材料化学与改性实验、家居产品制造实验、天然树脂加工实验、林木生物质水解和热解实验、植物提取物化学实验、生物质能源实验等，

通过实验加深学生对理论知识的理解与掌握。

课程设计包括生物质材料加工课程设计、材料干燥课程设计、家居设计与产品制造课程设计、材料加工设备课程设计等，通过综合运用专业知识，提高学生的工程设计能力与动手能力。

生产实习包括企业见习、毕业实习与创新创业活动等，培养学生的林业工程综合能力及创新能力。

社会实践主要是通过社会调查及相关林产品开发与利用企业的实习等方式，认识林业工程类专业及其重要性，增强学生学以致用的社会责任意识。

三、就业方向与发展前景

森林工程专业就业方向：本专业的毕业生可在林业领域从事森林工程方面的生产技术、组织管理、规划设计和教学科研工作，也可在交通道路部门、机械行业、经济管理部门、教育系统、科研院所、行政机关等部门工作。

木材科学与工程专业就业方向：本专业的毕业生能在生物质材料工业、智能家居、经济与贸易等领域的企业、设计院、林业管理部门从事生物质材料加工、家居设计与产品制造、工程设计、工艺流程与设备管理、新产品开发、经营管理、木业贸易与政策法规制定等工作，也可在物资、轻工、建工、房地产开发、海关商检以及高等学校、科研院所、设计院（所）等单位承担工程技术、产品开发与生产、教学科研、经营及管理等工作。

林产化工专业就业方向：本专业的毕业生主要在林产工业、化学工业、日用化工、食品、制药、能源环境、商贸等领域的企业和相关科研院所从事林产品化学加工、精细化学加工及生物化学加工方面的工艺设计、设备选型、生产技术管理和新产品研发等工作。

四、学习本专业类的优势与劣势

1. 优势分析

林业工程领域主要面向林木生物质资源，以高效持续利用为目标，以保障材料产业持续健康发展为根本，是关系生态环境、能源资源、国民经济和人民生活的基础产业和支柱产业。林业工程类专业的优势主要体现在以下几个方面。

（1）战略地位重要，科技含量高。林业工程行业涵盖生态、环境、工业、经济等多方面，涉及国计民生，是社会发展的重要领域。林木生物质资源的高效循环利用，符合国家竞争力提高和可持续发展的战略需求，故而产业地位重要。林业工程类专业涵盖科技领域广，涉及材料、机械、化工、工程、设计等多方面知识，科技门槛较高，对专业人才的综合素质要求高，毕业生具有较大的竞争优势。

（2）产业涉及面广，人才需求大。林业工程产业涉及森林经营、林木加工机械装备、林业土木工程设计、林木生物质材料生产加工、智能家居、林产品精细化工等领域，涵盖面广，社会对林业工程专业人才的需求巨大；另一方面，林业工程类专业在我国开设的高校数量较少，主要集中在林业高校，该类专业毕业生全国年均千余人，供不应求。

（3）行业交叉融合，发展机会多。随着科技进步的加速和行业竞争的加剧，科技创新对产业竞争优势的提升作用越来越大，纳米技术、信息技术等高新技术的发展推动了行业交叉融合，传统的林业工程产业向智慧林业、先进新材料、功能精细化学品、智能家居等领域拓展，创生出众多新兴领域，为林业工程类专业毕业生提供了新的发展机遇。

2. 劣势分析

林业工程类专业的所谓劣势主要存在以下几点。

（1）专业名称不够准确，有待更新。林业工程所涵盖的三个专业方向在专业建设初期主要服务于森林采伐经营、道路桥梁设计、木材加工生产、家具设计制造和林木资源化学品加工等林木加工产业链的主要领域，所以专业名称相对于产业对象较为具体；但随着社会发展，传统的产业领域已朝高、精、尖、深发生深刻变化，林业工程类专业的内涵也在随之拓展更新，专业名称已不能准确反映产业背景，亟须更新。所以，该类专业的名称容易让学生产生误解，误以为传统的领域就是林业工程类专业范畴，对专业招生及就业产生负面影响。

（2）课程设置不够合理，有待调整。随着产业的交叉融合，专业人才的知识结构也须更新调整；而目前林业工程类专业的课程设置还主要停留在服务于传统产业领域，未能及时顺应时代发展需求，有待调整，以培养出符合现代化需求和未来发展趋势的高素质专门人才。

五、学生素质要求与高校选科要求

1. 学生素质要求

学习林业工程类专业，学生应在高中阶段打好数学、物理和化学基础，注重机械、计算机应用、自然科学知识的学习和辩证思维模式的训练，同时也要强化英语知识的学习，为跟踪国际趋势、对外交流等奠定坚实的基础。

林业工程类专业学生应具有热爱林业工程类专业的情怀，具备勇于探索的精神和大胆创新的思维，具有理论联系实际的作风和团队协作的精神，具有严谨求实的科学态度和坚韧不拔的意志。在上述综合素养的基础上，通过自身的不断学习和大学阶段的培养，力争成为林业工程领域的卓越人才和有贡献的专业人才。

2. 高校选科要求

在高校选科要求方面，林业工程类专业一般对物理、化学或生物科目提出选考要求。例如，北京林业大学、西北农林科技大学要求物理、化学、生物三门科目考生选考其中一门即可报考。

每个高校的具体选科要求可通过山东省教育招生考试院网站（http://www.sdzk.cn/）、山东省教育云服务平台（http://www.sdei.edu.cn/）或"山东高考一点通"微信公众号查询。

8.25 环境科学与工程类（0825）

一、专业类概述

经常有人会问，学习环境科学与工程就是学习环保吗？环境科学当然也有环境监测和自然资源保护等内容，但不仅仅如此。可以说，环保是环境科学的一部分，但是绝不是全部。环境科学其实是一门跨学科的专业，既包含化学、物理、生物，也包含地理、工程、统计等等，甚至与经济学等社会学科也有交叉。所以，如果说环境科学只是环保就太狭窄了，也太看低了这个专业。

环境科学与工程类专业培养具备城市和城镇的水、气、声、固体废物等污染防治以及给排水工程、污染控制规划、水资源保护等方面的知识，能在政府部门、规划部门、经济管理部门、环保部门、设计单位、工矿企业、科研单位、学校等从事规划、设计、施工、管理、教育和研究开发工作的高级工程技术人才。

专业设置：根据教育部普通高等学校本科专业目录，环境科学与工程类专业包含环境科学与工程（082501）、环境工程（082502）、环境科学（082503）、环境生态工程（082504）四个基本专业，以及环保设备工程（082505T）、资源环境科学（082506T）、水质科学与技术（082507T）三个特设专业。

该类专业的研究内容主要包括水污染控制理论与技术、大气污染控制技术与理论、固体废物污染控制及资源化、污染物的环境行为、环境地质、振动与噪声控制技术、交通环境污染与控制、环境规划与管理等。

该类专业毕业生可在环保、化工、冶金、能源、交通、轻工、医药、农业、军工等行业从事环境科学研究与工程设计、技术开发、环境质量管理等方面的工作，也可以进一步攻读国内外相关专业的硕士学位。

学制与学位：环境科学与工程类专业本科基本学制为4年，实行弹性修业年限，一般可在3～6年内完成。学生按要求完成学业，可授予工学学士学位，环境科学、资源环境科学专业也可授予理学学士学位。

二、知识构架

1. 核心课程

该类专业的核心课程包括机械制图、工程力学、环保设备设计、电工学及实验、仪器分析、化工原理及实验、环境科学导论、环境化学、环境监测、环境噪声控制、固体废物处理工程、大气污染控制工程、水污染控制工程等。

2. 实习和社会实践

该类专业的实习一般将环境工程、环保设备、污水处理、环境检测、固体废物处理等作为实习重点，具体实习方式可采用集中实习或自主实习。实习目的是将理论知识转化为实践能力，为日后从事该类职业打下良好的基础。

该类专业的实习主要包括认识实习、专业实习、生产实习等。根据不同实习要求，学生掌握的内容不尽相同。认识实习要求对工程有初步认识，能根据专业讲解绘制工艺流程图，进一步了解工艺过程；专业实习要求学生对所学的内容有深入的认知，结合实习工程内容，做到理论与实践的结合；生产实习要求更高，做到对技术的理论解释和提升，能够自主设计完成技术改进项目。

三、就业方向与发展前景

该类专业的毕业生能够在政府部门、规划部门、经济管理部门、环境保护部门、环境工程设计单位、工矿企业、相关科研单位、火力发电厂等，从事规划、设计、管理、教育、研究开发、电厂化学等方面的工作。

该类专业的毕业生主要从事环境保护方面的研究工作：（1）研究人员（从事环境科学研究、环境监测、评价、管理和规划等工作）；（2）环境工程师（从事环保产品的开发，或进行环境工程和给水排水工程的规划、设计和管理）；（3）教师（担任大中专学校相应专业的教师）；（4）公务员等。

从目前来看，环境相关单位的人才缺口相当大，不论选择从事环境理论研究，还是在生产部门从业，都是很不错的，高层次人才会有相当丰厚的待遇，并且从整个社会发展趋势来看，从业人员的收入正在提高。

总体来说，该类专业就业范围较广，人才需求量很大，加之国家政策的支持，具有很好的发展前景。

四、学习本专业类的优势与劣势

1. 优势分析

随着我国经济社会的快速发展，国家在大气、交通、海洋、工业、农业、医学、军事等方面的投入和开发力度不断加大，对于相关产业的人才的需求也越来越多，同时人们对于环境、环保的认识也越来越深入，因此环境科学与工程相关的产业仍然是大家常说的朝阳产业。学习该类专业，既可本科毕业后参加工作，也可继续学习深造，攻读研究生。

2. 劣势分析

由于该类专业属于交叉学科，不同学校的具体交叉学科（或专业）会有不同，这对有志于学习该类专业的考生而言，在不同学校的报考要求方面，需要花更多的时间进行了解和选择。同

时，关于环保治理等方面的工作，社会认可度还需进一步提升。

五、学生素质要求与高校选科要求

1. 学生素质要求

兴趣爱好是最好的老师，对环境科学与工程类专业也一样，该类专业比其他学科更具实践性和科学性，专业学习往往需要一定的化学理论基础、实践动手能力、浓厚的兴趣和强烈的爱好。因此，学习该类专业，学生在高中阶段应具有良好的化学基础，对化学具有浓厚的兴趣，并对环境保护具有强烈的责任感。

环境科学与工程研究活动主要是分析环境过程产生或存在的问题，提出可能的解决方法，这其中应用的方法多是来源于理论分析的方法和实践认知的方法。因此，该类专业要求学生能够用独特的眼光看到理论中蕴含的实践内容和方法，能够在实践过程中产生新的思维，并将理论的方法进行综合或融合，提出新的方法和理论。

2. 高校选科要求

根据山东省教育招生考试院公布的普通高校专业类选考要求，环境科学与工程类专业一般要求选考化学。这是因为化学是环境科学与工程的基础，本质上环境科学与工程是研究化学过程产生的问题。

例如，中央民族大学、南开大学、河北大学、东北师范大学、东华大学、南京工业大学、浙江工业大学、厦门大学、山东大学、济南大学、齐鲁工业大学、湖北大学、湖南大学、中山大学、西南交通大学要求物理、化学、生物三门科目考生选考其中一门即可报考；北京大学、北京建筑大学、哈尔滨工业大学、华东师范大学、中国地质大学（武汉）、武汉理工大学、湖北工业大学、华南理工大学、重庆大学要求物理、化学两门科目考生选考其中一门即可报考；中国农业大学要求考生必须选考物理方可报考；华北电力大学（北京）、大连理工大学、青岛大学要求考生必须选考化学方可报考；吉林大学、贵州大学要求物理、化学两门科目考生均需选考方可报考。

每个高校的具体选科要求可通过山东省教育招生考试院网站（http://www.sdzk.cn/）、山东省教育云服务平台（http://www.sdei.edu.cn/）或"山东高考一点通"微信公众号查询。

8.26　生物医学工程类（0826）

一、专业类概述

生物医学工程学是一门理、工、医、生物等学科高度交叉的学科，它是随着电子学、材料学、工程力学、信息科学和电子计算机等多种学科的进步并广泛应用于医学和生物学领域而形成和迅速发展起来的，属于朝阳学科。

由于生物医学工程学是应用最先进的理工科理论与方法来研究人的生命现象与规律，因此其研究领域极其广泛，研究方向也非常多，主要有医学影像与诊断设备、医学电子仪器与监护设备、生物医学信号的检测与处理、医学成像、生物医学材料、（生物）人工器官、康复工程技术、远程医疗、组织工程等。每一个研究方向又有着非常宽广的内容。因此，生物医学工程领域也是今后几十年最容易出现理论突破和技术创新的学科领域之一。

生物医学工程学研究实现了诸如X射线、计算机断层扫描（X-CT）、磁共振成像（MRI）、超声成像、病人监护和生化分析等大量新型临床诊断与监护技术，以及种类繁多的激光与电磁治疗设备的普及。

专业设置：根据教育部普通高等学校本科专业目录，生物医学工程类专业包含生物医学工程（082601）一个基本专业，以及假肢矫形工程（082602T）、临床工程技术（082603T）、康复工程（082604T）三个特设专业。

生物医学工程专业培养具备生命科学、电子技术、计算机技术及信息科学的基础理论知识以及医学与工程技术相结合的科学研究能力，能在生物医学工程、医疗仪器研制、产品开发、维修管理以及电子技术、计算机技术、信息产业等部门从事研究、开发、教学及管理工作的高级工程技术人才。

学制与学位：生物医学工程类专业本科基本学制为4年，实行弹性修业年限，一般可在3～6年内完成。学生按要求完成学业，可授予工学学士学位或理学学士学位。

二、知识构架

1. 核心课程

生物医学工程专业的核心课程主要有电路原理、模拟与数字电子技术、生物医学传感器、微型计算机原理、数字信号处理、医学图像处理、影像设备学、医用电子仪器、基础医学、生理学等。

2. 实习和社会实践

生物医学工程类专业的实习单位一般是国内外医疗器械公司，实习内容一般侧重于医疗器械的研发、维修、质量管理、销售和服务。实习单位也可以是医疗机构的临床工程科或设备科，实习内容一般侧重于医疗器械的日常保养、维护、管理。实习时间因学校而异，一般是半年或一年的实习时间，通常安排在大四下学期或大三下学期。

三、就业方向与发展前景

随着科学技术的发展，各类大型医疗设备在医院中的应用越来越广泛，大型医疗设备的操作、维修及管理人员是各大医院及医疗器械公司急需的人才。

生物医学工程类专业毕业生可以从事医疗器械的研发、质量管理、维修、销售、服务等方面的工作。该类专业毕业生可以到各类医疗器械企业从事研发、维修、销售、服务等方面的工作，也可以在各级医院的临床医学工程处、设备处、信息中心以及医学影像科从事医疗器械的操作、日常保养、维护及管理工作，还可以进入国家医疗器械司及各级医疗器械检测机构工作。

医疗器械在国内外都被称作朝阳产业，先进医疗器械是健康保障体系建设的重要基础，是推进医学诊疗技术进步的主要动力。近年来，我国逐步进入老龄化社会，人们的医疗保健意识逐步增强，基层医疗改革不断深入，各类大型医疗设备在医院中的应用越来越广泛。在此大背景下，医疗器械的市场需求逐年增加，大型医疗设备的操作、维修及管理人员是各大医院及企业急需的人才。

四、学习本专业类的优势与劣势

1. 优势分析

生物医学工程类专业是理、工、医、生物等学科高度交叉的学科专业，该类专业的学习内容兼具理工科和生物医学基础知识，尤其在作为朝阳产业的医疗健康应用领域，该类专业在理工科与医学专业知识融合的系统性、专业实践能力、继续深造的机会、被医疗健康行业所认可的程度等方面，相比于其他理工类专业，具有更高的社会认知度。

2. 劣势分析

由于生物医学工程类专业是理工科与生物医学相交叉的专业，不同学校的具体交叉学科（或专业）会有所不同。学生在报考该类专业时，对于不同学校的报考要求，需要花更多的时间进行了解和选择。

五、学生素质要求与高校选科要求

1. 学生素质要求

兴趣是最好的老师。对于喜欢生物医学健康和理工科专业知识的同学来说，生物医学工程类专业是理想的选择。高中生报考该类专业时，应参加语文、数学、思想政治、英语、物理、化学、生物等科目的考试。其中，不同学校的生物医学工程类专业对物理、化学、生物等科目的要求会有所不同。

2. 高校选科要求

根据山东省教育招生考试院公布的普通高校专业类选考要求，大多数高校的生物医学工程类专业一般对物理、化学、生物科目提出选考要求。例如，华中科技大学、西安电子科技大学要求物理、化学、生物三门科目考生选考其中一门即可报考；重庆大学要求物理、化学两门科目考生选考其中一门即可报考；东南大学、电子科技大学要求考生必须选考物理方可报考。

每个高校的具体选科要求可通过山东省教育招生考试院网站（http://www.sdzk.cn/）、山东省教育云服务平台（http://www.sdei.edu.cn/）或"山东高考一点通"微信公众号查询。

8.27　食品科学与工程类（0827）

一、专业类概述

食品科学与工程类专业培养具有化学、生物学、食品工程和食品技术知识，能在食品领域从事食品生产技术管理、科学研究、产品开发、工程设计以及食品质量与安全检测、控制、监督、执法、管理等方面工作的复合型高级工程技术人才。

根据国家科技局的学科分类，食品科学工程属于一级学科，与数学、物理、生物、天文、化工等基础学科具有同等地位，具有多学科交叉渗透的特点，涉及化学、物理、生物、农学、医学、机械、环境、管理等多个学科领域。

食品科学与工程类专业是生命科学与工程科学的重要组成部分，也是衔接生命科学与工程科学之间的重要桥梁。随着世界人口膨胀带来的粮食危机不断加剧，以及食品领域大工业化的到来和人们对食品营养与卫生的关注加深，食品科学与工程类专业在食品行业内的技术工程、营养健康、安全检测、监督管理等领域发挥着越来越重要的职责与作用。

专业设置：根据教育部普通高等学校本科专业目录，食品科学与工程类专业包含食品科学与工程（082701）、食品质量与安全（082702）、粮食工程（082703）、乳品工程（082704）、酿酒工程（082705）五个基本专业，以及葡萄与葡萄酒工程（082706T）、食品营养与检验教育（082707T）、烹饪与营养教育（082708T）、食品安全与检测（082709T）、食品营养与健康（082710T）、食用菌科学与工程（082711T）、白酒酿造工程（082712T）七个特设专业。

截至2018年，全国具有食品科学与工程类专业的高校有296所，山东省内拥有食品类相关专业的本科高校主要有中国海洋大学、山东农业大学、青岛农业大学、齐鲁工业大学、青岛大学、山东师范大学、山东理工大学、聊城大学、烟台大学和临沂大学等。在众多院校中，江南大学的学科建设尤为成熟，在发酵食品及粮油方面都极具特色；中国海洋大学是我国水产品贮藏与加工学科的诞生地；河南工业大学是中国规模最大的粮油食品工业高等学校；郑州轻工学院则被同行誉为培养烟草专业人才的"黄埔军校"；华南理工大学在制糖工程方面独占鳌头；此外，西南大学的农产品贮藏与加工为全国重点学科，而云南农业大学在蜂学方面独树一帜，建有专门的蜂学研究所。因此，偏爱食品专业某一方面的同学可按自己的"口味"选择合适的学校。

学制与学位：食品科学与工程类专业本科基本学制为4年，实行弹性修业年限，一般可在3～6年内完成。学生按要求完成学业，可授予工学学士学位。

二、知识构架

1. 核心课程

食品科学与工程类专业的核心课程主要有生

物化学、食品化学、食品微生物学、仪器分析、食品安全学、食品营养学、食品工程原理、食品机械与设备、食品工厂设计、食品工艺学等。

2. 实习和社会实践

该类专业的实践性教学环节主要有专业课程实习、专业综合实习、专业创新创业实践、毕业实习和毕业论文（设计）等。

该类专业的实习可采用集中实习和自主实习的方式。实习地点包括校内实习基地和校外实习企业。实习时间因学校而异，一般安排在大三下学期至大四下学期。实习的主要内容包括在校内外实习基地参与食品加工过程、食品质量与安全监管、食品原辅料及成品分析与检测、食品贮运与营销等。

三、就业方向与发展前景

1. 就业方向

食品科学与工程类专业毕业生能在各类食品生产企业从事食品工程设计、新产品开发、食品营养研究、食品质量检测、品质控制、技术管理、技术监督、食品机械设备管理、食品包装设计、食品贮藏管理、食品运输管理、企业经营管理、食品的科学研究和成果推广工作；能在食品质量监督、海关、商检、卫生防疫、进出口、工商等部门从事产品分析、检测、技术监督、执法、管理等工作；也能在相关的国家机关、大专院校、科研院所进行教学科研工作等。另外，公务员、选调生及自主创业又为毕业生提供了更广阔的发展道路。

2. 发展前景

作为三大支柱产业之一的食品工业仍面临着人才严重短缺，特别是高层次人才远远不足。同时，全国各地食品人才不平衡，许多县级小厂甚至没有专门的食品技术人员。上述种种都与食品工业作为我国第一大工业的地位极不相称。而放眼海外，西方发达国家食品专门人才在职工总数中的比例可达20%以上。这是因为发达国家十分重视食品专门人才的培养，几乎所有的知名大学均设有食品科学与营养科学系。因此，中国大力发展高等食品专业教育，培养食品行业科技人才已是形势所迫，不容忽视。预计未来十年，中国的食品消费将增长50%，价值超过1万亿美元。食品消费由生存性消费向健康性、享受型消费转变，

这对食品专业人才提出了更高的需求。方便、速冻、保鲜、保健、微波、休闲、儿童、老年食品及健康饮料和调味品将风靡全球。作为新世纪的青年一代，积极投身于食品产业这个"永续的朝阳产业"，相信不失为明智之选。

四、学习本专业类的优势与劣势

1. 优势分析

学习食品科学与工程类专业的学生，在报考公务员和事业单位考试时有较多专业非常对口的岗位，如海关、市场监管局、公安局（食品执法）等。

学习食品专业的学生，会对各种食品的生产工艺、品质指标、营养成分等都有比较客观的了解，会用科学的眼光看待食品的好坏，能够更加科学、更加理智地选择家人所需的食品。

"民以食为天"。食品行业作为一个朝阳行业，人才缺口较大，因此学习食品科学与工程类专业的学生就业前景非常好，不用担心毕业后找不到工作。

2. 劣势分析

食品科学与工程类专业是理论和实践结合非常紧密的专业，因此要求学生具有良好的实践能力。另外，一部分从事生产管理工作的人员需要在食品企业车间中工作一段时间，有些人会认为在车间里工作环境不好。其实，现代食品企业已经属于技术密集型企业，食品生产过程自动化程度很高，生产流程主要通过电脑程序控制自动进行，员工体力劳动强度大大降低，而且车间整洁有序。

五、学生素质要求与高校选科要求

1. 学生素质要求

兴趣是最好的老师。学习食品科学与工程类专业，学生首先应对与食品相关的知识及问题都非常有兴趣。另外，食品行业是良心行业，对从业者的职业道德要求很高。食品安全事关人们的身体健康。因此，具有强烈公德心和社会责任感的学生适合报考该类专业。

2. 高校选科要求

食品科学与工程和物理、化学的关系非常密切。食品的制作过程离不开各种化学或生物化学反应，而食品工程中的食品物性学、食品工厂设

计等又都离不开物理知识。因此，学生在高中阶段应学好物理和化学，为将来学习食品科学与工程类专业打下坚实的基础。

根据山东省教育招生考试院公布的普通高校专业类选考要求，食品科学与工程类专业一般要求选考物理和化学。例如，中国海洋大学要求物理、化学两门科目考生选考其中一门即可报考；山东农业大学、青岛农业大学要求物理、化学、生物三门科目考生选考其中一门即可报考；南昌大学、河南工业大学要求物理、化学两门科目考生均需选考方可报考；贵州大学要求化学、生物两门科目考生均需选考方可报考。

每个高校的具体选科要求可通过山东省教育招生考试院网站（http://www.sdzk.cn/）、山东省教育云服务平台（http://www.sdei.edu.cn/）或"山东高考一点通"微信公众号查询。

8.28 建筑类（0828）

一、专业类概述

建筑学、城乡规划、风景园林等专业，可以说都是古老而又年轻的学科。中国传统建筑的历史发展脉络以及城乡规划理论体系和诗情画意的造园手法，对世界都产生很大的影响。

世界现代城市规划、建筑设计、景观设计开始于19世纪的工业革命，更倾向于清晰严格的比例统筹关系。经过100多年的发展，已在缓解区域与城乡尖锐对立的社会矛盾，引导城乡经济建设与发展，维护生态与环境等方面显示出无可替代的社会经济价值。

城乡规划学是支撑我国城乡经济社会发展和城镇化建设的核心学科，是在可持续发展思想理念支持下，以城乡社会、经济、环境的和谐发展为目标，以城乡物质空间为核心，以城乡土地使用为对象，通过城乡规划的编制、公共政策的制定和建设实施的管理，实现城乡发展的空间资源合理配置和动态引导控制的多学科复合型专业。建筑学是研究建筑物及其环境的学科，也是关于建筑设计艺术与技术结合的学科，旨在总结人类建筑活动的经验，研究人类建筑活动的规律和方法，创造适合人类生活需求及审美要求的物质形态和空间环境。风景园林是建立在广泛自然科学和人文艺术科学基础之上，综合利用科学和艺术手段营造人类美好室外生活境域的一门学科。在"美丽中国"宏伟目标和"绿色"发展理念的指导下，国家绿色发展战略与城乡发展建设迫切需要具有生态自觉意识和创新应用能力的建筑类专业人才。

专业设置：根据教育部普通高等学校本科专业目录，建筑类专业包含建筑学（082801）、城乡规划（082802）、风景园林（082803）三个基本专业，以及历史建筑保护工程（082804T）、人居环境科学与技术（082805T）、城市设计（082806T）、智慧建筑与建造（082807T）四个特设专业。

建筑类专业是集社会、技术和艺术等多重属性于一体的综合性学科，需要学生具有一定的艺术素养和价值判断能力。

建筑类专业培养具有扎实的建筑类专业知识和设计实践能力，具有创造性思维、开阔视野、社会责任感和团队精神，具有可持续发展和文化传承理念，具有进行设计、规划和研究的综合实践能力，能够胜任专业设计、规划管理、决策咨询、房地产开发等方面的工作，并具有多种职业适应能力的应用型高级工程技术人才。

学制与学位：建筑类专业本科基本学制为4年，实行弹性修业年限，一般在3~6年内完成。学生按要求完成学业并符合学位授予条件，可授予工学学士学位，风景园林专业也可授予艺术学学士学位。

二、知识构架

建筑类专业的课程体系分为通识教育类课程、专业基础类课程、主干设计类课程和工程实践类课程。

1. 核心课程和主干课程

建筑类专业的核心课程包括建筑设计基础、建筑设计概论、中国建筑史、外国建筑史、建筑构造、建筑结构、计算机辅助设计、城市地理学、城市社会学、城市经济学、城市道路与交通规划、城市规划系统工程学、园林植物基础、景观游憩学、风景园林概论等。

建筑类专业的主干课程包括建筑设计、城乡规划设计、风景园林设计、公共建筑设计原理与设计、中外建筑史、城市规划原理、城市总体规划、城市详细规划、园林绿地规划、景观规划设计原理、中外园林史等。

2. 实习和社会实践

建筑类专业的工程实践类课程属于实践性教学环节，主要包括实验实习、项目设计、业务实践、社会实践和科研训练等。

实验实习：主要包括课程实习（如素描、色彩写生、建筑认识实习、建筑摄影等）、课程实验（如建筑物理实验、虚拟仿真实验等）、毕业实习和创新创业实践等，旨在培养学生的实验设计、测试、结果分析与相关工程技术设计能力。

项目设计：主要包括场地规划、建筑设计、现场测绘等以项目为中心的课程设计。

业务实践：主要是在学校与企业共建的教学实习基地、工程实践中心、虚拟仿真中心等场所进行实地工程项目实务学习或设计生产实习实践，旨在利用工程教育提高学生的实战意识及能力。

社会实践：通过课程调研、社会调查、暑期"三下乡"活动等方式，认识社会与城乡实际，观察人的行为习惯需求，了解工程设计职能，增强学生的社会责任意识。

三、就业方向与发展前景

建筑类专业的主要就业方向包括以下几个方面。

（1）工程技术部门：包括建筑设计院、规划设计院、风景园林设计研究院、设计事务所或设计公司、房地产开发企业等。

（2）政府职能机构：包括规划局、园林局、建设局或其他基建开发部门等。

（3）科学研究单位：包括高等学校、建筑技术研究或建筑历史保护部门等。

当前，我国正处于城镇化快速发展的阶段，实现城乡一体化，稳步推进美丽乡村建设战略，为建筑类专业发展提供了较好的机遇和发展环境。随着社会对建筑类专业人才的需求日益增加，自改革开放以来，我国建筑类专业本科生的就业率、薪资水平、就业满意度均保持在工科专业前列。尤其在国家生态文明建设导向下，在城乡发展更加关注环境保护、生态修复以及地方特色与文脉传承的价值取向背景下，拥有生态、社会、文化和工程技术观的建筑类规划设计人才的重要性愈发凸显。从家具设计、小庭院设计，到建筑设计、住宅区设计及公园设计，再到城市设计、城市规划、区域规划，建筑类专业肩

负着环境可持续、资源合理配置的重要使命，发展前景广阔。

四、学习本专业类的优势与劣势

建筑类专业是理工科门类中最为诗情画意、最具生活气息的学科，是学习关于人类如何诗意栖居的学科。因此，建筑类专业学生通过相关课程的学习，既能理解中国文化精髓，又能领略国外艺术风采；既能挥斥方遒、提笔作画，又能操作新型软件、建造手工模型，更能把图画与模型变为现实；既能品赏周边的山水城市、在地建筑，又能理解人的行为和生活需求，更能艺术化地安排我们的生活环境……这些内容正是建筑类专业的核心——城市环境的绿色系统工程和建筑设计艺术。建筑人才具有创造性思维、开阔视野、社会责任感和团队精神，具有可持续发展和文化传承理念，具有人文情怀和社会担当，更具有较强的推介表达能力和逻辑思考能力。

设计永无止境，建筑类专业涉及气候、环境、社会、人文等多重要素，还牵涉到密集的学科统筹与整合、大规模的资本运作与定位，需要前期大量的知识储备和较高强度的长期学习，短期学习效果不明显。相对于纯艺术专业，建筑类专业更注重逻辑性；相对于土木专业，则更强调审美诉求与认知素质培养。此外，建筑类专业要求学生具备一定的空间处理和表达能力，还需要一定的空间把控与再创造的综合素质，对于能力多样性要求较高，客观上具有一定的学习难度。

五、学生素质要求与高校选科要求

1. 学生素质要求

建筑类专业较为注重学生美学素养的培育，一方面是因为规划、建筑、景观设计需要正确的审美价值观，另一方面也需要采用适当的手段对方案构思加以表达。因此，建筑类专业普遍重视美术教学，部分高校也要求学生在进入高校后接受美术测试。当然，美学素养的提高与表达手段的学习不单单来自美术训练，模型制作、电脑辅助设计等都在不同程度上有助于审美能力的培养。同时，鉴于美术技巧与设计思维是两回事，因此，美术技巧不是本专业类的必要基础，而美学修养则是本专业类的重要培养目标。

建筑类专业要求学生具备空间想象力、造型

能力和表现能力，具有较强的沟通能力和吃苦耐劳精神，需要关注人群和社会，关注相关的众多学科，如社会学、人类学、艺术学、工程学、心理学、生态学等学科，理解事物的逻辑原理，形成系统的设计哲学与价值观。

2. 高校选科要求

不同高校的建筑类专业选科要求有所区别，一般为物理、历史、地理、生物等科目。学习建筑类专业，学生应在高中阶段注重文理兼修，一方面要关注数学、物理学等课程以强化逻辑思维能力，另一方面要广泛涉猎历史、地理、生物等人文与自然科学知识；此外，应注重对计算机应用、人工智能等工具平台的学习，以及对审美情趣、语言表达、文字功底等基本素养的训练。

例如，中央美术学院、东北大学、厦门大学、济南大学、武汉理工大学、中南大学、四川大学、四川美术学院、昆明理工大学、黑龙江工程学院要求物理、历史、地理三门科目考生选考其中一门即可报考；浙江工业大学要求物理、地理两门科目考生选考其中一门即可报考；浙江理工大学要求物理、历史两门科目考生选考其中一门即可报考；成都理工大学、浙江财经大学要求物理、生物、地理三门科目考生选考其中一门即可报考；清华大学、上海交通大学、中国矿业大学、河南理工大学、武汉大学、广西大学、西南交通大学要求考生必须选考物理方可报考。

每个高校的具体选科要求可通过山东省教育招生考试院网站（http://www.sdzk.cn/）、山东省教育云服务平台（http://www.sdei.edu.cn/）或"山东高考一点通"微信公众号查询。

8.29　安全科学与工程类（0829）

一、专业类概述

安全是人类进行各种活动的客观需要，是人类社会发展的必然趋势。人类要生存和发展，需要认识安全的一般规律，为自身的生产和发展提供保障。20世纪以来，随着各国工业化进程的不断加快，无论是煤炭、化工、建筑等传统行业，还是食品卫生、环境及其他新兴产业领域，安全问题日益突出。我国对安全生产高度重视。严守安全底线、严格依法监管、保障人民权益、生命安全至上已成为全社会共识。

学习安全工程专业知识，利用安全技术理论和专业技术手段解决安全问题，可以有效保障人们的身心健康和生命安全，减少物质财产损失，降低事故风险，提高社会安全水平。

专业设置：根据教育部普通高等学校本科专业目录，安全科学与工程类专业包含安全工程（082901）一个基本专业，以及应急技术与管理（082902T）、职业卫生工程（082903T）两个特设专业。

安全工程专业主要培养适应现代经济和技术发展需要，具有社会责任感，掌握安全科学、安全工程及技术的基本理论、基本知识及基本技能，能够从事安全工程方面的设计、研究、评估与咨询、安全监察、技术管理、应急救援、安全教育与培训等工作的高级专业技术人才。

学制与学位：安全科学与工程类专业本科基本学制为4年，实行弹性修业年限，一般可在3～6年内完成。学生按要求完成学业，可授予工学学士学位。

二、知识构架

1. 核心课程和主干课程

安全工程专业的核心课程和主干课程主要有高等数学、线性代数、概率论与数理统计、大学物理、大学化学、工程力学、工程流体力学、工程热力学与传热学、电工与电子技术、机械设计基础、安全系统工程、安全人机工程、安全法学、安全管理学、安全检测与监控、电气安全、防火与防爆、机械安全、通风工程、压力容器安全、职业卫生与健康等。

2. 实习和社会实践

安全科学与工程类专业的实习主要是围绕安全生产专题开展认识实习、生产实习、毕业实习等，具体实习方式可采用集中实习或自主分散实习。实习时间一般安排在大二至大四各学期。

为了提高安全工程实践能力，安全科学与工程类专业还设有课程实验、课程设计、毕业设计、科技创新及社会实践等实践教学环节。

三、就业方向与发展前景

1. 就业方向

安全科学与工程类专业属于工程类专业，同时涉及各行各业，学生在学习的过程中需要培养坚实的工程科学基础，要了解其他学科及专业的基础知识，同时要结合学习过程培养分析与解决问题的能力、科研能力、创新能力、动手能力等。安全工程专业学生毕业后可以在各级政府应急管理部门、消防部门、国土资源部门、气象部门、交通部门、公安部门、城市规划部门、质量监督部门、特种设备检测检验所、建筑质量监理部门、质量检测部门、环保监测中心、大型工矿企业、石油化工业、土木建筑业、航空航天业、能源业、冶金业、交通运输业、物流业、保险业以及各类安全技术中介机构，从事安全科学研究、安全技术开发、安全工程设计、安全风险评估、安全监察与监管、安全监测与监控、安全生产组织管理、安全教育与培训、事故应急救援等方面的工作。

2. 发展前景

人们的生产生活各方面都离不开安全，尤其是近年来，随着国民经济的快速发展和经济体制的转型以及各级政府对安全工作的重视，各行各业都更加认识到安全工程技术与管理的重要性，同时也突显出安全工程技术与管理专门人才的匮乏。可以预见，安全科学与工程类专业在今后很长一段时间内都将是极具生命力的专业。

四、学习本专业类的优势与劣势

安全科学与工程类专业服务于各行各业，简单来说，哪里有生产问题，哪里就有安全工程，因此，学习该类专业可以去你感兴趣的行业工作。不同的行业对安全技能的要求有所不同，但各种行业的成长方式有所类似，即"技术是基础，管理是归属"。无论人们从事何种工作，都会涉及各类安全知识，不同行业的侧重点也有所不同，因此，安全科学与工程类专业毕业生有其通用的大安全知识体系优势，适宜到各行各业从事安全工程技术与安全管理工作，也有其独特的专业安全知识体系优势，适宜到某个特定行业领域从事专业安全工程技术与安全管理工作。截至目前，全国有近170所高校开设安全工程本科专业，拥有安全工程专业研究生教育的高校有50多所，每年招收本科生、硕士研究生、博士研究生分别约为7000名、1000名和300名。每所高校都会结合社会对安全工程专业人才的需求、国民经济和社会的发展以及学校的优势和特色，开办安全工程专业人才培养方向，如公共安全、矿山安全、石油化工安全、土木建筑安全、工业生产安全、环境安

全、交通运输安全、核安全、网络信息安全、金融保险安全等等。

安全工程专业人才随着工作经验的增多，对自己的工作也有了不同以往的认知。安全技术和安全管理能力是安全工程专业人才必须具备的两把利器，安全工程专业人才所从事的职业类似于医生职业，越老越值钱，丰富的现场经验和技能是安全工程专业人才成功的基石。安全工程专业人才必须深入实践，积累经验，并不断地学习新技术、新知识，才能更好地适应社会对安全工程专业人才的需求。

五、学生素质要求与高校选科要求

安全科学与工程类专业是以安全科学原理为基础，以信息论、系统论、控制论为先导，以安全科学与工程为主干学科，包括安全科学理论、工程技术和管理在内的一门宽口径、厚基础的综合性学科。安全工作是一项为社会服务、积德行善的高尚职业，需要为人们的生命、健康、安全保驾护航，因此，具有一定的逻辑思维能力和管理能力、责任心强的学生比较适合学习该类专业。

根据山东省教育招生考试院公布的普通高校专业类选考要求，安全科学与工程类专业一般要求选考物理这门课程。这是因为诸多安全问题的分析都需要物理学知识，如作业环境分析与评价、职业危害检测等均可能涉及力、热、光、电磁、振动、波动等物理学知识。

例如，河北科技大学、中国矿业大学、武汉理工大学要求考生必须选考物理方可报考。

每个高校的具体选科要求可通过山东省教育招生考试院网站（http://www.sdzk.cn/）、山东省教育云服务平台（http://www.sdei.edu.cn/）或"山东高考一点通"微信公众号查询。

8.30 生物工程类（0830）

一、专业类概述

生物工程是利用生物体系，应用生物学、化学和工程技术相结合的方法，按照人类的需要改造和设计生物的结构与功能，从而经济、有效、大规模地制造人类所需的各种产品。生物工程类专业是以生物技术研究成果为基础，以通过工程

技术实现产业化为基本任务的工学学科，广泛应用于化工、医药、食品、农业、能源、资源和环境等领域。

专业设置：根据教育部普通高等学校本科专业目录，生物工程类专业包含生物工程（083001）一个基本专业，以及生物制药（083002T）、合成生物学（083003T）两个特设专业。

生物工程类专业涉及生物工程设备、生物生产工艺、工厂设计等宏观工程内容，也涵盖基因、酶、细胞以及代谢与调控等微观工程内容，研究对象有微生物细胞、动物细胞、植物细胞以及生化物质等，包括基因工程、发酵工程、生化工程、蛋白质与酶工程、细胞工程等学科内容。以抗生素、酶制剂、维生素、有机酸、氨基酸、天然药物、大宗生化产品等为基础的传统生物工程产业，其生产规模大幅扩张，对技术转型升级提出了更高要求；基因工程蛋白质、抗体疫苗、生物制品、名贵天然植物活性成分等产品的大规模生产，催生了新兴生物工程产业的发展。

生物工程类专业应用性强，要求学生不仅要掌握扎实的生物学、工程学基础理论和生物工程专业知识基础，而且要受到严格的实验技能训练与工程实践环节训练，具有较强的工程应用能力，适应未来生物工程产业发展的需要。

生物工程类专业密切结合经济社会发展需要、行业需求及专业特点，主要培养掌握生物技术及其产业化的科学原理、工艺技术过程和工程设计等基础理论及基本技能，能在工业发酵、生物制药等技术与工程领域从事设计、生产、管理以及新技术研究、新产品开发与推广工作的应用型工程技术人才。

学制与学位：生物工程类专业本科基本学制为4年，实行弹性修业年限，一般在3～6年内完成。学生按要求完成学业，可授予工学学士学位。

二、知识构架

1.核心课程

生物工程专业的核心课程包括生物化学、微生物学、普通生物学、化工原理、细胞生物学、分子生物学、基因工程、发酵工程、生物分离工程、生物工程设备、生物反应工程等课程。

2.实习和社会实践

生物工程类专业的实践教学活动一般安排在实习与实训基地、科技活动基地进行。

（1）实习与实训基地：根据生物工程专业特色和学生的就业去向，高校与科研院所及相关行业、企业加强合作，建立相对稳定、具有特色的专业实习与实训基地，开展各类实习活动，让学生更加了解生产的实际情况，并运用专业知识解决生产中遇到的实际问题，属于应用型的实习实践活动。

（2）科技活动基地：高校利用大学生科技创新活动基地，通过开展因材施教、开发学生潜能的科技创新项目，让学生在科研平台上开展科学研究工作，属于研究型的实习实践活动。

实习时间因学校而异，一般为大四下学期。

三、就业方向与发展前景

1.就业方向

生物工程类专业毕业生的就业方向主要是有关生物医药、食品酿造、环境保护、生态农业、新能源、新材料、绿色食品及其他生物制品生产研发的企事业单位。毕业生可以在生物、制药、食品、医疗设备、新农业、新能源、酿造等相关领域从事技术开发、工程设计、生产管理及产品性能检测分析等方面的研发、管理工作，也可以在科研院校从事科研与教学工作。

2.发展前景

生物工程类专业属于综合交叉发展学科，是培养高级科研和技术人才的学科，专业适用面广，便于跨学科发展，学生可以进一步学习上游的生命科学，也可以学习下游的实用工程学科。生物工程类专业可以将前沿基础学科、生命科学与应用学科和生物工程完美结合，能够将生命科学研究中发现的新技术和新方法快速应用到生产实践中，是推动社会经济快速发展不容忽视的专业力量，发展前景十分广阔。

四、学习本专业类的优势与劣势

1.优势分析

生物工程类专业的优势主要体现在以下几方面。

（1）专业能力优势强：该类专业课程设置是工科，但是同时也会学到生命科学的所有基础课程，知识范围广，上游的生命科学部分为学生提供了较强的生物学基础，同时下游的实用工程学科为学生提供了扎实的工科知识，二者有机结合，学生专业基础扎实，应用广泛，可以很容易地转到生物科学方向或其他相关应用专业，就业领域广泛，比如制药、食品、科研或技术开发等。

（2）专业深造优势大：该类专业学生读研比例很大，若想要在本学科有所建树或想从事高级技术研发工作，读研深造是较好的选择；读研选择余地大，可以转向很多相关领域，如生物、制药、食品等。读研方向若选择生命科学类，则向理科研究方向发展，一般会一直从事研究工作；若继续学习生物工程专业或转向发酵工程、制药工程、食品科学等，硕士毕业后会有很好的就业前景。

（3）出国发展优势多：生物工程属于综合交叉发展学科，且与应用有紧密的结合，国外很多著名大学都很注意其发展，所以学生出国深造机遇很大，也会有更大的发展空间。

2. 劣势分析

生物工程类专业学生本科毕业后工作前景不是十分明朗，相关就业领域一般要求更高学历。

该类专业本科生直接从事科研方面工作的可能性不大，部分毕业生转向其他行业，部分毕业生从事相关专业的下游技术工作。毕业生最初一般从事较单调的技术工作，以后还需要进一步的经验积累和实践操作能力培养。

五、学生素质要求与高校选科要求

1. 学生素质要求

生物工程类专业要求学生在高中阶段具有扎实的化学知识基础、对生物有着浓厚的兴趣、具有较强的动手实践能力。生物工程类专业从事的工作就是在生产实践中发现问题、分析问题和解决问题，学生需要具备严谨的逻辑思维能力、较强的创新意识和批判性思维，才能够在生物工程专业领域取得突破性的成绩。

2. 高校选科要求

根据山东省教育招生考试院公布的普通高校专业类选考要求，生物工程类专业一般要求选考化学、物理、生物科目。

例如，北京化工大学、河北科技大学、吉林农业大学、东北农业大学、浙江工业大学、泰山医学院、聊城大学、河南科技大学、浙江科技学院要求物理、化学、生物三门科目考生选考其中一门即

可报考；华东理工大学、浙江理工大学要求物理、化学两门科目考生选考其中一门即可报考。

每个高校的具体选科要求可通过山东省教育招生考试院网站（http://www.sdzk.cn/）、山东省教育云服务平台（http://www.sdei.edu.cn/）或"山东高考一点通"微信公众号查询。

8.31 公安技术类（0831）

一、专业类概述

工学中的公安技术类专业与法学中的公安学类专业有着明显的区别。公安技术类专业属于自然科学范畴，其学科性质具有技术性、工程性、科学性和实践性的特点，简单地说，就是调动各种力量，集合各种资源，运用各种手段保护公共安全。它需要专业仪器设备的支撑。

公安技术类专业主要培养具备痕迹检验、文件鉴定、微量物证分析、公安图像技术、防火防灾、紧急救援、交通管理、网络监察等方面的知识和能力，能在公安、司法、消防、应急管理、交通、网络安全等部门从事管理、研究和实操工作的高素质专门人才。

目前国内开设公安技术类专业的院校多为公安类院校，如中国人民公安大学、中国刑事警察学院、中国人民武装警察部队学院、山东警察学院、江苏警官学院、湖南警察学院、浙江警察学院、西南交通大学、福建警察学院等。

专业设置：根据教育部普通高等学校本科专业目录，公安技术类专业包括刑事科学技术（083101K）、消防工程（083102K）两个基本专业，以及交通管理工程（083103TK）、安全防范工程（083104TK）、公安视听技术（083105TK）、抢险救援指挥与技术（083106TK）、火灾勘查（083107TK）、网络安全与执法（083108TK）、核生化消防（083109TK）、海警舰艇指挥与技术（083110TK）、数据警务技术（083111TK）九个特设专业。

学制与学位：公安技术类专业本科基本学制为4年。学生按要求完成学业，可授予工学学士学位。

二、知识构架

1. 核心课程

公安技术类专业因研究方向不同，各专业的

核心课程有明显区别，本书仅对部分专业的核心课程加以介绍。

刑事科学技术专业的核心课程包括刑事科学技术概论、心理学、逻辑学、刑事证据学、现场勘察、刑审侦查学、光学仪器检验与分析等。

消防工程专业的核心课程包括工程力学、火灾化学、工程流体力学、画法几何及工程制图、电工电子技术、消防燃烧学、工程热力学与传热学、建筑给排水、房屋建筑学、建筑防火设计、消防法规、防火理论与工程应用、灭火技术、火灾风险评估、火灾救援技术、火灾调查方法与鉴定、纳米阻燃材料、消防工程学等。

交通管理工程专业的核心课程包括交通法规、交通管理数值方法、交通事故及其对策、计算机原理及应用、道路交通控制概论、机动车原理及构造、交通心理与行为、交通通信与电视监控、交通管理信息系统等。

安全防范工程专业的核心课程包括法学概论、安全防范概论、安全防范法规、现代科技、安全防范技术、安全防范工程、危险品与违禁品处理、犯罪预防、事故预防等。

公安视听技术专业的核心课程包括犯罪现场勘察、刑事科学技术、数字图像处理、视听资料检验、视频技术、音频技术、警察体育、擒拿格斗等。

其他专业不再一一赘述。

2. 实习和社会实践

公安技术类专业的实践性教学环节主要包括课程实验、课程训练、见习、实习等，一般安排课程实验和课程训练50周，见习有10周，实习有12周。

三、就业方向与发展前景

公安技术类专业毕业生的就业面较窄，但就业率较高，每个专业都有特定对应的工作领域。从整体来看，学生毕业后主要在公安消防部队、企事业单位、公安交通部门及国家安全部门，从事侦查工作、刑事执法工作、预防和控制犯罪以及侦查学教学、科研等方面的工作。

随着信息化时代的到来，无论是公共安全、网络安全还是应急救援等领域，所受到的挑战越来越多。党的十八大以来，我国成立国家安全委员会，国务院成立应急管理部，各地也先后成立应急管理部门，公安技术类专业的发展迎来新机遇，毕业生的发展前景越来越广阔。

四、学习本专业类的优势与劣势

1. 优势分析

公安技术类专业的优势在于该类专业人才缺口大，对口就业率高。我国现代化的应急管理体系正在构建，因新型冠状病毒感染的肺炎疫情和其他公共安全事件的影响，我们国家在公共安全领域的投入会越来越大，该类专业未来的发展潜力会更大。

2. 劣势分析

公安技术类专业主要是从事技术侦查的，为破案提供技术支持，是破案的关键环节。虽然不像公安学类专业工作那样经常在犯罪第一现场，但是也要有吃苦的心理准备，不但要身体好，还要学习好，不适合那些怕吃苦、立场不坚定的考生报考。

五、学生素质要求与高校选科要求

公安、消防、应急救援等行业承担着捍卫法律和保护人民生命财产安全的神圣职责，同时也承受着巨大的压力和挑战。学习公安技术类专业，学生需要具有坚定的意志、崇高的理想和为人民服务的热情。公安技术类专业对学生的身体素质、心理素质和个人品质都有较高的要求。

在高校选科要求方面，大多数高校的公安技术类专业一般要求在物理、化学、生物三科中选考一科就可报考，部分高校则要求选考物理、化学。例如，中国刑事警察学院、山东警察学院、南京森林警察学院要求考生在物理、化学、生物三科中选考一科即可报考；中国人民武装警察部队学院要求考生在物理、化学两科中选考一科即可报考。

每个高校的具体选科要求可通过山东省教育招生考试院网站（http://www.sdzk.cn/）、山东省教育云服务平台（http://www.sdei.edu.cn/）或"山东高考一点通"微信公众号查询。

学科门类：农学（09）

在教育部颁布的《普通高等学校本科专业目录》中，农学学科门类下，包含植物生产类、自然保护与环境生态类、动物生产类、动物医学类、林学类、水产类、草学类七个专业类。

9.1 植物生产类（0901）

一、专业类概述

农业是关系国家粮食安全的战略性产业，是国民经济的重要基础，是国家乡村振兴战略的重要组成部分。种植业以优质、安全、高效生产粮棉油菜果茶等粮食、经济、饲料作物为目标，以品种改良、技术装备创新为手段，充分挖掘作物的光合作用和生产性能，满足人们对食物健康、生态及食物安全日益提升的需求。我国农业正在由传统农业向现代农业转变，智慧农业、设施农业、休闲农业等新型农业需要大批有识之士投身于农业的技术创新和知识创新的行列。

植物生产类专业主要培养具备良好的科学文化素养和扎实的生物学基础，掌握现代作物学、园艺学和植物保护学的基本理论、基本知识和实验技能，了解学科前沿，具有创新意识和能力，能在农业及相关领域的高等学校、科研院所以及相关企事业单位从事植物生产类专业技术的教学与科研、推广与开发、经营与管理等工作的专业人才。

专业设置：根据教育部普通高等学校本科专业目录，植物生产类专业包含农学（090101）、园艺（090102）、植物保护（090103）、植物科学与技术（090104）、种子科学与工程（090105）、设施农业科学与工程（090106）六个基本专业，以及茶学（090107T）、烟草（090108T）、应用生物科学（090109T）、农艺教育（090110T）、园艺教育（090111T）、智慧农业（090112T）、菌物科学与工程（090113T）、

农药化肥（090114T）八个特设专业。

植物生产类专业以植物科学与技术为基础，将生物技术、信息技术与现代农业紧密结合，培养学生在植物生产方面的基础知识、基本理论、基本技能和创新能力。同时，各专业间也存在明显差异，主要表现为各专业涉及的植物不同。农学专业主要涉及粮食作物，园艺专业主要涉及蔬菜和果树等园艺作物，植物保护专业主要涉及农田病虫草害等生物及其防治，植物科学与技术专业涉及主要的粮食、蔬菜和果树等作物，种子科学与工程专业以作物种子的生产、储存等为主，设施农业科学与工程专业主要涉及设施条件的蔬菜和果树等作物，茶学专业以茶树的栽培与茶叶生产等作物，烟草专业以烟草的育种、栽培和加工为主。此外，应用生物科学专业不仅涉及植物，还涉及微生物。农艺教育、园艺教育专业主要培养未来可能从事相关专业教育的人才。

学制与学位：植物生产类专业本科基本学制为4年，实行弹性学制的培养单位允许学生在3~6年内完成学业。对于符合学位授予条例要求的毕业生，可授予农学学士学位，设施农业科学与工程专业也可授予工学学士学位，应用生物科学专业也可授予理学学士学位。

二、知识构架

1. 主干课程和核心课程

植物生产类专业的主干课程主要包括植物学、遗传学、基础生物化学、植物生理学、土壤肥料学、微生物学、农业生态学等。这类课程主

要学习细胞、组织、器官、群体、个体等不同层面如何形成、发育、成熟、衰老的规律，掌握如何从微观和宏观层面调控、影响作物生长代谢的基础理论。

植物生产类专业的核心课程主要包括植物育种学、植物生产学、植物生物技术、分子生物学、植物保护学、种子生产学、设施环境与调控等，其中涉及的植物因专业不同而不同。这类课程主要学习种质创新、品种改良、作物生产、病虫害防治等技术理论和方法，为优质、高效生产提供理论和技术支撑。

2. 实习和社会实践

植物生产类专业的实践教学是培养学生的科学素养、专业技能和创新能力的重要环节，主要包括专业认识实习、课程实验实习、专业综合实习、创新创业实践、毕业（生产）实习、毕业论文（设计）等，分别安排在不同学期进行。专业认识实习主要结合专业教育了解专业培养目标和方向。课程实验实习主要是对课程知识的理解。创新创业实践主要是参加创新创业团队、参与大学生研究训练（SRT）计划以及各类创新创业大赛等。毕业（生产）实习主要是综合运用所学知识，提高分析问题和解决问题的能力。

三、就业方向与发展前景

1. 就业方向

该类专业的毕业生可直接就业，也可进一步深造。毕业生可面向农业相关的政府部门、企事业单位、高等院校、科学研究机构等，从事教学与科研、推广与开发、经营与行政管理等工作；也可自主创业，参与到乡村振兴的伟大实践中。

2. 发展前景

我国是一个人口大国，粮食安全是国家战略。随着社会的发展和人民生活水平的提高，社会对农产品的数量及质量要求越来越高，迫切需要大批有志青年投身于农业现代化的建设中。现代农业和乡村振兴为植物生产类专业人才提供了较为广阔的市场前景。从现在到21世纪中叶，是我国传统农业向现代农业转变的关键时期，是利用生物技术、信息技术、智能装备及新材料改造传统农业的重要时期。植物生产类专业已成为科技革命的先锋专业，具有广阔的发展前景。

四、学习本专业类的优势与劣势

1. 优势分析

随着社会的发展和民众对美好生活的向往，对农产品质量和安全的要求越来越高。现代农业科技和生物技术的广泛应用，为植物生产类专业的人才培养提供了较好的条件和广阔的就业市场。同时，植物生产类专业属于实践性较强的专业，有助于学生实践能力、创业能力的培养，有助于学生的自主创业。

2. 劣势分析

植物生产类专业面对的植物生长周期长，科技创新与创业需要耐得住寂寞、吃苦耐劳。

五、学生素质要求与高校选科要求

1. 学生素质要求

报考植物生产类专业，要求高中学生具有良好的化学、物理、生物学、数学基础，具有很强的社会责任感和团队意识，具有健康的体魄、良好的心理素质和生活习惯，热爱自然、热爱科学，乐于关注生态问题和农业问题，立志从事植物生产有关的科研、教学、管理和经营等方面的工作。

2. 高校选科要求

在高校选科要求方面，大多数高校的植物生产类专业要求生物、化学、物理三门科目任选一门即可报考，部分高校不提科目要求。

例如，沈阳农业大学、吉林大学、吉林农业大学、黑龙江八一农垦大学、东北农业大学、长江大学、华中农业大学、海南大学、淮阴工学院要求物理、化学、生物三门科目考生选考其中一门即可报考；聊城大学、青海大学要求化学、生物两门科目考生选考其中一门即可报考；北京农学院要求考生必须选考生物方可报考。

每个高校的具体选科要求可通过山东省教育招生考试院网站（http://www.sdzk.cn/）、山东省教育云服务平台（http://www.sdei.edu.cn/）或"山东高考一点通"微信公众号查询。

9.2 自然保护与环境生态类（0902）

一、专业类概述

自然保护与环境生态类专业培养适应社会经济发展和自然保护与环境生态建设需要，掌握农业资源与环境、野生动物与自然保护区管理以及水土保持与荒漠化防治专业的基本理论、方法和技能，具备德智体美劳全面发展素养和求实创新能力，能在农业、林业、国土资源、环保及相关领域的行政事业单位、高等学校、科研院所及相关企业从事行政管理、教学科研、推广开发、生产经营等工作的复合型专业人才。

随着现代经济的发展和社会的进步，人们对美好生活的向往程度越来越高。这不仅需要丰富的物质文化，还需要优美的生态环境，创造高质量的生活。党和国家提出了"绿水青山就是金山银山"的理念，把"坚持节约资源和保护环境"作为基本国策。保护自然环境，建设绿水青山，是新时代的最强音，是新时代赋予每个热血青年的光荣使命。自然保护与环境生态类专业面向资源和环境两大领域，以正确理解和把握人与自然的关系为基础，以保持农林业绿色可持续发展和生态环境安全为理念，以资源高效循环利用和生态环境保护为手段，满足经济社会发展和人们生活水平提高对资源利用和环境保护的需求。

专业设置：根据教育部普通高等学校本科专业目录，自然保护与环境生态类专业包含农业资源与环境（090201）、野生动物与自然保护区管理（090202）、水土保持与荒漠化防治（090203）三个基本专业，以及生物质科学与工程（090204T）一个特设专业。

学制与学位：自然保护与环境生态类专业本科基本学制为4年，实行弹性学制的培养单位允许学生在3～6年内完成学业。对于符合学位授予条例要求的毕业生，可授予农学学士学位。

二、知识构架

1. 主干课程和核心课程

该类专业的主干课程包括地质地貌学、土壤学、植物学或生物学、生物统计学、微生物学、植物生物技术导论（或植物生理学）、分子生物学导论、农业生态学（或生态工程学）等。这类课程主要学习自然资源、自然地理要素、自然环境的基本理论和基本知识，为认识自然资源、保护生态环境提供理念基础。

农业资源与环境专业的核心课程包括资源环境概论、植物营养学、农化分析、水资源与水环境管理、肥料工艺学、资源调查与评价、养分管理等。

野生动物与自然保护区管理专业的核心课程包括森林生态与环境学、动物学、动物育种与繁殖学、森林资源经营管理等。

水土保持与荒漠化防治专业的核心课程包括土壤侵蚀原理、林业生态工程、水土保持工程学、荒漠化防治工程学、水土保持规划学、流域综合治理学等。

2. 实习和社会实践

该类专业的实践教学环节包括专业认识实习、专业类实验、课程教学实习、专业课程设计、综合教学实习、创新创业实践、毕业实习、毕业论文（设计）等。实践教学主要在学校专业实验室、野外实习基地、校外教学科研实践育人基地、大学生"创客驿站"、教师科研实验室等场所开展。专业类实验包括设计性实验、综合性实验、验证性实验、创新性实验。专业认识实习在大学一年级结合专业教育实际适时进行。创新创业实践主要包括参加创新创业团队以及参与国家大学生实践创新性实验计划、大学生研究训练（SRT）计划、各类创新创业大赛等。课程教学实习、专业课程设计结合专业课程教学情况适时开展。毕业实习、毕业论文（设计）等环节一般在大学四年级进行，主要是综合运用所学知识，提高分析问题和解决问题的能力。

三、就业方向与发展前景

1. 就业方向

自然保护与环境生态类专业毕业生的主要就业方向包括：（1）在农业、国土资源、环境保护、水土保持、林业等领域的管理部门从事农业资源管理、农业资源高效利用、农业环境保护、养分管理、面源污染治理、安全食品生产、水土保持与荒漠化防治、水土保持监测与评价、水土保持规划设计、生态工程、野生动物与自然保护区管理等方面的工作；（2）在企业从事农化服务指导、新型肥料研发、污染防治规划、生产建设项目水土保持方案编制、环境生态建设等专门性工作；（3）在高等院校、科研院所及有关研究机构从事相关的科学研究、教学及管理工作；（4）升学深造，考取本专业及相关专业的硕士研究生和硕博连读生。

2. 发展前景

自然保护与环境生态类专业培养掌握资源高效循环利用、生态环境保护和永续发展的基本原理和方法，具备解决资源紧张、环境污染、生态破坏、水土保持、自然保护区管理等相关问题的技术与能力的专业人才，面向资源和环境两大领域。国家对资源和环境高度重视，党的十九大报告提出了"必须树立和践行绿水青山就是金山银山的理念，坚持节约资源和保护环境的基本国策"，因此，自然保护与环境生态类专业顺应社会经济发展和人类社会进步的要求，具有广阔的发展前景。

四、学习本专业类的优势与劣势

1.优势分析

自然保护与环境生态类专业毕业生具备扎实的化学、地学、生物学基础，具有很强的实践动手能力，拥有资源环境调查、评价、规划、设计、监测、治理、保护等多种专业技能，适应能力强，就业面广，可就业于农业、国土资源、林业、环保、水利等领域的行政管理部门、企事业单位以及高校、科研院所，相关专业人才需求量大，具有良好的发展空间。

2.劣势分析

该类专业需要学生具有扎实的数理化基础，热爱自然，还要具有健康的体魄和较强的动手能力。

五、学生素质要求与高校选科要求

1.学生素质要求

报考该类专业，要求高中学生具有良好的化学、物理、生物学、数学基础，具有很强的社会责任感和团队意识以及良好的人文修养，具有健康的体魄、良好的心理素质和生活习惯，具有勇于进取的意志品质以及求实创新的意识，具有浓厚的学习兴趣和较强的动手能力。

2.高校选科要求

在高校选科要求方面，该类专业一般要求化学、生物、物理任选一门即可报考，部分高校不提科目要求。

例如，吉林农业大学要求物理、化学、生物三门科目考生选考其中一门即可报考；上海交通大学要求物理、化学两门科目考生选考其中一门即可报考；东北农业大学要求必须选考化学方可报考。

每个高校的具体选科要求可通过山东省教育招生考试院网站（http://www.sdzk.cn/）、山东省教育云服务平台（http://www.sdei.edu.cn/）或"山东高考一点通"微信公众号查询。

9.3　动物生产类（0903）

一、专业类概述

动物生产类专业培养德、智、体、美、劳全面发展，具有人文科学、自然科学基础，熟悉国内外学科发展现状、趋势和专业技术规范，掌握动物科学、蚕学或蜂学方面的基本理论、基本知识和基本技能，具有良好的实践能力、自主学习能力、团队协作和组织协调能力，以及较强的创新创业意识和社会责任感，能在动物科学、蚕学、蜂学相关领域或部门从事技术与设计、推广与开发、经营与管理、教学与科研以及创新创业等工作，符合科技、经济及社会发展要求的应用型、复合型或创新型高素质专门人才。

动物生产类产业是国民经济的基础产业之一，是农业的重要组成部分，也是国家乡村振兴战略的重要组成部分。该产业以生产优质的肉、蛋、奶、蜂蜜、毛、皮、绒、宠物、竞技动物等为目标，以品种遗传改良、高效繁殖、精准营养、自动化设备、精细管理、生物安全等为技术手段，保障动物福利，充分挖掘动物的生产潜能，满足人们对安全优质动物性蛋白和动物性产品的需求，同时也为生物学的基础研究提供模式生物。我国动物生产类产业正在由传统产业向现代化、标准化、自动化、智慧化、绿色环保型产业转变，需要大批有识之士加入该产业的技术创新和知识创新行列。

专业设置：根据教育部普通高等学校本科专业目录，动物生产类专业包含动物科学（090301）一个基本专业，以及蚕学（090302T）、蜂学（090303T）、经济动物学（090304T）、马业科学（090305T）四个特设专业。

目前我国主要农业院校、部分综合性院校和民族大学中的农学院或畜牧兽医学院（系）等均开设动物科学专业，部分院校开设蚕学、蜂学专业。高职高专院校也设置有动物科学专业。所有这些专业都涉及动物生理生化、遗传规律、品种选育改良、营养与饲料、饲养管理、环境控制、资源化利用等方面。动物科学以畜禽（牛、猪、禽、羊、马、兔等）为主要研究对象，蚕学以家蚕为主要研究对象，蜂学以蜜蜂为主要研究对象。

学制与学位：动物生产类专业本科基本学制为4年，实行弹性学制的培养单位允许学生在3~6年内完成学业。对于符合学位授予条例要求的毕业生，可授予农学学士学位。

二、知识构架

1. 主干课程和核心课程

动物生产类专业的主干课程主要包括动物学、动物解剖与组织胚胎学、动物生物化学、动物生理学、细胞生物学、动物遗传学、动物繁殖学、动物生态学、普通昆虫学等。这类课程主要学习细胞、组织、器官、个体、群体等不同层面的发生、发育、生长、遗传等规律，是从微观和宏观层面调控动物生长发育的基础理论。

动物生产类专业的核心课程主要包括动物育种学、动物营养学、饲料学、饲料安全与营养价值评定、家畜环境卫生与牧场设计、生物统计学、微生物学、基础兽医学、动物（猪、牛、马、羊、禽、兔、蚕、蜜蜂等）生产学、动物福利学等。这类课程主要学习种质创新、品种改良、动物生产、生物安全、资源化利用等方面的理论、方法和技术，为优质、高效生产提供理论和技术支撑。

2. 实习和社会实践

动物生产类专业的实践教学是培养学生的科学素养、专业技能和创新能力的重要环节，主要包括专业认识实习、课程实验实习、专业综合实习、创新创业实践、毕业（生产）实习、毕业论文（设计）等，分别安排在不同学期进行。专业认识实习主要结合专业教育了解专业培养目标和方向。课程实验实习主要是对课程知识的理解和应用。专业综合实习主要是组织学生到实验基地、生产企业进行实习锻炼，熟悉动物生产过程，是理论知识与实践相结合的重要环节，提高学生在实际生产中分析问题和解决问题的能力。创新创业实践主要是参加创新创业团队、参与大学生研究训练（SRT）计划及各类创新创业大赛等，提高学生的创新创业意识及能力。毕业（生产）实习主要是综合运用所学知识，提高分析问题和解决问题的能力。

三、就业方向与发展前景

1. 就业方向

该类专业的毕业生可直接就业，也可进一步深造。其主要就业方向，一是面向生产企业、高等院校、科学研究部门，主要从事动物生产、饲料加工、市场开发、经营管理、科技推广、教学科研等工作；二是考取国家公务员、选调生等，进入相关行政执法部门、学校和行政机关等单位；三是考取研究生继续深造，从事高水平科学研究工作；四是出国留学，动物生产类专业是世界上发展前景较好的专业，本科毕业后可选择到国外留学。

2. 发展前景

动物科学是21世纪生命科学中最富有挑战性和最具发展潜力的领域之一，动物生产是一个朝阳产业。我国是动物生产大国，多种畜禽的产量均位于世界前列，同时我国也是人口大国，随着人们生活水平的提高，对动物食品的数量与质量的要求不断提高，对动物生产方式和食品安全的要求越来越高。动物生产行业正在经历由大到强、由粗放到精细的转变，处于利用生物技术、信息技术、智能装备及新材料改造传统动物生产行业的重要时期，迫切需要大批有志青年投身于动物生产的现代化建设。

四、学习本专业类的优势与劣势

1. 优势分析

动物生产类专业在国民经济中的地位越来越重要。动物生产行业是新农村发展的重要领域，是社会生态文明建设的重要方面，也是提高人民生活水平、实现人民富裕的重要保障，对科技人才的需求迫切。

动物生产类专业是应用性、实践性较强的专业，学习该类专业能够掌握动物性产品生产、食品安全保障等方面的理论和措施，为人类膳食结构的改善提供科学依据。

2. 劣势分析

学好动物生产类专业，学生需要热爱动物。报考该类专业，对考生具有一定的身体限制。

五、学生素质要求与高校选科要求

1. 学生素质要求

学习动物生产类专业，学生在高中阶段应具有良好的物理、化学、生物学、数学基础，具有很强的社会责任感和团队意识，具有健康的体魄、良好的心理素质和生活习惯，热爱自然、热爱科学、热爱动物，具备一定的动手能力，立志从事动物生产相关的科研、教学、管理和经营等方面的工作。由于动物生产类专业具有较强的科学性、应用性、实践性，因此色盲、色弱的学生通常限制报考动物生产类专业，对动物性产品过敏的学生也会在今后的从业过程中有所限制。

2. 高校选科要求

在高校选科要求方面，大多数高校的动物生产类专业一般对生物、化学、物理提出选考要求，部分高校不提科目要求。

例如，沈阳农业大学要求物理、化学、生物三门科目考生选考其中一门即可报考；吉林农业大学要求化学、生物两门科目考生选考其中一门即可报考。

每个高校的具体选科要求可通过山东省教育招生考试院网站（http://www.sdzk.cn/）、山东省教育云服务平台（http://www.sdei.edu.cn/）或"山东高考一点通"微信公众号查询。

9.4　动物医学类（0904）

一、专业类概述

专业设置：根据教育部普通高等学校本科专业目录，动物医学类专业包含动物医学（090401）、动物药学（090402）两个基本专业，以及动植物检疫（090403T）、实验动物学（090404T）、中兽医学（090405T）三个特设专业。

动物医学专业重点培养具备动物医学方面的基本理论知识和基本技能，能够从事兽医行业管理、动物保健、临床诊疗、动物疫病防疫监测和教学科研等工作的高级科学技术人才。动物医学专业本科学生在第二学年根据自愿原则，分流出部分学生组成动物检疫专业方向班，侧重培养具备动物检验检疫方面的基本理论知识和基本技能，能在国家各级检验检疫部门、动物产品卫生安全与监督机构等单位从事动物及动物产品检测及出入境检验检疫方面工作的高级专业技术人才。

动物药学专业主要培养具备药学基本理论知识和基本技能，能够在药品配方、生产开发、药残检验、药品营销及药政管理等方面从事相关工作的高级科技人才。

动物医学属于医学的一个分支，也是生命科学和农业科学的重要组成部分。现代动物医学已经从单纯对畜禽养殖动物、伴侣动物、实验动物和野生动物等进行疾病检查、诊断和治疗，以及对疫病进行检疫和防控，扩展到了人畜共患疫病、动物性食品安全、人类疾病动物模型、伴侣动物医疗保健和医药工业、环境保护等诸多领域的研究与应用，直接服务于人类健康。例如，人兽共患动物疫病禽流感、SARS（严重急性呼吸综合征）、狂犬病、新型冠状病毒感染肺炎等与人类密切相关，有效防控人兽共患疫病不仅关系到动物健康和动物生产安全，也直接关系到人类健康和经济社会的稳定发展。另外，动物及动物产品的检验检疫，兽药和动物疫苗等生物制品的使用、管理和监督也属于动物医学的范畴。动物医学还涉及宠物疾病的诊疗与动物保健、野生动物保护与救护、实验动物与比较医学等。除此之外，动物医学类专业培养的学生还应熟悉国家有关的兽医法律、法规。总之，动物医学不仅对保障畜牧养殖业健康发展非常重要，同时也在人兽共患疫病防治、食品安全保障、环境保护和公共卫生维护等方面发挥极其重要的作用。

学制与学位：动物医学类专业本科基本学制为4年或5年（动物医学专业现有四年制的专业原则上逐步过渡到五年制）。对于符合学位授予条例要求的毕业生，可授予农学学士学位。

二、知识构架

1. 主干课程和核心课程

动物医学类专业的主干课程主要包括动物解剖学、动物组织胚胎学、动物生物化学、动物生理学、动物病理学、兽医药理学、兽医微生物学、兽医免疫学、兽医公共卫生学等，主要学习兽医学科的基础知识和理论，为专业学科的学习奠定基础。

动物医学类专业的核心课程主要包括兽医内科学、兽医外科学、兽医产科学、兽医传染病学、兽医寄生虫学、动物卫生检验学、兽医药剂学、兽医药物分析等，主要培养学生从事实际工作的能力。

2. 实习和社会实践

动物医学类专业的实践教学环节主要包括专业类实验、专业类实训、专业类实习、创新创业实践、毕业（生产）实习、毕业论文（设计）等，分别安排在不同学年进行。专业类实验是专业基础课程和专业课程中的课程实验。专业类实训是指一些重要课程集中进行的专门综合性技能训练，如动物解剖学大实验、兽医外科手术大实验以及实验技能大赛等。专业类实习主要包括认知实习和临床实践等，认知实习主要是组织学生集中参观动物医院、动物检验检疫单位、动物屠宰企业、大型养殖场和动物药厂、动物园及野生动物救护中心等相关部门，临床实践主要在校内外实践基地诸如教学动物医院（兽医院）、宠物门诊、畜牧养殖企业、兽药生产企业、动物疫苗生产企业、动物屠宰加工企业、动物疫病预防控制机构和动物卫生监督机构等进行。创新创业实践主要是参加创新创业团队、参与大学生研究训练（SRT）计划及各类创新创业大赛等。毕业（生产）实习主要是综合运用所学知识，提高分析问题和解决问题的能力。

三、就业方向与发展前景

动物医学类专业毕业生可面向各级政府农业部门或地方各级畜牧兽医职能部门从事兽医行业管理工作；到海关出入境检验检疫部门从事动物相关的进出口检验检疫工作；作为专业的兽医人员或执业兽医师，到著名跨国动物保健品公司、国内大中型畜牧养殖企业、兽药和动物生物制品企业从事产品研发、生产与销售、产品售后服务与咨询、动物疾病诊断与治疗等相关工作，或者到动物医院及宠物门诊从事动物疾病诊疗工作等；作为教师或研究人员，在高等院校、科研院所从事动物医学、生命科学、医学等相关的科学研究或教学工作；也可自主创业、考研及出国继续深造。

近年来，新发和再发人兽共患疫病诸如人感染禽流感、猪链球菌等频发，动物源性食品安全问题诸如瘦肉精、抗生素残留问题等日益突出，加上人们的环保意识的增强，动物医学的重要性日益突显。在世界发达国家，兽医是一种收入高且受到高度尊重的职业，民众可以认知到兽医对动物和人类健康、动物福利、食品安全与食品保障做出的卓越贡献。按照国家规定，从事动物诊疗工作的专业人员必须具备执业兽医资格证书，而实行执业兽医资格考试制度，是世界上多数国家的通行做法，我国自2009年开始实行执业兽医资格全国性统一考试。随着国家对动物医学的重视程度日益提升，动物医学的从业门槛、相关职业待遇、从业人员地位也都将逐渐提高。动物医学类专业具有较好的发展前景。

四、学习本专业类的优势与劣势

1. 优势分析

动物医学类专业与医学、生命科学、农业科学等学科密切相关，具有实践性强、涉及面广、知识更新快等特点。动物医学类专业学生可获得更多、更新、更全面的动物医学及相关知识，有助于实践能力和创新创业能力的培养，毕业生具有较宽的就业范围。

2. 劣势分析

由于动物医学类专业是一类理论性、实践性很强的专业，专业知识更新快，学生需要持续学习、不懈努力。

五、学生素质要求与高校选科要求

1. 学生素质要求

学习动物医学类专业，要求学生在高中阶段具有良好的生物学、化学、物理学基础；具有很强的社会责任感和团队意识；具有健康的体魄、良好的心理素质和生活习惯；热爱科学，并乐于从事动物医学有关工作。该类专业对色盲、色弱和药物过敏体质有一定限制。

2. 高校选科要求

大多数高校的动物医学类专业一般要求选考生物、化学、物理科目，部分高校不提科目要求。

例如，沈阳农业大学要求物理、化学、生物三门科目考生选考其中一门即可报考；河南科技大学要求化学、生物两门科目考生选考其中一门即可报考；北京农学院要求考生必须选考生物方可报考。

每个高校的具体选科要求可通过山东省教育招生考试院网站（http://www.sdzk.cn/）、山东省教育云服务平台（http://www.sdei.edu.cn/）或"山东高考一点通"微信公众号查询。

9.5 林学类（0905）

一、专业类概述

林学类专业培养能够在林业、园林、农业、环境保护与资源管理等部门从事管理工作，以及在林业及园林相关企业、植物检疫部门、大中院校及科研院所从事林学技术推广与技术指导、经营管理、教学和科研工作的应用型或复合型高级专门人才。林学专业主要培养从事林木遗传育种、森林培育与管护、森林生态环境监测、森林资源调查与规划、森林资源与康养等方面工作的高级专门人才。园林专业主要培养从事园林植物繁育、园林养护管理、园林规划设计等方面工作的高级专门人才。森林保护专业培养能够从事森林有害生物防治和森林健康经营等方面工作的高级专门人才。

专业设置：根据教育部普通高等学校本科专业目录，林学类专业包含林学（090501）、园林（090502）、森林保护（090503）三个基本专业，以及经济林（090504T）一个特设专业。

不同高校的林学类专业在课程内容和培养方向上有所差异。以园林专业为例，农林类高校的园林专业一般以园林植物与观赏园艺学为基础，在课程设置上注重科学性、设计性和艺术性课程相结合；综合性大学和建筑类院校的园林专业在课程设置上则以园林规划设计、空间构成和表现技法为主。

学制与学位：林学类专业本科基本学制为4年，实行弹性学制的培养单位允许学生在3~6年内完成学业。对于符合学位授予条例要求的毕业生，可授予农学学士学位。

二、知识构架

1. 核心课程

林学专业核心课程包括植物学、植物生理学、树木学、测树学、生态学、林木遗传育种学、森林培育学、森林经理学、林业经济管理、森林有害生物防治、野生动植物资源开发与利用、经济林栽培学等。

园林专业核心课程包括园林树木学、花卉学、园林植物遗传育种、园林树木栽培与养护、园林植物造景、园林设计初步、园林规划设计、中外园林史、园林工程学、园林建筑设计、计算机辅助设计、城市规划原理等。

森林保护专业核心课程包括植物学、植物生理学、树木学、生态学、遗传学、普通昆虫学、普通病理学、森林昆虫学、森林植物病理学、林木化学保护、林木病虫害生物防治、森林植物检疫等。

2. 实习和社会实践

林学类专业的实践教学主要包括课程实验、专业综合教学实习、生产实习、课程设计、毕业论文（设计）、科研训练、社会实践、创新创业训练等。课程实验包括生物基础实验（植物、植物生理、微生物等实验）、专业认知实习、专业课程实验和课程设计实验等。专业综合教学实习随课程教学进度适时安排；生产实习、毕业论文（设计）一般安排在大四上学期和下学期。实习地点包括校内实训基地（林学及园林实训基地）、校外实践基地（林场、森林公园）和相关企业（种苗基地、现代化育苗公司）等。园林专业野外实习还要安排学生到北方和南方有代表性的城市进行包括皇家园林、私家园林和城市绿化等内容的专业综合实习。

三、就业方向与发展前景

林学类专业毕业生主要在林业及相关行业主管部门诸如林业厅局、园林局、市政局、环保局、农业局等从事管理工作，在园林设计院、旅游规划设计院、种苗基地、房地产公司、风景旅游区、森林公园、园林监理公司等从事技术指导和技术管理工作，在大中专院校、科研机构等从事教育、科学研究等方面的工作。本科毕业生可继续攻读林学、生态学、植物学、风景园林、环境科学等相关领域的硕士学位研究生。

随着经济社会的快速发展、生活水平的提高和环境问题的恶化，人们对生存环境的关注度越来越高，而林学类专业以实现生态文明、改善人居环境、建设美好家园和生态宜居的城乡环境为目的，致力于保护和合理利用自然环境资源，创造生态健康、景观优美、反映时代文化和可持续发展的人类生活环境，与人们的身心健康密切相关。该专业类所培养的人才有着广阔的发展空间，社会需求不断增长。

四、学习本专业类的优势与劣势

1. 优势分析

林学类专业致力于美好生态环境和生态文明建设，顺应社会发展大势，服务于我国未来发展规划，相关行业领域是名副其实的朝阳行业，专业人才需求必将日趋旺盛，就业及事业发展有保证。本专业类内涵较广，涉及植物遗传育种方面的微观领域，涉及苗木培育、森林营造与经营、城乡园林景观营建、森林有害生物防控等中观领域，也涉及森林资源可持续经营规划、城乡生态环境发展规划、林业经济管理等宏观领域。林学类专业的学生可以结合自己最感兴趣的方向，确定自己未来的发展，包括考研方向的选择和不同性质工作岗位的应聘等。

2. 劣势分析

林学类专业的学生在专业学习和将来工作过程中有一定的野外活动，需要具有健康的体魄。色盲和易对花粉等过敏的学生不适合选择该类专业。

五、学生素质要求与高校选科要求

1. 学生素质要求

学习林学类专业，学生应对林学及相关专业感兴趣，有意愿在森林资源营造与经营、城乡园林建设和森林保护的广阔天地有所作为，有志于在生态文明建设领域有所贡献，为林业经济发展、生态环境建设和森林健康持续发展做出贡献；同时，还应具有良好的化学、物理、生物学、数学基础，具有很强的社会责任感和团队意识。

2. 高校选科要求

大多数高校的林学类专业一般要求选考生物、化学科目，部分高校不提选科要求。

例如，东北林业大学、福建农林大学、海南大学、广西大学、西北农林科技大学要求物理、化学、生物三门科目考生选考其中一门即可报考；北京林业大学要求化学、生物两门科目考生选考其中一门即可报考。

每个高校的具体选科要求可通过山东省教育招生考试院网站（http://www.sdzk.cn/）、山东省教育云服务平台（http://www.sdei.edu.cn/）或"山东高考一点通"微信公众号查询。

9.6　水产类（0906）

一、专业类概述

水产类专业主要培养秉承中国特色水产理念，具有良好的科学文化素养和高度的社会责任感，较系统地掌握水产基础理论和基本技能，具备创新创业精神和团队合作能力，能够在水产及相关领域从事教育教学、科技研发、生产经营、管理等工作的创新型、复合型应用人才。

我国是世界第一水产大国，水产业对推动国民经济发展、促进从业人员就业和增收具有重要的经济和社会意义。随着国家海洋强国战略的实施，蓝色粮仓、海洋牧场、休闲渔业等重大专项建设受到特别关注。概括而言，水产是在江河、湖泊、水库、海洋等淡水或者海水水域从事鱼虾贝藻等具有经济价值的水生动植物（即水产品）的生产活动，其经济价值主要体现在食用价值、药用价值、观赏旅游价值、工业原材料价值等。水产类专业学习和研究的主要目的和内容就是如何科学合理地利用水域环境资源，开发水生生物资源，高效率且可持续地获得水产品，提高水产品的经济价值。

专业设置：根据教育部普通高等学校本科专业目录，水产类专业包含水产养殖学（090601）、海洋渔业科学与技术（090602）两个基本专业，以及水族科学与技术（090603T）、水生动物医学（090604TK）两个特设专业。

水产养殖学专业：水产养殖是在江河湖海等水域内部以及滩涂或者邻近陆地，按生产需求，通过科学规划和设计，建立相应的设施装备，在人为控制条件下，进行水生动植物繁殖、培育和收获的生产活动。典型的水产养殖对象主要包括藻类、鱼类、虾蟹类、贝类和海参等水生动植物。水产养殖学专业的学习内容主要包括五个方面，即水产生物的遗传学规律和优良品种选育技术、水产生物的营养学和饲料配制技术、水产生物的免疫学和病害防治技术、水产生物的生态学和养殖环境优化技术、水产养殖设施装备设计原理和建造技术。

海洋渔业科学与技术专业：海洋渔业是采用现代的海洋装备和技术从海洋中获取自然生长的水产经济生物的生产活动，就是我们平常所说的海洋捕捞，其共性的理论和技术也可应用到江河、湖泊等淡水水域的渔业。该专业除研究海洋渔业外，还包括研究与开发养殖网箱系统、筏式养殖设施、人工鱼礁与海洋牧场以及陆基工厂化养殖等增养殖工程技术与装备。海洋渔业科学与技术专业学习和研究的主要内容有渔业资源与渔场、渔业资源生物的保育和增殖技术、生态友好型渔具渔法技术、负责任捕捞技术、渔政管理和渔港监督等。

水族科学与技术专业：该专业主要研究如何以科学方法进行水生观赏动植物的繁育与养护以及休闲渔业建设与规划活动，包括观赏水族科学、水族设施与工程、游钓渔业等内容。观赏水族科学主要学习水生观赏动植物的繁育、养护和新品种的开发等；水族设施与工程主要研究水族器材的设计与制作、水族缸置景与设计、涉水景观园林规划与设计、水族馆（海洋馆）的规划与设计等；游钓渔业主要涉及垂钓基地标准化建设、钓具钓饵等附属器具的设计与研发等内容。

水生动物医学专业：该专业的主要学习内容包括水生养殖动物的病理、生理、免疫及内分泌；水生养殖动物疾病的病原、致病机理、流行规律、诊断、预防和治疗；药物的药效、药代动力学以及水生养殖动物疾病发生与水域环境的关系。该专业是以水产养殖学及相关学科为基础，在水生动物疾病的预防、控制和治疗实践中逐步建立和发展起来的一门综合性专业。

全国设有水产类本科专业的高等学校有60余所，以海洋和农学为主要特色的高校多设有水产类本科专业。

学制与学位：水产类专业本科基本学制为4年，实行弹性学制的培养单位允许学生在3~6年内完成学业。对于符合学位授予条例要求的毕业生，可授予农学学士学位。

二、知识构架

1. 核心课程

水产类各专业的核心基础课程设置基本相同，主要包括高等数学、计算机应用、普通动物学、鱼类学、普通生态学、水环境化学、生物统计学等。

各专业不同的核心课程和特色课程如下。

水产养殖学专业核心课程包括动物生理学、动物遗传育种学、水产动物营养与饲料学、水产动物病害学、鱼类增养殖学、贝类增养殖学、甲壳动物增养殖学等。

海洋渔业科学与技术专业核心课程包括流体力学、工程力学、渔业资源与渔场学、海洋渔业技术学、增殖工程与海洋牧场、养殖水环境工程学、渔业信息系统、渔政管理与渔港监督、渔业经济与管理等。

水族科学与技术专业核心课程包括水生生物学、饵料生物培养学、观赏水族养殖学、水草栽培学、涉水园林规划与设计、观赏水族营养与饲料学、观赏水族疾病防治学、水族养殖工程学、游钓渔业学等。

水生动物医学专业核心课程包括水生动物病原微生物学、水生动物免疫学、水生动物病理学、渔药药理学、水生动物流行病学、水生动物寄生虫学等。

2. 实习和社会实践

水产类专业的实践教学包括实验教学、专业实习、社会实践、毕业论文（设计）等。实验教学根据课程大纲的要求，设置不同的实验项目，在教学实验室完成。专业实习则根据专业特点，由高校与水产养殖公司、海洋渔业公司、水族场馆、水生动物诊治机构等联合建立校外实习基地，并在实习基地开展专业实习活动。

三、就业方向与发展前景

1. 就业方向

水产类专业毕业生除攻读研究生或者留学继续深造以外，还可以在水产业相关学校或研究机构从事教育教学和科学研究工作，在水产企业从事生产经营与管理、技术应用与开发工作，在渔业渔政管理部门从事行业管理工作，在环保、检疫部门从事水域环境保护、检验检疫工作等。

2. 发展前景

随着我国经济和社会的发展进入新时代，人们的物质和精神生活水平不断提高，水产业的优质动物蛋白生产功能和渔业休闲旅游观光功能将得到持续强化和提升。水产业的生态文明发展迫切需要更多的高级专业人才投身于水产行业，从事水产学新理论、新技术和新工艺的研究开发与推广应用工作。

四、学习本专业类的优势与劣势

1. 优势分析

水产类专业围绕着为居民提供优质水产品和旅游资源开展教学与科研工作，目的是解决百姓生活的切实需要，具有明显的现实意义。水产行业是非常接地气的工作，工作对象是生动活泼、多姿多彩的水生生物，工作场景为江河、湖泊、海洋等水域环境。对于喜欢生物和生态、喜欢亲近大自然的同学来说，水产类专业是既能顺应国家发展和百姓生活需求，又能寓学于乐、充满乐趣的理想选择。

2. 劣势分析

从事水产工作，需要深入水产生产一线，工作地点多位于江河、湖泊、海边地区，立志投身于水产业的同学应做好思想准备。

五、学生素质要求与高校选科要求

1. 学生素质要求

水产类专业学习的课程以生物类和化学类课程为主，因此，报考水产类专业的同学，除具备高中毕业生的基本身心素质和文化素质外，应具有较好的生物学或者化学基础，海洋渔业科学与技术专业需要具有较好的数理基础。

2. 高校选科要求

在高校选科要求方面，水产类专业一般要求选考化学、生物、物理科目，不同高校的具体要求有所不同。

例如，上海海洋大学、华中农业大学、淮海工学院要求物理、化学、生物三门科目考生选考其中一门即可报考；河南师范大学要求化学、生物两门科目考生选考其中一门即可报考。

每个高校的具体选科要求可通过山东省教育招生考试院网站（http://www.sdzk.cn/）、山东省教育云服务平台（http://www.sdei.edu.cn/）或"山东高考一点通"微信公众号查询。

9.7 草学类（0907）

一、专业类概述

草学是一门新兴交叉性学科，以草食动物饲草饲料生产、城镇绿化和生态治理为主体，运用现代生物技术培育新草种，研究优质高产草地的建设与管理技术体系，创造以人为本的城镇绿化美化园林新格局，探索以草为主的西部生态治理方法和途径，实现我国草业的产业化。

草业科学主要有两个方向：一是关于草坪护理的，我们称之为城镇园林绿化。园林专业科班出身的学生在树木研究方面比草业专业的学生略胜一筹，但草业专业的毕业生在花卉、草的利用方面胜优于其他专业人才。二是关于牧草养殖的，即生态畜牧、农林业方面。这个方向是最基础、最重要的，农业、畜牧业是我国的三大产业

的支柱，为国民生活所必需，也是国民经济发展情况的重要体现。草业科学的发展，在一定程度上影响和制约着畜牧业的规模和效益。草业科学专业主要是研究牧草的栽培种以及改良种植，研究范围要比单纯的草坪科学广泛。

草学类专业主要培养具备草坪、园林绿化、牧草栽培育种与加工、人工草地建植与管理、草地改良等草业科学的基本理论、基本知识和基本技能，能在农业以及其他相关的部门或单位从事草业生产与保护领域的技术与设计、推广与开发、经营与管理、教学与科研等工作的高级科学技术人才。

目前，兰州大学、中国农业大学、甘肃农业大学、新疆农业大学、内蒙古农业大学、四川农业大学、西北农林科技大学、东北农业大学、南京农业大学、华南农业大学、扬州大学、青海大学等院校在草业科学方面的综合实力较强。

专业设置：根据教育部普通高等学校本科专业目录，草学类专业包括草业科学（090701）一个基本专业，以及草坪科学与工程（090702T）一个特设专业。

学制与学位：草学类专业本科基本学制为4年。学生按要求完成学业，可授予农学学士学位。

二、知识构架

1. 核心课程和主干课程

草学类专业的核心课程主要包括遗传学、土壤学、生物统计学、草原生态化学、动物营养学、气象学、植物分类学、自然地理学、植物生态学、农业微生物学、植物生理学等课程。

草学类专业的主干课程包括牧草与饲料作物栽培、牧草与草坪草育种学、草原与草坪保护学、草地资源调查与规划、草地培育学、草坪学等课程。

2. 实习和社会实践

草学类专业的实践教学环节包括教学实习、生产实习、课程设计、毕业论文（设计）、科研训练、生产劳动、社会实践等内容，一般安排25～30周的时间。

草业科学也是一门应用性学科。草学类专业的实践课程在专业学习中占有相当重要的地位。从大一开始，基本上每学期都有一定的实践课程，到了大四，更是有集中的实习安排，一般在

20周左右。草学类专业的实践课程主要有：田间实验设计与实践、牧草栽培技术试验、牧草育种技术、种子学与种子检验、草产品加工与贮藏、草地调查与规划、草地改良与管理、环境质量评价、草坪建植与养护管理、牧草病虫鼠害调查等。

草学类专业的实践课程虽然繁多，但亦非常有趣。学校一般会将学生派往高级足球场、高尔夫球场、绿化园地甚至草原等场所了解专业草业公司的经营与运作情况，以及草业生态方面的知识，从而不仅能促进学生对专业知识的吸收，更能理论联系实际，以便将来"学以致用"。成绩好的学生还可以随老师参与一些城市大型绿地、体育带的设计和建设，既可以为绿化城市做贡献，也可以得到大量的专业实践机会，为成为未来的绿色工程师奠定基础。

三、就业方向与发展前景

草学类专业毕业生可以在草业科学专业教学单位、农林部门及相关领域，从事技术与设计、推广与开发、经营与管理、教学与科研等工作；也可以在园林、人工草场体育场等部门，从事各种类型草坪的建植与管理工作，以及在农业基层单位从事草业技术推广、生产管理等工作；还可以在房地产公司、公共事务建设部门以及公路绿化部门工作，主要负责小区、公园、广场、街道、公路的隔离带、医院、学校、工厂等公用绿地的草坪建植和规划工作。具体岗位包括畜牧工程师、农艺师、种植技术员、农业生产经理、农学类期刊编辑、青贮饲草项目经理等。同时，毕业生也可以继续攻读硕士学位。

目前，国家农业增收靠的就是草地畜牧，这是一个新的经济增长点，而且随着人们生活水平的提高，人们对环境的要求也在逐渐提高，草学类专业毕业生的就业前景是广阔的。草地资源是农业自然资源的重要组成部分，不仅对畜牧业，而且对整个农业可持续发展和生态环境保护都有重要意义，在国民经济和社会发展中占有十分重要的地位，所以草学类专业毕业生就业前景良好。

四、学习本专业类的优势与劣势

1. 优势分析

草业科学是一门新兴的学科，更是一门朝阳学科。它不仅是一门严谨的科学，具有专业的理论基础，而且能产生强大的社会效应和巨大的经济效益，因此它逐渐受到世界上各发达国家的追捧，并取得了长足的发展。我国作为世界上仅次于澳大利亚的草地资源大国，经过持续的建设，草业发展已初具规模：在产业方面，涉及草业的公司已有数百家，优质饲草也已实现万吨级规模的出口；在科研教学方面，我国已有一些大学设立了草业科学本科专业，其中有的大学和研究院已经具备草业科学博士培养能力。目前各大中城市的城建园林部门以及许多大型专业化公司迫切需要大量的草业专门人才，因此草学类专业的就业前景相当好。

2. 劣势分析

现在，我国正在深入实施西部大开发战略，而西部地区多为草原，这正推进了草学的发展，是草学发展的一个不可或缺的机遇，然而我国大多数高等院校还没有设立相关的专业，从而导致师资力量尤为缺乏，所以对草学类专业人才的培养是迫在眉睫。除此之外，由于我国各地的地貌有所差异，对草业的需求也各不相同，因此在开设草学类专业时应该因地制宜，对不同的地区设立不同的学习方向，使草学学科教育更加具有实用性。

五、学生素质要求与高校选科要求

1. 学生素质要求

报考草学类专业，对考生的身体条件有一定的要求。根据《普通高等学校招生体检工作指导意见》，主要脏器如肺、肝、肾、脾、胃、肠等动过大手术，功能恢复良好，或曾患有心肌炎、胃或十二指肠溃疡、慢性支气管炎、风湿性关节炎等病史，甲状腺功能亢进已治愈一年的，不宜就读草业科学专业；任何一眼矫正到4.8镜片度数大于800度的，不宜就读草业科学专业。

2. 高校选科要求

在高校选科要求方面，草学类专业一般要求选考物理、化学、生物科目。例如，山东农业大学、甘肃农业大学、西北农林科技大学均要求物理、化学、生物三门科目考生选考其中一门即可报考。

每个高校的具体选科要求可通过山东省教育招生考试院网站（http://www.sdzk.cn/）、山东省教育云服务平台（http://www.sdei.edu.cn/）或"山东高考一点通"微信公众号查询。

10 学科门类：医学（10）

在教育部颁布的《普通高等学校本科专业目录》中，医学学科门类下，包含11个专业类，分别是：基础医学类、临床医学类、口腔医学类、公共卫生与预防医学类、中医学类、中西医结合类、药学类、中药学类、法医学类、医学技术类、护理学类。

10.1 基础医学类（1001）

一、专业类概述

基础医学是研究人的生命和疾病现象的本质及其规律的自然科学，是临床医学乃至整个现代医学发展的基石，其主要任务是用现代科学技术阐释正常人体和疾病状态的结构与功能，研究疾病的本质及防治的基础理论，进行人体疾病的诊断与治疗等。基础医学涉及生物学、解剖学、病理学、生理学、药理学等多个学科。

基础医学类专业主要培养具备自然科学、生命科学和医学科学的基础理论知识和实验技能，熟悉基础医学先进仪器设备，具有一定的教学实践能力和实验研究能力，能够从事基础医学各学科教学、科研及基础与临床相结合的医学实验研究工作的基础医学高级专门人才。

在国内，北京大学、清华大学、上海交通大学、西安交通大学、南方医科大学、上海中医药大学、中国科学技术大学、复旦大学、中南大学、四川大学、中山大学、南京大学、浙江大学、哈尔滨医科大学、安徽医科大学、郑州大学、武汉大学、南华大学、大连医科大学、湘南学院、九江学院、首都医科大学、河北医科大学、福建医科大学、重庆医科大学、南京医科大学、中国医科大学等高校开设有基础医学类专业。

专业设置：根据教育部普通高等学校本科专业目录，基础医学类专业包括基础医学（100101K）

一个基本专业，以及生物医学（100102TK）、生物医学科学（100103T）两个特设专业。

学制与学位：基础医学专业本科基本学制为5年，可授予医学学士学位；生物医学、生物医学科学专业基本学制为4年，可授予理学学士学位。

二、知识构架

1. 核心课程

基础医学类专业的核心课程包括人体解剖学、组织胚胎学、细胞生物学、生理学、神经生理学、生物化学与分子生物学、医学遗传学、微生物学与免疫学、病理学、药理学、临床医学等。

通过专业课程的学习，基础医学类专业学生可以掌握基础医学的基本理论、基本知识；掌握医学实验的分析、设计方法和操作技术；具有基础医学科学研究的基本能力；熟悉基础医学教学工作的基本原理和方法；熟悉临床医学基本知识，并了解临床医学的新进展和新成就；掌握文献检索、资料查询的基本方法，具有一定的科学研究和实际工作能力。

2. 实习和社会实践

在实习阶段，基础医学类专业的学生需要进入基础医学各实验室，在导师的指导下，进行专业学习和一定的科研基本训练。实习是专业实践学习的重要阶段，学生应认真完成实验室安排的各项学习活动。在导师的安排下，要求了解常规实验技术方法、常用药品试剂与实验动物的品种和规格要求、常用仪器设备的用途和基本操作规程等。

三、就业方向与发展前景

基础医学类专业毕业生具有较全面的综合素质、较强的创新精神、较好的学习能力以及外语和计算机应用能力，能够胜任高等医药院校、科研机构及临床有关实验室的教学和科学研究工作。毕业生可在高等医学院校和医学科研机构等部门从事基础医学各学科的教学、科学研究及基础与临床相结合的医学实验研究工作。

基础医学类专业毕业生就业面很广，而且薪资待遇也不错，具有较好的发展前景。

四、学习本专业类的优势与劣势

1. 优势分析

随着高等医学教育事业的迅猛发展，医学院校办学条件得到较大改善，招生规模不断扩大。基础医学更注重基础医学课程和实验技能的研究，该行业具有巨大的人才吸收能力。

医疗卫生资源占有率是衡量一个国家发展程度的重要指标。作为一个快速发展的发展中国家，我国的医疗水平当然必须不断提高，每个人都非常重视自身的健康。因此，基础医学类专业具有良好的发展前景。

就学习难度和工作难度而言，基础医学类专业算是医学学科门类下相对轻松的一个专业，学生毕业后的就业方向都是偏科研或者行政方向，毕业生一般都会选择到医药公司做技术研发人员，或者在高校以及大学的附属医院里做一些行政方面的工作，相对而言比较轻松一些。

2. 劣势分析

分数高、学制长、考研多，这是很多人对医学类专业的评价，医学类专业的录取分数确实也一直居高不下。同时，学习医学类专业，学生还要具备勤奋、热情、耐心等素质。

另外，基础医学类专业的学生不能转学临床医学类专业，也不能考执业医师，因此，除选择就业之外，读研也成为很多基础医学类专业学生的首选。也有一些学生会选择一路读博，留校做医学院基础医学的教师。不过，这都需要学生耐得住寂寞，认真钻研，方可实现。

五、学生素质要求与高校选科要求

1. 学生素质要求

学习基础医学类专业，要求学生具有较全面的综合素质、较强的创新能力、较好的学习能力以及外语和计算机应用能力。

2. 高校选科要求

根据山东省教育招生考试院公布的普通高校专业（类）选考科目要求，基础医学类专业一般要求选考化学、物理、生物科目。例如，天津医科大学（朱宪彝班）要求化学、生物两门科目考生均需选考方可报考；首都医科大学要求物理、化学两门科目考生均需选考方可报考。

每个高校的具体选科要求可通过山东省教育招生考试院网站（http://www.sdzk.cn/）、山东省教育云服务平台（http://www.sdei.edu.cn/）或"山东高考一点通"微信公众号查询。

10.2　临床医学类（1002）

一、专业类概述

医学是旨在保护和加强人类健康、预防和治疗疾病的科学体系和实践活动。临床医学是直接面对疾病、病人，对病人实施治疗的科学，主要研究疾病的病因、诊断、治疗和预后，致力于减轻病人痛苦、提高治疗水平、促进人体健康。

专业设置：根据教育部普通高等学校本科专业目录，临床医学类专业包含临床医学（100201K）一个基本专业，以及麻醉学（100202TK）、医学影像学（100203TK）、眼视光医学（100204TK）、精神医学（100205TK）、放射医学（100206TK）、儿科学（100207TK）六个特设专业。

临床医学专业培养具备基础医学、临床医学和预防医学的基本理论知识和基本技能，能在医疗卫生单位、医学科研部门从事医疗及预防、医学科研等方面工作的高级医学专门人才。

麻醉学专业培养具有基础医学、临床医学和麻醉医学等方面的基本理论知识和基本技能，能在医疗卫生单位的麻醉科、急诊科、急救中心、重症监护病房（ICU）等部门从事临床麻醉、急救与复苏、重症监测与生理机能调控、药物依赖戒断及疼痛诊疗等方面工作的应用型麻醉医学专门人才。

医学影像学专业培养具有基础医学、临床医学和现代医学影像学的基本理论知识和基本技能，能在医疗卫生单位从事医学影像诊断、介入放射学和医学成像技术等方面工作的高级医学专门人才。

眼视光医学专业培养具有基础医学、临床医学和眼视光医学的基本理论知识及能力，能在医疗卫生单位从事眼科诊断、治疗和医学技术等方面工作的高级医学专门人才。

精神医学专业培养掌握基础医学、临床医学、临床心理学及精神病学的基本理论知识和基本技能，具有一般医疗技能和处理常见的心理障碍、行为障碍、精神疾病及相关疑难急重症的能力，能在综合医院或专科医院从事临床精神病学、心理咨询及心理治疗工作的高级医学人才。

放射医学专业培养掌握基础医学、临床医学和系统的放射医学理论与实践能力，能够从事放射医学及防护、放射病诊治、核医学及医学影像等工作的高级医学人才。

临床医学专业毕业生需参加临床执业医师资格考试，医师资格考试是行业准入考试，执业医师资格证是成为临床医师的必备条件。按照国家规定，临床医学专业毕业生还需要完成3年的住院医师规范化培训。

学制与学位：临床医学专业基本学制为5年，其他专业学制为4～5年。学生按要求完成学业，可授予医学学士学位。此外，部分高校实行"5+3"学制（本科+硕士）、8年学制（本科+硕士+博士），可授予医学硕士或博士学位。

二、知识构架

1. 主要课程

临床医学专业主要课程包括人体解剖学、组织胚胎学、生理学、生物化学、药理学、病理学、预防医学、免疫学、诊断学、内科学、外科学、妇产科学、儿科学、传染病学、中医学等。

麻醉学专业主要课程包括系统解剖学、生理学、药理学、内科学、外科学、妇产科学、儿科学、麻醉技能学、麻醉设备学、麻醉解剖学、麻醉生理学、麻醉药理学、危重病医学、临床麻醉学、疼痛诊疗学等。

医学影像学专业主要课程包括物理学、电子学基础、计算机原理与接口、影像设备结构与维修、医学成像技术、摄影学、人体解剖学、诊断学、内科学、影像诊断学、核医学、医学影像解剖学、肿瘤放疗治疗学、B超诊断学等。

眼视光医学专业主要课程包括人体解剖学、组织胚胎学、生理学、诊断学基础、药理学、基础眼科学、视光学基础、眼视光特检技术、内科学、外科学、验光技术、临床眼科学、眼镜技术、配镜学、角膜接触镜验配技术等。

精神医学专业主要课程包括基础医学、临床医学、临床心理学、行为医学、儿童精神医学、精神病学等。

放射医学专业主要课程包括解剖学、组织与胚胎学、病原学、免疫学、生物化学、生理学、病理学、药理学、临床医学导论、内科学、外科学、预防医学、放射医学及防护、影像诊断学、肿瘤放射治疗学、核医学等。

2. 实习和社会实践

临床医学类专业要求学生早临床、多临床、反复临床。主要实践性教学环节包括临床见习和毕业实习，毕业实习时间一般为1年。

三、就业方向与发展前景

1. 就业方向

临床医学类专业毕业生的主要就业方向：（1）在高等医学院校从事科研、教学工作；（2）在各级医疗卫生单位从事医疗及疾病预防工作；（3）在医学科研机构从事基础医学、临床医学及相关的科研工作；（4）在医学相近领域的企事业单位从事医学教育培训、健康管理、家庭医生、康复、美容等工作；（5）在医学交叉学科领域从事医疗仪器的研发、营销、培训以及医疗保险核赔等工作。

2. 发展前景

《"健康中国2030"规划纲要》把健康摆在优先发展的战略地位，党的十九大报告提出的实施健康中国战略，是新时代健康卫生工作的纲领。当前我国社会主要矛盾是人民日益增长的美好生活需要和不平衡不充分的发展之间的矛盾。我国是人口大国，医疗卫生专业人员的缺口非常大，尤其是在基层、偏远地区。人口老龄化持续加速和二胎政策的放开，对医疗行业人才的需求量越来越大，特别是产科、妇科、儿科、麻醉等专业。亚健康状态的人群增多，促使社会对健康管理人才的需求增加。医学模式已经从生物学模式发展到生物—心理—社会模式，随着科学技术的突飞猛进，许多新技术、新材料和新药将有力地推进临床医学的发展，未来临床医学类专业毕业生将拥有更广阔的发展空间。

四、学习本专业类的优势与劣势

1. 优势分析

人民健康是民族昌盛和国家富强的重要标志。党的十九大报告提出实施健康中国战略，为人民群众提供全方位全周期健康服务，已经上升到国家战略高度。医学教育承担着培养医学卫生人才的重任，和全民健康息息相关。随着高等医学教育事业的迅猛发展，医学院校办学条件得到较大改善，招生规模不断扩大，临床医学类专业毕业生的数量和质量大大提高。临床医学类专业受到国家、社会和有志青年的广泛关注。

2. 劣势分析

临床医学类专业学制长，课业重，考研竞争激烈。由于医学技术发展迅猛，医学知识更新加快，选择了学医就等于选择了终身学习。临床医学类专业毕业生人数增加，毕业生就业期望值过高，多数毕业生看好大城市、大医院、沿海经济发达地区，而这些医院往往只对医学高层次人才有需求。临床工作者工作艰辛，岗位风险大，对医学人才的综合素质要求比较高。

五、学生素质要求与高校选科要求

1. 学生素质要求

爱心与兴趣是选择临床医学类专业的必备条件。生命之托，重于泰山，"夫医者，非仁爱之士不可托也，非聪明理达不可任也，非廉洁淳良不可信也"。同时，要求学生身体健康，体检标准按照《普通高等学校招生体检工作指导意见》（教学〔2003〕3号）及有关补充规定执行。

2. 高校选科要求

根据各高校在山东省招生的选科要求，临床医学类专业一般要求选考物理、化学、生物科目。

例如，清华大学、武汉大学要求物理、化学两门科目考生均需选考方可报考；中南大学、兰州大学要求化学、生物两门科目考生均需选考方可报考。

每个高校的具体选科要求可通过山东省教育招生考试院网站（http://www.sdzk.cn/）、山东省教育云服务平台（http://www.sdei.edu.cn/）或"山东高考一点通"微信公众号查询。

10.3　口腔医学类（1003）

一、专业类概述

专业设置：根据教育部普通高等学校本科专业目录，口腔医学类专业包含口腔医学（100301K）一个基本专业。

口腔医学专业主要研究牙齿及其周围口腔颌面部软、硬组织的发生、发育，以及相关疾病的病因、发病机理、诊断与治疗等内容，是一门实践性、综合性、交叉性很强的临床医学科学。口腔医学是应用现代生物学、基础医学、临床医学、工程学以及其他自然科学技术的理论和技术，研究和防治口腔及颌面部疾病的一门独立的学科，是现代医学的一个主要分支，在国内外都属一级学科。

目前，全国开设口腔医学本科专业的高校有103所，其中实力较为雄厚的院校有四川大学、北京大学、上海交通大学、武汉大学、空军军医大学（第四军医大学）等。

学制与学位：口腔医学类专业本科基本学制为5年。学生按要求完成学业，可授予医学学士学位。此外，部分高校实行"5+3"学制（本科+硕士）、8年学制（本科+硕士+博士），可授予医学硕士或博士学位。

二、知识构架

1. 主干学科和核心课程

口腔医学专业主干学科包括基础医学、临床医学、口腔医学等。

口腔医学专业核心课程包括人体解剖学、组织学与胚胎学、生物化学、细胞生物学、生理学、医学微生物学、医学免疫学、病理学、病理生理学、药理学、诊断学、外科学、内科学、耳鼻咽喉头颈外科学、口腔解剖生理学、口腔组织病理学、口腔颌面医学影像诊断学、牙体牙髓病学、牙周病学、口腔黏膜病学、儿童口腔医学、口腔颌面外科学、口腔修复学、口腔正畸学、预防口腔医学等。

2.实习和社会实践

口腔医学专业的实践教学主要包括课程实验、临床见习与实习、毕业实习等。

课程实验除了专业课程中的实验内容，还可以开设形态实验学、机能实验学等实验课程，以培养学生的创新思维与实践能力为目标，增加综合性、设计性实验。建立开放创新实验室，让学生从基础学习阶段即开始接受科研训练，鼓励学生自己选择科研课题，在老师指导下利用课外时间开展带有创新性的科研实验。

口腔医学专业鼓励学生早期接触口腔临床，通过开设口腔医学导论、参观医院、社区医疗实践等途径让学生早期了解、接触口腔临床，建立现代口腔医学理念。要求学生利用假期到医疗机构参加社会实践，调动学生学习的积极性。

三、就业方向与发展前景

在我国，口腔科医生与人口的比例大约是1：40 000，而国际公认的合适的比例通常应为1：2 000。我国现有口腔科医生2.5万人左右，而与此同时却有25亿颗龋齿待填充，6亿颗错位畸形牙齿待矫正，10亿名牙周病患者待医治。在上海口腔医疗中心，畸形牙齿矫正至少要排1年的队。显而易见，我国口腔科医生的数量远不能满足患者的需求。

从近年来毕业生就业去向可以看出，口腔医学专业毕业生就业选择也可以多样化。毕业生可面向综合医院口腔科、城市社区医疗服务中心、私人牙科诊所、农村乡镇卫生院、基层口腔专科医院、口腔保健机构从事临床医疗工作；可在美容机构从事相关的面部整容、美容等工作，例如牙齿矫正、牙齿烤瓷、超声波洗牙、冷光美白牙齿等；可在相关医学高校、科研院所从事与医学教育、科研、临床实践相关的工作；还可选择与口腔医学专业相关的职业，从事口腔医疗器材或口腔护理用品的设计、生产和营销等工作。

四、学习本专业类的优势与劣势

1.优势分析

口腔医学专业的就业领域较宽，毕业生可从事与医学教育、科研、临床实践相关的工作，主要就业方向包括：（1）医师，可在医疗机构或个体诊所帮助病人解决口腔的疾苦；（2）教师，可在医学院校从事口腔医学教学工作；（3）科研工作者，可在科研院所研究口腔疾病的发生、发展、预防及治疗；（4）销售人员，可到牙科医疗器械公司、牙膏公司、牙科材料公司等从事营销工作。

2.劣势分析

由于国内公立医院资源不足，且每年的医学专业毕业生数量远大于公立医院的人才需求量，所以毕业生想直接进入公立医院任职比较困难。本科毕业生往往只能去地方的小医院，市立医院一般需要硕士研究生，大城市的三甲医院起点是名校硕士或者博士研究生。

五、学生素质要求与高校选科要求

1.学生素质要求

基于医生工作的特殊性，医学类专业对考生的身体素质要求较高，依据《普通高等学校招生体检工作指导意见》的相关规定，轻度色觉异常（俗称色弱），任何一眼矫正到4.8镜片度数大于800度或者一眼失明另一眼矫正到4.8镜片度数大于400度，两耳听力均在3米以内或者一耳听力在5米内另一耳全聋，以及斜视、嗅觉迟钝、口吃等情况都不宜就读医学类专业。

由于治疗椅及绝大部分医疗器械多为右手使用而设计，个别院校对于有左利（俗称左撇子）习惯的考生有一些限制要求。建议考生在报考时，要看清各高校招生章程中的具体要求。

医学类专业学生在专业学习及以后从事相关工作时，经常会对人体和动物躯体进行操作，常常会有一些血腥场面，因此晕血、晕针及心理承受能力较弱的考生在报考时应做好心理准备。

2.高校选科要求

在高校选科要求方面，口腔医学专业一般要求选考物理、化学、生物科目。

例如，四川大学、沈阳医学院、南京大学、山东大学、潍坊医学院、滨州医学院、广东医科大学、长沙医学院要求物理、化学、生物三门科目考生选考其中一门即可报考；同济大学、福建医科大学、武汉大学要求物理、化学两门科目考生选考其中一门即可报考；华北理工大学、青海大学要求化学、生物两门科目考生选考其中一门即可报考；北京大学、上海交通大学、首都医科大学、河北北方学院、南京医科大学、徐州医科大学、泰山医学院要求物理、化学两门科目考生均需选考方可报考；天津医科大学、大连医科大学、哈尔滨医科大学、中南大学、昆明医科大学、新疆医科大学要求化学、生物两门科目考生均需选考方可报考；青岛大学要求物理、生物两门科目考生均需选考方可报考；内蒙古医科大学、吉林大学则要求物理、化学、生物三门科目考生均需选考方可报考。

每个高校的具体选科要求可通过山东省教育招生考试院网站（http://www.sdzk.cn/）、山东省教育云服务平台（http://www.sdei.edu.cn/）或"山东高考一点通"微信公众号查询。

10.4　公共卫生与预防医学类（1004）

一、专业类概述

公共卫公是指预防疾病、延长寿命和促进健康的科学与实践，通过有组织的社会共同努力来改善环境卫生，促进身体健康，提高工作效率，控制传染病流行，教育个人养成良好卫生习惯，组织医护人员对疾病进行早期诊断和预防性治疗。

公共卫生与预防医学类专业培养适应社会发展和公共卫生事业需要，具备良好的思想道德素质、科学文化素质、专业素质和身心素质，具备基础医学、临床医学以及公共卫生基本知识，掌握预防医学理论和实践技能，能够从事常规公共卫生服务工作，监测人群健康相关状况，预防控制疾病和健康危害事件，执行公共政策、法律、法规、部门规章和卫生标准，开展健康教育和健康促进活动，研究和实施公共卫生策略与措施，在疾病预防与控制、卫生监督、卫生事业管理等机构工作的高素质复合型医学专门人才。

专业设置：根据教育部普通高等学校本科专业目录，公共卫生与预防医学类专业包含预防医学（100401K）、食品卫生与营养学（100402）两个基本专业，以及妇幼保健医学（100403TK）、卫生监督（100404TK）、全球健康学（100405TK）三个特设专业。

预防医学专业是公共卫生与预防医学类专业的主流专业，目前全国有90余所院校开设该专业，招收医学类专业的学校几乎均设置该专业。

食品卫生与营养学专业主要培养适应现代社会经济发展和人群营养健康及食品安全需求，能

在食品安全监督管理、食品生产流通和消费领域从事食品营养指导、检验、质量管理、安全评价和科学研究的高级专门人才。该专业的学习与就业偏向于食品卫生评价、检验及其管理。

学制与学位：公共卫生与预防医学类专业本科基本学制一般为5年，可授予医学学士学位，而食品卫生与营养学、全球健康学专业基本学制为4年，可授予理学学士学位。

二、知识构架

1. 主干学科和核心课程

该类专业的主干学科包括基础医学、临床医学、预防医学和公共卫生管理等。

该类专业的核心课程主要包括生理学、生物化学、医学遗传学、医学免疫学、病理学、诊断学、内科学、传染病学、卫生微生物学、流行病学、卫生统计学、健康教育学、劳动卫生与职业病学、营养与食品卫生学、卫生毒理学、儿童少年卫生学、卫生事业管理学等。

2. 实习和社会实践

该类专业的实习分为临床见习与实习、毕业实习等。

临床见习与实习一般20周以上，学生到有资质的教学医院参与临床学习，掌握临床医学的基本知识和常见疾病的诊断治疗原则，掌握重大传染病的诊断和治疗。

毕业实习一般18周，学生到各级疾病预防控制中心、卫生监督机构等单位实习，实地了解或熟悉公共卫生与预防医学工作的特点和性质。毕业实习完毕，对学生以毕业论文答辩的形式考核实习效果。

该类专业的社会实践安排较为丰富，学生可以参与社会实践活动、社区卫生机构实践，还可以参与科研创新活动、就业创业指导以及文艺、体育和其他素质的拓展活动。

三、就业方向与发展前景

公共卫生与预防医学类专业毕业生的就业面比临床医学、基础医学类专业更为广阔。由于学习了大量医学类课程，多数毕业生的就业领域以卫生系统为主，主要是各级疾病预防控制中心、卫生监督所、卫生健康委员会、职业病防治院（所）、妇幼保健所、社区卫生服务中心等单

位，也可到综合医院的公共卫生科、保健科、病案统计科、医院感染管理科等部门工作。此外，有的毕业生考取国家公务员，到出入境检验检疫局、食品药品监督管理部门等单位工作，有的到企业从事与专业有关的生产环境检测、评价等工作，还有的到高校或科研院所从事研究工作。

公共卫生与预防医学类专业发展前景广阔，社会对相关专业人才的需求量大。我国地域辽阔，人口众多，各种传染病、慢性病、职业病、地方病及环境相关疾病的预防，居民的健康教育与健康管理以及人口老龄化带来的诸多健康问题等，均离不开公共卫生与预防医学专门人才，目前预防医学人才的供给量仍显不足。

该类专业毕业生选择机会多，就业面广。若想继续深造，国内外相关专业硕士点、博士点众多，可以继续攻读硕士、博士学位，毕业后到高校或科研院所工作，对预防医学某一领域进行深入研究。

四、学习本专业类的优势与劣势

1. 优势分析

该类专业的录取分数一般比临床医学专业低，因大部分考生不了解公共卫生与预防医学类专业，志愿填报往往集中在临床医学专业，造成临床医学专业的录取分数线要高于其他医学类专业分数线。

该类专业在课程安排上，学习内容丰富，涉及基础医学、临床医学、预防医学、公共卫生管理等课程，课程设置特点决定了毕业生具有较强的宏观思维与掌控能力、实践创新能力、社会适应能力、发现问题与解决问题的能力，具有较好的管理素质。

该类专业人才需求量大，各学校毕业生人数少。毕业生若想继续深造，只要积极准备，深造机会远远高出其他专业；若想直接工作，就业面广。

2. 劣势分析

公共卫生与预防医学类专业毕业生获得医学学士学位，可以报考公共卫生执业医师资格考试，在医疗、预防、保健机构从事相应的医疗、预防、保健业务。但不能参加国家临床执业医师资格考试，不能做临床医生。如果想做临床医生，最好不要报考公共卫生与预防医学类专业。

五、学生素质要求与高校选科要求

1. 学生素质要求

该类专业学生应具有健康的身体素质，体检标准按照教育部《普通高等学校招生体检工作指导意见》（教学〔2003〕3号）及有关补充规定执行。

2. 高校选科要求

根据各院校在山东省招生的选考科目要求，公共卫生与预防医学类专业一般要求选考物理、化学、生物科目。

例如，厦门大学要求物理、化学、生物三门科目考生选考其中一门即可报考；武汉大学要求物理、化学两门科目考生选考其中一门即可报考；中南大学要求化学、生物两门科目考生均需选考方可报考。

每个高校的具体选科要求可通过山东省教育招生考试院网站（http://www.sdzk.cn/）、山东省教育云服务平台（http://www.sdei.edu.cn/）或"山东高考一点通"微信公众号查询。

10.5 中医学类（1005）

一、专业类概述

中医学是以中医药理论与实践经验为主体，研究人类生命活动中的健康与疾病转化规律及疾病预防、诊断、治疗、康复和保健的一门学科。它是研究人体生理病理、疾病诊断与防治以及摄生康复的一门医学科学，至今已有数千年的历史，是中华民族在长期生产生活实践过程中总结临床防治疾病经验所形成的具有中国传统医药特色的学科。中医学与中药学是中华优秀传统文化的重要组成部分，二者相互依存、相互支撑，是保障中华民族繁衍昌盛和人类健康不可或缺的学科体系。

中医学专业的就业面广泛，毕业生的就业领域主要是中医医疗、预防、保健、康复等方面的工作。

专业设置：根据教育部普通高等学校本科专业目录，中药学类专业包含中医学（100501K）、针灸推拿学（100502K）、藏医学（100503K）、蒙医学（100504K）、维医学（100505K）、壮医学（100506K）、哈医学（100507K）七基本专业，以及傣医学（100508TK）、回医学（100509TK）、中医康复学（100510TK）、中医养生学（100511TK）、中医儿科学（100512TK）、中医骨伤科学（100513TK）六个特设专业。

中医学专业培养适应我国经济社会和中医药事业发展需要，具备良好的人文科学与职业素养和较为深厚的中国传统文化底蕴，具有较为系统的中医基础理论和基本知识，具有较强的中医思维和临床实践能力，能够从事中医医疗以及预防、保健、康复工作的高素质应用型中医人才。毕业生可从事中医教育、科研、对外交流、文化传播以及中医药事业管理等方面的工作。

针灸推拿学专业培养适应我国经济社会和中医药事业发展需要，比较系统地掌握中医基础理论和基本知识，掌握必备的现代医学知识，系统掌握针灸推拿专业知识和诊疗技能，具备能胜任各级中医医疗机构、各级综合性医疗机构及教育科研单位的针灸推拿临床、教学、科研工作初步能力的高素质应用型人才。

2017年教育部公布的"双一流"建设学科，中医学入选的院校有北京中医药大学、上海中医药大学和广州中医药大学。

学制与学位：中医学类专业本科基本学制为5年。学生按要求完成学业，可授予医学学士学位。

二、知识构架

1. 核心课程

中医学专业的核心课程包括中医基础理论、中医诊断学、中药学、方剂学、内经选读、金匮要略、伤寒论选读、温病学、针灸学、中医内科学、中医外科学、中医妇科学、中医儿科学等课程。

针灸推拿学专业的核心课程包括中医基础理论、中医诊断学、中药学、方剂学、中医内科学、经络腧穴学、刺法灸法学、针灸治疗学、实验针灸学、推拿手法学、推拿功法学、推拿治疗学、小儿推拿学、正常人体解剖学、诊断学基础、西医内科学等课程。

2. 主干学科

中医学专业的主干学科包括中医学、基础医学、临床医学等。

针灸推拿学专业的主干学科包括中医学、针灸推拿学等。

3. 实习和社会实践

中医学类专业的实践性教学环节主要包括实验与实训、见习与实习、社会实践、竞技竞赛、技能考试、科研训练、创业实践等。下面就实验与实训、见习与实习分别介绍一下。

中医学类专业的实验与实训教学中，独立设置的实验课有生理学实验、生物化学实验、病理学实验、诊断学基础实验、药理学实验、实验方剂学、实验针灸学等，独立设置的实训课有针灸学实训、推拿技能实训、正常人体解剖学实训、中医诊断学实训、中医执业医师资格考试综合实训等课程。

中医学类专业的见习与实习教学主要包括课程见习、假期见习、毕业实习与实习报告。其中，课程见习是分组到实习单位、实践基地见习；假期见习主要开展中医或针灸推拿专业临床见习、中医思维训练；毕业实习与实习报告，时间安排在第8~10学期，根据相关专业要求进行实习教学。

三、就业方向与发展前景

中医学类专业主要培养能够胜任各级中医医疗机构、各级综合性医疗机构及教育科研单位的中医、针灸推拿临床、教学、科研工作的高素质应用型人才，毕业生能够从事中医医疗、预防、保健、康复等方面的工作，也可以考取硕士研究生，发展前景广阔。

四、学习本专业类的优势与劣势

1. 优势分析

中医学类专业的优势主要体现在以下几个方面。

（1）化学药物的毒副作用和人类回归自然的要求，使人们渴望采取安全的保健和治疗方式，而中医有整体观念、辨证论治的特点，因其个性化治疗、副作用小等优势受到我国乃至全世界人民的关注。

（2）当今时代，中医药研究与发展得到空前的重视。

（3）现代社会节奏快，不少人处于亚健康状态，使得中医、针灸等传统保健科学受到重视。

2. 劣势分析

中医学类专业的所谓劣势主要表现在以下几个方面。

（1）中医理论博大精深，很多专业知识尚未普及，部分人盲目投医用药，会造成不必要的伤害。

（2）中医、针灸的科学机理尚未完全用证据证实，脉诊、针灸等传统的操作尚需要进一步规范化和量化，不少中药的成分、药理作用等尚未完全明确，在一些西方国家中医药不被认可。

五、学生素质要求与高校选科要求

1. 学生素质要求

中医学类专业对报考的学生没什么特殊的要求，对学生的个性特质也没有要求，内向型、外向型的学生都可以学习，学生毕业以后容易找到合适的工作。中医学学起来难度不高，但知识系统庞大，学海无涯，要想将来成为一名合格的医生，学习期间需要勤奋努力，需要有足够的耐心与兴趣，需要锻炼较强的临床实践能力，需要培养明察秋毫的观察力和缜密的思维能力。

中医学是我国的特色学科，喜欢中医、喜欢针灸推拿的考生适宜报考，但是色盲或色弱者不可报考。

2. 高校选科要求

在高校选科要求方面，中医学类专业一般要求选考物理、化学、生物科目。例如，天津中医药大学要求物理、化学、生物三门科目考生选考其中一门即可报考。

每个高校的具体选科要求可通过山东省教育招生考试院网站（http://www.sdzk.cn/）、山东省教育云服务平台（http://www.sdei.edu.cn/）或"山东高考一点通"微信公众号查询。

10.6 中西医结合类（1006）

一、专业类概述

中西医结合是中华人民共和国成立后，国家长期实行的一项医疗卫生事业的工作方针。中西医结合是中、西医学的交叉领域，它将传统的中医中药知识和方法与西医西药的知识和方法结合起来，在提高临床疗效的基础上，逐渐阐明机理进而获得新的医学认识，形成了有明确发展目标和独特方法论的学术体系。1982年国务院学位委员会将"中西医结合"设置为一级学科，招收中西医结合研究生，促进了中西医结合学科建设。

专业设置：根据教育部普通高等学校本科专业目录，中西医结合类专业包含中西医临床医学（100601K）一个基本专业。

中西医结合类专业根据我国社会主义现代化建设和中医药事业发展的实际需要，培养具有高尚的职业道德和良好的工作作风，掌握中西医结合临床医学科学技术知识和能力，能够在医学相关领域从事中西医临床医疗、预防、保健、康复、教育和科研等工作的高素质应用型人才。

中西医临床医学专业要求学生系统掌握中西医学基础理论和基本知识，具有较强的中西医临床技能，能熟练地运用中西医结合的诊法及辨证，对临床各主要学科的常见病、多发病进行辨证施治等，并具有自主学习和终身学习的能力。

学制与学位：中西医结合类专业本科基本学制为5年。学生按要求完成学业，可授予医学学士学位。

二、知识构架

1. 核心课程

中西医临床医学专业的核心课程包括中医基础理论、中医诊断学、中药学、方剂学、正常人体解剖学、生理学、病理学、诊断学基础、中医内科学、中医外科学、针灸学、药理学、西医内科学、西医外科总论、中西医结合妇产科学、中西医结合儿科学等。

2. 实习和社会实践

中西医临床医学专业的实践性教学环节主要包括实验与实训、见习与实习等。

三、就业方向与发展前景

中西医结合类专业毕业生可在各级各类医院、高等医学院校、卫生行政管理部门、有关科研院所从事中西医结合或中医专业医疗、保健、康复、教学、管理、科研等工作。

该类专业毕业生能够掌握本学科坚实的基础理论和系统的专业知识与技能，在中医理论的指导下，独立处理本学科常见病和某些疑难病症，独立承担本学科临床医疗工作，在临床医疗技术上达到高级临床专业人才水平；能够结合临床实践，掌握临床科学研究的基本方法和技能，以中医理论为指导，应用现代科学技术和方法，开展临床科学研究。同时，通过多参加培训研修活动，提升自身实力，职业发展的空间将进一步提升。

四、学习本专业类的优势与劣势

1. 优势分析

中医与西医均为预防、治疗疾病及解除人类病痛的必要手段和方法。随着人们对于疾病预防、康复保健的意识越来越强，中西医结合相关专业的人才需求将得到增加，就业前景将越来越好。同时，对于学习本专业类的学生来讲，既学到了职业本领，对于个人保健也有很好的帮助。

2. 劣势分析

近些年，由于医疗卫生事业改革使各大医院、医疗单位用人自主权增加，对人才质量的要求明显提高，用人单位"门槛"增高，引进的人才也主要以专业人才为主。与西医相关专业相比，中西医结合类专业毕业生的岗位需求也较少，毕业生进入大型医院的机会相对较少。

五、学生素质要求与高校选科要求

1. 学生素质要求

学习中西医结合类专业，学生应具有强烈的社会责任意识，热爱医学事业，具有团队合作精神、科学态度、批判精神和创新精神，具有一定的人文社会科学基础知识，了解医学与人文社会科学之间的内在联系，具有良好的道德情操和审美情趣，具备健全的心理和健康的体魄。

中西医结合是我国的特色学科，欢迎愿为我国社会主义现代化建设和中医药事业发展做出贡献，有志在医学相关领域从事中西医临床医疗、预防、保健、康复、教育和科研等工作的同学报考。但是，色盲或色弱者不可报考。

2. 高校选科要求

在高校选科要求方面，大多数高校的中西医结合类专业对物理、生物、化学三门科目提出相应的选考要求。例如，天津中医药大学、华北理工大学、长春中医药大学、山东中医药大学、云南中医学院、南方医科大学要求物理、化学、生物三门科目考生选考其中一门即可报考；承德医学院、辽宁中医药大学、新疆医科大学、山西中医药大学要求化学、生物两门科目考生选考其中一门即可报考；大连医科大学、甘肃中医药大学要求化学、生物两门科目考生均需选考方可报考。

每个高校的具体选科要求可通过山东省教育招生考试院网站（http://www.sdzk.cn/）、山东省教育云服务平台（http://www.sdei.edu.cn/）或"山东高考一点通"微信公众号查询。

10.7　药学类（1007）

一、专业类概述

药学类专业培养适应社会主义现代化建设和医药事业发展的需要，比较系统地掌握药学基础理论、基本知识、基本技能以及相关医学方面的知识和能力，系统掌握药品生产、检验、流通、使用和研究与开发的专业知识和基本技能，具备胜任药物生产、质量控制、制剂及指导临床合理用药等方面工作的初步能力，具有良好职业道德和职业素质的高素质应用型人才。毕业生主要在医院、制药企业、研究机构从事药品调剂、生产、质量检测、药物研发、药品销售等工作。

专业设置：根据教育部普通高等学校本科专业目录，药学类专业包含药学（100701）、药物制剂（100702）两个基本专业，以及临床药学（100703TK）、药事管理（100704T）、药物分析（100705T）、药物化学（100706T）、海洋药学（100707T）、化妆品科学与技术（100708T）六个特设专业。

人类的健康离不开药物的保驾护航，药学类专业的任务是不断提供更有效的药物和提高药物质量，保证用药安全，使人类能更好地同病害作斗争，延年益寿，提高生活质量。国内设置药学类专业的专业性高校有中国药科大学和沈阳药科大学等，综合性大学有北京大学、复旦大学、四川大学、浙江大学、山东大学等，由于其综合丰富的教学资源，专业认同率很高。除此之外，药学类专业主要分布在医学高等院校。

学制与学位：药学类专业本科基本学制为4年，实行弹性修业年限，一般在3~6年内完成。学生按要求完成学业，可授予理学学士学位。

二、知识构架

药学类专业的主要课程有：基础化学课程（无机化学、有机化学、分析化学、物理化学）、医学基础课程（生理学、生物化学）、药学基础课程（药理学、药物分析、药物化学、药物制剂学、药物代谢动力学）和实践培训课程。

各高校由于所开设专业的培养方向不同，课程设置也会有所差异。药学类本科专业的知识结构包含医学、药学和化学三部分。药学的化学基础强于生物医学，其特色在于药学基础，如药化、药剂、药分、药理以及药物代谢动力学。药学的学习主要是以化学和生物医学为主，以医学及其他各学科为辅。从所学的课程不难看出，其中很多都和化学相关。有人曾经开玩笑说，药学是半个化学。从专业学习的角度出发，那些化学、生物学科基础比较好，或者是对它们较为感兴趣的学生能更好地适应药学专业的学习。药学类相关专业多属于理工类专业，擅长文科的学生想学习药学类专业，则可选择药事管理专业。

三、就业方向与发展前景

药品与健康息息相关，社会对药学人才的需求不断增加，药学类专业毕业生的就业方向十分广阔，就业形势很好，就业率接近100%。毕业生主要在各级医院、疗养院、门诊部或卫生院等医疗机构从事一般药物和静脉用药调配发放、指导临床合理用药和药库管理等工作，或者在有条件的医疗机构开展药物浓度检测及药学相关科学研究工作；可以进入医药企业从事新药研制、生产、质量监控、药品营销、学术推广以及管理等工作；可以在省、市食品药品监督管理局等医药行政管理部门进行管理工作，或者在省食品药品检验研究院、市药品检验所开展药品质量检验鉴定、检验人员培训及技术咨询服务等工作；也可以进入药物研究院所从事新药设计、筛选、评价和制剂开发等科学研究工作；还可以在医药学教育机构领域从事教学和科研工作。此外，继续攻读研究生也是一种选择，毕业生可以在药物合成、筛选、评价、检测、剂型、临床合理用药和药事管理等方面选择自己喜爱的专业，如药物化学、药物分析学、药剂学、药理学、生药学、临床药学、微生物与生化药学和制药工程学等，进一步深造。

四、学习本专业类的优势与劣势

1. 优势分析

我国药学工作自新中国成立以来，得到党和国家高度重视和支持，取得了快速发展，因此社会对药学人才的需求一直较旺盛。在岗位方面，药学类专业毕业生可从事药学科研、医院药学、

制药企业、医药公司、药检所的技术岗位、管理岗位等工作。随着生活水平的不断提高，人们对医疗、保健方面的需求正急剧增加，对药学人才的需求也正急剧增加。

2. 劣势分析

虽然药学是与临床医学密切联系的学科，但在现有国家体制和管理规定下，药学类专业学生毕业后不允许向临床医学方向跨专业从事职业（药学类专业毕业生不允许考取执业医师资格证），而临床医学专业毕业生可以向药学学科方向跨专业（可以考取执业药师资格证）。此外，在制药企业、药物研发等部分职位中，有时需要在工作中接触一些有毒有害溶液试剂。

五、学生素质要求与高校选科要求

药学是化学与医学、生物学综合的学科，药学与化学学科紧密相关。学习药学类专业，学生应具有良好的化学基础。以下是部分高校药学类专业的选科要求，虽培养目标略有不同，但毫无例外，化学是最重要的一门学科。

（1）化学必选，如沈阳药科大学、烟台大学、新疆医科大学、河北医科大学等。

（2）化学、生物均需选考，如中山大学、青岛大学、天津医科大学、哈尔滨医科大学、山西医科大学等。

（3）化学、生物二选一，如厦门大学、兰州大学、青岛科技大学、成都中医药大学、黑龙江中医药大学、浙江中医药大学等。

（4）物理、化学二选一，如上海交通大学、武汉大学、华南理工大学、重庆大学、中国药科大学、福建医科大学等。

（5）物理、化学、生物三选一，如山东大学、四川大学、华中科技大学、郑州大学、中国海洋大学、首都医科大学、南方医科大学、北京中医药大学、上海中医药大学、天津中医药大学、大连医科大学、山东中医药大学、临沂大学、昆明医科大学、宁夏医科大学、湖南中医药大学、山东第一医科大学、潍坊医学院、济宁医学院等。

每个高校的具体选科要求可通过山东省教育招生考试院网站（http://www.sdzk.cn/）、山东省教育云服务平台（http://www.sdei.edu.cn/）或"山东高考一点通"微信公众号查询。

10.8　中药学类（1008）

一、专业类概述

中药学是以中医药理论为指导，研究中药基本理论、资源利用、物质基础、作用机理、应用方式、质量控制、新药研发与生产、安全性与有效性评价、营销与管理等方面的理论、技术、方法及应用的一门学科。中药学是中华民族在长期生产生活实践过程中总结临床防治疾病经验所形成的具有中国传统医药特色的学科。中药学与中医学是中华优秀传统文化的重要组成部分，二者相互依存，相互支撑，是保障中华民族繁衍昌盛和人类健康不可或缺的学科体系。

专业设置：根据教育部普通高等学校本科专业目录，中药学类专业包含中药学（100801）、中药资源与开发（100802）两个基本专业，以及藏药学（100803T）、蒙药学（100804T）、中药制药（100805T）、中草药栽培与鉴定（100806T）四个特设专业。

中药学专业毕业生具备中医药思维和中国传统文化知识，具有传承传统中药学理论与技术的能力，能够从事中药生产、检验及药学服务等方面的工作，并在中药教育、研究、管理、流通、国际交流及文化传播等领域具备发展潜能。

中药资源与开发专业毕业生能够从事中药资源的调查、鉴定、生产、保护、管理、开发、利用等方面的工作。

中草药栽培与鉴定专业毕业生能够从事中药材栽培、种子种苗繁育、采收加工、贮藏养护、品质鉴定、质量控制、基地建设和管理等方面的工作。

中药制药专业毕业生能够从事中药制备、中药新剂型与新辅料研究、中药制剂工艺与工程设计、中药生产过程质量控制和管理等方面的工作。

学制与学位：中药学类专业本科基本学制为4年。学生按要求完成学业，可授予理学或工学学士学位。

二、知识构架

1. 核心课程和主干学科

中药学类专业核心课程包括中医学基础、临床中药学、方剂学、药用植物学、中药化学、中药药剂学、中药鉴定学、中药炮制学、中药药理学、中药分析、药事管理学、药用植物栽培学、中药资源学、生药学、中药制剂学、中药制药工艺学等课程。

中药学类专业主干学科包括中药学、药学、中医学、化学、生物学、作物学、化学工程与技术等。

2. 实习和社会实践

中药学类专业的实践性教学环节主要包括专业实验课程（如中药成分分析和提取、中药加工、中药炮制、药用植物栽培、中药鉴定等）、生产实习、毕业论文（设计）等。

三、就业方向与发展前景

中药学类专业毕业生能够在药品检验所、医院、医药院校、制药企业、医药公司等单位从事中药检验、中药合理使用、中药学专业教学、中药新药研究与开发、中药栽培、中药资源开发与利用、中药生产与管理、中药质量控制及药品营销等工作，也可以考取硕士研究生，发展前景广阔。

四、学习本专业类的优势与劣势

1. 优势分析

中药学类专业的优势主要体现在以下几个方面。

（1）化学药物的毒副作用和人类回归自然的要求，使人们渴望采取安全的保健和治疗方式，故中药因其取材天然、副作用小、资源可循环等优势受到世界关注。

（2）中药研究与开发得到空前的重视。

（3）现代社会节奏快，不少人处于亚健康状态，使得中药保健得到重视。

2. 劣势分析

中药学类专业的所谓劣势主要表现在以下几方面。

（1）中药成分复杂，不少中药的成分、药理作用等尚未明确，在一些西方国家不被认可。

（2）中医药知识尚未普及，部分人盲目投医用药，会造成不必要的伤害。

（3）中药质量参差不齐，需要加强监管。

五、学生素质要求与高校选科要求

1. 学生素质要求

中药学类专业对报考的学生没有特殊的要求，知识理论多是需要记忆的，看上去比较偏文科。实际上，中药学的很多知识涉及化学，总体来看，还是更侧重于理科知识。中药学的知识系统很庞大，内容琐碎繁杂，学起来难度不高，但会很麻烦，需要有足够的耐心与兴趣。

中药学类专业对学生的个性特质也没有要求，所有类型的学生都可以学习，以后都能找到合适的工作。个性开朗、外向的适合去做药品销售，性格谨慎、内向的可以去做药品质量检验，思维灵活、有创新意识的适合去做新药研发，勤劳能干、爱岗敬业的可以去做药师等。

总之，中药学是我国的特色学科，热爱中医、喜欢化学和古文的考生适宜报考。但是，肝功能异常和澳抗阳性者、色盲或色弱者不可报考。

2. 高校选科要求

在高校选科要求方面，中药学类专业一般要求选考物理、化学、生物科目。例如，天津中医药大学、吉林农业大学、中国药科大学、山东中医药大学、广西中医药大学要求物理、化学、生物三门科目考生选考其中一门即可报考。

每个高校的具体选科要求可通过山东省教育招生考试院网站（http://www.sdzk.cn/）、山东省教育云服务平台（http://www.sdei.edu.cn/）或"山东高考一点通"微信公众号查询。

10.9 法医学类（1009）

一、专业类概述

法医学是法庭科学的重要组成部分，是应用医学和其他自然科学的方法，研究与解决法律及其实施中涉及的医学问题的科学。其内涵是指通过法医学的理论和技术为侦查犯罪提供线索，为审理民事、刑事及行政诉讼案件提供证据，为法律法规的制定提供医学资料。法医学的性质决定了其科学研究有别于医学的其他分支学科，有严格的研究范围、明确的研究对象和独特的研究理论及方法。

专业设置：根据教育部普通高等学校本科专业目录，法医学类专业包含法医学（100901K）一个基本专业。

法医学专业培养适应社会经济和法医学事业发展需要，掌握基础医学、临床医学和法医学的基础理论、基本知识和基本技能，具有一定的人文科学素养和良好的道德品质，具备初步的检案鉴定能力、用法医学思维判断与分析问题的能力和终身学习能力，能够在公安机关、检察院、法院和司法鉴定机构从事法医学及相关司法鉴定工作的高素质应用型专业人才。

学制与学位：法医学类专业本科基本学制为5年。学生按要求完成学业，可授予医学学士学位。

二、知识构架

1. 主干学科和核心课程

法医学专业的主干学科包括基础医学、临床医学、法医学等。

法医学专业的核心课程包括系统解剖学、组织学与胚胎学、生物化学、病理学、生理学、医学免疫学、病理生理学、医学微生物学、药理学、局部解剖学、诊断学、内科学、外科学、妇产科学、儿科学、法医病理学、法医物证学、法医临床学、法医毒物分析、法医毒理学、法医精神病学等。

2. 实习和社会实践

法医学专业要求学生早现场实践、多现场实践、反复现场实践，注重实习和社会实践。

法医学专业的实习分为临床实习、专业实习两部分。临床实习一般27周，学生到有资质的教学医院参与临床实习，主要掌握临床上常见疾病的检查、检验、诊断技术和疾病鉴别的方式方法，熟悉常见疾病的治疗方法和常用治疗药物。专业实习一般21周，学生到地市级以上公安系统刑科所参与专业实习，通过接触公安系统的工作人员，参与公安系统的法医检案，了解法医的职责，熟悉法医的工作环境、工作流程，理解法医工作的重要意义。

法医学专业的社会实践安排较为丰富，要求学生参与社会实践活动以及社区卫生机构实践，还可以参与科研创新活动、就业创业指导以及文艺、体育和其他素质的拓展活动。

三、就业方向与发展前景

法医学服务于我国的法制建设，为相关法律法规的制定提供科学的依据。特别是在国家法制建设更加深入的形势下，法医学学科的发展更需要得到国家的高度关注和支持。加强法医学的学科建设是依法治国、维护社会稳定的政治责任。因此，法医学专业未来就业方向、发展前景更加广阔。

1. 就业方向

法医学专业主要就业方向：（1）在各地市级公安机关、检察院、法院系统从事刑事技术检案工作；（2）在第三方司法鉴定机构从事司法鉴定工作；（3）在科研机构从事基础医学、临床医学、法医学相关的科研工作；（4）在医学交叉学科领域从事医疗仪器的研发、销售、培训及医疗保险核赔等工作。

2. 发展前景

法医学专业的发展关乎国计民生和社会稳定。目前，我国仅有30多所医学高等院校设立了法医学本科专业，并且每所学校一般每年仅招生30~40人。作为人口大国，我国现有的法医鉴定人才队伍，其数量、专业水平和学历层次，特别是具有高水平鉴定能力的鉴定人才，远远不能满足我国法医司法鉴定领域的需求。随着科学技术的突飞猛进，许多新技术、新设备和新型犯罪将有力地推进法医学的发展，未来法医学专业毕业生将拥有更广阔的发展空间。

多年来反复提及的医学科学研究的"生物医学"模式向"生物—心理—社会"模式的转变最符合法医学问题的多层次、多因素、多学科交叉研究的内在规律，对于提高我国在法医学领域的整体研究水平、创新能力和国际竞争力具有重要的意义。因此，法医学专业学生可以继续攻读硕士、博士学位，毕业后到高校或科研院所工作，对司法鉴定关键理论和关键技术进行深入研究。

四、学习本专业类的优势与劣势

1. 优势分析

入学优势：法医学专业的录取分数一般比临床医学专业低，但是由于就业前景好，该专业的录取分数线一般要高于其他医学类专业分数线。

就业与发展优势：法医学专业人才需求量大，各高校法医学专业毕业生人数较少。此外，毕业生若想继续深造，只要积极准备，深造机会远远高出其他专业；若想直接工作，就业面广，就业较为理想，专业对口率高。

2. 劣势分析

对专业认识的局限性：目前人们对法医学的认识仅仅局限在法医病理学上。伴随着社会需求的增长和科学的发展，法医学由原来单一的学科逐渐形成多分支学科，这些学科包括法医病理学、法医毒物与毒理学、法医物证学、法医临床学、法医精神病学等。

就业的局限性：法医学专业毕业生如果想进入公安机关、检察院、法院系统，还必须通过公务员或事业单位考试方可录取；毕业生可以报考司法鉴定人执业资格考试，在司法鉴定机构从事司法鉴定相关业务，但不能参加国家临床执业医师资格考试，不能做临床医生。如果想做临床医生，最好不要报考法医学专业。法医工作者工作艰辛，岗位风险大，对法医学人才的综合素质要求比较高。

五、学生素质要求与高校选科要求

1. 学生素质要求

责任心与兴趣是选择法医学专业的必备条件。为生者权，为逝者言，需要学生具备良好的心理素质和健康的身体素质，体检标准按照《普通高等学校招生体检工作指导意见》（教学〔2003〕3号）及有关补充规定执行。

2. 高校选科要求

根据各高校在山东省招生的选科要求，法医学类专业一般要求选考物理、化学、生物科目。考生可根据个人爱好和高校报考要求，选择考试科目。

例如，济宁医学院、广东医科大学、四川大学、重庆医科大学、昆明医科大学、南方医科大学要求物理、化学、生物三门科目考生选考其中一门即可报考；复旦大学医学院要求物理、化学两门科目考生选考其中一门即可报考；川北医学院要求考生必须选考化学方可报考；中国医科大学、赣南医学院、新疆医科大学要求化学、生物两门科目考生均需选考方可报考；山西医科大学、内蒙古医科大学要求物理、化学、生物三门科目考生均需选考方可报考。

每个高校的具体选科要求可通过山东省教育招生考试院网站（http://www.sdzk.cn/）、山东省教育云服务平台（http://www.sdei.edu.cn/）或"山东高考一点通"微信公众号查询。

10.10 医学技术类（1010）

一、专业类概述

专业设置：根据教育部普通高等学校本科专业目录，医学技术类专业包含医学检验技术（101001）、医学实验技术（101002）、医学影像技术（101003）、眼视光学（101004）、康复治疗技术（101005）、口腔医学技术（101006）、卫生检验与检疫（101007）七个基本专业，以及听力与言语康复学（101008T）、康复物理治疗（101009T）、康复作业治疗（101010T）、智能医学工程（101011T）四个特设专业。

本书以医学检验技术专业为例介绍医学技术类专业。

医学检验技术源自临床检验诊断学，它是一门联系基础医学与临床医学的桥梁学科，需要交叉运用物理学、化学、生物学、免疫学、病原学、分子生物学等多学科的理论知识和实验技术，对来自人体的组织、细胞、血液、体液、分泌物等样本进行实验室检验和分析，以获得反映机体病理变化、脏器功能状态、病原体感染等医学信息，从而为疾病的预防、临床诊断、鉴别诊断、临床治疗监测、预后评估以及健康管理等提供科学依据，是医学领域中的重要学科分支。

医学技术类专业主要培养具有良好的职业道德素质，掌握医学检验技术专业及相关学科的基本理论、基本知识和基本技能，具有较强的实践能力、学习能力和创新能力的应用型医学检验专门人才。

学习医学技术类专业，能够培养良好的思想道德和职业素质，树立珍视生命、关爱病人的人道主义精神，能够融会贯通基础医学、临床医学和实验医学的基本原理和技能，及时、准确地为临床提供真实可信的实验诊断信息和依据。

医学检验技术专业学生可以掌握临床常用医学检验项目的检测原理、操作方法和检验结果的临床意义，能规范书写和签发医学检验报告、正确解读检验结果并向临床医生提出咨询建议；学生具有较强的临床思维和表达能力，以及与患者和临床医生沟通的能力，能有效辅助临床合理运用检验项目；毕业后能够在医疗卫生机构及相关科研机构从事临床医学检验、输血与采供血、病理检验、卫生检验检疫等工作。

学制与学位：医学技术类专业本科基本学制为4年。学生按要求完成学业，可授予理学学士学位。

二、知识构架

医学检验技术专业的主干学科包括基础医学、临床医学、检验医学等。核心课程包括人体解剖学、组织学与胚胎学、病理学、病理生理学、检体诊断学、内科学、妇产科学、儿科学、临床基础检验技术、临床血液学检验技术、临床输血学检验技术、临床微生物学检验技术、临床免疫学检验技术、临床生物化学检验技术、临床分子生物学检验技术等。

医学检验技术专业按照新的教学理念，结合人才市场的需要设置专业课程。课程学习分两个阶段：第一阶段主要学习医学基础课程，掌握医学基本理论与实践技能，为后续学习专业课程与临床课程奠定基础；第二阶段主要学习医学检验技术专业课程与临床医学课程，进行医学检验、临床医学基本理论与基本实践技能的学习与见习，第四学年实习一年。实习通常采取集中实习的方式，一般需要统一到条件较好的综合性医院进行。学生通过实习，在掌握相关临床医学检验技术的基础上，能密切地联系临床检验实际，并通过实习指导教师的帮助，尽快地实现从学习理论到临床实践能力的转化，胜任临床检验工作，为以后从事临床检验工作打下良好的基础。

三、就业方向与发展前景

医学技术类专业毕业生的就业率高，就业领域广，社会需求稳定。随着物质生活水平的逐步提高，人们对医疗健康服务的要求和层次也不断提高，对医学检验技术人才提出了更为多元化、具体化的要求，也使得医学技术类专业进入到快速发展时期，具有良好的就业前景。各级医院、体检中心、医学实验室、血液中心、疾病预防控制中心以及医疗器械公司等都需要大量从事医学检验技术工作的专业人员。

医学技术类专业毕业生的就业方向主要包括：（1）各级医院检验科、体检中心、输血科、病理科、临床专业实验室（血液学实验室、内分泌实验室、生殖医学实验室、遗传实验室、新生儿筛查实验室、免疫科与传染科实验室、中心实验室等）；（2）各高等医学院校、疾控中心检验科、血站系统、红十字会等事业单位；（3）独立医学实验室、健康管理中心等企业单位；（4）医药公司、医疗器械公司、生物试剂公司、科研院所的研发中心、技术部门、销售部门等。

四、学习本专业类的优势与劣势

1. 优势分析

相对于其他医学专业而言，医学技术类专业的既有优势在于培养周期短、就业领域宽、社会需求大、就业率高。学生毕业后的工作环境和待遇较好，工作风险较低，工作也相对稳定。只要有医院、医疗机构的地方，就需要医学检验技术专门人才。此外，红十字会、计划生育指导站、制药公司、商品检验、环境保护、疾控中心、海关检疫等部门也需要医学检验技术相关的专门人才。

2. 劣势分析

相对于其他5年制医学类专业而言，医学技术类专业为4年制，学生需要在较短时间内掌握多门医学知识，因此需要更加努力、刻苦地完成学业。此外，由于该类专业对实践能力要求较高，培养过程中需要大量仪器和试剂进行实训，学费较高；毕业后尚需在临床实践工作中逐渐积累和提升技能能力，因此对刚踏上工作岗位的新手来说，需要有较强的适应能力和学习能力。

五、学生素质要求与高校选科要求

1. 学生素质要求

医学检验结果关系到患者的生命健康，医学检验技术人员需要具备较强的实践动手能力、良好的沟通能力和缜密的临床思维能力，因此对学生的身心素质具有较高要求。

医学检验工作性质复杂，工作量大，结果准确性的临床后果重要，因此对于检验过程和结果分析必须严谨认真。要求从业人员对检验医学有深厚的兴趣，具备良好的职业道德、高度的工作责任心和一丝不苟的工作作风。

2. 高校选科要求

医学检验技术是一门需要用到物理学、化学等方法和手段进行医学诊断的学科，需要使用各种光电仪器及化学试剂等完成实验分析，所以偏重理科，要求学生具有较好的物理学、化学和生物学基础。

根据山东省教育招生考试院公布的普通高校专业类选考要求，医学技术类专业一般要求选考生物、化学。例如，山东中医药大学、中南大学、四川大学、温州医科大学仁济学院要求物理、化学、生物三门科目考生选考其中一门即可报考。

每个高校的具体选科要求可通过山东省教育招生考试院网站（http://www.sdzk.cn/）、山东省教育云服务平台（http://www.sdei.edu.cn/）或"山东高考一点通"微信公众号查询。

10.11　护理学类（1011）

一、专业类概述

护理学是健康学科中一门独立的综合性应用学科，是以自然科学与社会科学为基础，研究有关预防保健、治疗疾病及康复过程的护理理论与技术及其发展规律的科学。作为一门独立的学科，护理学经过一百多年的发展，已逐渐形成较完善的理论体系和相对稳定的知识体系，研究的范围和内容涉及影响人类健康的生物、心理、社会等各个方面，实践的范畴包括临床护理、社区保健护理、护理管理、护理教育、护理研究等。

专业设置：根据教育部普通高等学校本科专业目录，护理学类专业包含护理学（101101）一个基本专业，以及助产学（101102T）一个特设专业。

学制与学位：护理学类专业本科基本学制为4年。学生按要求完成学业，可授予理学学士学位。

二、知识构架

1. 核心课程和主干学科

护理学专业的核心课程主要包括人体解剖学、生理学、病理学、药理学、护理学导论、基础护理学、内科护理学、外科护理学、妇产科护理学、儿科护理学、急危重症护理学、中医护理学基础、护理管理学、护理心理学、护理教育学、护理研究等。

护理学专业的主干学科包括基础医学、护理学、人文社会科学等。

2. 实习和社会实践

护理学类专业的实践性教学环节主要包括校内护理技能训练、课程临床见习、临床毕业实习和毕业论文等。

三、就业方向与发展前景

1. 就业方向

护理学类专业主要培养具备人文社会科学、医学、预防保健的基本知识，掌握护理学及助产学的基本理论知识和技能，能在医疗卫生、健康保健、预防医学和疾病控制等领域从事相关工作的应用型高级护理人才。主要就业方向有医院护理（包括各种医院、疗养院、诊所等）、社区护理（包括社区医院、健康中心、企业、学校等）、护理管理、护理教育等。

护理学类专业毕业生可报考护理学及相关专业的研究生继续深造，也可出国留学继续深造。

2. 发展前景

党的十九大报告提出"实施健康中国战略"，护理作为卫生健康事业的重要组成部分，也进入了新的快速发展时期，护理专业被教育部等六部委列入国家紧缺人才专业，予以重点扶持，护理专业发展前景广阔。

随着人口老龄化和"互联网+医疗健康"时代的到来，护理将更深入地融合到人们生活的各个方面，护理的内涵和外延不断扩展，护士也将承担起更加重要的社会责任，"大护理"时代已经到来。将来从事老年医学、老年护理的人才将走俏，保健医师、家庭护士也将成为热门人才。社区护理将成为我国护理工作最重要、最广阔的领域，中医护理将具有更广阔的实践前景和发展空间。

目前我国护士的培养和管理正在逐步与国际接轨，高级开业护士的培养已经实施。

四、学习本专业类的优势与劣势

1. 优势分析

目前我国护士短缺问题仍然非常突出。学习护理学类专业，就业非常容易，本科毕业生大多在国内大中城市三级甲等医院工作。

护理职业一直是国际上地位较高、薪水丰厚的职业之一，护理人才是国际紧缺的人才之一，因此，具有深厚的专业知识、较高的综合素质和良好的国际交流语言能力的护士在国际上就业及发展前景十分广阔。

随着"健康中国"战略的推进以及人口老龄化和"互联网+医疗健康"时代的到来，护理专业进入蓬勃发展的新时期，从而为护理专业人才创造了自我发展和实现自我价值的良好机遇。

2. 劣势分析

护理学发展历史较短暂，护理学理论体系尚待进一步完善。

国内高级实践护士的认证和管理，与国外相比，尚存在一定差距。

五、学生素质要求与高校选科要求

护理学是自然科学与社会科学相互交叉渗透的综合性应用学科。学习护理学类专业，学生应熟悉护理学及相关的医学和人文社会科学的基本理论、基本知识和基本技能，接受临床护理、护理管理、护理教育、护理科研及社区护理的基本训练，掌握为护理对象提供整体护理的基本能力。凡身心健康、热爱护理事业、愿为人类健康服务的同学均可报考护理学类专业，但是肝功能异常、色盲或色弱者不可报考。

在高校选科要求方面，护理学类专业一般不提选考科目要求。例如，天津中医药大学不提科目要求。

每个高校的具体选科要求可通过山东省教育招生考试院网站（http://www.sdzk.cn/）、山东省教育云服务平台（http://www.sdei.edu.cn/）或"山东高考一点通"微信公众号查询。

11　学科门类：管理学（12）

在教育部颁布的《普通高等学校本科专业目录》中，管理学学科门类下，包含管理科学与工程类、工商管理类、农业经济管理类、公共管理类、图书情报与档案管理类、物流管理与工程类、工业工程类、电子商务类、旅游管理类九个专业类。

11.1　管理科学与工程类（1201）

一、专业类概述

管理科学与工程类专业采用系统思想、数量方法和信息技术解决各类管理问题，提高决策水平和管理效率，在国民经济建设和社会发展中发挥着重要的基础性作用。该类专业具有管理学和工程学交叉学科的特点，既重视专业的理论与方法，又强调应用性与实践性。

专业设置：根据教育部普通高等学校本科专业目录，管理科学与工程类专业包含管理科学（120101）、信息管理与信息系统（120102）、工程管理（120103）、房地产开发与管理（120104）、工程造价（120105）五个基本专业，以及保密管理（120106TK）、邮政管理（120107T）、大数据管理与应用（120108T）、工程审计（120109T）、计算金融（120110T）、应急管理（120111T）六个特设专业。

管理科学与工程类专业主要培养拥有系统化管理思想和较高管理素质，掌握管理学与经济学基础理论以及信息与工程相关技术知识，具有一定的理论与定量分析能力、实践能力以及创新创业能力，具备职业道德与国际视野，满足现代管理需要的高素质人才。

管理科学专业培养具备必要的数学、经济学、计算机应用基础，具有扎实的管理科学基本理论和基本知识，能够运用先进的管理思想、方法、组织和技术以及数学和计算机模型对运营管理、组织管理和技术管理中的问题进行分析、决策和组织实施的高级专门人才。

信息管理与信息系统专业培养具备现代管理学理论基础、计算机科学技术知识及应用能力，掌握系统思想、信息系统分析与设计方法以及信息管理等方面的知识与能力，能在国家各级管理部门、工商企业、金融机构及科研部门从事信息管理以及信息系统分析、设计、实施管理与评价等方面工作的高级专门人才。

工程管理专业培养具备管理学、经济学和土木工程技术的基本知识，掌握现代管理科学的理论、方法和技术，能在国内外工程建设领域从事项目决策和全过程管理工作的复合型高级管理人才。

房地产开发与管理专业培养具有房地产经营管理理论与技术的基础知识，掌握现代管理理论方法，能够在房地产管理部门、房地产与建筑企业及中介服务机构从事房地产行政管理、房地产开发管理、房地产估价、中介服务、建筑工程管理、项目策划、项目投融资等实际工作的复合型高级专门人才。

工程造价专业培养具备管理学、经济学和土木工程技术的基本知识，掌握现代工程造价管理科学的理论、方法和手段，获得造价工程师、咨询（投资）工程师的基本训练，具有工程建设项目投资决策和全过程各阶段工程造价管理能力，具备实践能力和创新精神的应用型高级工程造价管理人才。

学制与学位：管理科学与工程类专业本科基本学制为4年。学生按要求完成学业，可授予管理学学士学位。此外，管理科学专业也可授予理学学士学位，信息管理与信息系统、工程管理、工程造价专业也可授予工学学士学位。

二、知识构架

1. 主干学科和核心课程

该类专业的主干学科包括管理学、经济学、运筹学、统计学等。

该类专业的核心课程包括系统工程、决策理论与方法、信息系统分析与设计、管理信息系统、工程项目管理、房地产开发项目管理、房地产评估、物业管理、工程计量与计价、工程造价管理等。

2. 实习和社会实践

管理科学与工程类专业的实践教学环节主要包括课程实习（设计）、参观实习、社会调查（实践）、毕业实习、毕业论文（设计）等。

课程实习（设计）：结合不同专业的实践性较强的课程，进行综合性的课程实习（设计）。

参观实习：主要是到相关实习实践基地或合作企业参观实习。

社会调查（实践）：主要是寒暑假期间针对不同调查主题开展的社会调查（实践）。

毕业实习：一般利用毕业之前较长的时间进行毕业实习，将理论与实践相结合，提高综合运用所学知识解决实际问题的能力。

毕业论文（设计）：根据各专业的培养目标，完成毕业论文（设计）。

三、就业方向与发展前景

1. 就业方向

管理科学专业学生毕业后可在各类行政事业单位、科研院所、工商企业从事数据分析、生产与计划、市场与销售等方面的管理、教学与科研工作。

信息管理与信息系统专业毕业生主要到国家各级管理部门、工商企业、金融机构、科研单位从事信息资源管理以及信息系统分析、设计、实施和评价等工作。

工程管理专业毕业生可以在企事业单位及政府部门从事工程策划、工程勘察、工程设计、工程施工、工程运营与维护、工程投资与融资、房地产、工程造价管理与咨询、建设工程监理等方面的相关技术与管理工作，也可以从事工程管理专业或相关专业的教育、培训和科研等工作。

房地产开发与管理专业毕业生主要面向房地产开发、营销、策划、评估、咨询、房地产投资与融资、物业管理等行业企业，以及相应的教学、研究、公共管理等机构，从事房地产投资与开发、房地产策划营销、房地产全过程运营管控、房地产资产管理等工作。

工程造价专业毕业生主要就业于政府建设管理部门、房地产开发企业、工程造价咨询公司、投资公司、银行、设计院、审计事务所、建筑施工企业、建设监理公司等相关领域，主要从事工程项目的投资决策、可行性研究、工程项目招投标、工程预决算、工程索赔、投资控制、合同管理、成本管理等工作。

2. 发展前景

管理科学专业学生可应用定性与定量相结合的系统分析方法，解决管理决策和技术管理等方面的相关问题，以适应国家、企业和事业单位开展宏观决策、战略规划、企业诊断和管理研究等管理决策的需要，特别适合大数据时代管理创新的要求，就业前景良好。

随着信息科学技术、网络经济的快速发展，各部门对信息化建设的复合型开发与管理专业人才的需求不断增加，信息管理与信息系统专业培养的人才将越来越受到人才市场的青睐。

工程管理专业毕业生在具备规定期限的从业经历后，可申报我国注册建造师、注册监理工程师、注册造价工程师、注册咨询工程师（投资）等国家执业资格。由于国家建设与发展带来的持续稳定的人才需求，工程管理专业毕业生具有广阔的就业前景。

由于我国处于城镇化快速发展的时期，带来了相关行业持续稳定的人才需求，房地产开发与管理专业毕业生具有广阔的就业前景。

工程造价专业毕业生在具备规定期限的从业经历后，可申报注册建造师、注册监理工程师、注册造价工程师、注册咨询工程师（投资）等国家执业资格，并不断成长为技术负责人、项目主管、商务经理等高层管理人员，发展前景良好。

四、学习本专业类的优势与劣势

1. 优势分析

管理科学与工程类专业体现着数学、经济学、计算机和管理学等多学科的交叉，其优势在于能综合运用系统科学、管理科学、数学、经济学、行为科学以及工程方法，结合信息技术研究解决社会、经济、工程等方面的管理问题与工程实践问题，并针对各行各业中的决策优化与工程管理，运用数学、计算机以及工程方法进行数学建模、计算机模拟仿真和定量化分析。

各专业也有其特定优势。比如，区别于计算机科学与技术类专业，信息管理与信息系统专业学生不但懂得计算机技术，而且掌握管理知识，能针对管理问题提出信息系统解决方案，利用信息创造价值；管理科学专业善于利用管理科学方法与技术，如计算机仿真模拟、数学建模优化等，解决经济社会与工程管理问题；工程管理专业擅长将经济管理与工程技术结合，运用数学方法、计算机与工程技术解决工程项目的建设管理问题；房地产开发与管理专业擅长将数学方法与计算机工具结合，对房地产项目进行投资分析、估价以及开发管理；工程造价专业优势在于将建设工程知识与定量化分析紧密结合，进行工程项目的投资分析、造价与控制。

2. 劣势分析

学习管理科学与工程类专业，不但要掌握先进的管理思想、方法与技术，而且要熟悉业务领域的管理知识，达到"Π型"的知识与技能结构，这需要更多的专业实践和"干中学"才能掌握。

五、学生素质要求与高校选科要求

1. 学生素质要求

管理科学与工程类专业学生应同时具备"科学特质"和"人文特质"且更偏重于前者，要求学生有较强的数理基础、逻辑分析能力和信息技术应用能力；同时，本专业类虽属管理学门类，但与工程技术联系紧密，要求学生对各种新理念和新技术有较强的认知欲，有较强的动手实践能力，善于运用自己的思维将它们联系起来解决实际问题，以达到实践出真知的效果；另外，本专业类要求学生具有一定的组织管理能力、较强的语言表达能力、人际交往能力和团队协作能力，具有较高的英语应用水平，能够发展成具备国际视野和跨文化交流合作能力的复合型人才。

2. 高校选科要求

根据山东省教育招生考试院公布的普通高校专业（类）选考要求，大部分高校的管理科学与工程类专业要求考生必须选考物理科目，一部分高校不提科目要求，极少数高校要求物理、化学两门科目考生选考其中一门。

例如，华东理工大学要求物理、化学两门科目考生选考其中一门即可报考；北京科技大学、中央财经大学、天津大学、吉林大学、上海大学、东华大学、南京航空航天大学、江西财经大学、山东大学、济南大学、聊城大学、四川大学、青岛大学要求必须选考物理方可报考。

每个高校的具体选科要求可通过山东省教育招生考试院网站（http://www.sdzk.cn/）、山东省教育云服务平台（http://www.sdei.edu.cn/）或"山东高考一点通"微信公众号查询。

11.2 工商管理类（1202）

一、专业类概述

工商管理类专业要求知识范围广，是跨人文社会科学、自然科学、工程科学、技术科学的综合性交叉专业，重点培养学生具备管理、经济、营销、财务、会计、国际商务、人力资源、审计、资产管理、物业管理、文化产业管理等方面的知识和能力。

专业设置：根据教育部普通高等学校本科专业目录，工商管理类专业包含工商管理（120201K）、市场营销（120202）、会计学（120203K）、财务管理（120204）、国际商务（120205）、人力资源管理（120206）、审计学（120207）、资产评估（120208）、物业管理（120209）、文化产业管理（120210）十个基本专业，以及劳动关系（120211T）、体育经济与管理（120212T）、财务会计教育（120213T）、市场营销教育（120214T）、零售业管理（120215T）五个特设专业。

工商管理类专业注重学生专业理论知识的学习，培养学生成为能在企事业单位和政府部门从事管理工作的高级管理人才，以及在高等院校、科研院所从事工商管理类专业教学、科研工作的高级科研人才。同时，注重学生应用和创新能力的提升，以社会需要为目标，以就业为导向，培养学生成为能在国家机关、企事业单位及金融机构从事管理等工作的应用型人才。目前全国不同层次的高校大都设置工商管理类相关专业，服务于不同层次、不同类型的人才市场需求。

学制与学位：工商管理类专业本科基本学制为4年。学生按要求完成学业，可授予管理学学士学位。

二、知识构架

1. 主干学科和核心课程

工商管理类专业的主干学科包括管理学、经济学、统计学等。

工商管理类专业的核心课程包括组织行为学、市场营销学、会计学、财务管理学、审计学、国际贸易与实务、人力资源管理、资产评估原理、物业管理、文化资源学等。

2. 实习和社会实践

工商管理类专业的社会实践一般采用以下三种方式：（1）社会实践调查，由学生自主确定调查题目，并根据题目开展调查活动，写出调查报告。（2）管理实践，学生根据选定项目的安排从事管理实践活动，并形成有关方案或成果。项目类型可以是市场分析、制定商业计划、营销策划、推销或谈判等。（3）各类竞赛，学生组队参加各种经管类竞赛、创新创业大赛等。

工商管理类专业的实习一般采取学校推荐和自主实习两种方式。实习一般在每年寒暑假或大学四年级开展，也有的高校结合学生就业去向，通过校企合作，在专业课学习的同时开展专业实习，实习结束后需要学生完成实习报告。

三、就业方向与发展前景

工商管理类专业的就业方向一般分为以下几类：（1）市场类，包括市场调研员、产品经理、商业数据分析师、资产评估师、商业顾问、猎头顾问等。（2）经营类，包括会计（拥有会计师、注册会计师等资格证书为佳）、财务管理（拥有银行从业资格证、金融从业资格证、理财规划师、会计从业资格证等资格证书为佳）、人力资源管理（HR）、企业咨询顾问、客户关系管理、商务拓展等职业岗位。（3）公共关系、活动运营、商务代表以及各级政府部门、事业单位工作人员等。

随着经济全球化、经济服务化以及数字时代的到来，工商管理类专业越来越广泛地介入经济管理生活的各个领域，社会对工商管理类专业人才的需求越来越大，工商管理类专业的就业前景非常广阔，就业率很高。

四、学习本专业类的优势与劣势

1. 优势分析

工商管理类专业的优势主要体现在以下几个方面。

（1）中国市场经济发展迅速，而很多企业（尤其是中小微企业）缺乏现代管理理念和专业的管理人才，企业对高级管理人才的需求量增大。

（2）工商管理类专业依靠先进的教学设施、科学的教学方法、完备的教学环节、广泛的社会实践，全面提高学生的政治素质和专业素养，为现代工商企业培养理论基础扎实、适应性强、动手能力突出的高级综合管理人才。

（3）工商管理类专业就业前景好，学科适应面宽，就业范围广泛，对口岗位众多，就业薪资较高。

2. 劣势分析

工商管理类专业所谓的劣势主要表现在以下几方面。

（1）我国工商管理类专业发展起步较晚，主要的管理理论和方法引进自西方，中国化管理理论和实践仍处于探索之中。

（2）工商管理类专业知识面覆盖广泛，存在"广而不精"的现象。

（3）管理学是一门实践引领理论发展的学科，快速发展的管理实践往往导致知识更新速度加快，需要不断追踪前沿管理实践和理论研究成果，不断学习提高，属于需要终身学习的专业领域。

五、学生素质要求与高校选科要求

1. 学生素质要求

工商管理类专业中的宏观经济学、微观经济学、金融学、统计学等课程都会涉及大量的数学相关知识，因此攻读此类专业的学生要具备良好的数学基础。

很多高校都在开展国际化办学，这些高校大多选取工商管理类专业为试点，因此工商管理类专业的学生获得国际交流和出国深造的机会比较多，对英语水平的要求程度也会偏高。

由于工商管理类专业的实践性较强，因此需要学生具备良好的组织能力、沟通能力和人际交往能力等。

2. 高校选科要求

在高校选科要求方面，多数高校的工商管理类专业不提科目要求，部分高校要求选考历史、物理等科目。

例如，北京大学、中国农业大学、中央财经大学、南开大学、东北财经大学、大连理工大学、哈尔滨工程大学、上海师范大学、厦门大学、山东大学、济南大学、齐鲁工业大学、武汉理工大学不提科目要求；中国民航大学、东南大学、南京林业大学、重庆邮电大学、兰州大学要求物理、化学、生物三门科目考生选考其中一门即可报考；南京航空航天大学、西北大学、西安石油大学要求物理、历史、地理三门科目考生选考其中一门即可报考；浙江工业大学要求物理、化学、历史三门科目考生选考其中一门即可报考；西南大学要求化学、历史、地理三门科目考生选考其中一门即可报考；中国人民大学、宁夏大学要求物理、历史两门科目考生选考其中一门即可报考；武汉大学、重庆大学、西南交通大学要求考生必须选考物理方可报考。

每个高校的具体选科要求可通过山东省教育招生考试院网站（http://www.sdzk.cn/）、山东省教育云服务平台（http://www.sdei.edu.cn/）或"山东高考一点通"微信公众号查询。

11.3　农业经济管理类（1203）

一、专业类概述

农业经济管理是以农林牧渔等产业经济与管理、农村与区域发展为核心领域进行人才培养、科学研究、社会服务的社会科学学科。农业经济管理类专业教育培养适应我国"三农"事业发展需要的专门人才，具有很强的应用性和实践性，在促进我国农业相关产业以及农村经济社会发展中发挥着十分重要的作用。该类专业与国家发展方向和大政方针关系密切，旨在研究农业产生和发展的经济规律，从而有效地对农业加以控制和管理，进而为国计民生和人民的幸福生活提供制度安排或政策支持。

专业设置：根据教育部普通高等学校本科专业目录，农业经济管理类专业包含农林经济管理（120301）、农村区域发展（120302）两个基本专业。

农林经济管理专业培养具有经济学与管理学基本理论素养及相关的农业科学基础知识，了解和熟悉我国农业、农村和农民问题，掌握农业经济管理的基本理论与方法，具备调查研究和分析解决农业经济管理问题的综合能力，具有一定的国际视野、创新精神与创新创业能力，能在各级政府涉农部门、涉农企事业单位以及相关教学研究机构从事管理与研究工作的应用型、复合型高素质专门人才。

农村区域发展专业培养具有经济学与管理学基本理论素养，掌握农村区域经济社会发展方面的理论知识，熟悉我国"三农"发展情况，具备调查研究与分析解决"三农"问题的综合能力和创新创业能力的复合型高级专门人才。毕业生可在各级政府涉农部门、涉农企事业单位和相关教学科研机构从事农业与农村调查、农业与农村发展规划、农村项目开发、农村管理与农业经营等方面的工作。

学制与学位：农业经济管理类专业本科基本学制为4年。学生按要求完成学业且符合学位授予条件，可授予管理学学士学位。其中，农村区域发展专业也可授予农学学士学位。

二、知识构架

1. 主要课程

农林经济管理专业主要开设宏观经济学、微观经济学、政治经济学、计量经济学、农业经济学、农业政策学、管理学、企业管理学、农业企业管理学、农产品营销学、农业技术经济学、统计学、财政学、保险学、金融学、经济法、农产品国际贸易、农业概论、农业系统工程等课程。

农村区域发展专业主要开设发展经济学、区域经济学、资源经济学、农业经济学、公共管理学、农村社会学、农村发展学、农业政策学、农村金融学、农业推广学、农产品贸易、财务会计、社会保障、农村发展研究方法、农村发展规划、发展项目管理、农业系统工程等课程。

2. 实习和社会实践

农业经济管理类专业的实践性教学环节主要

包括课程实验、基础实践、专业实践和综合实践。独立设置的课程实验主要包括经济管理综合实验、农林经济管理或农村区域发展综合实验等。基础实践包括军事理论及训练、劳动、体育健康与标准测试、读书与社会实践活动等。专业实践包括社会实践与调查报告、专业认识实习、专业综合教学实习、农业经济学课程论文、农业政策学课程论文等。综合实践包括创新创业实践、毕业实习及报告、毕业论文等。

三、就业方向与发展前景

农业经济管理类专业本科毕业生的就业方向主要包括以下几个方面：（1）考取公务员、选调生或事业编，进入各级政府的综合经济管理部门、农业与农村管理部门、食品产业管理部门和政策调研机构，从事计划、规划与设计、推广与发展、农业经营管理、农业政策、农村区域发展等方面的理论研究、教学与科研工作；（2）签约企事业单位，进入大中型农牧企业和食品加工贸易企业，从事经营、管理（行政或人事）、市场分析和营销策划等工作，或从事与农业和食品产业有关的金融投资、流通贸易、加工运输、科技开发、新闻传媒、咨询服务、国际贸易、市场营销等工作；（3）考取经济管理类专业硕士研究生，进入有关的高等院校或科研机构继续深造。

随着农业基础地位的不断提高和农业社会性及多功能性的逐步加强，政府和企事业单位关于农业政策的制定和执行力度加大，越来越需要大量从事相关工作的专业人才。特别是在乡村振兴战略实施的大背景下，现代农业的一体化和产业化经营，公共管理的商业性，以及农产品加工贸易企业的不断增多，决定了社会对懂农业、爱农村、爱农民的农业经济管理人才的需求必然呈增多的趋势。

四、学习本专业类的优势与劣势

1. 优势分析

农业经济管理类专业的优势在于知识视野比较宽、学科口径比较大，涉及管理学、经济学等多种学科，与国家和社会发展联系密切，专业人才社会需求量大。该类专业侧重于培养学生的管理能力，毕业生能在企事业单位及政府部门从事生产、经营、教学、科研、规划、设计、评价和

创新服务等方面的工作，发展前景良好。毕业生就业形式灵活多样，未来职业选择的领域和发展潜力也很大，继续求学深造的专业领域宽广。

2. 劣势分析

与工业相比，农业毕竟是一个利润率较低的行业，暂时来看，在农业相关部门工作的收入还不是很高，有些毕业生就业也的确存在一定的困难。同时受编制的制约比较明显，农业经济管理类专业本科毕业生一次性就业率尚有较大的提升空间，加之社会迫切需求研究生以上学历的复合型高层次人才，所以，本科毕业生还需要下苦功夫，持之以恒地学习。

五、学生素质要求与高校选科要求

1. 学生素质要求

农业经济管理类专业要求学生应具备基本的政治理论素质、科学文化素质及创新素质；达到国家规定的大学生卫生体育合格标准，具有健全的体魄和良好的心理素质；具有一定的组织管理能力、较强的语言表达能力、人际交往能力和团队协作能力。

2. 高校选科要求

在高校选科要求方面，大多数高校的农业经济管理类专业一般不提科目要求，少数高校多要求选考思想政治。

例如，中国人民大学、北京农学院、沈阳农业大学不提科目要求。

每个高校的具体选科要求可通过山东省教育招生考试院网站（http://www.sdzk.cn/）、山东省教育云服务平台（http://www.sdei.edu.cn/）或"山东高考一点通"微信公众号查询。

11.4 公共管理类（1204）

一、专业类概述

公共管理类专业的研究内容涵盖行政管理、经济建设、文化教育、市政建设、社会秩序、公共卫生、社会保险、环境保护等领域，中心任务是为政府有关公共部门及其他公共组织从事公共事务治理提供经验总结和理论指导，以强化政府治理能力、提升公共部门绩效和公共服务品质。随着中国经济发展、体制改革与和谐社会建设的不断深入，公共管理的作用越来越为国家和社会

所重视，这就需要公共管理类专业为国家和各级政府部门、事业单位、高校及科研机构输送更多专业人才。

专业设置：根据教育部普通高等学校本科专业目录，公共管理类专业包含公共事业管理（120401）、行政管理（120402）、劳动与社会保障（120403）、土地资源管理（120404）、城市管理（120405）五个基本专业，以及海关管理（120406TK）、交通管理（120407T）、海事管理（120408T）、公共关系学（120409T）、健康服务与管理（120410T）、海警后勤管理（120411TK）、医疗产品管理（120412T）、医疗保险（120413T）、养老服务管理（120414T）九个特设专业。

公共管理类专业旨在为政府部门和非政府机构以及企事业单位培养具有一定的公共管理理论和定量分析能力、实践能力以及创新创业能力，具备良好的职业道德与国际视野，满足现代管理需要的复合型、应用型高层次专门人才。

学制与学位：公共管理类专业本科基本学制为4年。学生按要求完成学业，可授予管理学学士学位。此外，土地资源管理专业也可授予工学学士学位。

二、知识构架

1. 核心课程和主干课程

公共管理类专业的核心课程包括管理学、政治学、公共管理学、社会学、行政学、公共关系学、公共经济学等。

公共管理类专业的主干课程包括逻辑学、公共事业管理、管理心理学、公共伦理学、公共政策学、人力资源开发与管理、应用文写作、社会调查理论与方法、社会保障学、城市和农村公共事业管理、市政管理学、领导科学等。

2. 实习和社会实践

公共管理类专业的实践性教学环节主要包括课程实习、参观实习、社会调查（实践）、毕业实习、毕业论文（设计）等。

课程实习（设计）：结合不同专业的实践性较强的课程，进行综合性的课程实习（设计）。

参观实习：主要是到相关实习实践基地或合作企业参观实习。

社会调查（实践）：主要是寒暑假期间针对不同调查主题开展的社会调查（实践）。

毕业实习：一般在毕业论文（设计）开始前，安排1～4周的集中实习或分散实习。

毕业论文（设计）：根据各专业的培养目标，完成毕业论文（设计）。

三、就业方向与发展前景

1. 就业方向

公共事业管理专业的就业方向：学生毕业后适合到文教、体育、卫生、环保、社会保险、艺术等公共企业部门以及一般企事业单位、各级党政机关、社会组织从事管理规划、政策研究与分析、外事交流、宣传策划、机关管理、人力资源管理、高级文秘等工作。

行政管理专业的就业方向：学生毕业后能在党政机关、事业单位、社会团体等公共管理领域从事管理工作。随着社会的发展，行政管理的对象日益广泛，包括经济建设、文化教育、市政建设、社会秩序、公共卫生、环境保护等各个方面。

劳动与社会保障专业的就业方向：学生毕业后可以进入国家各级劳动与社会保障部门、人事管理部门、政策研究部门、企事业单位的人力资源管理部门及保险公司，从事劳动与社会保障方面的政策制定与组织管理工作；可以进入相关科研机构和高等院校，从事研究和教学工作；也可以进入法院、劳动仲裁机关等部门，从事劳动与社会保障方面的实务工作；还可以在基层劳动与社会保障部门、民政部门、企事业单位，从事劳动、社会保险、社会救济、社会福利、优抚安置、社会服务等工作。

土地资源管理专业的就业方向：学生毕业后能在国土资源、城建、农业、房地产以及相关领域从事土地调查、土地利用规划、地籍管理及土地管理政策法规等方面的工作。

城市管理专业的就业方向：学生毕业后可在政府机关、城市规划、建设、执法及综合管理部门、城市市容环境与园林绿化管理部门、城市公用事业单位、城市社区、城市建设相关企业和教育科研部门从事经营管理工作，也可在相关教学和科研单位从事教学和科研工作。

2. 发展前景

随着社会的发展，公共事业管理、行政管理、劳动与社会保障、土地资源管理、城市管理等领域对专业人才的需求不断增加，公共事业管理类专业培养的人才将越来越受到人才市场的青睐。现代公共管理多应用系统工程思想和方法，以减少人力、物力、财力和时间的支出和浪费，提高公共管理的效能和效率，专业发展前景广阔。

四、学习本专业类的优势与劣势

1. 优势分析

公共管理类专业的优势主要体现在以下几个方面。

（1）专业涵盖面宽，学科交叉性强。公共管理与政治学、社会学等学科的关系极为密切，该类专业是学科交融性很强的专业，毕业生具有知识面宽广、视野开阔的优势，在未来的工作中具有更强的适应性和胜任力。

（2）社会认同度高，发展前景良好。公共管理类专业毕业生的知识结构和技能系统获得较高的社会认同度，成为各级党政机关、事业单位等部门的重要人才来源。各类行业协会、中介组织、慈善机构和其他非政府组织的崛起，也对公共管理类专业人才提出了客观需求，毕业生具有良好的发展前景。

2. 劣势分析

公共管理类专业的所谓劣势主要表现在以下几方面。

（1）由于公共管理类专业的学科交叉性强，一些学习能力较弱的学生会产生什么都懂一点，但什么都不是很精通的感觉，会影响学生的学习兴趣和动力。

（2）就我国目前的公共管理水平而论，该类专业毕业生主要从事一些基础性的行政工作。这种类型的工作更偏重于实践能力，岗位的专业针对性不强，可替代性较高。无论是党政机关还是其他非政府组织，更青睐于毕业生的综合素质，尤其需要具有丰富的实践经验和较强的实际操作能力，能够创造性地解决管理工作中的实际问题的人才。

五、学生素质要求与高校选科要求

1. 学生素质要求

公共管理类专业对学生的综合人文素养有较高的要求，学生需要对政治学、经济学、金融学、社会学、哲学、历史、文学等多学科进行广泛的涉猎。另外，要求学生具备一定程度的规则意识和责任意识，具有开阔的视野和较强的信息接收与筛选能力。

2. 高校选科要求

在高校选科要求方面，大部分高校的公共管理类专业一般不提科目要求，部分高校对思想政治、历史科目提出选考要求。

例如，中央财经大学、华东理工大学、浙江理工大学、厦门大学、山东大学、济南大学、泰山医学院、聊城大学、中山大学、青岛大学、河北经贸大学不提科目要求；东北大学、广西民族大学要求思想政治、历史两门科目考生选考其中一门即可报考；山东师范大学、西北师范大学要求思想政治、历史、物理三门科目考生选考其中一门即可报考；西北大学要求物理、生物、历史三门科目考生选考其中一门即可报考；贵州大学要求考生必须选考历史方可报考。

每个高校的具体选科要求可通过山东省教育招生考试院网站（http://www.sdzk.cn/）、山东省教育云服务平台（http://www.sdei.edu.cn/）或"山东高考一点通"微信公众号查询。

11.5　图书情报与档案管理类（1205）

一、专业类概述

图书情报与档案管理类专业主要运用图书馆学和情报学的基本理论，借助于现代化的信息技术和手段，充分开发和利用图书情报与档案信息资源，以提高图书情报及档案信息的管理、开发与利用的效率。图书情报与档案管理类专业既重视专业的理论与方法，又强调应用性与实践性。

专业设置：根据教育部普通高等学校本科专业目录，图书情报与档案管理类专业包含图书馆学（120501）、档案学（120502）、信息资源管理（120503）三个基本专业。

图书情报与档案管理类专业以信息资源管理为主要方向，培养具有系统的图书馆学、情报学基础理论知识，掌握计算机和网络技术、管理科学知识，具备熟练地运用现代化技术手段组织、检索、分析、评价和开发利用各种信息的能力，能在图书馆、信息服务机构以及各类企事业单位的信息部门从事信息资源管理与服务的厚基础、宽口径、高素质、强能力的复合型专门人才。

图书馆学专业培养具备系统的图书馆学基本理论和技术方法，掌握现代信息技术和管理科学知识，具备熟练地运用现代化技术手段收集、组织、检索、分析、评价和开发利用信息的能力，能在图书馆、信息服务机构以及各类企事业单位的信息部门从事信息与知识服务及管理工作，适应现代社会发展需要的高素质复合型人才。

档案学专业培养具备系统的档案学基础理论知识，掌握现代管理知识、先进信息技术和档案管理专业技能，适合在各级各类档案馆、政府部门及企事业单位的档案机构、文秘部门、信息部门从事文书与档案管理、信息咨询与服务、综合办公工作的高级应用型人才。

信息资源管理专业培养掌握信息、知识和情报的产生、传递与利用规律，能运用现代科学技术有效地从事信息搜集与管理、信息计量、数据挖掘、竞争情报分析与决策支持以及信息咨询与服务等工作的专门人才。

学制与学位：图书情报与档案管理类专业本科基本学制为4年，实行弹性修业年限，一般在3～6年内完成。学生按要求完成学业，可授予管理学学士学位。

二、知识构架

1. 主要课程

该类专业的主要课程包括信息管理概论、信息计量与分析、图书馆学概论、目录学、文献计量学、知识管理、图书馆数字资源管理技术、档案学概论、科技文件工程学、科技档案管理学、信息检索、数据库管理、计算机应用系统设计与分析、信息用户分析等。

2. 实习和社会实践

该类专业的实践性教学主要包括实验课程、课程教学实践、社会实践和毕业实习等。实验课程包括高级语言程序设计、数据库原理与应用等；课程教学实践是安排与课程教学内容相关的实践活动；社会实践是学生利用寒暑假在档案机构或其他信息机构调研或实习；毕业实习是学生进行系统的专业实习，完成毕业论文或设计。

三、就业方向与发展前景

1. 就业方向

图书情报与档案管理类专业毕业生可以在信息咨询公司、信息资源开发与服务公司、政府机构、情报研究所、安全局、高校与公共图书馆、档案馆及博物馆从事信息搜集、竞争情报获取、数据挖掘、信息咨询与服务等工作，也可以在各级党政机关及企事业单位的综合办公机构、档案部门、信息中心、人力资源管理部门从事信息管理和开发工作。

2. 发展前景

图书情报与档案管理类专业毕业生了解自然科学、人文社会科学等领域的基础知识，具有较强的逻辑思维能力、语言与文字表达能力、人际沟通能力，具备综合利用现代信息管理的基本理论和技术独立从事情报学理论研究、现代信息管理工作以及信息系统的分析与设计的能力。毕业生就业岗位覆盖面广，发展前景良好。如果毕业生能掌握网络知识、计算机知识，那么在地区文献资源共享网络构建、大学资源网络建设、电子图书馆建设等方面将有更广阔的发展前景。

四、学习本专业类的优势与劣势

1. 优势分析

随着社会和科学技术的进步，人们对信息及信息交流的需要日益增强。图书情报与档案管理类专业在知识与信息管理、信息技术处理与应用、信息分析与预测、信息咨询与服务等方面的联系越来越紧密。它将紧紧地与高新技术结合在一起，逐步形成更加充实的学科体系与研究规范，揭示未来信息社会人们开展情报活动的规律。图书情报与档案管理类专业研究和应用的社会基础和社会层面将更加广阔，为毕业生提供大量就业机会，发展前景良好。

2. 劣势分析

图书馆学、情报学及档案学是专业性比较强的学科，所以该类专业毕业生可选择的从业范围偏小，而且实际工作需要结合具体行业的经验和知识，需要一定的积累。

五、学生素质要求与高校选科要求

1. 学生素质要求

学习图书情报与档案管理类专业，学生应具有较强的法律意识、良好的团队合作精神和社会适应能力，具备刻苦钻研、勤奋好学、一丝不苟的求学精神，具有严谨求实的生活态度，能够熟练掌握专业领域的基本知识和技能，具有一定的创新意识和实践应用能力。

2. 高校选科要求

根据山东省教育招生考试院公布的普通高校专业（类）选考科目要求，大部分高校的图书情报与档案管理类专业不提科目要求，少数高校要求选考历史、地理等科目。

例如，苏州大学、安徽大学、中山大学、四川大学不提科目要求；东北师范大学要求物理、化学、历史三门科目考生选考其中一门即可报考；西北大学要求物理、生物、历史三门科目考生选考其中一门即可报考。

每个高校的具体选科要求可通过山东省教育招生考试院网站（http://www.sdzk.cn/）、山东省教育云服务平台（http://www.sdei.edu.cn/）或"山东高考一点通"微信公众号查询。

11.6 物流管理与工程类（1206）

一、专业类概述

21世纪以来，中国物流产业总体规模快速增长，已成为国民经济的支柱产业。国家对物流产业高度重视，相继出台了一系列政策法规，如《关于促进物流业健康发展政策措施的意见》《物流业发展中长期规划（2014—2020年）》《关于进一步推进物流降本增效促进实体经济发展的意见》等，加速现代物流业发展。物流产业的发展带来对物流人才的大量需求，物流专业人才已被列为我国12类紧缺人才之一。据权威部门对物流行业的调查显示，目前全国物流人才总缺口约600万人，其中对高级人才的需求每年以超过15%的速度增长。尤其是高新技术在物流产业中的应用、电子商务的飞速发展、"一带一路"建设的深入推进以及山东省"蓝黄经济区"战略、"新旧动能转换综合试验区"两大国家级战略规划的实施，对物流人才提出更多、更高的要求。

专业设置：根据教育部普通高等学校本科专业目录，物流管理与工程类专业包含物流管理（120601）、物流工程（120602）两个基本专业，以及采购管理（120603T）、供应链管理（120604T）两个特设专业。

物流管理与工程类专业培养适应经济与社会发展及现代物流发展需要，系统掌握管理学、经济学、物流学等基本理论、方法和技术，具备现代物流与供应链系统分析、设计、运营和管理能力，具备一定的人文科学素养和工程素养，能在物流相关企业以及政府部门、科研院所从事供应链管理、物流规划设计与运作管理、物流系统分析、物资采购与物流管理、物流系统优化与运营管理、仓储管理、运输与配送管理、设施布置等方面的相关工作，具有创新精神和国际视野的高素质复合型应用人才。

学制与学位：物流管理与工程类专业本科基本学制为4年，部分学校实行弹性学制，一般为3~6年。学生按要求完成学业，可授予管理学学士学位；物流工程专业也可授予工学学士学位。

二、知识构架

1. 核心课程和主干课程

物流管理与工程类专业的主干课程包括管理学、经济学、运筹学、运营管理、供应链管理、设施布置与物流系统规划等课程。

物流管理与工程类专业的核心课程包括物流学、物流市场调查与数据分析、采购管理、仓储管理与库存控制、物流学、运输与配送管理、管理信息系统、国际物流学、配送中心规划与设计、物流经济学、物流信息系统开发技术、物流系统分析与设计、物流系统建模与仿真等课程。

2. 实习和社会实践

该类专业的实践性教学分为校内综合实训和校外实习实践两种方式。校内综合实训主要培养学生的动手能力、分析与解决实际问题的能力。绝大部分高等院校设有实训中心或孵化基地等。该类专业的主要实训项目包括物流建模方法实践、供应链管理课程实践、物流管理沙盘实战、物流信息系统课程实践、设施布置与物流系统规划实践、物流系统建模与仿真等实验课程。此外，鼓励和引导学生参加各类学科竞赛和创新创业训练，开辟第二课堂。

校外实习实践将根据学生的专业和职业生涯规划，组织学生到相应的企业进行实习。学生实习以集中实习方式为主，包括认识实习、生产实习、毕业实习等。学生需要根据所学课程并结合自身专业特点，参加企事业单位一个部门或一个工种的专业实习，进一步巩固所学专业相关的基本知识和基本技能。

三、就业方向与发展前景

物流管理与工程类专业毕业生整体就业率相对较高，毕业生可从事采购、仓储、包装、配送、运输等方面的物流业务运作管理、物流服务咨询与策划、供应链管理以及物流系统规划与设计等工作。就业方向涵盖物流活动全过程，具体包括高等院校、科研院所、政府宏观经济部门、现代物流企业、大型商业流通部门、大型制造企业、国际航运公司、航空公司、外贸公司、外资企业、货代公司与船代公司、工商企业、配送中心、港口、货物集散中心与物流基地（园区）、物流管理咨询公司及相关行政、事业单位等。此外，该类专业毕业生考研方向选择面相对较宽。

随着世界经济一体化进程的加快和科学技术的飞速发展，物流产业作为国民经济中的一个新兴的产业部门，将成为21世纪重要产业和国民经济新的增长点。目前，从中央到地方以及许多市场意识敏锐的企业，已将物流作为提高市场竞争力和提升企业核心竞争力的重要手段，把现代物流理念、先进的物流技术和现代物流模式引入国家、地方经济建设和企业经营管理之中。由于我国的物流教育仍十分滞后，目前现代物流综合性人才非常缺乏，尤其是流通企业改造传统物流与加强物流管理、城市规划物流系统运筹、第三方物流企业运作技术操作等方面所需的现代物流人才严重匮乏，阻碍了经济的发展和经济效益的提高。因此，物流管理与工程类专业发展前景广阔。

四、学习本专业类的优势与劣势

1. 优势分析

物流管理与工程类专业的优势主要体现在以下几个方面。

（1）物流产业体量大，前景好。2017年中国物流总费用达12.1万亿元，物流总费用占GDP（国内生产总值）的14.6%，远高于欧美国家的6%~9%，还有巨大的发展空间。物流业属于基础性、战略性产业，在促进产业结构调整、转变经济发展方式和增强国民经济竞争力等方面发挥着重要作用，物流人才需求巨大。目前社会上既懂物流技术又懂经营管理的人才十分短缺，远远不能满足市场需要，整个行业的就业前景光明。

（2）物流活动范围广，知识综合，容易就业。物流活动包含运输、储存、装卸、搬运、包装、流通加工、配送、物流信息等环节，物流专业课程知识涵盖整个物流环节链，专业知识覆盖面广，专业人才知识综合度高。物流管理与工程类专业的毕业生属于复合型应用人才，深受外资企业、合资企业、国内大中型企业的青睐，毕业生就业面宽广，既可以在物流业相关部门就业，也可以在制造业、商业、服务业、交通运输业、银行、医院、建筑业、农业管理部门工作，还可以在教育领域从事教学工作等。

2. 劣势分析

目前我国物流业的整体发展水平还很低，行业规范度不高，功能也不尽完善。物流企业虽数量众多，但中小型企业居多，管理水平参差不齐，信息化程度低，特别是一些中小型物流企业的管理不够规范，缺乏标准化的物流操作规范。该类专业本科毕业生刚进企业时，大多从事专业技术含量较低的基层工作。由于物流活动涉及的范围广，知识面宽，因此该类专业的课程学习要付出更多的努力。

五、学生素质要求与高校选科要求

1. 学生素质要求

该类专业要求学生应具备良好的道德品质和公民素养，掌握扎实的数学、物理和地理基础知识，具有较强的逻辑思维能力和空间想象能力，具有良好的创新精神与实践能力。

2. 高校选科要求

在高校选科要求方面，多数高校的物流管理与工程类专业一般不提科目要求，部分高校要求选考物理、地理等科目。

例如，河北地质大学、河北科技大学、江西财经大学、浙江科技学院不提科目要求；武汉理工大学要求物理、化学两门科目考生选考其中一门即可报考；西南交通大学要求考生必须选考物理方可报考。

每个高校的具体选科要求可通过山东省教育招生考试院网站（http://www.sdzk.cn/）、山东省教育云服务平台（http://www.sdei.edu.cn/）或"山东高考一点通"微信公众号查询。

11.7 工业工程类（1207）

一、专业类概述

工业工程类专业是应用自然科学与社会科学知识，特别是应用工程科学与管理科学中的系统分析、规划、优化、设计、控制和评价手段，解决生产与服务系统效率、质量、成本及环境友好等方面的管理与工程综合性问题的理论和方法体系，具有系统性、交叉性、人本性与创新性等特征，适用于国民经济多种产业，在社会与经济发展中起着重要的积极推动作用。

专业设置：根据教育部普通高等学校本科专业目录，工业工程类专业包含工业工程（120701）一个基本专业，以及标准化工程（120702T）、质量管理工程（120703T）两个特设专业。

工业工程类专业的主要特点是把技术与管理有机地结合起来，用工程的方法解决管理问题。工业工程既属于管理学科，又是世界公认的五大工程领域之一，所以，它是工程技术与管理相结合的交叉学科。工业工程专业培养既懂工程技术又会管理的高级复合型人才。

工业工程类专业主要培养具备科学素养和人文精神，适应国民经济与社会发展需要，系统掌握工业工程领域的相关理论、方法和工具，具有国际视野、创新精神、创业意识以及创新创业基本能力，能够在工业和服务业等领域从事科学研究及应用实践的复合型专门人才。

工业工程专业培养掌握经济、管理与工业工程的专业知识与方法，具有在各类组织（企业、事业单位、非营利组织、政府部门等）中进行系统分析、规划、设计、评价、改善和创新的能力，能够从事与工业工程相关的教学、科研、管理等工作的高级复合型人才。

标准化工程专业培养掌握管理学科的基本理论与基本方法，具有标准化工程的基础知识与基本技能，能够进行标准化专业咨询和服务，从事有关标准化工程项目的设计开发、决策及组织实施全过程管理，能够组织建立企业标准化管理系统、推动企业标准化系统建设、利用标准化理念提高企业经营管理水平的高级专门人才。

质量管理工程专业培养掌握质量管理工程专业的基本理论、基础知识和实战技能，具有经济

管理与工程技术学科的基础知识，具备质量策划、质量控制和质量改进以及商品质量检验、质量技术监督等方面的素质和能力，能够在产品质量、工程质量和服务质量领域从事科学研究及应用实践的复合型高级人才。

学制与学位：工业工程类专业本科基本学制为4年。学生按要求完成学业，可授予管理学或工学学士学位。

二、知识构架

1. 核心课程和主干课程

工业工程类专业的核心课程包括管理学、经济学、运筹学、应用统计学、基础工业工程、质量工程学、标准化基础等。

工业工程类专业的主干课程包括人因工程、系统工程、生产计划与控制、质量工程导论、误差理论与数据处理、企业标准化管理与实务等。

2. 实习和社会实践

工业工程类专业的实践性教学环节主要包括金工实习、生产实习、综合课程设计等。金工实习旨在让学生了解基本的机械加工操作；生产实习要求学生参与企业生产运作管理，了解实际问题及解决思路；综合课程设计是围绕某些典型产品的设计、工厂及车间设施规划、生产计划及过程控制等进行设计。除此之外，实践环节还包括电子电工实习、人因工程课程设计、机械设计课程设计、生产计划与控制课程设计、专业课程创新实践训练、毕业论文（设计）等。

三、就业方向与发展前景

1. 就业方向

工业工程专业毕业生兼有工程与管理的基础，深受外资企业、合资企业、国内大中型企业的青睐，毕业生就业面非常宽广，可在制造业和服务业的企业中作为工业工程及制造、质量管理、物流等领域的工程师和管理人员，也可以在政府部门或咨询公司成为管理人员、公务员，还可以在教育领域从事教学、科研工作等。

标准化工程专业毕业生能在各级各类企事业单位及政府部门、标准化管理与监督机构从事有关标准制订与修订、标准化管理与咨询服务、标准化项目研发和系统建设等方面的工作。

质量管理工程专业毕业生可到各级政府质监

单位、质量管理相关的事业单位及科研院所、企业质量管理部门从事质量策划、质量设计、质量改进、质量检测、质量数据统计分析、质量监督与管理、质量认证与质量咨询等方面的工作。

2. 发展前景

制造业是立国之本、兴国之器、强国之基，打造具有国际竞争力的制造业，是我国提升综合国力、保障国家安全、建设世界强国的必由之路。在我国由制造业大国向制造业强国的转变过程中，制造业对既有工程基础又有管理知识的高层次工业工程人才的需求迅速增长。近年来，不仅制造业，其他行业，如金融业、医疗行业、物流业、咨询业等对工业工程人才的需求也急剧增长，工业工程类专业有着广阔的发展空间。

四、学习本专业类的优势与劣势

1. 优势分析

随着中国制造业的持续发展，产能增长已经不能靠简单地扩大规模来解决，工业工程在提高生产效率及提升质量方面都能发挥巨大作用，整个行业的就业前景光明。工业工程类专业的毕业生就业面非常宽广，既可以在制造业、物流业、商业、服务业、交通运输业、银行、医院、建筑业、农业管理部门工作，也可以在教育领域从事教学、科研工作等。

2. 劣势分析

工业工程不同于一般工程领域，它应用社会科学及经济管理知识，以工程技术的手段和方法来解决系统的管理问题。因此，工业工程类专业学生既需要学习工程技术知识，又要学习管理知识，知识面要宽。工业工程是介于管理和技术之间的一个专业，其特点之一就是包容性强，但在实际学习过程中，如果个人定位不准，容易导致面面俱到而缺乏专业竞争力。

五、学生素质要求与高校选科要求

1. 学生素质要求

学习工业工程类专业，学生需要具有较强的逻辑思维能力，具备良好的外语听说读写能力，具有扎实的数学、物理功底，并具有良好的分析、计算和空间想象能力。

2. 高校选科要求

大部分高校的工业工程类专业一般要求选考物理科目，部分高校不提科目要求。例如，浙江科技学院不提科目要求；东北林业大学要求物理、化学两门科目考生选考其中一门即可报考；华北电力大学（保定）要求考生必须选考物理方可报考。

每个高校的具体选科要求可通过山东省教育招生考试院网站（http://www.sdzk.cn/）、山东省教育云服务平台（http://www.sdei.edu.cn/）或"山东高考一点通"微信公众号查询。

11.8　电子商务类（1208）

一、专业类概述

电子商务类专业是以互联网等信息技术为依托，服务于现代经济社会商务活动的新兴专业。该类专业强调经济、管理和信息技术等学科交叉融合，具有很强的实践性和应用性，是面向互联网商务的创新应用类专业。电子商务作为国家战略性新兴产业，在引领商业模式变革、优化产业转型升级、提升信息消费需求、促进现代服务业和信息经济发展等方面发挥着重要作用，已成为经济发展新的原动力，并为大众创业、万众创新提供了新的空间。

专业设置：根据教育部普通高等学校本科专业目录，电子商务类专业包含电子商务（120801）一个基本专业，以及电子商务及法律（120802T）、跨境电子商务（120803T）两个特设专业。

电子商务专业培养具备现代经济管理理念和互联网思维，掌握信息技术和电子商务综合技能，具有扎实的专业基础和良好的知识结构，具备一定的互联网创新创业素质，能适应现代商务运营管理和信息技术服务需要的创新应用型人才。

电子商务专业可以分为经济管理类和工程技术类两个方向。经济管理类方向要求侧重掌握互联网经济和商务管理相关知识与技能，工程技术类方向要求侧重掌握互联网技术和商务信息相关知识与技能。

电子商务及法律专业要求学生系统学习和掌握法学的基本理论和知识，受到法学思维和法律实务的基本训练，主要培养既掌握现代信息技术的方法与手段，又具备扎实的法律与管理理论基础，能够从事电子商务运作与管理、开展商务活动的复合型人才。

电子商务及法律专业原则上参照电子商务经济管理类方向，同时要求侧重掌握电子商务相关的法律法规知识并能够贯通应用。

不同高校的电子商务类专业培养目标不尽相同，课程设置也不一样。一些院校注重电子商务网络技术、计算机技术，一些院校注重商务模式，这是因为专业所属院系不同，有的在经济管理学院，有的在信息科学与技术学院，有的在软件学院或者商学院。因此，各个院校培养学生的重点会有一定区别。

学制与学位：电子商务类专业本科基本学制为4年。高校可根据实际需求实行弹性学制，修业年限一般为3～6年。学生按要求完成学业，可授予管理学、经济学或工学学士学位。

二、知识构架

1. 核心课程和主干课程

电子商务类专业核心课程包括电子商务概论、计算机网络、网络经济、网络营销、电子商务安全与支付、物流与供应链管理、电子商务系统分析与设计、电子商务法律与法规、电子商务运营管理、电子商务服务等。

电子商务专业主干课程包括管理学、宏观经济学、微观经济学、会计学、统计学、运筹学、管理信息系统、程序设计基础等。

电子商务及法律专业主干课程包括电子商务法律与法规、企业管理理论、金融运营管理、物流与供应链管理、西方法律概论、隐私与数据保护法、信息安全技术与法律等。

2. 实习和社会实践

作为实践性和应用性很强的专业，电子商务类专业的实践性教学贯穿于教学全过程，包括课程实验、课程设计、项目实训、专业实习、学科竞赛、毕业论文等环节。

课程实验有助于学生加深对理论知识的理解、培养动手和协作能力、掌握实验技能和工具、提高分析和解决问题的能力，启发学生深入思考和勇于创新。课程设计要求学生综合应用若干课程的理论、技术与方法，培养应用能力。

项目实训和专业实习可在校内或校外开展，主要形式包括电子商务企事业单位或社会调研、参与电商案例撰写或数据分析、参与项目开发研究或技术攻关、创新创业类项目开发等。

学科竞赛主要是鼓励学生积极参与社会认可的重要竞赛活动，如中国"互联网+"大学生创新创业大赛、全国大学生电子商务"创新、创意及创业"挑战赛等。

三、就业方向与发展前景

电子商务类专业毕业生的就业方向主要包括行政事业单位、互联网企业、电子商务企业、传统企业和自主创新创业，主要从事信息技术（网站策划与管理、电子商务系统研发、网站美术等）、商务运营（电子商务平台运营、网络营销推广、网络营销策划等）和综合管理（电子商务发展规划、电子商务项目策划、大数据分析与管理决策等）方面的工作。

当前，"互联网+"已经广泛融入我国各行各业，中国电子商务正在引领世界潮流，电子商务已成"新常态"，农村电商、跨境电商、新零售等纷纷涌现，实现了从电商到全业态发展。随着中国经济转型和互联网技术的不断发展，电子商务产业迅猛发展，电子商务将不断创造新的消费需求，其衍生出来的新职业将不断涌现，电子商务类专业毕业生就业前景广阔。

四、学习本专业类的优势与劣势

1. 优势分析

电子商务作为经济发展新动力，已成为"新常态"，电商专业人才得到社会及企业的广泛重视，电子商务产业及其衍生出来的新职业对电商人才需求旺盛，电子商务类专业毕业生就业前景广阔，创业成本较低。电商专业人才接受专业的学习和训练，拥有一技之长，具有较强的竞争力。

2. 劣势分析

电商专业是一个非常具有挑战性的专业，新技术、新模式不断涌现，需要不断创新、不断学习才能拥有持续的竞争力，需要从业人员有终身学习的精神和毅力。

五、学生素质要求与高校选科要求

1. 学生素质要求

学习电子商务类专业，学生应具备良好的道德素养、人文素养、科学素养和职业素养，具备较高的网络文明素养、电子商务诚信与信用素养、信息安全与保密素养，并具备良好的人际沟通能力和团队合作精神。

2. 高校选科要求

大部分高校的电子商务类专业不提选考科目要求，部分高校要求选考物理、化学、生物等科目。例如，浙江理工大学、江西财经大学不提科目要求；浙江财经大学要求物理、化学、地理三门科目考生选考其中一门即可报考；浙江工商大学要求必须选考物理方可报考。

每个高校的具体选科要求可通过山东省教育招生考试院网站（http://www.sdzk.cn/）、山东省教育云服务平台（http://www.sdei.edu.cn/）或"山东高考一点通"微信公众号查询。

11.9　旅游管理类（1209）

一、专业类概述

旅游管理类专业是随着我国旅游经济的发展和旅游产业的发育而设立的综合性、应用性专业。旅游管理类专业具有综合性、实践性和创新性特点。综合性体现在旅游管理知识体系涉及社会科学、自然科学、新兴交叉学科的综合；实践性体现在旅游管理知识内容源自产业实践并服务于产业运营；创新性体现在旅游管理知识系统面向产业可持续发展和全球视野的开放与创新。旅游行业专门人才的培养，对于促进旅游业可持续发展、增进人类跨文化交往等具有重要作用。

专业设置：根据教育部普通高等学校本科专业目录，旅游管理类专业包含旅游管理（120901K）、酒店管理（120902）、会展经济与管理（120903）三个基本专业，以及旅游管理与服务教育（120904T）一个特设专业。

旅游管理类专业培养掌握现代旅游管理基础理论、专门知识和专业技能，具有国际视野、管理能力、服务意识和创新精神，能够从事与旅游业相关的经营、管理、策划、规划、咨询、培训、教育等工作的应用型专业人才。

学制与学位：旅游管理类专业本科基本学制为4年。学生按要求完成学业，符合学位授予条例要求，可授予管理学学士学位。

二、知识构架

1. 核心课程和主干课程

旅游管理类专业的核心课程包括旅游学概论、旅游接待业、旅游目的地管理、旅游消费者行为等。

旅游管理类专业的主干课程包括、旅游经济学、旅游规划与开发、旅游法规、酒店管理概论、酒店运营管理、酒店客户管理、会展概论、会展营销、会展策划与管理、旅游教学论、旅游教材教法、旅游管理教育培训等。

2. 实习和社会实践

旅游管理类专业的实践性教学主要包括专业实习、毕业实习、毕业论文（设计）等。

专业实习指专业认知实习，形式包括专业考察、社会调查、自主科研、模拟实训等。毕业实习指专业应用实习，形式包括岗位见习、实地调查、案例分析、策划设计等。旅游管理专业的实习场所为旅游行政管理部门、旅行社、旅游景区、旅游电子商务企业、旅游规划策划机构、主题公园等；酒店管理专业的实习场所为国内外高星级酒店；会展经济与管理专业的实习场所为会展服务公司、会展场馆、旅游企事业单位、政府机构等；旅游管理与服务教育专业的实习场所为高职与中职类旅游院校。毕业论文指专业学习总结，形式包括科研论文、毕业设计、调研报告等。

三、就业方向与发展前景

旅游管理类专业的毕业生就业范围较广，可以在旅游行政管理部门、旅行社、星级酒店、旅游景区、旅游电子商务企业、旅游规划策划机构、会展服务公司、会展场馆、旅游地产公司、旅游投资机构及职业类旅游院校，从事经营、管理、策划、规划、咨询、营销、教育等方面的工作。在国家创新驱动发展战略深入实施、新兴旅游业态不断涌现的背景下，毕业生可以在旅游领域积极从事旅游创新创业工作，成长为旅游业创新型人才。

随着我国旅游业集团化、国际化发展趋势日益加强，旅游市场迅速扩大，旅游人才十分紧缺，特别是对高素质旅游专业人才的需求日益增加。在消费转型的社会条件下，推进"一带一路"建设需要旅游业的支撑，相应地也需要大批高素质旅游专业人才的支撑。

四、学习本专业类的优势与劣势

1. 优势分析

旅游管理类专业学生既要学习哲学、社会学、法学、艺术、职业发展等方面的通识性知识，又要学习数理类、经管类、信息技术类等方面的基础理论与方法，更要学习旅游学概论、旅游接待业、旅游目的地管理、旅游消费者行为等专业理论与方法，从而可以构建系统的知识体系，为以后的就业和深造奠定坚实的基础。该类专业学生通过专业实习、毕业实习与毕业论文（设计）等实践课程的学习，会将所学专业知识应用于实践之中，旅游服务技能、旅游管理能力、旅游创新能力可以得到显著提升，能够胜任旅游业相关的实际工作。

2. 劣势分析

学习旅游管理类专业的劣势在于人们根深蒂固的传统观念。在很多人的观念之中，从事旅游行业就是当服务员，这无疑是对旅游从业者的最大误解。由于社会对旅游行业和职业存在偏见，直接导致学生选择旅游管理类专业的意愿不强。

五、学生素质要求与高校选科要求

1. 学生素质要求

学习旅游管理类专业，学生应具备以下几方面素质：（1）对本专业类及旅游行业充满热情，并且有志于从事旅游及相关行业的工作。（2）形象较好，气质较佳，符合旅游行业的岗位要求。（3）性格外向，具有较强的语言表达能力和人际交往能力。

2. 高校选科要求

大部分高校的旅游管理类专业一般不提科目要求，学生任选三门科目均可报考。部分高校指定历史、地理两门科目，学生从中任选一门即可报考。例如，北京体育大学、南开大学、上海师范大学、江西财经大学、山东大学、济南大学、中山大学、四川大学、青岛大学不提科目要求。

每个高校的具体选科要求可通过山东省教育招生考试院网站（http://www.sdzk.cn/）、山东省教育云服务平台（http://www.sdei.edu.cn/）或"山东高考一点通"微信公众号查询。

12 学科门类：艺术学（13）

在教育部颁布的《普通高等学校本科专业目录》中，艺术学学科门类下，包含艺术学理论类、音乐与舞蹈学类、戏剧与影视学类、美术学类、设计学类五个专业类。

12.1 艺术学理论类（1301）

一、专业类概述

专业设置：根据教育部普通高等学校本科专业目录，艺术学理论类专业包含艺术史论（130101）一个基本专业，以及艺术管理（130102T）一个特设专业。

艺术学理论类专业分别开设在综合类大学、师范类院校、综合类艺术院校和专业类艺术院校。各高校会根据自己的学科、专业背景有所侧重，如艺术史论专业，在综合类大学和师范类院校，一般侧重艺术理论研究或依托现有艺术专业的史论教学；在美术类院校，会侧重美术史论；在音乐类院校，会侧重音乐史论；在综合类艺术院校也可能分出几个方向等。艺术管理专业是2016年增设的一个新专业，主要设立在综合类艺术院校和专业类艺术院校，越来越多的艺术院校正在申报该专业。其专业侧重点或方向也是依托学校现有专业开设相应的艺术管理方向。

艺术史论专业主要培养掌握各门类艺术史及艺术理论基础知识，具备艺术批评实践、艺术理论研究以及评论与阐释艺术的能力和素养，能够在各级政府文化管理部门、博物馆、美术馆、演艺剧场、传媒出版机构及文化艺术公司等单位工作的应用型人才。

艺术管理专业主要为各门类艺术领域的项目运作、机构运营、市场营销培养训练有素的研究型与应用型专门艺术管理人才，要求学生系统掌握艺术管理领域高层次的理论知识、技巧及经验，熟悉国家文化政策与法律，具有深厚的文化艺术修养和诚实的公共文化责任担当。本专业培养的人才能够在各级各类艺术机构从事实际运作及服务工作，在公益性文化事业和经营性文化产业领域从事项目策划与运作、市场开发与营销、观众培育与拓展等方面的工作，成为文化政策研究与制定、文化发展研究的后备人才。

学制与学位：艺术学理论类专业本科基本学制为4年，实行弹性学制，一般为3~6年。对休学创业的学生，修业年限最长可延至8年。学生按要求完成学业，符合学士学位授予条件，可授予艺术学学士学位。

二、知识构架

1. 核心课程

艺术史论专业核心课程主要包括艺术概论、艺术美学、艺术批评学、艺术心理学、艺术社会学、美术评论、戏剧评论、影视评论等课程。

艺术管理专业核心课程主要包括艺术管理学导论、艺术创意与策划、艺术推广与营销、艺术筹资与赞助、艺术机构运营、艺术社会学、艺术经济学、艺术政策学等课程。

2. 实习和社会实践

艺术学理论类专业以艺术史论研究为主业，在各专业中显得尤为特殊。该类专业的实践教学主要包括写作训练、考察实践、专业实践三大块。其中，写作训练起始于低年级的论文写作方法课程，最终成果体现于毕业论文的写作；考察实践以直观感受历史文化遗存、实地调研为主要的教学任务，以观察、辨析、资料收集整理以及研究能力培养为主要教学目的；专业实践以实习为主，通常以线性的教学方式贯穿于高年级的教学中，通过教师指导，学生以自主策划展览的形式，对展览主题确立、前期文案写作、文献资料研究、作品征集、展陈设计、评论宣传等各项展览流程进行实践操作，提高综合应用能力和实践能力。

三、就业方向与发展前景

艺术学理论类专业毕业生可以在各级政府文化管理部门、博物馆、美术馆、演艺剧场以及传媒出版机构、文化艺术公司等单位工作，也可以进一步深造成为艺术学相关专业的学术研究人才。

艺术学理论类专业毕业生既具备对各门类艺术作品的审美能力和鉴赏能力，也具备艺术项目执行、艺术组织运营、艺术市场运作等方面的能力，发展前景良好。

四、学习本专业类的优势与劣势

1. 优势分析

艺术市场的发展和文化产业的繁荣，需要大量的文化艺术管理者。艺术学理论类专业采用理论与实践相结合的教学方法，学生不仅具有扎实的艺术理论基础，而且掌握艺术管理的实际操作能力，特别是艺术评论、创意策划、市场营销等方面的应用能力，有利于学生快速适应社会的需要。

2. 劣势分析

由于社会上存在重"实用"而轻"空想"的现象，导致很多人认为学习理论"没用"。学习艺术学理论类专业需要一定的艺术基础，而没有艺术基础的同学会感觉学习吃力，因此必须在大学期间加强艺术素养的提升。

五、学生素质要求与高校选科要求

1. 学生素质要求

学习艺术学理论类专业，学生应具有一定的人文素养和科学精神，尊重多元文化以及不同的思想、观点和方法，具有深厚的文化审美修养、开阔的国际文化交流视野和敏锐的文化发展眼光，具有较好的艺术鉴赏能力、逻辑思辨能力、综合分析研究能力、理论表达能力，具有健康的身体素质和心理素质。

2. 高校选科要求

艺术学理论类专业招生一般采取专业加试和文化成绩相结合的择优录取方式，还有采取直接按文化成绩择优录取的方式。山东的考生要参加文学编导类专业全省联考。

大多数院校的艺术学理论类专业要求选考历史等科目，部分院校不提科目要求。例如，中央美术学院、中国美术学院不提科目要求；四川美术学院要求思想政治、历史、地理三门科目考生选考其中一门即可报考。

每个高校的具体选科要求可通过山东省教育招生考试院网站（http://www.sdzk.cn/）、山东省教育云服务平台（http://www.sdei.edu.cn/）或"山东高考一点通"微信公众号查询。

12.2 音乐与舞蹈学类（1302）

一、专业类概述

音乐是人类创造、凭借声波振动而存在、在时间中展现、通过人类的听觉器官引起各种情绪反应和情感体验的艺术。音乐类本科专业教育，围绕音乐创作、音乐表演、音乐理论（包括作曲技术理论、表演艺术理论、音乐批评、音乐学理论等）开展专门化教育教学活动，培养具备音乐专业技能、艺术审美修养、综合理论基础以及创新精神与创业实践能力的专业人才。

专业设置：根据教育部普通高等学校本科专业目录，音乐与舞蹈学类专业包含音乐表演（130201）、音乐学（130202）、作曲与作曲技术理论（130203）、舞蹈表演（130204）、舞蹈学（130205）、舞蹈编导（130206）六个基本专业，以及舞蹈教育（130207T）、航空服务艺术与管理（130208TK）、流行音乐（130209T）、音乐治疗（130210T）、流行舞蹈（130211T）五个特设专业。

本文以音乐相关专业为代表介绍本专业类。

音乐表演专业是音乐表演者进行二度创作，实现音乐审美理想及自身表达的一种专门能力。作为连接创作与欣赏的中间环节、沟通作曲家与听众的桥梁，音乐表演专业所培养的人才，不仅应掌握驾驭乐器或嗓音的技能，还应对音乐作品有深入的了解，对受众的审美规律有全面的认识，兼具传承与发展传统音乐文化的职责，同时在国民音乐教育中承担着传授表演技能与音乐知识的职责。音乐表演专业培养具有高水平音乐表演能力和文化艺术修养，能够从事专业音乐表演、国民音乐教育和社团音乐组织管理等工作，并具有创新精神的高素质专门人才。

音乐学是研究音乐的所有理论学科的总称，其主要任务是透过音乐以及与音乐有关的各种现象，来揭示音乐的本质与规律。在认识和解释人类各种音乐现象、引导大众音乐欣赏、传承人类音乐文明、促进并引领音乐其他专业发展的过程中，音乐学专业具有不可替代的作用。音乐学专业培养具有音乐学基本理论素养、掌握系统的专业知识和较好的专业技能，能够在文化、教育、媒体、创编、乐器修造等领域从事研究、教学、编辑、管理、制作等工作，并具有创新精神的专门人才。

作曲与作曲技术理论专业培养具有创新意识与实践能力，系统掌握音乐创作技能、听觉技能、指挥技能和其他相关知识，具有较高的艺术修养，能够在文艺团体、教育机构、科研院所、文化部门及传媒行业从事音乐创作、指挥、教学和研究等方面的工作，并具有创新精神的高素质专门人才。

学制与学位：音乐与舞蹈学类专业本科基本学制为4年，实行弹性修业年限，一般在3~6年内完成。学生按要求完成学业，可授予艺术学学士学位。

二、知识构架

1. 核心课程

音乐类专业的核心课程主要包括基础乐理、基础和声、视唱练耳、合唱基础、指挥法基础、音乐赏析、音乐作品分析、中外音乐史、音乐学概论、中国传统音乐、外国民族音乐、音乐美学、音乐社会学、音乐心理学等课程。

2. 艺术实践

音乐类专业艺术实践包括汇报演出、采风观摩、参加各种表演活动、专业比赛，以及其他艺术实践相关活动的策划、组织和出品等。例如，学生可以参加学校组织的各类音乐创作作品（指挥）演出活动，也可以参加报刊、电台、电视台、网络等媒体组织的演出活动。

各专业社会艺术实践主要集中安排在寒暑假与节假日期间，演出实践的场所包括电视台演播大厅、体育场、省市剧院、社区舞台等。

三、就业方向与发展前景

1. 就业方向

音乐表演专业就业方向：在各级各类学校、群艺馆、文化宫等单位从事音乐教育工作，在群众日常音乐文化生活场所或社区、社团等从事音乐表演或组织管理工作。

音乐学专业就业方向：在文化、教育、媒体、创编、乐器修造等相关领域从事研究、教学、编辑、管理、制作等方面的工作。

作曲与作曲技术理论专业就业方向：在文艺团体、教育机构、科研院所、文化部门及传媒行业从事音乐创作、指挥、教学和研究等方面的工作。

2. 发展前景

国家出台了相关促进艺术学科发展的政策，并在中小学推行普及艺术教育，艺术类专业课程也将纳入评价学生综合发展的衡量标准。少儿艺术普及、中小学艺术普及和国民艺术普及都将带动音乐学科的发展，不论是音乐教学、音乐活动组织、音乐作品创作，音乐类专业与其他相关专业的联系将会更加紧密，音乐类专业知识将会得到更广泛的应用。

随着大中小学美育工作的推进和国民素质整体水平的提高，音乐表演、音乐学、作曲与作曲技术理论专业人才的需求也日益增大，音乐类专业仍然是极具吸引力和生命力的专业。通过对音乐领域的发展研究和对往届毕业生的就业情况分析，未来一段时间音乐类专业毕业生仍有广阔的就业前景。

四、学习本专业类的优势与劣势

1. 优势分析

国民素质教育、大中小学音乐美育教育都离不开音乐专业知识。因此，音乐表演、音乐学、作曲与作曲技术理论专业在社会上的认可度是比较高的。

2. 劣势分析

音乐表演、音乐学、作曲与作曲技术理论专业学生在高中阶段需具备扎实的理论知识和专业技能。由于高质量的生源不多，且很多高校都招收音乐类专业学生，这就加大了很多高校在抢夺优质生源方面的竞争，各高校的生源质量也存在着高考学生水平参差不齐的现象。

五、学生素质要求与高校选科要求

1. 学生素质要求

学习音乐与舞蹈学类专业，学生应具备扎实的音乐与舞蹈学基础知识和能力、初步的音乐与舞蹈学论文写作能力，具备基本的艺术鉴赏、艺术实践和艺术创新能力，具备独特的艺术鉴赏评论能力，并具有良好的心理素质和优雅大方的外部形象。

2. 高校选科要求

音乐与舞蹈学类专业一般不提选考科目要求。例如，北京体育大学、天津师范大学、东华理工大学、济南大学、山东师范大学、延安大学、西北师范大学、四川文化艺术学院、山东青年政治学院不提科目要求。

每个高校的具体选科要求可通过山东省教育招生考试院网站（http://www.sdzk.cn/）、山东省教育云服务平台（http://www.sdei.edu.cn/）或"山东高考一点通"微信公众号查询。

12.3　戏剧与影视学类（1303）

一、专业类概述

戏剧与影视学类专业属于艺术学门类下的一级学科。该类专业培养具备戏剧和影视节目策划、创作、制作等方面的专业知识，具备较高的艺术素质、理论修养和艺术鉴赏等方面的职业能力，能在全国戏剧、电影、电视系统和文化部门从事戏剧与影视节目编剧、导演、表演、摄影、音响设计、美术设计、影视制作、动画创作、播音与节目主持人等方面工作的影视艺术学科的高级专门人才。

专业设置：根据教育部普通高等学校本科专业目录，戏剧与影视学类专业包括表演（130301）、戏剧学（130302）、电影学（130303）、戏剧影视文学（130304）、广播电视编导（130305）、戏剧影视导演（130306）、戏剧影视美术设计（130307）、录音艺术（130308）、播音与主持艺术（130309）、动画（130310）十个基本专业，以及影视摄影与制作（130311T）、影视技术

（130312T）、戏剧教育（130313T）三个特设专业。

本文主要介绍广播电视编导、播音与主持艺术、戏剧影视文学、动画等专业。

广播电视编导专业是以培养能够在全国广播电影电视系统和文化部门从事广播电视节目编导、策划、制作等工作的专门人才为目标的本科专业。我们今天所看到的各种类型的精彩电视节目，在其背后都有一支创作团队的工作与努力。其中涉及的电视节目编导、摄像、后期制作、新闻采访等工作岗位的人员，大都来自广播电视编导专业。他们往往具有扎实的专业功底、广博的学识、良好的沟通技巧和优秀的团队协作能力，能够准确把握节目定位与观众趣味之间的平衡，为观众打造丰富而有趣的各类电视节目。他们既熟悉摄影、音乐等方面的艺术创作规律，又熟练掌握计算机、摄像机等技术装备的使用方法；既接受系统的文案写作训练，又了解现代媒体的运营规律，是融合技术与艺术、影视媒体创意与实践的高级专门人才。

播音与主持艺术专业是以培养能在广播电台、电视台及其他单位从事广播电视播音与节目主持工作的高级专门人才为目标的本科专业。该专业培养的是播音员、主持人、解说员以及其他各类文化事业从业人员，他们知识渊博，语言幽默，能够轻松驾驭现场气氛，与任何嘉宾、观众都能良好互动，和他们一起聊天永远也不会冷场。他们懂得电台与电视台的运行规律、节目策划和组织，具备良好的广播电视新闻知识和语言表达能力，是复合型高级专门人才。

戏剧影视文学专业，顾名思义，文学的阅读与训练和文学素养的培育是基础，戏剧和影视的基本理论、作品、写作等知识是重点。该专业是文学与戏剧影视的完美结合，学生不仅有较为广博的文学知识，而且有戏剧或影视的实践创作能力，如戏剧创作、电影剧本创作、电视剧本创作、电视栏目策划等方面的能力。简单地说，该专业就是培养剧作家的摇篮。该专业培养的是剧本编创、栏目策划及短片制作方面的人才。他们具有在文化教育部门、中小学、剧团、影视制作播出机构、广播电视等单位从事创作、研究、教学等工作的能力，是符合新时代需求的复合型高素质艺术人才。

动画专业是服务于社会发展与文化建设，体

现科学与艺术深度融合特色的交叉学科专业，以动画、漫画及数字内容的创作、生产、传播、运营规律及相关支撑技术研发与应用为主要研究对象，在践行社会主义核心价值观、促进人类文明发展、繁荣社会文化、增进文化交流、丰富文化生活、促进经济发展等方面具有重要作用。动画专业主要涉及艺术学中的戏剧与影视学、动画艺术与技术等学科。动画专业培养掌握动画、漫画、游戏设计的创作、制作及相关工具应用的基础知识、基本理论和方法，能在传媒及文化产业相关领域从事动画、漫画的策划、创作、制作、传播、运营及管理工作的创新型专门人才。

学制与学位：戏剧与影视学类专业本科基本学制为4年，实行弹性修业年限，一般可在3~6年内完成。学生按要求完成学业，可授予艺术学学士学位。

二、知识构架

1. 主要课程

广播电视编导专业主要课程包括：中国古代文学、中国现当代文学、艺术学概论、音乐基础、音乐鉴赏、中外艺术史、美术鉴赏、影视传播学、传媒法规、电视栏目策划、视听语言、影视作品分析、电视节目制作技术、电视摄像、电视编辑、电视导演、摄影技术、电视照明、电视新闻与采编、专题片创作、科教片创作、微电影创作等。

播音与主持艺术专业主要课程包括播音发声学、播音创作基础、广播播音与主持、电视播音与主持、新闻采访与写作、出镜记者现场报道、影视配音与文艺作品演播、主持人形象塑造艺术、主持人思维语言能力训练、节目主持人即兴口语表达、电视节目类型学、节目主持概论、电视采访、摄影摄像等课程。

戏剧影视文学专业主要课程包括影视艺术概论、中国电影史、外国电影史、影视编剧理论与写作、视听语言、中国电视史等。

动画专业主要课程包括动画基本原理、动画故事、动画造型、动画动作设计、漫画插画、数字动画、游戏设计艺术、数字内容产业知识等课程。

2.实习和社会实践

戏剧与影视学类专业的实践教学主要包括见习（实训）、专业实习、毕业论文（设计）等环节。

该类专业的见习（实训）活动旨在通过实践运用所学的戏剧编创、影视理论及制作等专业知识，培养、提升专业技能及实践能力。

该类专业的专业实习是重要的实践教学环节，目的是全面培养、提升学生的实际工作能力。一般采用集中实习或分散实习的方式，提升学生的实践能力。

三、就业方向与发展前景

广播电视编导专业主要就业方向是电视台、网络媒体、传媒机构、影视制作公司及企事业单位宣传部门，毕业生可以从事各类电视节目的策划、创意、采访、写作、导演、拍摄、制作工作，适宜在电视媒体和流媒体平台从事视频内容的制作与传播等方面的工作。

播音与主持艺术专业主要面向广播电台、电视台、网络媒体、传媒机构、教育机构、企事业单位和专业文化团体等单位，毕业生可以从事播音、节目主持、配音、庆典司仪、讲解、节目制作、教学、广告等工作，是基于学生职业个性发展需要的多方向、高素质应用型人才。

戏剧影视文学专业主要面向电视台、网络媒体、传媒机构、教育机构、企事业单位和专业文化团体等单位，毕业生可以从事剧本创作、企宣策划、摄像、后期剪辑、短片制作、编创、教学、广告策划等工作，是基于学生职业个性发展需要的多方向、高素质应用型人才。

动画专业学生毕业后可以从事二维和三维动画设计师、动画原画设计师、动画模型设计师、动画衍生产品设计等方面的工作，主要面向影视动画制作及电影电视传媒行业、广告传播等商业制作公司，也可以在游戏、网络动画等互联网互动娱乐领域以及手机游戏、手机动漫等无线娱乐领域从事相关工作。

四、学习本专业类的优势与劣势

1.优势分析

戏剧与影视学类专业偏重于应用性与实践性，有志于从事广播电视、戏剧、电影等方面工作的同学，都需要经过该类专业的学习，积累理论知识与实践技能，毕业生具有良好的发展前景。

该类专业对高中生的艺术素质一般没有过多指向性要求，学生在语言、表演能力上有所专长，均可尝试学习该类专业。

2.劣势分析

由于侧重于实践能力的培养，戏剧与影视学类专业的学生在校学习期间需要积极主动地参加各种与专业学习有关的实习、实践活动，仅仅满足于掌握课堂上学到的理论知识是远远不够的。各专业的课程内容一般包含大量的实践教学内容，例如摄像机操作、计算机相关软件使用等，文科学生与理科学生相比，需要付出更多努力。

该类专业毕业生数量较多，如果想从事专业相关工作，毕业生不仅要学会，更要精通，也就是实践能力和创意能力要非常突出，需要对戏剧与影视工作的高度认可和坚持不懈的长期实践。

五、学生素质要求与高校选科要求

1. 学生素质要求

学习戏剧与影视学类专业，学生应具有正确的人生观、价值观与世界观，自觉践行社会主义核心价值观；具有良好的法治意识、道德修养、人文素养、艺术修养与终身学习的意识；具有良好的敬业精神、协作精神、创新意识和国际视野；具有较强的表达能力和沟通能力；具有良好的身体素质和吃苦耐劳的精神。

2. 高校选科要求

戏剧与影视学类专业一般不提选考科目要求。例如，北京体育大学、中央美术学院、河北科技大学、杭州师范大学、中国美术学院、重庆大学、四川美术学院不提科目要求。

每个高校的具体选科要求可通过山东省教育招生考试院网站（http://www.sdzk.cn/）、山东省教育云服务平台（http://www.sdei.edu.cn/）或"山东高考一点通"微信公众号查询。

12.4 美术学类（1304）

一、专业类概述

美术学类专业培养具有基本造型艺术基础素养和传统美术教育教学能力，注重艺术设计技能与理论相结合的应用型人才，一般采用职前培养与职后培训相结合的培养范式。毕业生具有根据社会需要进行美术教学、造型艺术设计与策划、

艺术展览、艺术市场策划等方面的实践能力。

美术学类专业学生通过专业学习，能够掌握美术学造型基础、绘画与艺术设计学科相关专业的拓展知识，了解中国画、书法、民间艺术等中国传统文化艺术，具有通识性文学、历史、哲学、艺术、心理学等方面的知识，掌握资料查询、文献检索以及运用现代信息技术获取相关信息的基本方法。

专业设置：根据教育部普通高等学校本科专业目录，美术学类专业包含美术学（130401）、绘画（130402）、雕塑（130403）、摄影（130404）四个基本专业，以及书法学（130405T）、中国画（130406T）、实验艺术（130407TK）、跨媒体艺术（130408TK）、文物保护与修复（130409T）、漫画（130410T）六个特设专业。

学制与学位：美术学类专业本科基本学制为4年。学生按要求完成学业，可授予艺术学学士学位。

二、知识构架

1. 核心课程

美术学类专业核心课程包括中外美术史、美术概论、中国画论概要、古文字学与古代汉语、美术考古学基础、书画鉴定概论、美术与摄影基础等。

2. 艺术实践

美术学类专业的主要实践性教学环节包括油画基础、中国画基础、书法基础、设计基础、摄影基础与后期制作、古代美术遗迹考察及博物馆专业实践学习。

美术学类专业的实习主要面向中小学基础美术教育，培养学生独立从事基础教育和教学工作的能力及基本的教育研究能力，为学生毕业后从事教学工作打下坚实基础。实习一般由专业指导教师带领学生深入中学教学一线，担任教学工作及班主任工作，开展基层教育情况调查。

三、就业方向与发展前景

美术学类专业学生主要学习美术学及相关学科的基础知识、基本理论和专业实践技能，具有一定的人文和社会科学知识，接受美术教育和基础教学研究的初步训练，能够在基础教育学校从事美术教学和基础美术教学研究工作，或者在其他教育及培训机构工作，同时运用所学知识和技

术解决学习和工作中遇到的一些实际问题，能在美术学及相关领域从事美术教育、艺术创作、艺术文化传播、艺术设计及艺术文化管理等方面的工作。

美术学类专业毕业生的就业方向主要是在学校、文化艺术、设计研究、出版等企事业单位从事美术教学、创作、研究、出版、艺术策划等工作。

四、学习本专业类的优势与劣势

1. 优势分析

国民素质教育、大中小学美育教育都离不开美术专业知识。因此，美术学类专业在社会上的认可度是比较高的。美术学类专业可以让更多的学生获得升学与发展的机会。美术是追求美、表现美的一种方式或手段，世界因为美术而变得更加精彩。美术学覆盖面很广，除运用美术语言进行艺术创作、表达人的精神意识外，美术学类专业还可以通过美术教育、设计基础、艺术文化传播等领域为社会提供服务。

2. 劣势分析

近些年美术学类专业存在招生数量与社会需求出现差异的现象，个别学校出现专业过剩、专业设置重复等方面的问题，个别院校的专业教学质量有待进一步提升。

五、学生素质要求与高校选科要求

1. 学生素质要求

美术学类专业学生应具备美术学基础知识和技能，具有终身爱好美术的情感，了解美术学科发展成果，广泛地接触中外优秀美术作品，拓宽美术视野，尊重世界多元文化，具有一定的鉴别和判断能力。同时，学生还需要了解我国优秀的民族、民间艺术，增强对中国优秀文化的认同；用艺术思维的方式认识世界，学习艺术表现和交流的方法，提高美术素养；逐步形成敏锐的洞察力和乐于探究的精神，用美术及其与其他学科相联系的方法，表达自己的思想和情感，培养解决问题的能力，促进美术和其他学科的交流。

2. 高校选科要求

美术学类专业一般不提选考科目要求。例如，清华大学、北京工业大学、首都师范大学、中央美术学院、天津美术学院、华东师范大学、济南大学、四川美术学院、陕西师范大学不提科目要求。

每个高校的具体选科要求可通过山东省教育招生考试院网站（http://www.sdzk.cn/）、山东省教育云服务平台（http://www.sdei.edu.cn/）或"山东高考一点通"微信公众号查询。

12.5　设计学类（1305）

一、专业类概述

设计是人类的创造性智慧应用于物质产品与精神产品生产的行为，是融合了科学技术的理性与艺术的感性、技术美与艺术美的创造性活动。

设计学以设计行为为对象，研究设计创造的方法、设计发生与发展的规律、设计应用与传播的创新。设计学是既有自然科学特征又有人文学科色彩的综合性学科，以技术哲学、艺术学、工业社会学、设计心理学、人机工程学、设计方法学、美学等为基础，以各种现代技术为背景，开展相关专业的理论研究与设计应用。

现代设计日益广泛地渗透于社会生产与生活的各个领域，设计学因此而成为一个强调多种学科知识交叉、学术探索与实践创新并重的综合性应用型学科。

专业设置：根据教育部普通高等学校本科专业目录，设计学类专业包含艺术设计学（130501）、视觉传达设计（130502）、环境设计（130503）、产品设计（130504）、服装与服饰设计（130505）、公共艺术（130506）、工艺美术（130507）、数字媒体艺术（130508）八个基本专业，以及艺术与科技（130509T）、陶瓷艺术设计（130510TK）、新媒体艺术（130511T）、包装设计（130512T）四个特设专业。

设计学类专业培养具有强烈的责任意识、综合的创造思维、领先的审美判断、科学的理性精神与工作方法、系统的专业知识，能从事设计研发、设计教育及相关研究工作，具备自主创业能力，能在专业领域内的企事业单位从事设计、管理、科研及教学等工作的复合型、应用型专业人才。

目前世界各国都认识到设计创新对社会发展的重要作用，这在一定程度上提升了设计专业的社会地位，从而推动设计专业在各学校的发展。

设计学类专业培养的主要是设计专门人才，具体来说，要求学生具有为国学习的思想和为社会服务的理念，系统地掌握设计学基本理论和专业知识，并初步具备运用所学知识分析和解决在设计过程中遇到的研究、开发、设计等方面问题的能力；另外，还应具有良好的政治素质、思想素质、道德品质以及法治意识、诚信意识、团体合作意识，具有较好的文化、艺术素养，掌握一定的文献检索、论文写作等工具性知识，了解与设计相关的方针、政策和法规，具有初步的科学研究与实际工作能力及一定的批判性思维能力。

学制与学位：设计学类专业本科基本学制为4年，实行弹性修业年限，一般可在3～6年内完成。学生按要求完成学业，可授予艺术学或工学学士学位。

二、知识构架

1.核心课程

设计学类专业核心课程主要包括中外设计艺术史、造型基础（素描、平面、色彩、立体构成）、设计学（美学、心理学、公共关系学）、图形创意、数字图形处理、设计管理基础、平面（印刷）设计与印刷制作、效果图表现技法、数字化产品设计、服装工艺与制作、公共景观与展示设计、动画原理与网络游戏设计等课程。

2.实习和社会实践

设计学类专业开展的实践教学主要包括专业类（工作室、实验室）课程、专业类社会实践、专业类实训、专业类实习等内容，具体可围绕设计市场与企业考察、品牌形象策划、企业形象、建筑模型制作与工艺、服装工艺与制作、公共设施设计、摄影与摄像、数字媒体设计与制作及写生等方面开展实践教学。专业类实习以毕业实习、毕业设计、毕业论文等作为实习重点，实习方式可采用集中实习或自主实习。

专业类（工作室、实验室）课程是设计学类专业学生专业技能训练的重要部分，也是实践教学的重要内容，以案例教学法为主轴，根据不同专业结合具有案例教学特征的单元内容展开专业技能训练。

专业类社会实践主要包括美术馆与博物馆考察、设计市场与企业机构参观见习、城乡社会调查以及专业教学课程中的乡村写生、基层采风等。

专业类实训以专业体验为出发点，在校内外设置实训基地，创建全过程学习平台，在专业教师或专业人员的指导下，帮助学生形成符合社会需求的基本工作能力、社会人文素养以及实践创新能力。实训方式包括项目实训、策划实训、市场实训、创业实训等。

专业类实习以提高学生实际工作能力为目标，选择与专业领域相符或相近的社会机构，组织学生在专业性工作岗位进行专业能力训练，实习时间一般不少于3个月。实习方式包括设计岗位实习、管理岗位实习、生产加工岗位实习等。

三、就业方向与发展前景

设计学类专业的毕业生可以在专业设计领域、企业、教学科研单位等从事设计、管理、科研及教学等工作，另外"公务员""西部计划"等也是重要的就业渠道。2011年，教育部重新调整了学科门类，将艺术学升格为第13个学科门类，艺术学告别了文学门类，设计学类也成为其中的一级学科。这不是一次简单的学科调整，对设计学类专业来讲变化最大的是课程结构和内容的调整，尤其是对实践教学的进一步重视，增加了学生进行实践的机会，有利于学生毕业后与就业岗位的对接。近几年，从中国工业设计协会、中国广告协会学术委员会有关调查的结果来看，尽管每年都有相当数量的设计类专业毕业生进入社会，但由于经济的快速发展，社会对设计人才的需求量十分巨大，尤其是那些综合素质过硬、专业技术水平优秀、有一定实践工作经验的人才。要想缓解这种供不应求的状态，只有及时填补这方面的人才空白，才能保障社会的持续、健康、和谐发展。

四、学习本专业类的优势与劣势

1.优势分析

随着社会的快速发展，公众的生活环境也发生了天翻地覆的变化。设计智慧是保障人类能够持续发展的科学、艺术之外的另一种智慧。设计自古以来就与人类的生活息息相关，人们所有的生活、作息、出行、工作都离不开设计，都需要设计。要学好设计，首先是要爱好设计，其次是要有喜欢动脑动手的能力。

2.劣势分析

设计学类专业是跨学科的专业，要求学生既要具备理性逻辑思维，又要有敏锐的感性思维和审美能力，对一个人的综合素质要求较高。另外，如果不爱好设计专业或不喜欢动脑动手，则很难学好设计。

五、学生素质要求与高校选科要求

1. 学生素质要求

学习设计学类专业，学生在高中阶段应打好公共文化课基础，在感受、体验、参与、探究、思考和合作等学习活动的基础上，了解设计创新的过程和方法，形成有益于个人和社会的情感、态度和价值观。设计学类专业学生应注重理解科学文化艺术，弘扬人文精神；具有对自然物、人造物形态美的认识能力；要广泛地接触古今中外优秀设计作品，拓宽视野，尊重世界多元文化，具有一定的鉴别和判断能力。同时，学生还需要了解我国优秀传统文化和艺术，增强对中国优秀文化的认同；尝试用设计思维的方式认识世界，学习艺术表现和交流的方法，提高设计素养；逐步形成敏锐的洞察力和乐于探究的精神，用艺术设计及其与其他学科相联系的方法表达自己的思想和情感，培养解决问题的能力，促进艺术和其他学科的学习与交流。

2. 高校选科要求

在高校选科要求方面，绝大多数高校的设计学类专业一般不提选考科目要求，部分高校要求选考思想政治、历史、物理科目。例如，中国人民大学、中央美术学院、河北工业大学、大连理工大学、同济大学、上海师范大学、浙江理工大学、厦门大学、齐鲁工业大学、济南大学、四川美术学院、山东青年政治学院不提科目要求；山东师范大学要求思想政治、历史两门科目考生选考其中一门即可报考；哈尔滨工业大学、上海交通大学要求考生选考物理方可报考；聊城大学要求考生必须选考历史方可报考；河北师范大学要求思想政治、历史两门科目考生均需选考方可报考。

每个高校的具体选科要求可通过山东省教育招生考试院网站（http://www.sdzk.cn/）、山东省教育云服务平台（http://www.sdei.edu.cn/）或"山东高考一点通"微信公众号查询。

第二部分

普通高等学校高等职业教育（专科）专业

1 专业大类：农林牧渔大类（51）

在教育部颁布的《普通高等学校高等职业教育（专科）专业目录》中，农林牧渔大类下，包含农业类、林业类、畜牧业类、渔业类四个专业类。本书对这四个专业类都进行了详细介绍。

1.1 农业类（5101）

一、专业类概述

农业产业是提供支撑国民经济建设与发展的基础产业。在新时期，我国农业已经处于由传统农业发展走向现代农业发展的关键时期。《关于推进农村一二三产业融合发展的指导意见》《中共中央国务院关于实施乡村振兴战略的意见》的实施，大大推进了我国现代农业的发展速度。推进农业结构调整、增加农民收入、改善生态环境、加速农业产业化与现代化进程，最终要依靠农业科技的进步与创新。在现代农业发展过程中，劳动者的素质和道德观念，整个农业的生产组织、经营管理和工具，以及农产品的质量、流通等方面，都应具有先进的科学技术水平和管理水平。

在现代农业中，产前领域包括农业机械、装备、农资等领域；产中领域包括栽培生产、种子（苗）生产等领域；产后领域包括产后加工、安全检测、经营管理等领域。农业类专业主要培养能够运用所学农业知识和技术解决现代农业各领域的实际问题，在农业类生产与加工企业、休闲农庄、合作社组织及涉农类教学与管理部门从事生产、销售、管理等工作的专门人才。

农业类专业以园艺技术专业为主，作物生产技术、种子生产与经营、农业生物技术、茶树栽培与茶叶加工、植物保护与检疫技术、农产品加工与质量检测、绿色食品生产与检验、设施农业与装备等专业都有招生。在江苏、上海、广东等省份的一些高职院校，休闲农业、生态农业技术等新专业已有招生。

专业设置：根据教育部高等职业教育（专科）专业目录，农业类专业包括20个专业，分别是：作物生产技术（510101）、种子生产与经营（510102）、设施农业与装备（510103）、现代农业技术（510104）、休闲农业（510105）、生态农业技术（510106）、园艺技术（510107）、植物保护与检疫技术（510108）、茶树栽培与茶叶加工（510109）、中草药栽培技术（510110）、烟草栽培与加工（510111）、棉花加工与经营管理（510112）、农产品加工与质量检测（510113）、绿色食品生产与检验（510114）、农资营销与服务（510115）、农产品流通与管理（510116）、农业装备应用技术（510117）、农业经济管理（510118）、农村经营管理（510119）、食用菌生产与加工（510120）。

以农业生产技术为主的专业包括作物生产技术、种子生产与经营、现代农业技术、休闲农业、生态农业技术、园艺技术、茶树栽培与茶叶加工、中草药栽培技术、烟草栽培与加工。

以农业产品质量安全与检测为主的专业包括植物保护与检疫技术、农产品加工与质量检测、绿色食品生产与检验。

以农业基础设施为主的专业包括设施农业与装备、农业装备应用技术。

以农业产品流通与经营管理为主的专业包括棉花加工与经营管理、农资营销与服务、农产品流通与管理、农业经济管理、农村经营管理。

高职（专科）农业类专业标准学制为3年，已在探索实行弹性学制，毕业授予专科毕业证。

二、知识构架

1. 主要课程

农业类专业的课程体系可分为农业生产技术课程、农业产品质量安全与检测课程、农业基础设施课程。农业生产技术课程包括：植物生产技术、植物保护技术、植物育种技术、设施园艺、植物组织培养、无土栽培、观光农业园的规划与设计、园艺产品营销、农业企业经营与管理等。农业产品质量安全与检测课程包括：植物病理学、昆虫学、农药管理与营销、农产品分析与检验技术、种子检验技术、农残与农化检验技术、农产品安全与质量控制等。农业基础设施课程包括：农业设施环境控制、农业设施设计制造、设施农业工程概预算、农业园区规划设计与管理、农机电气设备与维修、设施农业机械、农业机械使用与维护等。

2. 实习实训

农业类专业具有"农时性"强的特点，学生实习以现代农业产业链上的产前、产中、产后领域相关企业为重点。具体的实习方式，不同学校各有特色，但多通过专业与企业合作办学，采用"分段式"工学结合人才培养模式，进行订单式培养或者创业型农业专门人才培养。教学实习可根据"农时"需要，采用"工学交替"教学模式，一般从第三学期开始不定期实施；根据企业岗位需求进行顶岗实习，顶岗实习时间不超过6个月，多数在最后一个学期进行。

三、就业方向与发展前景

农业类专业可以分为农业生产技术、农业产品质量安全与检测、农业基础设施三个发展方向。

以农业生产技术为主的专业，毕业生主要分布于现代园艺场、现代园艺高科技示范园、休闲农业园、农产品加工出口部门、农业产品及农资销售企业、中外合资农业企业、农业科研院所、农业技术部门等。

以农业产品质量安全与检测为主的专业，毕业生主要就业于农产品质量检测中心、农产品质量监督部门、海关、进出口检验检疫局、进出口贸易企业、绿色果蔬生产基地、农产品食品生产加工企业、农产品批发市场等。

以农业基础设施为主的专业，毕业生主要在农机管理部门从事农林机械的推广与应用、农机安全与监理、农业机械化系统的规划与设计等工作；在大、中型农业生产企业和农机销售公司从事产品销售和售后服务等工作。

现代农业要发展，要有所创新，农业类专业人才肩负重任。实施乡村振兴战略，人才战略是第一要务。农业类企业、教育、科研、服务等各个领域对农业类专业人才的需求也日益增大，但全国农业类专业招生人数偏少，可以预见，农业类专业在今后较长时间里仍然是极具生命力的专业，毕业生就业形势良好。

随着现代农业的发展和国家各项农业政策的实施，农业类专业发展迎来新的契机。国外现代农业的发展也是我们学习的榜样。因此，学习农业类专业，就业前景和创业空间非常好。

四、学习本专业类的优势和劣势

与其他专业相比，农业类专业的优势在于就业岗位涉及农业产业链的各个领域。无论是从事农业生产技术类岗位，还是从事农产品质量安全与检测类岗位或者农业装备类岗位，都是现代农业产业链各个环节的重要组成部分，社会需求量大，毕业生可选择岗位多。

受传统农业劣势的影响，社会公众对农业类专业认知不足。多数家长和学生对经过千辛万苦考上大学，又要从事农业工作的情形不能接受，所以农业类专业招生存在一定的困难。

五、学生素质要求与高校选科要求

农业是我国经济的基础，农业类专业属于综合性应用学科，是贯穿于农业产业链的各个环节、技术性较强的专业。学习农业类专业，学生应具备强烈的爱农意识、吃苦耐劳和奉献的精神。因此，对生物、植物、休闲农业感兴趣的同学适合学习，从而为现代农业发展做出重要贡献，实现自我价值。

根据山东省教育招生考试院公布的普通高校专业类选考要求，高职（专科）农业类专业一般不提科目要求。

每个高校的具体选科要求可通过山东省教育招生考试院网站（http://www.sdzk.cn/）、山东省教育云服务平台（http://www.sdei.edu.cn/）或"山东高考一点通"微信公众号查询。

1.2　林业类（5102）

一、专业类概述

林业是指保护生态环境，保持生态平衡，培育和保护森林以取得木材和其他林产品，利用林木的自然特性以发挥防护作用的生产部门，是国民经济的重要组成部分之一。林业在人和生物圈中，通过先进的科学技术和管理手段，培育、保护、利用森林资源，充分发挥森林的多种效益，且能持续经营森林资源，是促进人口、经济、社会、环境和资源协调发展的基础性产业和社会公益事业。

专业设置：根据教育部高等职业教育（专科）专业目录，林业类专业包括13个专业，分别是：林业技术（510201）、园林技术（510202）、森林资源保护（510203）、经济林培育与利用（510204）、野生植物资源保护与利用（510205）、野生动物资源保护与利用（510206）、森林生态旅游（510207）、森林防火指挥与通讯（510208）、自然保护区建设与管理（510209）、木工设备应用技术（510210）、木材加工技术（510211）、林业调查与信息处理（510212）、林业信息技术与管理（510213）。

目前山东省高职林业类专业主要以园林技术专业为主。省外高职院校各具特色，如山西林业职业技术学院设有林业技术、环境工程技术、林业信息技术与管理、森林生态旅游等专业；福建林业职业技术学院设有林业技术、林业信息技术与管理、林业调查与信息处理、旅游管理、森林生态旅游等专业；甘肃林业职业技术学院设有森林资源保护、森林生态旅游、林业信息技术与管理、经济林培育与利用等专业。

高职（专科）林业类专业标准学制为3年，毕业授予专科毕业证。

二、知识构架

1. 核心课程

林业类专业核心课程主要包括林木种苗生产技术、森林营造技术、森林经营技术、林业有害生物防治、森林资源经营管理等。

2. 实习实训

林业类专业的生产实习有两种方式可供选择：一是去林业生产单位实习，将所学理论知识和技能综合应用于解决实际问题。二是随岗实习。按照本专业类教学计划，一般将生产实习安排在最后一个学期，但现在提倡随岗实践，因此，可根据学生的工作情况，结合专业要求随时随岗实习，一般根据当地生产实际及农时季节安排，通常在3—7月或11月—次年1月进行。

生产实习不得免修、免考。在生产实习开始时，要选定主题，进行有目的的实习；在实习过程中，应选定毕业作业题目，围绕选题收集、查阅资料；在生产实习完成后，每个学生就实习所选定的题目完成一篇毕业作业（即实习报告或社会随岗实践报告）。生产实习成绩由各试点教学点的指导教师根据学生实习表现、相关原始记录材料、实习单位的鉴定意见以及提交的毕业作业情况进行综合评定。生产实习成绩不及格者，不能取得毕业证书。

三、就业方向与发展前景

林业类专业的就业方向主要是：在城市建设、园林、花卉企业以及风景区、森林公园、各类保护区从事园林规划、设计、施工以及园林植物繁育、栽培、养护、管理等工作；在林业、生态环境保护、森林旅游资源开发等部门从事技术与管理工作；在森林公园、林场以及森林资源调查与管理、林政管理与执法部门从事行政管理工作；在森林公园、自然保护区、旅游企业以及旅游行政、事业单位从事管理、服务工作；在林业、农业、环境保护等部门从事森林培育、森林资源保护、森林生态环境建设等工作。林业类专业的就业岗位包括：景观设计师、林业技术员、GIS（地理信息系统）销售经理、景观工程师、苗圃技术员、销售经理、林业工程师、苗木采购员、农业仪器销售助理、园艺园林景观设计师、技术支持工程师等。

四、学习本专业类的优势和劣势

1. 优势分析

我国林业生产单位技术力量仍较薄弱。由于缺乏人才，在森林资源的开发和经营管理方面都处于粗放的状态。所以，林业类专业的优势就在于林业专门人才奇缺。我国林业的跨越式发展仍需要大量的林业管理和技术人才。

2. 劣势分析

林业类专业也存在一定的劣势：林业工作环境相对艰苦；林业适应市场经济滞后，往往不能很好地满足当代林业生产发展的需要。所以，作为人才培养基地的林业高等院校在扩大招生中处于劣势，存在着一边是政府和社会对林业越来越重视，逐年增加投资，加大发展力度，一边是产业技术力量薄弱，人才供给不足的不协调局面。

五、学生素质要求与高校选科要求

对于高中生来说，首先要了解新高考的变化和要求，在此基础上认真分析自己的实际情况，明确自己的兴趣爱好和特长，根据自己的兴趣爱好选择今后将要学习的专业或者从事的职业。只有真正了解自己的兴趣爱好，才能作出最佳选择。从事林业工作，环境相对艰苦，所以学习林业类专业，学生应具备品质优秀、吃苦耐劳、学习能力强、热爱林业工作等素质。

根据山东省教育招生考试院公布的普通高校专业类选考要求，报考本科院校林业类专业一般要求物理、化学、生物三门科目任选一门，报考高职院校林业类专业一般不提科目要求。

每个高校的具体选科要求可通过山东省教育招生考试院网站（http://www.sdzk.cn/）、山东省教育云服务平台（http://www.sdei.edu.cn/）或"山东高考一点通"微信公众号查询。

1.3 畜牧业类（5103）

一、专业类概述

畜牧，多指畜牧业，是指对有经济价值的兽类和禽类等动物进行驯化和培育，利用其生长繁殖等功能，取得畜禽产品或畜（禽）役。畜牧业包括牛、马、羊、猪、兔、鸡、鸭等家畜家禽饲养业，也包括鹿、麝、狐、貂、水獭、鸽子及其他鸟类等野生动物的驯养业。

人类通过畜牧业养殖，将农业生产的粮食、蔬菜及其副产品，如秸秆、藤蔓、果菜加工剩余、餐厨剩余作为饲料，取得肉、乳、蛋、脂肪等食品和皮、毛、羽、绒等轻工业原料，既可以减少环境污染又可以提供饲料原料，并以畜役和厩肥等实现种植业的绿色发展，为实现绿水青山

的中国梦提供有力的技术支持。动物医学即兽医，指防治动物疾病的行业，也指从事防治动物疾病的人。其主要任务是研究和实施家畜家禽、野生动物疾病的诊疗、防治、检疫及畜产品卫生检验等。

由于畜牧和兽医的相关性很大，特别在教学、生产和科研中密不可分，故畜牧兽医成为一个与畜牧、兽医并行的专业或工作，它们的侧重点各有不同。在大学、专科学校、中等职业学校中，这三个专业或单设或同时设置。

在中国，高等畜牧业人才主要由各农牧业高等职业技术学院或专科学校培养，如泰山职业技术学院、山东畜牧兽医职业学院、江苏畜牧兽医职业技术学院、黑龙江省畜牧兽医职业技术学院、青海畜牧兽医职业技术学院等。

专业设置：根据教育部高等职业教育（专科）专业目录，畜牧业类专业包括14个专业，分别是：畜牧兽医（510301）、动物医学（510302）、动物药学（510303）、动物防疫与检疫（510304）、动物医学检验技术（510305）、宠物养护与驯导（510306）、实验动物技术（510307）、饲料与动物营养（510308）、特种动物养殖（510309）、畜牧工程技术（510310）、蚕桑技术（510311）、草业技术（510312）、养蜂与蜂产品加工（510313）、畜牧业经济管理（510314）、宠物临床诊疗技术（510315）。

畜牧业类专业可根据职业岗位能力培养目标分为三类：（1）以生产繁育为主的专业，包括畜牧兽医、饲料与动物营养、实验动物技术、蚕桑技术、草业技术、养蜂与蜂产品加工、畜牧工程技术、畜牧业经济管理专业。（2）以兽医防治为主的专业，包括动物医学、动物药学、动物防疫与检疫、动物医学检验技术专业。（3）以保护观赏为主的专业，包括宠物养护与驯导、特种动物养殖专业。

畜牧业类专业主要培养具备动物饲料配制、繁殖技术、饲养管理、疫病诊断与控制相关理论与技术，能够从事养殖场生产技术与管理、畜禽门诊、宠物门诊、饲料及兽药营销、野生动物保护、特种动物饲养繁育、宠物驯养等工作的高级技能型人才。

高职（专科）畜牧业类专业标准学制为3年，毕业授予专科毕业证。

二、知识构架

1. 核心课程

以生产繁育为主的专业核心课程包括家畜解剖、家畜生理、动物营养、饲料加工技术、动物遗传学、家畜育种、家畜繁殖、畜禽生产等。

以兽医防治为主的专业核心课程包括家畜解剖、家畜生理、畜禽病理、动物药理、动物微生物、动物疫病、动物普通病、兽医临床诊疗技术、动物防疫与检疫、动物性食品卫生检验、中兽医等。

以保护观赏为主的专业核心课程包括动物学、动物解剖生理、动物营养与饲料加工技术、动物生态学、动物行为学、野生动物管理、自然保护管理、保护生物学、野生动物繁殖、野生动物饲养、野生动物疾病防治等。

2. 实习实训

畜牧业类专业具有实践性强的特点，学生实习以现代畜牧业产业链上的产前、产中、产后各领域相关企业为重点。具体的实习方式，不同学校各有特色，但多通过专业与企业合作办学，教学以项目教学为主，采用"分段式"工学结合的人才培养模式，进行订单式培养或者创业型畜牧业专门人才培养。教学实习可根据项目需要，采用"工学交替"教学模式，一般从第三学期开始不定期实施；根据企业岗位需求进行顶岗实习，顶岗实习时间不超过6个月，多数在最后一个学期进行。

三、就业方向与发展前景

畜牧业类专业毕业生的主要就业方向：到饲料厂从事化验员、产品销售和技术服务工作，到各级兽医站从事地区畜禽疫病防治工作，到各级卫生防疫站或监测站从事畜禽防疫和检疫工作，到宠物医院从事动物诊疗、美容工作，到商检机构、海关从事检疫检验工作，到野生动物园、海洋馆从事野生与水生动物的繁育、疾病防治工作。此外，还可以选择去兽药厂、生物制品厂、食品厂、农业教育单位、科研院所以及相关行业的推广服务部门工作，或在畜牧兽医行业自主创业。

畜牧业虽然是传统行业，但是它充满了勃勃生机，在我国经济发展新形势下，担负着新的历史使命。养殖场、兽药厂、饲料厂、畜产品加工厂、兽医门诊、宠物医院、动物园、海洋馆等单位由于技术人员严重短缺，急需大量高素质畜牧兽医人才。城镇宠物饲养日益兴起，为畜牧业类专业毕业生提供了更多的就业机会。

中国是农业大国，发展畜牧业，可以带动加工业，促进种植业，推进农业结构调整，把作物秸秆、餐厨垃圾转化为肉、蛋、奶、皮、毛、绒，增加农民收入，改善生态环境。加快畜牧业的发展，最终要依靠畜牧业的科技进步与创新，知识型、技能型畜牧业人才短缺将会严重影响新农村建设和城乡一体化进程，因此高职院校畜牧业类专业能够在一定程度上解决这些问题。

随着居民生活水平的提高，人们对肉、蛋、奶、毛、皮、绒，观赏类鸟、鱼、兽，陪伴类宠物犬、猫等产品的需求将不断增加。发展畜牧业，能满足人们对畜产品日益增加的物质和精神需要，而提高畜牧业生产水平和经济效益，保障畜产品安全卫生，需要大量的畜牧业专门人才。动物疾病千变万化，需要掌握坚实的专业知识。该类专业学生只有经过系统的专业学习，才能掌握动物生长发育规律和疾病发生、诊治的机理，以稳固、扎实的专业基础知识，应对多变的疾病对技术的需求。

随着国家经济的发展，畜牧业类专业发展迎来新的契机。国外现代畜牧业的发展也是我们学习的榜样。因此，学习畜牧业类专业，就业前景和创业空间非常广阔。

四、学习本专业类的优势和劣势

与其他专业相比，畜牧业类专业的优势在于就业岗位涉及畜牧业产业链的各个环节。无论是从事畜禽生产技术类岗位，还是从事动物疫病防治类岗位或者动物保护驯养类岗位，毕业生可选择岗位多，收入也较高。

畜牧业类专业也存在着一些劣势。例如，受传统思想观念的影响，社会公众对畜牧业类专业认知不足，觉得从事畜牧业生产的环境脏、乱、臭、不卫生。实际生产并不是这样，随着机械化水平的提高，这种脏、乱、臭的生产环境已彻底改变。由于认知不足，多数家长和学生对经过千辛万苦考上大学，又要从事畜牧业工作的情形不能接受，所以畜牧业类专业招生一直存在困难，表现为畜牧业类技术岗位需求量大，而毕业生严重不足。

五、学生素质要求与高校选科要求

畜牧业是一门综合性应用学科，技术性强，直接服务于生产。学习畜牧业类专业，学生应具备良好的生物学、化学知识基础，具备强烈的兴趣爱好和吃苦耐劳的精神，具有严谨态度和踏实作风。

根据山东省教育招生考试院公布的普通高校专业类选考要求，高职（专科）畜牧业类专业一般不提科目要求。

每个高校的具体选科要求可通过山东省教育招生考试院网站（http://www.sdzk.cn/）、山东省教育云服务平台（http://www.sdei.edu.cn/）或"山东高考一点通"微信公众号查询。

1.4 渔业类（5104）

一、专业类概述

渔业是指捕捞和养殖鱼类及其他水生动物、海藻类等水生植物以取得水产品的社会生产部门。渔业类专业主要面向渔业行业，培养德、智、体、美、劳全面发展，具有良好的职业道德和人文素养，具备相关的专业知识与技能，同时能够满足渔业产业转型升级和企业技术创新需要的创新型技术技能人才。

专业设置：根据教育部高等职业教育（专科）专业目录，渔业类专业包含5个专业，分别是：水产养殖技术（510401）、海洋渔业技术（510402）、水族科学与技术（510403）、水生动物医学（510404）、渔业经济管理（510405）。

水产养殖技术专业主要培养掌握水生动物繁殖、苗种培育、成品养殖及捕捞运输、渔业设施建设基本知识，具备养殖水质分析与调控、水生动物人工繁养能力，能够从事水产养殖、技术服务、水产品营销、水产物流等工作的高素质技能人才。

海洋渔业技术专业主要培养掌握捕捞学、海水动物增养殖、水质调控、病害防治基本知识，具备海洋资源调查、海水动物增养殖、现代渔业设施建设能力，能够从事海洋捕捞、海水动物养殖及海水养殖技术服务等工作的高素质技术技能人才

水族科学与技术专业主要培养掌握观赏水族器具设计、水族动植物繁养、水族动物病害防治、水族造景设计、经营管理基本知识，具备观赏水族动植物繁养与饲养、水族景观艺术设计、经营管理及创新创业能力，能够从事水族动植物繁养殖、技术服务、水族器材及水族馆的设计与开发等工作的高素质技术技能人才。

水生动物医学专业主要培养掌握养殖水体水质检测、水产病原微生物检测、水产动物疾病诊断与防控基本知识，能够从事水产动物病原体分离与检测、水产动物疾病诊断与防控、水产养殖技术推广等工作的高素质技术技能人才。

渔业经济管理专业主要培养掌握渔业经济管理基本知识，具备渔业经济管理的能力，能够从事政策研究、企业经营管理与市场开发、水产品市场营销与贸易、渔业咨询管理与服务等工作的高素质技术技能人才。

高职（专科）渔业类专业标准学制为3年，毕业授予专科毕业证。

二、知识构架

1. 核心课程

水产养殖技术专业核心课程包括养殖水化学、水生生物学、水产动物营养与饲料、池塘养殖技术、特种水产养殖技术、水产动物疾病防治技术、水产养殖工程等。

海洋渔业技术专业核心课程包括淡水捕捞技术、水质监测与调控技术、鱼类增养殖技术、虾蟹增养殖技术、海水贝类增养殖技术、渔具与渔法、渔业资源与渔场学、名优水产养殖技术、海洋捕捞技术等。

水族科学与技术专业核心课程包括鱼类学、水生生物学、淡水水族动物养殖技术、海水水族动物养殖技术、水生观赏植物栽培技术、水族工程与景观设计、水族动物疾病防治技术、水族经营管理等。

水生动物医学专业核心课程包括养殖水化学、水产动物养殖技术、水产病原微生物、水产动物病理学、水产动物免疫与应用、水产动物疾病诊断技术、渔药药理与应用技术等。

渔业经济管理专业核心课程包括经济学基础、管理学基础、渔业概论、渔业经济学、渔业企业管理、渔业财务会计、财务管理、渔业法规与渔政管理、渔业技术经济学、现代物流技术与装备等。

2. 实习实训

水产养殖技术专业在校内进行养殖水质分析与检测、水产动物人工繁养、水产动物疾病诊断与防治、水产动物捕捞、水产动物工厂化养殖等实训。

海洋渔业技术专业在渔业生产、渔业技术服务等单位进行生产实习。在校内进行海水经济种类苗种繁育、海水养殖、生物饵料培育等实训；在校外合作企业进行渔业生产、渔业资源调查、海洋牧场管理等项目的实习。

水族科学与技术专业在校内进行水族动物品种识别、品级鉴别，水族动植物繁殖、养殖，水族器材使用、维护与设计，水草栽培，水族景观设计等实训；在水族馆、海洋馆等经营服务企业和水族动植物生产、水族器材生产企业进行实习。

水生动物医学专业在校内进行养殖水体检测、水产病原微生物分离检测、水产动物增养殖、水产动物疾病诊断与防治等实训；在水产养殖及养殖技术服务等企事业单位进行校外实习。

渔业经济管理专业在校内进行财务会计、计划编制、渔业生产管理等实训；在渔业生产和涉渔产品生产企业、渔业行政管理部门进行校外实习。

三、就业方向与发展前景

水产养殖技术专业毕业生主要面向水生动物苗种生产、水生动物养殖及渔需物资生产与营销企事业单位，在养殖生产、技术服务及营销岗位群，从事水产动物苗种繁育、水产动物养殖、水产养殖技术服务及涉渔产品营销等工作。

海洋渔业技术专业毕业生主要面向海水苗种繁殖、海水养殖、海水渔业技术推广及海洋捕捞等企事业单位，在海水育苗、海水养殖、海水渔技服务及海洋捕捞岗位群，从事苗种繁育、成品增养殖、技术推广与服务及海洋捕捞等工作。

水族科学与技术专业毕业生主要面向水族行业的水族馆及海洋馆、水族动植物及水族用品生产企业、水族产品研发与经营实体，在水族动植物品种的繁殖、养殖及水族用品的生产经营管理岗位群，从事水族动物繁养、水族产品营销及水族技术服务等工作。

水生动物医学专业毕业生主要面向水产养殖、水产养殖技术服务、水产养殖技术推广等企事业单位，在疫病防控、检验化验岗位群，从事水产动物疫病诊断、防控与技术服务等工作。

渔业经济管理专业毕业生主要面向渔业生产、涉渔产品生产企业，在生产与经营、科研及管理岗位群，从事政策研究、企业经营管理与市场开发、水产品市场营销与贸易、渔业咨询管理与服务等工作。

四、学习本专业类的优势和劣势

渔业是解决未来粮食安全的一个重要出路，也是渔业类专业的优势所在。我国海洋资源丰富，渔业发展潜力较大。渔业类专业属于应用型专业，市场需求较大，毕业生自主创业机会较多。我国海洋经济结构的优化升级，对技术和人才的需求将越来越多，海洋特色明显的水产专业毕业生的发展前景会越来越好。

水产养殖产业规模相对较小，渔业类专业毕业生就业环境相对艰苦。水产养殖相关企业为了提高经营效益，纷纷压缩用人规模，而在基层渔区大都是以个体承包经营为主，对大学毕业生的需求量很小，渔业类专业学生就业往往面临较大困难，毕业后改行的学生比例不断上升，这是渔业类专业存在的劣势。渔业类专业严峻的就业形势和现状，对考生和在校学生的专业学习也产生明显的负面影响。

五、学生素质要求与高校选科要求

渔业是一门综合性应用学科，直接服务于生产，技术性较强。学习渔业类专业，学生应具备良好的生物学、化学知识基础，具有强烈的爱好兴趣和吃苦耐劳的精神，具有严谨态度和踏实作风。

根据山东省教育招生考试院公布的普通高校专业类选考要求，高职（专科）渔业类专业一般不提科目要求。

每个高校的具体选科要求可通过山东省教育招生考试院网站（http://www.sdzk.cn/）、山东省教育云服务平台（http://www.sdei.edu.cn/）或"山东高考一点通"微信公众号查询。

2 专业大类：资源环境与安全大类（52）

在教育部颁布的《普通高等学校高等职业教育（专科）专业目录》中，资源环境与安全大类下，包含9个专业类，分别是：资源勘查类、地质类、测绘地理信息类、石油与天然气类、煤炭类、金属与非金属矿类、气象类、环境保护类、安全类。本书重点介绍资源勘查类、地质类、石油与天然气类、金属与非金属矿类、环境保护类和安全类专业，测绘地理信息类专业可参考本科专业中的测绘类（0812）专业介绍，对气象类专业感兴趣的读者可通过教育部网站查询。

2.1 资源勘查类（5201）

一、专业类概述

对资源勘查类专业的认识，还是要从认识资源开始。资源，是指自然界和人类社会中一种可以用来创造物质财富和精神财富的具有一定量积累的客观存在形态。例如，土地、矿产、森林、海洋、石油、人力、信息等都是资源。"资源"一词内涵较广，让我们先从"自然资源"开始认识。

自然资源，是指一切物质资源和自然产生过程，通常是指在一定技术经济环境条件下对人类有益的资源。当然，还可以按不同属性再分出：再生资源（太阳能、空气、雨水、风和水能、潮汐能等资源）、非再生资源（不可恢复的矿石、石油等资源）；专有资源（国家控制、管辖内的资源）、共享资源（公海、太空、信息资源）；农业资源、工业资源、信息资源；现实资源、潜在资源、废物资源；等等。

资源勘查类专业所针对的是非再生自然资源，主要涉及对资源的寻找（普查）、开发（勘查）、利用（加工）和管理等工作。

专业设置：根据教育部高等职业教育（专科）专业目录，资源勘查类专业包括7个专业，分别是：国土资源调查与管理（520101）、地质调查与矿产普查（520102）、矿产地质与勘查

（520103）、岩矿分析与鉴定（520104）、宝玉石鉴定与加工（520105）、煤田地质与勘查技术（520106）、权籍信息化管理（520107）。

按国家高等教育相关规定，高职（专科）资源勘查类专业标准学制为3年，毕业授予专科毕业证。

二、知识构架

1. 主要课程

由于资源勘查类专业针对的对象是非再生自然资源（地质实体），所以各专业涉及较多的共同基础性核心课程主要是关于自然物质基础知识的地质实体课程，主要有晶体光学、结晶学与矿物学、岩石学等。

各专业因主攻方向不同，相应开设的课程内容就有所不同。例如，地质调查与矿产普查专业、矿产地质与勘查专业、煤田地质与勘查技术专业都对地质实体在地质演化历史中的演变有进一步拓展知识的要求，均开设构造地质学、水文地质学、矿床学与矿相学、遥感地质学、地球物理探矿、地球化学勘查等课程。其中，地质调查与矿产普查专业更侧重于相对大区域范围工作的课程，例如地层学、古地理学等；矿产地质与勘查专业主要侧重于相对小区域范围工作的课程，例如水文地质学、矿产勘查学、测量学等；煤田

地质与勘查技术专业则侧重于寻找与勘探煤矿方面的课程，例如煤田地质、地层古生物学等。

地质资源加工方向的专业，即岩矿分析与鉴定专业，需要开设物质分析与鉴定方面的课程，例如分析化学、仪器分析等课程。而宝玉石鉴定与加工专业则要开设两个方面的课程：一是宝玉石基础方面的课程，例如有色宝石基础、饰品材料、珠宝玉石鉴定、首饰质量检验与分析等；二是艺术品设计与加工方面的课程，例如宝石琢型设计与加工、珠宝首饰镶嵌工艺等。

自然资源的管理与应用方向的专业，即国土资源调查与管理专业，主要侧重两个方面的课程：一是资源调查方面的课程，例如不动产权籍调查、土地确权等；二是管理方面的课程，例如不动产产权管理、不动产估价、不动产交易等。

2. 实习实训

资源勘查类专业的实习实训，一般在校内进行测量与遥感测绘、不动产档案管理实践、不动产登记实践等实训；在土地、矿产行政管理部门和不动产企业进行实习。

三、就业方向与发展前景

资源勘查类专业毕业生的就业方向，主要是服务于当地与本省的社会发展中相应生产一线部门；同时，也兼顾全国同类生产一线的企业及相关的事业部门。就业岗位总体上与学生的实习实训场所相一致。

由于采掘技术等原因，地质行业曾一度出现资源短缺和效益滑坡，而随着技术的提升，开采也从过去的浅层矿发展到现在的深层矿，新一轮的资源开发正在进行，地质行业又恢复了勃勃生机。可以说，这类工作是实实在在的技术活儿，就业形势较好。

资源勘查类专业毕业生也可以选择进一步学习，即专本套读（专升本）的学习。

四、学习本专业类的优势和劣势

目前，在社会经济活动中，生产一线的企业往往缺少资源勘查类专业的高素质高技能实用人才。所以，该类专业就业前景较好。毕业生就业后的工资水平中等偏上；如果毕业生能在实际工作和生产中，做到专心务实、专研技术、肯于吃苦，则在实际工作岗位上的位置和工资水平提升

都较快。

相对于安静的办公室工作环境而言，寻找（普查）和开发（勘查）资源的专业，野外工作、矿区工作较多，工作环境相对艰苦；而利用（加工）和管理（应用）资源的专业，虽然相对来说室内整理材料及事务管理工作较多，但多数是最基层的第一手初步工作，可能显得有些"枯燥"。

五、学生素质要求与高校选科要求

学习资源勘查类专业，学生应具备良好的科学文化素养，能自尊、自立、自强、勤奋进取、文明礼貌、遵纪守法、克己奉公、爱岗敬业、诚实守信；具有良好的专业兴趣和较强的事业心；具有健康的体魄以及吃苦耐劳、勇于奋进的精神；具有勤奋好学的精神、务实学习的态度和踏实肯干的行动。

根据山东省教育招生考试院公布的普通高校专业类选考科目要求，高职（专科）资源勘查类专业一般不提科目要求。

每个高校的具体选科要求可通过山东省教育招生考试院网站（http://www.sdzk.cn/）、山东省教育云服务平台（http://www.sdei.edu.cn/）或"山东高考一点通"微信公众号查询。

2.2　地质类（5202）

一、专业类概述

地质学（geology）是研究地球固体硬壳——地壳或岩石圈的物质组成、内部构造、外部特征、各层圈之间相互作用和演变历史的科学，是研究地球及其演变的一门自然科学。

地质学研究领域广泛。首先，需弄清楚地球结构、物质构成和演化规律，以了解人类自身生存发展的基本环境，相关分支学科包括地球物理学、地史学、地层学、古生物学、构造地质学、动力地质学、地震学、火山学等。其次，需弄清楚各种岩石矿物、地下水产生（或循环）条件和埋藏的条件，为找矿采矿、采取地下水服务，以支持人类社会进一步发展，相关分支学科包括岩石学、同位素地质学、地球化学、水文地质学、煤地质学、石油天然气地质学、矿床学等。

专业设置：根据教育部高等职业教育（专科）专业目录，地质类专业包括8个专业，分别

是：工程地质勘查（520201）、水文与工程地质（520202）、钻探技术（520203）、矿山地质（520204）、地球物理勘探技术（520205）、地质灾害调查与防治（520206）、环境地质工程（520207）、岩土工程技术（520208）。

本专业类设置的各专业之间既相互联系，又有所侧重，简述如下。

工程地质勘查是为了查明影响工程建筑物的地质因素，如地貌、水文地质条件、土和岩石的物理力学性质、自然（物理）地质现象和天然建筑材料等而进行的地质调查研究工作。查明工程地质条件后，根据设计建筑物的结构和运行特点，预测工程建筑物与工程地质作用的方式、特点和规模，并做出正确的评价，为确定保证建筑物稳定与正常使用的防护措施提供依据。

水文与工程地质是从寻找和利用地下水源开始发展起来的，围绕实际应用，逐渐开展了理论研究；工程地质是为了查明各类工程场区的地质条件，对场区及其有关的各种地质问题进行综合评价，分析和预测在工程建筑作用下地质条件可能出现的变化和作用，进而选择最优场地，并提出解决不良地质问题的工程措施，为保证工程的合理设计、顺利施工及正常使用提供可靠的科学依据。

钻探技术是运用地质学、钻探工程施工技术等知识，进行钻探工程的管理、设计、施工与监理等方面的工作。本专业需掌握钻探技术所涉及的矿物岩石、地层、构造地质、钻探工程、工程地质、工程与环境物探、钻探机械、钻探地质编录等方面的知识。

矿山地质是以地球及地质作用、矿物及岩石的性质为基础，对矿床常见地质构造、基本性质、开采知识方法、矿区地形地质图的绘制及应用、矿床开采基本地质图、矿产资源管理、矿床开采编录、采样、钻探工作进行研究。本专业需全面掌握矿床开采基建、生产勘探、日常施工、矿床开采的水文地质、矿山环境地质、矿产资源的保护与利用、隐伏矿体的勘探方法等方面的知识。

地球物理勘探技术是通过观测各种地球物理场的变化来探测地层岩性、地质构造等地质条件。由于组成地壳的不同岩层介质在物理性质（密度、弹性、导电性、磁性、放射性以及导热性等）方面存在差异，从而引起相应的地球物理场的局部变化。通过测量这些物理场的分布和变

化特征，结合已知地质资料进行分析，达到推断地质性状的目的。

地质灾害调查与防治是以地质灾害方面的基本理论为依据，应用地质环境调查与评价、地质灾害勘查与防治、水文地质勘查和工程地质勘查基本理论知识，为地质环境调查评价、地质灾害防治、水文地质勘查、工程地质勘查等方面提供重要依据和治理方法。

环境地质工程是以环境地质工程方面的基础理论知识为依据，应用地质环境调查、地质灾害防治、水文地质勘查等方面的专业知识，为地质环境调查评价、地质灾害防治、水文地质勘查、工程地质勘查等方面提供重要依据和治理方案。

岩土工程技术主要涉及岩土工程施工、岩土工程勘查等方面的建设施工任务。本专业将系统学习工程地质勘查概论、混凝土与钢筋结构、钻凿工程、岩土工程施工技术、岩土工程现场检测、施工设备、施工项目监理、施工项目工程预算、路桥施工技术、地基基础、施工项目管理、隧道工程等方面的知识。

按国家高等教育相关规定，高职（专科）地质类专业标准学制为3年，毕业授予专科毕业证。

二、知识构架

1. 主要课程

以矿山地质专业为例，矿山地质专业的主要课程包括普通地质学、晶体光学、结晶学与矿物学、构造地质学、岩石学、水文地质学基础、地球化学概论、矿床与矿相学、矿产勘查学、应用地球物理、矿山地质学、计算机地质制图及应用等。各专业因学习方向不同，相应开设的课程内容就有所不同。

2. 实习实训

地质类专业的实习形式有认识实习、课程实训、跟岗实习和顶岗实习等。理论教学与实践教学的时间分配比例，基本是各占50%。其中，认识实习是由学校组织学生到实习单位参观、观摩和体验，形成对相关岗位的初步认识，一般安排在第一学年，时间为1~2周；课程实训是在校内或校外实训基地，结合专业课程进行技能训练，贯穿于在校学习过程；跟岗实习、顶岗实习是学生到实习单位进行职业性技能学习，安排在最后一个学期，时间一般为6个月。

三、就业方向与发展前景

地质行业与其他经济行业相互交叉、相互渗透、相互依存，具有跨产业、跨领域、跨地域的鲜明特点。地质类专业毕业生就业面广，就业岗位选择比较灵活。就业岗位主要涉及基层资源勘查、工程地质、灾害地质工程、城市地质等领域。

钻探技术专业毕业生可在油田的钻井公司、勘探公司、泥浆公司、固井公司、井下作业公司及其他钻井作业服务公司，从事工程施工、工程设计、生产等方面的工艺技术和技术管理工作。

地质灾害调查与防治专业毕业生可在地矿、有色、交通、城建、环保、地震、矿山及国土资源管理等领域的企事业单位，从事地质灾害勘查、评价及监测预报等工作。

地质类专业毕业生就业前景良好，主要面向城市规划、国土资源、环保、交通、水务、市政及建筑等行业企业，在地质灾害评估与防治、岩土工程、地质工程等技术领域，从事环境地质调查与评价、地质灾害与防治、水文地质勘查、环境地质监测等工作。

地质类专业毕业生也可以选择进一步学习，即专本套读（专升本）的学习。

生态文明建设是关系中华民族可持续发展的根本大计。随着我国生态文明建设的推进和"绿水青山就是金山银山"理念的深入，既要保护环境，又要开发矿产资源，这就为地质类专业提出新的任务。随着科技的发展，对地质类专业工程技术人才的需求将迅速增大。

四、学习本专业类的优势和劣势

随着科技的发展，对矿产资源的需求越来越多。地质类专业发展潜力大，发展前景好，就业形势比较理想，毕业生就业后的工资水平中等偏上。如果毕业生能在实际工作中勤学习、肯吃苦，专业技能水平和收入水平都会得到较快提升。

因为地质学科需要开展现场调查、勘测、取样等活动，所以搞地质的经常在野外跑，不少时候还会在人烟稀少的地方跋山涉水，还是比较辛苦的。地质类专业的实践性较强，学生毕业后的工作环境相对较为艰苦。

五、学生素质要求与高校选科要求

学习地质类专业，首先要热爱地质事业，具备较强的荣誉感、使命感及责任感，具有浓厚的专业兴趣。其次要有勤奋好学、勇于奋进的精神，吃苦耐劳、踏实肯干的品质及务实认真的态度。

根据山东省教育招生考试院公布的普通高校专业（类）选考科目要求，高职（专科）地质类专业一般不提科目要求。

每个高校的具体选科要求可通过山东省教育招生考试院网站（http://www.sdzk.cn/）、山东省教育云服务平台（http://www.sdei.edu.cn/）或"山东高考一点通"微信公众号查询。

2.3　石油与天然气类（5204）

一、专业类概述

石油与天然气类专业主要培养具有良好的职业道德和人文素养，掌握石油天然气钻井技术、油气开采技术、油气集输与储备、管道输送、油田化学品合成及复配技术、石油地质基础、油层物理、工程流体力学等方面的基本知识，具备相关技术能力，能够从事石油天然气勘探开发、开采、设备安装维护以及油气存储等工作的高素质技术技能人才。

专业设置：根据教育部高等职业教育（专科）专业目录，石油与天然气类专业包含6个专业，分别是：钻井技术（520401）、油气开采技术（520402）、油气储运技术（520403）、油气地质勘探技术（520404）、油田化学应用技术（520405）、石油工程技术（520406）。

高职（专科）石油与天然气类专业标准学制为3年，毕业授予专科毕业证。

二、知识构架

1. 核心课程

钻井技术专业核心课程包括石油钻井地质、油气层保护、钻井作业、钻井设备使用与维护、钻井液配制与维护、油气井压力控制、修井作业、钻井仪表及自动化等。

油气开采技术专业核心课程包括油气藏地质与分析、油水井生产与维护、油气藏动态分析、井站运行与管理、井下作业、采气井生产与维护、石油自动化仪表的使用与维护等。

油气储运技术专业核心课程包括油料物性分析、油气储运设备操作与维护、油气集输技术、输油管道运行与管理、输气管道运行与管理、储运仪表及自动化、油库储运技术、腐蚀与防护技术等。

油气地质勘探技术专业核心课程包括岩矿识别与鉴定、沉积岩和沉积相分析、构造地质分析、油藏地质分析与应用、地球物理测井技术、地震勘探技术、油气地质录井技术、油气田开发地质技术等。

油田化学应用技术专业核心课程包括基础化学、高分子化学及工艺、表面活性剂生产与应用、钻采概论、石油地质基础、钻井液的使用与维护、提高采收率生产技术、油田化学品生产与应用等。

石油工程技术专业核心课程包括石油地质基础、油层物理、钻井施工操作、采油生产管理、钻井液配制与维护、井下作业技术、HSE管理等。

2. 实习实训

石油与天然气类专业的实践教学环节主要包括校内和校外的实习实训。根据专业的不同，校内主要进行地质、泥浆、修井、井控、金工、工程图测绘、输油技术、输气技术等方面的实训。

校外主要在石油天然气企业、石油钻井与开采企业和非常规天然气钻修井企业进行实习。

三、就业方向与发展前景

石油与天然气类专业的毕业生在石油（天然气）生产企业具有较大的就业空间。目前主要的就业方向是面向油气钻井与完井工程、采油工程、油藏工程、储层评价等领域，从事工程设计、工程施工与管理、应用研究与科技开发等方面的工作。

石油（天然气）作为一种重要的能源，已经成为现代经济的血液。随着经济的发展和石油（天然气）企业人员的不断更新，在石油生产管理与技术应用方面，将需要大量的具有较高科学文化素质和职业技能的高级技术应用型人才。

四、学习本专业类的优势和劣势

石油与天然气类专业的优势：其一，石油是国家资源，石油单位大多是国企或大型外企，所以毕业生的就业单位大多是国有企业或国际石油公司，比较稳定；其二，国内石油院校较少，相对于就业机会，竞争压力小；其三，石油单位待遇比较好，员工收入在当地城市中属于中上等水平。

石油与天然气类专业的劣势：首先，石油与天然气类专业，无论是平时的学习还是毕业后的工作，都会从事野外勘查、下油田与矿井，工作环境比较艰苦；其次，石油与天然气类专业毕业生的就业面比较窄，一旦对所学石油专业不感兴趣，转行的难度比较大。

五、学生素质要求与高校选科要求

当前油气市场竞争加剧，技术进步持续推进，生产装备不断更新，工艺技术升级换代，石油企业面临管理体制、发展理念、业务结构、员工思想和队伍结构等诸多变化，建设过硬员工队伍迫在眉睫。而爱岗敬业和矢志奋斗精神、高超技能和科学求实精神、过硬作风和艰苦奋斗精神，正是建设一支过得硬、靠得住的石油队伍的关键因素。

根据山东省教育招生考试院公布的普通高校专业类选考要求，高职（专科）石油与天然气类专业一般不提科目要求。

每个高校的具体选科要求可通过山东省教育招生考试院网站（http://www.sdzk.cn/）、山东省教育云服务平台（http://www.sdei.edu.cn/）或"山东高考一点通"微信公众号查询。

2.4 金属与非金属矿类（5206）

一、专业类概述

"金属与非金属矿类"和"煤炭类"两个专业类有着密切的联系。在旧版高职院校专科专业目录里同属于"矿业工程类"（旧代码5403），新目录中将"煤炭类"专业单列，体现了煤炭行业的特点，而将金属及非金属矿类专业相应地进行了合并，形成了金属与非金属矿类专业。

专业设置：根据教育部高等职业教育（专科）专业目录，金属与非金属矿类专业包括金属与非金属矿开采技术（520601）、矿物加工技术（520602）、矿业装备维护技术（520603）三个专业。

金属与非金属矿类专业主要面向金属与非金属矿山企业，培养拥护党的基本路线，德、智、体、美、劳全面发展，了解矿山企业生产过程和组织状况，掌握金属与非金属矿开采、提炼加工以及相应生产装备的使用维护等生产过程必需的专业知识和技能，适应矿山安全生产、建设及服务一线需要，具有从事金属与非金属矿开采、矿物加工和装备维护等方面的技术与管理工作的高素质技术技能型人才。

作为国民经济物质基础的矿产资源，品种非常多，按其具体形态大致分为煤炭、石油天然气、金属矿（包括黑色金属铁锰铬、有色金属铜锡锌镍、贵金属铂金银以及轻金属铝镁、半金属硅硒、放射性矿等）、非金属矿（包括金刚石、石墨、石膏、石棉等近百种）等几类。这些天然存在的物质资源大都属于不可再生自然资源。随着人类对矿产资源开发利用能力的提高，高品位、易选别的矿产资源越来越少。矿产资源的开采加工逐渐从机械化、电气化转向大型化、绿色化和智能化，各种低品位、难开采的矿产储量也都进入了可采和可利用范围，矿山企业的生产过程基本上是各种机械装备的使用操作维护的过程。这就对矿产行业的人才培养提出了新的要求。

由于历史原因和专业的特点，矿产资源开采类专业人才相对比较短缺。目前，"煤炭类（5205）"的10个专业中，山东省内高职院校只设有3个专业：煤矿开采技术（520501）专业只有枣庄科技职业学院和泰山科技学院开设，矿山机电技术（520503）专业只有济宁职业技术学院和枣庄科技职业学院开设，矿井通风与安全（520504）专业只有烟台黄金职业学院和枣庄科技职业学院开设。而"金属与非金属矿类（5206）"全部3个专业，山东省内只有烟台黄金职业学院开设，而且其就业方向也主要是黄金、贵金属及有色矿山。

按国家高等教育相关规定，高职（专科）院校标准学制为3年，毕业授予专科毕业证。

二、知识构架

1. 主要课程

金属与非金属矿开采技术专业包含了原来的金属与非金属矿地下开采、固体矿床露天开采以及砂矿床开采，它们既有共性，又有一定区分。但是开矿技术的核心工作内容主要体现在矿床开采、通风、爆破以及井巷施工方面。因此，该专业核心课程包括：金属矿地下开采、非金属矿地下开采、金属矿/非金属矿的露天开采技术、矿井通风与防尘、爆破技术、井巷设计与施工等课程。针对不同的矿种，开采技术和方法略有不同，核心课程内容也有变化。此外，该专业主干课程还有矿山

地质、矿山测量、矿山机械、计算机制图CAD、电子电工技术、工程力学、岩石力学等。

矿物加工技术专业则侧重于通过重选、磁选、浮选、化学选矿、生物浸出等各种选矿方法，将品位较低的原矿富集为人造富矿，进一步进行冶炼提纯。其核心课程包括碎矿与磨矿、重力选矿、浮游选矿、磁电选矿、化学选矿、选矿厂设计、选矿试验与生产检测等。此外，该专业主干课程还包括：流体力学、矿物加工机械、矿山安全与环保、矿石学、冶金学（或冶金概论）、电工学、工业化验分析等。

矿业装备维护技术专业的工作内容重点在矿业机电设备的运行维护和管理方面，包括设备运行操作、维护保养、故障维修、生产调度及科学管理。其核心课程有：选矿机械、矿山供电系统运行与维护、采装运机械、矿井提升与运输设备。其他主干课程还有：机械制图与CAD、电工与电子技术、机械设计基础、液压与气压传动、矿山电气设备应用技术、电气控制与PLC应用技术等。

总之，金属与非金属矿类三个专业对于采、选、机分类比较清晰，其共同特点就是都需要有地质矿物岩石的基础知识，其工作环境是矿山或相关企业，专业名称都带有一个"矿"字，通常称为涉矿专业。

2. 实习实训

高等职业院校自然是注重实践和技能，因此，实践教学占有很大比重。教育部等五部门印发的《职业学校学生实习管理规定》（教职成〔2016〕3号）等文件要求职业院校实践教学的时间不少于总学时的50%，并保证专业顶岗实习达到6个月。

该类专业的认识实习、跟岗实习和顶岗实习需要到对口矿山企业现场。一般高职院校工科专业都建有自己的实验室或者校内实训场所，课程设计或实训可以在指导教师的指导下在实验室进行，也可以采用课堂模拟或者计算机模拟的方式进行。

三、就业方向与发展前景

金属与非金属矿类专业属于地矿专业，毕业生就业大多是面向矿山企业，主要在金属与非金属矿山从事工程施工、工程设计、生产计划制订以及矿山日常管理等工作。少部分毕业生到行

政、管理等事业单位工作，或者继续深造。开设该类专业由于需要相当的条件，如相应的实验室、实习实训相关的矿山企业基地，所以，开设该类专业的院校相对较少。而专业内容又是矿山企业所必需的核心技能，所以，企业对矿业专门人才的需求比较大，毕业生就业比较容易且发展较快，一般比较容易进入矿山企业高层。

四、学习本专业类的优势和劣势

该类专业毕业生作为技术技能型人才，多数是到矿山生产一线。随着社会的发展和技术的进步，现代矿业早已是今非昔比，需要的正是此类有志青年。该类专业最大的优势就是就业相对比较容易，收入也较高，发展前景好。

该类专业要求学生有一定的吃苦耐劳精神，有责任心，有抱负和志向。对采矿专业来讲，地下开采需要在井下工作，工作环境要差一些，并且限制女职工从事井下工作，故女生不宜选"金属与非金属矿开采技术"专业，但"矿物加工技术"和"矿业装备维护技术"专业不限性别。

五、学生素质要求与高校选科要求

学习金属与非金属矿类专业，学生应具备良好的科学文化素养，能自尊、自立、自强、勤奋进取、文明礼貌、遵纪守法、克己奉公、爱岗敬业、诚实守信；具有良好的专业兴趣，热爱金属与非金属矿类专业；具有较强的事业心和责任心；具有健康的体魄以及吃苦耐劳、勇于奋进的精神；具有勤奋好学的精神、务实学习的态度和踏实肯干的行动。

根据山东省教育招生考试院公布的普通高校专业（类）选考科目要求，高职（专科）金属与非金属矿类专业一般不提科目要求。

每个高校的具体选科要求可通过山东省教育招生考试院网站（http://www.sdzk.cn/）、山东省教育云服务平台（http://www.sdei.edu.cn/）或"山东高考一点通"微信公众号查询。

2.5 环境保护类（5208）

一、专业类概述

20世纪80年代以来，随着全球经济的飞速发展，全球环境问题与生态危机日益突出，温室效应、臭氧层破坏、酸雨污染、生物多样性破坏、化学品污染等一系列环境问题接踵而来，解决环境问题、保护好人类赖以生存的家园，成为我们义不容辞的责任。

环境科学技术在这种形势下应运而生并快速发展，主要包括保护环境方面的理论、技术、工程、法律、经济、管理等各项专门知识。环境保护类专业注重培养具有环境监测技术、污染治理技术、监测设施维护技能、环境评价与咨询、环境管理等能力的高素质技术技能人才。

专业设置：根据教育部高等职业教育（专科）专业目录，环境保护类专业包括11个专业，分别是：环境监测与控制技术（520801）、农村环境保护（520802）、室内环境检测与控制技术（520803）、环境工程技术（520804）、环境信息技术（520805）、核与辐射检测防护技术（520806）、环境规划与管理（520807）、环境评价与咨询服务（520808）、污染修复与生态工程技术（520809）、清洁生产与减排技术（520810）、资源综合利用与管理技术（520811）、水净化与安全技术（520812）。

目前高等职业教育（专科）环境保护类专业设置的12个专业既相互联系，又具有各自的侧重方向，简单概括如下。

环境监测与控制技术、室内环境检测与控制技术、核与辐射检测防护技术三个专业是以监测为主要学习方向的专业，但三个专业之间监测的对象侧重点不同。环境监测与控制技术专业是一门监测类综合性专业，对水、气、声、固废等环境要素的监测技术方法均有学习。室内环境检测与控制技术专业属于监测类分支专业，主要涉及室内环境分析、检测与评价及污染治理。核与辐射检测防护技术专业涉及的内容针对性很强，属于检测行业的一个特殊领域，其监测对象是我们看不见、摸不着、听不到的隐形"杀手"——辐射。

环境工程技术、污染修复与生态工程技术、水净化与安全技术三个专业是以污染治理为主要学习方向的专业。环境工程技术专业是一门污染治理类综合性专业，对水、气、声、固废等环境要素的污染治理技术方法均有学习。污染修复与生态工程技术专业主要是对工业场地污染及土壤污染的修复技术的学习。

环境规划与管理、资源综合利用与管理技术

两个专业是以环境管理为主要学习方向的专业，但二者管理的对象侧重点不同。

　　环境评价与咨询服务、清洁生产与减排技术两个专业是以咨询服务为主要学习方向的专业。

　　农村环境保护专业致力于为农业环境保护和食品质量安全提供服务、技术和管理。环境信息

技术专业是环境保护基础知识与信息系统分析相结合的一门专业。目前，开设这两个专业的高职院校较少。

　　按国家高等教育相关规定，高职（专科）环境保护类专业标准学制为3年，毕业授予专科毕业证。

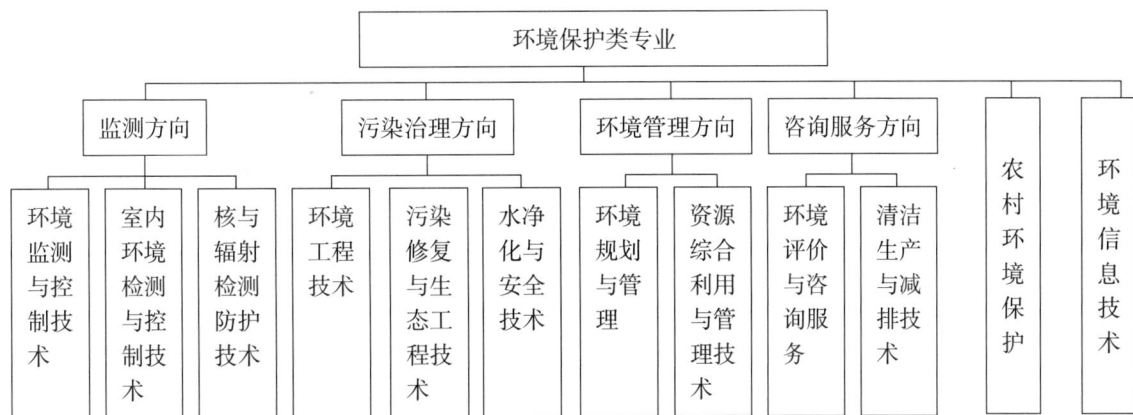
环境保护类专业联系图

二、知识构架

1. 主要课程

　　环境保护类专业大都是以物理、化学、生物等基础理论为支撑的。各专业共同的基础性主干课程主要有化学分析、环境微生物、电子电工技术、环境法等。

　　因各专业学习方向不同，相应开设的课程内容就有所不同。例如，监测方向专业的核心课程还有环境监测、核辐射监测技术等。污染治理方向专业的核心课程还有污染控制技术、环境工程原理、污染场地修复等。环境管理、咨询服务方向专业的核心课程还有环境规划与管理、循环经济学、环境影响评价等。

2. 实习实训

　　环境保护类专业的实习形式有认识实习、课程实训、跟岗实习和顶岗实习等。理论教学与实践教学的时间分配比例，基本是各占50%。其中，认识实习是由学校组织学生到实习单位参观、观摩和体验，形成对相关岗位的初步认识，一般安排在第一学年，时间为1~2周；课程实训是在校内或校外实训基地，结合专业课程进行技能训练，贯穿于在校学习过程；跟岗实习、顶岗实习是学生到实习单位进行职业性技能学习，安排在最后一个学期，时间一般为6个月。课程实训、跟岗实习和顶岗实习的校外基地或实习单位主要为

各级环境监测站、环境检测公司、环保咨询服务公司、水务公司及大型企业下设的环保部门等。

三、就业方向与发展前景

　　环境保护类专业毕业生的主要就业岗位有基层环境保护部门（管理、监察、监测岗位）、第三方环境检测机构、环境保护咨询机构（环境影响评价、环境规划、环境监理、建设项目环保验收、企业排污许可证申领、环保工程设计等岗位）、企事业单位的环境保护部门（环境管理、污染防治设施的运行维护等岗位）等。毕业生也可以选择进一步学习，即专升本的学习。

　　生态文明建设是关系中华民族永续发展的根本大计。随着我国生态文明建设的推进和"绿水青山就是金山银山"理念的深入，环保工作的社会认同感越来越强，人们对环境保护的重视程度也越来越高，环保产业得以迅猛发展。当前，环保产业已经发展成为我国战略性新兴产业，环境保护各层次人才的社会需求极为旺盛，特别是环境监测部门、环境保护咨询机构及基层环保部门对环境监管专门人才的需求缺口迅速增大。另外，环保产业与其他经济行业相互交叉、相互渗透、相互依存，具有跨产业、跨领域、跨地域的鲜明特点，就业面非常广，就业岗位选择比较灵活，能够为环境保护类专业学生提供光明的就业

前景和广阔的发展平台。

四、学习本专业类的优势和劣势

近几年来，由于环保产业发展潜力大，发展前景好，环境保护类专业的学生就业形势比较理想，就业后的工资水平属于中等偏上。如果毕业生能在实际工作中勤学习、肯吃苦，专业技能水平和收入水平都会得到较快提升。

从事环境保护工作，不论是环境监测与治理、环境咨询、环境管理，都需要深入到企业污染防治的一线工作，与污水、废气、噪声甚至辐射等污染源打交道，工作环境相对较为艰苦。

五、学生素质要求与高校选科要求

学习环境保护类专业，首先要热爱环境保护事业，具备较强的荣誉感、使命感及责任感，具有良好的专业兴趣；其次，要有勤奋好学、勇于奋进的精神，吃苦耐劳、踏实肯干的品质及务实认真的态度。

根据山东省教育招生考试院公布的普通高校专业（类）选考要求，大多数高等职业院校对环境保护类专业不提科目要求，部分院校要求选考物理、化学、生物科目。例如，山东城市建设职业学院、烟台黄金职业学院、山东科技职业学院、威海职业学院、山东轻工职业技术学院不提科目要求；山东水利职业学院环境工程技术专业要求选考化学、生物其中一门；河北环境工程学院环境规划与管理专业要求选考化学、生物其中一门，而环境工程技术专业要求选考物理、化学、生物其中一门；长沙环境保护职业技术学院环境工程技术专业要求选考化学。

每个高校的具体选科要求可通过山东省教育招生考试院网站（http://www.sdzk.cn/）、山东省教育云服务平台（http://www.sdei.edu.cn/）或"山东高考一点通"微信公众号查询。

2.6 安全类（5209）

一、专业类概述

安全类专业是一个涉及理、工、文、法、管、医等学科的新兴综合性交叉学科。安全类专业培养掌握系统安全科学、安全技术以及化工安全工程的基础理论知识和基本技能，能够解决工程领域内的安全与可靠性问题，具备从事安全技术及工程、安全科学研究、安全监察与管理、安全健康检测与监测、安全设计与生产、职业危害防治与监测、安全教育与培训等方面工作的复合型高级工程技术人才。

安全工程集应用和科学研究于一体。随着企业向高性能化、高功能化、智能化、低污染、低成本方向发展和国家进一步强化各项法律法规要求，各个行业对复合型安全人才的需要越来越多。在航空航天、现代通信、电子工程、生物工程、医疗卫生和环境保护等各个领域，安全类专业人才具有广阔的应用前景。

安全类专业毕业生的主要就业领域包括：核电工业、化工、电子行业、交通、精细化工、汽车工业、航空航天、军事工业、能源等系统的企业；消防、保险、安全检测、职业病防治等事业单位；科研（设计）院所和大专院校。

专业设置：根据教育部高等职业教育（专科）专业目录，安全类专业包括7个专业，分别是：安全健康与环保（520901）、化工安全技术（520902）、救援技术（520903）、安全技术与管理（520904）、工程安全评价与监理（520905）、安全生产监测监控（520906）、职业卫生技术与管理（520907）。

高职（专科）安全类专业标准学制为3年，毕业授予专科毕业证。

二、知识构架

1. 主要课程

安全类专业的必修课程主要包括工程力学、机械设计基础、安全工程化学基础、电工与电子技术、安全工程导论、安全信息管理、安全系统工程、火灾与爆炸控制技术、防火防爆安全技术等。

安全类专业的选修课程主要包括安全法规、安全人机工程、特种设备安全检测与评定、机械安全工程、电气安全工程、消防工程与设计、工业通风与除尘等。

2. 实习实训

安全类专业的实践教学环节主要包括金工实习、电子实习、机械设计基础课程设计、检测技术课程设计、安全工程课程设计、认识实习、生产实习、毕业设计等。

三、就业方向与发展前景

1. 就业方向

安全类专业的就业方向主要包括以下几个方面：

（1）大型施工企业，从事施工现场安全管理、现场安全教育、工伤事故处理、安全施工方案编制及审核、施工安全防护用具配备及管理、现场安全档案管理等工作；

（2）大型厂矿、生产型企业，从事企业安全管理、安全教育、安全评价、工伤事故处理、职业病防治等工作；

（3）安全评价机构，从事专业安全评价、风险评估等工作；

（4）政府部门及企事业单位，从事政府层面的安全管理工作；

（5）大中专院校，从事安全工程或相近专业的教学工作。

2. 发展前景

随着安全事业的发展，各个行业都需要安全工程专业人才。一些安全评价、安全咨询等中介服务机构也需要大量的安全工程专业人才。国家对安全工程专业人才的需求日益增大。在新技术不断出现和全球经济增长面临压力的情况下，确保职工的安全和健康所带来的挑战将继续扩大社会对高素质高技能安全人才的需求。总的来说，安全类专业毕业生的就业前景是可观的。

四、学习本专业类的优势和劣势

1. 优势分析

《安全生产法》对生产经营单位和企业内部的安全管理进行了明确规定："矿山、建筑施工单位和危险物品的生产、经营、储存单位，应当设置安全生产管理机构或者配备专职安全生产管理人员。"另外，每一个现代企业、公司或组织在考虑自身的可持续发展战略时，必须建立符合国际标准一体化所要求的职业安全卫生管理体系ISO18000（OHSMS）。无论是在国内求生存的企业，还是寻求到国外发展的公司，已表现出一种趋势和潮流，就是必须建立符合国际标准一体化所要求的ISO18000。

我国许多高校的安全工程专业刚刚开办十几年，安全工程专业人才有着巨大的市场需求，安全类专业的毕业生就业普遍较好。

2. 劣势分析

由于安全自身的属性，如偶然性、隐蔽性、模糊性、交叉性、多因素性、软效益性等，许多人对安全科学的作用认识不足。安全管理科学在许多方面往往被人们视为"软"科学，事故不可知论在许多人的思想中还根深蒂固，安全工作的经济效益得不到真正体现。因此，也导致安全技术人员的地位和作用得不到应有的重视，许多企业的安全部门仍是最薄弱的部门。

五、学生素质要求与高校选科要求

学习安全类专业，学生应具有良好的职业道德和敬业精神，具有自我学习、自我发展、开拓进取的能力，具有良好的社会实践能力和社会适应能力。因为工作的特殊性，学生还要具有危害辨识与事故管理能力，能够进行应急救援，具有较强的安全意识和环保意识。

根据山东省教育招生考试院公布的普通高校专业类选考要求，高职（专科）安全类专业一般不提科目要求。

每个高校的具体选科要求可通过山东省教育招生考试院网站（http://www.sdzk.cn/）、山东省教育云服务平台（http://www.sdei.edu.cn/）或"山东高考一点通"微信公众号查询。

3 专业大类：能源动力与材料大类（53）

在教育部颁布的《普通高等学校高等职业教育（专科）专业目录》中，能源动力与材料大类下，包含7个专业类，分别是：电力技术类、热能与发电工程类、新能源发电工程类、黑色金属材料类、有色金属材料类、非金属材料类、建筑材料类。本书未介绍非金属材料类、建筑材料类专业，有关信息可通过教育部官方网站查询。

3.1 电力技术类（5301）

一、专业类概述

我国电力工业飞速发展，电网建设投资规模不断增大，火电装机大规模投产，风电、太阳能装机及发电量快速增长，城镇配电网建设改造稳步推进，电源结构继续优化，跨省区送电量不断增长，国内多条交、直流特高压电网已建成投运，电力装备和科技水平进一步提升。电力企业作为技术密集型企业，在装机容量和变电容量大幅增长、技术装备水平大幅提高的情况下，电力生产一线急需大批高素质技能型专门人才，满足电力快速发展和电力行业现代化的需求。

电力技术类专业围绕电力行业中的发电、输电、配电、售电、用电等领域，针对电气设备与系统的运行、检修、维护、施工、管理、电能计量和电力营销等岗位，着重培养具有一定的科学文化水平和良好的职业道德，具备综合职业能力和岗位操作能力，具有工匠精神和创新精神的高素质技能型专门人才。

专业设置：根据教育部高等职业教育（专科）专业目录，电力技术类专业包括13个专业，分别是：发电厂及电力系统（530101）、供用电技术（530102）、电力系统自动化技术（530103）、高压输配电线路施工运行与维护（530104）、电力系统继电保护与自动化技术（530105）、水电站机电设备与自动化（530106）、电网监控技术（530107）、电力客户服务与管理（530108）、水电站与电力网（530109）、电源变换技术与应用（530110）、农业电气化技术（530111）、分布式发电与微电网技术（530112）、机场电工技术（530113）。

高职（专科）电力技术类专业标准学制为3年，毕业授予专科毕业证。

二、知识构架

1. 主要课程

电力技术类专业的主要课程有：电工电子技术、电机学、电气设备、电力系统分析、电力系统继电保护、高电压技术、电气二次回路、电气运行、变电站综合自动化、发电厂计算机控制、自动控制原理、电力系统自动装置、火电厂电气设备、电力网及电力系统、供用电工程、火电厂动力部分、用电管理、电能计量等课程。

2. 实习实训

电力技术类专业在课程教学和工学结合实践项目实施的各个环节，着重培养学生的职业素养，通过校内生产性实训和顶岗实习环节，全面提升学生的职业素质。实习环节包括金工实习、认识实习、专业技能培训、生产实习、顶岗实习等。金工实习是一门实践性技术基础课，场所主要为校内金工实习车间，通过机械加工生产过程，培养学生的实践动手能力和工程素质；专业认识实习主要学习相关专业的生产实践知识，是对书本知识的巩固加深，为专业课学习打下坚实的基础，实习场地一般为校内外实训基地。专业技能培训重点是专业理论知识和实操能力的培训，主要培养学生处理和解决实际问题的技巧与能力；生产实习和顶岗实习是安排学生到生产现场以工人、技术员、管理员等身份直接参与生产过程，将专业知识与生产实践相结合的教学形式。通过实践环节的教学，培养学生综合运用所学基本理论知识及基本技能分析和解决工程技术实际问题的能力，形成扎实的专业技能及较强的实际操作能力，提高学生的职业道德素质，为将来走向工作岗位打下良好的基础。

三、就业方向与发展前景

电力技术类专业毕业生主要面向国有大中型发供电单位、各级供电部门及电力建设行业、各级电力公司及供电局、工矿企事业单位、电气设备制造企业、电力自动化设备公司以及电力电子类高新技术企业，从事电气运行与安装检修、电力系统的设计开发与运行管理等方面的技术管理工作，电力系统继电保护和自动装置的安装、调试、运行及技术管理工作，以及电能计量、高压输电线路的设计施工及运行与维护管理、变电站设计与运行管理等工作。毕业生也可以到各类企事业单位的供用电岗位，从事供用电技术工作或管理工作。

电力技术类专业培养的学生基础宽厚、理论扎实、技能全面，具备电力系统、自动控制、电力电子技术、信息处理、试验技术等方面的知识和技能。由于电力行业属于国民经济的基础和支柱产业，因此，毕业生择业面宽，适应能力强。国家推进新旧动能转换、国家电网"一带一路"建设都需要大量的电力技术专业人才，众多的电力相关企事业单位等都是学子们一展身手的好地方。

四、学习本专业类的优势和劣势

电力技术类专业属于工科类的热门专业，对广大考生有很强的吸引力。该类专业基于电力工业在国民经济建设中的特殊地位，专业研究范围广，就业前景好，毕业生的专业素养相对较高，因此就业形势较好。该类专业和人们的日常生活以及工业生产密切相关，发展非常迅速，目前也相对比较成熟，已经成为高新技术产业的重要组成部分，主要为现代电力工业、电力基本建设、运行调试、保护控制和电力装备提供服务，并被广泛应用于工业、农业、国防等领域，在国民经济中发挥着越来越重要的作用，其触角伸向各行各业，小到一个开关的设计，大到宇航飞机的研究，都有它的身影。毕业生能够从事与电气工程有关的系统运行、自动控制、电力电子技术、配电网技术、信息处理、试验技术、研制开发、经济管理以及电子与计算机技术应用等领域的工作，是宽口径、复合型高级工程技术人才。

电力技术类专业课程学习相对较难，对物理等文化课的要求较高。电建等部分岗位就业环境比较艰苦。

五、学生素质要求与高校选科要求

兴趣是最好的老师。学习电力技术类专业，学生应多掌握一些电气工程的基础知识，多熟悉电路理论、控制理论、信号与系统理论等基础理论。电力技术类专业还要求学生具有良好的团队意识，善于协调人际关系；具有良好的心理素质和身体素质，适应工作需要；具有较强的学习能力，不断学习，开拓创新；具有良好的职业道德、敬业精神、责任意识、诚信品质和遵纪守法意识。

根据山东省教育招生考试院公布的普通高校专业类选考要求，高职（专科）电力技术类专业一般要求选考物理。

每个高校的具体选科要求可通过山东省教育招生考试院网站（http://www.sdzk.cn/）、山东省教育云服务平台（http://www.sdei.edu.cn/）或"山东高考一点通"微信公众号查询。

3.2　热能与发电工程类（5302）

一、专业类概述

我们日常生活中使用的电能，主要来自其他形式能量的转换，包括热能（火力发电）、水能（水力发电）、原子能（核电）、风能（风力发电）、化学能（电池）及光能（光电池、太阳能电池）等。热能与发电工程类专业主要涉及热能发电和核能发电。

简单来说，热力发电厂的生产过程是：我们

用多种方法除去水中的杂质将水净化后，送入锅炉。将煤炭等燃料在锅炉内燃烧，产生的热能将锅炉中的水和蒸汽加热，产生过热蒸汽，推动汽轮机转动、发电机发电。热能与发电工程类专业就是服务于热力发电的各个生产环节。

热能与发电工程类专业针对热力发电厂的生产过程，以热力发电厂锅炉系统、汽轮机系统、水处理系统、脱硫系统、脱硝系统等的运行、调试、检修、维护、施工及管理为目标岗位，围绕热能与发电工程基础学科，重点培养学生的综合职业能力和岗位操作能力。

专业设置：根据教育部高等职业教育（专科）专业目录，热能与发电工程类专业包括6个专业，分别是：电厂热能动力装置（530201）、城市热能应用技术（530202）、核电站动力设备运行与维护（530203）、火电厂集控运行（530204）、电厂化学与环保技术（530205）、电厂热工自动化技术（530206）。

电厂热能动力装置专业培养从事发电厂热能动力设备的安装、运行、检修、调试、管理等工作的高级技术应用型专门人才。

城市热能应用技术专业培养从事城市燃气、热能供应系统的施工、运行、检修、管理等工作的高级技术应用型专门人才。

核电站动力设备运行与维护专业培养从事核电站设备的运行管理、检测控制、检修维护、安装调试等工作的高级技术应用型专门人才。

火电厂集控运行专业培养从事火力发电厂的炉机电集控运行维护、调试及管理等工作的应用型专门人才。

电厂化学与环保技术专业培养从事电厂水处理、脱硫、脱硝以及废水处理等环保系统的运行维护、调试及管理工作的应用型专门人才。

电厂热工自动化技术专业主要培养从事与发电厂相关的工业过程控制、计算机控制、检测与自动化仪表、信息处理、系统设计、系统运行等方面工作的应用型专门人才。

高职（专科）热能与发电工程类专业标准学制为3年，毕业授予专科毕业证。

二、知识构架

1. 主要课程

热能与发电工程类专业的核心课程有：工程热力学、传热学、工程流体力学、计算机控制技术、锅炉设备及系统、汽轮机设备及系统、热力设备安装与检修、泵与风机、火电厂集控运行、发电厂电气设备及运行、新能源发电技术、热工仪表及自动调节、热工检测技术、热工过程自动控制技术、模拟动作技术、数字电子技术、燃气燃烧与应用、燃气检测、电厂水处理、烟气脱硫、烟气脱硝等课程。

2. 实习实训

热能与发电工程类专业在课程教学和工学结合实践项目实施的各个环节，着重培养学生的职业素养，通过校内生产性实训和顶岗实习环节，全面提升学生的职业素质。实习环节包括金工实习、认识实习、专业技能培训、生产实习、顶岗实习等。金工实习是实践性技术基础课，场所主要为校内金工实习车间，通过机械加工生产过程，培养学生的实践动手能力和工程素质；专业认识实习主要学习相关专业的生产实践知识，是对书本知识的巩固加深，为专业课学习打下坚实的基础，实习场地一般为校内外实训基地。专业技能培训重点是专业理论知识和实操能力的培训，主要培养学生处理和解决实际问题的技巧与能力；生产实习和顶岗实习是安排学生到生产现场以工人、技术员、管理员等身份直接参与生产过程，将专业知识与生产实践相结合的教学形式，一般安排在大学三年级，具体实习时间因学校各异。通过实践环节的教学，培养学生扎实的专业技能及较强的实际操作能力，提高学生的职业道德素质，为将来走向工作岗位打下良好的基础。

三、就业方向与发展前景

热能与发电工程类专业毕业生主要面向各热力发电厂、核电站等企业，从事发电厂热能动力设备的运行、检修、安装、管理、调试等生产岗位的生产和技术管理工作，并具备沿技术和管理路线上升到专业工程师和工段长的潜力。

热能与发电工程类专业培养的学生基础宽厚、理论扎实、技能全面，具备发电厂各类热能动力设备以及水处理、环保等辅助系统的运行、检修、控制、试验技术等方面的知识和技能。由于电力行业属于国民经济的基础和支柱产业，因此，毕业生需求量大，择业面宽，适应能力强。

毕业生可以到发供电单位、电力建设行业、工矿企事业单位及相关行业的生产、科研和管理部门，从事热能动力、环保等生产技术管理、工程设计、技术开发和研制等工作。国家推进新旧动能转换、国家电网"一带一路"建设都需要大量的电力专业人才，众多的电力相关企事业单位等都是学子们一展身手的好地方。

随着现代科技和智能化控制的迅猛发展，热能与发电工程领域的国内外先进技术交流日益频繁，对从业人员的综合素质也提出了较高的要求，学生需要逐步接触并掌握丰富而实用的计算机智能控制知识，并具备较高的外语水平。

热能与发电工程类专业毕业生可以参加专升本考试，进入本科院校继续学习深造，选择能源与动力工程类本科专业就读。此外，电厂化学与环保技术专业还可选择应用化学和环保技术类本科专业就读。

四、学习本专业类的优势和劣势

热能与发电工程类专业属于工科类专业，主要面向热力发电厂以及相关制造、设计企业，培养热能与发电工程领域的高级技术应用型专门人才。毕业生的优势在于专业素养相对较高，专业学习范围广，因此就业形势非常好。毕业生能够从事与发电厂热能动力有关的系统运行、自动控制、调试检修、试验技术、研制开发、专业管理等领域的工作，是宽口径、复合型高级工程技术人才。

该类专业毕业生主要就业方向是发电企业，其劣势在于从事工作一般从运行岗位开始，逐步提升到专业工程师等技术管理岗位。由于发电厂的24小时工作性质，运行岗位人员需要上夜班，工作能力要求较高，需要学生有足够的工作认识，并具有认真负责、主动学习和吃苦耐劳的精神。

五、学生素质要求与高校选科要求

兴趣是最好的老师。学习热能与发电工程类专业，学生应具有较好的物理、数学和外语基础，同时对机械设备、电工电路等知识有学习兴趣。基于热能与发电工程类专业的性质，还要求学生具有良好的团队意识，善于协调人际关系；具有良好的心理素质、身体素质和较强的学习能力；具有良好的职业道德、敬业精神、责任意识、诚信品质和遵纪守法意识。

根据山东省教育招生考试院公布的普通高校专业类选考要求，高职（专科）热能与发电工程类专业一般要求选考物理或不提科目要求。

每个高校的具体选科要求可通过山东省教育招生考试院网站（http://www.sdzk.cn/）、山东省教育云服务平台（http://www.sdei.edu.cn/）或"山东高考一点通"微信公众号查询。

3.3 新能源发电工程类（5303）

一、专业类概述

新能源发电工程类专业主要面向新能源行业企业，针对新能源发电行业的电力工程技术人员、电力设备安装人员、工程设备安装人员、发电运行值班人员、输电配电变电设备值班人员、电力设备检修人员等职业群，服务生产一线，培养从事新能源发电系统规划与设计、建设与施工管理、运行与维护等工作的高素质技术技能人才。

专业设置：根据教育部高等职业教育（专科）专业目录，新能源发电工程类专业包括8个专业，分别是：风力发电工程技术（530301）、风电系统运行与维护（530302）、生物质能应用技术（530303）、光伏发电技术与应用（530304）、工业节能技术（530305）、节电技术与管理（530306）、太阳能光热技术与应用（530307）、农村能源与环境技术（530308）、氢能技术应用（530309）。

风力发电工程技术专业培养掌握电气、测控、机械基本知识，具备风电工程技术应用与研发能力，从事风电场开发与设计、运行与维护、安装与检修、调试与技术管理等工作的技术技能人才。

风电系统运行与维护专业培养掌握电气、机械制造基本知识，具备风力发电机组安装与调试、电气配线与电气检修、风电场运行管理、风电机组设备维护与典型故障诊断排除能力，从事风力发电机组检修与维护、风电场运行与维护等工作的技术技能人才。

生物质能应用技术专业培养掌握生物技术及其产业化、工艺技术过程和工程设计基本知识，具备生物质能发电应用能力，从事设计、生产、管理和新技术研究、新产品开发等工作的技术技能人才。

光伏发电技术与应用专业培养掌握电子线路及PLC控制器基本知识，具备光伏发电系统集成设计与管理、光伏发电系统电气设备安装调试与运行维护能力，从事光伏发电系统集成、光伏电站建设与施工、光伏电站运维等工作的技术技能人才。

工业节能技术专业培养掌握能源转化和热工、锅炉、机电、环保、电力能耗基本知识，具备节能技术和管理能力，从事能源体系管理、节能监测、节能审计、能源设备管理、能源计量及节能项目投资管理与评估等工作的技术技能人才。

节电技术与管理专业培养掌握节电技术与管理方法基本知识，具备节电设备与产品的营销策划、安装、调试和维护能力，从事机电节电运行管理、智能控制、热工仪表维护与维修、节电策划与管理等工作的技术技能人才。

太阳能光热技术与应用专业培养掌握太阳能光热转换基本知识，具备太阳能光热发电、太阳能空调、太阳能热水系统的设计、施工、运行及维护能力，从事生产、操作、管理组织、技术服务等工作的技术技能人才。

农村能源与环境技术专业培养掌握太阳能利用技术、生物质能利用技术、农业环境检测技术基本知识，具备农业环境保护、环境质量监测、环境影响评价能力，从事农村能源管理与技术推广、沼气工程运行维护及管理、风力发电和太阳能产品的安装与维护等工作的技术技能人才。

高职（专科）新能源发电工程类专业标准学制为3年，毕业授予专科毕业证。

二、知识构架

1. 核心课程

风力发电工程技术专业核心课程主要有：风力发电原理、风电场建设基础、电气一次、电气二次、液气压传动技术、风力发电机组安装调试、风力发电机组测控技术、风力发电机组运行维护、风电场安全技术等。

风电系统运行与维护专业核心课程主要有：机械制图、电工电子技术、机械零部件加工与检测、风电场建设基础、风力发电机组控制技术、风力发电机组安装与调试、风力发电机组运行与维护等。

生物质能应用技术专业核心课程主要有：生

物质锅炉技术、工程热力学、流体力学、传热学、控制理论、测试技术、生物质能发电技术、固态废物利用等。

光伏发电技术与应用专业核心课程主要有：电工与电子技术、电力电子技术与实践、电气控制与PLC、供配电技术、光伏产品设计与制作、光伏发电系统集成、光伏电站建设与施工、光伏电站设备检测与维护等。

工业节能技术专业核心课程主要有：电工电子技术、工程热力学、建筑传热学、工业节能技术、节能照明技术、制冷技术与应用、自动控制原理、建筑节能技术、可再生能源利用技术、合同能源管理、工业节能工程管理等。

节电技术与管理专业核心课程主要有：电工电子技术、耗能系统运行管理、节能设备、企业节电策划与管理、制冷技术与空调、节能计量与审计、能源利用与管理等。

太阳能光热技术与应用专业核心课程主要有：机械工程基础、太阳能热利用技术、热工测试技术、热工与流体力学、太阳能光热发电技术、太阳能制冷原理与设计、太阳能集热器原理与设计、太阳能采暖系统设计等。

农村能源与环境技术专业核心课程主要有：工程热力学及传热学、电工学、农业环境学、太阳能利用及其设备、风能利用技术、沼气工程技术、农业环境监测技术、生物质能利用技术等。

2. 实习实训

新能源发电工程类专业的实习围绕光伏发电、风力发电、太阳能光热等方向作为实习重点，采用校内实训与校外实习相结合的方式。通过实习指导教师的帮助，学生能尽快地完成向企业准员工身份的转换。实习时间因学校而异，一般每学期都有校内实习或实训，校外实习安排在大三年级。

三、就业方向与发展前景

新能源发电工程类专业毕业生的主要就业方向：（1）各种大型电站建设施工企业，从事新能源发电施工现场安全管理、规划与设计、施工方案编制及审核以及新能源发电系统运行与管理等工作；（2）大型新能源设备生产型企业，从事设备管理、销售以及售后服务等工作；（3）政府部门、企事业单位，从事政府层面的管理工作；（4）大中专院校，从事新能源发电工程或相近专业的实习指导教学工作。

新能源发电工程类专业学生掌握新能源各专业必需的光伏发电技术、电力电子技术等相关知识，可从事面向新能源发电行业的电力工程技术人员、电力设备安装人员、工程设备安装人员、发电运行值班人员、输电配电变电设备值班人员、电力设备检修人员等职业群，毕业生需求量大、择业面宽、适应能力强，发展前景良好。

四、学习本专业类的优势和劣势

新能源发电工程类专业的优势在于新能源项目已是国家重点部署的新兴绿色重点项目。国家大力推广由西北地区到东南地区的新能源项目建设。《新能源产业振兴和发展规划》更被业界奉为"国家新能源发展战略"。国家全力支持是未来新能源发电发展的坚强后盾，结合智能电网的发展和并网，形成新型绿色、无污染、高环保的输电工程，因此新能源发电工程类专业就业前景非常广阔。高职毕业生可以通过专升本考试，直接升入普通本科院校相关专业继续学习深造。

新能源发电工程类专业的劣势在于该类专业是新兴的专业，比较冷门，很多家长和考生不了解这类专业的定位及就业前景，造成大部分院校招生规模和报考人数受限。光伏、风力发电等专业工作现场的地理环境一般比较偏远，工作环境比较艰苦。

五、学生素质要求与高校选科要求

新能源发电工程类专业的学习需要一定的物理学基础，建议报考该类专业的考生在备考阶段注重对物理、数学和外语等学科的学习。毕业生就业初期可胜任新能源发电等相关企业的设备操作、产品检验、设备保养与维护、品质管理、工艺设计、产品售后技术服务等岗位。因此，要求学生具有良好的团队意识，善于协调人际关系；具有良好的心理素质和身体素质；具有较强的学习能力和动手能力；具有良好的职业道德、敬业精神、责任意识、诚信品质和遵纪守法意识。

根据山东省教育招生考试院公布的普通高校专业类选考要求，高职（专科）新能源发电工程类专业一般要求选考物理或不提科目要求。

每个高校的具体选科要求可通过山东省教育招生考试院网站（http://www.sdzk.cn/）、山东省教育云服务平台（http://www.sdei.edu.cn/）或"山东高考一点通"微信公众号查询。

3.4 黑色金属材料类（5304）

一、专业类概述

黑色金属是工业应用上最广泛的金属材料，又称钢铁材料，还包括铬、锰及其合金。黑色金属材料包括各种用途的结构钢、不锈钢、耐热钢、高温合金、精密合金等材料，在国民经济中占有极其重要的地位。黑色冶金工业亦称钢铁工业，是世界所有工业化国家的基础工业之一，也是国民经济和装备制造业发展的重要基础原材料产业。冶金工业的水平是衡量一个国家工业化水平的标志。钢铁工业的原料、燃料及辅助材料资源状况，影响着钢铁工业规模、产品质量、经济效益和布局方向。

黑色金属材料类专业是基于资源开发利用和钢铁材料生产过程的学科。该类专业的就业方向主要面向黑色金属行业的冶炼、轧制、设备应用、质量检测、资源综合利用等职业群，培养德技并修、全面发展，具有一定的科学文化水平和良好的职业道德、工匠精神及创新精神，具有冶金领域职业岗位所需要的职业技能和综合能力，掌握黑色金属冶炼、轧制、设备应用、质量检测、资源综合利用等方面的基本理论和专业知识，了解冶金领域的最新发展动向，掌握从事相关专业领域实际工作的基本知识和基本技能，适应市场经济建设和社会发展需要的高素质技术技能人才。当前，冶金工业向绿色化、高端化、智能化、数字化转型升级，对黑色金属材料类专业人才质量提出了更高的要求。

专业设置：根据教育部高等职业教育（专科）专业目录，黑色金属材料类专业包括5个专业，分别是：黑色冶金技术（530401）、轧钢工程技术（530402）、钢铁冶金设备应用技术（530403）、金属材料质量检测（530404）、铁矿资源综合利用（530405）。

高职（专科）黑色金属材料类专业标准学制为3年，毕业授予专科毕业证。

本文主要以黑色冶金技术专业为例介绍本专业类。

二、知识构架

1. 主要课程

黑色冶金技术专业根据现代绿色钢铁生产过程的六个生产区域，即烧结与球团生产区域、高炉炼铁生产区域、转炉炼钢生产区域、电炉炼钢生产区域、炉外精炼生产区域和连续铸钢生产区域，重点培养学生的综合职业能力和各个生产区域的岗位操作能力。其主要课程有：冶金理化原理、金属材料及热处理、冶金炉热工基础、冶金通用机械、炼铁生产与操作、炼钢生产与操作、连铸生产与操作、铁合金生产、冶金仪表与计算机应用、压力加工概论等课程。

2. 实习实训

黑色金属材料类专业的实习包括金工实习、认识实习、专业技能培训、生产实习、顶岗实习等环节。黑色金属材料类专业在课程教学和工学结合实践项目实施的各个环节，着重培养学生的职业素养，通过校内生产性实训和顶岗实习环节，全面提升学生的职业素质。金工实习场所主要为校内金工实习车间；专业认识实习主要学习相关专业的生产实践知识，实习场地一般为校内外实训基地；专业技能培训重点是专业理论知识和实操能力的培训，一般安排在学习专业课后；生产实习和顶岗实习是安排学生到生产现场以工人、技术员、管理员等身份直接参与生产过程，将专业知识与生产实践相结合的教学形式。

三、就业方向与发展前景

黑色冶金技术专业毕业生主要面向国有大中型钢铁企业和民营企业的烧结厂、炼铁厂、转炉炼钢厂、电炉炼钢厂，从事烧结、球团、炼铁、转炉炼钢、电炉炼钢、精炼、连续铸钢等工序方面的生产和技术管理工作，并具备沿技术和管理路线上升到工艺工程师和工段长的潜力。

钢铁产业是国民经济的重要基础产业，是国之基石。"十三五"时期是我国建设制造强国的开局阶段，也是钢铁工业结构性改革的关键阶段。推进钢铁工业转型升级，促进创新发展，坚持绿色发展，推动智能制造，是我国钢铁工业"十三五"规划发展的主攻方向。工业4.0、智能制造对钢铁品种、质量和服务的需求不断升级，"中国制造2025"在钢铁领域也将必然先行。我省钢铁产业绿色智能制造升级，一系列新理念、

新标准、新要求将成为我省乃至全国钢铁企业解放思想、转变观念的催化剂。绿色钢铁生产已成为未来钢铁产业发展的主方向。因此，黑色金属材料类专业毕业生发展前景良好。

四、学习本专业类的优势和劣势

1. 优势分析

黑色金属材料类专业的优势在于该类专业培养的学生基础宽厚、理论扎实、技能全面，具备冶金和金属材料加工等方面的知识和技能。由于冶金行业属于国民经济的基础和支柱产业，因此，毕业生可以到冶金、材料、环境保护及相关行业的生产、科研和管理部门，从事生产技术管理、工程设计、技术开发及金属材料的研制与开发等工作。国家推进新旧动能转换、"一带一路"建设都需要黑色冶金技术方面的大量专业人才，众多的钢铁冶金、有色金属冶金企业等都是学子们一展身手的好地方。

2. 劣势分析

黑色金属材料类专业属于工科专业，是基于资源开发利用和黑色金属材料生产过程的学科。毕业生就业主要面向钢铁生产企业、冶金科研院所、冶金协会等单位。相对于其他就业岗位面向较宽的专业，黑色金属材料类专业就业方向主要集中于钢铁企业及相关冶金类单位。

五、学生素质要求与高校选科要求

学习黑色金属材料类专业，学生应具有良好的职业道德、敬业精神、责任意识、诚信品质和遵纪守法意识；具有良好的团队意识，善于协调人际关系；具有良好的心理素质，勇于克服困难；具有较强的学习能力和业务素质，不断学习，开拓创新；具有一定的人际交往能力、社会实践能力和创新能力；具有对冶金企业生产进行组织管理的能力。

根据山东省教育招生考试院公布的普通高校专业类选考要求，高职（专科）黑色金属材料类专业一般不提科目要求。

每个高校的具体选科要求可通过山东省教育招生考试院网站（http://www.sdzk.cn/）、山东省教育云服务平台（http://www.sdei.edu.cn/）或"山东高考一点通"微信公众号查询。

3.5　有色金属材料类（5305）

一、专业类概述

有色金属是指铁、铬、锰三种金属以外的所有金属。广义的有色金属还包括有色合金。通常将有色金属分为轻金属、重金属、贵金属、半金属、稀有金属五类。有色金属材料是国民经济、人民日常生活及国防工业、科学技术发展必不可少的基础材料和重要的战略物资，农业现代化、工业现代化、国防和科学技术现代化都离不开有色金属。有色金属材料也是国民经济发展的基础材料，航空、航天、汽车、机械制造、电力、通信、建筑、家电等绝大部分行业都以有色金属材料为生产基础，例如飞机、导弹、火箭、卫星、核潜艇等尖端武器以及原子能、电视、雷达、电子计算机等尖端技术领域所需的构件或部件大都是由有色金属中的轻金属和稀有金属制成的。

有色金属工业包括地质勘探、采矿、选矿、冶炼和加工等部门。当今有色金属已成为决定一个国家经济、科学技术、国防建设等发展的重要物质基础，是提升国家综合实力和保障国家安全的关键性战略资源。作为有色金属生产第一大国，我国在有色金属研究领域，特别是在复杂低品位有色金属资源的开发和利用方面取得了长足进展。

专业设置：根据教育部高等职业教育（专科）专业目录，有色金属材料类专业包括4个专业，分别是：有色冶金技术（530501）、有色冶金设备应用技术（530502）、金属压力加工（530503）、金属精密成型技术（530504）、储能材料技术（530505）。

本文主要以有色冶金技术、金属压力加工专业为例，介绍本专业类。

有色冶金技术专业是一门基于有色金属资源开发利用和有色金属材料生产过程的学科，该专业培养面向有色冶金企业生产一线，掌握冶金技术专业知识和技能，能从事氧化铝、铝电解及其他有色金属冶金生产操作、设备管理维护、产品质量控制及生产组织管理等工作的高素质技术技能人才。

金属压力加工专业面向机械装备制造企业及金属成型工厂生产一线，培养掌握金属加工的理论知识和实践技能，具有金属加工的生产工艺技术、性能测试能力和加工装备操作能力，能够从事型材加工和热处理等生产设备操作、模具设计加工维护以及金属材料质量检验等工作的高素质技术技能人才。

高职（专科）有色金属材料类专业标准学制为3年，毕业授予专科毕业证。

二、知识构架

1. 主要课程

有色冶金技术专业核心课程包括工程制图、应用化学、物理化学、冶金原理、氧化铝制取、金属铝熔盐电解、火法冶金备料与焙烧技术、火法冶金熔炼技术、火法冶金精炼技术、湿法冶金浸出技术、湿法冶金净化技术、湿法冶金电解技术等。

金属压力加工专业核心课程包括金属学、金属塑性变形与轧制原理、金属材料学、连铸设备与工艺、压力加工机械设备、金属材料塑性加工生产技术、金属压力加工过程自动控制与检测、金属压力加工车间设计等。

2. 实习实训

有色金属材料类专业的实习环节包括金工实习、认识实习、技能培训、生产实习、顶岗实习等。金工实习是实践性技术基础课，场所主要为校内实习车间，通过实习让学生了解机械加工生产过程，培养学生的实践动手能力和工程素质。认识实习是对书本知识的巩固加深，为专业课学习打下坚实的基础，实习场地一般为校内外实训基地。技能培训重点是专业理论知识和实操能力的培训，主要是培养学生处理和解决实际问题的技巧与能力，一般安排在学习专业课后的大二下学期。生产实习和顶岗实习是安排学生到生产现场以工人、技术员、管理员等身份直接参与生产过程，将专业知识与生产实践相结合的教学形式，一般安排在大三年级。具体实习时间因学校各异。

三、就业方向与发展前景

有色冶金技术专业毕业生主要面向国有大中型有色冶金企业、民营企业等有色金属行业企业，从事有色冶金生产操作与控制、设备维护、分析检验、生产管理等工作，并具备沿技术和管理路线上升到工艺工程师和工段长的潜力。

金属压力加工专业毕业生主要就业于机械装备

制造企业及金属成型工厂生产一线，从事金属压力加工方面的型材加工、热处理、生产工艺、模具设计加工维护维修、质检及生产组织等工作。

有色金属工业是制造业的重要基础产业之一，是实现制造强国的重要支撑。进入21世纪以来，我国有色金属工业发展迅速。随着中国制造2025、京津冀一体化、长江经济带等国家战略的深入实施，有色金属行业的市场需求和发展空间巨大。战略性新兴产业和国防科技工业的发展，以及消费需求的个性化、高端化转变，不断对有色金属行业增品种、提品质和发展服务型制造提出更高的要求。

有色金属材料类专业培养的学生基础宽厚、理论扎实、技能全面，而且有色金属行业属于国民经济的基础和支柱产业，因此，毕业生适应能力强，发展前景好。毕业生可到铜、铅、锌、锡等重金属冶金企业，在备料、熔炼、精炼、浸出、净化、电解沉积等岗位从事生产工艺过程控制、生产管理、设备及系统运行操作维护、技术管理等工作；也可到铝、钛等轻金属冶金企业，在备料、熔炼、精炼、电解等岗位从事生产工艺过程控制、生产管理、设备及系统运行操作维护、技术管理等工作。

四、学习本专业类的优势和劣势

作为国家支柱产业，同时也是七大战略性新兴产业之一——新材料工业的重要组成部分，有色金属行业对高素质技术技能人才的需求贯穿于从勘探到加工、从生产到销售各个环节。随着有色金属工业的结构调整和转型升级，质量和效益大幅

提升，我国有色金属工业已迈入制造强国行列。有色金属材料类专业属于工科专业，其主要是为现代工业、交通运输、基本建设和军事装备提供原材料服务的。基于有色金属工业在国民经济和国防建设中的特殊地位，我国实现由制造大国向制造强国转变，有色金属行业必将需要大量专门人才，这是有色金属材料类专业的一大优势。

有色金属材料类专业是基于资源开发利用和有色金属材料生产过程的学科。毕业生就业方向有些限制，就业岗位主要面向钢铁冶金或有色金属冶金企业，从事冶金生产与技术管理、技术改造与技术开发、冶金产品分析检测与工艺试验等工作。相对于其他就业岗位面向较宽的专业，有色金属类专业毕业生就业方向主要是冶金生产企业、冶金科研院所、冶金协会等单位。

五、学生素质要求与高校选科要求

有色金属材料类专业要求学生具有良好的团队意识，善于协调人际关系；具有良好的身体素质和心理素质，适应工作需要；具有较强的学习能力，不断学习，开拓创新；具有良好的职业道德、敬业精神、责任意识、诚信品质和遵纪守法意识。

根据山东省教育招生考试院公布的普通高校专业类选考要求，高职（专科）有色金属材料类专业一般不提科目要求。

每个高校的具体选科要求可通过山东省教育招生考试院网站（http://www.sdzk.cn/）、山东省教育云服务平台（http://www.sdei.edu.cn/）或"山东高考一点通"微信公众号查询。

4 专业大类：土木建筑大类（54）

在教育部颁布的《普通高等学校高等职业教育（专科）专业目录》中，土木建筑大类下，包含7个专业类，分别是：建筑设计类、城乡规划与管理类、土建施工类、建筑设备类、建设工程管理类、市政工程类、房地产类。本书对各专业类的情况都进行了详细介绍。

4.1 建筑设计类（5401）

一、专业类概述

建筑设计类专业面向新型城镇化、绿色建筑、建筑产业现代化等转型发展的建筑行业，培养拥护党的基本路线，德智体美劳全面发展，具有良好的职业道德、熟练的职业技能、精益求精的工作态度、可持续发展的基础能力，掌握建筑设计类专业理论知识，具备较强的中小型民用建筑方案设计、建筑施工图设计、建筑室内设计、景观园林设计、建筑室内外设计成果表现和动画展示、计算机辅助设计等实践能力，适应建筑室内外方案设计与表现、建筑施工图设计与表达、景观园林设计与表达、建筑装饰与景观园林设计业务管理、施工业务管理等职业岗位的高素质技术技能人才。

专业设置：根据教育部高等职业教育（专科）专业目录，建筑设计类专业包括7个专业，分别是：建筑设计（540101）、建筑装饰工程技术（540102）、古建筑工程技术（540103）、建筑室内设计（540104）、风景园林设计（540105）、园林工程技术（540106）、建筑动画与模型制作（540107）。

高职（专科）建筑设计类专业标准学制为3年，毕业授予专科毕业证。

二、知识构架

1. 核心课程

建筑设计专业核心课程包括建筑设计初步、建筑构造设计、居住建筑设计、公共建筑设计、场地环境设计、施工图设计、建筑节能设计等。

建筑装饰工程技术专业核心课程包括建筑制图与构造、建筑装饰设计初步、居住建筑装饰设计、公共建筑装饰设计、室内陈设设计与制作等。

古建筑工程技术专业核心课程包括中国建筑史、古建筑艺术造型训练、古建筑测绘、仿古建筑设计、古建筑工程计量计价、古建筑修缮与施工技术、古建筑复原模型制作等。

建筑室内设计专业核心课程包括设计手绘表现、室内装饰材料与施工、室内装饰工程施工图设计与绘制、室内空间效果图设计与制作、居住空间室内设计、办公空间室内设计、商业空间室内设计等。

风景园林设计专业核心课程包括风景园林设计、园林工程设计、园林植物造景设计、园林建筑设计、景观生态设计、园林设计效果表现技法等。

园林工程技术专业核心课程包括园林规划设计、园林工程设计及施工、园林绿化养护管理、园林工程计量计价、园林工程施工组织与管理等。

建筑动画与模型制作专业核心课程包括建筑构成与模型制作、建筑室内外效果图表现、建筑动画设计与制作、影视后期制作、网络新媒体设计制作、UI（用户界面）产品界面设计、虚拟交互设计等。

2. 实习实训

建筑设计类专业的实践教学环节主要包括美术写生、认识实习、技能训练、顶岗实习、毕业设计等。技能训练内容主要有制图与计算机辅助设计、建筑构成与模型、建筑装饰构造、建筑室内外设计、景观园林设计与施工管理等，通常在校内专业工作室进行。顶岗实习通常在校外实习单位进行，时间一般为5个月。

三、就业方向与发展前景

建筑设计类专业毕业生可到建筑设计院、建筑装饰公司、景观园林公司、房地产公司及建筑管理部门，从事建筑室内外方案设计、建筑施工图设计、建筑室内设计、景观园林设计、建筑装饰与景观园林设计业务管理、施工业务管理、房地产开发等方面的技术工作。毕业生可以通过专升本考试，进入本科院校学习；也可以通过自学考试，取得本科学历和学士学位；还可以参加成人高考或者通过网络教育，进入本科院校学习。

该类专业学生在校期间，可取得CAD绘图员资格证、Adobe Photoshop资格证、BIM认定证书等证书。毕业后，可参加国家注册建筑师、注册建造师、注册规划师、注册造价师、注册监理师等资格考试，取得相应职业资格证书。

四、学习本专业类的优势和劣势

1. 优势分析

建筑行业是我国的支柱产业，建筑设计类专业为国家发展绿色建筑、产业化装配式建筑、建筑信息化提供了急需的人才，培养了适应建筑行业发展要求的创新型、发展型、复合型高素质技术技能人才，发展前景广阔。

2. 劣势分析

建筑设计类专业实践性较强，且工程项目设计工作量较大，毕业生工作后相对较为辛苦。

五、学生素质要求与高校选科要求

学习建筑设计类专业，学生应具有较强的学习能力和语言表达能力；具有一定的人际交往能力、社会实践能力和创新能力；具有一定的专业应用文写作能力和英语表达能力；具有良好的计

算机应用能力和信息收集处理能力；具有阅读建筑图纸的能力以及CAD绘图能力；具有中小型民用建筑方案设计的能力；具有运用计算机软件表现设计成果的能力；具有建筑项目管理的能力等。

根据山东省教育招生考试院公布的普通高校专业类选考要求，高职（专科）建筑设计类专业一般不提科目要求。

每个高校的具体选科要求可通过山东省教育招生考试院网站（http://www.sdzk.cn/）、山东省教育云服务平台（http://www.sdei.edu.cn/）或"山东高考一点通"微信公众号查询。

4.2 城乡规划与管理类（5402）

一、专业类概述

城乡规划与管理类专业面向城镇规划与城乡建设行业中小型企业和基层城镇规划建设管理部门，培养拥护党的基本路线，德智体美劳全面发展，具有良好的职业道德、熟练的职业技能、精益求精的工作态度、可持续发展的基础能力，掌握城镇总体规划、详细规划专业理论知识，具备较强的从事小城镇规划设计、绘图与管理等实际工作的能力，适应城镇规划设计、绘图、管理与策划咨询等职业岗位的高素质技术技能人才。

城乡规划与管理类专业毕业生的就业领域包括城镇规划设计单位、村镇规划管理职能部门以及相关的设计单位、咨询公司、房地产开发公司等，毕业生可从事中小城市和村镇的规划设计与规划管理以及中小型民用建筑的设计等工作。

专业设置：根据教育部高等职业教育（专科）专业目录，城乡规划与管理类专业包括3个专业，分别是：城乡规划（540201）、村镇建设与管理（540202）、城市信息化管理（540203）。

高职（专科）城乡规划与管理类专业标准学制为3年，毕业授予专科毕业证。

二、知识构架

1. 核心课程与主干课程

城乡规划与管理类专业核心课程包括建筑制图与阴影透视、工程测量、计算机辅助设计、城市规划导论、城镇总体规划、城镇详细规划、建筑场地设计、城镇道路及工程规划、城市绿地规划设计、建筑设计等课程。

城乡规划与管理类专业主干课程包括城市设计、中外城建史、城市经济学、中外建筑史、环境行为学、建筑设计原理与构造、建筑与城市规划评析、城市环境与城市生态学、现代景观设计等课程。

2. 实习实训

城乡规划与管理类专业的实践教学环节主要包括城镇总体规划课程设计、控制性详细规划课程设计、修建性详细规划课程设计、乡村规划、规划制图、城乡建设工程测量、顶岗实习、综合实训和毕业设计等内容。

三、就业方向与发展前景

城乡规划专业毕业生主要面向城乡规划行业各类规划编制单位和城建管理部门，在规划设计、规划管理岗位群，从事城镇总体规划、详细规划、乡规划与村庄规划的编制、城乡规划管理以及中小型民用建筑的设计等工作。

村镇建设与管理专业毕业生主要面向村镇规划、建设管理部门及基层施工企业，从事村镇规划设计、房屋及市政工程施工与管理等工作。

城市信息化管理专业毕业生主要面向城市信息化管理企事业单位，在社区管理及物业管理岗位群，从事信息采集管理、系统运行维护等工作，也可以从事相关的网络组建与维护、网页制作、网站建设等工作。

我国正处于高速发展时期，城乡建设如火如荼。对于城乡规划设计、城乡规划管理等方面的人才需求比较大。随着新型城镇化建设的推进，许多城市都面临大规模的城市新区开发、旧城改造、配套环境和景观建设，城镇规划建设任务量大，带来对规划设计相关人才的大量需求。党的十九大以来，随着乡村振兴战略的实施，美丽乡村建设全面推进，许多规划师、设计师下乡支援乡村建设，建设美丽村居，满足农村居民追求品质生活的需求，村镇规划、建设与管理方面的人才具有巨大的发展潜力和空间。

四、学习本专业类的优势和劣势

我国新型城镇化建设快速发展，城市规划设计岗位人才需求量大。城乡规划与管理类专业的优势在于毕业生容易就业，薪资水平普遍比较高，工作环境好，职业生涯规划比较明确，知识面较宽，容易更换职业岗位。

由于城镇化快速发展，城镇建设项目多，规划设计与管理任务量大，规划设计行业普遍存在加班比较多的现象。从事规划设计，需要进行现场调研、方案汇报等，出差的频率较大，工作比较辛苦。

五、学生素质要求与高校选科要求

学习城乡规划与管理类专业，学生应具有较强的学习能力和良好的语言表达能力；具有一定的人际交往、沟通、协作能力以及社会实践能力和创新能力；具有一定的专业应用文写作能力和审美能力；具有良好的计算机应用能力、信息收集处理能力和规划设计能力。

根据山东省教育招生考试院公布的普通高校专业类选考要求，高职（专科）城乡规划与管理类专业一般不提科目要求。

每个高校的具体选科要求可通过山东省教育招生考试院网站（http://www.sdzk.cn/）、山东省教育云服务平台（http://www.sdei.edu.cn/）或"山东高考一点通"微信公众号查询。

4.3 土建施工类（5403）

一、专业类概述

土建施工类专业是一个涉及建筑工程技术、地下与隧道工程技术、土木工程检测技术、建筑钢结构工程技术等领域的设计、施工与管理研究的传统综合性交叉学科。土建施工类专业培养系统掌握施工技术、工程设计、项目管理的基础理论知识和基本技能，能够解决土建工程领域内的施工、设计与管理等问题，从事房屋建筑、地下建筑、隧道路桥等工程的技术与管理工作的高级技能型人才。

土建施工类专业集施工、设计、管理于一体。随着生产力的发展，建筑行业面临产业升级。建筑智能化、装配化和绿色建筑等行业新兴概念已深入人心，BIM、Revit等软件的应用也即将成为相关从业人员的必备技能。基于此，未来建筑行业对高级技能型人才的需求量将越来越多，行业发展前景十分广阔。

专业设置：根据教育部高等职业教育（专科）专业目录，土建施工类专业包括4个专业，分别是：建筑工程技术（540301）、地下与隧道工程技术（540302）、土木工程检测技术（540303）、建筑钢结构工程技术（540304）。

高职（专科）土建施工类专业标准学制为3年，毕业授予专科毕业证。

二、知识构架

1. 核心课程

建筑工程技术专业核心课程包括结构力学、工程测量、建筑工程识图与构造、基础工程、建筑材料检测、结构设计原理、建筑工程施工技术、建筑工程施工组织设计、装配式建筑工程施工技术等。

地下与隧道工程技术专业核心课程包括工程力学、水文水力学、工程地质与水文地质、土力学地基基础、岩体力学、钢筋混凝土结构、地下建筑结构、地下建筑施工、隧道及地下工程设计、地下工程与隧道工程检测、地下工程计价与招投标等。

土木工程检测技术专业核心课程包括工程测量、工程勘察、力学与结构、建筑构造与识图、建筑材料、混凝土学、误差分析与数据处理、无损检测与电测技术、工程结构检测与质量评定、近代测试技术、工程材料质量检测、岩土工程检测、室内环境检测等。

建筑钢结构工程技术专业核心课程包括钢结构识图、建筑力学、钢结构基础、钢结构选型与辅助设计、钢结构工程施工测量、轻钢门架结构工程施工、钢结构焊接工艺、网架网壳结构工程施工、管桁架结构工程施工、建筑工程计量与结算、钢结构工程事故分析与处理、钢结构施工阶段验算与分析、网架结构辅助设计、轻钢结构辅助设计、管桁架结构辅助设计、建筑施工技术、建筑法规和工程项目管理等。

2. 实习实训

建筑工程技术专业的实训内容有工程测量实训、建筑工程施工技术实训、施工组织设计实训、装配式施工技术实训等。

地下与隧道工程技术专业的实训内容有工程测量实训、地下工程与隧道工程设计实训、深基坑支护设计实训、施工技术实训等。

土木工程检测技术专业的实训内容有工程测量实训、工程勘察实训、无损检测实训、质量检测评定实训、工程材料质量检测实训、岩土工程检测实训、环境检测实训等。

建筑钢结构工程技术专业的实训内容有钢结构设计实训、焊接技术实训、辅助设计实训等。

所有实训和实习可采用校内、校外相结合的方式，设计类实训可在校内完成，技术类实训和实习需到施工一线进行实践。学生在施工一线的现场实训时间一般为6~12个月。

三、就业方向与发展前景

建筑工程技术专业毕业生可在建筑工程施工行业的生产与服务一线从事土建工程施工员（建造师）岗位。

地下与隧道工程技术专业毕业生主要从事地下工程及隧道工程的施工、管理、检测等工作。

土木工程检测技术专业毕业生可以熟练掌握测试技术、工程结构检测与质量评定、工程材料质量检测、岩土工程检测、室内环境检测等工程检测的专业知识和技能，成为土木工程领域的检测人才。

建筑钢结构工程技术专业毕业生具备较强的从事钢结构工程设计、制作、施工安装等实际工作能力，可以成长为建筑钢结构设计、制作、施工安装一线需要的高技能人才。

土建施工类专业主要面向建筑、铁路与公路、隧道、桥梁、矿山、水利水电工程以及城市地下工程等行业，各专业的就业前景非常好。毕业生工作3年以后，还可以考取建造师、结构师、经济师、监理师、评估师、造价师等国家注册资格证书，进而成长为企业、行业的技术骨干。

山东省内的大中小型施工企业就有很多，其中，大型企业包括山东天齐置业集团、山东省建设建工集团、济南一建集团、济南二建集团、山东三箭集团、济南四建集团、烟台建工集团、青岛建工集团、山东天元集团、德州建工集团、泰安建工集团、聊城建工集团等，都是土建施工类专业毕业生比较集中的企业。

大专院校学生的发展路径多样，比如，学生可以选择专升本、校内试点本科、士官班教育、订单班培养等途径，而不仅仅局限于就业这一个方面。学生可以根据自身情况，选择适合自己的成才之路。

四、学习本专业类的优势和劣势

土建施工类专业的优势主要表现在就业方面、待遇方面和职业生涯发展方面。首先，在就业方面，伴随着建筑行业的产业升级，对新型土建施工类专业人才的需求量是很大的，特别是随着装配式建筑和BIM（建筑信息模型）技术的应用，急需一大批能适应产业升级的青年才俊，基于此，土建施工类专业的学生将来的就业情况非常乐观。其次，在待遇方面，土建施工类专业相较于其他专业，毕业生的工资水平往往是比较高的。再次，在职业生涯发展方面，土建施工类专业的毕业生随着项目经验的丰富、工作能力的提升、职业资格证书的获取，其职业发展是稳步递进、越走越高的。

土建施工类专业的劣势主要表现为室外作业较多，工作环境较差，部分一线作业具有一定的危险性，有时需要跟随项目部长期驻扎在外地，从业人员比较辛苦。正因如此，有些时候可能会让一些拥有建筑梦想的女生望而却步。其实不然，女生如果报考这类专业，将来就业岗位是和男生有差别的，用人单位往往都会考虑到女生的自身特点，安排其从事设计、实验员、资料员等室内工作。

五、学生素质要求与高校选科要求

从事土建施工类专业工作，首先，要求从业人员具有健康的体魄、一定的耐心和韧劲，能够满足较长时间从事外业土建工程施工和内业工程数据处理的工作；其次，需要具备土建工程技术人员和管理人员的爱岗敬业、正直诚恳、公平公正、守时守信的良好职业操守；第三，从事土建施工合同谈判、工程施工、检测等工作，还要求从业人员必须具备良好的语言沟通能力和团队协作精神；第四，对于土建工程编审的从业人员，必须具备良好的逻辑思维能力和语言文字的组织与表达能力。

根据山东省教育招生考试院公布的普通高校专业类选考要求，高职（专科）土建施工类专业一般不提科目要求，所以，大家可以放心填报。

每个高校的具体选科要求可通过山东省教育招生考试院网站（http://www.sdzk.cn/）、山东省教育云服务平台（http://www.sdei.edu.cn/）或"山东高考一点通"微信公众号查询。

4.4 建筑设备类（5404）

一、专业类概述

建筑设备指安装在建筑物内为人们居住、生活和工作提供便利、舒适、安全等条件的设备。建筑设备技术不是挖掘机、推土机，那是工程车辆的事。建筑设备类专业主要培养从事建筑物里面的水、电、空调、楼宇智能化等设备工程的设计、造价、安装施工、运行与维护、质量检验及工程管理等工作的技术技能人才。

专业设置：根据教育部高等职业教育（专科）专业目录，建筑设备类专业包括6个专业，分别是：建筑设备工程技术（540401）、供热通风与空调工程技术（540402）、建筑电气工程技术（540403）、建筑智能化工程技术（540404）、工业设备安装工程技术（540405）、消防工程技术（540406）。

建筑设备工程技术专业包括下面的"供热通风与空调工程技术""建筑电气工程技术""建筑智能化工程技术""工业设备安装工程技术""消防工程技术"等内容，该专业学得比较广，但是不如下面几个专业学得更加专一些。

供热通风与空调工程技术俗称暖通，该专业主要培养从事建筑物供暖气、供热水、通风、中央空调、供水、排水工作的技术人才。随着人们对于生存环境要求的提高，让建筑物里空气变得干净、温度更加适合、洗手间变得高档是需要一定技术的，这种技术就是该专业要完成的工作。

建筑电气工程技术专业培养为建筑物供电的技术人才。建筑电气也属于建筑设备的一部分，但是该专业对所有的电气知识学得多、学得深、学得专。随着现代建筑物里电线、网线、监控及智能管理设备的增多，电气技术越来越重要了。

建筑智能化工程技术简称"智能化"，俗称"弱电"。该专业主要面向智能家居、智能建筑、智慧城市建设，培养具备建筑智能化系统设计、安装、运行、维护、工程管理等职业能力的高素质技术技能型人才。

工业设备安装工程技术专业主要涉及工业建筑的设备安装技术，比如机械设备、起重吊装、工业管道、锅炉、制冷机甚至地铁的安装施工及管理技术。

消防工程技术专业培养掌握火灾基本理论，熟知火灾自动报警系统和常用消防设施的技术人员。他们不是消防员，没有任何火灾危险。随着大楼的升高、装修的豪华，火灾发生的概率不断增加。如何防火，如何救火是个技术活。这个专业就是培养这样的技术人员。

上述几个专业所培养的都是依托建筑行业，能够从事该领域的设计、造价、安装施工、运行与维护、质量检验及工程管理等工作的技术人才。由于是技术人员，所以对于理科的要求比较高。这些专业都有良好的发展空间，学生可以进一步读本科、硕士和博士。而且随着经济的发展，建筑物内部空间的舒适程度、智能程度和安全程度都有了大幅度提升。这些专业一旦学会了、学好了，会具有专业的不可替代性。

高职（专科）建筑设备类专业标准学制为3年，毕业授予专科毕业证。

二、知识构架

1.核心课程

建筑设备工程技术专业核心课程包括建筑设备制图与CAD（计算机辅助设计）、电工电子技术、建筑供配电、建筑给排水、楼宇智能化技术、空调与制冷技术、管道施工技术、电气工程施工技术、建筑设备工程造价等。

供热通风与空调工程技术专业核心课程包括建筑设备制图与CAD、热工流体、供热工程技术、工业通风、空调工程技术、建筑给排水、建筑电气工程技术、安装工程造价与管理等。

建筑电气工程技术专业核心课程包括建筑电气CAD、建筑电气施工技术、楼宇智能化技术、电梯技术、电气消防技术、建筑电气施工、建筑电气工程预算、建筑电气施工组织管理、综合布线技术与网络工程等。

建筑智能化工程技术专业核心课程包括建筑构造与识图、CAD绘图、电工电子技术、建筑安全防范系统工程、火灾自动报警系统、信息设施系统、信息化应用系统、建筑设备管理系统、智能化集成系统、智能建筑工程造价、智能建筑工程施工组织与管理等。

工业设备安装工程技术专业核心课程包括机械制图、工程测量、电工技术、机械基础、安装工程施工组织与管理、安装工程造价、机械设备安装

工艺、锅炉安装工艺、工业管道安装工艺、起重吊装工艺等。

消防工程技术专业核心课程包括工程图识读与绘制、计算机辅助设计、流体力学泵与风机、电工电子基础、建筑概论、建筑水消防技术、气体和泡沫消防技术、建筑通风与防排烟技术、建筑电气消防技术、消防管道工程施工技术、消防电气施工技术等。

2.实习实训

建筑设备类专业在专业基础课和专业课学习期间开设校内实习，如金工实习、电工实习、CAD实习、设备运行管理实习等。在专业课完成以后，通常会进行相关专业课的课程设计、课程实训或综合实训。

在所有课程完成后，进行顶岗实习。学生可到房地产开发公司、机关事业单位的后勤服务部门、建筑安装公司、造价咨询企业、监理公司、建筑设备生产企业进行顶岗实习，时间一般为6个月。

三、就业方向与发展前景

建筑设备类专业毕业生的就业主要面向房地产开发公司、机关事业单位的后勤服务部门、建筑安装公司、造价咨询企业、监理公司、建筑设备生产企业，从事设计、施工、管理、生产和技术咨询等工作。

该类专业毕业生在工作初期一般从事绘图员、造价员、施工员、材料员、资料员等技术岗位，经过一段时间的工作，会成为工程师、高级工程师、建造师、造价师，然后发展为设计部主任、项目经理或部门负责人，从单纯的技术人员发展为技术管理人员。再经过一段时间的历练，优秀的人员可以成为单位的负责人，比如建筑公司或造价公司总经理、分管后勤的单位负责人等。

四、学习本专业类的优势和劣势

1.优势分析

建筑设备类专业毕业生就业机会较多，就业面宽。学生毕业后，可以在建筑安装、造价、监理类公司从事技术工作，也可以到各类大型企事业单位从事运维管理工作。

建筑设备类专业所学的课程专业性强，一旦学成，学生的专业技能具有不可代替性，学好建

筑设备类专业可使自己掌握一门手艺。若再稍加一点管理知识的学习，职业生涯的发展空间很大。

2.劣势分析

建筑设备类专业的劣势在于专业复合性强，技术复杂度高，需要塌下身子好好学习才能成为一名优秀的技术人员，学习起来不如文娱类专业有意思。

安装施工类工作岗位相对条件比较艰苦，要想在事业上达到一定的高度，需要努力拼搏。

五、学生素质要求与高校选科要求

学习建筑设备类专业，学生应具有良好的思想素质和身体素质；具有一定的科学文化水平；具有良好的职业道德、工匠精神和创新精神；具有一定的社会实践能力、逻辑思维能力和空间想象能力等。

根据山东省教育招生考试院公布的普通高校专业类选考要求，高职（专科）建筑设备类专业一般不提科目要求。

每个高校的具体选科要求可通过山东省教育招生考试院网站（http://www.sdzk.cn/）、山东省教育云服务平台（http://www.sdei.edu.cn/）或"山东高考一点通"微信公众号查询。

4.5　建设工程管理类（5405）

一、专业类概述

建设工程管理类专业是教育部根据我国经济快速发展的需要而设置的，主要以管理学、经济学、土木工程为理论基础，该专业类别是在土木建筑大类基础上为进行建设工程管理而细分出来的学科类别。建设工程管理专业突出的是工程管理；工程造价专业突出的是投资及成本控制；建筑经济管理专业更加突出材料采购管理、会计与投资审计；建设项目信息化管理专业是在建设工程管理的基础上突出信息化手段的应用；建设工程监理专业专注于建设行业的监理。各个专业又分别有建筑工程、市政工程、安装工程、园林工程、公路工程、铁路工程、水利工程、电力工程等方向的管理、造价、监理及相关内容。

根据我国目前建设领域的实际情况，建设项目从前期决策到建造实施直至后期运营评价都需

要有专业的人员应用专业技术及信息化手段从事项目管理、造价控制、工程监理等一系列活动，项目建设中的建设单位、设计单位、施工单位、监理单位、咨询单位以及政府主管部门等都需要建设工程管理类人员，因此建设工程管理类专业发展前景广阔。

建设工程管理类专业主要培养适应建设工程管理工作岗位需要，具有团队协作、一丝不苟的职业素质，掌握管理学、经济学、土木工程等专业知识，具备工程管理、工程造价、经济管理、信息化管理、工程监理的专业技能，能够在建筑、市政、安装、园林、公路、铁路、水利、电力等建设行业的设计单位、施工单位、建设单位、监理单位、咨询单位以及政府主管部门等相关企事业单位从事工程管理类相关工作的高素质技术技能型人才。

专业设置：根据教育部高等职业教育（专科）专业目录，建设工程管理类专业包括5个专业，分别是：建设工程管理（540501）、工程造价（540502）、建筑经济管理（540503）、建设项目信息化管理（540504）、建设工程监理（540505）。

高职（专科）建设工程管理类专业标准学制为3年，毕业授予专科毕业证。

二、课程架构

1.主要课程

建设工程管理类专业的课程体系包括通识教育课程、专业教育课程、创新创业教育课程三大部分。

通识教育课程按教育部的学历教育统一规定执行，主要有：思想道德修养与法律基础、毛泽东思想和中国特色社会主义理论体系概论、工程数学、实用英语、体育、计算机文化基础、形势与政策、国防教育、大学生心理健康教育等一系列必修课程及素质拓展类选修课程。

建设工程管理类下设各个专业侧重方向不同，开设的专业教育课程也不完全一致，其专业基础通用课程主要有：入学教育、职场体验、土木工程制识图基础、土木工程力学基础、土木工程材料、计算机辅助绘图、建设工程法律法规等课程，这些课程是各专业学生学习管理类相关课程的土木建筑类基础课程。

专业平台课程主要有：施工技术（建筑、安

装、公路、铁路、市政等）、房屋建筑构造、建筑工程测量、工程造价概论、BIM（建筑信息模型）建模基础、建设工程文档资料整理、建筑产业化概论、管理学原理等课程，这些课程是学习建设工程管理类各专业课程的基础。

岗位导向课程主要有：工程计量与计价（建筑、安装、公路、铁路、市政等）、钢筋平法识读与工程量计算、计算机辅助算量、建筑安装识图与施工工艺、建设工程造价控制、建设经济、建设工程项目管理、建设工程财务管理、建设工程监理、BIM技术应用、工程招投标与合同管理等课程，这些课程主要培养学生的专业能力，各个院校在实际开设时根据其专业特点各有不同。

创新创业能力是建设工程管理类从业人员所必需的基本能力，创新创业教育课程主要包含职业生涯规划与就业指导、创新创业教育两门双创基础课程，建设工程管理创新创业教育、建设行业创业精神与创新方法两门专业融合课程，以及创新创业实践实战课程三部分。

2. 实习实训

建设工程管理类专业突出学生实践能力的培养，实践教学通过"职场体验—实境训练—顶岗历练"融入整个专业课程体系之中。课程实践教学以课程单项技能实训为主；综合实践通过真实项目给学生提供锻炼的机会；顶岗实习在实习单位的工作岗位进行；毕业论文要求针对顶岗实习的岗位或学生感兴趣的专业内容进行撰写。

三、就业方向与发展前景

建设工程管理类专业毕业生的就业方向主要是面向建筑、市政、安装、园林、公路、铁路、水利、电力等建设行业的设计单位、施工单位、建设单位、监理单位、咨询单位以及政府主管部门，从事工程管理、工程造价、经济管理、信息化管理、工程监理等相关工作。

据人才市场统计，建设行业在社会人才招聘数量上一直稳居前五位，而且随着建筑工业化、住宅产业化、新型城镇化等建设工程的推进，建设工程管理的信息化水平不断提高，建设工程管理类专业人才就业前景良好。目前，我国实行建设行业从业人员执业资格制度，要求从事建设工程管理领域不同职业岗位的从业人员必须持证上岗。建设工程管理类专业的学生毕业后可考取造价工程师、监理工程师、咨询工程师、建造师等执业资格证书，有效提高个人的职业竞争力和岗位含金量。

四、学习本专业类的优势和劣势

建设工程管理类专业毕业生知识面较宽，就业范围广，薪资水平普遍比较高，工作方式以应用专业软件进行各类工程管理为主，以施工现场工作为辅，未来可考取各类国家执业资格证书，职业生涯发展方向明确，工作不受年龄限制，且年龄越大待遇越高。

其劣势主要表现在加班较多，工作强度较大等方面。

五、学生素质要求与高校选科要求

学习建设工程管理类专业，学生应具有正直、诚实、公正、公平、守信的职业操守；具有合同谈判的良好沟通能力及团队协作能力；具有建设工程管理所必需的语言文字表达能力及逻辑思维能力；具有良好的口头表达能力；具有符合施工现场工作要求的健康体魄和敬业精神；具有强烈的社会责任感和奉献社会意识。

根据山东省教育招生考试院公布的普通高校专业类选考要求，高职（专科）建设工程管理类专业一般不提科目要求。

每个高校的具体选科要求可通过山东省教育招生考试院网站（http://www.sdzk.cn/）、山东省教育云服务平台（http://www.sdei.edu.cn/）或"山东高考一点通"微信公众号查询。

4.6 市政工程类（5406）

一、专业类概述

市政工程类专业主要培养适应我国经济发展和行业变化需要，具有良好职业道德、团队协作精神和遵守专业规范素质，掌握市政路桥工程、市政管道工程、建筑水暖工程、水处理工程以及废水、废气、固体废物、噪声等污染控制工程的施工与技术管理、运行与维护、安全管理等专业知识与职业技能，能够在市政工程行业企业从事工程施工、技术管理、市政设施维护等方面工作的高素质技术技能人才。

市政工程类专业毕业生的就业领域主要包

括：城市供水、燃气、供热、道路、公共交通、建筑给排水、污水处理和生活垃圾处理、公园绿地等项目建设相关的企事业单位、科研（设计）院所和项目管理公司等。

专业设置：根据教育部高等职业教育（专科）专业目录，市政工程类专业包括4个专业，分别是：市政工程技术（540601）、城市燃气工程技术（540602）、给排水工程技术（540603）、环境卫生工程技术（540604）。

高职（专科）市政工程类专业标准学制为3年，毕业授予专科毕业证。

二、知识构架

1. 主要课程

市政工程类专业必修课程包括道路工程、桥梁工程、管道工程、工程力学、施工组织设计、工程预算、项目管理、燃气输配、燃气工程施工技术、燃气用具、燃气场站工程、燃气系统运行与维护、建筑给水排水工程、给水排水管道工程、水处理工程、大气污染控制工程、固体废物处理与利用、噪声污染控制等。

市政工程类专业选修课程包括安全法规、工程制图、工程测量、工程材料、施工机械、化工原理、电子电工技术、基础化学、分析化学、工程合同与招投标等。

2. 实习实训

市政工程类专业的实践教学环节主要包括工程施工测量实训、电工实训、建材试验、燃气管道安装技能实训、燃气管网运营管理实训、液化气站运行管理实训、管道安装技能实训、建筑设备安装实训、分析化学与仪器分析实训、安全工程课程设计、认识实习、生产实习、毕业设计、毕业顶岗实习等内容。

三、就业方向与发展前景

市政工程类专业的就业方向主要包括以下几个方面：

（1）面向市政工程科研设计院所、施工企业、项目管理公司等企事业单位，从事市政工程设计、施工、技术管理及市政设施维护管理等工作；

（2）在各类燃气公司、燃气生产企业、燃器具生产企业、用气单位、工程施工企业、监理公司、设计院等单位，从事燃气系统的运营管理、燃气的

生产与净化、燃器具的生产与营销、燃气应用管理以及燃气工程施工、监理、设计等工作；

（3）在建筑施工企业、建筑安装施工企业、市政工程公司、水处理公司等单位作为工程技术人员，从事给排水工程施工与管理、设施运行与维护以及建筑水暖工程安装设计等工作；

（4）在环保设计院（所）、环境工程公司、厂矿企业等环保相关企业，从事环境工程设计、运营、环境监测、环保设施运行管理等相关工作。

市政工程作为城市（镇）居民生产生活所必需的公用设施，已成为带动国家城市基础设施建设发展的主要动力。随着我国城镇化进程的快速推进，政府在市政工程建设方面的固定资产投资不断增长，污水处理、市政道路、供水、垃圾处理、管网的建设需求日益增加。同时，城市内涝问题也带动了地下管廊、海绵城市建设热潮，对市政工程类专业复合型人才的需求也越来越多。

四、学习本专业类的优势和劣势

随着我国城市现代化进程的不断加快，全国市政公用设施建设不断升温。同时，由于社会水资源短缺、水环境污染和破坏等一系列问题日益突出，水资源利用与污染防治、饮用水深度处理、各类污染水的处理与回用、给排水系统优化等问题亟须解决。市政工程类专业的优势在于越来越多的大型公司投入到水处理工程中，市场对市政工程类专业人才的需求越来越旺盛。

根据山东省高校专业设置情况分析，开设市政工程类专业的院校相对较少，市政工程类专业人才有巨大的需求市场，该类专业的毕业生就业普遍较好。

市政工程类专业的所谓劣势在于多数市政工程建设队伍的整体素质不高，存在着一定程度的素质低下的情况，现代化管理观念和先进科学技能也往往较为缺乏。此外，从事市政工程建设施工的基层劳务人员，大部分是临时的农村进城务工人员，具有一定的流动性，因此也就大多没有经过相应的专业培训，较为缺乏高度的责任感和技术素养。

五、学生素质要求与高校选科要求

学习市政工程类专业，学生应具有良好的思想道德素质；具有良好的职业道德和敬业精神；

具有良好的社会实践能力和社会适应能力；具有良好的学习能力和自我发展能力；具有危害辨识与事故管理、安全管理与评价、组织与保障安全生产、应急救援等方面的能力；具有良好的技术应用能力与素质、规范的生产管理与操作意识；掌握一定的科学知识、科学理论和科学方法，具有一定的逻辑思维能力和创新能力；具有良好的人际交往能力和团队意识；具有良好的身体素质和心理素质。

根据山东省教育招生考试院公布的普通高校专业类选考要求，高职（专科）市政工程类专业一般不提科目要求，可以放心填报。

每个高校的具体选科要求可通过山东省教育招生考试院网站（http://www.sdzk.cn/）、山东省教育云服务平台（http://www.sdei.edu.cn/）或"山东高考一点通"微信公众号查询。

4.7 房地产类（5407）

一、专业类概述

高职专业的划分一般以产业、行业分类为主要依据，房地产类专业与房地产业相对应。房地产业，又称房地产开发、经营和管理业，是从事房地产综合开发、经营、管理和服务的综合性行业，包括房地产生产（开发）、流通和消费过程中的各项经营、管理和服务业务。房地产业目前是我国的支柱产业，能够促进社会消费和其他相关产业的发展。从拉动经济方面来看，房地产业可以拉动上下游诸如钢铁、建材、机械、化工、陶瓷、纺织、家电等一系列产业的发展。据统计，房地产行业直接或间接影响60余个相关行业。广义的房地产业，包括房屋等建筑物再生产的四个环节（生产、流通、分配、消费），因而也就包括了建筑业；狭义的房地产业，则只涉及除生产以外的其他三个环节。一般认为，建筑业与房地产业的区别主要在于，建筑业是物质生产部门，属于第二产业，从事勘察、设计、施工、安装等生产过程，它的生产结果就是建筑物和构筑物；房地产业则主要涉及流通、分配和消费三个环节，因此房地产业（狭义）作为从事房地产经营和提供有关服务的部门，属于第三产业。

房地产类专业对应狭义的房地产业。房地产经营与管理、房地产检测与估价专业主要对应房地产业中的房屋开发（管理及服务活动）、房地产经营、房地产中介服务活动。其中，房地产经营与管理专业侧重于房屋的开发（管理及服务活动）、房地产的经营以及房地产中介服务中的信息和经纪服务活动；房地产检测与估价专业侧重于房地产中介服务中的检测、测量、估价服务等活动。物业管理是房地产经济链上的最后一个环节，涉及房地产进入消费领域后所需的维护、管理和服务，主要内容是对房屋及配套的设施设备和相关场地进行维修、养护、管理，维护相关区域内的环境卫生和公共秩序，保证房屋可以供人们正常、方便而舒适地使用，保证配套的设施设备能够安全、高效而持续地运转，保证物业使用人的使用环境具有良好的环境卫生和公共秩序，最终达到房地产本身保值增值的目的，并满足物业所有人的相关服务需求。房地产经营的工作性质是开发物业，物业管理的主要任务则是售后服务。开发商的口碑是人们购买物业的信誉保证，物业管理则是人们未来生活质量的保证。

专业设置：根据教育部高等职业教育（专科）专业目录，房地产类专业包括3个专业，分别是：房地产经营与管理（540701）、房地产检测与估价（540702）、物业管理（540703）。

房地产经营与管理专业培养具有良好的职业道德、熟练的职业技能、精益求精的工作态度、可持续发展的基础能力，掌握本专业必备的专业理论知识，掌握房地产开发经营、营销策划、房地产经纪等方面的基本理论和方法，适应房地产开发经营、营销策划、房地产经纪等职业岗位的高素质技术技能人才。

房地产检测与估价专业培养具有良好的职业道德、扎实的理论功底、熟练的职业技能、持之以恒的工作态度、爱岗敬业的工匠精神、顾客至上的服务意识，能够做到"懂房屋、擅检测、能估价、会营销"，适应房屋检测、房地产估价、房地产经纪等职业岗位的高素质技术技能人才。

物业管理专业面向物业管理行业的大中型企业，培养具有良好的职业道德、熟练的职业技能、精益求精的工作态度、可持续发展的基础能力，掌握物业项目管理、物业市场开发和物业经营管理的内容和方法，具备较强的物业基础服务和统筹协调能力，能根据社会发展运用现代信息技术手段为客户提供个性化和精细化服务，适应物业项目管理、物业市场开发、物业经营管理等职业岗位的高素质技术技能人才。

高职（专科）房地产类专业标准学制为3年，毕业授予专科毕业证。

二、知识构架

1. 核心课程

房地产经营与管理专业核心课程包括：房地产开发经营、房地产营销策划、房地产估价、房地产销售、房地产市场调研与分析、土建施工图识读与应用等。

房地产检测与估价专业核心课程包括：建筑工程质量检测、装饰工程质量检测、室内环境检测、房地产测量、房地产估价实务、房地产开发经营、房地产销售等。

物业管理专业核心课程包括：物业项目管理、物业管理招投标实务、物业设施设备维护与智能化管理、建筑维护与预算、物业环境管理、物业纠纷防范与处理、物业企业财务管理等。

2. 实习实训

房地产类专业的实践教学环节主要包括认识实习、课程实训、综合实训、顶岗实习等。认识实习一般在校外合作企业进行，让学生对行业企业和工作岗位建立初步认识；课程实训和综合实训一般在校内实训室进行，分别完成单项职业技能训练和综合职业技能训练；顶岗实习在企业进行，让学生对所学内容进行全面实践，为就业或创业发展做好充分准备。

三、就业方向与发展前景

房地产经营与管理专业毕业生可从事房地产开发类工作和房地产营销策划类工作。具体来说，房地产开发类工作就业去向主要是房地产开发公司的开发部或拓展部，初始岗位为房地产开发专员、房地产项目拓展专员，几年后可成长为房地产开发公司开发部或拓展部经理。房地产营销策划类工作就业去向主要是房地产开发公司的营销部、房地产营销代理公司的项目部或市场部，又分两条主线：一条主线是策划，可以考取房地产策划师职业资格，从事房地产项目的策划类工作，成长历程是：房地产助理策划师→房地产策划师→策划经理→项目经理→项目总监；另一条主线是销售，从事房地产项目的销售工作，

成长历程是：置业顾问→销售主管→销售经理→项目经理→项目总监。

房地产检测与估价专业毕业生可从业于房地产开发企业、验房企业、建筑施工企业、房地产估价企业、房地产营销代理企业、不动产登记机构，从事房屋检测、房地产估价、房地产经纪等工作。实习期可从事估价员、验房员、置业顾问、策划助理等岗位工作；经过2～3年的成长期，可成长为高级验房师、案场经理；一般工作6年以上，可考取注册房地产估价师；经过8～10年的不懈努力，可担任公司项目经理、区域总经理等企业中高层管理职务，还可以选择自主创业。

物业管理专业毕业生可从业于大中型物业服务企业，主要从事物业客户服务管理、物业环境管理、物业工程维护管理、物业市场开发、物业经营管理等工作。初始就业岗位主要有：物业客户服务员（客服管家、客服前台等）、物业市场开发专员、物业秩序维护员、物业工程维护员、综合部文员等；经过1～2年的成长期，可担任部门主管、项目经理助理等职务；经过3～5年的成长期，可担任物业项目经理、部门经理等企业中高层管理职务，有条件者还可自己创办物业企业。

四、学习本专业类的优势和劣势

房地产类专业的优势在于房地产类专业人才需求量大，就业对口率高；职业生涯规划明确，晋升速度快，发展空间大；创业门槛低。

房地产类专业的劣势在于工作时间会随着项目的进展情况而不固定，加班加点多；有时需要应对突发状况，工作压力比较大。

五、学生素质要求与高校选科要求

房地产类专业学生的素质要求可以概括如下：热爱祖国、身心健康、正直乐观、勤勉尽责；诚信务实、顾全大局、统筹协调、精益求精；敬业乐学、强于执行、善于洞察、勤于表达。

根据山东省教育招生考试院公布的普通高校专业类选考要求，高职（专科）房地产类专业一般不提科目要求。

每个高校的具体选科要求可通过山东省教育招生考试院网站（http://www.sdzk.cn/）、山东省教育云服务平台（http://www.sdei.edu.cn/）或"山东高考一点通"微信公众号查询。

5 专业大类：水利大类（55）

在教育部颁布的《普通高等学校高等职业教育（专科）专业目录》中，水利大类下，包含水文水资源类、水利工程与管理类、水利水电设备类、水土保持与水环境类四个专业类。本书重点介绍水利工程与管理类专业，其他专业类的有关信息可通过教育部和相关院校官方网站查询。

5.1 水利工程与管理类（5502）

一、专业类概述

《水利改革发展"十三五"规划》提出，加大水利基础设施建设，强化水利工程管理。水利工程建设与管理任务非常艰巨，急需懂技术、能操作、会管理的高素质技术技能人才。目前全国每年急需水利技术技能人才10万人，水利工程与管理类专业毕业生就业市场潜力很大。

2016年水利部发布《全国水利人才队伍建设"十三五"规划》，将水利人才作为推动水利改革发展的第一资源，水利人才队伍建设面临新的形势和要求。其存在的主要问题是：人才队伍整体文化水平仍然偏低；专业技术人才层级结构不尽合理，高层次领军人才、创新人才不能满足水利现代化建设需要；高技能人才队伍的数量和示范作用发挥不充分；基层水利人才短缺，人才结构、人员综合素质和专业能力还需不断增强；贫困地区水利人才严重匮乏；水资源管理、工程建设管理、水生态文明、水权水市场、水利信息化等方面的现代水利技能人才紧缺。

随着"一带一路"合作国家水利项目建设的不断推进，水利施工企业不断走出省域，面向全国，甚至进入亚洲、非洲等地开展工程建设，这就需要大量能吃苦耐劳的水利建设一线人才。

水利职业教育是实现加快水利改革发展的关键，是水利工作大跨越的关键，是水利教育事业中与经济社会联系最直接、最密切的部分，是职业教育的龙头。

现代水利工程建设对技术人员的要求是：技术能力强；组织管理能力强；有一定的外语水平；有熟练的计算机应用能力，工程技术人员能熟练掌握各种软件的应用技能；有优化意识和系统工程思想；有一定的法律知识、经济知识和经营管理的能力；水利行业三项制度的改革，项目法人责任制、工程招投标制、工程建设监理制的推行，需要培养新型水利工程技术人才；树立全面工程质量管理意识。

专业设置：根据教育部高等职业教育（专科）专业目录，水利工程与管理类专业包括7个专业，分别是：水利工程（550201）、水利水电工程技术（550202）、水利水电工程管理（550203）、水利水电建筑工程（550204）、机电排灌工程技术（550205）、港口航道与治河工程（550206）、水务管理（550207）。

高职（专科）水利工程与管理类专业标准学制为3年，毕业授予专科毕业证。

二、知识构架

1. 核心课程

水利工程专业核心课程包括工程制图及CAD、工程测量、建筑材料、水文水力学、力学与结构、水工建筑物、现代灌排技术、工程施工与管理、水利工程造价、水利工程监理等。

水利水电建筑工程专业核心课程包括水利工程制图、水利工程测量、工程材料与检测、水泵与水泵站、水利工程施工技术、水利工程造价与招投标、水利建设法规、水利施工项目管理、水利工程经济等。

水利水电工程管理专业核心课程包括工程制图、工程测量、管理学、工程材料与施工技术、工程质量控制、工程造价与招投标、合同管理、质量管理、水利水电工程运行管理等。

2. 实习实训

水利工程与管理类专业的实践教学主要包括专业认识实习、课程综合实训、专项实践和顶岗实习等，主要是在水利行业相关单位采用集中和分散等方式进行实习。专业认识实习一般在专业课开始之初，采用集中实习的方式赴工程现场，对本专业相关工程增加感性认识，为后续专业课程学习做铺垫。课程综合实训一般是在课程学习结束后，由任课教师选题（通常是结合工程实际选题），集中1~3周时间，训练学生运用所学解决实际问题的能力，对学生掌握所学知识的熟练程度进行综合评价。专项实践和顶岗实习则是根据相关专业实际情况，采用集中和分散相结合的方式，组织学生到水利施工、设计、监理、检测等相关单位，针对具体职能进行不同程度的训练。

三、就业方向与发展前景

水利工程与管理类专业毕业生可从事水利水电工程的施工、监理、材料检测工作，也可从事小型水利工程的设计、施工组织与管理工作，还可从事水利工程运行管理、工程监理等方面的工作。

该类专业学生在学习期间可以考取测量员、施工员、质检员、监理员、预算员等国家职业资格证书。将来的发展岗位是水利监理工程师、项目经理、造价工程师等。

随着水利改革发展"十三五"规划的深入推进，国家对水利基础建设的投入日益增加，水利类专业的毕业生就业前景更加光明，尤其是在河道整治、农田水利、水生态文明、水土保持等建设领域，相关专业人才缺口很大，未来一段时间水利类专业毕业生就业前景广阔。

四、学习本专业类的优势和劣势

1. 优势分析

水利类专业属于工程技能应用型专业，社会对水利类专业人才的需求量非常大，涉水涉地等各个行业的设计、施工、监理、质量监督等单位均需懂技术、会管理、能经营的水利人才，因此水利类专业学生一次性就业率普遍高于85%。现场技术人员的技术技能积累和业务提升快。水利类专业学生可以考取各种职业资格证书，工作后收入水平较高。

2. 劣势分析

水利工程通常建设周期长，特别是施工、监理、检测等工作岗位的野外作业时间长，部分单位工作条件较为艰苦；若要提高水利专业技术工作的熟练程度，更是需要实际工作经验的长期积累。

五、学生素质要求与高校选科要求

水利行业主要和工程打交道，规划、勘测、设计等工作需要集体完成，施工、监理等工作地点不固定。因此，水利工程与管理类专业学生应具备团结协作、分工合作的能力和过硬的身体条件；具有扎实的数学和力学知识；具有一定的空间想象能力和动手操作能力。

根据山东省教育招生考试院公布的普通高校专业类选考要求，高职（专科）水利工程与管理类专业一般要求选考物理和化学，具体要求会因不同专业而异。

每个高校的具体选科要求可通过山东省教育招生考试院网站（http://www.sdzk.cn/）、山东省教育云服务平台（http://www.sdei.edu.cn/）或"山东高考一点通"微信公众号查询。

6 专业大类：装备制造大类（56）

在教育部颁布的《普通高等学校高等职业教育（专科）专业目录》中，装备制造大类下，包含7个专业类，分别是：机械设计制造类、机电设备类、自动化类、铁道装备类、船舶与海洋工程装备类、航空装备类、汽车制造类。本书未介绍铁道装备类、航空装备类专业，有关信息可通过教育部和相关院校官方网站查询。

6.1 机械设计制造类（5601）

一、专业类概述

机械设计与制造覆盖人类社会发展的各个领域。大到重大装备，小到日常生活器械；高精到航天飞机，普通到曲别针的制造，都渗透着机械设计和机械制造方面的知识、技能和技巧。随着计算机技术的发展，机械设计和机械制造的手段发生了日新月异的变化。尤其互联网技术发展，带动整个制造业产生深刻变革，已引起世界各国的重视。

我国在"十三五"规划中，将振兴和发展制造业列为国民经济发展战略的重中之重；尤其"中国制造2025"概念的提出，令人鼓舞、振奋人心。历史发展的机遇，将为机械设计制造类专业人才提供施展才华的广阔舞台。同时，装备制造行业对人才的需求会越来越旺盛，不仅需要基础性研究人员，更需要高素质技术技能型人才，这一重任也是时代赋予高等职业教育的使命。

机械设计制造类专业面向制造业各类企业、机构，培养具有良好职业道德、勤奋工作态度和爱岗敬业的奉献精神，掌握机械设计制造类专业通用的机械和电气基础知识、专业知识，具备普通和高端加工装备的操作能力、计算机辅助设计与制造（CAD/CAM）应用能力及机电结合应用能力，了解自动化生产线和智能制造发展的前沿技术，具备设备维护和生产管理、售后服务能力，能够胜任制造业设计与制造岗位群工作的高素质技术技能型人才。

专业设置：根据教育部高等职业教育（专科）专业目录，机械设计制造类专业包括19个专业，分别是：机械设计与制造（560101）、机械制造与自动化（560102）、数控技术（560103）、精密机械技术（560104）、特种加工技术（560105）、材料成型与控制技术（560106）、金属材料与热处理技术（560107）、铸造技术（560108）、锻压技术（560109）、焊接技术与自动化（560110）、机械产品检测检验技术（560111）、理化测试与质检技术（560112）、模具设计与制造（560113）、电机与电器技术（560114）、电线电缆制造技术（560115）、内燃机制造与维修（560116）、机械装备制造技术（560117）、工业设计（560118）、工业工程技术（560119）。

高职（专科）机械设计制造类专业标准学制为3年，毕业授予专科毕业证。

二、知识构架

1. 主要课程

机械设计制造类专业公共的专业核心课程包括：机械制图、工程材料及成形工艺基础、机械设计基础、计算机平面绘图（AutoCAD）、公差配合与技术测量、液压与气动、电工电子技术、机械制造技术与装备等。

机械设计制造类专业特有的专业主干课程包括：机床电气控制技术、PLC应用技术、产品三维造型与结构设计、机械制造工艺规划与实施、机械设备安装与维修、数控机床原理与控制、多轴加工与仿真技术、冲压工艺及模具设计、塑料成型工艺与模具设计等。

2. 实习实训

机械设计制造类专业的实践教学通过"课程理论与实践一体项目、专项集中实训、综合提高实训、技能拓展项目"等方式进行，通常包括专业认识实习、金工实训、数控加工实训、PLC应用实训、模具拆装实习、顶岗实习等实践项目。实训项目通常在校内实习基地进行；实习项目通常在校企合作企业进行。

实训一般在相应理论课程结束后进行或穿插在课程中进行，顶岗实习时间安排在第六学期。高职学生通过理论学习和综合实训后，能够获取钳工、数控加工操作工等中级以上职业资格证书。

三、就业方向与发展前景

随着制造技术向智能化方向的发展，机械设计制造类专业正以培养跨学科的复合型人才为其特色，毕业生在学习掌握计算机技术与自动化控制技术的基础上，能够掌握先进设计制造理论与方法，具备较强的实践技能，在现代社会生产中将大有作为。国家统计数据表明，机械设计与制造岗位及岗位群人才需求旺盛，呈现供不应求的局面，尤其高端装备应用人才十分紧缺。

学习机械设计制造类专业，列入国家示范院校、省骨干院校、省优质校等项目建设院校的重点建设专业均可选择。例如，威海职业学院、日照职业学院、东营职业学院、济宁职业学院、青岛港湾职业技术学院等均开设该类专业。

机械设计制造类专业毕业生可以在交通运输、医疗器械、重工机械、模具装备制造等行业及相关企业，从事产品设计与开发、机械制造工艺规程编制及工艺装备设计、机械产品加工制作、机械加工技术管理与现场实施工艺管理、机械产品质量检测分析、数控机床加工编程与操作、机械生产管理和售后服务等方面的工作；也可以在各类非机械制造生产类企业从事设备管理、维护等工作。

机械设计制造类专业学生毕业后，必须在生产一线积累经验，对机加工、热处理等生产工艺有深刻理解和认识后，才能在以后的设计岗位上有所建树。

机械设计制造类专业毕业生只要个人努力，既可以成长为工程师，也能胜任管理岗位，更可以自主创业，拥有自己的制造公司。

四、学习本专业类的优势和劣势

首先，机械设计制造类专业培养的是复合型人才，所学理论和实践技能，都是人生安身立命的基础，具有非常广的适应性，其优势在于可以在多个领域就业。有人将机械设计制造类专业形象地比喻为"万金油"专业。

其次，机械类专业具有通用性优势，例如学建筑机械的去搞医疗器械能适应，学石油机械的去造飞机也没问题。

另外，并非只有机械行业才需要机械专业人才，任何行业，无论是生产型企业还是研发型单位，只要使用设备、生产线，就有机械专业人才用武之地，如制药、乳品、食品、橡胶等行业都需要他们来安装和维护生产设备。

总之，学习机械设计制造类专业，不仅衣食无忧，而且为有志成为"大国工匠"的学子奠定坚实的基础。

机械设计制造类专业学生要想成才，必须从基层一线做起，在实践中出真知，但基层工作环境可能不尽如人意。尽管机械行业就业范围广、岗位众多，然而有些工作岗位初始薪酬可能达不到心理预期。

五、学生素质要求与高校选科要求

学习机械设计制造类专业，要求学生具有吃苦耐劳、听从指挥的品质；具有积极向上的精神状态和精细做事的工作态度；具有强烈的求知欲望和创新意识；具有较强的动手能力。

根据山东省教育招生考试院公布的专业类选考要求，高职（专科）机械设计制造类专业一般要求选考物理科目。

每个高校的具体选科要求可通过山东省教育招生考试院网站（http://www.sdzk.cn/）、山东省教育云服务平台（http://www.sdei.edu.cn/）或"山东高考一点通"微信公众号查询。

6.2 机电设备类（5602）

一、专业类概述

机电设备类专业主要面向现代制造工业领域，培养掌握机电设备生产、安装、调试、维修和管理等方面的专业知识及操作技能，能够从事机电设备安装、维修和管理工作的高级技术应用型专门人才。

制造业是国民经济的主体，是立国之本、兴国之器、强国之基。机电设备领域涉及机械、电子、光学、控制、计算机、信息等多个学科的知识，加快机电设备类专业的高级技术应用型人才的培养，是实现"中国制造2025"制造强国的战略目标，打造具有国际竞争力的制造业，提升综合国力、保障国家安全、建设世界强国的必由之路。因此，机电设备类专业人才培养规格高，社会需求大。

专业设置：根据教育部高等职业教育（专科）专业目录，机电设备类专业包括7个专业，分别是：自动化生产设备应用（560201）、机电设备安装技术（560202）、机电设备维修与管理（560203）、数控设备应用与维护（560204）、制冷与空调技术（560205）、光电制造与应用技术（560206）、新能源装备技术（560207）。

目前山东省开设自动化生产设备应用专业的有3所学校，开设机电设备维修与管理专业的有9所学校，开设数控设备应用与维护专业的有4所学校，开设制冷与空调技术专业的有5所学校，开设新能源装备技术专业的有1所学校。

高职（专科）机电设备类专业标准学制为3年，毕业授予专科毕业证。

二、知识构架

1. 核心课程

机电设备类专业的核心课程主要有电工电子技术、机械制图与CAD、机械设计基础、电气控制与PLC、自动检测技术、机电设备安装与调试、数控机床故障诊断与维修、机电工程安装管理与实务等。

2. 实习实训

机电设备类专业的实践教学主要涵盖"课程实践教学、集中实践教学、综合实习、技能拓展"等环节，包括机加工实训、钳工实训、维修电工实训、机电设备安装调试拆装保养实习、课程设计、毕业实习等。

三、就业方向与发展前景

随着制造业从加工制造业向装备制造业的升级，我国机械（装备）制造业将迎来快速发展，各类专门人才需求将大幅上升，企业对机电设备类专业人才的需求不断增加。中国已超过德国成为世界第一机电设备制造大国。设备维修和管理已经成为企业安全、经济、稳定运行不可缺少的重要环节。为增强竞争力，各企业已开始广泛使用各种先进的机电设备进行生产，设备维修管理的技术含金量也越来越高，每个企业都需要大量掌握机电液控制技术的高技能人才对设备进行维护和管理。

目前我国现有的设备维修和管理人才中，具有高职及以上学历水平的仅占9.1%，各企业设备维修管理人才、设备技术改造人才普遍存在数量不足、学历较低、年龄偏大、综合技能不强等问题，掌握现代自动化设备维修技能的专门人才更是奇缺。机电设备维修与管理专业就业面非常广阔，只要有机电设备工作的地方，就有设备维修和管理。每个企业（制造业、轻工业、化工业、汽车工业）都需要设备维修和管理人员对设备进行安装、调试、维护、修理及管理，以维持设备的正常运转；每一台机电设备在运行前都需要安装、调试，以保证产品质量。

机电设备类专业毕业生可在大、中型企业从事机电设备的安装、调试、运行检测、维修、技术改造等技术与管理工作。毕业生主要面向汽车制造、钢铁生产、公共事业、物业管理、房地产、建筑/建材/工程、新能源、机械/设备/重工、制药/生物工程等各种行业，从事设备维修、设备管理、设备安装调试、机电设备营销及售后技术服务等工作，主要岗位有工程主管、物业工程主管、工程经理、机电工程师、工程部经理、强电主管、电工等。

机电设备类专业毕业生的远期发展目标可考取注册设备师、注册建造师、注册电气工程师等。为早日实现制造强国的战略目标，机电设备类专业人才将是社会和企业急需的人才，可以预见在未来的5~10年，需求不会下降。

四、学习本专业类的优势和劣势

机电设备类专业的优势在于毕业生具有较强的机电设备技术应用能力，社会需求大，就业面广，容易就业，薪酬水平普遍较高。

机电设备类专业的劣势在于专业课程学习有一定的难度，需要学生具备较好的逻辑思维能力和空间想象能力；工作环境现场作业较多，工作条件比较艰苦。

五、学生素质要求与高校选科要求

学习机电设备类专业，要求学生应具有抽象逻辑思维能力，喜欢钻研机械工作原理、电气控制原理，对物理、数学、化学等知识感兴趣；同时，具有较强的安全和环保意识以及吃苦耐劳、踏实肯干的工作精神。

根据山东省教育招生考试院公布的普通高校专业类选考要求，高职（专科）机电设备类专业一般要求选考物理。

每个高校的具体选科要求可通过山东省教育招生考试院网站（http://www.sdzk.cn/）、山东省教育云服务平台（http://www.sdei.edu.cn/）或"山东高考一点通"微信公众号查询。

6.3 自动化类（5603）

一、专业类概述

自动化是指机器设备、系统或过程（生产、管理）在没有人或较少人的直接参与下，按照人的要求，经过自动检测、信息处理、分析判断、操纵控制，实现预期目标的过程。自动化是工业、农业、国防和科学技术现代化的重要条件和显著标志。

自动化类专业主要培养具有良好的职业道德和人文素养，掌握机械、电气、控制、信息通信、先进制造等多技术融合的交叉知识，能够从事自动化设备及系统安装调试、操作运行、维修维护、技术改造和现场技术管理等工作的高技能应用型人才。

专业设置：根据教育部高等职业教育（专科）专业目录，自动化类专业包括9个专业，分别是：机电一体化技术（560301）、电气自动化技

术（560302）、工业过程自动化技术（560303）、智能控制技术（560304）、工业网络技术（560305）、工业自动化仪表（560306）、液压与气动技术（560307）、电梯工程技术（560308）、工业机器人技术（560309）。

自动化类专业中的各具体专业面向行业和企业的方向各有侧重：机电一体化技术专业主要面向机电设备制造和应用类企业；电气自动化技术专业主要面向自动化设备的生产和使用类企业；工业机器人技术专业主要面向工业机器人制造、应用和系统集成类企业；智能控制技术专业主要面向智能产品生产、应用和集成类企业；工业过程自动化技术专业主要面向制药、化工、环保等过程控制类企业；工业网络技术专业主要面向工业网络设备与系统应用和集成类企业；工业自动化仪表专业主要面向热力发电、石油化工、冶金加工等行业及仪表应用与生产类企业；液压与气动技术专业主要面向液压与气动设备的生产、销售和使用类企业；电梯工程技术专业主要面向电梯生产制造、安装与维护类行业。

高职（专科）自动化类专业标准学制为3年，毕业授予专科毕业证。

二、知识构架

1. 主要课程

自动化类专业核心课程包括：PLC控制技术、电力电子技术、电机控制技术、传感器技术、单片机技术、机床电气控制、C语言、机械设计与制图、机械机构拆装、液压与气动技术、自动控制原理、电气读图与识图、电工技术、电子技术、工业机器人技术基础等。

自动化类专业主干课程包括：机电设备维修与管理、工厂供配电技术、工业机器人系统集成、工业网络控制技术、过程控制与自动化仪表、液压与气压传动技术、电梯控制技术等。

2. 实习实训

自动化类专业对实践教学有较高要求，通常包括公共实践、课程实践、专业实践和顶岗实习等环节。

公共实践环节主要指校内军事训练、志愿服务、公益劳动、勤工助学、暑期社会实践等内容，主要培养学生的身体素质、劳动素质、综合素养等。课程实践环节指各专业课程中的随堂实

践项目。专业实践环节指专业技能训练、综合技能训练，例如CAD绘图实训、金工实训、电工电子实训、机械设计实训、PLC实训、数控编程与操作实训、机电产品创新设计综合实训等。顶岗实习环节是指学生在高职教育的最后一年或者半年，到与学校合作的校外实习基地（企业）进行长时间、有计划、有目标的综合性实习实训，主要培养学生综合运用所学专业知识的能力以及综合职业素养等。

三、就业方向与发展前景

自动化类专业毕业生的就业方向主要面向机械加工、轨道交通、新能源、食品饮料、电器生产、轮船制造等相关行业、企业，从事机电设备及机电系统的装调岗位、机电设备的维护管理岗位、电气系统的管理维护技术岗位、电气设备的销售管理岗位、工业机器人生产及系统集成岗位、智能控制系统的装调维护技术岗位、智能型产品的软硬件设计与调试技术岗位等工作。

当前，自动化技术已融入人类社会生活的方方面面，在各个领域均发挥着至关重要的作用。自动化技术与现代化工业、农业、国防及民生息息相关，同时，自动化技术也是发展智能制造、实现工厂互联网的关键技术。随着"中国制造2025""人工智能"等国家战略的实施，必将掀起新一轮自动化技术的发展浪潮。社会对自动化类专业人才的需求也必将不断增加，毕业生就业前景更为广阔。

自动化类专业毕业生就业范围广，基本不受行业限制，可以在电子、机械、电力、冶金、交通、化工、房地产、新能源、轨道交通等领域的企事业单位从事自动化设备及系统安装调试、操作运行、维护维修、技术改造和现场技术管理等工作。自动化类专业毕业生就业后薪酬水平往往比较高。

四、学习本专业类的优势和劣势

自动化类专业具有"机（械）电（气）一体，强（电）弱（电）并重，软（件）硬（件）兼施"的鲜明特点，就业口径宽，就业岗位技术含量高，未来的发展空间大，学生岗位选择的余地较大。

自动化类专业在课程设置上，涉及机械、电气、控制等诸多领域，这种多领域齐头并进的学

习，需要学生真正对电气领域的知识感兴趣，同时需要具备持之以恒的学习精神。

五、学生素质要求与高校选科要求

学习自动化类专业，学生要对自动化类专业知识感兴趣；具有较强的动手实践能力和逻辑思维能力；具有较好的数学、物理基础。

根据山东省教育招生考试院公布的普通高校专业类选考，高职（专科）自动化类专业一般不提科目要求，但具有较好的物理基础对于学习自动化类专业会有很大的帮助，因此建议报考自动化类专业的学生选考物理。

每个高校的具体选科要求可通过山东省教育招生考试院网站（http://www.sdzk.cn/）、山东省教育云服务平台（http://www.sdei.edu.cn/）或"山东高考一点通"微信公众号查询。

6.4 船舶与海洋工程装备类（5605）

一、专业类概述

船舶与海洋工程产业是国民经济的重要战略性产业，具有技术先导性强、产业关联度大、资本与劳动密集结合等特点，对经济发展起着综合的促进作用，能带动众多相关产业向高、精、尖方向发展。船舶与海洋工程装备技术水平是国家综合实力的体现。

我国是海洋大国，发展海洋经济对于保障国家安全、切实维护海洋权益、拓展国民经济和社会发展空间、缓解资源和环境的瓶颈制约、促进沿海地区经济合理布局和产业结构调整都具有十分重要的战略意义。"走向深蓝"成为举国共识，"一带一路"建设进入全面实施新阶段，为船舶与海洋工程技术提供了新的发展机遇。随着我国经济的快速发展和工业化水平的大幅提高，中国船舶工业经过长期积累，基础设施、造船能力都有了显著提高。加快船舶与海洋工程的发展，是提升山东乃至全国装备制造业水平、促进产业结构优化升级、发挥优势支柱产业作用的重要举措。

船舶与海洋工程装备类专业面向船舶与海洋工程装备制造等行业企业，主要培养适应生产一线需要，具有创新精神和敬业精神，掌握船舶工程基础理论与专业知识，具备船舶与海洋工程

建造、船舶电气设计与施工、轮机生产设计与装调、船舶信息通信与网络维护、船舶电子设备安装与维修、船舶机械设备维修等方面的组织、实施与管理能力，可从事船舶与海洋工程装备建造施工、检验、生产设计、生产组织管理等工作的高素质技术技能人才。

专业设置：根据教育部高等职业教育（专科）专业目录，船舶与海洋工程装备类专业包括9个专业，分别是：船舶工程技术（560501）、船舶机械工程技术（560502）、船舶电气工程技术（560503）、船舶舾装工程技术（560504）、船舶涂装工程技术（560505）、游艇设计与制造（560506）、海洋工程技术（560507）、船舶通信与导航（560508）、船舶动力工程技术（560509）。

高职（专科）船舶与海洋工程装备类专业标准学制为3年，毕业授予专科毕业证。

二、知识构架

1. 核心课程

船舶与海洋工程装备类专业核心课程包括机械设计基础、船体结构与制图、船舶检验、船体材料与焊接、船舶管路系统、船舶柴油机、船舶辅机、船舶动力装置、船舶CAD/CAM、船舶通信与导航系统、轮机自动化、船舶电工工艺、船舶电力拖动、游艇机电设备、船舶舾装工艺、船舶涂装工艺等。

2. 实习实训

船舶与海洋工程装备类专业的实践教学包括专业认知实习、一体化教学、现场教学、专业集中实训、专业综合实训、顶岗实习等环节。

专业认知实习是通过校内专业实训基地见习、企业现场参观等活动了解专业工作内容及环境，一般安排在新生入学后的专业认知教育阶段进行。

一体化教学是在具有实操、演示、多媒体授课条件的一体化教室，以边讲边做的形式开展的专业课程教学活动。

现场教学是针对特定的课程或岗位工作内容，在船舶与海洋工程企业的生产现场，通过企业技术人员和专业教师的讲解开展的教学活动。

专业集中实训是根据专业课程进程开展的阶段性实操训练及设计等活动。

专业综合实训是在专业课程结束后开展的为期4周的综合性实训或设计活动。

顶岗实习主要安排在专业课程结束后，学生到企业跟岗进行为期24周的实习，直接参与岗位工作过程，提高实际工作能力。

三、就业方向与发展前景

该类专业毕业生主要面向船舶与海洋工程企业、船舶配套企业以及船舶设计、船舶检验等企业，可从事船舶与海洋工程建造、舾装、生产设计、质量检验、生产组织与管理等岗位工作。

船舶制造业是山东省"十三五"规划重点发展的七大产业之一。为实现船舶工业跨越式发展，山东省政府相继出台了《关于进一步加快船舶工业发展的意见》《山东省船舶工业调整振兴规划》等文件，对山东省船舶工业快速发展作出了整体规划和部署。国务院以国函〔2011〕1号文件批复《山东半岛蓝色经济区发展规划》，将山东半岛蓝色经济区建设上升为国家战略，为山东省船舶工业创造了前所未有的发展机遇。船舶行业的发展离不开大量的船舶与海洋工程装备类专业人才的支撑，学生的就业前景非常广阔。

四、学习本专业类的优势和劣势

船舶与海洋工程产业是国民经济的重要战略性产业。国家及地方政府对该产业发展的重视和支持，不仅对整个经济发展起到综合性的促进作用，而且能带动众多相关产业向高、精、尖方向发展。

船舶与海洋工程装备类专业具有技术先导性强、产业关联度大等特点。加快船舶行业发展，需要大量的船舶建造施工、船舶建造检验、造船生产设计、船舶生产组织管理以及海洋工程装备建造施工等方面的高素质技术技能人才，毕业生发展前景良好。

船舶与海洋工程行业容易受到国内外周期性经济环境的影响，该类专业的招生和就业会受到相应的影响。由于行业工作条件相对艰苦，从业人员的离职率较高。该类专业实训基地建设投入大、耗材消耗多，企业现场安全保障要求高，实训受到一定条件的制约。该类专业属于小众专业，开设该类专业的学校少，开设时间较晚，校企合作的历史短，专业教育和专业教育资源不足。船舶与海洋工程企业薪酬水平高，企业技术人员进校担任专业教师的人数少。

五、学生素质要求与高校选科要求

学习船舶与海洋工程装备类专业，学生应具有勤奋刻苦、积极向上的学习态度，具有良好的身体素质和心理素质，具有一定的数学、物理、英语知识基础和计算机应用基础。

根据山东省教育招生考试院公布的普通高校专业类选考要求，高职（专科）船舶与海洋工程装备类专业一般不提科目要求。

每个高校的具体选科要求可通过山东省教育招生考试院网站（http://www.sdzk.cn/）、山东省教育云服务平台（http://www.sdei.edu.cn/）或"山东高考一点通"微信公众号查询。

6.5 汽车制造类（5607）

一、专业类概述

汽车作为人类的重要交通工具之一，现在普及程度越来越高。汽车制造类专业主要培养汽车整车及零部件制造与装配、汽车售后维修以及汽车产业技术管理等工作领域的高素质技术技能人才。汽车产业是国家经济发展的重要支柱，我国现在正值"中国制造2025"国家发展战略实施的重要时期，汽车产业的发展是重要环节之一，而且我国新能源汽车的发展也正值高速上升期，急需一批高素质技术技能人才支撑汽车产业发展。

专业设置：根据教育部高等职业教育（专科）专业目录，汽车制造类专业包括7个专业，分别是：汽车制造与装配技术（560701）、汽车检测与维修技术（560702）、汽车电子技术（560703）、汽车造型技术（560704）、汽车试验技术（560705）、汽车改装技术（560706）、新能源汽车技术（560707）。

高职（专科）汽车制造类专业标准学制为3年，毕业授予专科毕业证，期间可考取相关职业资格证书。

二、知识构架

1. 主要课程

汽车制造类专业必修课程包括：汽车装配与调整、汽车发动机构造与维修、汽车底盘构造与维修、汽车电控系统检修、汽车车载网络技术、新能源汽车构造与维修、电池及电源管理系统、驱动电机及控制技术、汽车电器改装、汽车底盘改装、汽车故障诊断与综合检测、二手车鉴定与评估、汽车服务企业管理等。

汽车制造类专业选修课程包括：汽车车身拆装与调整、汽车钣金维修工艺、汽车喷涂维修工艺、汽车美容、汽车碰撞事故查勘与定损实务、汽车电子商务、汽车性能及商务评价等。

2. 实习实训

汽车制造类专业的实习分为认知实习、跟岗实习、顶岗实习三种形式。认知实习一般安排在第一、二学期，各院校根据区域汽车产业实际，安排学生到汽车类企业每学期进行为期3~7天的岗位认知实习，培养学生的专业学习兴趣，引导学生建立职业规划。跟岗实习一般安排在第三、四、五学期，根据各专业特点和岗位能力培养需求，各院校统一安排学生每学期到合作企业进行为期一个月左右的跟岗实习，校内外专兼职教师共同完成学生跟岗实习的指导，主要锻炼学生的岗位实践能力和职业素养。顶岗实习安排在第六学期，按照各院校统一安排和学生自主选择的原则，安排学生到专业对口的汽车类相关企业进行顶岗实习，主要由校外兼职教师指导学生进行岗位实践，综合锻炼学生的岗位实践能力和职业素养。

各高职院校的实习安排也会根据校企合作项目的实施略有不同，有的学校会与汽车类企业合作开展订单式培养、现代学徒制培养、冠名班培养等特色培养模式，在这类特色培养模式下，一般会安排学生到指定的合作企业进行实习。

各高职院校要求学生利用暑假和寒假开展社会实践锻炼，社会实践侧重于学生的吃苦耐劳精神、理财理念、专业实践能力等方面的考核，学生在学期初要提交社会实践报告。

三、就业方向与发展前景

汽车制造类专业毕业生的就业方向主要包括：（1）汽车制造企业，从事汽车制造与装配技术工作、生产车间（工段）或技术部门的技术管理工作。（2）汽车及机械制造企业，从事计算机辅助设计、计算机辅助制造及数控设备调试维护与操作等工作。（3）汽车维修企业，从事汽车机电维修、汽车配件管理、钣金涂装、汽车改装、汽车美容与装潢、二手车鉴定及评估等工作。

（4）保险公司、政府交通管理部门等，从事汽车保险销售与理赔、事故车现场查勘与定损、交通管理等岗位工作。

汽车制造类专业毕业生的职业发展一般有两条路径：一条是技术岗，另一条是管理岗。

在汽车整车及零部件制造厂，技术岗晋升路径一般为学徒、初级技师、高级技师、特级技师；管理岗晋升路径一般为学徒、班长、段长、车间主任（或部长）、副厂长、厂长。

在汽车4S店或汽车维修企业，技术岗晋升路径一般为学徒、初级技师、高级技师、特级技师；管理岗晋升路径一般为学徒、售后主管（或培训主管）、售后总监、总经理（或店长）。

四、学习本专业类的优势和劣势

汽车制造类专业的优势在于就业领域广，毕业生的就业领域主要有：汽车整车、汽车零部件、机械制造、机电制造等企业，汽车4S店、汽车维修厂、汽车快修店、汽车改装厂等汽车售后服务企业，以及保险公司、政府交通管理部门等。

汽车制造类专业毕业生就业竞争能力强，后续发展优势明显。毕业生随着实践经验的积累和岗位能力的提升，后续发展空间大，而且也正如俗话说的"越老越吃香"。

由于汽车制造类专业学生的岗位实践能力培养至关重要，其劣势在于毕业生在学徒期间从事的岗位工作环境条件较为艰苦，在经验积累和技术技能提升期间，更需要具有吃苦耐劳、任劳任怨的精神。

五、学生素质要求与高校选科要求

学习汽车制造类专业，学生需要对汽车行业的科技进步和技术革新发展感兴趣；具有较强的动手能力，在生活中乐于实践，注重培养技能；具有吃苦耐劳的精神，愿意毕业后到汽车制造企业、汽车检测站、汽车维修企业、汽车销售服务企业（4S店）、二手车评估公司、保险公司等单位从事相关岗位工作。只要具有以上三点，就可以在汽车制造类专业有较好的发展。

根据山东省教育招生考试院公布的普通高校专业类选考要求，高职（专科）汽车制造类专业一般不提选考科目要求。

每个高校的具体选科要求可通过山东省教育招生考试院网站（http://www.sdzk.cn/）、山东省教育云服务平台（http://www.sdei.edu.cn/）或"山东高考一点通"微信公众号查询。

7 专业大类：生物与化工大类（57）

在教育部颁布的《普通高等学校高等职业教育（专科）专业目录》中，生物与化工大类下，包含生物技术类、化工技术类两个专业类。

7.1 生物技术类（5701）

一、专业类概述

生物技术类专业是一个涉及理、工、法、管、医等学科的新兴综合性交叉学科。生物技术类专业培养具有良好的职业道德和人文素质，掌握生物技术专业的相关基础知识、规范操作技能及应用技术，能够在食品（调味品及食品添加剂、酒、饮料及精制茶）、发酵产品（氨基酸、有机酸、工业用酶制剂）、药品（抗生素、基因药物）、现代农业生物技术（微生物肥料、微生物农药、微生物兽药、植物组织培养苗、食用菌）、生物产品检验检疫（生物产品的样品处理、分析检测、数据处理、测定）等领域从事生产操作、设备使用与维护、生产过程质量监控、工艺与设备管理、技术研发辅助、动物检疫等工作的高素质技术技能人才。

专业设置：根据教育部高等职业教育（专科）专业目录，生物技术类专业包括5个专业，分别是：食品生物技术（570101）、化工生物技术（570102）、药品生物技术（570103）、农业生物技术（570104）、生物产品检验检疫（570105）。

生物技术类专业毕业生的就业领域主要面向生物产品制造技术及应用行业，在发酵、产品分离提取、菌种培养、动植物细胞培养、植物组织培养、食用菌栽培、生物产品预处理、分析检测等岗位群，从事生产操作、设备使用和维护、生产过程质量监控、工艺与设备管理、技术研发辅助等工作。

高职（专科）生物技术类专业标准学制为3年，毕业授予专科毕业证。

二、知识构架

1. 主要课程

生物技术类专业必修课程包括化学分析、生物化学、微生物基础、微生物发酵技术、食品药品质量与安全、发酵食品生产技术、化工单元操作、生化工程设备、生化分离技术、生物化工产品生产技术、动植物组织和细胞培养技术、食用菌栽培技术、生物产品生产技术、微生物检测技术、生物产品检验检疫等。

生物技术类专业选修课程包括食品安全法律法规、保健食品、酶工程、设备使用和维护、生物产品营销、科技创新等。

2. 实习实训

生物技术类专业的集中实践环节主要包括微生物基础技能训练、微生物发酵技术技能训练、发酵食品生产技术综合训练、化工单元操作、农业生物产品生产、认识实习、生产实习、毕业设计等。

三、就业方向与发展前景

生物技术类专业的就业方向主要是：

（1）生物科技、生物技术类企业，从事生物产品的生产、生产过程质量监控、设备使用与维护、工艺与设备管理、技术研发辅助、产品销售等工作；

（2）食品药品生产企业，从事产物分离提

取、产品检测、产品质量报告撰写、食品药品相关法律法规解读等工作；

（3）第三方评价机构，从事食品行业安全评价、风险评估等工作；

（4）政府部门、企事业单位，从事食品、药品监督管理工作；

（5）大中专院校，从事生物技术或相近专业的教学工作。

随着生物技术的发展，生物产品越来越受到欢迎，国家对生物技术专业人才的需求日益增大。生物技术类专业毕业生的就业方向包括医药、食品、化工、轻工、环保、商检、农、林、牧、渔等领域的企事业单位和行政管理部门，可从事生物产品的技术开发、技术推广、工程设计、生产管理、行政管理、产品性能检测分析及市场营销等工作。由于本专业类相关就业领域对学生的专业素质要求较高，因此毕业生可通过专升本、考研等进一步深造，拓展发展空间。

四、学习本专业类的优势和劣势

21世纪被认为是生物技术的世纪，生物技术产业成为经济发展的突破口。目前我国无论是生物技术的研究人员，还是生物技术产品开发人才，都存在严重不足的问题，未来一段时期我国对生物技术类专业人才有极大需求；该类专业知识范围广，属于理科、工科与生命科学的交叉学科，应用广泛；该类专业将先进高端的生命科学和应用联系起来，有利于解决目前环境、食品、药品等众多领域的技术问题，并将从生产、生活上提升人们的生活质量，发展前景广阔。

由于生物技术产业前期投入大、风险大，短时间内国内无法形成大规模的生物产业集团。目前生物技术产业在我国属于起步阶段，虽然国内有许多生物技术公司，但大部分规模小、技术含量低，甚至有的只是挂名生物技术，因此存在毕业生就业单位规模小、专业对口率低的情况。

五、学生素质要求与高校选科要求

学习生物技术类专业，学生应具有较强的学习能力和良好的语言表达能力；具有一定的人际交往能力、社会实践能力和创新能力；具有一定的专业应用文写作能力。由于生物技术类专业以化学、生物为基础，学生应具有较强的化学、生

物学基础，并具有浓厚的学习兴趣。

绝大多数高职院校的生物技术类专业不提选考科目要求，少数高职院校要求选考物理、化学、生物（三门科目考生选考其中一门即可报考）。

每个高校的具体选科要求可通过山东省教育招生考试院网站（http://www.sdzk.cn/）、山东省教育云服务平台（http://www.sdei.edu.cn/）或"山东高考一点通"微信公众号查询。

7.2 化工技术类（5702）

一、专业类概述

化工技术类专业是一个涉及理、工、法、医等学科的综合性交叉学科，主要培养具有良好的职业道德和人文素养，掌握化学基础、化工单元操作、化学反应过程、化工产品生产与分析、化工仪表设备使用与控制、化工安全与环保等方面的基本知识，具备典型化工生产单元操作、工艺运行与控制、产品质量控制、生产工艺管理等能力，能够从事化工分析、生产操作与控制、产品营销和技术管理等工作的高素质技术技能人才。

化工在国家发展、科技进步、人类生活等方面发挥着重要作用，人类的衣食住行都离不开化工。研究化工可以更好地指导物质生产，开发新能源、新材料、新工艺，增产粮食，增进健康，增强环保等，满足人们的物质需求，具有广阔的应用前景。

化工技术类专业毕业生主要面向环境监测、清洁能源、石油炼制、石油化工、精细化工、海洋化工、煤化工、工业分析、高分子材料合成、材料研究、食品药品检测、制药、军工等行业企业或研究部门，在化验分析、现场操作、远程控制、车间工艺、产品研发、技术研发推广、产品营销等岗位群，从事化验分析、生产操作、工艺控制、技术研发、产品销售、生产管理、技术管理、人力资源管理等工作。

专业设置：根据教育部高等职业教育（专科）专业目录，化工技术类专业包括12个专业，分别是：应用化工技术（570201）、石油炼制技术（570202）、石油化工技术（570203）、高分子合成技术（570204）、精细化工技术（570205）、海洋化工技术（570206）、工业分析技术（570207）、化工装备技术（570208）、

化工自动化技术（570209）、涂装防护技术（570210）、烟花爆竹技术与管理（570211）、煤化工技术（570212）。

高职（专科）化工技术类专业标准学制为3年，毕业授予专科毕业证。

二、知识构架

1. 主要课程

化工技术类专业必修课程包括无机化学、有机化学、分析化学、化工识图与制图、化工单元操作技术、化学反应技术、有机化工生产技术、化工过程与设备、化工仪表及自动化、化工安全与环境保护、工业分析、精细有机合成技术、高分子化学、高聚物合成工艺等。

化工技术类专业选修课程包括仪器分析、精细化学品制备、石油加工技术、油品分析、分析仪器结构及维护、化验室组织与管理、高分子物理、安全法规、化工产品营销、聚合反应过程及设备、高分子合成助剂、涂料生产技术、日用化学品生产技术、工程力学、科技创新等。

2. 实习实训

化工技术类专业的实践教学环节主要包括化学检验基本技能训练、化工单元操作训练、化工仪表自动化训练、化工设备拆装训练、化工总控训练、化工产品分析、化工仿真训练、化工单元课程设计、认识实习、生产实习、顶岗实习等。

三、就业方向与发展前景

化工技术类专业毕业生的就业方向主要是：

（1）大型化工、环保、能源、医药、食品、军工等企事业单位，从事原料产品分析、环境测评、生产操作、设备维护、仪表调试、生产管理、安全管理、技术开发、技术推广及产品营销等工作；

（2）环境监测机构、新能源公司、石油炼制企业、化工类企业、制药企业等，从事化验分析、生产操作、工艺控制、技术研发、产品销售、生产管理、技术管理、安全管理、人力资源管理等工作；

（3）第三方环保评价机构，从事专业环境测评、安全评价、风险评估等工作；

（4）政府部门、企事业单位，从事政府层面的化工生产或环境评价管理工作；

（5）大中专院校，从事化工技术或相近专业的教学及管理工作。

化工产业是我国的传统产业，与每个人的衣食住行息息相关，为我们创造舒适、便捷的生活做出了杰出贡献。化工产业也是朝阳产业，正在向绿色化工、自动化工和微型化工转型升级，化工园区将信息化和自动化融合在一起建设智慧园区，将来会更好地服务社会、造福人类。化工专业毕业生就业前景良好，工资待遇相对较高，社会上化工专业人才呈现供不应求的局面。高职毕业生初次就业一般从事操作工、化验员等基础工作，认真工作3~5年会成长为班组长，5~7年可成长为技术员，7~10年可成长为车间主任等中层或高层管理者，发展前景良好。

四、学习本专业类的优势和劣势

化工专业应用范围广，技术创新快，发展潜力大，人才需求旺盛，就业面宽，薪资水平高，发展前景好。在国家重安全、强环保的有力措施下，绿色化工、高自动化水平的智慧化工正在向我们走来，化工企业环境逐步改善，生活区和生产区隔离，生活配套设施齐全，办公工作条件优良。

更高的生产效益要求化工生产具有不间断性，所以化工企业一线工作一般实行三班或四班轮流上班的倒班制，作息时间不太规律。某些化工企业地理位置比较偏远，需要乘坐班车去市区。

五、学生素质要求与高校选科要求

学习化工技术类专业，学生应具有较强的学习能力和良好的语言表达能力；具有一定的人际交往能力、社会实践能力和创新能力；具有一定的专业应用文写作能力；具有一定的英语表达能力和英语技术资料阅读能力；具有良好的计算机应用能力和信息收集处理能力。同时，对化学、生物、物理等学科感兴趣，具有扎实的化学基本知识和技能，乐于研究新物质、新材料、新能源等新鲜事物，愿意投身于环保、化工、检测等行业的发展。

绝大多数高职院校的化工技术类专业不提选考科目要求，少数高职院校要求选考化学、物理、生物（三门科目考生选考其中一门即可报考）。

每个高校的具体选科要求可通过山东省教育招生考试院网站（http://www.sdzk.cn/）、山东省教育云服务平台（http://www.sdei.edu.cn/）或"山东高考一点通"微信公众号查询。

8 专业大类：轻工纺织大类（58）

在教育部颁布的《普通高等学校高等职业教育（专科）专业目录》中，轻工纺织大类下，包含轻化工类、包装类、印刷类、纺织服装类四个专业类。

8.1　轻化工类（5801）

一、专业类概述

轻化工行业是我国国民经济的重要组成部分，是人们美好生活的基石。人们的衣、食、住、行等都离不开轻化工产品：高分子新材料产业是山东半岛蓝色经济区和黄河三角洲高效生态经济区发展规划建设的重点，发展前景广阔，如塑料管材、服装面料、新型碳纤维材料、芳纶耐火纸张、纳米新材料、心脏支架类医用高分子材料等；香料香精是生活中各种化妆品、食用调味品的香味的来源；皮革制品则是我们穿衣戴帽的必需品；生活离不开家具；乐器使我们的生活更加美妙；珠宝首饰已是现代人时尚的标志。

轻化工产品的不可替代性决定了该类专业人才需求的紧迫性。

轻化工类专业面向轻化工行业，主要培养掌握轻化工类专业的基础知识及专业知识，具备轻化工产品配方设计、新产品开发、产品生产技术、原料及产品质量检测、产品生产设备操作与维护、产品生产过程自动控制、产品营销、生产管理等专业技能，具有良好的职业素质及创业能力的高素质技术技能型人才。

专业设置：根据教育部高等职业教育（专科）专业目录，轻化工类专业包括12个专业，分别是：高分子材料加工技术（580101）、制浆造纸技术（580102）、香料香精工艺（580103）、表面精饰工艺（580104）、家具设计与制造（580105）、化妆品技术（580106）、皮革加工技术（580107）、皮具制作与工艺（580108）、鞋类设计与工艺（580109）、乐器制造与维护（580110）、陶瓷制造工艺（580111）、珠宝首饰技术与管理（580112）。

轻化工类专业中的每个专业都与生活息息相关。各个专业之间有共同点，也有很大的不同，大多数专业可以从专业名称上领会到该专业的学习领域及将来的就业方向。高分子材料加工技术专业比较难理解，高分子材料就是分子量大的材料；表面精饰工艺专业则是培养表面处理的专业人才，比如金银首饰表面处理技术、皮革制品表面处理技术、金属材料表面处理（电镀与涂装）等。

目前，山东省开设轻化工类专业的高职院校较少，只有四所，烟台工程职业技术学院和山东第一医科大学开设了高分子材料加工技术专业，潍坊职业学院和威海职业学院开设了化妆品技术专业。

高职（专科）轻化工类专业标准学制为3年，毕业生可获得专科毕业证书及相应的职业资格证书。

二、知识构架

1. 主要课程

轻化工类专业的核心课程主要包括无机化学、有机化学、分析化学、化工单元操作、产品物性检测、产品配方与设计、原料及产品检验、产品加工工艺及设备、产品生产自动控制、安全生产、制图与CAD、环境保护、市场营销等。各专业根据自身的特点还开设特色主干课程。

2. 实习实训

各高职院校把实践能力培养放在教学工作的首位，均建有自己的校内实训基地和校外实训基地，前两年半通常在学校进行教学，各门课程基本采用理实一体化的教学模式，即"学中做，做中学，学做结合，边学边做"，在实训室中边学理论边操作。第六学期学生到企业等实际工作岗位进行顶岗实习，把所学的知识技能与企业的生产岗位有机结合起来，顶岗实习包括配方设计、原料及产品检验、产品生产操作及自动控制、产品营销等内容。毕业前需进行毕业设计及毕业答辩。

三、就业方向与发展前景

轻化工类专业毕业生可进入轻化工领域的各大公司、研究所、设计院、企事业单位、高等院校等单位，从事配方及设计、生产及自动化操作、检验化验与产品质量控制、产品营销等方面的工作；轻化工类专业毕业生自主创业成功率高，可成立轻化工类原料销售公司、产品销售公司等；参加教育部组织的专升本统一考试，进入本科院校学习也是一种选择。

轻化工行业的发展与我国国民经济的发展相适应，东部沿海地区轻化工行业发展水平高，产品科技含量高，人才需求量大，尤其苏、浙、沪、粤、鲁等地区。轻化工行业由于发展历史悠久，企业自动化水平高，大多实现了车间"无人化"控制，操作人员集中在DCS控制室，通过电脑进行生产控制。轻化工类企业把安全视作企业的生命，高度重视安全生产，事故率远低于制造业的平均水平，所以，选择就业于该类企业，安全是有保障的。轻化新材料是国家大力发展的高科技行业，受到国家政策的保护与支持，发展前景看好，毕业生供不应求。

四、学习本专业类的优势和劣势

轻化工类专业的优势主要体现在三个方面：

（1）企业自动化水平高，属于轻体力劳动行业，就业岗位技术含量高，岗位通用性强，可迁移性强。比如，不同的企业中同种成分的化验检验方法是相同的。

（2）可就业的单位多，岗位多，可选择性强，毕业生可以根据兴趣选择满意的工作岗位。

即使自主创业，成功率也高。

（3）可以更好地理解生活中的各种变化。例如，轻化工类专业需要学习各种化学与生活类的选修课程，可以了解更多的生活常识；也可以学会多种生活用品的手工制作，如香皂、口红、手油、洗发水、饰品挂件、胭脂等；还可以变废为宝，如把地沟油做成手工皂。

轻化工类专业的所谓劣势主要表现为：有志于成功的男同学，需要先到企业一线进行锻炼，了解产品生产的全过程；现代化企业是24小时连续工作，设备不能停，生产多采取倒班制，作息时间不太规律。

五、学生素质要求与高校选科要求

学习轻化工类专业，要求学生道德品质好，遵纪守法，为人正直，诚实守信；爱护环境，讲究卫生，环保意识较强；具有较好的化学知识基础；辨色能力正常，无色弱。

根据山东省教育招生考试院公布的普通高校专业类选考要求，高职（专科）轻化工类专业一般不提科目要求，所有考生均可报考（包括艺术生）。

每个高校的具体选科要求可通过山东省教育招生考试院网站（http://www.sdzk.cn/）、山东省教育云服务平台（http://www.sdei.edu.cn/）或"山东高考一点通"微信公众号查询。

8.2 包装类（5802）

一、专业类概述

包装类专业面向包装印刷、制药、轻化、电子、食品等需要外观包装的行业，主要培养具有良好的文化素养和敬业精神，掌握包装装潢与创意设计、包装结构与创意设计、物流包装与检测、包装策划与管理、包装业务与营销、防伪包装设计、包装设备及相关机电设备操作与维护技术等相关知识和技能，具有一定创新能力的高素质技术技能型人才。包装类专业的核心能力是产品包装的设计能力及包装自动化设备的操作能力。

正如漂亮的女士也需要美丽得体的装扮一样，外观设计与包装已日益受到人们的重视，产品的外表越漂亮美观，越容易被客户接受。以前，人们常说"酒香不怕巷子深"，只要产品质量好，就不愁卖不出去。在市场竞争日益激烈的今天，包装的重要性已被商家所认识。人们已感觉到"酒香也怕巷子深"。要让自己的产品得以畅销，并且从琳琅满目的货架中脱颖而出，只靠产品自身的质量与媒体的轰炸，是远远不够的，包装是非常重要的一部分。

专业设置：根据教育部高等职业教育（专科）专业目录，包装类专业包括4个专业，分别是：包装工程技术（580201）、包装策划与设计（580202）、包装设备应用技术（580203）、食品包装技术（580204）。

本专业类的四个高职专业，对接本科的专业为包装工程专业，各专业的共性为培养学生的包装设计能力。不同点在于，包装工程技术专业既培养学生的包装设计能力，也注重学生的包装自动化设备操作能力的培养；包装策划与设计专业侧重于培养学生的包装设计能力，兼顾学生的设备操作与维护能力的培养；包装设备应用技术专业则以培养学生的自动化设备操作与维护能力为主，兼顾包装设计能力的培养；食品包装技术专业则是培养学生的食品包装设计能力。

高职（专科）包装类专业标准学制为3年，毕业生可获得专科毕业证书及相应的职业资格证书。

二、知识构架

1. 主要课程

包装类专业的主要课程有包装概论、包装工艺、包装材料与加工、包装印刷设备、平面设计、包装装潢设计与制作、包装材料学、包装测试、Photoshop图像处理技术、图像创意设计与制作、纸包装结构设计与制作、图形创意设计与制作、塑料包装结构设计与3DMax软件、金属包装结构设计与Pro-E软件、运输包装设计、物流包装设计软件应用、防伪版纹设计软件、防伪包装设计、3D打印技术等课程。

2. 实习实训

各高职院校把实践能力培养放在教学工作的首位，均建有自己的校内实训基地和校外实训基地，前两年半通常在学校进行教学，各门课程基本采用理实一体化的教学模式，即"学中做，做中学，学做结合，边学边做"，学生在实训室中边学理论边操作。第六学期学生到企业等实际工作岗位进行顶岗实习，把所学的知识技能与企业的生产岗位有机结合起来，顶岗实习包括检验岗位实习、设计岗位实习、生产岗位实习、营销岗位实习等。

为提高毕业生的创新创业能力，通常还安排两周左右的创业实践活动。

三、就业方向与发展前景

包装类专业毕业生就业方向广泛，大致包括设计与策划、检测、设备操作与维护等方向。毕业生可在商品生产与流通部门、外贸企业、包装装潢类平面设计公司、电子商务公司、包装印刷企业、包装材料生产与研发公司、电子产品生产企业、日用品生产企业、包装检测中心、商检机构、包装材料和设备生产厂商等企事业单位，从事包装结构设计、包装装潢设计与制作、包装材料与品质检测、包装策划、包装自动化设备操作与维护、包装工艺设计与管理等方面的工作。

包装产业未来的发展方向主要有三个，即绿色包装、智能包装、安全包装。

中国的包装行业产品社会需求量大，科技含量日益提高，包装产业已成为我国国民经济中的重要产业之一。到2020年，中国包装工业将满足全面建成小康社会的需求，建成一个科技含量高、经济效益好、资源消耗低、环境污染少、人才资源优势得到充分发挥的新型中国包装工业。包装工业已成为朝阳产业，发展潜力巨大。

与我国包装产业的发展相适应，包装类专业人才也是我国紧缺的人才，包装类专业毕业生供不应求。

包装类专业毕业生通过一段时间的工作历练，可以发展成为包装产品设计师、包装印刷工程师、业务或生产经理等，也可以通过自主创业，成立自己的包装类广告设计公司。

四、学习本专业类的优势和劣势

包装行业是我国的朝阳行业，在产品的营销中占有重要的地位。产品包装设计直接关系到产品的销售，急需高素质的包装设计人才。今后几年，包装类专业毕业生仍将维持供不应求的局面。

包装类专业毕业生收入水平较高，工作环境较好，行业人工智能化水平较高，劳动强度较低。

包装类专业毕业生创业成功的机会较大，成

立自己的包装产品设计室等，是自主创业较理想的方案。

由于产业宣传力度不足，人们对产品包装的重要性认识仍然不足，相关行业从业人员还需加大企业生产现状的宣传，使人们充分认识包装的意义。

五、学生素质要求与高校选科要求

学习包装类专业，要求学生具有良好的思想道德品质，遵纪守法，为人正直，诚实守信；爱护环境，讲究卫生；辨色能力正常，无色弱。对色彩和绘画感兴趣的考生更受欢迎。

根据山东省教育招生考试院公布的专业类选考要求，高职（专科）包装类专业一般不提科目要求，所有考生均可报考（包括艺术生）。

每个高校的具体选科要求可通过山东省教育招生考试院网站（http://www.sdzk.cn/）、山东省教育云服务平台（http://www.sdei.edu.cn/）或"山东高考一点通"微信公众号查询。

8.3 印刷类（5803）

一、专业类概述

印刷类专业培养适应社会发展需要，具有扎实的印刷类专业理论基础，具有印刷媒体与数字媒体的策划、设计与传播能力及专业实践操作能力，能够从事现代印刷工艺设计操作、印刷图文信息处理、印刷生产组织实施、印刷产品质量检测控制等工作的高素质技术技能人才。

印刷类专业注重编辑出版基本理论、基本技能与动手能力的教学和培养，注重培养学生掌握出版技术和电脑编辑技术的各环节，尤其是出版物内容的技术编排和版面设计、图文编排、计算机编辑技术、出版成本核算和印制质量管理等方面的实际操作能力和质量管理能力。

作为我国古代四大发明之一的印刷术，体现了我国印刷领域发展的悠久历史。据统计，2017年我国印刷行业规模以上企业实现主营业务收入突破8000亿元。印刷产品结构在满足大众化需求的同时，呈现品质化、个性化、订制化趋势，绿色印刷和数字印刷迅猛发展。

专业设置：根据教育部高等职业教育（专科）专业目录，印刷类专业包括5个专业，分别是：数字图文信息技术（580301）、印刷设备应用技术（580302）、印刷媒体设计与制作（580303）、印刷媒体技术（580304）、数字印刷技术（580305）。

高职（专科）印刷类专业标准学制为3年，毕业生可获得专科毕业证书及相应的职业资格证书。

二、知识构架

1. 主要课程

印刷类专业的主要课程有色彩科学与技术、图像与文字处理技术、印刷复制工艺及材料适性分析、质量检测及控制、数字媒体技术、印刷机械等课程。

2. 实习实训

各高职院校把实践能力培养放在教学工作的首位，均建有自己的校内实训基地和校外实训基地，前两年半通常在学校进行教学，各门课程基本采用理实一体化的教学模式，即"学中做，做中学，学做结合，边学边做"，学生在实训室中边学理论边操作。第六学期学生到企业等实际工作岗位进行顶岗实习，把所学的知识技能与企业的生产岗位有机结合起来，顶岗实习包括印刷质量检测及控制、图文印刷设计、印刷排版等内容。

为提高毕业生的创新创业能力，通常还安排两周左右的创业实践活动。

三、就业方向与发展前景

印刷类专业毕业生可到相关单位从事与印刷有关的工作。目前该类专业毕业生数量较少，供不应求，不能满足社会对印刷类专业人才的需求。

印刷类专业毕业生可在新闻出版行业的出版社、期刊社、报社，或者大中型企业的企业文化发展部门、出版工作室、网站、排版公司、广告公司以及其他传播行业单位，从事文字技术编辑、图文编排、版面设计、出版物质量监控、出版物成本核算、印制业务管理、网络编辑、校对、出版物生产组织管理等工作；也可在各类企事业单位和行政机关从事文稿编辑出版、宣传策划等工作。印刷类专业毕业生也可自主创业，成立图文设计社、打印复印社等。

随着我国国民经济的快速发展和城镇化建设的加快，我国城乡居民的购买力和生活品质将不断提高，从而带动我国消费品市场的持续快速增长，并通过产业链传导进一步带动我国包装印刷产业的快速发展。当前中国经济处于转型期，新兴行业如电子商务、快递物流、电子通信等行业成为国民经济增长点，在此带动下，特定领域的包装印刷呈现出快速发展的势头。从总体上看，我国包装印刷行业的市场需求仍将继续保持稳步快速增长的发展势头，且高端包装印刷市场的需求将进一步增大。

与我国印刷行业的发展相适应，印刷行业人才需求也呈增长趋势。印刷类专业毕业生供不应求的局面仍将长期维持下去。

四、学习本专业类的优势和劣势

印刷类专业就业前景广阔。印刷行业朝着短平快、绿色环保、互联网的方向发展，促进了数码印刷、柔性版印刷的发展，从而带动相关印刷设备、油墨、纸张、网络等产品升级。这就需要大量的印刷专业人才去创新完善，促进行业发展。随着市场优化升级，印刷企业需要大量优秀的管理人才和技术人才。

目前我国印刷业存在小企业偏多、地区发展不平衡、劳动效率低、设备两极分化以及环保问题等方面的劣势。

改革开放以来，我国包装印刷业有了很大的发展，但与国外发达国家相比，还有很大差距。我国包装印刷业，低档产品印制能力过剩，高档精美产品或中档产品印制能力不足，还需要有志于报考印刷类专业的考生将来提高我国印刷业的技术水平。

五、学生素质要求与高校选科要求

学习印刷类专业，要求学生道德品质好，遵纪守法，为人正直，诚实守信；爱护环境，讲究卫生，环保意识较强；辨色能力正常，无色弱。对色彩和绘画感兴趣，并且爱好计算机的考生比较受欢迎。

根据山东省教育招生考试院公布的专业类选考要求，高职（专科）印刷类专业一般不提科目要求，所有考生均可报考（包括艺术生）。

每个高校的具体选科要求可通过山东省教育招生考试院网站（http://www.sdzk.cn/）、山东省教育云服务平台（http://www.sdei.edu.cn/）或"山东高考一点通"微信公众号查询。

8.4　纺织服装类（5804）

一、专业类概述

纺织服装类专业面向纺织服装行业，培养掌握现代纺织服装专业的基本理论知识，具备纺织服装专业工艺实践技能和创新能力，能胜任纺织服装产品设计与管理、品质检测与营销、跟单与贸易、纺织机电设备维护、纺织材料染整等岗位工作的高素质技术技能人才。

穿衣戴帽对人类的重要性就是纺织服装对人类的重要性。我国是全球第一大纺织服装出口国，纺织服装设计、生产工艺也逐步跟上了世界发展的步伐。伴随着纺织服装产业发展与信息技术、互联网的深度融合，传统的设计、生产、质控、检测设备逐渐被数字化、智能化设备代替。智能化的生产设备已经使纺织品及服装生产车间"无人化"成为可能。

专业设置：根据教育部高等职业教育（专科）专业目录，纺织服装类专业包括12个专业，分别是：现代纺织技术（580401）、丝绸技术（580402）、染整技术（580403）、纺织机电技术（580404）、纺织品检验与贸易（580405）、纺织品设计（580406）、家用纺织品设计（580407）、纺织材料与应用（580408）、针织技术与针织服装（580409）、服装设计与工艺（580410）、皮革服装制作与工艺（580411）、服装陈列与展示设计（580412）。

高职（专科）纺织服装类专业标准学制为3年，毕业生可获得专科毕业证书及相应的职业资格证书。

二、知识构架

1. 主要课程

纺织服装类各专业共同开设的主干课程有计算机辅助设计类、计算机图像处理类、纺织服装材料性能与检测类、纺织服装设计与应用类、纺织服装营销及电子商务类、纺织服装跟单类、纺织服装制作类等课程。染整技术专业与其他同类专业课程体系有所不同，单独开设的课程有配色技术、色彩管理、数字印花等。

2. 实习实训

各高职院校把实践能力培养放在教学工作的

首位，均建有自己的校内实训基地和校外实训基地，前两年半通常在学校进行教学，各门课程基本采用理实一体化的教学模式，即"学中做，做中学，学做结合，边学边做"，学生在实训室中边学理论边操作。第六学期学生到相关企事业单位进行顶岗实习，把所学的知识技能与工作岗位有机结合起来，顶岗实习包括检验岗位实习、设计岗位实习、生产岗位实习、营销岗位实习等。

为提高毕业生的创新创业能力，通常还安排两周左右的创业实践活动。

三、就业方向与发展前景

目前，纺织服装行业高素质技术技能人才的匮乏已成为提升企业产品档次和核心竞争力的瓶颈。因此，加快纺织服装类专业人才的培养已成为目前一项非常迫切的任务。

纺织服装类专业毕业生的就业方向主要面向纺织品类设计公司、服装类设计公司、纺织品服装类生产企业、纺织服装研究院所等单位，从事纺织品工艺设计、各类服装设计等工作，比如纺织面料设计、纺织品图案设计、家纺造型设计等。远景发展方向，可以成为纺织服装设计师、打板师、工艺师、陈列师等。

纺织工业"十三五"规划提出，要建立和完善产品检验检测体系，加强纺织品安全、环保、有害物质检测；密切跟踪纺织品服装国际技术法规和标准的变化，建立国际贸易技术壁垒的快速应对机制。纺织服装设计、质量检测、贸易的健康发展需要大批专业人才，纺织服装类专业毕业生供不应求，职业发展前景广阔。

四、学习本专业类的优势和劣势

纺织服装行业是我国的传统行业，行业历史悠久，技术比较成熟，生产自动化程度高，产品更新换代较快，所以，每年对专业人才的需求也是持续的、稳中有升的。纺织服装类专业毕业生仍将维持供不应求的局面。

纺织服装类专业毕业生收入水平较高，工作环境较好，行业人工智能化水平较高，劳动强度较低。

该类专业的毕业生创业成功的机会较大，成立自己的设计工作室，做品牌代理等，都是自主创业的理想方案。

由于服装行业宣传力度不足，人们对该行业的认识还停留在手工劳作阶段，相关行业从业人员还需加大企业生产现状的宣传，使人们充分认识自动化、智能化在纺织服装领域的应用。

五、学生素质要求与高校选科要求

学习纺织服装类专业，要求学生道德品质好，遵纪守法，为人正直，诚实守信；爱护环境，讲究卫生，文明礼貌；辨色能力正常，无色弱。对色彩和绘画感兴趣的考生更受欢迎。

根据山东省教育招生考试院公布的普通高校专业类选考要求，高职（专科）纺织服装类专业一般不提科目要求。

每个高校的具体选科要求可通过山东省教育招生考试院网站（http://www.sdzk.cn/）、山东省教育云服务平台（http://www.sdei.edu.cn/）或"山东高考一点通"微信公众号查询。

9　专业大类：食品药品与粮食大类（59）

在教育部颁布的《普通高等学校高等职业教育（专科）专业目录》中，食品药品与粮食大类下，包含食品工业类、药品制造类、食品药品管理类、粮食工业类、粮食储检类五个专业类。本书重点介绍食品工业类、药品制造类、食品药品管理类专业，其他专业类的有关信息可通过教育部和相关院校官方网站查询。

9.1　食品工业类（5901）

一、专业类概述

食品工业是我国现代工业体系中的首位产业，也是全球第一大食品产业。近5年来，食品工业增加值在全国工业增加值中的占比稳定在12%左右，食品工业对全国工业增长的贡献率连续4年超过10%，在保障民生、拉动内需、带动相关产业和县域经济发展、促进社会和谐稳定等方面做出了巨大贡献。食品行业的现代化水平已成为反映人民生活质量高低及国家发展程度的重要标志。

食品工业类专业肩负着培育食品安全生产、产品质量控制、产品销售、监督检测等方面人才的重要责任，主要培养具有良好的职业道德和行为规范，具备行业准入资格和综合职业能力，掌握化学、生物学、食品检测、食品技术等方面的理论知识和基本技能，能在食品领域从事食品生产、技术管理、品质控制、营养配餐、产品研发、科学研究等工作的高素质技术技能人才。

专业设置：根据教育部高等职业教育（专科）专业目录，食品工业类专业包括7个专业，分别是：食品加工技术（590101）、酿酒技术（590102）、食品质量与安全（590103）、食品贮运与营销（590104）、食品检测技术（590105）、食品营养与卫生（590106）、食品营养与检测（590107）。

高职（专科）食品工业类专业标准学制为3年，实行"2.5+0.5"的培养模式，即在校学习两年半，校外顶岗实习半年。毕业授予专科毕业证。

二、知识构架

1. 核心课程

食品营养与检测专业核心课程主要有食品营养与卫生、食品微生物检验技术、食品理化检验技术、食品感官检验技术、仪器分析、食品质量与安全等。

食品检测技术专业核心课程主要有仪器分析、食品分析、食品微生物检验、食品质量管理等。

食品质量与安全专业核心课程主要有食品化学、食品贮藏保鲜技术、食品微生物、微生物检测技术、食品加工技术、食品快速检测技术、食品理化检测技术、食品质量与安全、食品标准与法规、互联网+食品营销实务等。

食品加工技术专业核心课程主要有食品加工技术、食品营养与配餐、食品仪器分析、食品理化检验、食品微生物检验等。

食品贮运与营销专业核心课程主要有互联网+食品营销技术、食品保藏技术、食品分析技术、智慧物流等。

2. 实习实训

食品工业类专业学生的实习主要包括校内实

训和顶岗实习。顶岗实习主要围绕食品营养、检测、生产、销售等方向，具体实习方式可采取集中实习或自主实习。通过顶岗实习，学生能将理论知识转化为实践能力，为将来的职业打下良好基础，同时也能学习企业员工爱岗敬业、脚踏实地、兢兢业业的职业品质。顶岗实习时间一般安排在大三下学期。

三、就业方向与发展前景

食品工业类专业毕业生可以进入食品企业从事生产、品控、质量管理、销售等岗位的工作；也可以在学校做实验室辅助之类的工作；还可以继续深造，通过专升本考试，进一步学习。

目前很多开设食品工业类专业的高职院校与本科学校合作，招收"3+2"专本贯通分段培养专业的学生，普通专科段学制三年，经考核合格后转入本科段，学制二年，毕业后可以获得本科毕业证。

四、学习本专业类的优势和劣势

食品工业类专业与实际生活非常贴近，学生很容易结合自己和家人的实际生活经验进行学习，并能够在学习掌握相关知识后对自己、家人及朋友的饮食营养、维持健康和食品安全等进行指导。另外，近几年食品工业发展迅速，但是也出现了很多问题，更需要食品方面的人才。食品工业类专业涉及很多学科，能很好地锻炼学生分析问题和解决问题的能力。学习食品工业类专业，不仅就业前景广阔，也可以利用学到的食品质量安全知识，促进健康饮食。

食品行业目前是一个劳动密集型行业，产品附加值不高，利润也不高。这导致食品工业类专业的毕业生起薪相对不高。

五、学生素质要求与高校选科要求

食品的质量安全关系着人们的身心健康。由于食品及相关行业的重要地位和特殊性质，食品工业类专业学生应具有爱岗敬业的精神，重视食品质量安全，具有为人民健康负责的责任意识和强烈的社会责任感。

根据山东省教育招生考试院公布的普通高校专业类选考要求，高职（专科）食品工业类专业一般不提科目要求。

每个高校的具体选科要求可通过山东省教育招生考试院网站（http://www.sdzk.cn/）、山东省教育云服务平台（http://www.sdei.edu.cn/）或"山东高考一点通"微信公众号查询。

9.2 药品制造类（5902）

一、专业类概述

药品制造类专业主要培养思想政治坚定、德技并修、全面发展，具有良好职业素养、现代工匠精神和创新意识，掌握药品生产技术专业的基本知识和核心技术技能，面向医药行业企业的一线技能岗位，能够从事化学原料药、生物药、中药及药物制剂的生产操作、质量控制等工作的高素质技术技能型人才。

专业设置：根据教育部高等职业教育（专科）专业目录，药品制造类专业包含5个专业，分别是：中药生产与加工（590201）、药品生产技术（590202）、兽药制药技术（590203）、药品质量与安全（590204）、制药设备应用技术（590205）、化学制药技术（590206）、生物制药技术（590207）、中药制药技术（590208）、药物制剂技术（590209）。

目前我省76所高职高专院校中，有莱芜职业技术学院、山东药品食品职业学院、淄博职业学院等16所院校开设药品生产技术专业，承担着为全省药品生产行业培养高素质技术技能型专业人才的重任。

高职（专科）药品制造类专业标准学制为3年，毕业授予专科毕业证。

二、课程架构

1. 核心课程

该专业类所属专业有较大差别，各专业的核心课程设置如下。

中药生产与加工专业：中药学、药用植物学、药用植物栽培技术、中药鉴定技术、中药炮制技术、中药制剂技术等课程。

药品生产技术专业：化学制药技术、药物合成反应技术、生物药物生产技术、中药炮制调剂技术、药物制剂技术、制药设备技术、药物分析技术、GMP（药品生产质量管理规范）实务等课程。

兽药制药技术专业：兽医药化学、制药设备与车间设计、兽药生产技术、兽药检测技术、兽用生物制品技术、中药提取分离技术、兽药GMP及认证等课程。

药品质量与安全专业：化学分析技术、药物分析技术、现代仪器分析技术、药事管理与法规、GMP实务、GSP（药品经营质量管理规范）实务、药品生物检定技术等课程。

制药设备应用技术专业：典型制药设备应用与维护、药物制剂设备、制药机械安装维修、机电一体化控制技术、机械制造工艺、设备管理、GMP实务、制药制剂技术等课程。

2. 实习实训

药品制造类专业学生可在校内进行制药机械使用、分析检验技能、药品质量检验等实训。在相关药品生产、经营企业进行顶岗实习。

三、就业方向与发展前景

《药品生产质量管理规范》（2010年修订）的全面实施，使得药品生产质量管理水平不断提高；《中华人民共和国药典》（2015版）的实施，使得药品质量标准得到了全面提升；《关于开展仿制药质量和疗效一致性评价的意见》（国办发〔2016〕8号）的发布，标志着我国已上市仿制药质量和疗效一致性评价工作全面开展，这将提升我国仿制药质量和制药行业的整体发展水平。以上举措使得制药行业生产标准不断提高，市场竞争更加激烈，要求药品生产企业必须进行生产工艺设备的升级改造。行业的发展和提升势必引起人才需求的变化，目前药品生产企业技能型人才队伍整体素质有待进一步提高，人才严重不足，已在很大程度上制约了药品生产行业的发展。药品生产行业需要补充大量高素质药品生产技术技能型人才，以提升整体从业人员的职业素养和技能水平。

我们以药品生产技术专业为例来看药品制造类专业在山东的招生和就业情况。

药品生产技术专业的生源主要为我省普通高考生源，近年来每年招生近2000人。药品生产技术专业毕业生的就业率居高职院校各专业的前列，据统计，平均就业率为99.3%，比全国高职院校毕业生的平均就业率（90.9%）高9.3个百分点，专业对口就业率达94.4%。

四、学习本专业类的优势和劣势

山东省是医药生产大省，自2006年以来山东省医药行业主要经济指标持续位居全国第一位。山东省医药行业以原料药、化学创新药、生物技术药、疫苗与诊断试剂、现代中药、海洋药物和新型医疗器械等为重点领域，开发了一批技术含量高、市场急需的重点项目，建设了山东国家创新药物孵化基地和综合性新药开发技术大平台，初步形成了鲁中（济南、淄博、潍坊）、鲁南（济宁、临沂、菏泽）、半岛（青岛、烟台、威海）三个新医药产业密集区，有力地推动了医药产业上规模和上水平。

药品生产工艺复杂，设备类型多，不同种类药品生产方式各有特点，各院校的培养目标又各有侧重，导致各院校药品生产技术专业的课程体系差别较大，缺乏系统性设计，难以满足企业对高素质复合型药品生产人才的需求。

五、学生素质要求与高校选科要求

药品制造类专业属于应用专业，学生需要具有科学、严谨、精细、认真的态度，学习往往需要浓厚的兴趣、强烈的爱好和一定的毅力。因此，对药品有浓厚兴趣和强烈爱好、立志服务于人类健康的学生适合学习药品制造类专业，容易取得成绩。

药事活动主要是药品研究、生产、经营和使用，药品质量关系人的生命，产品质量关系企业的生命，这其中的工作多需要科学严谨、精细认真的职业素养。因此，喜欢严谨精细、认可质量至上的学生适合学习药品制造类专业。这样的学生在学习中往往能获得更多的乐趣，收获更大的成绩。

根据山东省教育招生考试院公布的普通高校专业类选考要求，高职（专科）药品制造类专业一般不提科目要求。如果高考生具备一定的化学、生物基础，更有利于药品制造类专业的学习和发展。

每个高校的具体选科要求可通过山东省教育招生考试院网站（http://www.sdzk.cn/）、山东省教育云服务平台（http://www.sdei.edu.cn/）或"山东高考一点通"微信公众号查询。

9.3 食品药品管理类（5903）

一、专业类概述

医药产品关乎民生大计，主要包含药品、保健食品以及化妆品（药妆）。国务院专设药品监督管理部门负责综合监督管理医药产品的质量安全，并颁布了相应的法律政策和质量管理规范，加强监督管理，保证质量安全，保障人民群众的健康和生命安全。

食品药品管理类专业培养具有良好的法制基础和职业道德素质，掌握食品药品生产经营法律规范和管理知识，能够在医药企事业单位从事医药产品质量管理、生产、经营、管理、服务等工作的高素质技术技能型人才。

专业设置：根据教育部高等职业教育（专科）专业目录，食品药品管理类专业包括5个专业，分别是：药品经营与管理（590301）、药品服务与管理（590302）、保健品开发与管理（590303）、化妆品经营与管理（590304）、食品药品监督管理（590305）。

药品经营与管理专业培养掌握医药经营、质量控制等方面的理论知识和实践操作技能，能在医药企业和医院药房等企事业单位从事药房管理、驻店药师、用药咨询与指导、药品购进、药品储存管理、药品营销、网络平台运营管理等工作的复合型药学技术人才。

食品药品监督管理专业培养掌握药品质量管理、质量检验、分析等方面的理论知识和实践操作技能，能在医药企事业单位从事药品质量保证、质量控制、质量检验等技术工作的药品质量监督管理人才。

药品服务与管理专业培养掌握药品服务与管理的专业知识和技术技能，面向药品销售服务、使用服务、售后服务岗位，从事药品推荐、用药咨询与指导、药品不良反应收集与反馈、慢性病用药管理等工作的高素质技术技能型人才。

保健品开发与管理专业培养掌握保健食品生产、质量控制等方面的理论知识和实践操作技能，能在医药保健行业从事保健食品生产、质量检测、经营管理等工作的高素质技术技能型人才。

化妆品经营与管理专业培养掌握化妆品配制、市场营销、安全使用的基本理论知识和实践

操作技能，能够从事化妆品销售、客户服务、化妆造型与美容工作的高素质技术技能型人才。

高职（专科）食品药品管理类专业标准学制为3年，毕业授予专科毕业证。

二、知识构架

1. 核心课程

药品经营与管理专业核心课程有医药商品基础、临床医学基础、药理学、医药市场营销实务、管理实务、药事管理法规、药品经营质量管理实务、零售药店管理实务、医药电子商务、医药物流、实用医药综合知识与技能等。

药品服务与管理专业核心课程有医药商品基础、临床药物治疗基础、药理学、医药市场营销实务、疾病诊断与疗效判断、药品经营质量管理实务、药事管理法规、实用医药综合知识与技能、药学服务技术等。

保健品开发与管理专业核心课程有保健食品生产技术、保健食品检验技术、保健品研究开发技术、保健食品安全与质量控制、保健食品营销和策划、营养学、中医中药学基础等。

化妆品经营与管理专业核心课程有化妆品学基础、化妆品市场营销、化妆品管理与法规、化妆品安全与有效性评价、客户服务管理实务、化妆技术、美容技术等。

2. 实习实训

食品药品管理类专业学生主要通过校内实训和顶岗实习两种途径提升专业技能。校内实训主要围绕"职业岗位需求"主线，开展"职业认知→基础实践→专项实践→综合实践"系统化训练。顶岗实习主要在药品、保健食品、化妆品的生产及经营企业、医院药房、行政监管机构等单位进行，学生可采取集中实习或自主实习的方式，体验岗位的真实性和复杂性，养成遵守职业规范和劳动纪律的习惯，时间一般为6个月。

三、就业方向与发展前景

食品药品管理类专业毕业生可在药品、保健食品、化妆品生产及经营企业从事质量管理、采购、储运、销售、管理、服务等工作，也可在医院药房、基层监督管理行政机构从事药房管理、监督执法工作。

医药产品质量是全社会共同关心的问题。随

着科技的进步、健康知识的普及和生活水平的提高，人们对提高生命质量的期望越来越高，使用安全、有效、放心的医药产品的意识进一步加强。确保医药产品质量是医药企业的责任，医药企业逐步树立服务大健康理念，拓展创新服务产品及服务模式，需要大量在医药生产、经营管理一线从事服务与管理工作的高素质技术技能型人才。

食品药品管理类专业学生可报考药学类和经济管理类专升本考试，药品方向可考取执业药师国家职业资格证书。

四、学习本专业类的优势和劣势。

医药产品是特殊的商品，关乎人民群众的生命安全。食品药品管理类专业属于管理类专业范畴，但不同于普通的管理类专业，专业性较强，学生必须要具备一定的医药学基础和质量管理意识，懂药后才能善于经营和管理。该类专业毕业生既可以在医药行业就业发展，也可以选择大管理方向就业。但是，大管理类专业缺乏医药基础的毕业生在医药行业就业就有一定的难度。

该类专业属于文理兼容的学科。因此，考生在进行专业选择时，可以根据自己的擅长及兴趣选择具体的专业。

疾病、保健、美容这三个话题，在当今社会生活中的重要性十分凸显。有生命就有疾病，有疾病就离不开药品。人们在畏惧疾病与死亡的过程中，大健康理念及保健意识逐步提升。爱美之心人皆有之，化妆品是女性永远的话题。所以，食品药品管理类专业的重要性也越来越被人们所认识。医药生产企业、批发企业、零售企业以及医药药房，都离不开食品药品管理类专业人才对产品质量的保证。因此，该类专业在专业选择中的认可度是比较高的，招生情况是较好的，录取分数也是较高的。

医药相关行业对从业人员的基本素质和专业素质要求都较高，既要学医药类知识，又要学管理类知识，学业任务重。该类专业的学生需具备良好的职业素养和专业技能，毕业后须从基层做起，只有熟悉了基层技术操作之后，才能当好一个管理者。

五、学生素质要求与高校选科要求

兴趣是最好的老师。学习食品药品管理类专业，学生往往需要具有一定的基础、浓厚的兴趣、强烈的爱好和一定的毅力。该类专业与其他商科专业相比，更具规范性和逻辑性，因此，比较仔细认真、思维活跃的同学特别适合学习该类专业。该类专业跨两个学科体系，以药品经营与管理专业为例，对医药感兴趣、医药学知识扎实的同学，可选择走药学专业技术路线，当药师；对经营管理感兴趣的同学，可选择走管理方向。

根据山东省教育招生考试院公布的普通高校专业类选考要求，高职（专科）食品药品管理类专业一般不提选考科目要求。

每个高校的具体选科要求可通过山东省教育招生考试院网站（http://www.sdzk.cn/）、山东省教育云服务平台（http://www.sdei.edu.cn/）或"山东高考一点通"微信公众号查询。

10 专业大类：交通运输大类（60）

在教育部颁布的《普通高等学校高等职业教育（专科）专业目录》中，交通运输大类下，包含铁道运输类、道路运输类、水上运输类、航空运输类、管道运输类、城市轨道交通类、邮政类七个专业类。本书未介绍管道运输类和邮政类专业，有关信息可通过教育部和相关院校官方网站查询。

10.1 铁道运输类（6001）

一、专业类概述

铁道运输类专业主要培养能够在铁路运输系统的铁路线路、隧道与桥梁、铁路养路机械装备、列车、供电系统、通信信号及列车运营管理等领域从事检修、运用方面工作的高素质技术技能人才。

专业设置：根据教育部高等职业教育（专科）专业目录，铁道运输类专业包括13个专业，分别是：铁道机车（600101）、铁道车辆（600102）、铁道供电技术（600103）、铁道工程技术（600104）、铁道机械化维修技术（600105）、铁道信号自动控制（600106）、铁道通信与信息化技术（600107）、铁道交通运营管理（600108）、铁路物流管理（600109）、铁路桥梁与隧道工程技术（600110）、高速铁道工程技术（600111）、高速铁路客运乘务（600112）、动车组检修技术（600113）、高铁综合维修技术（600114）。

"铁道工程技术、铁路桥梁与隧道工程技术、高速铁道工程技术、铁道机械化维修技术"四个专业，主要培养能够从事铁路轨道、路基、桥涵、隧道等线路设施的施工、大修、养护维修、施工组织、工程监理、概预算技术与管理，以及铁路工程机械的维修维护、操作使用、安装调试、技术管理与售后服务等方面工作的高素质技术技能人才。

"铁道供电技术、铁道信号自动控制、铁道通信与信息化技术"三个专业，主要培养能够从事电力调度、供配电设备生产与调试、接触网检修与维护、变电所运行值班、高电压设备检修与测试、电力线路施工与维护，以及铁路通信设备的安装、调试、日常维护、故障处理与检修，铁路信号设备的运行、维护与管理、信号设计施工技术服务等方面工作的高素质技术技能人才。

"铁道机车、铁道车辆、动车组检修技术"三个专业，主要培养能够从事铁道机车、铁道车辆及高速动车组制造、检修、运用与管理方面工作的高素质技术技能人才。

"铁道交通运营管理、高速铁路客运乘务、铁路物流管理"三个专业，主要培养能够从事铁道交通运输企业客运与货运、行车组织管理、运输市场开发与营销管理、物流企业的运输与调度等方面工作的高素质技术技能人才。

铁道运输类专业毕业生就业主要面向全国轨道交通装备制造、检修与运用企业。

高职（专科）铁道运输类专业标准学制为3年，毕业授予专科毕业证。

二、知识构架

1. 主要课程

高职院校各专业针对企业的职业岗位能力要求，遵循高职学生的一般认知规律，以基本能力和基本素质培养为基础，以职业能力和职业素质培养为核心，兼顾学生个性化发展需求，构建课程体系。

铁道运输类专业的必修课程包括工程力学与结构、工程制图、机械基础与制图、电工电子技术应用、铁路施工及维修、机车车辆及动车组牵引传动控制技术、机车车辆及动车组运用与管理、现代通信信号技术、牵引变电所接触网的检修与维护、铁路通信信号系统、列车运行控制系统、铁路客货运组织、铁路行车组织等。

选修课程根据专业培养目标及拓展能力培养进行设置，体现专业特色。

2. 实习实训

铁道运输类专业一般采用"2.5+0.5"的人才培养模式，即大学的前两年半在校内完成高等教育必备的基础课程、专业课程和校内实践的学习，最后半年（不超过6个月）到企业进行跟岗实习或顶岗实习，要求在实习过程中，同时完成毕业论文（设计）、实习报告，学生由学校统一管理。顶岗实习的企业大多是学生被招聘的企业，因为企业招聘一般从大学第五学期开始，被招聘的学生和企业签订就业协议，企业会在第五学期末或第六学期初让学生到企业跟岗实习，其中没有签订就业协议的学生可以根据个人就业规划选择自己认为合适的企业实习。

三、就业方向与发展前景

铁道运输类专业毕业生可以面向全国铁路局、中铁工程公司、中车集团、地方铁路局、港务局等大型企业就业。其主要就业岗位有：（1）施工员、线路工、桥梁工、测量工、试验工、资料员；（2）维修电工、变电检修工、变电所值班员、电力线路工、电气试验工、电力调度员、接触网工、通信工程设计员、通信工程监督员、通信工程监理员、通信工程施工员、通信设备维护员、铁路信号工、铁路信号施工员、电子产品设备辅助设计人员、电子产品生产调试人员；（3）机车车辆钳工与电工、火车司机、检车员、动车组机械师；（4）高铁/普快/餐吧乘务员、客运员、货运员、站务员、VIP（贵宾）客服、安检员、行车调度员等。

铁路运输业发展迅速。近几年来，随着高速铁路、城际铁路、城市轨道交通的飞速发展，用人

需求猛增。铁道运输类专业毕业生进入企业后，薪酬较高，福利较好，发展空间较大。

四、学习本专业类的优势和劣势

铁道运输类专业的优势在于毕业生就业面广、工作稳定、薪酬较高。随着高铁和城市轨道交通技术的发展，铁路运输业是年轻人实现个人价值的大舞台。

铁道运输类专业的劣势在于有些工作岗位需要值夜班，有些需要户外作业，安全性要求较高。

五、学生素质要求与高校选科要求

学习铁道运输类专业，学生要具备"安全、责任、团队协作、吃苦耐劳、不断学习新科技"的基本职业素养。色弱或色盲者不能报考。对高铁乘务专业有"身高方面（女生不低于160 cm，男生不低于170 cm）、体重方面（标准体重）及其他方面（不能有明显疤痕和文身）"的具体要求。

"安全优质、兴路强国"是新时期铁路精神。安全是铁路人的首要职责，优质是铁路人的职业追求；兴路是铁路人的奋斗目标，强国是铁路人的崇高理想。"安全优质"体现了铁路人的基本工作要求和行业行为准则，"兴路强国"是铁路人对实现中华民族伟大复兴中国梦的坚定信念，是对美好前景的不懈追求。

铁道工程技术专业群、铁道供电及通信信号专业群、铁道机车车辆专业群属于工科类专业，建议选学物理、化学；铁路运营与管理专业群属于文理兼报专业，建议选学历史、地理。

每个高校的具体选科要求可通过山东省教育招生考试院网站（http://www.sdzk.cn/）、山东省教育云服务平台（http://www.sdei.edu.cn/）或"山东高考一点通"微信公众号查询。

10.2　道路运输类（6002）

一、专业类概述

近年来，我国交通基础设施和运输装备不断改善，为道路运输市场的快速发展创造了有利条件，公路客货运输的平均运距不断延长。目前，我国道路运输行业正处于快速发展的成长期，在

国民经济运行和增长中发挥着日益重要的作用。

专业设置：根据教育部高等职业教育（专科）专业目录，道路运输类专业包括12个专业，分别是：智能交通技术运用（600201）、道路桥梁工程技术（600202）、道路运输与路政管理（600203）、道路养护与管理（600204）、公路机械化施工技术（600205）、工程机械运用技术（600206）、交通运营管理（600207）、交通枢纽运营管理（600208）、汽车运用与维修技术（600209）、汽车车身维修技术（600210）、汽车运用安全管理（600211）、新能源汽车运用与维修（600212）。

根据专业特点，各专业可分为三类：一是工程技术类，包括道路桥梁工程技术、道路养护与管理、公路机械化施工技术、工程机械运用技术专业；二是交通管理类，包括智能交通技术运用、道路运输与路政管理、交通运营管理、交通枢纽运营管理专业；三是汽车运用与维修类，包括汽车运用与维修技术、汽车车身维修技术、汽车运用安全管理、新能源汽车运用与维修专业。

高职（专科）道路运输类专业标准学制为3年，毕业授予专科毕业证。

二、知识构架

1. 核心课程和主干课程

道路运输类专业以岗位需求和技术消化、吸收、改良、反求、创新等技术活动全过程需求作为课程体系设计的逻辑起点，构建能力本位、模块化的课程体系。

道路运输类专业的核心课程可分为三类：工程技术类核心课程包括工程力学、公路养护与管理、道路勘测设计、机械设计基础、地基与基础等；交通管理类核心课程包括GPS导航与监控、交通运输学、交通工程学、安全防范技术、道路交通控制技术等；汽车运用与维修类核心课程包括汽车维修业务接待、汽车发动机拆装与检修、新能源汽车综合故障诊断、汽车电子控制技术与检修、汽车传动系检修等。

道路运输类专业的主干课程也分为三类：工程技术类主干课程包括道路建筑材料、公路施工测量、工程机械构造理论、建筑工程法规、道路工程识图与制图等；交通管理类主干课程包括工程制图CAD、智能交通系统、交通安全管理、运

输成本管理、数据库维护与管理等；汽车运用与维修类主干课程包括汽车概论、汽车法律法规、汽车养护技术、汽车美容与装饰、汽车机械识图与AutoCAD等。

2. 实习实训

道路运输类专业根据学生的职业成长规律，突出学生的职业能力培养，按照基本技能、单项技能、综合职业能力递进培养的逻辑，构建"岗位认知→仿岗实训→岗位实践→顶岗实习"梯次递进、能力提升的实践教学过程，构建"四阶段"能力递进培养的专业实践教学体系。

岗位认知是指学生到校内实训基地、校企合作培训基地或理实一体化教室，体验真实工作场景，产生对工作岗位的初步感性认识，提高专业学习兴趣。

仿岗实训是指在校内实训基地模拟真实工作环境，学生完成实际或仿真工作任务，使学生熟悉岗位的工作流程与规范，掌握相应的专业知识与技能。

岗位实践是指学生在校外实践基地进行工学交替教学或在校企合作培训基地进行生产性岗位实践，承担某一工作任务，全面体验真实工作状态。

顶岗实习是指学生到校外实践基地的相关工作岗位，以"员工"的身份完成真实的工作任务，有效地提升学生的实践技能和职业素质。

三、就业方向与发展前景

1. 就业方向

道路运输类专业毕业生的就业方向大致分为三类。

工程技术类方向的毕业生主要面向普通工程机械行业及公路大型养路机械行业，在道桥施工、公路工程监理、公路勘察设计、公路管理等企业从事工程现场施工管理、试验检测、工程测量、工程资料整理、质量验收、施工安全以及工程机械产品的生产、改造、安装、调试、维护、销售、管理等工作。

交通管理类方向的毕业生主要在交通运输企事业单位、轨道交通单位、物流公司、国际运输管理企业、货运代理公司、外贸进出口公司、海运公司、集装箱运输公司等单位，从事交通运输经营管理岗位、场站运输组织与管理岗位、轨道

交通运输组织与管理岗位、国际货运管理岗位、国际商贸管理岗位、运输企事业统计与会计岗位、物流企业经营管理岗位以及各类一线操作岗位等工作。

汽车运用与维修类方向的毕业生主要面向汽车行业，在机械设备修理、电气设备安装、汽车营销等领域从事新能源汽车维修、汽车钣金、汽车喷漆、二手车评估、汽车保险、汽车美容与护理、新能源汽车质检、新能源汽车技术培训、新能源汽车维修业务接待（维修顾问）、新能源汽车销售等工作。

2. 发展前景

随着城市建设的提速和公路建设的不断增加，道路运输类专业的就业形势持续走高。随着我国执业资格认证制度的不断完善，工程技术人员不但需要精通专业知识和技术，还需要取得必要的执业资格证书，如注册建造师、注册安全工程师、注册造价工程师等。需要注意的是，这些执业资格认证均需要一定工作年限的相关工作经验才能报考，因此该类专业的毕业生在走上工作岗位后也要注意知识结构的更新，尽早报考以取得相关的执业资格。

高职院校学生除可以毕业后直接就业外，也可以在毕业时参加普通高等教育专升本考试，进入本科院校的相关专业继续深造，学制两年，毕业后颁发普通本科毕业证书，并可根据有关规定申请授予相应的学士学位。还可以进行相关专业的本科自学考试或函授考试，在获得专科毕业证书的同时，获得相应的本科毕业证书。

四、学习本专业类的优势和劣势

道路运输是一种在道路上进行运输活动的运输方式，是一种能实现"门到门"的最快捷的陆上运输方式。由于道路运输网一般比铁路、水路网的密度要大十几倍，分布面也广，因此道路运输可以"无处不到、无时不有"。道路运输类专业就是从工程技术、运营管理、汽车运用与维修方面全方位满足道路运输的发展和需求，具有长远的发展前景。

由于道路运输成本高、运输质量较低、货损较多，实现大批量运输较困难。而且道路运输还会对空气造成污染，不利于环境保护。如此也在一定程度上限制了道路运输的发展。同时，工程

技术、运营管理、汽车运用与维修类专业工作环境相对艰苦，如工程技术专业多有室外工作，对学生的身体素质和心理素质均有比较高的要求，学生须具备吃苦耐劳的精神。

五、学生素质要求与高校选科要求

学习道路运输类专业，要求学生具有良好的思想道德素质和职业素养；具有良好的身体素质和心理素质；具有吃苦耐劳、团结协作精神；具有较强的开拓创新、团队合作精神；具有较强的事业心、责任心和荣誉感。

根据山东省教育招生考试院公布的普通高校专业类选考要求，高职（专科）道路运输类专业一般不提科目要求。

每个高校的具体选科要求可通过山东省教育招生考试院网站（http://www.sdzk.cn/）、山东省教育云服务平台（http://www.sdei.edu.cn/）或"山东高考一点通"微信公众号查询。

10.3 水上运输类（6003）

一、专业类概述

我们通常讲的水上运输，就是利用船舶和其他浮运工具，在江河、湖泊以及海洋上运送旅客和货物的一种运输方式。水上运输包括内河运输和海洋运输。水运具有投资少、成本低、货运量大、占地少等优点，好的航道通过能力几乎可不受限制，通用性好，可进行大型、笨重和大宗货物长途货运，因此水上运输是非常重要的运输方式。水上运输自古就有，京杭大运河就是一个典型的水上运输通道，还有大航海时代欧洲发起的广泛跨洋活动与地理学上的重大突破，这些远洋活动促进了地球上各大洲之间的沟通，并随之形成了众多新的贸易路线，开启了人类的新篇章。我国近年来水上运输行业也飞速发展，仅2019年1月中国规模以上港口完成货物吞吐量11.4亿吨，世界货物吞吐量前十大港口中国占七个，前十大航运公司中国占三个。

专业设置：根据教育部高等职业教育（专科）专业目录，水上运输类专业包括13个专业，分别是：航海技术（600301）、国际邮轮乘务管理（600302）、船舶电子电气技术（600303）、船舶检验（600304）、港口机械与自动控制

（600305）、港口电气技术（600306）、港口与航道工程技术（600307）、港口与航运管理（600308）、港口物流管理（600309）、轮机工程技术（600310）、水上救捞技术（600311）、水路运输与海事管理（600312）、集装箱运输管理（600313）。

根据作业场所的不同，各专业可分为三类：港口类、船运类、水运管理类。港口类专业包括港口机械与自动控制、港口电气技术、港口与航道工程技术专业，主要从事港口货物装卸作业、港口航道施工等工作。船运类专业包括航海技术、国际邮轮乘务管理、船舶电子电气技术、轮机工程技术、船舶检验、水上救捞技术专业，主要从事船舶上的作业。水运管理类专业包括港口与航运管理、港口物流管理、水路运输与海事管理、集装箱运输管理专业，主要从事船舶运输的货运代理等管理工作。

水上运输类专业主要培养掌握水上运输必需的知识和专业技能，能从事水上运输行业的船舶驾驶与机舱维修、港口机械操作与维修、港口航运业务操作与管理等工作的高素质技术技能人才。

高职（专科）水上运输类专业标准学制为3年，毕业授予专科毕业证。

二、知识构架

1. 核心课程

水上运输类专业的核心课程可分为港口类、船运类、水运管理类三类。

港口类核心课程主要包括机械制图、公差配合与测量、液压与气压传动、港口起重机械操作与维护、装卸搬运机械操作与维护、港口电气控制、港口设备管理、智慧港口、可编程控制技术、变频器应用与维护等。

船运类核心课程主要包括船舶操纵与避碰、航海学、海上货物运输、远洋运输业务与海商法、船舶管理、邮轮客舱服务管理、船舶电机与电力拖动、船舶电站及自动化、船舶通信系统、船舶航行设备、船舶机舱自动化等。

水运管理类核心课程主要包括集装箱运输业务、港口装卸工作组织、港口理货业务、船舶原理与配载、集装箱场站业务与操作、航运业务函电、国际贸易实务、港口库场管理、集装箱码头业务管理、船舶代理业务等。

2. 实习实训

关于水上运输类专业的实习，港口类方向主要实习场所在港口码头，进行港口设备操作维护等实习。船运类方向主要实习场所在船舶上，进行船舶操作类实习。水运管理类方向主要实习场所在各船代、货代公司，主要进行船舶配载、库场管理等实习。

三、就业方向与发展前景

如果你有擎天柱的情怀，那么你就学习港口类专业，那里有很多像集装箱桥吊这样的巨大设备等着你操作、维护。你将可以到青岛港、日照港、宁波港、深圳港等大型港口码头对港口设备进行操作、维护、保养等工作。

如果你有一个航海家的梦想，那么你就学习船运类专业，以后可以在你理想的大船上尽情欣赏大海的波澜壮阔。你将可以到中国海运、中远集运等航运公司进行船舶驾驶、船舶机舱维护等工作。

如果你比较精细，擅长管理，那么你就学习水运管理类专业，可以管理无数的货物。你将可以到全国各大港口以及中国外轮理货、德国德迅货代等公司进行货代、港口业务管理等工作。

随着国际贸易的不断发展，各行业急需水上运输类专业人才，特别是在全球化的背景下，水上运输类专业人才缺口会越来越大，就业前景非常广阔。

四、学习本专业类的优势和劣势

水上运输类专业的优势是毕业生容易就业，薪资水平普遍比较高，职业生涯规划比较明确。

水上运输类专业的劣势是现场作业多，安全性要求较高；船运类专业工作需要较长时间离开家，但现在的船舶都很大，船上设备已经非常现代化，工作很舒适。

五、学生素质要求与高校选科要求

学习水上运输类专业，要求学生具有良好的理科知识基础，特别是数学等抽象思维要好。除此之外，航海技术专业要求双眼裸视4.7（0.5）以上，无色盲或色弱，心肝脏正常，身高1.65米以上；轮机工程技术、船舶电子电气技术、国际邮轮乘务管理专业要求双眼裸视4.6（0.4）以上，无色盲或色弱，心肝脏正常，身高1.60米以上。

根据山东省教育招生考试院公布的专业类选考要求，高职（专科）水上运输类专业一般不提选考科目要求。

每个高校的具体选科要求可通过山东省教育招生考试院网站（http://www.sdzk.cn/）、山东省教育云服务平台（http://www.sdei.edu.cn/）或"山东高考一点通"微信公众号查询。

10.4 航空运输类（6004）

一、专业类概述

航空运输是指使用飞机及其他航空器为运输工具，以机场为基地，通过一定的空中航线运送旅客和货物的运输方式。因此，航空运输类专业是一个涉及通信技术、航空驾驶技术、航空器及部件设备维修、民航客货运输、民航安全、机场运行等领域的综合性学科，涵盖的学科种类多，门类齐全。毕业生主要面向航空公司、机场和民航运输服务部门，从事机场、候机楼、宾馆等地面服务工作以及飞机空中乘务工作。

航空运输的优点是运输速度快，航线直，不受地面地形的影响，可承担长距离的客货运输；缺点是运载量小，燃料费用高，运输成本贵，易受气候条件的影响。在我国交通运输业中，航空运输货运量占全国运输总量的比重还比较小，主要是承担长途旅客运输任务。全球经济一体化、经济贸易的持续增长、产业结构的调整、我国民航经济与管理体制改革的深化等，为我国航空物流的发展创造了良好的环境。

专业设置：根据教育部高等职业教育（专科）专业目录，航空运输类专业包括18个专业，分别是：民航运输（600401）、民航通信技术（600402）、定翼机驾驶技术（600403）、直升机驾驶技术（600404）、空中乘务（600405）、民航安全技术管理（600406）、民航空中安全保卫（600407）、机场运行（600408）、飞机机电设备维修（600409）、飞机电子设备维修（600410）、飞机部件修理（600411）、航空地面设备维修（600412）、机场场务技术与管理（600413）、航空油料（600414）、航空物流（600415）、通用航空器维修（600416）、通用航空航务技术（600417）、飞机结构修理（600418）。

航空运输类专业立足于民航业发展需要，以航空运输为核心定位，培养掌握航空运输必需的基本知识和基本技能，具有良好的诚信品质、敬业精神和可持续发展能力，能够胜任民航运输工作的高素质技术技能人才。

高职（专科）航空运输类专业标准学制为3年，毕业授予专科毕业证。

二、知识构架

1. 核心课程

航空运输类专业核心课程主要包括民航概论、乘务服务、礼节礼仪与化妆技巧、旅客服务心理学、机场运行与管理、地勤服务、航空安全保卫、飞机构造、民航企业管理、民航运输地理、航线地理、应急救援、航空气象学、民用航空法等。（注：航空运输类专业设有18个专业，所列出的课程并非所有专业的核心课程。）

2. 实习实训

航空运输类专业的集中实践环节主要包括空乘业务实训、货运业务实训、地面（机场）业务实训、课程综合实训等。学生在学校完成基本的职业技能实训后，到航空公司、机场公司、航空器制造及维修企业、航空物流园区、航空快递企业从事相关岗位的培训及顶岗实习。

三、就业方向与发展前景

航空运输类专业毕业生可到国内外航空公司、机场公司、航空器制造及维修企业、航空运输代理公司、航空物流园区、航空快递企业及民航管理部门就业。主要就业岗位有：民航乘务员、航空安全员、地勤人员、安检人员、机场运行指挥员、值机员、航空物流员、飞机维修员、民用航空器驾驶员、领航员、飞行机械员、飞行通信员、民用航空电信人员、航行情报人员等。

航空运输类专业的发展前景非常广阔，整个航空业自身也将演变成一个集民航管理、机场物流、机械机务、航空气象、地面服务、流程签派、航空营销及票务销售于一体的多元化的复式行业，需要大量航空专业人才。航空业从业人员的薪酬水平大都比较高。所以，航空运输类专业毕业生的就业前景还是非常可观的。

四、学习本专业类的优势和劣势

航空运输业是朝阳产业，发展迅速，每年都有大量的新增就业机会。由于航空运输相关企业大都属于高科技、高投入、高产出、高门槛的技术密集型企业，所以航空运输类专业毕业生入职后，只要诚实肯干，工作相对稳定，薪水也明显高于多数传统行业，晋升的空间也很大。

由于航空运输在安全、技术、管理等方面的特殊性，可能很多岗位的工作标准比较严格，工作也较为辛苦，这些可能是航空运输类专业的劣势。

五、学生素质要求与高校选科要求

很多学校对报考空中乘务、民航空中安全保卫专业的考生在性别、身高及相貌上有一定的要求。定翼机驾驶技术、直升机驾驶技术专业对考生的视力和身高也有一定的要求。

根据山东省教育招生考试院公布的普通高校专业类选考要求，高职（专科）航空运输类专业一般不提科目要求。

每个高校的具体选科要求可通过山东省教育招生考试院网站（http://www.sdzk.cn/）、山东省教育云服务平台（http://www.sdei.edu.cn/）或"山东高考一点通"微信公众号查询。

10.5 城市轨道交通类（6006）

一、专业类概述

城市轨道交通类专业主要面向城市轨道交通运营企业、制造企业和工程单位，适应一线服务、生产与维修需要，培养掌握城市轨道交通列车驾驶，机电、通信信号、供电、车辆等设备维护，线路养护与维修，列车运行监控及客运服务等岗位所必需的基础知识，具备较强的城市轨道交通运营服务和设备维修操作等专业能力，具有较强的责任意识、敬业精神以及良好的职业道德和职业素养的高素质技术技能人才。

城市轨道交通类专业毕业生的就业领域主要包括城市轨道交通运营企业、铁路局、轨道交通设备制造企业、工程局等。

专业设置：根据教育部高等职业教育（专科）专业目录，城市轨道交通类专业包括6个专业，分别是：城市轨道交通车辆技术（600601）、城市轨道交通机电技术（600602）、城市轨道交

通通信信号技术（600603）、城市轨道交通供配电技术（600604）、城市轨道交通工程技术（600605）、城市轨道交通运营管理（600606）。

高职（专科）城市轨道交通类专业标准学制为3年，毕业授予专科毕业证。

二、知识构架

1. 核心课程

城市轨道交通车辆技术专业：城市轨道交通车辆驾驶与操纵、城市轨道交通车辆检修与装备、城市轨道交通车辆制动等课程。

城市轨道交通机电技术专业：自动售检票系统检修与维护、电梯及屏蔽门检修与维护、环控与消防系统检修与维护等课程。

城市轨道交通通信信号技术专业：城市轨道交通信号基础设备维护、城市轨道交通通信技术、城市轨道交通列控系统等课程。

城市轨道交通供配电技术专业：城市轨道交通牵引供变电技术、城市轨道交通接触网运行与检修、城市轨道交通高压设备运行与检修等课程。

城市轨道交通工程技术专业：城市轨道交通线路施工与维修、城市轨道交通桥隧构造与养护、钢轨打磨等课程。

城市轨道交通运营管理专业：城市轨道交通行车组织、城市轨道交通客运组织、城市轨道交通票务管理等课程。

2. 实习实训

城市轨道交通车辆技术专业：城市轨道交通车辆驾驶操作实训、城市轨道交通车辆维修专项实训、企业跟岗实习等。

城市轨道交通机电技术专业：自动售检票设备检修与维护实训、环控系统检修与维护实训、电梯及屏蔽门系统检修与维护实训、企业跟岗实习等。

城市轨道交通通信信号技术专业：单片机实训、信号设备应用实训、计轴系统维护实训、轨道交通通信信号综合实训、企业跟岗实习等。

城市轨道交通供配电技术专业：城市轨道交通牵引供变电技术实训、接触网实训、高电压实训、继电保护实训、企业跟岗实习等。

城市轨道交通工程技术专业：工程测量实训、工程材料实训、铁路轨道施工现场养护实

训、企业跟岗实习等。

城市轨道交通运营管理专业：车站设备实训、行车组织实训、票务管理实训、企业跟岗实习等。

三、就业方向与发展前景

城市轨道交通类专业毕业生的就业方向主要包括以下几个方面：

（1）城市轨道交通运营企业及铁路局，从事列车驾驶、客运服务、线路养护以及机电、通信信号、供电、车辆设备维修等工作；

（2）城市轨道交通装备企业，从事设备制造、设备维护与维修等工作；

（3）城市轨道交通施工单位、勘测设计部门，从事轨道线路施工、勘测、造价文件的编制、施工组织与管理等工作。

随着我国城镇化率的提高，人口不断向城市流动，造成城市人口骤增，交通出行压力变大。在公共交通运输方式中，城市轨道交通具有准时、安全、快捷、环保、高效等优点，因此解决城市出行问题的最佳方式就是推进城市轨道交通建设。

进入21世纪以来，我国城市轨道交通建设进入了大发展时期。截至2017年末，我国有62个城市的轨道交通线网规划获批，34个城市已开通运营，运营线路共165条，总长度达5033公里，14个城市形成100公里以上线网规模。依据城市轨道交通行业分析及趋势预测，2018—2023年我国城市轨道交通运营线路预计将由6035公里增长到13230公里，未来城市轨道交通类专业人才需求量将激增。因此，城市轨道交通类专业毕业生的就业前景非常可观。

四、学习本专业类的优势和劣势

轨道交通行业发展前景良好。城市轨道交通类专业毕业生的就业单位一般在大城市，生活及交通较为便利；就业企业主要为大型国有企业，工作和收入均较为稳定；城市轨道交通运营企业重视员工职业发展，为优秀员工打通晋升通道，因此个人职业生涯发展前景良好。从城市轨道交通类专业毕业生的回访情况看，该类专业毕业生对就业的职业满意度普遍较高。

由于运营需要，城市轨道交通企业生产一线和服务一线各岗位需要轮值夜班，因此无法按照常规时间作息；城市轨道交通各系统通常用各种颜色表示设备的不同状态，因此要求作业人员能够准确辨别颜色，色盲或色弱者无法从事该类专业工作。运营管理专业的就业方向是城市轨道交通车站，而车站是一个城市的窗口，代表企业形象，因此城市轨道交通运营管理专业通常对学生的身高和形象有一定要求。

五、学生素质要求与高校选科要求

学习城市轨道交通类专业，学生应具有良好的思想道德素质和职业素质；具有认真负责、诚实守信、爱岗敬业、精益求精的精神；具有较强的实践能力；具有安全意识、质量意识、信息素养、创新精神；具有较强的集体意识和团队合作精神，能够进行有效的人际沟通和协作；具有职业生涯规划意识；具有良好的身体素质和心理素质；具有一定的审美能力和人文素养。

城市轨道交通车辆技术、机电技术、通信信号技术、供配电技术和工程技术五个专业的大学课程需要学生具备电学、力学等物理知识，因此一般要求选考物理。城市轨道交通运营管理专业对选科没有要求。

每个高校的具体选科要求可通过山东省教育招生考试院网站（http://www.sdzk.cn/）、山东省教育云服务平台（http://www.sdei.edu.cn/）或"山东高考一点通"微信公众号查询。

11 专业大类：电子信息大类（61）

在教育部颁布的《普通高等学校高等职业教育（专科）专业目录》中，电子信息大类下，包含电子信息类、计算机类、通信类三个专业类。

11.1 电子信息类（6101）

一、专业类概述

我们生活在一个被电子信息"包围"了的时代，电子信息产品无时不用、无处不在。通过电子信息类专业的学习，可将分立的电子元器件组装调试成一个质量过硬的电子产品，并在后期维护它们；为使电子产品更好地服务于人类，就给电子产品装上"大脑"，并配合一定指令，使其摇身变为智能产品；然而，与外界无联的智能产品服务人类的能力有限，可将它们通过通信网络联系起来，实现联动，使其能完成更强大任务；为实时对智能产品进行管理，可通过手机等移动终端实现远程控制；为实现环保，可将太阳能变为电能，并供电子设备使用；也可将电转换为光，这就是显示，借助新材料、新技术，可将显示设备做得非常轻薄、不怕摔、可弯曲、显示逼真；家里来了好朋友，想嗨歌，可搭建一个家庭KTV，获得高质量音效和图像；质量上乘的电子产品问世后，要通过系列手段推向市场，服务于广大用户。

由上述可知，电子信息类专业面向电子产品、智能硬件、物联网、集成电路、新型显示、人工智能、新能源应用等领域，服务新一代信息技术产业，培养掌握电子技术、物联网应用技术、人工智能技术、新型显示技术、集成电路技术、光电技术等方面的基础理论知识和基本技能，能够胜任集成电路的设计、制造、检测及管理，电子产品、电子仪器设备及智慧系统的开发设计、生产管理、制造检测、安装调试、工程实施、销售维护等工作岗位的复合型、创新型、发展型的高素质技术技能人才。

电子信息类专业毕业生的就业领域包括：电子信息机电产品工业、电子信息产品专用材料工业、电子元件工业、电子器件工业、电子测量仪器工业、电子工业专用设备工业、电子计算机工业、家电制造工业、广播电视设备工业、通信设备工业、物联网、人工智能等行业的企事业单位；电子信息相关的科研（设计）院所、大专院校及培训机构等。

专业设置：根据教育部高等职业教育（专科）专业目录，电子信息类专业包括19个专业，分别是：电子信息工程技术（610101）、应用电子技术（610102）、微电子技术（610103）、智能产品开发（610104）、智能终端技术与应用（610105）、智能监控技术应用（610106）、汽车智能技术（610107）、电子产品质量检测（610108）、电子产品营销与服务（610109）、电子电路设计与工艺（610110）、电子制造技术与设备（610111）、电子测量技术与仪器（610112）、电子工艺与管理（610113）、声像工程技术（610114）、移动互联应用技术（610115）、光电技术应用（610116）、光伏工程技术（610117）、光电显示技术（610118）、物联网应用技术（610119）、集成电路技术应用（610120）。

高职（专科）电子信息类专业标准学制为3年，毕业授予专科毕业证。

二、知识构架

1. 主要课程

电子信息类专业必修课程：包括电路基础、模拟电子技术及应用、数字电子技术及应用、电子产品生产工艺与管理、电子产品质量检测技术、电子产品装配与调试、电子产品营销技能、电子产品维护、印制电路板的设计与制作、综合布线技术、单片机应用技术、物联网应用技术、人工智能技术、智能系统综合设计、新型显示技术、光电技术、集成电路封装与测试等课程。

电子信息类专业选修课程：包括数据通信技术、移动通信技术、三网融合技术、机器人技术及应用、无人机应用技术、云计算导论、大数据导论、Python语言程序设计等课程。

2. 实习实训

电子信息类专业的实践性教学环节包括焊接实习、企业认知实习、电子产品创新设计、智能系统设计与运维综合实训、创业实践、顶岗实习、毕业设计等。

三、就业方向与发展前景

电子信息类专业毕业生的就业方向主要包括以下几个方面：

（1）大型电子类企业，从事集成电路的制造、检测、管理等工作，从事电子产品、电子仪器及设备等的生产、制造、质检、安装、调试、施工、销售、维护等工作。

（2）中型电子类企业，从事集成电路的辅助设计、制造、检测、管理等工作，从事电子产品、电子仪器及设备、电子信息系统等的辅助设计、生产、制造、管理、质检、安装、调试、施工、销售、维护等工作。

（3）小微型电子类企业，从事集成电路的设计、辅助设计、制造、检测、管理等工作，从事电子产品、电子仪器及设备、电子信息系统等的开发设计、辅助设计、生产、制造、管理、质检、安装、调试、施工、销售、维护等工作。

（4）电子信息类事业单位、科研机构，从事电子信息技术支持与服务、信息技术标准化编制等工作。

（5）大中专院校、培训机构，从事电子信息类相关专业的教学及管理工作。

从全球范围看，新一代信息技术创新空前活跃，以信息技术为代表的国家创新力和竞争力正在成为世界各国新一轮竞争的焦点。从国内看，党的十九大作出了建设网络强国、数字中国、智慧社会的重大战略部署，《"十三五"国家战略性新兴产业发展规划》《中国制造2025》《国家信息化发展战略纲要》等政策文件都将信息技术产业列为发展重点，为产业发展创造了良好的政策环境，我国信息技术产业发展进入新一轮加速期。山东省正在实施新旧动能转换重大工程，加快建设新旧动能转换综合试验区，新一代信息技术产业作为培育新动能的关键载体和传统动能改造提升的助燃剂迎来难得的发展机遇。《信息通信行业发展规划（2016—2020）》提出，充分利用学历教育、非学历教育、短期培训等多种途径和方式，加快培育跨领域、国际化、高层次、创新型、实用型信息技术人才和服务团队。

新一代信息技术的空前发展，企业的转型升级，急需一大批电子信息类专业的复合型、发展型、创新型的高素质技术技能人才。

四、学习本专业类的优势和劣势

电子信息类专业具有多方面的优势：注重技术技能并重培养，既重视基本理论知识的学习，也重视实践技能的提升；电子信息类产品存在于人们生活的各个角落，被大家所熟知，学生对于实践操作入门快、兴趣高；政府政策大力支持电子信息类专业发展，提供了良好的教学环境；电子类行业企业人才需求量大，毕业生就业领域广，就业岗位多；学生毕业后所从事的工作大多具有创造性，不是简单重复的劳动；毕业生实现自主创业的机会多。

电子信息类专业的理论知识由于较抽象，所以有些学生在学习基本理论知识时会感觉枯燥，导致学习效率不高。

五、学生素质要求与高校选科要求

学习电子信息类专业，学生应树立正确的人生观、世界观、价值观；具有良好的职业道德和敬业精神；具备良好的身体素质和心理素质；具有团队协作意识和集体荣誉感；具有诚实守信、吃苦耐劳品质；具有自主获取知识的能力；具有一定的逻辑思维和创新能力；具有提出问题、分析问题、解决问题的能力；具有开拓进取精神和创业意识；具有基本数学运算及应用能力；具有计算机基本操作能力；具有自主进行资料收集与检索能力；具有较强的安全和环保意识；具有用法律知识解决实际问题能力。

在高校选科要求方面，个别高职院校的电子信息类专业要求选考物理，绝大部分高职院校不提科目要求。

每个高校的具体选科要求可通过山东省教育招生考试院网站（http://www.sdzk.cn/）、山东省教育云服务平台（http://www.sdei.edu.cn/）或"山东高考一点通"微信公众号查询。

11.2　计算机类（6102）

一、专业类概述

计算机类专业包含15个专业，其中发展最早的是计算机应用技术专业。计算机应用技术专业起源于20世纪末期，最初开设的课程综合性非常强，包括了操作系统、网络、程序设计、数据处理、图像处理等各种课程，所培养的毕业生进入各行各业从事各类不同的工作。随着IT（信息技术）行业的迅猛发展，对IT行业的岗位划分越来越明确，不断有对应新岗位的新专业从计算机应用技术专业中分离出来，各个专业的课程体系越来越清晰，对应的岗位及要求的岗位技能也非常明确，而原本的计算机应用技术专业则因为不断向外分离而面临着被抽空的尴尬局面，但是无论如何，该专业仍旧是当今各高职院校中设置最多的专业。2018年，山东省有70所高职院校面向该专业招生；位于第2名的是计算机网络技术专业，有51所院校招生；第3名是软件技术专业，有48所院校招生；第4名是动漫制作技术专业，有43所院校招生；其余11个专业招生院校数均不超过25所，其中云计算技术与应用、大数据技术与应用专业则主要是因为刚起步，大部分学校师资力量尚且无法满足教学需要，因而招生院校还不是很多。

计算机类专业主要培养适应软件开发、大数据应用、网络空间安全、数字媒体应用、云计算技术、动画和游戏制作等行业岗位需要，具有一定的知识储备、过硬的专业技能和一定的数理与逻辑思维，掌握软件开发、大数据应用开发、网络空间安全、数字媒体应用、云计算运维、动漫制作等领域相关的知识和技术技能的创新创业型人才。

计算机类专业的毕业生可进入各行各业从事相关工作，包括软件开发、UI（用户界面）设计、大数据应用、网络安全、数字媒体应用、云计算、动漫设计和游戏开发等领域。

专业设置：根据教育部高等职业教育（专科）专业目录，计算机类专业包括15个专业，分别是：计算机应用技术（610201）、计算机网络技术（610202）、计算机信息管理（610203）、计算机系统与维护（610204）、软件技术（610205）、软件与信息服务（610206）、动漫制作技术（610207）、嵌入式技术与应用（610208）、数字展示技术（610209）、数字媒体应用技术（610210）、信息安全与管理（610211）、移动应用开发（610212）、云计算技术与应用（610213）、电子商务技术（610214）、大数据技术与应用（610215）、虚拟现实应用技术（610216）、人工智能技术服务（610217）。

高职（专科）计算机类专业标准学制为3年，毕业授予专科毕业证。

二、知识构架

1. 主要课程

从山东省高职院校开设的计算机类主要专业来看，从事这些专业面向的岗位工作时，90%左右都需要基础的编程能力和简单的数据库应用能力，因此计算机类各专业的基础课程一般包括：计算机应用基础、网页设计与开发、Java程序设计、数据库应用基础、Linux应用基础、计算机网络基础等。

综合各个专业，计算机类专业核心课程主要包括：计算机系统维护技术、网络互联技术、网络安全与数据恢复、局域网安全管理、无线网络安全、Java Web程序设计、Java Script程序设计、Oracle数据库、J2EE框架技术、HTML5混合App开发、移动Web开发、PHP动态网站开发、平面构成、图形图像处理、矢量图形设计、用户界面设计、三维建模技术、数字媒体后期制作、微电影制作、平面动画、虚拟现实技术、微网站设计、Linux Shell编程、Linux系统管理与服务器配置、云计算基础架构平台应用、虚拟化技术与应用、云计算自动化运维、大数据系统搭建部署、大数采集与预处理、大数据计算与可视化、大数据存储与访问等。

2. 实习实训

计算机类专业的实践教学环节包括基础实训、岗位实训、综合实训、毕业实习、创新创业实践等内容。基础实训是指与专业基础相关的实训环节，岗位实训是指与就业相关的工作岗位实训环节，综合实训是指与专业培养目标相关的校内整周综合实训环节，毕业实习是指学生到合作企业相关岗位或者学生自己所找企业的某些专业对口岗位完成为期半年的实习任务，提升专业实践能力。

三、就业方向与发展前景

计算机类专业毕业生的就业方向主要是计算机技术支持、用户界面设计、网络运维、网络设备安装与配置、网站设计与开发、数据库运维、信息系统软件开发、软件实施、Web开发、移动开发、软件测试、平面设计、动画设计、影视后期制作、虚拟现实制作、网络管理、信息安全、云计算系统部署与运维、云计算应用开发与服务、网站建设与维护、电子商务运营、大数据采集、大数据应用开发、大数据平台运维等领域。

《"十三五"国家战略性新兴产业发展规划》指出，未来5到10年，是全球新一轮科技革命和产业变革从蓄势待发到群体迸发的关键时期。产业规模持续壮大，成为经济社会发展的新动力。战略性新兴产业增加值占国内生产总值的比重达到15%，形成新一代信息技术、高端制造等产值规模10万亿元级的新支柱，并在更广领域形成大批跨界融合的新增长点，平均每年带动新增就业100万人以上。到2020年，力争在新一代信息技术产业薄弱环节实现系统性突破，总产值规模超过12万亿元。到2030年，战略性新兴产业发展成为推动我国经济持续健康发展的主导力量。

山东省在"十三五"规划中指出，推进智慧山东建设，加快现代信息技术与产业深度融合，形成以信息化为创新要素的经济社会发展新形态。实施"互联网+"行动计划，推广应用物联网、云计算等技术，发展分享经济，实现生产经营流程重构再造，促进生产智能化、经营网络化、服务远程化。大力发展信息技术产业，支持基于互联网的各类创新，增强信息产品供给能力。落实国家大数据战略，提升政府服务、社会服务、民生服务信息化水平。

随着信息技术产业的快速发展，计算机类专业毕业生的发展前景将更加广阔。

四、学习本专业类的优势和劣势

新一代信息技术产业是朝阳产业，无论就业还是升职，计算机类专业都有非常大的优势。

第一，人才缺口大。IT行业人才的供给严重不足，计算机专业人才需求每年增加几十万甚至上百万人。

第二，高薪。正是因为IT行业人才缺乏，企业为了留住人才，大多数的IT行业都提供了丰厚的工资福利，薪酬水平高。

第三，IT行业有着巨大的发展前景。据有关调查，对于最具潜力的高薪职业，在前20位中有5个职业属于IT行业，而在前50位中有14个职业属于IT行业。

第四，社会地位高。IT行业属于朝阳行业，在《山东新旧动能转换综合试验区建设总体方案》中，新一代信息技术产业被列为发展新兴产业、培育壮大新动能的首要产业。

如果一定要说劣势的话，计算机技术发展太快确实也算是一个劣势。计算机类专业是一门快速发展、日新月异的学科，在某个阶段，各种新技术会像雨后春笋一般蓬勃发展，让人目不暇接，时时刻刻都有新的理论、知识、产品、技术，想要在这个行业做好，无论是哪个层次，都必须要不停地充实自己、提升自己。

五、学生素质要求与高校选科要求

学习计算机类专业，要求学生具有良好的思想素质和健康的体魄；具备基本的数学逻辑思维和表达能力；具备岗位快速适应能力和可持续发展能力；具备良好的心理素质，具有较强的学习能力、交流沟通能力和团队协作能力；具有扎实肯干、不断进取的工作态度；具有不断改进、提升工作质量以满足岗位工作需求的能力；喜欢动手操作，具有一定的逻辑思维能力。

根据山东省教育招生考试院公布的普通高校专业类选考要求，高职（专科）计算机类专业一般不提科目要求。

每个高校的具体选科要求可通过山东省教育

招生考试院网站（http://www.sdzk.cn/）、山东省教育云服务平台（http://www.sdei.edu.cn/）或"山东高考一点通"微信公众号查询。

11.3 通信类（6103）

一、专业类概述

通信类专业是以现代的声、光、电技术为硬件基础，辅以相应软件来达到信息交流目的的综合性交叉学科。通信类专业培养适应通信行业建设需要，具有健康的心理素质与身体素质，具备吃苦耐劳、爱岗敬业、勇于创新的职业素质，掌握通信工程施工、通信网络规划设计、通信信息系统原理及应用、通信设备安装调试维护等方面的专业知识和技术技能，能够从事信息通信工程服务、通信系统集成、通信设备制造等工作的高素质技术技能人才。

通信类专业毕业生的就业领域有：通信运营商、通信设备制造商、网络产品制造商、邮电规划设计院、邮电工程公司、通信工程第三方代维公司等通信行业相关企业。初次就业岗位为：通信工程施工人员、通信工程勘察设计人员、通信工程概预算员、通信网络测试维护人员、通信设备生产与辅助开发、通信设备安装调试人员、售后服务人员等。可持续发展就业岗位为：通信工程监理、通信工程督导、项目经理、通信网络优化人员、通信设备研发工程师等。

专业设置：根据教育部高等职业教育（专科）专业目录，通信类专业包括7个专业，分别是：通信技术（610301）、移动通信技术（610302）、通信系统运行管理（610303）、通信工程设计与监理（610304）、电信服务与管理（610305）、光通信技术（610306）、物联网工程技术（610307）。

高职（专科）通信类专业标准学制为3年，毕业授予专科毕业证。

二、知识构架

1. 主要课程

通信类专业核心课程包括移动通信技术、电工与电子技术、数据通信技术、无线网络优化、移动基站建设与维护、通信工程设计制图、通信工程监理、无线组网技术、物联网嵌入式开发、网络综合布线、通信工程概预算等。

通信类专业选修课程包括Android应用技术开发、交换技术、ZigBee技术应用、通信电源技术、大数据技术基础、网络安全、单片机应用系统设计、数据库应用技术、光接入技术、光传输技术、光交换技术等。

2. 实习实训

通信类专业的实践教学环节主要包括电工实训、通信工程制图综合实训、通信工程概预算综合实训、通信网络配置综合实训、移动基站维护综合实训、顶岗实习、毕业实习、毕业设计等。

三、就业方向与发展前景

1. 就业方向

通信类专业毕业生的就业方向主要包括以下几个方面：

（1）大型通信设备制造商、网络产品制造企业，从事设计、研发等工作；

（2）大型通信运营商、邮电规划设计院、邮电工程公司、通信工程第三方代维公司，从事通信工程施工、通信工程勘察设计、通信工程概预算、通信网络测试维护、通信设备生产与辅助开发、通信设备安装调试、售后服务等工作；

（3）政府部门、企事业单位，从事政府层面的通信管理工作；

（4）通信系统、高科技开发公司、科研院所、设计单位、金融系统、民航、铁路及大中专院校等。

2. 发展前景

通信技术是信息产业的重要基础和支柱之一，它的发展日新月异，正在迅速地向社会各个领域渗透。通信产业是我国发展最快、最活跃、具有国际竞争力的产业。我国现有600～700家大中小型通信企业，还有一批国防研究所、大企业的研发中心及通信相关的各类企业，加上一些发达地区、中心城市的高新技术快速发展，对通信类专业人才的需求呈逐年增大趋势。根据工信部发布的《信息产业人才队伍建设中长期规划（2011—2020年）》，到2020年新增22万名新一代宽带无线通信、下一代互联网和网络信息安全人才。信息产业是真正的朝阳产业。

四、学习本专业类的优势和劣势

随着通信技术的迅速发展，遍及各行各业的

通信信息化建设浪潮为我国通信产业的发展提供了前所未有的良机。通信技术的应用领域越来越广，通信产品的生产、使用、服务等行业的新工艺、新技术、新材料、新设备不断涌现；计算机、通信与消费通信的融合预示着一个新的更为广阔的市场的来临；在消费层面，IT产品与数码设备、家电、手机等终端设备的互联互通，与移动通信环境的平滑对接，引导着通信产品由模拟到数字的生活变革，数字电视、移动互联网、移动通信等新应用不断涌现，通信行业孕育着巨大的市场。

从通信网络建设的角度看，随着4G技术的成熟应用和5G技术的推进，移动网络又将兴起新一轮的建设。与此同时，网络技术演进和转型成为建设重心。未来三至五年，面向客户个性化需求，深度挖掘移动用户感知和体验，是移动通信业的发展趋势。网络优化技术由基本设备、语音业务的指标优化向数据业务发展，基于业务与用户感知的优化将是网络优化行业的蓝海。

由于通信类专业自身属性的问题，许多人对通信类专业的认识不足，以为就是维修电话的、安装网络的，因此，也导致安技人员的地位和作用提不到相应的高度，有些人对通信类专业还存在误解。在我国，经过前几年的大规模3G、4G网络建设，基础施工建设人才需求并不是很大，反而对高层次人才的要求越来越高，导致一部分学生因为畏难情绪而不选择通信类专业。

五、学生素质要求与高校选科要求

学习通信类专业，学生应具有较强的创新意识和创新精神，不断追求技术进步；具有较强的学习能力；具有良好的文字和口头表达能力；具有一定的人际交往能力、社会实践能力和创新能力；具有一定的专业应用文写作能力；具有一定的英语表达能力以及对专业英语技术资料的阅读能力；具有良好的计算机应用能力和信息收集处理能力。

根据山东省教育招生考试院公布的普通高校专业（类）选考科目要求，在我省开设通信类专业的山东交通职业学院、山东信息职业技术学院、山东工程职业技术大学等均不提科目要求。

每个高校的具体选科要求可通过山东省教育招生考试院网站（http://www.sdzk.cn/）、山东省教育云服务平台（http://www.sdei.edu.cn/）或"山东高考一点通"微信公众号查询。

12 专业大类：医药卫生大类（62）

在教育部颁布的《普通高等学校高等职业教育（专科）专业目录》中，医药卫生大类下，包含临床医学类、护理类、药学类、医学技术类、康复治疗类、公共卫生与卫生管理类、人口与计划生育类、健康管理与促进类八个专业类。其中，本书对人口与计划生育类专业没有进行详细介绍，读者可通过教育部和相关学校官方网站查询。

12.1 临床医学类（6201）

一、专业类概述

临床医学类专业是研究人类疾病的病因、诊断、治疗和预防的各专业学科的总称，属于实践性很强的应用科学。

临床医学类专业主要培养适应社会发展需要和卫生服务需求，具有良好的职业道德和敬业精神，具有从事临床医学专业实际工作的基本能力，能够在农村乡镇卫生院、社区卫生服务中心等基层医疗卫生机构从事医疗、预防、保健、康复、健康教育、计划生育等工作的高素质技术技能型人才。

专业设置：根据教育部高等职业教育（专科）专业目录，临床医学类专业包括10个专业，分别是：临床医学（620101K）、口腔医学（620102K）、中医学（620103K）、中医骨伤（620104K）、针灸推拿（620105K）、蒙医学（620106K）、藏医学（620107K）、维医学（620108K）、傣医学（620109K）、哈医学（620110K）、朝医学（620111K）。

高职（专科）临床医学类专业标准学制为3年，已在探索实行弹性学制，毕业授予专科学历证书。

二、知识构架

1. 核心课程

临床医学类专业核心课程主要包括人体解剖学、组织胚胎学、生理学、生物化学、药理学、病理学、预防医学、诊断学、内科学、外科学、妇产科学、儿科学、中医学等。

2. 实习实训

临床医学类专业坚持工学结合的职业教育理念，注重临床实践教学，融"教、学、做"为一体。通常在校内实训基地进行专业实训，如诊断学技能实训、内科学技能实训、外科学技能实训、妇产科学技能实训、儿科学技能实训等。在校外实习基地包括附属医院、非隶属附属医院和省、市级二级甲等以上教学医院，进行临床教学见习、实习。通过临床见习、跟岗实习，学生能够提高理论联系实际的能力，熟悉岗位业务范围和职责，掌握专业技能，独立从事临床和社区医疗保健工作；具备对危重症病人进行应急处理和配合急救的能力；提高对常见病的病情和药物疗效反应的观察能力等。

三、就业方向与发展前景

临床医学类专业毕业生主要面向基层医疗卫生机构，如乡镇医院、村卫生室（站）以及城市社区医疗服务站，担任全科医师、内科医师、外科医师、妇幼保健医师、儿科医师、五官科医师等，是老百姓健康的守门人。

临床医学类专业学生具有广阔的就业空间，近年来毕业生供不应求，就业呈现多元化趋势，可以直接就业从事医疗、保健、预防等工作，也可以继续学习深造。在校生可以通过网络函授、成人自考等方式继续进行学历教育，进一步提升个人素质和整体层次；也可以通过专升本考试，升入本科院校进一步深造，提升专业素养和就业竞争能力。临床医学类专业毕业生工作两年以后可考取执业助理医师和全科执业助理医师资格证书，具有良好的职业发展前景。

四、学习本专业类的优势和劣势

临床医学类专业的就业领域属于技术型行业，毕业生就业后收入稳定，职业生涯发展路线清晰；职业生涯时间长，越老越值钱；社会资源广，接触面大，社会地位较高。

临床医学类专业人才培养周期长，前期投入很大，就业后工作强度大、压力大，风险也较高。

五、学生素质要求与高校选科要求

学习临床医学类专业，学生应具有为我国医疗卫生事业奋斗终身的远大理想和抱负，具有正确的世界观、人生观和价值观；具有良好的道德品质，自觉树立"全心全意为患者服务"的意识和"患者利益高于一切"的信念；具有广博的自然科学、社会科学、人文科学知识；具有团队合作意识；具有良好的身心素质、敬业精神和吃苦耐劳的精神。

根据山东省教育招生考试院公布的普通高校专业类选考要求，大多数高职（专科）临床医学类专业一般不提科目要求，部分高职院校要求选考化学、生物科目。

每个高校的具体选科要求可通过山东省教育招生考试院网站（http://www.sdzk.cn/）、山东省教育云服务平台（http://www.sdei.edu.cn/）或"山东高考一点通"微信公众号查询。

12.2 护理类（6202）

一、专业类概述

护理类专业主要面向各级各类医疗卫生和社区卫生服务机构等企（事）业单位的助产及护理岗位（群），培养具有人文关怀理念，能与患者良好沟通，熟练掌握助产、护理基本知识和基本技能，具备较强的团队意识、良好的职业素养和创新精神，能够在医疗卫生服务一线从事助产、护理、母婴保健、计划生育宣教等工作的高素质技术技能型人才。目前大多数医学院校都设有护理专业，但是助产专业相对薄弱，泰山护理职业学院设有单独的助产系。

专业设置：根据教育部高等职业教育（专科）专业目录，护理类专业包括护理（620201）、助产（620202）两个专业。

高职（专科）护理类专业标准学制为3年，毕业授予专科学历证书。

二、知识构架

1. 核心课程

护理类专业核心课程主要包括护理心理与精神卫生护理、五官护理、护理学基础、妇产科护理、内科护理、外科护理、儿科护理、老年护理、护理管理、护理礼仪与人际沟通、康复护理、急救护理等。

2. 实习实训

护理类专业可开展正常人体学基础、疾病学基础、药物应用护理、护理学基础、内科护理、外科护理、五官科护理、中医科护理、妇产科护理、儿科护理、急救护理、康复护理等护理专业课程的综合实训，通常每个校内实训室以40人标准班为一个教学班，每班分8~10个小组开展实训。

护理类专业的顶岗实习一般在二级甲等以上医院进行，以便满足专业实践教学和技能训练要求，顶岗实习时间一般在8个月以上。

三、就业方向与发展前景

护理类专业绝大多数学生毕业后通常选择在医院工作，主要从事临床护理工作，管理岗位主要面向本科护理专业毕业生。就业时可向护理部申请意向的科室岗位，护理部根据具体需求，结合个人意向统一安排。助产专业的毕业生既可从事护理职业，也可分到产房成为助产士。

护理类专业毕业生可以在城区（或乡镇）社区卫生服务机构从事社区护理、预防保健、康复护理等社区护理（岗位群）工作，也可以在养老机构从事老年护理、康复保健以及管理工作。

护理类专业毕业生的初始岗位有临床护理岗位护士、社区护理岗位护士、社区护理岗位管理员、养老机构护理员与管理员。发展岗位有各护理岗位主管人员和负责人，平均升迁时间为5~10年。

护理类专业毕业生可以选择专升本、自学考试（升本）等途径，继续深造。

护理类专业属于人才紧缺专业，毕业生就业机会很多，发展前景良好。

四、学习本专业类的优势和劣势

护理专业被教育部等六部委列入国家紧缺人才专业，予以重点扶持。对女生来说，护理类专业是一个比较热门的专业，护士在各级医院都是很重要的岗位。护理类专业入职门槛比较低，就业形势大好，就业范围较广。

由于护士入职门槛较低，各地域之间的薪资水平也是参差不齐，有些地区比较低，而且相对来说，护士专业对应的职业领域比较窄，毕业生可能这一辈子都是从事护士了。护士经常加班，作息时间不规律，加班强度大，习惯作息时间正常的同学要慎重考虑。

五、学生素质要求与高校选科要求

报考护理类专业，高中生应完成高中学业且参加高考，根据高考成绩统一录取。对于某些特殊要求，参照国家有关规定执行，比如色盲或色弱者不能报考护理类专业。

根据山东省教育招生考试院公布的普通高校专业类选考要求，高职（专科）护理类专业一般不提科目要求。

每个高校的具体选科要求可通过山东省教育招生考试院网站（http://www.sdzk.cn/）、山东省教育云服务平台（http://www.sdei.edu.cn/）或"山东高考一点通"微信公众号查询。

12.3 药学类（6203）

一、专业类概述

药学类专业主要培养具有良好的职业道德、文化素养和职业生涯发展基础，具备（中）药学专业扎实的基本理论、基础知识及专业知识和较强的实践能力，面向各级医疗机构、药品经营企业、制药企业、药品监督检验机构、药品研发机构等单位，能够从事药品调剂、静脉药物配置、库房管理、药品销售、药品生产、药品质量检验

与管理、药物临床试验研究辅助以及中药炮制、鉴定等工作的高素质技术技能人才。

专业设置：根据教育部高等职业教育（专科）专业目录，药学类专业包括5个专业，分别是：药学（620301）、中药学（620302）、蒙药学（620303）、维药学（620304）、藏药学（620305）。

高职（专科）药学类专业标准学制为3年，毕业授予专科学历证书。

二、知识构架

1. 核心课程

药学类专业核心课程包括人体解剖生理学、病原生物与免疫学、无机化学、有机化学、分析化学、仪器分析、生物化学、临床医学概要、天然药物学、天然药物化学、药物化学、药剂学、药物分析、药事管理与法规、药理学、临床药物治疗学、药学综合知识与技能等。

2. 实习实训

药学类专业的实习主要通过跟岗实习和顶岗实习完成。实习岗位包括医疗机构的门诊药房、住院药房、急诊药房、药库、静脉药物配置中心、制剂室、临床药学等岗位；药品经营企业的药品销售、养护、质量管理等岗位；制药企业的药品生产、质量检验等岗位。

三、就业方向与发展前景

1. 就业方向

药学类专业毕业生的主要就业方向：（1）药师，可在医院药房、社会药店从事药品调剂、制剂、质检和临床药学等工作；（2）医药代表、医药销售人员，可在医药公司、制药企业从事药品销售及流通等工作；（3）技术、科研人员，可在药厂、药物研究公司、制药公司等单位从事药物生产工作；（4）质检、药检人员，可在药厂、药检所从事药品的质量控制、质量检测及质量管理工作。

中药学专业的毕业生主要从事中药材、中药饮片及中成药的质量管理、炮制、鉴定、经营和管理，以及中药的制剂、调剂、生产、质量控制等相关岗位的基础性工作。

2. 发展前景

对药学类专业毕业生来说，从事药品开发、

研究的职业，对专业能力的要求非常高，相应地对学历等各个方面的要求也会比较高。从事生产质量保证等工作，对学历的要求没有那么高，但对相关专业知识的要求依然是很严格的。相对而言，从事销售工作对专业的要求更侧重于人际交往能力和营销能力。

四、学习本专业类的优势和劣势

1. 优势分析

当前，全球医药科技发展突飞猛进，医药产业加快转型升级，人民群众健康需求持续增长，健康山东建设加快推进。药学在世界各大经济领域可以说是发展最快的门类之一，医药公司的年经济效益增长率已经高于国家的经济增长速度。医药产业由于关系着每个人的健康，越来越受到国家和社会的重视。我国的药学事业近几年的发展也是非常迅猛的，许多药品得到了国际市场的认可，很多医药企业与外国企业建立了合作关系。山东省提出要加快实现由医药产业大省到强省的转变，药学专业人才方面的需求缺口很大，药学专业具有广阔的发展前景。选择中药学专业，学生可以系统地学习中药学专业的知识和技能，将整体辨证的中医药文化特质融入综合素质培养，充分汲取中国优秀传统文化的营养，在耳濡目染中感受鲜明的中医药特色。

2. 劣势分析

药学类专业的就业岗位局限于医药行业，对专业知识、职业素养等要求较高。

五、学生素质要求与高校选科要求

药学主要是以化学和基础医学为基础的。从课程设置可以看出，其中很多课程都和化学相关。从专业学习的角度出发，那些化学、生物学科基础比较好，或者对它们较感兴趣的学生能更好地适应药学类专业的学习。

根据山东省教育招生考试院公布的普通高校专业类选考要求，多数高职（专科）药学类专业不提科目要求，有的院校要求选考化学科目。

每个高校的具体选科要求可通过山东省教育招生考试院网站（http://www.sdzk.cn/）、山东省教育云服务平台（http://www.sdei.edu.cn/）或"山东高考一点通"微信公众号查询。

12.4　医学技术类（6204）

一、专业类概述

医学技术类专业主要培养具有特殊技能的医疗技术人员及治疗师人才，所培养的人才能够配合临床医生，做好医疗卫生服务工作。目前，该类专业毕业生所从事的岗位有：美容师、康复治疗师、医学影像技师等。随着社会和经济的发展，人们对医疗卫生和健康服务的需求日益增长，医药行业对医学技术类专业人才的需求不断增加，而且随着医疗技术发展水平的提升，医药行业对医学技术类专业人才的培养提出了更高的要求。

专业设置：根据教育部高等职业教育（专科）专业目录，医学技术类专业包括9个专业，分别是：医学检验技术（620401）、医学生物技术（620402）、医学影像技术（620403）、医学美容技术（620404）、口腔医学技术（620405）、卫生检验与检疫技术（620406）、眼视光技术（620407）、放射治疗技术（620408）、呼吸治疗技术（620409）。

因各专业差别较大，本文以医学检验技术、眼视光技术两个专业为代表，介绍医学技术类专业。

医学检验技术专业主要培养掌握一定的临床医学知识、医学检验基础理论和基础知识，具备医学检验技术基本操作能力、形态学鉴别能力和一定的质量控制能力，适应医学检验技术发展需求，能够从事医学检验技术一线实际工作的高素质技术技能型人才。

眼视光技术专业主要培养掌握眼视光技术专业的基本理论和基础知识，具有较强的专业操作技能，具备对常见视觉功能障碍的诊断、初步处理和预防能力，能够从事验光配镜、眼镜生产与经营管理等工作的高素质技术技能型人才。

高职（专科）医学技术类专业标准学制为3年，毕业授予专科学历证书。

二、知识构架

1. 核心课程

医学检验技术专业核心课程包括人体解剖生理学、病理学、检验应用化学、分析化学、生物化学、医学统计学、临床疾病概要、微生物学检验、免疫学检验、生物化学检验、临床检验基础、血液学检验、寄生虫学检验、分子生物学检验、病理检验、临床实验室管理等。

眼视光技术专业核心课程包括眼科学基础、眼屈光检查、验光技术、眼镜定配技术、角膜接触镜验配技术、斜视与弱视临床技术等。

2. 实习实训

医学技术类专业的实习主要通过跟岗实习和顶岗实习完成。

医学检验技术专业的实习单位主要是二级甲等以上医院或第三方检验中心。实习岗位包括门诊化验室、病房化验室、细胞室、血库、细菌室、免疫室、中心实验室等。

眼视光技术专业的实习单位主要是眼科医院、视光中心、眼镜生产与销售企业等。通过实习，重点加强技能操作的训练，进一步巩固眼视光理论知识，并转化为实践能力，尽快适应并胜任验光和眼镜定配等工作岗位，为以后的职业发展打下良好的基础。

三、就业方向与发展前景

医学检验技术专业毕业生主要面向各级医疗卫生单位的医学检验技术工作领域，包括临床检验、疾病预防、输血等一线的医学检验技术岗位，以及医学生物工程（试剂、器械等）生产经营企业的相关医学检验技术工作岗位，可以从事检验标本采集、标本前处理、一般血液学检验、体液检验、临床检验、生物化学检验、微生物学检验、免疫学检验、输血检验、人体寄生虫学检验、生物安全管理等工作。

眼视光技术专业毕业生主要面向各级医院眼科、视光中心、社区眼保健机构、视光产品生产与销售公司、眼镜经营企业、眼镜制造企业、眼镜检验机构、眼镜行业视光技术培训机构，可以从事眼屈光检查、验光配镜、角膜接触镜验配、眼科特检、斜弱视训练、眼初级卫生保健、眼镜质检、眼视光产品营销、视光技术培训等工作。主要就业岗位为眼镜验光员岗位、眼镜加工工岗位、隐形眼镜验配人员岗位、眼镜销售岗位等。

全球70亿人，近90%存在视觉健康问题，其中功能性眼病患者约有50亿人。在医院的眼科门诊中，70%以上的患者涉及视光学范畴，真正意义上的眼科疾病不足30%。我国的功能性眼病和视觉健康问题量大面广，在5岁以上人口中，近视眼患病人数约为4.5亿人。据权威机构预测，到2020年，我国50%以上的人群将会患近视，青少年近视已成为严重的社会公共卫生问题。与此形成鲜明对比的是，我国的合格视光师严重匮乏，眼视光专业人才亟待补缺，估算缺口达30万人。所以，眼视光相关专业在我国具有非常广阔的发展前景。

四、学习本专业类的优势和劣势

医学检验技术专业人才是医疗卫生机构卫技人员中的一支重要队伍。随着先进的医学检验技术、手段以及设备的开发应用，医学检验实现了仪器自动化、试剂商品化、方法标准化、检验现场快速化、管理科学化，使检验结果的快速性、特异性、准确性和针对性有了很大提高，成为疾病诊断、治疗监测和预后评估的重要依据。医院检验科开展检测项目的数量、检验仪器的自动化程度和实验室的管理水平，已成为衡量医院整体诊疗水平的一个重要指标，医学检验的重要性和不可替代性已经越来越受到现代医学的重视。由于行业发展背景的巨大变化，各级医疗卫生机构急需高素质医学检验技术专业人才。

"十三五"时期是我国深入推进医药卫生体制改革，全面建成小康社会的关键时期，也是促进医药产业健康快速发展的重要机遇期。我省医学检验人员与医疗卫生服务的需求相比，数量显著不足，缺口较大，尤其是县及县以下各级医疗卫生机构、医养结合机构、医学检验实验室、病理诊断中心、体检中心和独立设置的血液透析中心、消毒供应机构等，医学检验技术专业人才奇缺。另外，伴随着我国工农业生产的飞速发展而出现的环境、食品和蔬果污染等问题，促使国家在未来几年对食品卫生、环境卫生、放射卫生、职业卫生和学校卫生等方面的工作力度将逐渐加大，同时在海关商品进出口检验检疫、农药残留检测等方面的任务越来越繁重，这也将为医学检验技术专业人才提供广阔的服务空间。

眼视光技术专业毕业生就业形势好。我国青少年近视人群逐渐低龄化且人数逐年递增。当前，我国的视光产业尚处于发展阶段，正从"传统验光配镜"向"视光学疾病诊疗"甚至"全面、全程眼健康服务"转化。但是专业的眼视光人才缺乏，难以满足公众视觉健康的需要。目前，我国的眼视光专业人才供不应求。

眼视光技术专业所学课程比较简单，操作性较强，易学易懂，学生毕业后可获取高级验光员和高级眼镜定配工等专业证书。视光行业工作环境优良，薪酬待遇较好。

但是，眼视光技术专业属于理工科范畴，毕业生不能完整独立从事临床诊疗工作。目前我国没有相应的职业称谓及行业准入制度。

五、学生素质要求与高校选科要求

医学检验技术专业主要是以化学和基础医学为基础的。从课程设置可以看出，很多课程与化学以及生物学相关，因此从专业学习的角度出发，具备一定的化学、生物学基础或对相关课程具有学习兴趣的学生将会更快更好地适应专业学习。即使相关课程基础薄弱，但只要学生具有良好的学习态度，刻苦努力，同样可以较好地完成专业学习。

眼视光技术专业要求学生具有较强的动手操作能力；具有较强的人际沟通能力和团队协作能力；具有较强的自主学习能力和责任心。学生毕业后若从事视光产品研发方面的工作，可以选修物理课程。

根据山东省教育招生考试院公布的普通高校专业类选考要求，高职（专科）医学技术类专业一般不提科目要求。

每个高校的具体选科要求可通过山东省教育招生考试院网站（http://www.sdzk.cn/）、山东省教育云服务平台（http://www.sdei.edu.cn/）或"山东高考一点通"微信公众号查询。

12.5　康复治疗类（6205）

一、专业类概述

康复治疗类专业主要面向各级各类医疗机构、社会康复或福利机构等行业企业，培养掌握康复治疗类专业所必备的基础医学和临床医学知识，较系统掌握现代康复和中国传统康复医学基本理论、基本知识及基本技术，具有较强的实践操作能力，能够从事医学康复领域相关工作的高素质技术技能人才。

专业设置：根据教育部高等职业教育（专科）专业目录，康复治疗类专业包含康复治疗技术（620501）、言语听觉康复技术（620502）、中医康复技术（620503）三个专业。

高职（专科）康复治疗类专业标准学制为3年，毕业授予专科学历证书。

二、知识构架

1. 核心课程

康复治疗技术专业核心课程包括人体解剖学、生理学、生物化学、病理学、微生物与免疫基础、临床医学概论、康复治疗基础、康复评定技术、运动治疗技术、作业治疗技术、物理因子治疗技术、中医传统康复技术、康复工程技术、常见疾病康复等。

言语听觉康复技术专业核心课程包括幼儿心理学、学前教育学、听力学、听觉康复、听障儿童康复教学教法、听障儿童康复教育评价、听障儿童言语康复技能、聋儿康复教育观察与评价等。

中医康复技术专业核心课程包括人体解剖生理学、微生物与寄生虫、生物化学、中医学基础、药物学、中药方剂学、临床医学概要、康复医学基础、针灸学基础、推拿学、刺灸学、针灸治疗学、中医健身学、中医内科学、中医外科学、中医妇科学、中医儿科学、中医伤科学、保健按摩技能、足部按摩等。

2. 实习实训

康复治疗类专业的实践教学环节主要包括课程实训、轮岗实训、顶岗实习等内容。课程实训一般在校内实训室进行，每学期根据所开设的课程进行技能大赛，强化康复专业技能；第三学年学生到二级甲等以上医院康复医学科进行半年轮岗实训和半年顶岗实习。

三、就业方向与发展前景

康复治疗类专业毕业生的就业方向主要有：综合性医院临床康复科室、康复专科医院、社区卫生服务机构康复部（社区康复站）的康复治疗岗位；民政、残联、工伤等各类社会康复机构，以及各类老年与儿童福利机构、养老服务机构的康复治疗或康复保健服务岗位；特殊教育学校、儿童脑瘫康复与自闭症康复机构、体育运动队等的康复治疗和康复教育岗位。

康复治疗类专业毕业生在经过临床康复机构一年及以上时间工作和康复治疗知识与技能训练

后，可以参加全国卫生技术人员系列资格（职称）考试，合格者可以获得康复治疗士资格；康复治疗士在经过临床康复机构三年及以上时间工作和临床康复知识与技能训练后，可以参加全国卫生技术人员系列资格（职称）考试，合格者可以获得康复治疗师（初级）资格；初级康复治疗师在康复机构经过规定时间的临床工作训练和继续医学教育五年及以上时间，通过规定的考核或评审，可以获得相应的中级康复治疗师技术职务；中级康复治疗师在康复机构经过规定时间的临床工作训练和继续医学教育五年及以上时间，通过规定的考核或评审，可以获得相应的高级康复治疗师技术职务。

四、学习本专业类的优势和劣势

中国康复医学经过几十年的发展，已经初具规模。随着人们健康意识的提升，在国家政策的支持下，所有三级医院必须设置康复科，推动二级医院转型为康复医院。更多人认识到康复的重要性，国内很多康复机构的硬件条件甚至可以与国外发达国家相媲美。未来5到10年内，至少需要30万名康复专业人才才能满足康复行业的基本需求，康复师将是今后最具发展前景的专业之一。

康复治疗类专业也存在劣势，个人发展会受制于学历和科研水平的不足。

目前康复行业处在大而不强的阶段。之所以说"大"，是因为我国的老年人口、残疾人口基数大，所以康复市场是很大的，这个行业的前景也是不错的；说它不强，是因为还没有形成规范，更没有在国际上形成一定的影响力。

虽然康复专业人才缺口很大，就业相对容易，但康复专业人才受行业因素影响，整体收入水平相对偏低；从康复教育来看，还未完全建立物理治疗与作业治疗教育体系，很多院校新近开设的康复治疗类专业还需进一步提高教育教学水平，培养更多更好的康复专业人才。

五、学生素质要求与高校选科要求

学习康复治疗类专业，学生应具有较好的理科知识基础；具有良好的人文精神和职业素质，有爱心和耐心；具有严谨、诚实、认真的学风；具有良好的道德修养和法律意识；具有团队合作意识；具有一定的英语和计算机文化素养。

根据山东省教育招生考试院公布的普通高校专业类选考要求，高职（专科）康复治疗类专业一般不提科目要求。

每个高校的具体选科要求可通过山东省教育招生考试院网站（http://www.sdzk.cn/）、山东省教育云服务平台（http://www.sdei.edu.cn/）或"山东高考一点通"微信公众号查询。

12.6 公共卫生与卫生管理类（6206）

一、专业类概述

专业设置：根据教育部高等职业教育（专科）专业目录，公共卫生与卫生管理类专业包括4个专业，分别是：预防医学（620601K）、公共卫生管理（620602）、卫生监督（620603）、卫生信息管理（620604）。

高职（专科）公共卫生与卫生管理类专业标准学制为3年，实行弹性学制，完成规定课程学习和修满规定学分，毕业授予专科学历证书。

本文主要以预防医学专业为例，介绍本专业类。

预防医学专业属国家控制布点专业，2015年列为新增专业，我省从2017年开始招生。预防医学专业主要培养掌握基础医学、临床医学和预防医学的基本理论知识和实践技能，具有良好的医学职业道德、团队协作意识和较强的公共卫生服务能力，能在城乡基层医疗卫生机构、专业公共卫生机构和健康产业机构从事疾病预防控制、健康教育、预防保健、卫生计生监督和健康管理等工作的高素质技术技能型医药卫生专门人才。

预防医学专业按照"环境—人群—健康"模式，以人群为研究对象，以预防为主要目标，运用现代医学知识、宏观与微观的技术方法研究健康影响因素及其作用规律，阐明外界环境因素与人群健康的相互关系，制定疾病防治策略与措施，以达到控制疾病、保障人民健康、延长人类寿命之目的。随着医学模式的发展、疾病谱的改变、人们对健康需求的提高，特别是《"健康中国2030"规划纲要》的提出，预防医学专业日益显示出基在基层疾病预防控制和健康管理工作中的重要性。

二、知识构架

1. 核心课程

预防医学专业的核心课程包括人体解剖学、生理学、生物化学、药理学、病理学与病理生理学、免疫与病原生物、诊断学、临床医学概要、传染病学、卫生统计学、流行病学、环境卫生学、营养与食品卫生学、职业卫生与职业病学、妇幼保健学、健康教育学、社会医学、卫生法律制度与卫生监督、基本公共卫生服务技术等。

2. 实习实训

预防医学专业为提高学生的综合素质，将社会实践作为素质教育的组成部分，由学校根据专业特点，在学校或利用假期在相关社会机构完成规定的活动和内容。预防医学是实践性很强的专业，为加强实践技能操作，依托疾病预防控制中心、医院和社区卫生服务中心等单位设立校外实践教学基地，对专业实践训练体系进行分层设计，学生除在学校完成课程对应的实训项目和见习外，需在第三学年由学校统一组织，分别到二级以上综合医院、疾病预防控制中心、社区卫生服务中心等单位进行不少于40周的跟岗实习，由指导教师指导完成实习大纲规定的实习任务，并完成毕业设计。

三、就业方向与发展前景

预防医学专业毕业生的就业方向对应的职业类别为公共卫生医师、健康管理师、数据分析师等，主要成长路径为公共卫生主治医师、副主任医师、主任医师或卫生健康行业行政管理人员、数据分析师等。

随着健康中国、健康山东战略的实施，疾病的预防与控制越来越显得重要；随着公共卫生事业的不断发展，预防医学专业人才的社会需求逐渐扩大。由于目前我国高职院校开设预防医学专业的还不多，缺乏可供参考的具体就业信息。但从本科层次来讲，2017年预防医学专业学生毕业后半年内就业率高达94.1%，在全国本科类专业中排名第8位。因此，根据目前高职院校专业培养定位和现状调查情况，高职预防医学专业就业领域很广，涉及医学和非医学领域的各相关职业岗位。医学领域可从事临床科研辅助工作（资料收集、整理），或者从事疾病预防控制、卫生健康知识宣传、卫生事业管理等相关工作。非医学领域可从事环境保护与监测、海关检疫、市场监督、数据分析等工作。主要就业方向包括：社区卫生服务机构、乡镇卫生机构、综合医院公共卫生科；县市区级疾病预防控制中心、卫生监督及妇幼保健机构；各类健康管理机构、环境监测机构、数据分析公司等。

四、学习本专业类的优势和劣势

随着经济社会的发展和人民生活水平的提高，城乡居民对提高健康水平的要求越来越高；同时，工业化、城镇化和生态环境变化带来的影响健康因素越来越多，人口老龄化和疾病谱变化也对医疗卫生服务提出了新要求。随着医药卫生体制改革的深入进行，医疗卫生行业的服务模式也正在由过去以疾病诊疗为中心，逐渐向以提高人民健康水平为中心转变，推动医疗资源重心下移，更加注重预防为主和健康促进。为满足目前需求、提供覆盖全民的基本医疗和国家基本公共卫生服务，基层医疗卫生单位建立相应机构，急需大批高素质的公共卫生专业人才，为高职预防医学专业毕业生提供了大量就业岗位。这些就业岗位性质大多为比较稳定的事业单位或参照公务员管理单位，薪酬与社会地位较高，职业幸福感较强，可谓学习本专业的主要优势。

预防医学专业学生知识面广，不但学习临床课程，还要学习预防医学课程，需要积极对待。另外，本专业主要就业岗位所在单位性质决定了就业时需要参加政府人力社会保障部门组织的统一考试，这就要求学生在校期间不仅要认真学习专业知识，还要注意加强综合素质的培养。

五、学生素质要求与高校选科要求

预防医学专业要求学生具有正确的世界观、人生观和价值观，敬畏生命，具有为医疗卫生事业奋斗终身的远大理想和抱负；具备良好的身体素质和心理素质，这是履行"救死扶伤、治病救人"职责和使命的必备条件。

随着疾病谱的改变，现代医学模式认为，人的健康与疾病不能仅凭自然科学就能认识和解决，必然涉及社会科学、人文科学等，从而预防医学就具有了自然科学和社会科学双重属性。同时，将来所从事的工作往往是团队工作，必须善于与人合作、与人交流。因此要具备良好的人文素养和人际沟通能力。

由于预防医学专业涉及卫生统计学与流行病学课程的学习，与数学有一定的关系。因此，学生需要掌握一定的数学知识，具有较强的分析和演算能力。

根据山东省教育招生考试院公布的普通高校专业类选考科目要求，我省高职院校对公共卫生与卫生管理类专业一般不提科目要求。

每个高校的具体选科要求可通过山东省教育招生考试院网站（http://www.sdzk.cn/）、山东省教育云服务平台（http://www.sdei.edu.cn/）或"山东高考一点通"微信公众号查询。

12.7　健康管理与促进类（6208）

一、专业类概述

21世纪健康产业已经成为全球热点，继"机械化时代""电气化时代""计算机时代"和"信息网络时代"之后，"健康产业时代"已经到来，健康产业成为继IT产业之后的全球"财富第五波"。

健康是促进人的全面发展的必然要求，是经济社会发展的基础条件，是民族昌盛和国家富强的重要标志，也是广大人民群众的共同追求。与人类健康相关的领域主要涉及医疗器械、老年保健、健康管理、营养与保健、康复工程、心理咨询等方面。

健康管理与促进类专业为适应健康产业发展，面向医疗器械、老年保健、中医养生等健康领域，培养具有较强的健康管理意识和扎实的医疗基础知识，掌握医疗设备产品维护、医疗器械经营与管理、老年照护与健康管理等技术技能，能够从事医疗设备装配调试、维修维护、质量检测、经营管理以及老年健康管理等工作的高素质技术技能人才。

专业设置：根据教育部高等职业教育（专科）专业目录，健康管理与促进类专业包括12个专业，分别是：健康管理（620801）、医学营养（620802）、中医养生保健（620803）、心理咨询（620804）、医疗设备应用技术（620805）、精密医疗器械技术（620806）、医疗器械维护与管理（620807）、康复工程技术（620808）、康复辅助器具技术（620809）、假肢与矫形器技术

（620810）、老年保健与管理（620811）、医疗器械经营与管理（620812）。

高职（专科）健康管理与促进类专业标准学制为3年，实行弹性修业年限，一般可在2～5年内完成，毕业授予专科学历证书。

二、知识构架

1. 核心课程

健康管理、老年保健与管理专业的核心课程包括健康评估、临床医学基础、中医学基础、老年学概论、护理基本技术、药理学、中医养生保健、康复与训练、心理与精神护理、健康管理实务、老年工作与老年机构管理、老年照护、营养与卫生等。

医疗器械维护与管理专业的核心课程包括临床医学基础、机械制图与AutoCAD、电工技术、电子技术、医用电子仪器原理与维护、医用检验仪器及灭菌设备、医疗器械检测技术、人体机能替代装置、医疗器械管理与法规等。

医疗设备应用技术专业的核心课程包括医学基础、机械制图、电工电子技术、医疗器械管理与法规、医学影像成像理论、常规X线机设备分析与维护、CT设备分析与维护、MRI设备分析与维护、超声诊断设备分析与维护、医学影像设备质量控制与检测等。

医疗器械经营与管理专业的核心课程包括人体解剖生理学、医疗器械概论、医疗器械营销实务、医疗器械管理与法规、医疗器械企业经营管理、医疗器械GSP等。

精密医疗器械技术专业的核心课程包括人体解剖学、医电产品分析与制作、数字化医疗仪器开发、医用电子仪器分析与维护、医电产品组装与调试、微机原理及应用、医用传感器与检测技术等。

康复工程技术、康复辅助器具技术、假肢与矫形器技术专业的核心课程包括医疗器械监督管理、人体生物力学、康复治疗与训练设备、假肢及矫形器技术、康复器具标准与检测、人体技能替代装置、医用康复器械设计等。

医学营养专业的核心课程包括有机化学基础、分析化学基础、生理学基础、生物化学基础、病理学基础、内科学、食品微生物学基础、营养学基础、临床营养学、食品卫生学等。

中医养生保健专业的核心课程包括中医基础

理论、中医诊断学、医学基础理论、中医养生保健概论、经络与腧穴、方药养生保健概要、推拿养生保健技术、诊断学基础、中医传统养生功法、中医体质辨识技术、中医健康检测技术、药膳养生保健技术、亚健康学、针灸养生保健技术、中医心理调养技术、临床疾病概论等。

心理咨询专业的核心课程包括普通心理学、发展心理学、教育心理学、社会心理学、心理咨询与治疗、人格心理学、团体辅导、学校心理辅导、变态心理学、行为矫正、人体解剖生理学、职业指导概论、心理测量与评价、犯罪心理学等。

2. 实习实训

健康管理与促进类专业学生主要通过校内实训和顶岗实习等多种途径提升专业技能。校内实训主要围绕安全生产技术、医疗器械组装与维修实训、医疗器械产品性能测试、医疗器械经营管理综合实训、营销模拟与训练、医疗器械企业见习实训、GMP（医疗器械生产质量管理规范）实训、老年保健与管理技术技能综合实训、康复器械综合实训、中医养生综合实训等来开展。

顶岗实习主要在医疗器械企业、医疗机构、老年机构、社区服务中心、行政监管部门等进行。具体实习方式可采用集中实习或自主实习。通过顶岗实习，学生可以了解实习单位的组织架构、运作机制、规章制度和企业文化；掌握医疗器械、老年保健管理等相关专业知识以及职业岗位（群）的典型工作流程、工作任务及核心技能；综合运用所学知识和技能，提高分析问题和解决问题的能力。顶岗实习时间一般为6个月，通常安排在第三学年的第一学期或第二学期。

三、就业方向与发展前景

健康管理与促进类专业毕业生可在医疗器械企业、医疗机构、老年机构、社区服务中心、行政监管部门等单位从事医疗设备装配调试、维修维护、质量检测、经营管理以及老年健康管理等工作；可报考生物医学工程等健康管理与促进类专业专升本考试、函授考试，继续学习和深造。医疗器械方向可考取医疗器械质量体系内审员职业资格证书。

随着全球经济持续稳定发展，人们的健康意识不断提升，健康问题已成为全球热点。由于人口老龄化问题日趋严峻，慢性病发病率逐年提升，人们对高质量的医疗需求越来越大。医疗器械、老年保健、中医养生等健康产业市场蓬勃发展，企业急需大量既具有医学知识，又懂医疗器械维护、健康管理以及现代信息技术的专门人才。

健康是人类永恒的话题，健康服务业蕴藏着巨大的市场空间。山东省是医疗器械大省，人口老龄化居全国之最，医疗器械、老年产业等发展潜力巨大。

四、学习本专业类的优势和劣势

医疗器械是特殊的商品，关乎人民群众的生命安全。健康管理与促进类专业在实战技能方面要求较高，毕业生具备一定的理论基础和专业实战技能，能够从事医疗设备维护、健康管理等工作。

该类专业在专业选择中的认可度是非常高的，且招生情况比较好。山东省开设医疗器械维护与管理专业、医疗器械经营与管理专业的院校只有山东药品食品职业学院，开设老年保健与管理专业的院校只有山东药品食品职业学院和菏泽医学高等专科学校。

该类专业属于文理兼容的学科。因此在进行专业选择时，学生可以根据自己的擅长及兴趣选择具体的专业。

医疗器械、老年保健等健康产业为新兴产业，行业起步较晚，对从业人员的基本素质和技能要求较高，但行业还没有形成规范的管理体系，需要有一个逐步发展走向成熟的过程。

五、学生素质要求与高校选科要求

兴趣是最好的老师。学习健康管理与促进类专业，学生需要具有扎实的基础、浓厚的兴趣、强烈的爱好和一定的毅力。思维敏捷、喜欢DIY（自己动手做）的同学特别适合学习该类专业。

根据山东省教育招生考试院公布的普通高校专业类选考要求，高职（专科）健康管理与促进类专业一般不提科目要求。

每个高校的具体选科要求可通过山东省教育招生考试院网站（http://www.sdzk.cn/）、山东省教育云服务平台（http://www.sdei.edu.cn/）或"山东高考一点通"微信公众号查询。

13　专业大类：财经商贸大类（63）

　　在教育部颁布的《普通高等学校高等职业教育（专科）专业目录》中，财经商贸大类下，包含9个专业类，分别是：财政税务类、金融类、财务会计类、统计类、经济贸易类、工商管理类、市场营销类、电子商务类、物流类。开设本专业大类的高职院校比较多，特别是财务会计类、工商管理类和市场营销类。本书详细介绍了大部分专业类，对于金融类和物流类两个专业类没有详述，读者如感兴趣，可通过前文本科专业介绍中的金融学类（0203）和物流管理与工程类（1206）了解有关情况，或通过教育部和相关高校官方网站查询相关情况。

13.1　财政税务类（6301）

一、专业类概述

　　财政税务类专业主要面向财政、税务系统、资产管理、政府采购以及中小企业等相关领域，培养掌握财政学、税务管理和资产管理的基本知识，具备财政及税务核算、申报等基本技能，能够从事财政、税务、资产评估、政府采购等方面工作的高素质技术技能人才。通过该类专业的学习和实践，学生可以深入了解财政税务在经济社会中发挥的巨大作用以及对于国家发展、人民生活的重要意义。

　　专业设置：根据教育部高等职业教育（专科）专业目录，财政税务类专业包括4个专业，分别是：财政（630101）、税务（630102）、资产评估与管理（630103）、政府采购管理（630104）。

　　高职（专科）财政税务类专业标准学制为3年，毕业授予专科学历证书。

二、知识构架

1. 核心课程

　　财政专业核心课程主要包括政治经济学、西方经济学、货币银行学、国际经济学、财政学、国家预算、税收管理、国际税收、国有资产管理等课程。

　　税务专业核心课程主要包括税收学、纳税申报、税务管理、涉税会计核算、纳税评估、税收管理、纳税申报实务、税务筹划、外国税制、西方税收学、财务管理等课程。

　　资产评估与管理专业核心课程主要包括资产评估、中外资产评估准则、公司财务报告分析、管理及成本会计、证券市场基础知识、项目投融资决策等课程。

　　政府采购管理专业核心课程主要包括政府采购管理概论、采购供应管理导论、供应战略、供应商管理、报价与谈判、采购合同管理、企业物流管理、采购绩效管理、供应链管理、国际贸易理论与实务、库存管理、国际商法、电子商务、政府采购理论与实务等课程。

2. 实习实训

　　财政税务类专业学生经过人文通识课程和专业相关课程的学习后，集中参加校内专业模拟实训和校外实践基地的顶岗实习，通常采用校企合作培养模式，进一步提高学生的职业素养和实践能力。

　　校外实习实践基地主要包括财政、税务、政府采购及其他经济管理部门；税务师事务所、会计师事务所、资产评估事务所、税务咨询代理机构、采购代理机构、代理记账公司；银行、工商企事业单位等。

三、就业方向与发展前景

财政专业毕业生就业方向多样，可以在税务师事务所、会计师事务所、财务公司等中介机构，从事税务代理、税务筹划、税务会计、审计以及一般财务工作；也可以进入外贸领域，从事跟单员、单证员、外贸业务员等较为基础的工作；还可以选择报考公务员，进入政府部门的财政税收管理领域工作。

税务专业毕业生可以面向基层税务机关，从事税务管理服务、税款征收监控、税务稽查、税收法制等税收管理工作；也可以面向税务中介机构，从事涉税事项代理服务、涉税审计代理服务、税务咨询和纳税筹划等税务代理工作；还可以面向中小企业，从事税务管理、涉税会计核算、纳税申报和纳税筹划等工作。

资产评估与管理专业毕业生可以选择进入专业的评估机构、各级政府财政部门、企业、银行业、保险业、咨询服务业等组织机构，从事会计、资产评估助理、资产调查员、资产核查员、资产评估咨询员、信息分析员和保险业务员等岗位工作。

政府采购管理专业毕业生可以选择进入政府采购部门、政府采购代理机构（招投标公司）、公共资源交易平台、各类企业及社会团体，从事采购、供应、招投标、物流管理和市场营销等工作。

综上，财政税务类专业与经济社会发展密切相关。我国经济正处于中高速发展阶段，财政税务类专业毕业生能够更好地顺应社会经济发展的趋势，就业面广，发展前景好。

四、学习本专业类的优势和劣势

学习财政税务类专业，学生毕业时就业面较广，同时具备可以继续深造的优势，专升本时可选择的院校范围较广。

由于我省目前开设财政税务类专业的高职高专院校相对较少，尤其是财政专业，因此考生在报考的时候可选择余地较小。

五、学生素质要求与高校选科要求

1. 学生素质要求

学习财政税务类专业，学生应具有以下几方面的素质要求。

（1）政治素质：具有正确的政治方向和共产主义信念，具有科学正确的世界观、人生观和价值观，热爱祖国，遵纪守法，文明礼貌，诚实守信，有强烈的事业心和社会责任感。

（2）身心素质：具有健康的体魄，掌握有关体育运动的知识和锻炼身体的技能，具有良好的心理素质和乐观向上的人生态度，具有诚信品质、敬业精神、团队精神和创新精神。

（3）科学素质：熟练掌握本专业所需的社会主义市场经济基础知识，能够掌握和运用本专业分析研究的一般工具；具有工匠精神和信息化能力，具备创业能力，能积极开展创新创业活动。

（4）文化素质：了解一定的自然科学知识，具备一些艺术欣赏的基本素养。

2. 高校选科要求

根据山东省教育招生考试院公布的普通高校专业类选考要求，高职（专科）财政税务类专业一般不提科目要求，考生均可报考。

每个高校的具体选科要求可通过山东省教育招生考试院网站（http://www.sdzk.cn/）、山东省教育云服务平台（http://www.sdei.edu.cn/）或"山东高考一点通"微信公众号查询。

13.2 财务会计类（6303）

一、专业类概述

从会计的发展过程来看，会计最初只是很多人印象中的"记账先生"，这是由当时经济活动的发展程度所决定的。但随着经济活动的进一步发展，会计在经济活动中所起的作用日益提高，会计不仅仅是记记账，开开凭证，而已经成为经济管理活动的一部分。

从不同的角度分析会计的作用，可以对会计的作用有更全面的认识。从企业角度分析，会计信息的形成对于管理者绩效的反映、管理者报酬的取得、债务契约的签订、投资者的回报以及维护企业形象等多方面都有重要作用。一个企业的管理层的绩效，即通过有效的管理为企业创造利润，必须通过会计信息来反映，根据会计信息可以准确地利用各项指标对其进行评价。当企业要进行贷款时，信贷机构最关注的就是企业的会计信息。通过对会计指标的分析，信贷机构可判断出该企业的发展前景如何，是否可以与企业签订债务契约。从个人角度分析，由会计信息，投资者可以形成对企业的监督，并确定自己选择股票的方式。投资者最关注的莫过于该企业的财务状况，企业能否取得利润直接关系到其能否取得相应的投资回报。从政府角度分析，政府可以根据会计报表的汇总信息进行有效的宏观调控，决定资源和利益的分配，促进经济健康有序发展。

专业设置：根据教育部高等职业教育（专科）专业目录，财务会计类专业包括4个专业，分别是：财务管理（630301）、会计（630302）、审计（630303）、会计信息管理（630304）。

高职（专科）财务会计类专业标准学制为3年，毕业授予专科学历证书。

二、知识构架

1. 核心课程

财务会计类专业核心课程主要包括基础会计、财务会计、出纳、财务管理、会计信息化、会计基本技能、税务会计、财务报表分析等。

2. 实习实训

财务会计类专业的实习实训能够让学生通过亲身实践，了解企业会计核算程序和监督方法，熟悉企业管理的基本环节，培养分析和解决实际财会问题的能力。

会计专业学生可以进入会计师事务所、银行、证券等企事业单位进行实习，实习方式可以采用学校推荐或者自主实习。实习时间因学校而异，一般安排在大二下学期或大三下学期。

三、就业方向与发展前景

各行各业都离不开会计这一职业。会计信息作为一种商业语言，在经贸交往中起着不可替代的作用。财务会计人才在我国具有良好的就业前景。财务会计类专业毕业生主要面向银行、酒店、会计师事务所、证券公司、理财公司以及相关企事业单位，从事鉴证、审计、税收、公司会计、管理会计、财务管理、破产清算、法务会计、预算制定、商业咨询等工作。

就会计领域的发展前景而言，现今社会对会计职业的需求量还是很大的，且层次也很分明，如果拿到了含金量较大的证书，比如高级会计师、注册会计师，在就业市场上会特别抢手。

但是，会计是一个靠经验吃饭的行业，任何一个单位都不会放心地把财务总监或者会计主管的位置交给一个刚跨入会计行业的从业人员，所以，你一旦决定要跨入会计这一行业，就要把眼光放长远，多积累经验，不断地提高自己的知识储备，为了心中的目标而不断地努力奋斗。

四、学习本专业类的优势和劣势

1. 优势分析

财务会计类专业的优势主要体现在以下几个方面：

（1）专业性较强，工作较稳定；

（2）经济越发展，会计越重要，该职业需要不断学习，并考取相关资格证书（会计师、注册会计师、精算师等），无形中就增加了自己的经济管理知识和竞争力；

（3）会计职业不是吃青春饭，随着时间的增长，工作经验和业务技能不断积累和提升，自己的价值也不断增加；

（4）发展机会多，财务总监、首席执行官（CEO）好多都是会计出身；

（5）就业前景广阔，毕业生可到外企（工资高、要求英语好）、事务所（工资高但是比较累）等企事业单位工作，也可从事理财咨询、公务员、教师等工作。

2. 劣势分析

财务会计类专业的所谓劣势主要表现在以下几个方面：

（1）入行竞争激烈，就业初期工资较低；

（2）要求有工作经验，无工作经验入行较难；

（3）存在一定的职业风险，在工作中要合理规避；

（4）职业收入与工作经验、学历、资格证书相关，难以在短时间内大幅提高。

五、学生素质要求与高校选科要求

学习财务会计类专业，首先要问问自己是否愿意跟数字打交道。如果你本身不是很喜欢，而是由于会计工作相对比较稳定才选择财务这一行，那么就需要考虑清楚，因为做自己不喜欢的工作是很难有所建树的。其次，学会计的人都有一个特性，那就是心比较细。会计是一门烦琐的专业，要求学习者必须具有很好的耐心和细心，要有足够的耐心对待学习过程，并且有足够的细心去应对各种复杂的、琐碎的计算，这些计算都是比较枯燥无味的。学会计虽然很简单、不难，但要想做得好、做得精，还需要一定的专注力，也需要学习者花费很多的心思和精力。第三，学习会计需要有一颗上进的心，必须对自己有所要求，才能在今后的终身学习中不断进步，否则可能就会停留在会计、出纳的层面上，很难有所提高。

根据山东省教育招生考试院公布的普通高校专业类选考要求，高职（专科）财务会计类专业一般不提科目要求。

每个高校的具体选科要求可通过山东省教育招生考试院网站（http://www.sdzk.cn/）、山东省教育云服务平台（http://www.sdei.edu.cn/）或"山东高考一点通"微信公众号查询。

13.3　统计类（6304）

一、专业类概述

随着经济与科技的发展，人们的工作与生活越来越离不开统计。现在移动互联网发展越来越快，互联网越来越成为人们生活中的一部分。在生活中，消费需求、外出旅游、家庭投资理财等都需要大量的统计数据；而互联网提供了大量的用户数据，对这些用户数据进行分析，就能更精准地了解用户的需求，帮助企业赢利。所以不少互联网公司现在会招聘一些统计学方面的毕业生。统计数据是国家、企业最重要的信息资源，通过各行各业各部门提供的统计数据，可为企业自身及政府各部门制定决策和方针提供依据，也可为预测事物将来的发展趋势提供基础信息。

统计类专业培养具有良好的职业道德和职业精神，掌握统计学、会计学专业基础知识，熟悉统计、会计技术方法及相关的法规，具有从事财务统计与会计职业岗位的能力，面向生产、建设、服务、管理等一线岗位需要，能够胜任企事业单位统计与会计工作的高素质技术技能人才。

专业设置：根据教育部高等职业教育（专科）专业目录，统计类专业包含信息统计与分析（630401）、统计与会计核算（630402）两个专业。

高职（专科）统计类专业标准学制为3年，毕业授予专科学历证书。

二、知识构架

1. 核心课程

统计类专业的核心课程主要包括统计学基础、抽样调查技术、统计信息管理、会计基本技能、会计基础、经济法基础、初级会计实务、会计信息化、成本会计、企业经营统计、统计软件应用等。

2. 实习实训

统计类专业的实践教学主要包括会计基础实训、会计综合实训、统计综合实训、顶岗实习、毕业设计（论文）等环节。

顶岗实习一般安排在第六学期，实习时间为6个月，实习地点是校外实习实训基地、学生自己联系的实习单位。实习岗位有统计、出纳、会计等岗位。实习期间，辅导员要跟踪联系，不定期检查学生实习情况；实习结束后，学生根据实习内容提交实习总结，完成毕业设计（论文）。

三、就业方向与发展前景

统计类专业毕业生主要面向机关事业单位、银行和非银行金融机构以及各类型企业，在统计、调查、分析及管理岗位，从事调查方案、图表、问卷设计的制作，统计调查分析信息采集、处理、展示，数据分析、引用、预测等工作。

统计类专业毕业生的主要就业岗位包括出纳、会计、统计、数据搜集、分析与决策等，次要就业岗位包括总账报表、成本核算等，其他就业岗位包括收银员、库管、报税等。毕业生可在就业领域进一步拓展成为会计主管、高级会计师、总统计师等。

普遍来看，虽然统计类专业毕业生就业面不宽，但是在找工作时很多领域都可以用到，比如可以在会计行业工作，也可以在企业负责有关数据的处理和分析。整体而言，如果统计类专业人才英语比较好，统计分析能力强，并且具备一定的社会实践经验，往往能够进入跨国公司及知名咨询公司，薪酬会非常高。如果没有这方面的优势，薪酬会比较一般。

四、学习本专业类的优势和劣势

1. 优势分析

统计类专业毕业生可以通过参加自考、专升本、成人夜大等途径，接受会计学、统计学、应用统计学、财务管理、审计学、工商管理、市场营销、金融学等相关专业本科层次的教育。同时，毕业生还可以报考会计师、统计师、注册会计师等高层次的职业资格证书。

2. 劣势分析

由于高职院校的培养目标是培养技术技能型人才，对于很深层次的专业理论课程一般没有要求，统计类专业毕业生将来进一步在专业上有所研究和发展，会有一定难度。

五、学生素质要求与高校选科要求

学习统计类专业，与前文说到的财政税务类、财务会计类专业一样，学生都要具备良好的职业素养，善于与数字打交道，要仔细认真，不漏过任何一个细节。特别是统计类专业，更要细心核实，保证信息、数字真实。另外，统计类专业是以数学为基础的，要求学生同时具备较强的计算机分析处理能力。

根据山东省教育招生考试院公布的普通高校专业类选考要求，高职（专科）统计类专业一般不提科目要求。

每个高校的具体选科要求可通过山东省教育招生考试院网站（http://www.sdzk.cn/）、山东省教育云服务平台（http://www.sdei.edu.cn/）或"山东高考一点通"微信公众号查询。

13.4 经济贸易类（6305）

一、专业类概述

经济贸易类专业属于财经商贸大类，主要学习国际贸易的基本技能和基本理论。其中，大部分专业是国际贸易相关专业。国际贸易是我国经济发展的三驾马车之一，对我国国民经济发展具有巨大的推动作用。目前山东省各高职院校招生人数较多的经济贸易类专业是国际贸易实务、报关与国际货运和国际商务三个专业。我省开设经济贸易类专业的高职院校主要有山东商业职业技术学院、山东经贸职业学院、青岛外贸职业学院、山东商务职业学院等院校。

专业设置：根据教育部高等职业教育（专科）专业目录，经济贸易类专业包括8个专业，分别是：国际贸易实务（630501）、国际经济与贸易（630502）、国际商务（630503）、服务外包（630504）、经济信息管理（630505）、报关与国际货运（630506）、商务经纪与代理（630507）、国际文化贸易（630508）。

本专业类所属的专业数量较多，各专业的培养目标和就业方向有一定的差异，如下表所示。

经济贸易类专业的培养目标及就业方向

专业（方向）	培养目标	主要就业方向
国际贸易实务	掌握国际贸易的基本理论与技能，能从事商品进出口业务的运营与管理工作的高素质技能人才。	外贸业务员、跟单员、制单员等。
国际商务（跨境电子商务方向）	掌握国际贸易的基本理论与技能，具备电子商务的知识与职业技能，能从事跨境贸易相关工作的高素质复合型专门人才。	跨境电商操作员、跨境电商运营与推广专员等。
报关与国际货运	掌握国际贸易的基本理论，具备扎实的报关、报检和国际货运基础知识和技能，能运用现代信息手段处理贸易、报关、报检和国际货运业务的实用型专门人才。	报关员、报检员、货代员等。
国际经济与贸易	掌握国际贸易的基本理论与技能，能从事基本的国际贸易、结算、单证等业务工作的高素质技能型专门人才。	外贸业务员、跟单员、销售主管等。
服务外包	掌握国际贸易的基本理论与技能，面向国内外大中型对外软件外包企业，能从事对外软件开发、测试、实施、部署、管理等工作的高素质技能型专门人才。	外包企业软件开发程序员、数据库管理员、网站设计管理人员等。

专业（方向）	培养目标	主要就业方向
经济信息管理	掌握较强的计算机基础知识与操作技能，能在企业中从事应用生产信息的收集、筛选、分析和管理工作的高素质应用型技能人才。	企业计划、生产、调度、销售等信息管理岗位。
商务经纪与代理	具有一定的外语应用水平和计算机操作能力，具有较强的商务经纪与代理能力，具备良好的职业道德、健康的心理素质以及敬业、创新精神，能从事商务经纪与代理相关工作的高素质应用型人才。	房地产、保险、证券期货等行业的经纪、代理岗位。
国际文化贸易	掌握国际贸易的基本理论与技能，熟悉文化产品贸易的具体操作流程与管理规范，能够从事对外文化贸易、管理、研究、发行和策划等方面工作的专门人才。	文化产品海外发行、营销、策划人员等。

高职（专科）经济贸易类专业标准学制为3年，毕业授予专科学历证书。

二、知识构架

1. 核心课程

国际贸易实务专业核心课程包括国际贸易理论与政策、国际贸易实务、外贸跟单实务、外贸单证实务、国际市场营销、外贸英语函电、国际贸易法等。

国际商务（跨境电商）专业核心课程包括国际贸易理论与政策、国际贸易实务、跨境电商操作实务、跨境电商英语、电子商务法规、网络营销与策划等。

报关与国际货运专业核心课程包括国际贸易实务、国际货运代理理论与实务、报关实务、外贸单证与函电、国际货物运输与保险、进出口货物检验与检疫、商品归类等。

国际经济与贸易专业核心课程包括国际贸易理论与政策、国际贸易实务、国际市场营销、商品知识与归类、外贸英语函电、外贸谈判、国际贸易法等。

服务外包专业核心课程包括计算机网络、C语言程序设计、JAVA语言程序设计、ASP.NET开发技术、专业英语、Servlet与JSP技术等。

经济信息管理专业核心课程包括统计学、管理学、SPSS统计软件、电子商务、市场营销、管理信息系统、ERP管理理论与实务、SQL Server数据库等。

商务经纪与代理专业核心课程包括经济学基础、商务经纪与代理、电子商务、房地产概论、证券投资分析、商业银行经营与管理等。

国际文化贸易专业核心课程包括文化概论、国际传播学、国际文化政策与法规、国际文化贸易实务、国际市场营销、中国对外文化贸易、国际商务谈判等。

2. 实习实训

经济贸易类专业的实习分为三个阶段：认知实习、跟岗实习、顶岗实习。

认知实习一般在第一学年进行，主要到校内实习基地或校外企业了解基本业务内容；跟岗实习一般安排在第二学年，主要到相关企业在企业专家的指导下，熟悉工作内容和工作流程；顶岗实习一般安排在第三学年下学期，主要到内贸企业、外贸企业、报关、保税区等单位从事进出口业务、报关、报检等具体业务的操作。教育部规定，实习由院校统一组织、统一管理。跟岗实习、顶岗实习由学校指导老师带队，实习企业指派指导老师进行指导。实习严格按照《教育部等五部门关于印发〈职业学校学生实习管理规定〉的通知》（教职成〔2016〕3号）进行。该规定对实习方式、时间、场所、内容等都作了详细规定。

三、就业方向与发展前景

经济贸易类专业毕业生的初级就业岗位已经在上表中做了介绍。毕业生的就业方向主要为涉外类贸易企业、生产企业、文化企业、外包企业等。随着我国市场经济的发展、"一带一路"建设的实施和世界经济一体化趋势的增强，国际贸易人才需求的数量、层次不断提高，社会需要一大批掌握贸易理论、熟知贸易实务、精通国际贸易法规和流程的经济贸易类专业人才。经济贸易类专业毕业生就业前景十分广阔，职业发展前景越来越好。

四、学习本专业类的优势和劣势

1. 优势分析

学习经济贸易类专业的优势：

（1）就业压力小，就业前景广阔。

（2）工作环境良好，行业待遇较高。

（3）具有国际视野，个人发展具有良好的机遇。

2. 劣势分析

学习经济贸易类专业的劣势：

（1）具有一定的外语基础要求，外语成绩较差的学生在学习和工作中会遇到一定困难，发展会受到一定限制。

（2）由于市场经济发展变幻莫测，从事该领域工作会面临一定的市场风险。

五、学生素质要求与高校选科要求

1. 学生素质要求

学习经济贸易类专业，学生应具有一定的外语基础，具备良好的道德品质修养和身体条件；具有良好的语言表达能力和沟通交流能力；具有较好的创新意识和抗风险与抗挫折能力。

2. 高校选科要求

根据山东省教育招生考试院公布的普通高校专业类选考要求，经济贸易类专业一般不提科目要求，对高中阶段的英语、数学、地理（经济地理）等课程具有较高的相关性，希望学生应着力学好。

每个高校的具体选科要求可通过山东省教育招生考试院网站（http://www.sdzk.cn/）、山东省教育云服务平台（http://www.sdei.edu.cn/）或"山东高考一点通"微信公众号查询。

13.5　工商管理类（6306）

一、专业类概述

工商管理类专业是跨自然科学、工程科学、技术科学以及人文社会科学的综合性学科。工商管理类专业学生主要学习管理学、经济学和企业管理的基本理论和基本知识，受到企业管理方法与技巧方面的基本训练，具有分析和解决企业管理问题的基本能力，能够适应国家和地方各级经济管理部门、行业管理部门、大中型工商企业、涉外公司、商贸企业等相关领域的经营管理工作。

工商管理类专业的综合性、应用性都很强，其教学内容包括企业的经营战略制定和内部行

为管理等，要求学生能依据管理学、经济学的基本理论，通过运用现代管理的方法和手段来进行有效的企业管理和经营决策，保证企业的生存和发展。

专业设置：根据教育部高等职业教育（专科）专业目录，工商管理类专业包括7个专业，分别是：工商企业管理（630601）、商务管理（630602）、商检技术（630603）、连锁经营管理（630604）、市场管理与服务（630605）、品牌代理经营（630606）、中小企业创业与经营（630607）。

高职（专科）工商管理类专业标准学制为3年，实行弹性修业年限，一般可在2～4年内完成，毕业授予专科学历证书。

二、知识构架

1. 核心课程

工商管理类专业知识面广、综合性强，核心课程包括现代企业管理、企业战略管理、行政事务管理、人力资源管理、企业财务管理、企业形象策划、商务谈判与沟通、销售管理等。

各专业因其人才培养目标及规格不同，在课程设置上会有不同的侧重。例如，商务管理专业侧重于商务活动组织与管理，商检技术专业侧重于商品知识与检测，连锁经营管理专业侧重于连锁企业总部及门店管理，市场管理与服务专业侧重于市场推广与维护，品牌代理经营专业侧重于品牌经营与渠道管理。

2. 实习实训

产教融合、校企合作这一高等职业教育专业建设的基本运行机制在工商管理类专业上有着明显的体现。各院校有着灵活的校企合作模式，通过校内实训室、校外实训基地、"厂中校"、"校中厂"等方式，校企协同育人，组织开展校内仿真模拟实训、校外认知实习、跟岗实习、顶岗实习等活动。

工商管理类专业的实训项目主要有团队训练、企业管理沙盘模拟、经营决策沙盘模拟、人员素质测评、市场管理实训、创新创业项目实训等，学生同时可以参加各级各类技能大赛。

三、就业方向与发展前景

1. 就业方向

工商管理类专业具有适用性强、就业面广的

特点，社会经济各领域对工商管理类专业人才有着广泛需求。毕业生可在各类工商企业从事生产管理、营销管理和一般业务管理工作，也可从事人力资源管理、财务管理、市场推广、商品调研、市场预测、质量管理等工作。随着经济建设的快速发展和现代企业制度的建立，工商管理类专业人才大有用武之地。

其中，人力资源管理岗位主要负责企业招聘、员工培训、绩效考核、人事调度等相关事宜，人际交往能力强的学生可以选择这类岗位；市场营销类岗位市场需求量大，注重个人能力，擅长沟通的同学可以选择市场管理和策划方面的岗位；学生也可以融会贯通管理学的知识，进入物流行业，从事物流管理工作，目前一些对外贸易方面的物流岗位薪资待遇较好，发展前景乐观；学生还可以通过考公务员等途径，进入政府工商企业管理部门从事相关工作。

2. 发展前景

有人说，管理是现代社会文明发展的三大支柱之一，它与科学和技术三足鼎立，未来社会对各类管理人员的需求量将越来越大。人力资源管理、电子商务、物流管理、金融管理等等这些都是需要管理科学做基础的。扎实掌握工商企业管理专业知识，可以使我们具备系统看问题的能力、逻辑分析的能力、创新研究的能力以及科学决策的能力。如果在实习过程中把握机会认真锻炼，任何一家有前途的企事业单位及政府部门、高等院校、科研院所，都能为我们提供一展抱负的空间。对企业运营、经济活动规律的全面学习和把握，也为我们未来的创业创新提供了扎实系统的能力和灵活多样的选择。

四、学习本专业类的优势和劣势

1. 优势分析

系统的工商管理专业教育会使人们拥有宏观的思维和眼界，养成管理思维、创新思维和商业思维。这些思维在我们的脑海中无声无息地生根发芽，使我们拥有全新的看事物的角度与能力。

同时，工商管理类专业是帮助同学们充分了解市场运作、企业发展、经济现象和人财物管理的专业，在经济迅速发展、人人创业创新的今天，具有其他学科所无法比拟的优势。无论是带领一个团队创立自己的公司，进入心之所向的企业成为HR（人力资源）主管、市场运营总监，还是走向公务员岗位或者进入事业单位，都离不开相关的管理专业知识。工商管理类专业学生几乎能够接触到所有的工商企业管理类课程，这是本专业类的一个优势。工商管理类专业学生在选择继续深造时，既可以选择管理类专业，也可以选择经济类专业，可供选择的空间大，都比较受欢迎。

2. 劣势分析

工商管理类专业的所谓劣势，一是需要从基层做起，得到多岗位锻炼，为综合性管理工作打下坚实基础，而很多学生不愿从事市场一线的岗位工作，会影响到未来的就业竞争力；二是专业因其知识面广，导致专业纵深程度及排他性不强，容易受到跨专业求职者的冲击。工商管理类专业所学较多，有些人认为不够技能化，其实本专业类并不是这样，除了学习基本的管理学科知识，还会有很多诸如运营管理、电子商务、绩效实务等扎实的专业课程。其实在系统地学习基础知识之后，如果找到某个自己相对擅长的方向切入，纵深学习该细分专业，将会让你既有高人一等的格局，又有胜人一筹的专业。

五、学生素质要求与高校选科要求

学习工商管理类专业，学生应具有较强的语言文字表达能力、人际沟通能力、团队协作能力，思路开阔，能够创造性地开展工作。

根据山东省教育招生考试院公布的普通高校专业类选考要求，高职（专科）工商管理类专业一般不提科目要求。

每个高校的具体选科要求可通过山东省教育招生考试院网站（http://www.sdzk.cn/）、山东省教育云服务平台（http://www.sdei.edu.cn/）或"山东高考一点通"微信公众号查询。

13.6　市场营销类（6307）

一、专业类概述

市场营销是在创造、沟通、传播和交换产品中，为顾客、客户、合作伙伴以及整个社会带来经济价值的活动、过程和体系。它是站在卖方的角度来识别和确定消费者或用户的需要，并使提供的商品或服务能满足这些需要，把握市场竞争的主动权,取得良好的经济效益。市场营销并不仅仅是卖东西,它包括两个过程:营和销。营是指辨别与认识消费者现在及潜在的需要,是要花钱的;销是指提供商品与服务满足消费者需要,才是卖东西挣钱的。一句话,市场营销就是"有利润地满足需要"。

市场营销类专业与工商管理类专业的区别:一般来说,这两个专业类所属院系不同。市场营销类专业所属院系是偏经济类的。而工商管理类专业侧重点则是管理二字,所以一般设在管理学院等以管理为教学特色的学院。工商管理类专业主要学习管理学、经济学和企业管理等一些基本理论。从该专业类所学课程就可以看出,工商管理类专业范围比较广,所学课程也较多,涵盖了经济学、管理学的很多课程,可以说工商管理是一门基础宽的学科。因此,工商管理类专业主要培养具备管理、经济、法律、市场营销等方面的知识和能力,能在企事业单位及政府部门从事市场营销与管理以及教学、科研方面工作的高级专门人才。而市场营销类专业旨在培养系统掌握管理学、经济学基本原理以及市场营销基础知识、基本理论和基本技能,具有良好的专业素养、开拓精神和创新意识,能够胜任市场调研与分析、广告策划、商务谈判、营销策划、销售管理等综合营销工作,尤其在连锁经营与管理、电子商务及网络营销领域具备突出专长的高级应用型人才。因此,市场营销类专业是偏应用型的专业。

专业设置:根据教育部高等职业教育(专科)专业目录,市场营销类专业包括4个专业,分别是:市场营销(630701)、汽车营销与服务(630702)、广告策划与营销(630703)、茶艺与茶叶营销(630704)。

在本专业类包含的四个专业中,市场营销专业招生人数最多,本文以市场营销专业为例介绍本专业类。

高职(专科)市场营销类专业标准学制为3年,实行弹性学制,修学年限一般为2~5年,毕业授予专科学历证书。

二、知识构架

1. 主要课程

市场营销专业的主要课程包括管理学基础、商务礼仪、经济法、市场调查与预测、企业财会基础、市场营销、商务谈判、推销技术、网络营销、广告实务、经济学、营销策划等。

2. 实习实训

市场营销类专业的实践教学分为公共实践环节、课程实践环节和专业实践环节。

公共实践环节包括军事理论及训练、服务学习、社会实践。军事理论及训练在新生入学后集中2~3周进行;服务学习模块包括劳动服务学习、社团志愿类服务学习和专业服务学习,穿插在日常教学活动之外进行;社会实践活动一般按照学校整体部署统一进行。

课程实践环节一般与课程教学同步安排,由任课老师指导进行。

专业实践环节包括基础实训、岗位实训、顶岗实习、毕业设计、创新创业实践等。高职院校一般采取模拟环境实训与真实环境实习相结合,分散与集中相结合,企业指导与学校指导相结合的方式,组织学生进行专业实践。

三、就业方向与发展前景

市场营销类职位是人才市场需求榜上的冠军,需求数量长期保持第一。市场营销专业毕业生可在工商、外贸、金融、保险、证券、旅游、房地产等企事业单位的销售部、市场部及客服部等部门,从事企业营销管理、客户资源管理、网络营销管理、营销策划、营销诊断、市场调查和咨询等工作。

随着我国市场经济的不断完善,市场营销的观念已经深入人心,市场营销已经广泛渗入各种各样的企事业单位,市场营销类专业毕业生就业面向广阔,就业前景良好。毕业生的初始就业岗位一般为销售代表、市场专员、客户服务专员;通过初始就业岗位的学习锻炼与经验积累,可以发展到更高层次的岗位,如销售主管、市场主管、客服主管;经过自己的努力,最终目标就业岗位为销售经理、市场经理、客户服务经理以及更高层次的管理人员。只要够努力,前途没问题。

四、学习本专业类的优势和劣势

市场营销学是建立在经济科学、管理科学和现代科学技术基础之上的应用学科。市场经济的最主要特征就是竞争。在当今社会,不管是企业还是个人，都处于激烈竞争的社会环境之中，都会不可避免地参与竞争。随着生产力发展所带来的产品过剩时代的来临，企业面临的最主要问题就是研究与了解消费者需求，只有提供能够满足消费者需求的产品与服务，才能在激烈竞争中站稳脚跟。而市场营销就扮演着这个角色，只有通过市场营销，企业才能完成自己的使命，顺利成长。我们的人生也需要营销，通过营销才能知己知彼，才能更好地把自己推销给同事、领导、客户与家人，才能使自己在与他人的竞争中脱颖而出，才能使自己在与亲人的相处中如鱼得水。

市场营销类专业属于文科专业，不像理科专业一样可以学习并掌握具体的技术，貌似好像没有学到什么内容。市场营销类专业的初始就业岗位比较具有挑战性，相对其他工作岗位来说，工作压力有点大。但学习市场营销类专业可以提高我们的综合素质，从事市场营销的相关工作可以使我们得到很大的锻炼与提高。

五、学生素质要求与高校选科要求

市场营销类专业具着开放、包容的特点，包罗万象，具有足够的挑战性。不管是男生女生，不管是什么性格，都可以报考市场营销专业。通过市场营销类专业的学习，可以培养与锻炼我们开朗乐观的性格、轻易不服输不言败的个性、良好的人际沟通能力和透过现象发现事物本质的本领。

根据山东省教育招生考试院公布的普通高校专业类选考要求，高职（专科）市场营销类专业一般不提科目要求，对考生没有特殊要求，学生只要感兴趣，想锻炼与提高自己，就可以报考。

每个高校的具体选科要求可通过山东省教育招生考试院网站（http://www.sdzk.cn/）、山东省教育云服务平台（http://www.sdei.edu.cn/）或"山东高考一点通"微信公众号查询。

13.7 电子商务类（6308）

一、专业类概述

电子商务从出现到现今，已有了一套完整的运作方式和原理，在全球所有行业都给出了连接和共享的信息平台。同时，电子商务还全面覆盖了各类产品的生产、销售，以及各类金融产品、服务的买卖。我们用淘宝购物，用支付宝付款，出门用摩拜单车，用美团订餐……这些都是电子商务的应用形式。所以，电子商务在新时代对实体经济和虚拟经济发展均具有不可或缺的重要作用。

到底什么是电子商务类专业呢？

经过多年的发展，电子商务已经形成了专业类。职业院校的电子商务类专业属于财经商贸大类。电子商务类专业培养学生的基本目标是：能够利用电子信息技术手段，促成商务活动的完成。

专业设置：根据教育部高等职业教育（专科）专业目录，电子商务类专业包括4个专业，分别是：电子商务（630801）、移动商务（630802）、网络营销（630803）、商务数据分析与应用（630804）、跨境电子商务（630805）。

电子商务专业全面学习电子商务的管理与运营。网络营销专业重点学习为企业创建网上运营环境的策略和方法。移动电子商务专业主要学习有关移动端的电子商务运营与管理。商务数据分析与应用专业是随着大数据技术的发展而新设的专业，主要学习如何通过商务数据提高商务运营的精准度，提高运营管理的效果。目前，许多院校还开设了跨境电子商务专业，主要学习国际贸易中的电子商务运营与管理。

不同的院校根据学校的特点和优势，结合地方经济发展和本地区人才需求状况，培养目标有所不同。理工科背景的院校会在信息学院开设电子商务专业，重在培养学生的商务网络技术技能。多数院校的电子商务专业一般开设在管理学院，以培养学生的商务管理能力为重点。当然，有些院校专门设立了电子商务二级学院。

高职（专科）电子商务类专业标准学制为3年。通常采用工学结合的人才培养模式，学生毕业授予专科学历证书。

二、知识构架

高职（专科）电子商务类专业依据学生就业岗位对职业能力的要求，将岗位典型工作任务转化为学习领域课程。所以，各院校电子商务类专业的课程体系大同小异。电子商务类专业的主要课程如下图所示。

电子商务类专业课程地图

电子商务类专业的课程体系包含技术知识课程和商务知识课程两大部分。此处的技术是指与网络信息和计算机相关的技术，可以统称为信息技术。这些知识主要分布于网站建设、网页设计、网络编辑、SEO教程等课程之中。商务知识主要分布于企业管理、国际贸易、市场营销、物流管理等课程之中。技术知识和商务知识结合的课程主要包括电子商务运营管理、网络营销、电商数据分析、客户关系管理等课程。

各高职院校的人才培养都重视产教融合、校企融合。通过形式多样的校企合作，在实训、实习方面不断引进企业新的项目，不断更新教学内容，为学生的技能实践创造与社会同步的条件，培养与专业发展同步的技术技能型人才。

三、就业方向与发展前景

电子商务类专业毕业生主要就业于专门的电子商务运营公司，以及传统企事业单位的电子商务部门、呼叫中心、对外自媒体宣传部门等。毕业生一般可从事下列岗位的工作（如下表）。

电子商务类专业毕业生的主要就业岗位简介

岗位	岗位描述
客服专员	负责网站顾客的在线咨询工作，负责论坛咨询和发帖的产品推广工作，负责客户资料整理等客户信息维护和保持客户黏性的工作。
物流专员	负责网店每日的订单配货、打包、搬运、发货、查单、退货处理等工作。协助进行仓库管理等工作。协助进行物流结算工作。
视觉营销专员	负责网店产品的图片拍摄与处理工作，如大图制作、效果图制作、广告图制作等。负责网店网页的美工、详情页优化工作。
推广专员	负责所辖产品在互联网中的各级推广工作，如论坛推广、搜索引擎推广、电话推广、自媒体推广等工作。
文案策划专员	负责撰写产品的软文及设计线下海报广告语。负责产品调研，梳理产品卖点。负责商品详情页描述、公司网站介绍的语言组织及撰写，负责宣传材料的文案组织。
运营店长	负责店铺推广工作，提高店铺的点击率和浏览量；负责日常维护、产品更新等工作，能独立操作店铺陈列，以增强店铺的吸引力，提高产品销量。负责每日监控数据并进行分析和管理，如营销数据、交易数据、商品管理、顾客管理等信息。安排部门工作任务，总结各部门反映数据并解决出现的问题。维护店铺正常运营，以免出现违法违规现象。

四、学习本专业类的优势和劣势

1. 优势分析

电子商务行业快速发展，专业人才社会需求量大，特别是既懂技术又懂管理的复合型人才紧缺。目前国家政策大力支持电子商务的发展，商务部已经对电子商务专业人才给予极大重视。未来10年内，电子商务类专业毕业生的就业前景相当不错。

2. 劣势分析

由于电子商务类专业是复合型专业，学习的课程较多，学习压力较大。电商领域的新技术和新知识层出不穷，该类专业对学生的学习能力要求较高。

五、学生素质要求与高校选科要求

学习电子商务类专业，学生应具有适应新经济发展的商业素质、人文素养和创新创业精神，具备扎实的现代商务理论和互联网信息技术应用的基本知识与技能，拥有从事互联网经济及相关领域工作的职业发展能力。

根据山东省教育招生考试院公布的普通高校专业类选考要求，高职（专科）电子商务类专业一般不提科目要求。

每个高校的具体选科要求可通过山东省教育招生考试院网站（http://www.sdzk.cn/）、山东省教育云服务平台（http://www.sdei.edu.cn/）或"山东高考一点通"微信公众号查询。

14 专业大类：旅游大类（64）

在教育部颁布的《普通高等学校高等职业教育（专科）专业目录》中，旅游大类下，包含旅游类、餐饮类、会展类三个专业类。

14.1 旅游类（6401）

一、专业类概述

旅游，即"旅行游览"。旅游就是非定居者的旅行和暂时居留而引起的一种现象及关系的总和。旅游业是为旅游者提供服务的行业。旅游类专业就是专门为旅游业培养旅游人才的专业群。

在旅游类专业群中，旅游管理专业是"母专业"，培养口径最宽，涉及旅行社、旅游饭店和旅游景区等企业一线的重要岗位；导游专业主要为各类旅行社培养导游人员；旅行社经营管理和酒店管理专业分别为旅行社和旅游饭店培养经营管理专门人才；景区开发与管理和休闲服务与管理专业主要为旅游景区、休闲度假区及相关企业培养人才。

旅游类专业主要面向旅游企业，培养掌握必备的中外语言知识、旅游行业服务与管理理论知识，具备语言表达与沟通技能、旅游服务与管理技能，具有良好旅游职业道德、职业生涯发展基础以及创新创业素质，能在高星级饭店、品牌旅行社、旅游景区等企业一线从事导游、旅行社计调、旅游产品开发与销售、前厅服务、餐饮服务、客房服务、旅游企业管理等工作的高素质技术技能型人才。

旅游行业主管的高职院校对于旅游类专业设置较为全面。而综合性高职院校则突出重点，主要开设旅游管理、酒店管理两个专业。

专业设置：根据教育部高等职业教育（专科）专业目录，旅游类专业包括6个专业，分别是：旅游管理（640101）、导游（640102）、旅行社经营管理（640103）、景区开发与管理（640104）、酒店管理（640105）、休闲服务与管理（640106）、研学旅行管理与服务（640107）、葡萄酒营销与服务（640108）。

高职（专科）旅游类专业标准学制为3年，如实行弹性学制，一般可在2～5年内完成，毕业可获得专科学历证书。

二、知识构架

1. 主要课程

旅游类专业的课程体系庞大，其中两部分最为关键。一部分是各个专业都必须学习和掌握的专业基础课程，如管理学基础、旅游概论、旅游心理学、普通话训练、旅游英语等课程。另一部分是代表每个专业的核心课程，如旅游管理专业的旅行社经营管理、导游实务、酒店管理概论、旅游市场营销等课程；导游专业的导游实务、模拟导游、中国历史与文化、导游词设计等课程；旅行社经营管理专业的旅行社经营管理、旅游市场营销、计调实务、旅行社门市业务等课程；景区开发与管理专业的旅游景区服务与管理、旅游资源评价与开发、旅游景区规划与设计、旅游项目策划、景区市场营销等课程；酒店管理专业的酒店管理概论、前厅服务与管理、餐饮服务与管理、客房服务与管理等课程；休闲服务与管理专业的休闲服务与管理、高尔夫运动技能、高尔夫球童实务、高尔夫球会管理等课程。

2. 实习和社会实践

实习为旅游类专业学生必备的教学环节，分为认识实习、跟岗实习和顶岗实习三个阶段。认识实习一般安排在入学之初和进入专业核心课程学习之前；跟岗实习一般安排在旅游旺季或顶岗实习之前；顶岗实习一般安排在所有专业课程修完之后，原则上不超过6个月。实习实行"双导师"制，即企业师傅和学校专业导师共同指导学生实习。

社会实践分为两部分，一部分是学校统一安排的暑期社会实践、志愿者活动等；另一部分是二级学院（系）安排的与专业相关的社会实践活动，如中国旅游日、世界旅游日的宣传活动，以及当地旅游部门组织的活动等。社会实践可以获得相应学分，并作为学生评优的重要条件之一。

三、就业方向与发展前景

旅游类专业毕业生主要在旅游企业从事服务与管理工作。初始岗位为品牌旅游企业的服务和基层管理岗位；发展岗位为品牌旅游企业的中高层管理岗位。也有部分毕业生进入旅游行业组织甚至旅游行政管理部门工作。毕业生供不应求，发展空间大。据文化和旅游部统计，2018年，旅游直接就业2826万人，旅游直接和间接就业7991万人，占全国就业总人口的10.29%。

具体来说，旅游管理专业因口径宽，毕业生可选择的渠道较多，在国际旅行社、高星级饭店工作的占多数；导游专业毕业生主要从事旅行社的全程陪同导游、地方陪同导游、出境领队等岗位工作；旅行社经营管理专业毕业生主要选择旅行社的计调、外联、门市咨询、票务等岗位；景区开发与管理专业毕业生主要从事A级景区的景点导游讲解、景区营销以及景区规划与管理等工作；酒店管理专业毕业生主要从事高星级品牌酒店的服务与管理工作；休闲服务与管理专业毕业生的就业方向以高尔夫公司与休闲会所为主。

旅游类专业的交叉学科性质，也决定了毕业生跨界发展的能力强，服务意识也强，就业前景更为广阔。因此，也有毕业生跳出旅游行业，从事其他领域的服务与管理工作，或者自主创业。

四、学习本专业类的优势和劣势

旅游类专业的优势主要体现在以下几个方面：

（1）旅游类专业招生院校多。旅游类专业在全省大多数高职（专科）院校有招生，学生选择机会多，其中开设旅游管理专业的院校有40所，开设酒店管理专业的院校有26所，而开设其他六个专业的院校比较少。

（2）旅游服务是高层次的服务。旅游在人的需求层次中处于最高层次，其品质将随着人民生活水平的提高而不断提高。旅游业又是朝阳产业，是服务"人民日益增长的美好生活需要"的重要内容之一，发展前景广阔。因此，学习旅游类专业，在一定程度上说，可以缓解现阶段我国社会面临的主要矛盾，提高国民的生活质量和幸福指数，是"授人玫瑰手有余香"的事业。

（3）跨界培养，发展潜力大。旅游类专业属于交叉学科类专业，与管理学、经济学、历史学、地理学、心理学等学科皆有交叉，培养的学生跨界能力强，上升空间大。

旅游类专业也存在一些劣势，比如：就业起点不高，需要从基层服务岗位做起，在积累一定服务岗位经验后才能进入管理岗位，起初看不出它的"高层次"性；易受旅游负面宣传的影响，特别是随着我国旅游业的快速发展，旅游市场急剧扩张，近年来每逢节假日都会爆出一些旅游中的问题，需要加以规范。这些问题在一定程度上影响学生和学生家长对旅游类专业的认识。

五、学生素质要求与高校选科要求

学习旅游类专业，首先，学生必须热爱旅游，热爱旅游事业，有责任感和使命感，能够正确认识旅游业发展中出现的问题，并试图通过专业学习去找到解决问题的方法；其次，需要一定的语言素养，恰当的语言表达是做好工作的前提；再次，必须身心健康，旅游从业人员的工作既是脑力劳动也是体力劳动，需要健康的体魄，也需要较强的心理素质，才能完满地完成相关服务工作。

根据山东省教育招生考试院公布的普通高校专业类选考要求，高职（专科）旅游类专业一般不提科目要求。旅游类专业属于服务性质专业群，服务工作涉及的面很广，各种知识背景的考生都适合报考。

每个高校的具体选科要求可通过山东省教育招生考试院网站（http://www.sdzk.cn/）、山东省教育云服务平台（http://www.sdei.edu.cn/）或"山东高考一点通"微信公众号查询。

14.2 餐饮类（6402）

一、专业类概述

餐饮业是通过即时加工制作、商业销售和服务性劳动，向消费者专门提供各种酒水、食品、消费场所和设施的食品生产经营行业。它能满足人们的饮食需求，使人们获得对美好生活的幸福感，是现代服务业的重要组成部分。餐饮类专业就是专门为餐饮行业培养专业人才的专业群。

旅游、酒店相关的院校对于餐饮类专业开设较为全面，一般成立专门的二级学院——烹饪学院开展餐饮类专业群建设，学科体系完善，特色鲜明，在复合型技术技能人才培养方面的综合实力较强；综合性高职院校则突出重点，一般在二级学院——旅游管理学院中增设餐饮管理、烹调工艺与营养等专业。

专业设置：根据教育部高等职业教育（专科）专业目录，餐饮类专业包括5个专业，分别是：餐饮管理（640201）、烹调工艺与营养（640202）、营养配餐（640203）、中西面点工艺（640204）、西餐工艺（640205）。

高职（专科）餐饮类专业标准学制为3年，实行弹性学制一般为2~5年，毕业可获得专科学历证书和餐饮类相关中高级职业资格证书。

二、知识构架

1. 核心课程

餐饮类专业围绕就业岗位（群）开设相关课程，课程体系的构建实用性强，注重基础知识和技术技能的结合。其中，基础课程主要有餐饮基础知识、原料学、营养学、食品卫生与安全等；专业核心课程围绕各专业对应的核心岗位分别设置。

餐饮管理专业核心课程为管理学原理、餐饮企业流程管理、餐饮业法规、消费心理学、餐饮成本核算及控制等课程；

烹调工艺与营养专业核心课程为烹调工艺学、烹饪原料学、烹饪营养学、餐饮安全与控制、现代厨房管理、冷菜食品雕刻、中式菜品制作等课程；

营养配餐专业核心课程为烹饪营养学、药膳制作、食品卫生与安全、烹调技术、面点工艺学、营养配餐与制作、烹饪原料学、职业点菜师等课程；

中西面点工艺专业核心课程为中点工艺学、西点工艺学、地方风味特色、中西餐基础知识、中西式面点制作等课程；

西餐工艺专业核心课程为西餐工艺、西餐原料学、西餐概论、宴会设计与酒水知识、西点工艺、西餐菜品制作等课程。

2. 实习和社会实践

实习是餐饮类专业人才培养的重要教学环节，分为认识实习、跟岗实习和顶岗实习三个阶段。认识实习一般安排在入学之初和进入专业核心课程学习之前；跟岗实习一般安排在顶岗实习之前；顶岗实习一般安排在所有专业课程修完之后，原则上不超过6个月。实习实行"双导师"制，即企业师傅和学校专业导师共同指导学生实习。顶岗实习与就业岗位相结合，在对口岗位强化对烹饪实践操作能力的培养，实现专业教学与餐饮企业生产融合，从而形成了课堂教学与参观见习、仿真实训、实战演练、专项能力训练和毕业综合实践多种形式相结合的人才培养模式。

社会实践分为两部分，一部分是学校统一安排的暑期社会实践、志愿者活动等；另一部分是二级学院（系）安排的与专业相关的社会实践活动，如技能大赛、社团实践活动以及各级行业协会组织的活动等。社会实践可以获得相应学分，并作为学生评优的重要条件之一。

三、就业方向与发展前景

餐饮类专业毕业生主要从事餐饮管理、厨房管理、食品烹调、菜品研发、营养配餐等工作，就业岗位主要是大中型宾馆、酒店的基层管理岗位；酒店技术操作岗位；大中型企事业单位的后勤服务、管理工作岗位。初始岗位为餐饮企业的基层技能操作、服务岗位；发展岗位为餐饮企业的中高层管理岗位。也有部分毕业生进入中高职院校、技师学校担任餐饮类专业教师工作。

根据相关调查统计，餐饮从业人员中，具有初中及以下学历的约占总人数的22%；具有高中学历的约占总人数的61.5%；具有大专学历（包括进修取得的学历）的约占总人数的11.66%；具有本科学历的约占总人数的4.84％。随着餐饮企业新设备、新技术的广泛运用，对大专及以上层次的专业技术人员需求更加迫切。

餐饮类专业毕业生供不应求，发展空间大。具体来说，餐饮类专业因口径宽，毕业生可选择的渠道较多，在餐饮连锁企业、高星级饭店工作的占多数。餐饮类专业毕业生整体就业率很高，绝大多数从事餐饮业相关岗位工作。也有毕业生跳出餐饮行业，从事其他领域的服务与管理工作，或者自主创业。

四、学习本专业类的优势和劣势

餐饮类专业主要培养复合型技术技能人才，是"烹饪大师"的摇篮。在新时代背景下，中国烹饪行业发展前景更加广阔。餐饮市场不断壮大，烹饪理论和烹饪工艺不断完善，从而提高了中国烹饪的地位与影响力。餐饮业从业者社会地位不断提高，成为受尊敬的"烹饪大师"。餐饮业人才缺乏已成为影响餐饮企业竞争力的主要因素。业内人士普遍认为，烹饪专业技术人才和餐饮管理人才匮乏，餐饮类专业人才就业前景持续看好。

无论哪一个"烹饪大师"，都需要有成长、磨炼的过程，都需要从基层餐饮岗位做起，在积累一定餐饮岗位经验后才能进入管理岗位，或许起初看不出它的"高层次"性，需要有"板凳要坐十年冷"的耐心和投入，当然也不是每个人都可以成为餐饮名厨。

五、学生素质要求与高校选科要求

学习餐饮类专业，学生应热爱烹饪，喜爱美食，热爱餐饮事业，具有成为"烹饪大师"的梦想。此外，还要具有健全的心理品质和健康的体魄；具有良好的职业道德和社会责任感；具备正确的经营思想和经营理念、良好的职业素质和服务意识；具有良好的人际沟通能力和团队合作能力；具有较强的可持续发展能力、自主学习及终身学习能力。

根据山东省教育招生考试院公布的普通高校专业类选考要求，高职（专科）餐饮类专业一般不提科目要求。

每个高校的具体选科要求可通过山东省教育招生考试院网站（http://www.sdzk.cn/）、山东省教育云服务平台（http://www.sdei.edu.cn/）或"山东高考一点通"微信公众号查询。

14.3　会展类（6403）

一、专业类概述

会展就是在某一预定的时空内举行的公司会议、奖励旅游、协会和社团组织会议、展览会（包括交易会、博览会等）以及各种节事活动的总称，简称MICEE。会展业是以前述活动为主要内容的商务服务行业，是综合性强、关联度高的行业，通过举办会展活动可以带来直接和间接的经济效益及社会效益。我们所熟知的博鳌亚洲论坛、广交会、世界博览会、各种音乐节、啤酒节以及老百姓的婚庆活动等，都属于会展的范畴。随着科技进步和社会变革的加速，会展日益成为全球信息交流、技术进步、商品交易的重要载体。

目前，会展类专业群只有会展策划与管理专业。该专业主要面向会展公司、旅行社、广告公司、大中型企事业单位及政府宣传部门，培养高级会展服务人员及初中级会展策划与设计人员。

专业设置：根据教育部高等职业教育（专科）专业目录，会展类专业包含会展策划与管理（640301）一个专业。

高职（专科）会展类专业标准学制为3年，实行弹性学制一般在2～5年内完成，毕业可获得专科学历证书。

二、知识构架

1. 主要课程

会展类专业的课程体系以职业及岗位分析为基础，可以分为三个部分，即专业基础课、专业核心课和专业拓展课。专业基础课是学生必须学习和掌握的专业基础知识，主要包括管理学基础、美学概论、会展概论、会展英语、商务沟通与礼仪等课程；专业核心课包括会展服务与现场管理、会展策划实务、会展项目管理、参展实务等课程；专业拓展课是为学生的专业拓展和职业生涯成长所准备的课程，包括旅游学概论、会展心理学、财务管理、市场调查与预测、人力资源管理等课程。

2. 实习实训

实践教学在高职教育中占有重要地位，也是

会展类专业学生必备的教学环节，包括专业认知、校内实践和顶岗实习三个阶段。专业认知一般安排在入学之初，而校内实践多与专业课程教学相配合，专业认知和校内实践可以在校内实训基地进行，也可以到校外的校企合作实习基地进行。顶岗实习一般安排在所有专业课程修完之后，时间为6～8个月，实习实行"双导师"制，即企业师傅和学校专业导师共同指导学生实习，顶岗实习必须在校外的校企合作实习基地进行。

三、就业方向与发展前景

会展类专业毕业生主要在各类会展场馆、会展公司、广告策划公司、贸易公司及旅游公司从事会展营销、运营管理等工作。初始岗位为会展相关企业的营销和运营管理岗位；发展岗位为会展相关企业的中高层管理岗位。

会展类专业具有高融合性的特点，毕业生跨界发展的能力强，具有良好的服务意识和创新创业能力，就业前景也很好。毕业生也可在会展以外的其他领域从事营销与运营管理工作，有创业条件的还可以创办自己的企业。

四、学习本专业类的优势和劣势

1. 优势分析

会展产业具有产业联动效应，能显著拉动周边行业效益增长。国务院《关于进一步促进展览业改革发展的若干意见》（国发〔2015〕15号）明确指出，展览业"已经成为构建现代市场体系和开放型经济体系的重要平台，在我国经济社会发展中的作用日益凸显"。各级政府也都十分重视会展产业的综合影响效应。我国会展产业的发展前景广阔。

随着会展产业的发展，会展类专业人才的社会需求也越来越大，尤其在山东省推进新旧动能转换的大背景下，会展企业面临重大发展机遇，更是求贤若渴。目前山东省内开设会展策划与管理专业的高职院校有12所。

会展作为商务服务行业，与各行业都可以很好地结合，而当下对先进技术和科技成果的融合应用也是会展产业的魅力之一，这就要求会展类专业学生要具有很强的学习能力，知识面广而且跨界能力强，这样未来的上升空间会更大。

2. 劣势分析

会展类专业也有劣势方面，表现为虽然会展业人才需求量巨大，优秀会展人才更是可遇不可求，但会展类专业毕业生在工作之初，要从基层岗位做起。由于招展、招商等工作对人才要求不高，加上国家陆续取消了一些行业的资格证书，会展企业用人门槛高不起来。

会展类专业涉及的知识领域宽，学科嫁接使各院校会展类专业所学的课程差别较大。

目前提供会展教育的高校，涉及学科广泛，会展类专业所在的院系主体差异也较大，有工商管理类、旅游管理类、国际贸易类、艺术设计类、外语类等等，课程设置差别也较大，这给学生的选择带来一定困难。

五、学生素质要求与高校选科要求

会展业属于第三产业，被列入商务服务业范畴。学习会展类专业，学生应牢固树立服务意识，具有良好的商务礼仪素养和客户服务意识；应当诚实守信，爱岗敬业，并具有团队协作精神和吃苦耐劳的精神。作为商务服务业，与客户的沟通是必需的，因而良好的表达和沟通能力也是很有必要的。

根据山东省教育招生考试院公布的普通高校专业类选考要求，高职（专科）会展类专业一般不提科目要求。基于商务服务业的行业特点考虑，会展类专业的学习内容既包含宽泛的知识，又注重培养思维的逻辑性和条理性，因而各种知识背景的考生均可报考。

每个高校的具体选科要求可通过山东省教育招生考试院网站（http://www.sdzk.cn/）、山东省教育云服务平台（http://www.sdei.edu.cn/）或"山东高考一点通"微信公众号查询。

15 专业大类：文化艺术大类（65）

在教育部颁布的《普通高等学校高等职业教育（专科）专业目录》中，文化艺术大类下，包含艺术设计类、表演艺术类、民族文化类、文化服务类四个专业类。本书详细介绍了艺术设计类、表演艺术类、文化服务类三个专业类，对于民族文化类专业的情况没有进行详细介绍，读者可参考本科专业中的民族学类专业介绍，或通过教育部和相关学校官方网站查询。

15.1　艺术设计类（6501）

一、专业类概述

艺术设计类专业一般可以分为五大专业方向，即视觉传达设计、包装装潢设计、环境艺术、视频动画、染织服装。

视觉传达设计专业方向（艺术设计、视觉传播设计与制作、广告设计与制作、数字媒体艺术设计、美容美体艺术、摄影与摄像艺术、美术）：主要培养适应高职人才培养目标要求及社会发展需要，掌握视觉传播设计理论知识，创新思维独特，语言表达能力强，能手绘视觉传达设计方案，熟练应用PS、AI、ID及3D等设计软件，能胜任视觉传播、产品包装设计等工作的技术技能型人才。该专业方向在我国经济发达省份都有开设。

包装装潢设计专业方向（产品艺术设计、家具艺术设计、皮具艺术设计、室内艺术设计、展示艺术设计、包装艺术设计、陶瓷设计与工艺、玉器设计与工艺、工艺美术品设计）：主要培养具有包装设计理论及良好的艺术修养，掌握图文创意与实践技能，懂印刷材料及工艺，能从事工艺品创意设计、开发、制作及修复等工作的技术技能型人才。

环境艺术专业方向（环境艺术设计、公共艺术设计、雕刻艺术设计）：主要培养掌握室内外空间设计理论，了解装饰材料及工艺，熟练运用PS、3D及CAD等软件，能胜任环境艺术设计岗位的策划、设计、施工等一线工作的技术技能型人才。该专业方向在全国各省份普遍开设。

视频动画专业方向（动漫设计、游戏设计、人物形象设计）：主要培养具有较强的影视动漫画原创、设计及制作能力，掌握2D美术设计和3D游戏设计制作技法，熟练应用PS、3D及Maya等软件，能胜任游戏开发项目制作等工作的技术技能型人才。

染织服装专业方向（服装与服饰设计、刺绣设计与工艺、首饰设计与工艺）：主要培养具有艺术创新能力和审美鉴赏能力，了解国内外服装与服饰行业标准及运作规范，具有时尚把握能力，掌握服装设计、服饰品搭配及陈列、刺绣设计制作技法，能从事时装开发设计、人物形象设计、时尚皮具及各类刺绣设计制作等工作的技术技能型人才。该专业方向在全国各省份服装产业较为发达的地区都有开设。

专业设置：根据教育部高等职业教育（专科）专业目录，艺术设计类专业包括25个专业，分别是：艺术设计（650101）、视觉传播设计与制作（650102）、广告设计与制作（650103）、数字媒体艺术设计（650104）、产品艺术设计（650105）、家具艺术设计（650106）、皮具艺术设计（650107）、服装与服饰设计（650108）、室内艺术设计（650109）、展示艺术设计（650110）、环境艺术设计（650111）、公共艺术设计（650112）、雕刻艺术设计（650113）、包装艺术设计（650114）、陶瓷设计与工艺（650115）、刺绣设计与工艺（650116）、玉器设计与工艺（650117）、首饰设计与工艺（650118）、工艺美术品设计（650119）、动漫设计（650120）、游戏设计（650121）、人物形象设计（650122）、美容美体艺术（650123）、摄影与摄像艺术（650124）、美术（650125）。

高职（专科）艺术设计类专业标准学制为3年，毕业授予专科毕业证。

二、知识构架

1. 核心课程

视觉传达设计专业方向核心课程包括设计构成、图形创意、视觉传达设计、版式设计、广告创意设计、数字图形图像处理、电视摄像、非线性编辑、网页设计等。

包装装潢设计专业方向核心课程包括设计构成、图形创意、产品包装设计、广告设计、包装结构、造型设计、视觉识别设计、数字图形图像处理等。

环境艺术专业方向核心课程包括设计构成、家具制图与透视学、环境规划设计、环境景观设计、建筑小品设计、园林设计、公共空间室内设计、展示设计、雕塑设计、装饰材料与工艺等。

视频动画专业方向核心课程包括线描、影视后期剪辑、运动规律、原画设计、动画剧本创作、影视编导、游戏架构设计、游戏造型基础、游戏策划基础、游戏道具制作、游戏环境制作、游戏角色制作等。

染织服装专业方向核心课程包括服装设计、时装画技法、立体裁剪、服装平面结构设计、服装工艺、人物形象设计、时尚化妆、刺绣图案设计、刺绣工艺与制作、单面绣、双面绣、绣品设计与创意等。

2. 实习实训

艺术设计类专业的实习主要有三种方式：一是双向选择，学校合作企业提供就业岗位需求，学生按照要求进行企业和岗位双向选择，进行顶岗实习；二是在本校教师工作室顶岗实习；三是学生自主选择企业顶岗实习。实习场所和岗位原则上要求与所学专业对口；实习内容根据专业人才培养方案的具体要求，与专业岗位相结合；实习时间一般安排在第三学年下学期。

三、就业方向与发展前景

1. 就业方向

视觉传达设计专业方向毕业生就业主要面向多媒体制作公司、电视台、广告公司、室内设计公司、网络媒体、报社、出版印刷企业、婚纱影楼及企事业单位的设计部门等，就业面广泛。

包装装潢设计专业方向毕业生就业主要面向出版印刷企业、包装装潢设计企业、广告公司及礼品设计销售公司等。

环境艺术专业方向毕业生就业主要面向中小型装饰公司、景观设计公司、效果图制作公司、材料供应商、房地产企业、市政园林养护公司、工程监理公司等，就业范围非常广泛。

视频动画专业方向毕业生就业主要面向动漫游戏制作公司、剧组、电视台、网络媒体、网站及影视广告公司等。

染织服装专业方向毕业生就业主要面向各类服饰设计企业、刺绣企业、皮具品牌设计生产公司、鞋类品牌设计生产公司等。

2. 发展前景

随着多媒体时代的发展，艺术设计类专业人才供不应求，职业发展潜力大，优秀创意设计人才匮乏，特别是原创服装设计师奇缺。随着房地产业的发展和城市城中村的改建，环境艺术专业设计人员需求量很大。从总体上来讲，艺术设计类专业发展前景良好。

四、学习本专业类的优势和劣势

1. 优势分析

艺术设计类专业的优势：毕业生具有较高的艺术审美力，创意思维活跃，学习知识面广；动手能力强，与本科专业能够明显地区分开，专科专业针对岗位设置课程，毕业生到了企业后上手很快，降低了企业用人成本；随着行业对专业技术人员的重视，毕业生发展潜力大，岗位晋升速度快；就业面广，岗位灵活，专业拓展性强，发展潜力大，优秀者可以自主创业。

2. 劣势分析

艺术设计类专业的劣势：高职学制三年，学

生学习专业理论知识的时间短，欠缺一定的可持续发展能力；艺术设计工作既要设计创新，又需技能劳作，工作强度较大，尤其是刺绣设计与工艺等专业属于轻工类、劳动密集型产业，设计后期的制作过程主要以技能劳作为主，较为辛苦。

五、学生素质要求与高校选科要求

学习艺术设计类专业，学生应具有良好的思想政治素养和文化素养，具有诚信意识、责任意识和团队精神；具备一定的美术基础和艺术修养，具有良好的素描、色彩、速写等绘画能力，了解基本的专业设计理论知识；具有一定的语言组织能力以及自学能力；对所选专业有一定的兴趣和爱好，具有吃苦耐劳的精神。

根据山东省教育招生考试院公布的普通高校专业类选考要求，高职（专科）艺术设计类专业一般不提科目要求。

每个高校的具体选科要求可通过山东省教育招生考试院网站（http://www.sdzk.cn/）、山东省教育云服务平台（http://www.sdei.edu.cn/）或"山东高考一点通"微信公众号查询。

15.2 表演艺术类（6502）

一、专业类概述

表演艺术类专业涉及音乐、美术、舞蹈、广电、影视、戏剧、编导、舞台艺术、服装表演、乐器维护等学科，属于新兴综合性交叉学科，每个专业都有各自的专业领域特征和艺术技能技巧。表演艺术类专业主要培养具有良好的艺术素养，掌握表演艺术基本理论知识，熟练运用表演艺术技能，适应新媒体融合时代发展要求，能够从事艺术类表演、创编、设计及评价工作，或从事音乐、美术、戏剧影视表演、导演、广电系统、乐器维护等方面工作的高素质高技能艺术人才。

专业设置：根据教育部高等职业教育（专科）专业目录，表演艺术类专业包括20个专业，分别是：表演艺术（650201）、戏剧影视表演（650202）、歌舞表演（650203）、戏曲表演（650204）、曲艺表演（650205）、音乐剧表演（650206）、舞蹈表演（650207）、国际标准舞（650208）、服装表演（650209）、模特与礼仪（650210）、现代流行音乐（650211）、作曲技术（650212）、音乐制作（650213）、钢琴伴奏（650214）、钢琴调律（650215）、舞蹈编导（650216）、戏曲导演（650217）、舞台艺术设计与制作（650218）、音乐表演（650219）、音乐传播（650220）。

高职（专科）表演艺术类专业标准学制为3年，毕业授予专科毕业证。

二、知识构架

1. 核心课程

表演艺术类专业核心课程根据各专业特点可分为以下五个方向：

（1）音乐专业方向（歌舞表演、曲艺表演、音乐剧表演、舞蹈表演、戏曲表演、现代流行音乐、音乐制作、钢琴伴奏、作曲技术、音乐传播）：包括声乐表演、钢琴演奏、舞蹈表演、舞蹈创编、戏曲表演、基础乐理、视唱练耳、曲式与作品分析、作曲理论、合唱指挥、即兴伴奏、MD制作等课程。

（2）舞台艺术设计与制作专业方向：包括舞台设计、舞台灯光基础、舞台音响基础、布景技术、计算机辅助设计、舞台绘景、摄影摄像基础、舞台与影视道具制作、素描基础、色彩构成、透视学、舞台技术基础、中国美术史、西方美术史、舞台化妆、戏剧化妆、人物造型基础、舞台管理等课程。

（3）戏剧影视专业方向（戏剧影视表演、戏曲导演）：包括影视制作流程、表演基础、图片摄影、影视造型手段、影视剪辑、影视美学、影视声音、写作元素、影视剧写作、导演基础、电视纪录片创作、电视导演理论与技巧、电视文艺节目策划、视听语言、台词、毕业剧目拍摄、表演艺术与排练、舞台技能、中外电影史、表演概论、名片赏析等课程。

（4）服装表演、模特与礼仪专业方向：包括模特概论、公关礼仪、模特编导、服饰文化、服装学概论、中国服装学、西洋服装学、模特行走训练、模特造型与训练、镜前训练、美学、公共关系、商务谈判等课程。

（5）钢琴调律专业方向：包括律学、钢琴调律、钢琴结构、钢琴维修、钢琴整调、钢琴演奏、基础乐理、视唱练耳、和声学等课程。

2. 实习实训

表演艺术类专业的实践教学主要有三种方式：一是利用学校实训设备完成校内实训；二是依托强大的社会实践资源，如文化传媒公司、电视台、服装节、时装周、车展及培训机构等进行校外实训；三是双向选择，进行顶岗实习。顶岗实习场所和岗位原则上要求与所学专业对口；实习内容根据专业人才培养方案的具体要求，与专业岗位相结合。顶岗实习时间一般安排在第三学年下学期。

三、就业方向与发展前景

1. 就业方向

表演艺术类专业的就业方向主要包括以下几个方面。

（1）各类学校，从事音乐、美术、舞蹈、播音主持、戏曲表演、影视表演、服装表演、舞台设计等教学工作。

（2）各级各类艺术团体，从事音乐、舞蹈、影视表演、服装表演、戏曲表演、导演、舞台设计、主持等工作。

（3）广电系统，在电台、电视台从事播音主持、编导、导演、影视表演、舞台设计等工作。

（4）社区服务中心，从事社区文化活动组织以及与丰富社区文化生活、提高社区文化氛围等相关的工作。

（5）培训中心，从事音乐、美术、舞蹈、播音主持、影视表演、服装表演等专业培训工作。

（6）文化传媒公司，从事音乐、美术、舞蹈、播音主持、影视表演、服装表演等工作，能够组织大型艺术活动。

（7）琴行，从事乐器专业介绍、乐器专业遴选、乐器维护、乐器调律、乐器维修等工作。

2. 发展前景

文化自信是更基础、更广泛、更深厚的自信，世界的艺术在东方，东方的艺术在中国。随着社会的不断进步和发展，人们的文化素养越来越高，对文化生活的需求也越来越大；新媒体融合时代已经打破传统表演艺术类的条条框框，各个行业对表演艺术类人才的需求日益增大。总的来说，表演艺术类专业毕业生的就业前景非常可观，具有广阔的发展前景。

四、学习本专业类的优势和劣势

1. 优势分析

表演艺术类专业的优势主要体现在以下几个方面。

（1）考学优势。学习表演艺术类专业，高考成绩要求与普通学科相比，分数要求低。考生通过高校专业技能类考试后，再参加高考，只要考取相应的文化分，就会被录取到艺术类院校，甚至是艺术类名校。

（2）专业学习优势。表演艺术类专业属于艺术类专业范畴，专业特点明显，学习者大多具有较高的艺术素养和专业技能技巧，具备较强的表达能力和组织能力，具有敏锐的观察力和强大的自信心。这些特点与其他专业学生相比，表现非常明显。

（3）就业形式灵活多样，薪酬较好。毕业生可以考取教师资格证，到大学、中小学、幼儿园当老师，也可以在各级各类培训机构从事专业培训工作；既可以在琴行从事乐器遴选、维护工作，也可以从事乐器上门维保工作；电台、电视台、文化传媒公司、专业艺术团体、社区文化服务中心等都是较好的就业选择。根据市场调研，艺术类专业人员从事社会服务获得的报酬水平与其他专业相比，属于中等收入。

2. 劣势分析

表演艺术类专业的所谓劣势主要表现在以下几个方面。

（1）表演艺术类专业课程需要投入大量精力进行专业技能的学习，有些同学会忽视文化课的学习，如果不能二者齐头并进，就会出现专业技能高、文化分低的现象。

（2）表演艺术类专业学习由于受专业授课特点的影响，对于技能技巧水平要求高，学习方式小班化，对于学习的投入比较大。

（3）近几年表演艺术类专业考试竞争越来越激烈，对考生的技能要求和文化课要求越来越高，艺术类名校入学考试越来越难。

五、学生素质要求与高校选科要求

学习表演艺术类专业，学生应具有良好的思想政治素质、较强的社会责任感和高尚的职业道德品质；具有良好的审美情趣、文化品位；具备良好的诚信意识、团队意识和法治意识；具有科学的思维方法和求实创新意识；具有良好的心理素质、健康的体魄和积极向上的生活态度；具有一定的专业核心知识基础，掌握基本的专业技能技巧，了解艺术前沿的新动向，熟悉国家关于文化市场的相关法律法规；掌握从事艺术表演所应有的专业核心技能，具有良好的艺术表现能力和实践能力，具有较好的语言表达能力，能为终身学习打下坚实的基础。

根据山东省教育招生考试院公布的普通高校专业类选考要求，高职（专科）表演艺术类专业一般不提选考科目要求，部分高职院校对舞蹈、表演类专业有身高要求。

每个高校的具体选科要求可通过山东省教育招生考试院网站（http://www.sdzk.cn/）、山东省教育云服务平台（http://www.sdei.edu.cn/）或"山东高考一点通"微信公众号查询。

15.3　文化服务类（6504）

一、专业类概述

文化服务类专业是教育部2015年调整高职（专科）专业目录时新增设的专业类，是在文化产业转型升级、产业链延伸交叉、新兴职业与技术进步迅速发展的新形势下，为适应现代服务业及新业态、新商业模式发展需要而增设的专业类。

文化服务类专业主要培养适应经济建设和文化事业发展需要，具有宽阔的文化视野和现代管理意识，熟悉文化政策及法规，具备较强的公共文化活动策划与组织能力，具备良好的社会调研和信息处理能力，能在各类企业、文化事业单位及政府文化管理部门从事文化建设及管理工作，能在文化传播公司、广告传媒公司、文化经纪公司、庆典公司、旅游部门、大型商场、酒店、社区等单位从事文化项目策划、宣传、经营及管理工作，能在文化遗产领域从事管理、考古、保护、修复等工作的高素质技术技能人才。

专业设置：根据教育部高等职业教育（专科）专业目录，文化服务类专业包括7个专业，分别是：文化创意与策划（650401）、文化市场经营管理（650402）、公共文化服务与管理（650403）、文物修复与保护（650404）、考古探掘技术（650405）、文物博物馆服务与管理

（650406）、图书档案管理（650407）。

文化服务类专业根据专业特点及人才培养目标，可划分为三类：（1）以文化创意、文化经营管理及群众文化服务为主的专业，包括文化创意与策划、文化市场经营管理、公共文化服务与管理专业；（2）以文化遗产保护服务为主的专业，包括文物修复与保护、考古探掘技术、文物博物馆服务与管理专业；（3）以图书档案管理与服务为主的专业，包括图书档案管理专业。

高职（专科）文化服务类专业标准学制为3年，已在探索实行弹性学制，毕业授予专科毕业证。

二、知识构架

1. 核心课程

以文化创意、文化经营管理及群众文化服务为主的专业，核心课程包括文化创意与项目策划、实用文案写作、新媒体语言应用、广告媒介与传播、文化市场调查与分析、文化市场营销、群众文化基础知识、会展创意设计等课程。

以文化遗产保护服务为主的专业，核心课程包括文物学、考古学通论、文物保护法概论、中国通史、文物保护修复理论与技术、田野考古工作规程、考古绘图、博物馆学概论、文献检索方法等课程。

以图书档案管理与服务为主的专业，核心课程包括信息组织、图书档案管理自动化、信息检索技术、企业档案管理实务、数字图书馆技术与方法、信息分析技术、信息服务与用户等课程。

2. 实习实训

文化服务类专业具有很强的实践性，实践教学环节主要包括认识实习、社会实践、跟岗实习、顶岗实习等内容，通常采取工学交替、校企合作、现代学徒制等人才培养模式，强化学生核心技能，实现多渠道多元化育人。顶岗实习一般安排在第三学年下学期；实习方式主要有两种：一是在校内进行文化活动（演出）项目组织与策划、文物保护与修复、文献检索服务与管理、档案整理等实训；二是在文化演艺公司、文化传媒机构、社区以及图书馆、档案馆、文博考古部门、文物修复与保护企业等进行校外实习。

三、就业方向与发展前景

1. 就业方向

以文化创意、文化经营管理及群众文化服务

为主的专业，毕业生主要面向各类艺术团体、文化演艺公司、文化传媒机构、基层文化馆站、演出经纪机构、广告公司、群众艺术馆、社区以及各类商企，从事文案策划、项目营销推广、文化活动组织策划、经纪代理、群众文化服务与指导、社区公共文化服务与管理、公共文化活动组织等工作。

以文化遗产保护服务为主的专业，毕业生主要面向文物考古及博物馆部门、文物与艺术品经营单位及文博企业，从事文物修复与保护、考古调查勘探与发掘、文物库房与藏品管理、展览策划与设计、陈列讲解、观众调查、群众教育活动策划与推广等工作。

以图书档案管理与服务为主的专业，毕业生主要面向图书馆、档案馆、图书档案公司等企事业单位，从事文献信息的收集、整理、开发与利用等工作。

2. 发展前景

随着国家社会的发展，追求更美好的生活已成为广大人民的现实需求，而文化艺术是美好生活的重要组成部分。当前，国家大力推进文化产业发展，文化服务类专业人才需求呈现巨大缺口，尤其技术技能人才奇缺，职业院校文化服务类专业的毕业生严重不足，文化服务类专业在今后较长时间里将极具生命力，发展前景良好。

四、学习本专业类的优势和劣势

党的十八大以来，我国的文化事业取得了很大发展，文化产业呈现出快速增长的态势，企事业单位也越来越重视企业（组织）文化的建设，文化服务类专业人才的社会需求量急剧增加，而我国文化服务类专业开办时间较短，文化服务类专业人才在数量与质量上均有很大不足。

文化服务类专业毕业生就业岗位分布广，可在文化部门、企事业单位、文化艺术品商企等领域广泛求职，可选择岗位较多。

文化服务类专业虽在文化领域就业面向比较广，但本身不是宽口径专业，有明确的职业面向和行业指向，因此一直是大家公认的冷门专业。许多地方及单位仍存在重经济、轻文化的现实情况，存在先经济后文化的思想。这些思想与行为会影响到文化服务岗位人员的工作环境、工资收入和发展前景。

文化事业与文化产业处于场馆建设等经济投资重过文化服务的阶段，文化服务的能力与水平还比较低，同时公众的文化需求及其多样性还需要进一步引导与激发。

五、学生素质要求与高校选科要求

学习文化服务类专业，学生应具有良好的思想政治素质和职业道德素质；具有一定的文史知识和艺术素养，了解文化产业现状、特点和规律，具备一定的艺术鉴赏能力；具有良好的文学艺术修养，了解中国文化传承发展脉络、民族文化知识及风俗习惯；具有良好的审美修养、审美能力，具有文化艺术及活动的创作、服务热情；热爱文化艺术行业，具有对新知识、新技能的学习能力和创新创业能力；具有良好的社会实践能力和社会适应能力，具有吃苦耐劳、踏实肯干的工作精神；具有较强的语言表达能力和人际沟通能力；具有良好的市场需求开发能力和市场管理能力，具备文化活动项目的推广能力；具有文化艺术、文物保护、信息处理等方面的技术技能应用能力和素质；具有专业自信与职业信心，有合理的职业发展规划。

根据山东省教育招生考试院公布的普通高校专业类选考要求，高职（专科）文化服务类专业一般不提选考科目要求。

每个高校的具体选科要求可通过山东省教育招生考试院网站（http://www.sdzk.cn/）、山东省教育云服务平台（http://www.sdei.edu.cn/）或"山东高考一点通"微信公众号查询。

16　专业大类：新闻传播大类（66）

在教育部颁布的《普通高等学校高等职业教育（专科）专业目录》中，新闻传播大类下，包含新闻出版类、广播影视类两个专业类。本书主要介绍广播影视类专业，对于新闻出版类专业没有进行详细介绍，读者可参考本科专业中的新闻传播学类专业介绍，或通过教育部和相关学校官方网站查询。

16.1　广播影视类（6602）

一、专业类概述

广播影视行业就像个专业大厨房，里面有各种各样的岗位，比如，栏目制片人相当于总经理，记者和摄像相当于采购员，编辑和编导相当于厨师，播音员和节目主持人相当于传菜工，策划人员相当于推销员，还有广播电视技术人员类似于后勤保障人员。

专业设置：根据教育部高等职业教育（专科）专业目录，广播影视类专业包括15个专业，分别是：新闻采编与制作（660201）、播音与主持（660202）、广播影视节目制作（660203）、广播电视技术（660204）、影视制片管理（660205）、影视编导（660206）、影视美术（660207）、影视多媒体技术（660208）、影视动画（660209）、影视照明技术与艺术（660210）、音像技术（660211）、录音技术与艺术（660212）、摄影摄像技术（660213）、传播与策划（660214）、媒体营销（660215）。

广播影视类专业根据各专业的特点，可以大致分为五个专业方向：制作类、管理类、语言类、技术类和营销类。制作类专业方向包括影视编导、新闻采编与制作、广播影视节目制作、影视动画专业；管理类专业方向包括影视制片管理专业；语言类专业方向包括播音与主持专业；技术类专业方向包括广播电视技术、影视多媒体技术、影视照明技术与艺术、录音技术与艺术、摄影摄像技术、影视美术、音像技术专业；营销类专业方向包括传播与策划、媒体营销专业。

高职（专科）广播影视类专业标准学制为3年，毕业授予专科毕业证。

二、知识构架

1. 核心课程

影视编导专业的核心课程有电视摄像、非线性编辑、数字图形图像处理、电视音乐音响、影视剧本创作、电视文体写作、故事短片创作、电视栏目策划、电视节目导播、纪录片创作等。

新闻采编与制作专业的核心课程有摄影基础、电视摄像、新闻采访与写作、非线性编辑、电视新闻节目制作、新闻编辑与版式设计、新媒体概论与实务、网络新闻写作与编辑、纪录片创作等。

广播影视节目制作专业的核心课程有摄影艺术基础、电视摄像、非线性编辑、影视后期特效与合成、影视音乐音响、电视节目策划、新闻节目制作、专题节目制作、影视广告创意与制作、电视节目导播等。

影视动画专业的核心课程有flash动画设计与制作、Maya动画设计与制作、原画设计、二维动画短片制作、三维动画短片制作等。

影视制片管理专业的核心课程有影视编剧基础、电视编导、电视栏目策划、摄影与摄像、画面编辑、影视制片管理、媒体管理、影视财务管理基础等。

播音与主持专业的核心课程有普通话语音学、播音发声学、播音创作基础、节目主持、即兴语言表达、新闻稿件表达、电视纪录片解说、出镜记者现场报道、新闻采访与写作等。

广播电视技术专业的核心课程有中小型局域网架构、数字卫星技术、数字电视制作技术、数字电视播控技术、有线电视技术等。

影视多媒体技术专业的核心课程有形象思维基础、色彩构成、动物人物造型、二维设计软件、三维设计软件、网络动画、广告剧本编导、摄像技法、非线性编辑、视频后期制作等。

影视照明技术与艺术专业的核心课程有演播室灯光设计、影视照明技术与艺术、舞台戏剧光效设计、光学基础、视听语言、电工基础、摄影基础等。

录音技术与艺术专业的核心课程有音响录音设备原理与应用、录音技术、音频编辑、影视同期录音、音乐录音、音响工程设计、电脑音乐制作、声音设计、非线性编辑、电视摄像、视唱练耳等。

摄影摄像技术专业的核心课程有摄影艺术基础、图片摄影用光与构图、风光摄影、人像摄影、广告摄影、新闻摄影、电视摄像、影视广告创意与制作、非线性编辑等。

音像技术专业的核心课程有影视剪辑基础与技巧、影视特技合成、音频调控技术、影视音乐音响、服装与化妆、美工制景与道具陈设、影视美术设计、灯光设计等。

影视美术专业的核心课程有舞台美术设计、影视美术设计、绘景、舞台灯光设计、舞台与影视道具制作、舞台音响基础、计算机辅助设计、摄影摄像基础、非线性编辑技术等。

传播与策划专业的核心课程有新媒体传播、媒介管理、广告策划与文案写作、网页设计、网络信息编辑实务、摄影摄像基础、非线性编辑与影视特技等。

媒体营销专业的核心课程有媒体营销、媒体管理、制片管理、影视财务管理、人力资源管理、电视策划与包装、影视节目制作、影视发行、影视投资学、广告策划、公共关系实务、传媒市场调研与预测等。

2. 实习实训

广播影视类专业的实习一般分为三个层面：认知实习、跟岗实习和顶岗实习。

认知实习一般安排在第一学期寒假，主要是了解传媒行业发展现状，了解广播影视单位的岗位功能和工作流程，了解相关岗位的性质及工作内容，拓展传媒视野。

跟岗实习一般安排在第四学期，主要是参与行业岗位工作，注重理论与实践相结合，获取岗位直接工作经验，积累解决广播影视领域实际问题的经验。

顶岗实习一般安排在第五、六学期，主要是熟悉广播影视岗位工作情况，熟练掌握广播影视节目创作技能，锻炼独立工作能力，全面提升岗位职业素养。

三、就业方向与发展前景

广播影视类专业毕业生的就业方向比较广泛，主要包括广播电影电视系统、影视公司、技术公司、动画公司、广告公司、新媒体、教育部门以及相关企事业单位。随着国民经济的发展和新媒体的兴起，广播影视类专业发展前景广阔，毕业生就业前景良好。

为了更清楚地说明就业岗位和专业之间的关系，我们用"职业—专业—任务树"来说明广播影视类各专业、职业和任务的对应关系，如下图（见下页）所示。

四、学习本专业类的优势和劣势

1. 优势分析

广播影视类专业毕业生就业形势比较好，工作环境不错，收入较高，社会地位也不错，而且很多专业就业门槛较低，如播音与主持等专业毕业生就业时专科学历就能达到要求，因此在历年的报考中，很多考生选择报考广播影视类专业。有些专业是小众专业，如录音技术与艺术、摄影摄像技术等专业。随着传媒、娱乐产业的发展，行业整体对这类专业的人才需求量大。

2. 劣势分析

广播影视类专业也存在一些不足，比如影视行业人才高消费问题，学生发展后劲不足问题，专业对考生的素质要求问题，眼高手低的问题，继续升学方面的问题等。

相对于其他工作而言，广播影视类专业毕业生工作状态相对紧张，会承受更多的压力，需要具备较强的心理素质。

广播影视类专业属于小众专业，由于属于业

美术设计　绘景　灯光设计 → 影视美术 → 舞美
播控　发送　传输　接收　安装　调试 → 广播电视技术 → 技术
录音技术与艺术 → 录音师
广告拓展　品牌管理　媒体营销 → 媒体营销 → 营销
后期编辑　节目包装　节目策划 → 广播影视节目制作
数字影视制作　数字特技设计　节目包装 → 影视多媒体技术
动画制作　美术设计　影视后期 → 影视动画　音像技术 → 编辑
灯光设计　灯光技术 → 影视照明技术与艺术 → 照明

灯光设计　舞台绘画　灯光特技 → 影视照明技术与艺术 → 灯光师
摄影　摄像 → 摄影摄像技术 → 摄像师
节目编导　节目策划　摄影摄像　后期制作 → 影视编导 → 编导
影视制片管理 → 制片人
播音　主持　采访　配音 → 播音与主持 → 播音员和主持人
新闻采写　编辑　节目制作　宣传 → 新闻采编与制作　传播与策划 → 记者

广播影视类职业—专业—任务树

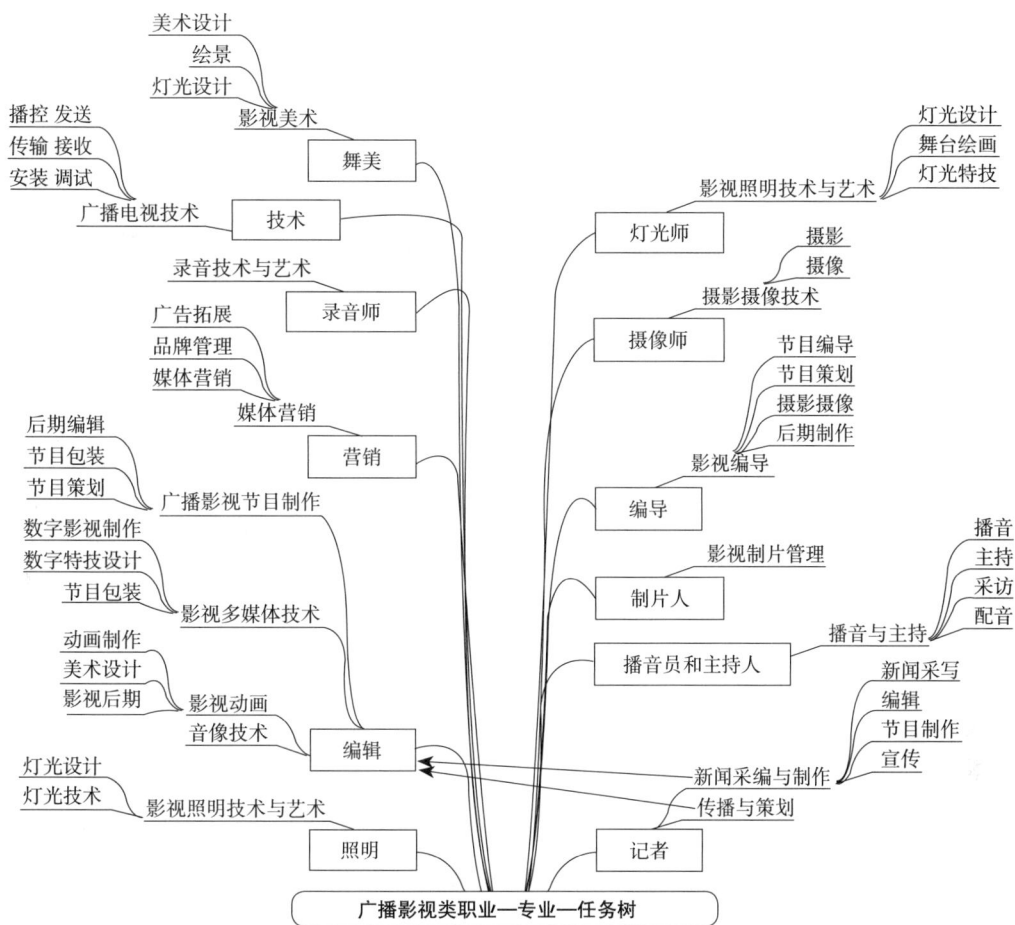

广播影视类专业对应的职业岗位情况

务比较小而精的类别，在传媒、娱乐业欠发达的地区，毕业生对口就业难度相对较大。

五、学生素质要求与高校选科要求

学习广播影视类专业，学生应具备以下几个方面的素质。

一是形象气质要求。如播音与主持专业要求考生五官端正，身材匀称，气质大方，能对文字语言有较好的理解及驾驭能力，并对一些临场情况作出积极迅速的反应。

二是身体状况要求。如播音与主持专业，大部分院校要求考生身高标准为男生170cm以上，女生160cm以上，身段无残疾，五官端正，脸部无显著异样；摄影摄像技术专业要求考生双目视力均应在5.0以上，矫正后在4.8以上，无色盲或色弱，身高标准一般为男生170cm以上，女生160cm以上。

三是性别要求。因为工作性质的原因，在广播影视类专业中，男生数量占六成以上的有摄影摄像技术、影视照明技术与艺术、广播影视节目制作、广播电视技术等专业；女生占六成以上的有新闻采编与制作、播音与主持、影视制片管理、影视编导、传播与策划、音像技术等专业。

四是专业素养。如新闻采编与制作、影视编导等专业一般对考生的政治素养、写作能力、文学修养、灵活性等有一定要求；录音技术与艺术专业要求学生具备一定的音乐基础，如会乐器演奏、歌唱等，了解基础乐理知识；有些专业要求学生具有一定的创新创意能力。

五是艺考合格证要求。播音与主持、影视编导、广播影视节目制作、摄影摄像技术、影视动画等专业一般需要达到省统考成绩要求或者取得其他本科院校的专业合格证才能报考。

根据山东省教育招生考试院公布的普通高校专业类选考要求，高职（专科）广播影视类专业一般不提科目要求。

每个高校的具体选科要求可通过山东省教育招生考试院网站（http://www.sdzk.cn/）、山东省教育云服务平台（http://www.sdei.edu.cn/）或"山东高考一点通"微信公众号查询。

17 专业大类：教育与体育大类（67）

在教育部颁布的《普通高等学校高等职业教育（专科）专业目录》中，教育与体育大类下，包含教育类、语言类、文秘类、体育类四个专业类。本书对教育类、语言类、文秘类三个专业类进行了详细介绍，未对体育类专业进行详细介绍，感兴趣的读者可以参考本科专业中的体育学类专业介绍，或通过教育部和相关学校官方网站查询。

17.1 教育类（6701）

一、专业类概述

高职教育类专业以培养学前教育教师（包括0～3岁婴幼儿早教教师和3～6岁幼儿教师）、中小学教育教师、特殊教育教师为主，具体地说，主要培养系统掌握学前教育、中小学教育、特殊教育的基础理论知识和基本技能，热爱学前教育、中小学教育和特殊教育事业，能胜任相关专业领域的教育、教学工作的合格教师。随着大班额问题的化解和二孩生育政策、学前教育普惠政策的深入实施，学前教师（特别是幼儿园教师）、中小学教师的需求急剧增加，选择高职教育类专业，毕业生的就业前景非常广阔。毕业生的就业领域主要包括学前教育（含0～3岁早教机构和3～6岁幼儿园）、中小学教育、特殊教育等系统的事业单位或民办教育机构、教育培训机构。毕业生也可以通过专升本考试接续本科专业学习，提升学历层次。

高职教育类专业在不同的省份，其所培养的学段教师是不完全一致的。有的省份只允许培养学前段、小学段教师，不允许培养中学段教师，山东省就属于这种情况。各省份允许高职院校开设的具体专业数量也是不完全一样的。山东省教育厅自2009年开始就出台了相关文件，不允许在高职院校开设物理教育、化学教育、生物教育、历史教育、地理教育、思想政治教育、舞蹈教育、心理健康教育等8个专业，只允许开设其他13个专业。各省份所开设的各专业，其办学规模也是不平衡的。山东省在高职院校所设置的13个专业中，艺术教育、科学教育、体育教育专业办学规模就比较小或者基本没有规模，处于名存实亡的状态，其他10个专业培养规模就大一些。

专业设置：根据教育部高等职业教育（专科）专业目录，教育类专业共包括21个专业，分别是：早期教育（670101K）、学前教育（670102K）、小学教育（670103K）、语文教育（670104K）、数学教育（670105K）、英语教育（670106K）、物理教育（670107K）、化学教育（670108K）、生物教育（670109K）、历史教育（670110K）、地理教育（670111K）、音乐教育（670112K）、美术教育（670113K）、体育教育（670114K）、思想政治教育（670115K）、舞蹈教育（670116K）、艺术教育（670117K）、特殊教育（670118K）、科学教育（670119K）、现代教育技术（670120K）、心理健康教育（670121K）。

高职（专科）教育类专业标准学制为3年，毕业授予专科毕业证。

二、知识构架

1. 主要课程

教育类专业必修课程有心理学、教育学、教育心理学、教师口语、汉字书法、幼儿卫生与保育、班级管理、教育科学研究方法、教育活动设计与指导、课程与教学论、幼儿游戏与指导、体育保健等。

教育类专业选修课程有教育政策法规、家校社区合作共育、教育史、基础教育课程改革与发展、数学建模、儿童文学、体育游戏等。

2. 实习实训

教育类专业的实践教学环节，主要是在校内进行幼儿游戏指导、歌曲演唱与伴奏、幼儿舞蹈创编、幼儿美术创作、幼儿园教育活动设计与实施、幼儿园教育环境创设、教师口语、汉字书法、课件设计与制作、小学各科课程设计、小学各科技能训练、儿童心理健康指导、微格教学等模拟训练或借助实训室开展实训；在幼儿园、早教机构、小学、课外培训机构进行教育见习、教育实习。

三、就业方向与发展前景

教育类专业培养掌握儿童教育必需的专业知识与专业技能，能从事小学教育工作、学前教育工作、儿童教育指导与管理工作、特殊儿童教育教学及康复训练工作的教师。教育类专业毕业生的就业方向主要是：（1）早教机构及幼儿园教师、小学各科（语文、数学、英语等）教师、中学体育教师；（2）幼儿园、小学及教育培训机构的管理人员；（3）社会体育指导、体育俱乐部体育管理、企事业单位体育管理工作；（4）特殊教育学校、特殊儿童康复机构、康复指导中心及残障人士福利机构的教师及管理人员。

随着国家对教育的重视及二孩政策的放开，社会对教育类专业毕业生的需求日益增加，小学、幼儿园、早教机构、课外辅导培训机构、特殊教育机构等各类教育机构师资缺口较大，都需要大量的教育类专业毕业生。同时，近几年各地教师事业编制不断增加，每年都会组织招考一定数量的编制教师，这也增加了该类专业的吸引力。总的来说，教育类专业毕业生供不应求，毕业生可选择空间比较大。

四、学习本专业类的优势和劣势

目前对学习教育类专业的学生来说有很多利好消息，如从国家到我省都对学前教育日益重视，2018年国务院出台文件加强对幼儿园的管

理；随着二孩政策的放开，学前教育学位需求增加。这些因素都导致社会对教育类专业毕业生的需求日益增加。同时，近几年各地每年都会招收一定数量的在职在编教师，这也对考生有很大的吸引力。此外，学习教育类专业会为自己将来教育自己的孩子奠定基础。学前教育专业开设的所有课程的最终目标只有一个，即从生理和心理等各个方面促进幼儿的发展，所以会为学生将来教育自己的孩子打下很好的基础。

虽然近几年教师工资待遇有所提高，但相对于其他行业，工资水平相对偏低，影响了教师队伍的稳定性，流失率较高。

五、学生素质要求与高校选科要求

学习教育类专业，学生应具有良好的思想政治素质和职业道德素质；具有良好的职业理想和敬业精神，热爱教育事业；具备较广博深厚的自然科学和人文社会科学知识；具有教书育人的实践能力；具有终身学习、自我发展、不断反思的能力；具备汉字规范书写、普通话流畅交流、信息技术熟练应用的能力；具备教学实施、课程开发、班级管理的能力；具备儿童教育与管理的基本技能；具备婴儿生活照料与基本护理的能力；具备环境创设与指导儿童游戏的能力、观察解读儿童的能力以及基本的唱弹跳画等艺术技能；具备特殊儿童康复训练及教育评估的能力；具备良好的身心素质和健全人格；具有较强的沟通能力和组织能力；具有团队合作精神，能够积极开展协作与交流。

根据山东省教育招生考试院公布的普通高校专业（类）选考要求，高职（专科）教育类专业一般不提科目要求，考生选考任意三科即可报考。

每个高校的具体选科要求可通过山东省教育招生考试院网站（http://www.sdzk.cn/）、山东省教育云服务平台（http://www.sdei.edu.cn/）或"山东高考一点通"微信公众号查询。

17.2　语言类（6702）

一、专业类概述

高职语言类专业的专业定位为应用，在实际办学中，各语种专业根据不同行业岗位需要，一般会设置专业方向，如应用俄语（商务方向）、

应用德语（机械方向）等，一方面体现了高等职业教育的职业特色，同时也确保学以致用。随着经济全球化的发展及"一带一路"建设的推进，外语在商业、贸易、文化、教育等各领域的工具地位和人文价值日益凸显，毕业生的就业前景也非常广阔，可以在商贸、教育、服务等各行业的涉外岗位及有语言需求的岗位一线从事具体业务及管理工作。

专业设置：根据教育部高等职业教育（专科）专业目录，语言类专业包括16个专业，分别是：汉语（670201）、商务英语（670202）、应用英语（670203）、旅游英语（670204）、商务日语（670205）、应用日语（670206）、旅游日语（670207）、应用韩语（670208）、应用俄语（670209）、应用法语（670210）、应用德语（670211）、应用西班牙语（670212）、应用越南语（670213）、应用泰语（670214）、应用阿拉伯语（670215）、应用外语（670216）。

高职（专科）语言类专业标准学制为3年，毕业授予专科毕业证。

二、知识构架

1. 主要课程

高职语言类专业的课程设置注重培养学生对于语言基础知识和语言技能的岗位应用能力，以便学生能运用所学语言开展岗位工作。

商务英语专业的核心课程主要包括商务英语、商务英语口语、商务英语听说、商务英语函电、国际贸易实务等。

应用英语、应用韩语、应用俄语、应用法语等专业的核心课程一般由3～5门语言基础课程和1～2门专业方向课程构成。例如，应用韩语专业主要开设实务韩国语、韩语听说、韩语口语等课程。

2. 实习实训

高职语言类专业的实践性教学环节主要包括语言基本技能训练、专业基本技能训练、专业见习、顶岗实习、毕业设计等。

三、就业方向与发展前景

目前，语言类专业发展比较稳定，人才培养质量明显提升。商务英语专业明确课程群培养目标和对应的职业岗位，即"办公室文员、外贸业务员"两大岗位群，本专业毕业生主要面向对外

经济贸易部门、外资企业等，从事对外贸易、进出口单证、翻译、涉外商务谈判、跟单等涉外经济实际业务工作，也可以从事行政助理等基层管理工作。其他语种专业的毕业生也主要面向外贸部门、企事业单位等从事外贸业务、客户接待、办公室文员、电子商务等相关工作。

由于中国电商的迅速发展，社会对外语类人才的需求逐年攀升，尤其"一带一路"建设带动小语种人才需求攀升。目前语言类专业毕业生就业前景乐观。计算机、通信工程、微电子等电子信息专业对外语类专业人才需求依旧旺盛，毕业生就业形势良好。对于一线岗位人员招聘，社会用人单位的定位非常明确：只看能力，不看学历。可以想象，如果能够较好地使用一门外语，有商务、旅游或者工程等领域的相关专业技能，又能够很好地与人沟通、合作，勇于创新，那么在国际化日益发展的今天，这样的人才会多么"抢手"！

四、学习本专业类的优势和劣势

高职语言类专业总体上还是平稳行进的，随着国际化的发展，招聘单位对语言类专业人才的需求也会逐渐增大。以商务英语专业为例，商务英语专业毕业生在就业时可以利用多区域合作环境（"一带一路"、中国—东盟全面合作、泛北部湾经济合作、大湄公河次区域合作、中越"两廊一圈"合作、泛珠合作）。据有关统计，商务英语专业毕业生的就业率一直在各专业中居于前10位，大多数院校该专业毕业生的就业率达90%以上。同时，随着我国对外贸易和对外交往的不断增多以及"一带一路"建设的推进，小语种人才就业前景普遍看好，小语种专业毕业生的社会需求旺盛。

高职语言类专业，特别是小语种专业，毕业生的语言知识和能力与本科高校相比还存在一定差距；企业对"语言+技能"综合性人才的要求不断提高，单纯的语言专业难以满足较高岗位需求，学生在高端岗位的就业面临较大压力。

五、学生素质要求与高校选科要求

学习语言类专业，学生应具有良好的思想政治素质、职业道德和敬业精神；具有良好的学习能力和自我发展能力；具有良好的语言应用能力

和专业岗位能力；了解国家涉外工作安全条例，具有国家意识和法律意识；掌握一定的科学知识、科学理论和科学方法，具有一定的逻辑思维能力和创新能力；了解中外文化差异，具有跨文化交际知识和能力；具有良好的人际交往能力和团队意识；具有健康的身体素质和良好的心理素质等。

根据山东省教育招生考试院公布的普通高校专业类选考要求，高职（专科）语言类专业一般不提选考科目要求，只要热爱语言学习就可以报考。当然，如果学生具有较为扎实的文史学科基础，具有良好的语言表达能力和较强的学习能力等，会增加专业学习的成就感。

每个高校的具体选科要求可通过山东省教育招生考试院网站（http://www.sdzk.cn/）、山东省教育云服务平台（http://www.sdei.edu.cn/）或"山东高考一点通"微信公众号查询。

17.3 文秘类（6703）

一、专业类概述

文秘类专业是随着科学经济高速发展，信息传播急剧膨胀，社会竞争日趋激烈而产生的新兴现代科学管理专业。

作为一种全球性的职业，文秘工作越来越趋于现代化、科学化和专业化。它在辅助各级领导进行综合管理、树立企业形象、沟通内外关系、处理信息交流等方面发挥着越来越重要的作用。文秘类专业已经成为21世纪中国经济发展十大高需求专业之一。随着社会分工的细化，近年来各领域、各行业对秘书人才的需求有增无减，政府机关、金融、服务、教育、新闻出版、医疗卫生、制造业等等各行业均需要大量高素质秘书人才。文秘类专业毕业生就业面宽泛，就业前景良好。

随着用人单位对秘书人才的认可度逐年提高，越来越多的用人单位认识到文秘类专业的独立性和特殊性，从他们的招聘启事中对秘书人才的明确要求即可见一斑，对秘书岗位的专业要求不再是笼统的"文科专业""中文"或"汉语言文学专业"，而是明确要求"秘书""文秘专业"的学生，这说明社会已清晰地认识到文秘类专业的独特性，也认识到文秘类专业毕业生不同于上述某一单一专业学生，而是基于现代信息社会的需求，应具有汉语言文学、行政管理、人力资源管理、经济管理等专业学生的综合素质、能力甚至速录专项技能。因此，文秘类专业的培养目标是，掌握秘书学理论与实务、中文速录、汉语言文学、文秘办公自动化、文书与档案管理、秘书写作、公共关系与礼仪等文秘必备的专业基础知识，具有较高的思想道德、职业道德、文化素养和健康的身心素质，具有较强的办文、办事、办会"三办"能力以及中文速录能力、办公自动化操作能力，能够在政府机关、企事业单位从事文秘、中文速录、文字编辑、档案管理、公关礼仪、策划宣传等工作的高素质技能型专门人才。

专业设置：根据教育部高等职业教育（专科）专业目录，文秘类专业包含文秘（670301）、文秘速录（670302）两个专业。

高职（专科）文秘类专业标准学制为3年，毕业授予专科毕业证。

二、知识构架

1. 主要课程

文秘类专业依据国家课程体系建设思路，融合国家职业标准，结合当前社会对文秘职业的技能要求，构建以能力为本位的课程体系。

文秘类专业的主要课程有：古代汉语、现代汉语、中国文学史、秘书写作、秘书学原理与实务、档案与信息管理、公共关系原理与实务、秘书礼仪、文秘办公自动化实用技术、人力资源管理、形式逻辑、书记员工作实务、法学概论、中文速录、中国文化概论等。

2. 实习实训

文秘类专业的实践教学环节主要包括基础实践、专业实践、毕业实习等。基础实践包括军事理论及训练、思想政治理论课程实践等。专业实践一般在相应专业课程结束后进行，主要培养和锻炼学生的专业应用能力和分析解决问题的能力。毕业实习一般安排在第三学年下学期，毕业实习主要培养学生综合运用所学理论知识和实践方法的能力，毕业实习地点主要是学校的实习基地或其他相关企事业单位，学生也可以通过参与指导老师的科研项目进行实习。

三、就业方向与发展前景

1. 就业方向

文秘类专业的就业方向主要包括：各类机关、

企事业单位、社会团体的办公室文秘岗位和秘书岗位；企业办公室的档案、信息、服务等综合管理岗位；公关礼仪、策划宣传、服务等综合服务管理岗位；各类网站、媒体网络的采编工作岗位；各类行政部门、企事业单位的文职事务岗位。

2. 发展前景

文秘类专业培养的学生基础宽厚、理论扎实、技能全面，又具有汉语言文学、行政管理、人力资源管理、经济管理等专业知识和技能，因而，毕业生择业面宽，适应能力强。目前，我国秘书从业群体大约有2300万人，随着社会经济的发展，这一需求正呈现出上升趋势。尤其是速录师作为一个新兴职业，其专业性和不可替代性堪比同声传译师。速录技术已被广泛应用于各类会议、司法庭审、新闻媒体、商务谈判、企业记录等领域。目前，我国速录人才相当匮乏，缺口多达150万人，兼具文秘与速录双重职业技能的高素质速录师更是备受欢迎。

四、学习本专业类的优势和劣势

1. 优势分析

近几年来，随着国家经济社会发展政策的调整，如新旧动能转换工程、乡村振兴战略、经略海洋战略、城镇化发展等，在这一系列新政策的推动下，经济社会产业结构不断调整，新型劳动岗位不断涌现。文秘类专业对应的职位日益呈现出强大的就业优势，不仅普通文员的社会需求与

日俱增，而且社会对具有管理和商务素养的高级秘书的需求越来越多，复合型秘书人才需求呈现出逐年上升的趋势。

2. 劣势分析

文秘类专业也存在一定的劣势。由于文秘类专业设置时间不长，专业师资力量相对较弱，缺少有实践经验的教师，往往导致在教学中偏重理论教学，实践环节较薄弱。

五、学生素质要求与高校选科要求

兴趣是最好的老师。学习文秘类专业，学生应熟练掌握系统的汉语言文学基础知识，并具备秘书学、管理学、经济学等基础理论和现代信息技术、办公自动化、速录、档案管理等专业知识。此外，文秘类专业还要求学生具有良好的团队意识，善于协调人际关系；具有良好的心理素质和身体素质，适应工作需要；具有较强的学习能力，不断学习，开拓创新；具有良好的职业道德、敬业精神、责任意识、诚信品质和遵纪守法意识。

根据山东省教育招生考试院公布的普通高校专业（类）选考要求，高职（专科）文秘类专业一般不提科目要求。

每个高校的具体选科要求可通过山东省教育招生考试院网站（http://www.sdzk.cn/）、山东省教育云服务平台（http://www.sdei.edu.cn/）或"山东高考一点通"微信公众号查询。

18 专业大类：公安与司法大类（68）

在教育部颁布的《普通高等学校高等职业教育（专科）专业目录》中，公安与司法大类下，包含公安管理类、公安指挥类、公安技术类、侦查类、法律实务类、法律执行类、司法技术类七个专业类。本书主要介绍了法律实务类、法律执行类、司法技术类三个专业类，对于其他专业类的情况，读者可参考本科专业中的公安学类专业介绍，或通过教育部和相关学校官方网站查询。

18.1　法律实务类（6805）

一、专业类概述

法律实务类专业，在法律领域具有操作性、务实性、需求性、使用性较强的特点。随着市场经济的发展和依法治国战略的确立，我国作为有十几亿人口的大国，在法治国家、法治政府、法治社会建设过程中对法律人才的需求巨大，法律实务类专业培养的人才契合了社会对高素质技术技能法律人才的需求。

法律实务类专业培养具有良好的法律职业素养，掌握法律基础知识和基本技能，熟悉岗位工作基本流程，具备司法辅助业务、基层常见法律事务、办公室日常事务的处理能力，能够从事司法行政机关、人民法院、人民检察院、律师事务所、基层法律服务所及其他社会组织的涉法事务管理岗位、助理岗位、办公室综合管理岗位工作的高素质技术技能人才。

与本科法学专业相比，法律实务类专业更侧重于解决实际问题能力的培养和运用，更突出实务工作的要求，更强调对基层法律实务工作有充分的了解。教学内容要求学以致用，教学方法采用课堂讲授、讨论、模拟训练、案例分析和实习等多种形式。

专业设置：根据教育部高等职业教育（专科）专业目录，法律实务类专业包括4个专业，分别是：司法助理（680501）、法律文秘（680502）、法律事务（680503）、检察事务（680504）。

高职（专科）法律实务类专业标准学制为3年，毕业授予专科毕业证。

二、知识构架

1. 主要课程

法律实务类专业的核心课程包括民法原理与实务、刑法原理与实务、民事诉讼法原理与实务、刑事诉讼法原理与实务、行政法与行政诉讼法原理与实务等课程。

各专业根据就业岗位需求，还开设专业特色课程。司法助理专业开设法律文书写作、现代信息技术、文书与档案管理等课程；法律文秘专业开设书记员工作实务、办公室实务、庭审录入训练等课程；法律事务专业开设基层法律服务、人民调解实务、公证与律师制度等课程；检察事务专业开设检察业务理论与实务、公诉原理与实务、司法文书制作等课程。

2. 实习实训

法律实务类专业的实践教学环节主要包括校内实训、校外实践以及顶岗实习等。各专业根据人才培养需要，开发具有专业特色的校内外实训项目，设置顶岗实习岗位。

司法助理专业在校内进行庭审、调解等情境

模拟和案例分析等实训，在人民法院、人民检察院、律师事务所等单位进行校外实践并安排顶岗实习。

法律文秘专业在校内进行速录、文书起草与处理、会议策划与组织等实训，在人民法院、人民检察院、社区街道以及相关企业进行校外实践并安排顶岗实习。

法律事务专业在校内进行庭审、调解等情景模拟和法律文书制作、法律咨询、诉讼代理等实训，在司法局（所）、人民法院、人民检察院、公证处、律师事务所、基层法律服务所等单位进行校外实践并安排顶岗实习。

检察事务专业在校内进行刑事诉讼情景模拟和检察业务、公诉实务、司法笔录等实训，在公安机关、人民检察院、人民法院等单位进行校外实践并安排顶岗实习。

三、就业方向与发展前景

1. 就业方向

法律实务类专业毕业生的就业方向主要是司法行政机关、人民法院、人民检察院、公证处、律师事务所、基层法律服务所及其他企事业单位。

司法助理专业毕业生主要面向人民法院、人民检察院、律师事务所等单位，在助理岗位从事法官助理、检察官助理、律师助理等工作。

法律文秘专业毕业生主要面向人民法院、人民检察院以及其他社会组织，在书记员、办公室秘书、办公室综合管理人员等工作岗位，从事速录、文秘、档案管理、综合管理与服务等工作。

法律事务专业毕业生主要面向司法行政机关、人民法院、人民检察院、律师事务所、基层法律服务所等单位，在基层法律服务、司法助理以及涉法事务管理岗位，从事代理、法律咨询、法律顾问、人民调解、法制宣传、法务管理等工作。

检察事务专业毕业生主要面向人民检察院，在检察官助理、检察事务岗位，从事检察辅助、法律服务等工作。

2. 发展前景

法律实务类专业毕业生可参加公务员考试、事业单位考试以及法官助理、检察官助理、书记员等招录考试，部分院校安排的实习岗位可直接与就业岗位对接，毕业生就业率高，发展前景良好。

在学历提升方面，根据《关于调整普通高等教育专科升本科考试录取办法的通知》（鲁教学字〔2017〕21号），法律实务类专业学生参加专升本考试，可报考本科专业为法学、秘书学。为满足学生自我提升的需要，省内多数院校设置了专本套读模式，学生入校后即可参加自学本科（法学专业）考试，很多学生毕业时能获得自学考试本科文凭，并可直接报考研究生，为进一步发展创造了有利条件。

四、学习本专业类的优势和劣势

依法治国需要更多应用型法律人才。山东省区域经济社会发展以及法治山东与平安山东的建设、新旧动能转换重大工程的实施，对高素质的法律实务类专业人才产生了更大的需求。目前进行的司法体制改革和政府机构改革，使人民法院、人民检察院、司法行政机关及基层社会治理组织的涉法岗位辅助工作人员出现大量缺口。随着我省律师和公证事业的不断发展，律师事务所、公证机构、基层法律服务所等单位对法律辅助人员的需求不断增长。

法律实务类专业的提升岗位包括法官、检察官、公证员、律师、基层法律服务工作者、司法行政机关和其他社会组织的管理岗位，岗位发展前景好，社会需求及职业具有可持续发展性。

法官、检察官、律师等法律实务类专业的提升岗位均具有较高的学历准入门槛，对于专科层次的学生来说，仅仅从高职院校毕业是不够的，还需要提高学历层次，甚至通过法律职业资格考试。学生由法律辅助岗位过渡到法律职业岗位，应具有终生学习理念，不断进行学历提升和能力提升。

五、学生素质要求与高校选科要求

报考法律实务类专业，考生应符合当年度《普通高等学校招生工作规定》规定的报名条件，思想政治品德考核合格并进行身体健康状况检查。因个别院校有警务化训练内容，在《普通高等学校招生体检工作指导意见》的基础上，要求符合以下条件：

（1）政治立场坚定，思想品德良好，组织纪律性强。

（2）无违法犯罪记录。

（3）年龄不超过25周岁。

（4）身体无残疾，无明显疤痕，无文身，无刺字。

（5）患有以下疾病者，不予录取：严重心脏病、心肌病、高血压病；重症支气管扩张、哮喘、恶性肿瘤、慢性肾炎、尿毒症；严重的血液、内分泌及代谢系统疾病；风湿性疾病；重症或难治性癫痫或其他神经系统疾病；严重精神病未治愈；慢性肝炎病人并且肝功能不正常者；严重结核病；不能适应警体训练的其他重大疾病。

根据山东省教育招生考试院公布的普通高校专业（类）选考科目要求，高职（专科）法律实务类专业一般不提科目要求，考生选考任意三科均可报考。

每个高校的具体选科要求可通过山东省教育招生考试院网站（http://www.sdzk.cn/）、山东省教育云服务平台（http://www.sdei.edu.cn/）或"山东高考一点通"微信公众号查询。

18.2　法律执行类（6806）

一、专业类概述

法律执行类专业主要面向人民法院、人民检察院、监狱戒毒机关、公安机关、社区矫正机构等单位，培养具有人民法院与检察院司法警察、监狱戒毒人民警察、公安机关人民警察、社区矫正干警等职业岗位所需的基础知识、专业知识与专业技能，政治素质高、实战能力强、纪律作风优、社会形象好、身心健康的高素质技术技能警务人才。

专业设置：根据教育部高等职业教育（专科）专业目录，法律执行类专业包括5个专业，分别是：刑事执行（680601K）、民事执行（680602）、行政执行（680603K）、司法警务（680604K）、社区矫正（680605）。

在法律执行类专业中，专业代码以K结尾的是国家控制布点专业，简称国控专业。所谓国控专业是指国家要求专业性强，技术过硬，需要国家控制数量的专业。2015年，为促进司法行政部门干警队伍的正规化、专业化、职业化建设，加大警察院校毕业生入警比例，司法部会商教育部最终确定了司法类8个国控涉警专业，并由教育部在2015年10月26日印发的《普通高等学校高等职业教育（专科）专业目录（2015年）》中予以公布。目前法律执行类专业在山东省招生的国控专

业有刑事执行、司法警务专业。

高职（专科）法律执行类专业标准学制为3年，毕业授予专科毕业证。

二、知识构架

1. 主要课程

法律执行类专业开设的专业基础课程主要包括法律基础与宪法、民法原理与实务、刑法原理与实务、民事诉讼法原理与实务、刑事诉讼法原理与实务、警察学、警务实战技能等。专业基础课程主要是按照法律执行类专业的岗位普适性需求而开设的。

各专业还开设具有专业特色的专业核心课程。司法警务专业的核心课程包括押解与看管实务、值庭与安检实务、法院执行实务、治安管理、特殊勤务、建（构）筑物消防员职业资格培训与鉴定、公务员素养训练等课程。刑事执行专业的核心课程包括监狱学基础理论、狱政管理、罪犯教育、监狱突发事件应急处置、社区矫正实务、建（构）筑物消防员职业资格培训与鉴定、公务员素养训练等课程。专业核心课程是依据专业就业岗位需要而开设的。

另外，为了提高学生的职业素养和可持续发展能力，法律执行类专业还开设专业拓展课程，分为两个部分：一部分是为满足学生提升学历层次的需求而设置的，包括劳动法、中国法律思想史、公证与律师制度、公司法、合同法等课程。另一部分是为提高学生的综合素质和职业能力而设置的，包括品鉴中国传统文化、警务沟通与群众工作、社会工作法规与政策等课程。

2. 实习实训

法律执行类专业的实习主要包括认识实习、跟岗实习、顶岗实习等环节。

顶岗实习一般由学校组织开展，实习单位主要有人民法院、人民检察院、监狱戒毒机关、公安机关、社会安保服务公司等，参加集中实习的学生要求政治素质高、身体素质好、警务素质优。此外，各专业还积极开展各种校内实训、校外认识实习与跟岗实习等实践教学，增强学生的职业能力和动手操作能力。学生可利用寒暑假等时间进行社会调查和社会实践活动，丰富阅历、开阔视野。

三、就业方向与发展前景

法律执行类专业毕业生的就业方向主要是公安与司法行政行业，其中司法警务专业的主要就业方向是人民法院和人民检察院司法警察、公安机关人民警察以及社会安保等岗位；刑事执行专业的就业方向主要是监狱戒毒人民警察、社区矫正机构工作人员等岗位。

法律执行类专业的学生可通过公务员考试考取省内外公安与司法行政系统的公务员岗位，也可通过本科自学考试提高学历层次，进而考取研究生。

2016年司法部印发《2016—2020年监狱戒毒人民警察队伍建设规划纲要》，明确提出"健全从司法警官院校毕业生中招录人才的规范便捷机制"。2016年11月国务院办公厅印发《关于规范公安机关警务辅助人员管理工作的意见》，提出规范警务辅助人员管理工作的具体措施和要求，正式拉开了警辅人员改革的序幕。2016年山东省政府印发《关于规范公安机关警务辅助人员管理工作的意见》，也为警察职业院校人才培养与公安机关人才需求对接提供了重要的政策依据。2018年司法部会同人社部等部门着手监狱戒毒人民警察对口司法警官类院校招录改革。有了这些国家政策的支持，法律执行类专业的发展前景非常广阔。

从社会需求来讲，在平安山东、法治山东建设和山东省新旧动能转换重大工程深入推进的大背景下，我省法院、检察院、监狱戒毒所、公安机关和社会安保组织等行业单位普遍存在着正式在编干警少、警力不足、安保力量薄弱的问题，法律执行类专业毕业生是未来平安社会建设的重要力量，人才需求量很大。

四、学习本专业类的优势和劣势

法律执行类专业属于警察类院校的专业，学生在校期间穿警服，进行警务化管理，这种管理方式从思想、行为等各个方面为学生未来成长提供了强有力的保障，提高了学生的核心竞争力。法律执行类专业在山东省招生的司法警务专业和刑事执行专业都是国控专业，将来还有便捷入警机制，毕业生考取国家公务员的机会大、入警率高，就业有保障。该类专业在校期间进行的警务实战技能训练和警察战术训练等专业技能训练，可为学生将来从事

其他相关工作奠定坚实的基础。

社会对法律执行类专业毕业生的需求量大，但对男生的需求要大于对女生的需求；本专业类的专业性很强，社会就业面主要针对政法行业和社会安保行业。因此，法律执行类专业毕业生的从业面还是有很大限制的，如果走入政法行业，最好进一步提升学历层次；如果走入安保行业，对很多年轻人来说，大家的接受度还不够。

五、学生素质要求与高校选科要求

学习法律执行类专业，学生应具有正确的世界观、人生观和价值观，崇尚宪法、遵守法律、遵规守纪，做到有令必行、有禁必止、保守秘密、廉洁自律；具有"忠诚、为民、公正、廉洁"的政法干警核心价值观；具有良好的职业道德，崇尚荣誉、爱岗敬业、勇于担当、甘于奉献；具备政治过硬、业务过硬、责任过硬、纪律过硬、作风过硬的职业素养；具有良好的身心素质和人文素养；具有健康的体魄和健全的人格，达到国家大学生体质健康标准和人民警察基本体能标准。

根据山东省教育招生考试院公布的普通高校专业类选考要求，高职（专科）法律执行类专业一般不提科目要求。

每个高校的具体选科要求可通过山东省教育招生考试院网站（http://www.sdzk.cn/）、山东省教育云服务平台（http://www.sdei.edu.cn/）或"山东高考一点通"微信公众号查询。

18.3 司法技术类（6807）

一、专业类概述

司法技术类专业属于司法警官类院校特有的专业，学生在校期间穿警察制服，挂学员衔。该类专业主要是为满足司法行政系统需要，从技术方面支持和服务智慧司法、安全监所而诞生的。

司法技术类专业主要培养具有优良的政治素质和身体素质，掌握相关的法律知识，具备保障司法行政系统安全所必需的技术与技能，能够从事司法行政系统技术类岗位工作的高素质技术技能人才。目前司法技术类专业在山东省招生的专业主要有刑事侦查技术、安全防范技术、司法信息技术、司法信息安全。

专业设置：根据教育部高等职业教育（专科）专业目录，司法技术类专业包括8个专业，分别是：刑事侦查技术（680701K）、安全防范技术（680702）、司法信息技术（680703K）、司法鉴定技术（680704）、司法信息安全（680705K）、罪犯心理测量与矫正技术（680706K）、戒毒矫治技术（680707K）、职务犯罪预防与控制（680708）。

刑事侦查技术专业是将刑事侦查与刑事技术融合，以发现、揭露和证实各类犯罪活动为目标的专业。

司法信息技术专业主要学习监所信息技术、网络技术和软件开发技术，培养负责信息技术的人民警察和通信工程技术人员。

司法信息安全专业主要学习监所信息技术应用和监所信息安全保障知识，培养负责信息安全的人民警察和信息与通信工程技术人员。

安全防范技术专业主要学习视频监控技术、入侵报警技术和安全防范系统设计，培养负责监狱、戒毒所安防系统运行与维护的人民警察和社会安防工程建设的工程师。

高职（专科）司法技术类专业标准学制为3年，毕业授予专科毕业证。

二、知识构架

司法技术类专业的课程体系大致可以分为职业通用课程、专业基础课程、专业核心课程和职业能力拓展课程四个领域。

职业通用课程属于通识类课程，是全国高等院校统一开设的课程，主要包括思想道德修养与法律基础、毛泽东思想和中国特色社会主义理论体系概论、形势与政策、现代信息技术、大学英语、警务实战技能、军事理论、学业规划与就业指导等课程。

专业基础课程是按照司法行政系统的岗位普适性需求开设的与法律类、警察类相关的一些通识性课程，主要包括法律基础与宪法、民法原理与实务、刑法原理与实务、民事诉讼法原理与实务、刑事诉讼法原理与实务、警察学、监狱学基础理论等课程。

专业核心课程因为司法信息技术、安全防范技术、司法信息安全专业同属于一个专业群，因此这三个专业的平台核心课程相同，主要包括C语言程序设计、多媒体技术应用、数据库技术与应用、LINUX操作系统、计算机网络、信息安全基础、计算机组装与维护等课程。

除平台课程外，司法信息技术专业核心课程主要包括Web前端开发、软件开发基础、高级软件开发技术、实用软件框架技术、多媒体技术等。

安全防范技术专业核心课程包括入侵报警技术、出入口控制技术、无人机技术、大数据分析与应用、安全防范技术应用、智能监控技术等。

司法信息安全专业核心课程包括信息安全法律法规、信息安全基础、网络攻防、隐私防护、信息安全管理实务等。

刑事侦查技术专业核心课程包括刑事侦查、现场勘察、侦查措施、狱内侦查技术、侦查讯问、痕迹检验技术、文书检验技术、治安管理等。

职业能力拓展课程主要是帮助学生提高职业素养和可持续发展能力，可分为两个部分：一部分是为满足学生提升学历层次的需求而设置的，包括劳动法、中国法律思想史、公证与律师制度、法律文书写作、环境与资源保护法、外国法制史、国际经济法、知识产权法、国际私法、公司法、合同法等课程；另一部分是为拓展学生学习领域、提高学生职业素养而设置的，包括品鉴中国传统文化、创新创业教育、大学生职业规划与就业指导、职场礼仪等课程。

三、就业方向与发展前景

司法技术类专业毕业生的就业方向主要面向司法行政系统中的监狱、戒毒、公安机关的信息管理岗位、狱内侦查技术岗位、网络信息安全管理与维护岗位、安全防范设备安装维护与管理岗位，也可以面向航空、金融等企事业单位的安全保卫工作岗位以及IT企业的软件开发岗位等。毕业生还可以考取省内外司法行政系统的公务员岗位。

从司法行政角度来讲，随着司法行政信息化进程和智慧监狱建设的加快，司法行政系统所需要的技术类岗位越来越多，司法技术类专业毕业生在未来几年需求比较旺盛。从社会需求角度来讲，信息安全、信息技术、安全防范技术、刑事侦查技术等都是未来平安社会建设的重点，专业人才需求量很大。

四、学习本专业类的优势和劣势

高职司法技术类专业比普通院校更容易考取公务员岗位，而且由于司法信息安全和刑事侦查技术专业是便捷入警专业，毕业生未来入警率高，就业有保障。本专业类属于警察类院校的专业，采用警务化管理方式，这种管理方式为学生成长和成才提供了有力的保障，提高了学生的核心竞争力。司法技术类专业属于技术类专业，专业含金量高，将来可以凭借过硬的技术立足社会。

近年来，社会对技术类人才的能力要求越来越高。司法技术类专业学生如果对专业课程不能学深学透的话，可能无法满足用人单位的人才需求。

五、学生素质要求与高校选科要求

学习司法技术类专业，学生应具有强烈的爱国主义精神和民族精神，具有正确的世界观、人生观和价值观，遵纪守法、诚实守信，有社会责任感和社会使命感；具有良好的社会实践能力、学习能力和自我发展能力；具有敬业精神和奉献精神；具有良好的身体素质和心理素质，能够适应警校的军事化管理，有自觉锻炼和终身锻炼的意识。

根据山东省教育招生考试院公布的普通高校专业类选考要求，高职（专科）司法技术类专业一般不提科目要求。

每个高校的具体选科要求可通过山东省教育招生考试院网站（http://www.sdzk.cn/）、山东省教育云服务平台（http://www.sdei.edu.cn/）或"山东高考一点通"微信公众号查询。

19　专业大类：公共管理与服务大类（69）

在教育部颁布的《普通高等学校高等职业教育（专科）专业目录》中，公共管理与服务大类下，包含公共事业类、公共管理类、公共服务类三个专业类。

19.1　公共事业类（6901）

一、专业类概述

公共事业是指面向社会，以满足社会公共需要为基本目标，直接或间接为国民经济和社会发展提供服务或创造条件，不以营利为主要目的的社会活动。公共事业类专业是培养公务员与管理干部、研究公共政策与公共事务管理的专业。随着我国改革开放的不断深入和经济建设的持续发展，政府和其他公共管理部门的职能及管理手段正在发生深刻变化。公共事业类专业主要是为国家培养现代公共管理人才，加强公共政策与管理的深入研究，以促进国家的改革与发展。

专业设置：根据教育部高等职业教育（专科）专业目录，公共事业类专业包括6个专业，分别是：社会工作（690101）、社会福利事业管理（690102）、青少年工作与管理（690103）、社区管理与服务（690104）、公共关系（690105）、人民武装（690106）。

高职（专科）公共事业类专业标准学制为3年，毕业授予专科毕业证。

二、知识构架

1. 主要课程

公共事业类专业的必修课程主要包括社会工作概论、管理学基础、社会学基础、社会调查、项目策划与评估、人力资源管理、社会心理学、社会工作方法、法律法规与标准应用等。

公共事业类专业的选修课程主要包括社区工作、社会保险与社会福利、社会环境保护、组织社会学、社区管理与服务、项目管理、信息处理、网络技术等。

2. 实习实训

公共事业类专业的实践教学主要包括基础实训、岗位实训、综合实训、顶岗实习、毕业论文（设计）、创新创业实践等环节。基础实训是指与专业基础相关的实训环节，岗位实训是指与就业面向相关的岗位工作实训环节，综合实训是指与专业培养目标相关的校内整周综合实训环节。

三、就业方向与发展前景

公共事业类专业的就业范围相当广泛，毕业生的主要就业方向为党政机关、企事业单位、社会团体、公共服务系统等的办公和管理岗位。学生毕业后可到政府各级机构的社会福利单位、各种社会组织、老龄委、民政局、社会保障局、社区、老龄服务产业、安老养老院、老年大学等单位从事管理、服务等工作。尤其是从事社区管理的干部，具有很强竞争力，就业前景广阔。

公共事业类专业作为新兴专业，毕业生社会需求量较大。另外，公共事业类专业学生可以参加国家公务员考试进入政府系统，还可以继续深造，学习本科的课程，甚至参加MPA（公共管理硕士）考试进一步攻读研究生学位。因此，无论从社会发展对人才的总需求来看，还是从毕业生就业和进一步深造来看，其专业发展前景都十分看好。

四、学习本专业类的优势和劣势

公事业类专业的优势在于所学的学科广泛，比如管理学、政治学、社会学、经济学、行政管理学、公共事业管理学、行政法和行政诉讼学、经济法学、市政管理学、物业管理学、企业战略管理学、技术创新学、公务员制度、人力资源管理学等，涉及企业、政府、行政、事业等各个公共领域。所以，公共事业类专业毕业生的知识面丰富，就业方向广泛（前提是你要认真学习）。

公共事业类专业也存在一些劣势，比如因知识面丰富而导致不够精通，就业方向广泛而导致就业目标不明确，要想从事专业对口的工作是困难的，因为事业单位需要参加考试，而这个考试是竞争激烈程度仅次于公务员的考试。

五、学生素质要求与高校选科要求

学习公共事业类专业，学生应具有良好的思想素质，树立正确的世界观、人生观和价值观；树立诚信意识和责任意识，具有良好的社会责任感和使命感；具有良好的职业道德和敬业精神；具有良好的社会实践能力和社会适应能力；掌握一定的科学知识、科学理论和科学方法，具有良好的学习能力和自我发展能力；具有良好的人际交往能力和团队意识；具有良好的身体素质和心理素质。

根据山东省教育招生考试院公布的普通高校专业类选考要求，高职（专科）公共事业类专业一般不提科目要求，考生选考任意三科均可报考。

每个高校的具体选科要求可通过山东省教育招生考试院网站（http://www.sdzk.cn/）、山东省教育云服务平台（http://www.sdei.edu.cn/）或"山东高考一点通"微信公众号查询。

19.2 公共管理类（6902）

一、专业类概述

公共管理类专业是一个涉及理学、文学、法学、管理学等学科的综合性交叉专业，主要培养适应新时代经济社会需要，掌握管理学、经济学、政治学、法学等方面的基础知识，掌握公共管理学科的专业知识以及必要的定性和定量分析方法，具有较高的分析和解决公共管理与公共事务领域实际问题的技能，适于在政府、事业单位、社会团体、中小企业等从事行政事务管理工作的高素质复合型技术技能人才。

专业设置：根据教育部高等职业教育（专科）专业目录，公共管理类专业包括9个专业，分别是：民政管理（690201）、人力资源管理（690202）、劳动与社会保障（690203）、网络舆情监测（690204）、公共事务管理（690205）、行政管理（690206）、质量管理与认证（690207）、知识产权管理（690208）、公益慈善事业管理（690209）。

高职（专科）公共管理类专业标准学制为3年，毕业授予专科毕业证。

二、知识构架

1. 主要课程

公共管理类专业的必修课程主要包括管理学基础、经济学、政治学、法学、人力资源管理、公共关系实务、管理心理学、行政管理、劳动与社会保障、管理信息系统等。

公共管理类专业的选修课程为办公自动化、社交礼仪、中国优秀传统文化、音乐、美术、影视鉴赏、企业文化等。

2. 实习实训

在公共管理类专业中，对社会实践要求较高的专业主要有民政管理、人力资源管理、劳动与社会保障、公共事务管理、行政管理等专业。实践教学环节主要包括课程设计、认识实习、跟岗实习、顶岗实习、毕业设计等内容。

三、就业方向与发展前景

公共管理类专业毕业生就业领域广泛，主要包括：（1）行政机关、社会事务管理部门；（2）社会团体及非营利性机构；（3）工商企业；（4）市场中介机构，如人才市场、人才中介机构、营销咨询与策划公司、广告策划与制作公司等；（5）金融、房地产、旅游、保险、运输、卫生、体育等行业；（6）自主创业。

具体来说，民政管理专业毕业生可担任各级民政行政机构工作人员；街道、乡镇人民政府民政助理员；各类社会福利机构管理与服务人员；各级救助管理站管理与服务人员；社区居委会、社区服务中心、社区服务站管理与服务人员；各级婚姻登记中心、收养登记中心管理与服务人员等。

人力资源管理专业毕业生可在企事业单位及咨询机构的人力资源管理相关岗位，从事招聘、人力资源开发、考核、薪酬管理、员工培训、办公室文秘等工作。

劳动与社会保障专业毕业生可在政府部门、政策研究部门、大中型企事业单位从事劳动与社会保障工作；在基层劳动社会保障部门、民政部门、企事业单位从事劳动、社会保险、社会救济、社会福利、社会服务工作。

随着全球化、信息化和知识经济时代的发展，我国经济体制改革、政府体制改革不断深入，公共管理类专业人才的社会需求十分强烈，而且需求量极大，毕业生就业普遍较好。因此，公共管理类专业作为一个新兴专业，无论从社会发展对人才的总需求来看，还是从毕业生就业和进一步深造来看，其专业发展前景都十分看好。

四、学习本专业类的优势和劣势

公共管理类专业的学生不仅能够学习到专业知识，同时还能够提高对于"真、善、美"的追求，诚实守信、爱岗敬业等品质在不知不觉中得到加强。因此，毕业生能够提前适应工作和生活，对于各项事务的理解也会有较宽的视野，宏观把握能力较强。

当然，要想有更好的发展，毕业生仅仅具备专科的学历是不够的，还需要进一步学习，进行木科甚至研究生的深造，才能获得比较理想的岗位。

五、学生素质要求与高校选科要求

学习公共管理类专业，学生应具有深厚的爱国主义情感、中华民族自豪感，崇尚宪法、遵守法律、遵规守纪，具有社会责任感和参与意识；具有良好的职业道德和职业素养，崇德向善、诚实守信，具有精益求精的工匠精神；具有较强的实践能力、良好的学习能力和自我发展能力；具有质量意识、环保意识、安全意识、信息素养、创新精神；具有较强的集体意识和团队合作精神，能够进行有效的人际沟通和团队协作；掌握一定的科学知识、科学理论和科学方法，具有一定的逻辑思维能力和创新能力；具有良好的文学艺术修养和审美能力；具有良好的身体素质和心理素质等。

根据山东省教育招生考试院公布的普通高校专业类选考要求，高职（专科）公共管理类专业一般不提科目要求。

每个高校的具体选科要求可通过山东省教育招生考试院网站（http://www.sdzk.cn/）、山东省教育云服务平台（http://www.sdei.edu.cn/）或"山东高考一点通"微信公众号查询。

19.3　公共服务类（6903）

一、专业类概述

公共服务类专业是一个涉及理学、文学、法学、医学、管理学等学科的综合性交叉专业，是任何一个公民生活、生存、发展的直接需求或间接需要。

公共服务集应用和科学研究于一体，随着家庭人口的变化及国家相关法律法规的完善，人们对公共服务的获得感、幸福感等大健康方面的需求越来越多，各个行业对能从事养老、幼儿、家庭、社区等领域工作的复合型人才的需求量越来越大，专业人才在养老产业、幼儿教育、幼儿管理、家政管理、社区人群公共服务等相关领域有广阔的应用前景。

公共服务类专业培养掌握老年、幼儿、家庭服务与管理方面的基础理论知识和基本技能，能够解决家庭、社区、社会领域内的服务与管理问题，具备从事老年照护、家政管理、社会活动组织与策划、社区人群康复、幼儿发展与健康管理等方面的服务与管理工作的高素质复合型技术技能人才。

专业设置：根据教育部高等职业教育（专科）专业目录，公共服务类专业包括6个专业，分别是：老年服务与管理（690301）、家政服务与管理（690302）、婚庆服务与管理（690303）、社区康复（690304）、现代殡葬技术与管理（690305）、幼儿发展与健康管理（690306）、陵园服务与管理（690307）。

高职（专科）公共服务类专业标准学制为3年，毕业授予专科毕业证。

二、知识构架

1.主要课程

公共服务类专业的必修课程主要有基础医学概论、健康评估、常见病的照护、机构经营与管理、膳食与营养、中医保健、社区护理、社会工作、康复学、心理学、教育学等。

公共服务类专业的选修课程主要有活动策划与组织、智力开发与训练、常见急症与院前急救、卫生保健与疾病管理、家庭投资理财、社会学基础、社交礼仪、母婴护理、言语作业治疗、针灸推拿、乐理、美术、舞蹈等。

2. 实习实训

公共服务类专业的实践教学环节主要包括专业课程设计（评估实施计划、生活照护计划、健康管理计划、康复护理计划、社区活动策划等）、认识实习、跟岗实习、顶岗实习、毕业设计等。

三、就业方向与发展前景

老年服务与管理专业毕业生可以在各级各类养老机构、社区服务与管理组织、涉老社会组织与机构从事养老护理员培训、老年照护管理、老年健康管理、老年社会工作、老年康复辅助器具的开发与应用、民政事务管理等相关工作。

幼儿发展与健康管理专业毕业生可以在早教机构、托育机构、幼儿园、卫生保健机构和家庭教育咨询机构从事早教指导教师、育婴师、保育员、健康管理师等岗位工作。

家政服务与管理专业和社区康复专业的毕业生可以在企事业单位、社区康复机构的技术岗位与管理岗位从事产业管理和培训工作；也可以从事婴幼儿学前教育、中小学家政课教师和相关行业的研究与推广等工作。

随着我国人口老龄化进程的加快及全面二孩政策的实施，社会对老年服务与管理专业及幼儿发展与健康管理专业人才的需求大幅增加，毕业生若坚定信念，在老年服务与管理领域、幼儿发展与健康管理领域定能有所作为；随着国家各项福利政策的落地，家政服务与管理专业及社区康复专业的毕业生将在社区工作岗位上大展身手。老年服务与管理专业学生入学及毕业后，可在学校或就业单位参加养老服务技能行业大赛，成为老年服务与管理专业高层次应用型、技能型人才。总的来说，公共服务类专业的就业前景是非常可观的。

四、学习本专业类的优势和劣势

公共服务类专业毕业生的社会需求量大，就业前景广阔。尤其是老年服务与管理专业，根据《2017年中国养老服务业发展年报》显示，我国至少需要一千多万养老护理员及一百多万养老服务管理人员。由于目前我国处于"9073"养老模式，这些就业岗位也为家政服务与管理专业及社区康复专业提供了广泛的就业机会。我国全面二孩政策的实施，为幼儿发展与健康管理专业的毕业生提供了大量的就业岗位。

由于公共服务类专业的自身属性，毕业生工作后通常需长期与老人、儿童、家庭成员相处，因此，首先需要掌握服务他人的沟通能力和技术能力，从而提炼出自身对所处工作范围的管理能力，因此需要有沉稳的性格及较强的人际沟通能力。虽然公众对从事养老服务人员的社会认同感较低，但随着国家对养老服务政策的加强，这种状况将会得到明显改善。

五、学生素质要求与高校选科要求

学习公共服务类专业，学生应具有正确的世界观、人生观和价值观，具有社会责任感和参与意识；具有良好的职业道德和职业素养，具有较强的实践能力、良好的学习能力和自我发展能力；具有较强的集体意识和团队合作精神，能够进行有效的人际沟通和团队协作；掌握一定的科学知识、科学理论和科学方法，具有良好的文学艺术修养和审美能力；具有良好的身体素质和心理素质，具有良好的行为习惯和自我管理能力，具有平和、理智、坚韧的待人处事态度；具有较强的学习能力和语言表达能力；具有一定的人际交往能力以及社会实践能力和创新能力。

根据山东省教育招生考试院公布的普通高校专业类选考要求，高职（专科）公共服务类专业一般不提科目要求，考生选考任意三科均可报考。

每个高校的具体选科要求可通过山东省教育招生考试院网站（http://www.sdzk.cn/）、山东省教育云服务平台（http://www.sdei.edu.cn/）或"山东高考一点通"微信公众号查询。